I0121258

Ouvrage honoré d'une souscription de M. le Ministre de l'Intérieur

LES RÉQUISITIONS MILITAIRES

COMMENTAIRE

de la loi du 3 juillet 1877 et du règlement d'administration publique du 2 août 1877

PAR

M. Henri MORGAND

DOCTEUR EN DROIT, CHEVALIER DE LA LÉGION D'HONNEUR
CHEF DE BUREAU AU MINISTÈRE DE L'INTÉRIEUR

TROISIÈME ÉDITION

AUGMENTÉE ET MISE A JOUR AU 1er JANVIER 1896

BERGER-LEVRAULT ET Cie, ÉDITEURS

PARIS — 5, RUE DES BEAUX-ARTS

NANCY — 18, RUE DES GLACIS

1896

LES

REQUISITIONS

MILITAIRES

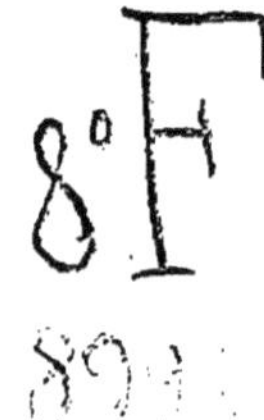

NANCY. — IMPRIMERIE BERGER-LEVRAULT ET Cie.

Ouvrage honoré d'une souscription de M. le Ministre de l'Intérieur

LES RÉQUISITIONS MILITAIRES

COMMENTAIRE

de la loi du 3 juillet 1877 et du règlement d'administration publique du 2 août 1877

PAR

M. Henri MORGAND

DOCTEUR EN DROIT, CHEVALIER DE LA LÉGION D'HONNEUR
CHEF DE BUREAU AU MINISTÈRE DE L'INTÉRIEUR

TROISIÈME ÉDITION

AUGMENTÉE ET MISE A JOUR AU 1er JANVIER 1896

BERGER-LEVRAULT ET Cie, ÉDITEURS

PARIS
5, RUE DES BEAUX-ARTS

NANCY
18, RUE DES GLACIS

1896

PRÉFACE

Lorsqu'au lendemain du vote de la loi du 3 juillet 1877 sur les réquisitions militaires, nous avons offert au public ce modeste commentaire, nous n'avions qu'une ambition : être utile. Il nous semblait que pour prévenir et aplanir les difficultés susceptibles d'entraver la marche d'une organisation si essentielle pour la défense nationale, le mieux était de bien définir le rôle des diverses autorités, les droits de l'État, les obligations des particuliers, de signaler les points douteux et de les éclairer à la lumière des travaux préparatoires, des instructions ministérielles, des décisions de jurisprudence intervenues à propos de dispositions empruntées par la nouvelle loi à une législation antérieure.

L'accueil si bienveillant que l'on a fait aux *Réquisitions militaires* nous autorise à penser que ce but a été atteint et nous engage à donner une nouvelle édition de ce manuel.

Une expérience prolongée prouve que l'œuvre du législateur de 1877 était bonne, tout au moins pour ce qui regarde les mesures de préparation. Quant aux autres, des essais de mobilisation en ont éprouvé la valeur jusqu'à un certain point; elles paraissent répondre aux nécessités possibles de l'avenir. La loi et le règlement d'administration publique qui la complète ont par suite reçu peu de modifications. Il fallait toutefois signaler ces quelques changements et en faire ressortir les conséquences. Mais il fallait surtout noter les solutions données aux questions controversées, soit par les décisions de l'autorité judiciaire ou des tribunaux administratifs, soit par les divers ministères compétents. Ces solutions, que nous avions relevées au fur et à mesure qu'elles intervenaient, nous avons mis le plus grand soin à les rapprocher des dispositions dont elles fixent l'interprétation, en indiquant avec prudence les déductions que l'on peut en tirer.

Il nous a paru que le commentaire gagnerait en utilité pratique si on y annexait les modèles auxquels les administrateurs de tous ordres doivent se conformer dans la rédaction des actes et des états se rapportant à l'organisation des réquisitions militaires. Nous avons reproduit à la fin du volume tous ceux qui sont d'une application générale.

Enfin, tenant compte d'une critique fort juste qui nous avait été adressée, nous avons cette fois ajouté à la table analytique un index alphabétique permettant de se référer soit à l'article de la loi, soit au numéro du paragraphe qui se rapporte à la question étudiée.

C'est un devoir pour nous d'exprimer ici notre reconnaissance à M. Léon Morgand, l'auteur de la *Loi municipale,* dont nous nous honorons d'être l'élève, et qui a bien voulu nous prêter l'aide de ses conseils expérimentés pour la préparation de cette édition.

Paris, 15 février 1896.

Henri MORGAND.

INTRODUCTION HISTORIQUE

Avant d'aborder l'examen détaillé de chacune des dispositions de la loi du 3 juillet 1877, nous ne croyons pas inutile de passer en revue les règles qui régissaient auparavant la matière, de retracer les travaux qui ont précédé le vote de la nouvelle loi, d'en exposer le caractère général et d'en décrire la division. Cette étude préliminaire, outre qu'elle facilitera l'intelligence du texte, montrera déjà au lecteur que le droit de réquisition n'est point une innovation, que le Gouvernement et le législateur se sont efforcés d'en rendre l'exercice aussi régulier et aussi léger que possible pour les populations, qu'en elle-même, la réquisition est légitime et qu'enfin la loi nouvelle, embrassant tout ce qui concerne la question, n'a rien abandonné à l'arbitraire, préservant ainsi les intérêts privés contre tout abus possible de l'autorité militaire, en même temps qu'elle assure à l'armée et à la défense du pays les ressources rendues indispensables par l'énorme accroissement de nos effectifs.

§ I[1].

Les gens de guerre ont vécu longtemps des ressources qu'ils trouvaient autour d'eux : c'est ainsi que la plupart du temps, les armées de l'antiquité pourvoyaient à leurs

1. Nous empruntons, en grande partie, ce résumé historique au très remarquable rapport de M. le baron Reille, qui sera aussi notre meilleur guide pour l'explication de la loi.

besoins, et ce mode d'approvisionnement continuait encore au moyen âge.

« En vertu d'une certaine coutume, appelée le *droit de* « *prise*, le roi de France pouvait faire main basse, partout « où il passait, sur les bestiaux, grains, fourrages et autres « biens meubles nécessaires pour l'entretien de sa maison. « Les gens d'armes, de leur côté, ne se faisaient pas faute « de s'approprier tout ce qui était à leur convenance. Aussi, « en ce temps-là surtout (XIVe siècle), nos paysans fuyaient- « ils sur le passage d'une armée, même française, comme à « l'approche de la peste. On aurait dit des lièvres qui se « blottissent au fond de leurs gîtes jusqu'à ce que les chas- « seurs aient disparu. » (*Histoire de Duguesclin*, par Siméon LUCE.)

Les hommes d'armes recevaient bien en principe une solde avec laquelle ils étaient censés payer ce qui leur était nécessaire; mais, en réalité, ils le prenaient presque toujours sans donner aucune indemnité.

Dans certains cas, ce recours à l'habitant fut l'objet d'une tentative de réglementation.

Dès Charles VII, on trouve la défense aux gens de guerre (1439) de *piller*, *rober* ou *détrousser* les gens d'église, nobles et laboureurs ou autres, et les réquisitions prennent une forme régulière; on oblige les gens de guerre à payer les vivres qu'ils demandent.

Louis XI (1467) ordonne aux troupes de payer tout ce qu'elles prendront au prix du pays, excepté la paille, le bois et le logis, et de ne se procurer les choses dont elles auront besoin que par la main de leur hôte.

Sous François Ier, sous Henri IV, les réquisitions régulières se firent par l'entremise des commissaires *ad hoc*, de concert avec les autorités locales.

Sous Louis XIV, alors qu'une administration militaire fut organisée, les réquisitions de vivres et de fourrages se firent avec garanties, c'est-à-dire que des procès-verbaux, qui constataient les choses requises, en établissaient la valeur et en assuraient le paiement par le trésor royal.

Les ordonnances des rois avaient ainsi tenté de porter remède à ce qui n'était qu'un véritable pillage; mais elles ne furent que trop souvent inefficaces.

Quand la Révolution française eut à lutter contre l'Europe entière, il fallut faire face à des nécessités imprévues, armer toute la nation, pourvoir un nombre de soldats hors de proportion avec les levées antérieures, et on dut nécessairement recourir à des moyens de réquisition pour parer à de telles nécessités.

Le 7 avril 1790, des lettres patentes du roi soumettent tous les citoyens au logement des gens de guerre jusqu'à nouvel ordre.

Une loi du 10 juillet 1791, relative aux places de guerre, traite dans son titre V du logement des troupes et des obligations qui en résultent. Elle a été complétée par un règlement du 23 mai 1792 qui, jusqu'en 1877, a régi la matière.

Le décret des 26-29 avril 1792 prescrivit les mesures à prendre pour les réquisitions de voitures, charrettes, bêtes de somme ou de trait, chevaux, paille, fourrage, pain, etc., qui pourraient être exigés des particuliers, sous la condition toutefois de les indemniser, et chargea les commissaires ordonnateurs des vivres d'y procéder.

Celui des 18-24 juin 1792 étendit aux administrations de districts et aux commissaires nommés par elles le droit de réquisition conféré aux commissaires ordonnateurs des vivres, pour le cas où ceux-ci ne pourraient se transporter sur les lieux.

Un autre décret, en date du 13 décembre 1792, autorisa les commissaires des guerres, quand les fournitures manquaient, à pourvoir par la réquisition aux besoins des troupes, sous réserve de rendre compte au ministre de la guerre, qui lui-même devait informer la Convention.

Les décrets des 9-28 mars 1793 mettent à la disposition de la nation les chevaux qui ne servent point à l'agriculture, au commerce ou à des besoins d'une nécessité reconnue.

La loi des 23-24 août 1793 mit en réquisition, en même temps que tous les habitants, les armes, les chevaux et les grains, et investit les représentants du peuple en mission des pouvoirs illimités attribués aux représentants du peuple près les armées.

Celle du 16 nivôse an II mit en commun toutes les denrées dans les villes assiégées.

La loi du 18 brumaire an III, qui, jusqu'à la dernière loi, servait de base pour les réquisitions, bien que les autorités auxquelles elles se réfèrent n'existassent plus, vint déclarer que toutes les denrées, subsistances et autres objets nécessaires aux besoins de la République, pourraient être mis en réquisition, mais qu'il n'y aurait plus de réquisitions illimitées. Chaque réquisition dut désigner l'espèce, la quantité, les délais de livraison, les districts où elle était exercée. Ce furent, sous la surveillance du Comité de salut public, les commissions des approvisionnements qui eurent le droit de prononcer les réquisitions ; quelquefois les mêmes pouvoirs étaient remis aux représentants aux armées. Les réquisitions étaient enregistrées aux districts et exécutées par les soins des municipalités et des agents nationaux. Les citoyens étaient tenus d'y déférer sous peine de confiscation des objets requis. Les agents convaincus de s'être servis pour eux des réquisitions ou de les avoir exécutées sans autorisation étaient punis de *six ans de fers*.

La loi du 22 janvier 1795 (3 pluviôse an III) établit des moyens légaux de coercition en prononçant contre tout propriétaire ou cultivateur soumis à une réquisition de grains, qui n'y satisfaisait pas dans le délai de huit jours, l'arrestation et l'emprisonnement, sans en déterminer la durée ; elle les frappait de plus d'une amende égale à la valeur des grains qu'ils auraient négligé ou refusé de fournir.

Le prix des objets requis devait être fixé soit sur les cours des marchés du lieu, soit sur les mercuriales des marchés voisins.

La loi du 16 mars 1795 (26 ventôse an III) rendit la loi du 3 pluviôse an III applicable, quant à l'emprisonnement, aux cultivateurs qui refuseraient d'obéir aux réquisitions de voitures, et de plus, prononça contre eux une amende égale à la valeur des denrées dont ils auraient par leur refus occasionné la détérioration ou la perte.

Des lois du 3 vendémiaire et du 16 brumaire an V permettent de se servir des bons de réquisition pour acquitter les contributions.

Une loi du 14 nivôse an VII, relative à la formation de nouvelles troupes, autorise les administrations centrales à se procurer des armes au besoin par des réquisitions « qui seront exécutées par les voies coercitives prescrites pour le recouvrement des contributions. Les armes requises seront payées sur le prix d'estimation qui en sera fait à dire d'expert. »

Un décret du 10 avril 1806 oblige les maires des lieux de gîte à fournir, au moyen de réquisitions, les chevaux et voitures nécessaires pour les convois militaires, lorsque les corps ne peuvent se les procurer autrement.

Le décret du 3 août 1808 complète le précédent; il porte que les individus qui, ayant à leur disposition des voitures et des chevaux, refuseront de les fournir pour des transports militaires, lorsqu'ils en sont requis par le maire, seront condamnés à payer une amende égale au prix qu'aura coûté la fourniture qu'ils auront refusé d'effectuer.

Un décret du 15 décembre 1813 règle le mode de réception des fournitures par réquisition, et ordonne aux préfets auxquels il aura été fait demande de réquisition, de nommer un commissaire qui se rendra dans chaque lieu indiqué pour y recevoir le versement des denrées requises et en délivrer aux contribuables le récépissé qui leur servira de titre au paiement du prix de leurs denrées.

Une loi du 28 juin 1815 autorisa le Gouvernement à assurer pendant l'année 1815, par voie de réquisition, la subsistance des armées.

Sous le gouvernement de la Défense nationale, un décret du 11 novembre 1870 attribua au ministre de la guerre les droits de réquisition nécessaires pour accélérer la mise en défense du territoire. Un autre, du 22 novembre, détermina les réquisitions à faire pour assurer la construction de batteries d'artillerie. Un troisième, du 28 novembre, attribua aux ingénieurs en mission pour la défense des droits de réquisition.

Cette analyse, si rapide qu'elle soit, suffit pour montrer combien était obscure et confuse cette législation formée de dispositions édictées dans des temps troublés, sous l'empire de nécessités pressantes, par suite sans maturité, se rapportant d'ailleurs à des autorités dont la plupart avaient disparu, et dont l'application, lorsqu'elle venait à être faite par l'effet de circonstances critiques, trouvait les populations et les autorités municipales presque aussi ignorantes de leurs devoirs que de leurs droits.

Mais la réquisition n'avait jamais cessé de figurer dans nos règlements militaires. Sans parler des droits attribués aux commandants des places assiégées, les règlements du 31 décembre 1823 sur les convois militaires (art. 21) et du 1er janvier 1824 sur les transports de guerre, du 1er septembre 1827 sur le service des subsistances (sect. 3, tit. 4, art. 153), maintenaient la faculté pour l'autorité militaire de requérir, en cas de nécessité, soit des denrées, soit des moyens de transport.

Bien plus, malgré la sévérité excessive des pénalités prononcées par la loi du 3 pluviôse an III et le décret du 3 août 1808, on estimait généralement que ces dispositions étaient toujours en vigueur et pouvaient être appliquées. (Voir DALLOZ, v° *Réquisitions*, nos 19 et suivants.)

Une cruelle expérience démontra, en 1870, tout ce que cette législation avait d'inefficace pour les besoins de l'armée, et combien elle compromettait les intérêts privés.

Ces inconvénients étaient d'autant plus sensibles que nos adversaires avaient sur ce point une supériorité incontestable.

L'Allemagne, en effet, au lieu d'attendre les crises pour ordonner les mesures nécessaires, était depuis longtemps en possession de lois qu'elle a d'ailleurs encore améliorées et complétées récemment, et qui ont pour objet de prévoir et de régler, aussi bien en temps de paix qu'en temps de guerre, les ressources que l'autorité militaire peut obtenir des habitants pour assurer les besoins de l'armée.

Aussi, les représentants les plus autorisés du pays et de l'armée ne mettaient point en doute la nécessité de combler la lacune existante dans nos lois et de créer en France une législation, préparée avec réflexion et maturité, qui donnât aux citoyens des garanties pour le respect de leurs droits et permît ainsi à l'armée, même en temps ordinaire et à raison même de ces garanties, d'obtenir des habitants un concours efficace si la nécessité s'en faisait sentir.

§ II.

Le Gouvernement fut amené à préparer cette loi dans les circonstances suivantes :

L'article 28 de la loi du 24 juillet 1873, sur l'organisation générale de l'armée, est ainsi conçu :

« L'instruction progressive et régulière des troupes de « toutes armes se termine chaque année par des marches, « manœuvres et opérations d'ensemble, de brigade, de divi-« sion, et, quand les circonstances le permettront, de corps « d'armée. Jusqu'à la promulgation d'une loi spéciale sur « la matière, un règlement d'administration publique, in-« séré au *Bulletin des lois*, déterminera les conditions sui-« vant lesquelles s'effectuera l'évaluation des dommages « causés aux propriétés privées, ainsi que le paiement des « indemnités dues aux propriétaires. »

Cette disposition avait pour objet d'appliquer dans l'armée française une mesure depuis longtemps mise en pratique dans les armées étrangères, mesure dont les bons résultats étaient universellement reconnus.

Il est évident, en effet, que les exercices du champ de manœuvres, quelque utiles qu'ils soient, sont insuffisants pour l'instruction des officiers et des soldats, et que le meilleur complément de cette instruction est d'exercer les troupes, rassemblées en corps d'armée, à manœuvrer sur des terrains non préparés, où tout est sujet d'études, aussi bien les accidents de la nature que les ressources du pays.

En exécution de cette sage prescription, le ministre de la guerre dut étudier et préparer une loi relative aux grandes manœuvres.

D'un autre côté, la nouvelle organisation militaire, qui permet de mettre sur pied, en cas de guerre, un nombre d'hommes bien supérieur à celui dont nos anciennes armées se composaient, devait avoir pour conséquence la faculté donnée au Gouvernement de se procurer sans retard les chevaux et les voitures indispensables pour les troupes.

Comme le faisait remarquer M. le général de Cissey, ministre de la guerre, dans l'exposé des motifs, les efforts de l'administration de la guerre doivent toujours tendre à n'entretenir sur le pied de paix que les forces et le matériel absolument nécessaires ; mais, en même temps, la plus simple prudence exige que l'on prévoie les mesures nécessaires pour compléter les effectifs de toute nature, et que ce complément puisse être obtenu à bref délai.

Déjà une loi du 1er août 1874 avait donné à l'administration militaire le moyen de faire, en cas de mobilisation, une levée des chevaux appartenant aux particuliers ; mais cette loi avait surtout pour objet de procurer à l'armée, dont l'effectif en pareil cas serait singulièrement augmenté, les chevaux indispensables à raison de cette augmentation d'effectif ; elle ne permettait pas de recenser et de classer d'avance les voitures attelées nécessaires à la mobilisation des corps d'armée.

Or, si la mobilisation de l'armée venait à être ordonnée en présence d'un danger manifeste, il faudrait avant tout assurer, et pour ainsi dire instantanément, la mise sur le pied de guerre des régiments et des corps d'armée qui composent l'armée active. Cette mobilisation comporte l'adjonction aux régiments et aux divisions *d'hommes* que leur fournit la loi de recrutement, *de chevaux* que leur donnait la loi du 1er avril 1874, *de voitures attelées* nécessaires pour compléter les convois de corps d'armée, c'est-à-dire les convois qui partent en même temps que les troupes et les suivent dans tous leurs mouvements jusque devant l'ennemi.

Il y avait donc lieu d'étudier les moyens de procurer à l'armée, par voie d'acquisition obligatoire, les voitures qui lui seraient indispensables, de les recenser et de les classer d'avance de façon à organiser, pour le cas de mobilisation, une réquisition pour ainsi dire immédiate.

Ces graves questions n'étaient pas exclusivement du domaine de l'autorité militaire. Elles touchent par certains points à l'administration départementale et communale; elles peuvent provoquer des contestations litigieuses, et par là entrent dans le domaine de la justice; les paiements à faire regardent les finances; la marine peut avoir aussi besoin de recourir à la loi; les intérêts de l'agriculture doivent être consultés avec le plus grand soin. Le ministre de la guerre, désireux de s'entourer des meilleurs éléments d'information, nomma une commission formée des représentants des différents ministères intéressés et la chargea de revoir le projet élaboré par ses bureaux.

Mais bientôt, il fut facile de reconnaître qu'on étudiait un détail d'une question beaucoup plus générale et plus importante, celle des rapports de l'armée avec les habitants et des ressources qu'elle peut en obtenir lorsque ses moyens ordinaires d'approvisionnement font défaut.

De concert avec la commission, le ministre de la guerre

prépara alors un projet plus complet qui fut porté au Conseil d'État et discuté par cette haute assemblée avec la maturité et l'expérience qui distinguent ses délibérations.

A la suite de ces épreuves successives, le projet fut soumis par le Gouvernement à l'Assemblée nationale le 22 novembre 1875 et renvoyé à la commission de l'armée. Mais l'Assemblée se sépara avant d'avoir pu l'examiner. Dès qu'un nouveau Parlement lui eut succédé, le ministre de la guerre saisit du projet la Chambre des députés (séance du 21 mars 1876) [1] qui en renvoya l'examen à une commission spéciale[2]. Cette commission apporta le soin le plus consciencieux à s'éclairer sur toutes les parties de cette œuvre; après une discussion complète de tous les détails, elle donna mission à son rapporteur, l'honorable M. le baron Reille, député du Tarn, de présenter à la Chambre le résultat de ses travaux (séance du 27 juillet 1876). Le rapport même, dont on ne saurait trop faire l'éloge, témoigne hautement de l'étude approfondie et minutieuse dont la loi a été l'objet [3].

Le projet de la commission était plus large que celui du Gouvernement. D'une part, il comprenait, sur la demande ultérieure du ministre de la guerre, les dispositions relatives à la réquisition des chevaux et mulets, englobant ainsi la loi du 1er août 1874 avec les modifications dont l'expérience

1. Voir l'exposé des motifs, *Journal officiel* du 15 avril 1876.

2. Cette commission était ainsi composée : MM. Cherpin, *président;* baron Reille, *secrétaire;* François Bel (Savoie), Tézenas, Rouveure, Étienne de Ladoucette (Meurthe-et-Moselle), général de Chanal, Belle (Indre-et-Loire), Lorois, Billy, Jametel.

3. Voir le rapport de M. le baron Reille, *Journal officiel,* numéros des 19 et 20 août 1876.

avait indiqué l'utilité au point de vue des intérêts de la population. De l'autre, la commission, désireuse de comprendre dans une loi unique tout ce qui concernait la matière, y introduisit un titre spécial reproduisant les règles anciennes relatives au logement militaire, non sans adoucir, dans une proportion notable, les charges que cette servitude imposait aux habitants.

Le projet ne rencontra dans la Chambre qu'une faible opposition et, après une courte discussion [1], il fut voté à la presque unanimité dans la séance du 22 février 1877.

Porté le 16 mars au Sénat, il fut de nouveau l'objet d'un sérieux examen de la part de la commission spéciale nommée à cet effet [2], qui chargea M. le colonel comte O. de Bastard de rédiger le rapport. Le 7 mai, cet honorable sénateur soumettait à l'Assemblée son remarquable travail, qui éclaire encore certains points restés un peu douteux [3]. Enfin, dans la séance du 16 juin, la loi fut votée par le Sénat à la suite de quelques observations; sur 225 votants, le projet réunit 215 suffrages [4].

Le législateur ne pouvait régler lui-même tous les détails d'exécution ; il décida qu'ils seraient l'objet d'un règlement d'administration publique. Le Conseil d'État fut en consé-

1. Voir *Journal officiel*, numéros des 13 janvier, 20 et 22 février 1877.

2. Cette commission se composait de MM. général de Cissey, *président;* colonel comte d'Andlau, *secrétaire;* colonel O. de Bastard, *rapporteur;* général Billot, Magnin, général Riffault, comte Rampon, général d'Andigné, général d'Aurelle de Paladines.

3. Voir le texte de ce rapport, *Journal officiel*, numéros des 24 et 25 mai 1877.

4. Voir *Journal officiel* du 15 juin 1877.

quence appelé à étudier les meilleures mesures à prendre pour assurer la facile application de la loi et prévenir les abus. Sur son avis conforme, est intervenu le décret réglementaire du 2 août 1877.

Nous croyons devoir appeler l'attention de nos lecteurs sur le peu de contradictions que la loi a soulevées dans les Assemblées législatives. L'accueil exceptionnellement favorable qu'elle a rencontré est dû non seulement à ce que la nécessité en était évidente pour tous au point de vue de l'organisation de nos forces, non seulement à ce qu'elle avait été préparée avec le plus grand soin, mais aussi à ce que, loin d'aggraver les charges de la population, elle assure aux intérêts privés des garanties qui leur manquaient auparavant.

§ III.

La règle, en matière de fournitures pour l'armée, c'est la livraison par les magasins militaires de tout ce qui est nécessaire au soldat, et l'administration militaire doit prendre des mesures pour être en état d'y pourvoir sur tous les points du territoire ; la nouvelle loi le rappelle expressément. Mais la guerre a des revirements inattendus qui peuvent, malgré la sollicitude qu'ont apportée le commandement et l'administration à prévoir toutes les éventualités, placer une troupe loin de tous les centres d'approvisionnement. D'un autre côté, il peut arriver que les ressources dont l'intendance dispose soient, à un moment donné, insuffisantes. Le salut de l'armée est en jeu; par suite l'intérêt sacré de la défense du pays est mis en question. N'est-il point légitime que, dans ces circonstances critiques, le Gouvernement recoure aux habitants et soit armé pour vaincre les rares résistances que le patriotisme ne suffirait point à prévenir? Alors que la France fait appel à tous ses enfants pour repousser l'ennemi, serait-il admissible qu'un citoyen fût en droit de refuser la faible partie de sa fortune qui lui est demandée, contre remboursement, pour venir en aide aux combattants?

Comme l'expropriation pour cause d'utilité publique, la réquisition est une dérogation aux règles ordinaires du droit de propriété; mais si elle a quelque chose de plus grave en ce qu'elle n'est pas précédée de l'indemnité, elle est encore plus justifiée, puisqu'il s'agit, nous le répétons, du salut de l'armée, c'est-à-dire du salut public.

D'ailleurs, ainsi que M. le baron Reille l'a très justement fait remarquer, il ressort de la réalité des faits que le droit de l'armée de faire appel aux habitants pour suppléer à ses besoins, n'est pas de ceux qu'on puisse discuter; ce droit est, a été et sera toujours le droit de la nécessité. S'il est souvent de ceux que la moralité réprouve, que les lumières plus répandues dans notre siècle tendent à faire tomber en désuétude, que la civilisation doit s'efforcer de proscrire, il n'en est pas moins vrai que toutes les fois que des masses d'hommes armés se trouveront privées des moyens nécessaires à leur subsistance, leur premier sentiment sera de les chercher autour d'elles, et aucune force humaine ne sera suffisante à protéger les populations si des règles ne président pas à ces circonstances exceptionnelles.

Quelques personnes, sans contester la légitimité du droit de réquisition, admettent difficilement qu'il puisse être exercé en temps de paix. C'est sous ce rapport que la loi a été le plus sérieusement combattue, soit à la Chambre des députés, soit au Sénat. On faisait valoir contre le projet que si les hasards de la guerre s'opposent parfois à l'approvisionnement normal des troupes, l'administration militaire doit être, pendant la paix, assez prévoyante pour ne se trouver jamais en défaut, et qu'en permettant à cette administration de recourir à la réquisition, on lui ferait perdre ces habitudes de prévoyance qui doivent être un de ses principaux mérites.

Les rapporteurs et le ministre de la guerre n'eurent point de peine à réfuter ces objections. Si la nécessité de s'adresser aux habitants se produit rarement en dehors de la guerre, elle peut cependant se présenter. Une concentration subite de troupes sur un même point pour combattre un fléau ou réprimer des troubles, une erreur dans un ordre de marche peuvent obliger momentanément l'autorité militaire à demander aux populations, soit la nourriture, soit le logement.

A un autre point de vue, les grandes manœuvres, qui sont l'image de la guerre, doivent avoir pour objet de préparer les troupes et l'administration militaire à toutes les opérations qu'elles auront à effectuer en cas de mobilisation. Il est donc indispensable qu'elles puissent, pendant ces exercices, user, au moins dans des limites restreintes, du droit de réquisition qu'elles auraient alors à exercer. Sous ce rapport, la déclaration suivante du ministre de la guerre a fait cesser toute hésitation :

« Vous savez, a dit M. le général Berthaut à la Chambre des députés (séance du 19 février 1877), que la guerre se fait aujourd'hui avec une rapidité foudroyante, et qu'il est par suite nécessaire que les troupes apprennent en temps de paix tout ce qu'elles doivent faire en temps de guerre, c'est-à-dire qu'elles aient une éducation professionnelle complète. C'est pour développer cette instruction pratique de la guerre que nous faisons les grandes manœuvres dans lesquelles on habitue les troupes, depuis le soldat jusqu'au général, à la solution de tous les problèmes possibles de guerre.

« Il n'est pas moins nécessaire d'habituer le service administratif et le commandement à la solution des problèmes d'administration, afin de ne pas les placer, en cas de guerre, en face d'une chose qu'ils n'auraient jamais faite, qu'ils feraient probablement mal, car on n'exécute bien que ce qu'on a souvent pratiqué.

« Je considère donc comme une nécessité d'exécuter la loi sur les réquisitions pendant les grandes manœuvres. »

Mais il est bien certain que les droits de l'autorité militaire doivent être moins étendus en temps de paix qu'en temps de guerre. Aussi avait-on d'abord pensé qu'il pouvait être préférable de créer, par des dispositions séparées, une loi pour le temps de paix et une loi pour le temps de guerre, de manière à distinguer complètement les pouvoirs de l'autorité militaire, l'étendue des réquisitions, les modes de procéder dans chacun de ces cas. L'examen attentif de la question fit abandonner ce projet. Le législateur a jugé que l'application des règles qui doivent présider aux rapports existant entre la population et l'armée serait d'autant plus facile que ces dispositions seraient contenues dans une loi unique, qu'en réalité l'exécution des réquisitions et le règlement des indemnités resteraient soumis aux mêmes principes, et qu'enfin la différence portant presque uniquement sur l'étendue du droit, mieux valait poser des règles communes, sauf à en restreindre l'application dans certaines conditions déterminées.

Une fois le principe du droit de réquisition posé, la loi n'avait plus qu'à en entourer l'exercice de garanties suffisantes pour diminuer les charges qu'elle impose aux populations. Aussi détermine-t-elle avec soin les autorités qui peuvent en faire usage, les règles qui doivent présider à l'exécution et les responsabilités qu'entraîneraient les abus ou les résistances illégales.

Enfin le législateur s'est attaché à assurer le paiement régulier et prompt des indemnités.

On ne peut, pour les réquisitions, employer les procédés ordinaires de l'expropriation, c'est-à-dire assurer à la personne dépossédée une *préalable* indemnité; mais si cette indemnité ne peut être préalable, elle peut assurément être juste et elle doit être prompte. Pour cela il faut de l'ordre, il faut que la réquisition s'exerce régulièrement et, autant que possible, par l'intermédiaire de l'autorité qui peut seule en faire une répartition équitable, c'est-à-dire l'autorité municipale; il faut qu'elle soit régulièrement constatée, que le règlement en soit prompt et facile, le paiement assuré dans le plus bref délai. On ne saurait contester que la nouvelle loi ait tout prévu pour atteindre ce but.

Nous ne pouvons, au surplus, mieux en déterminer l'esprit que par la citation suivante empruntée au rapport de M. le baron Reille :

« C'est surtout, et avant tout, pour protéger le citoyen, pour bien spécifier jusqu'où vont ses devoirs à l'égard de l'armée, pour bien limiter la portée des droits de celle-ci, que la loi est nécessaire en tout temps.

« Aux uns, elle doit donner les moyens, dans des cas imprévus, de se procurer sans délai le strict nécessaire, de le faire avec ordre, avec ménagement, avec la dignité que comporte une obligation légale, et non avec la brutalité, l'imprévoyance qui étaient autrefois l'usage trop répandu ; si les intérêts de la défense nationale sont en jeu, tout ce qui peut lui être nécessaire doit devenir l'apanage de l'armée ; et ceux des citoyens qui ne peuvent concourir autrement à l'œuvre commune, doivent trouver dans leur patriotisme une généreuse satisfaction à s'y associer par l'aide qu'ils donnent aux combattants.

« Aux habitants, la loi doit en tout temps une protection contre des abus qui, en dehors même de ce qu'ils ont de répréhensible au point de vue moral, constituent un véritable crime de lèse-nation, puisqu'ils dissipent des ressources qui auraient pu être utilement employées, qui constituent une portion de la richesse publique et une part des moyens de défense du territoire. En permettant aux soldats de demander l'indispensable par des voies extraordinaires, la loi doit s'assurer que cette distribution spéciale est absolument nécessaire ; elle doit en rendre responsable vis-à-vis du pays celui qui l'ordonne ; elle doit assurer au citoyen la rémunération de ce qu'il a fourni, afin que les charges sociales entraînées par la défense de la patrie soient également réparties entre tous. »

§ IV.

La loi du 3 juillet 1877 est divisée en neuf titres :

TITRE Ier. — *Conditions générales dans lesquelles s'exerce le droit de réquisition.*

Ce titre indique dans quelles circonstances peut s'exercer le droit de réquisition; quelles sont les autorités appelées à l'exercer; dans quelles limites et dans quelles formes les réquisitions doivent être faites; quels droits en découlent.

TITRE II. — *Des prestations à fournir par voie de réquisition.*

Les questions résolues sous ce titre sont les suivantes :

Quels sont les objets susceptibles d'être réquisitionnés?

Ces objets peuvent-ils être indifféremment requis en temps de paix et en temps de guerre?

Les réquisitions peuvent-elles s'étendre à des besoins autres que ceux de l'armée?

Y a-t-il des réquisitions qui ne donnent pas droit à indemnité?

TITRE III. — *Du logement et du cantonnement.*

Ce titre contient les règles relatives au logement des troupes et à leur cantonnement, et établit nettement la distinction à faire entre ces deux situations.

TITRE IV. — *De l'exécution des réquisitions.*

Le titre IV dispose que la réquisition est une charge communale dont le maire est l'intermédiaire nécessaire. Il en limite l'exercice aux ressources que possède la commune sans pouvoir les absorber; il charge l'autorité communale d'une répartition qui oblige les habitants, et édicte des peines, soit contre ceux qui refusent l'obéissance, soit contre ceux qui abusent du droit dont la loi les arme.

TITRE V. — *Du règlement des indemnités.*

La loi organise sous ce titre, qui est pour ainsi dire la base de la loi pour les citoyens, un nouveau mode de règlement prompt et facile. Elle crée, par département, une commission d'évaluation. Les indemnités fixées par l'autorité militaire, sur la proposition de la commission, sont notifiées aux intéressés qui ont un délai déterminé pour les accepter ou les refuser.

Les allocations acceptées sont immédiatement réglées et payées. Les intéressés qui ne veulent pas accepter ont un recours ouvert, soit devant le juge de paix, soit devant le tribunal de première instance.

TITRE VI. — *Des réquisitions relatives aux chemins de fer.*

Ce titre indique en quelques articles les principes généraux d'après lesquels doivent se faire les réquisitions dont les chemins de fer pourraient être l'objet.

TITRE VII. — *Des réquisitions de l'autorité maritime.*

Ce titre rend la loi applicable à l'armée de mer, qui aura moins fréquemment occasion d'en faire usage, mais qui cependant, dans certains cas, peut se trouver forcée d'y recourir.

TITRE VIII. — *Dispositions relatives aux chevaux, mulets et voitures nécessaires à la mobilisation.*

Ce titre important, qui a un caractère un peu spécial, renferme les dispositions empruntées à la loi du 1er août 1874 sur les réquisitions de chevaux, et comprend en outre les règles nécessaires pour la réquisition des voitures attelées dont l'armée peut avoir besoin en cas de mobilisation.

TITRE IX. — *Dispositions spéciales aux grandes manœuvres.*

Enfin le IXe et dernier titre fixe, pour les dégâts qui peuvent résulter des grandes manœuvres prévues par l'article 28 de la loi du 24 juillet 1873, un mode de règlement analogue à celui qui est proposé pour les réquisitions, mais plus sommaire.

§ V.

La loi du 3 juillet 1877 a été complétée :

1° Par la loi du 18 décembre 1878 qui dispense du timbre et de l'enregistrement les actes faits en exécution de la loi sur les réquisitions militaires. (Voir le texte de cette loi à la fin du volume.)

2° Par la loi du 5 mars 1890 modifiant l'article 7, en vue de faciliter la formation des approvisionnements nécessaires à la subsistance de la population civile des places de guerre.

Le texte de la loi du 3 juillet 1877, que nous publions à la fin du volume, tient compte des modifications votées en 1890.

La division du décret du 2 août 1877, portant règlement d'administration publique pour l'exécution de la loi sur les réquisitions, correspond exactement à celle de cette loi. Nous passerons en revue les dispositions de ce décret au fur et à mesure que nous étudierons chacun des articles de la loi auxquels elles se rapportent.

Nous mentionnerons les modifications apportées à divers articles du règlement d'administration publique : 1° par le décret du 23 novembre 1886 relatif au logement militaire et 2° par celui du 3 juin 1890 relatif aux approvisionnements nécessaires à la subsistance des habitants des places fortes, qui détermine les autorités civiles auxquelles le droit de requérir peut être délégué et les conditions et les formes dans lesquelles ce droit s'exercera.

Enfin, nous dirons quelques mots d'une loi récente qui prévoit la réquisition des pigeons voyageurs et réglemente leur recensement. (Voir § 41.)

§ VI.

La loi du 3 juillet 1877 et le décret du 2 août suivant ont été rendus applicables en Algérie par le décret du 8 août 1885 et aux colonies par le décret du 17 septembre 1893.

Nous renvoyons au texte de ces décrets qui sont insérés à la fin du commentaire de la loi (§§ 611 et 612).

COMMENTAIRE

DE LA

LOI DU 3 JUILLET 1877

RELATIVE AUX

RÉQUISITIONS MILITAIRES

TITRE Ier

CONDITIONS GÉNÉRALES DANS LESQUELLES S'EXERCE LE DROIT DE RÉQUISITION

ARTICLE PREMIER.

En cas de mobilisation partielle ou totale de l'armée, ou de rassemblement de troupes, le ministre de la guerre détermine l'époque où commence, sur tout ou partie du territoire français, l'obligation de fournir les prestations nécessaires pour suppléer à l'insuffisance des moyens ordinaires d'approvisionnement de l'armée.

Cas dans lesquels s'ouvre le droit de réquisition.

1. — Le législateur a pris soin d'indiquer, dès le début, que la réquisition militaire ne saurait être considérée comme un mode normal d'approvisionnement de l'armée, qu'au contraire elle a pour but unique de suppléer à l'insuffisance des moyens ordinaires.

2. — Le droit de réquisition ne s'ouvre que dans certains cas déterminés. Au ministre de la guerre seul devait appartenir le

droit de déclarer que les circonstances nécessitent l'application de la loi sur les réquisitions, de fixer la portion du territoire sur laquelle elles peuvent être exercées et la période pendant laquelle l'autorité militaire peut recourir aux habitants. Une mesure de cette nature présente un caractère trop exceptionnel pour qu'on abandonne à toute autre initiative qu'à celle du ministre responsable une décision qui crée pour les citoyens des devoirs et pour l'armée des droits si différents des règles ordinaires de leurs relations.

3. — De plus, la loi restreint le pouvoir du ministre de la guerre sous ce rapport à deux situations : la mobilisation et le rassemblement.

Examinons ces deux cas :

1° *La mobilisation.*

La mobilisation que prévoit l'article 21 de la loi du 24 juillet 1873, relative à l'organisation générale de l'armée, peut se définir le passage de l'armée du pied de paix au pied de guerre. La mobilisation est *totale* lorsque, en prévision d'une grande guerre, elle embrasse la totalité de l'armée ; *partielle* [1], lorsqu'elle ne s'étend qu'à un certain nombre de corps d'armée ou de corps de troupes et de services dans chaque région, ou bien enfin lorsqu'elle n'appelle sous les drapeaux qu'une fraction des réserves [2].

---

1. Voir au § 188 un avis du Conseil d'État du 9 janvier 1889 portant qu'on ne saurait assimiler un rassemblement de troupes en temps de paix (rassemblement occasionné par les grandes manœuvres) à la mobilisation totale ou partielle qui confère à l'autorité militaire le droit à l'ensemble des prestations énumérées dans le titre II de la loi du 3 juillet 1877.

2. Une expérience de mobilisation partielle a été faite au mois de septembre 1887, en vertu de la loi du 29 juillet 1887, dont nous reproduisons les articles relatifs aux réquisitions :

Art. 1er. — Le ministre de la guerre est autorisé à procéder, dans le courant de l'année 1887, à une expérience de mobilisation dans une région de corps d'armée. (L'expérience a porté sur le 17e corps.) Cette expérience s'effectuera conformément aux dispositions spécifiées dans les articles ci-après :

Art. 2. — L'ordre de procéder à la mobilisation du corps d'armée désigné sera

C'est à ce moment surtout que de nombreuses réunions d'hommes, de chevaux, de matériel, peuvent rendre nécessaire le recours aux habitants pour trouver les moyens d'abriter,

---

envoyé par le télégraphe et affiché dans toutes les communes du territoire de la République....

Art. 6. — Dès la réception de l'ordre de mobilisation, l'autorité militaire se trouvera investie du droit de réquisition sur le territoire de la région désignée, pendant une durée de vingt-huit jours et dans les conditions prévues par la loi du 3 juillet 1877 pour le cas de mobilisation, sauf en ce qui concerne la réquisition des chevaux, mulets et voitures nécessaires à la mobilisation, qui fait l'objet du titre VIII de la loi du 3 juillet 1877, et qui s'exécutera conformément aux dispositions des articles ci-après.

Art. 7. — Les opérations de la réquisition des chevaux, mulets et voitures nécessaires à l'expérience de mobilisation seront limitées à la région de corps d'armée désignée pour l'expérience.

Cet essai de réquisition n'entraînera pas l'acquisition des chevaux et voitures requis; mais il sera payé aux propriétaires un prix journalier de location de :

12 fr. par cheval d'officier;

10 fr. par cheval de troupe et mulet;

12 fr. 50 c. par voiture à un collier, y compris la location du cheval;

24 fr. par voiture à deux colliers, y compris la location des chevaux;

Indépendamment des indemnités pour dépréciations qui seraient reconnues au moment de la restitution des animaux et du matériel, ou pour pertes survenues pendant la durée de l'expérience.

La restitution s'opérera dans les lieux de rassemblement où la réquisition a été effectuée, par les soins des commissions mixtes prévues à l'article 46 de la loi du 3 juillet 1877. Ces commissions seront chargées d'évaluer les indemnités qui pourraient être dues pour les dépréciations ou pertes susvisées.

Si cette évaluation est acceptée, le montant de la somme fixée est payée sur-le-champ.

En cas de désaccord, la contestation est introduite et jugée comme il est dit à l'article 26 de la loi du 3 juillet 1877.

Indépendamment des réquisitions prévues ci-dessus, le ministre est autorisé à faire réquisitionner, sur tout le territoire, les moyens de transports qui peuvent être nécessaires à la gendarmerie pour assurer la prompte transmission de l'ordre relatif à l'essai de mobilisation.

Art. 8. — Le ministre de la guerre est autorisé à réquisitionner, conformément aux dispositions du titre VI de la loi du 3 juillet 1877 et du décret du 1er juillet 1874 modifié par le décret du 29 octobre 1884 portant règlement général pour les transports militaires par chemins de fer, dans la mesure et pour le temps qu'il fixera, sur les réseaux de chemins de fer desservant le corps d'armée qui sera désigné, tous les moyens de transport, en personnel et en matériel, dont l'emploi sera nécessaire pour l'exécution de l'expérience de mobilisation.

Les tarifs applicables pour les transports militaires sur les lignes requises pendant le temps que durera la réquisition, seront au maximum ceux qui sont déterminés pour le cas de réquisition totale, en temps de guerre.

Les délais légaux pour le transport et la livraison des marchandises seront prolongés de douze jours pour les envois en provenance ou à destination des gares de la région, qui auraient été enregistrés antérieurement à l'ordre de mo-

quelquefois de nourrir, d'autres fois de pourvoir de certains objets oubliés, ces excédents d'effectifs agglomérés sur des points où il est difficile, au moins quant au logement, de préparer à l'avance tout ce qui est indispensable.

Des accidents de guerre peuvent aussi occasionner, pour les corps mobilisés, des marches imprévues qui rendent impossible l'envoi préalable d'approvisionnements, et c'est spécialement dans ces circonstances que le patriotisme des habitants, auquel on n'a jamais recouru en vain, mais qu'il importe de ménager par une sage réglementation, doit être utilisé pour les besoins de l'armée.

En cas de *mobilisation totale* de l'armée, l'autorité militaire

---

bilisation. Cette mesure s'appliquera également aux envois qui auraient à transiter par cette région.

La prolongation de douze jours ci-dessus indiquée sera réduite à trois jours pour les envois d'animaux et les expéditions de denrées.

Les conditions dans lesquelles les compagnies de chemins de fer intéressées pourront continuer leurs services commerciaux sur les lignes requises, après avoir satisfait à toutes les exigences de la réquisition, seront réglées par les ministres de la guerre et des travaux publics, sur l'avis de la commission militaire supérieure des chemins de fer, les directeurs de ces compagnies entendus.

Le public sera avisé, par voie d'affiches, de la suppression totale ou partielle des trains ordinaires de l'exploitation, ainsi que de la fermeture de certaines gares sur les réseaux intéressés.

Ces affiches porteront également à la connaissance du public les modifications relatives aux délais légaux de transport et de livraison, concernant les marchandises remises aux bureaux d'expédition, le premier jour de la mobilisation et pendant la durée de cette opération, ainsi que les règles que fixera le ministre des travaux publics relativement aux taxes à percevoir en cas de changement d'itinéraire.

Art. 9. — Il ne pourra être alloué d'indemnité en dehors des cas prévus par les articles 28 de la loi du 24 juillet 1873 et 54 de la loi du 3 juillet 1877 concernant les grandes manœuvres.

Art. 10. — Il est ouvert au ministre de la guerre, au titre du budget ordinaire de l'exercice 1887, en addition aux crédits alloués par la loi de finances du 27 février 1887, un crédit extraordinaire montant à la somme de sept millions de francs (7,000,000 fr.), chapitre 51 : « Expérience de mobilisation. »

Il sera pourvu au crédit extraordinaire ci-dessus au moyen des ressources générales du budget ordinaire de l'exercice 1887.

En 1894, une seconde expérience portant sur les chevaux eut lieu en vertu d'une loi du 13 juillet 1894. Il s'agissait de former deux régiments de réserve de cavalerie avec les chevaux provenant de réquisitions. Nous en reparlerons sous le § 335 *bis*.

peut user du droit de requérir les prestations nécessaires à l'armée, depuis le jour de la mobilisation jusqu'au moment où l'armée est remise sur le pied de paix. (Décret réglementaire du 2 août 1877, art. 1er.)

En cas de *mobilisation partielle*, des arrêtés du ministre de la guerre déterminent l'époque où pourra commencer et celle où devra se terminer l'exercice du droit de réquisition, ainsi que les portions de territoire où le droit de réquisition pourra être exercé.

Ces arrêtés sont publiés dans les communes. (Id., art. 2.)

Ainsi, la mobilisation totale entraîne comme conséquence naturelle le droit de réquisition ; dans le cas de mobilisation partielle, au contraire, il faut qu'un arrêté spécial du ministre de la guerre intervienne pour décider que ce droit pourra être exercé, la période pendant laquelle il pourra l'être, et les portions de territoire qui y seront soumises.

2° *Rassemblement.*

4. — Le rassemblement est une concentration de troupes ordonnée par le ministre de la guerre, sans que l'armée passe au pied de guerre. Ces concentrations peuvent être motivées par des causes diverses : des inondations, des incendies de forêts, des agitations locales, des troubles, etc. Ces événements, qui presque toujours se produisent subitement, peuvent mettre le ministre de la guerre dans l'obligation d'appeler brusquement sur certains points de notre territoire des troupes pour lesquelles les ressources ordinaires des marchés et des transports de la guerre ne sauraient être suffisantes, soit qu'il n'y ait pas sur les lieux ou à portée de magasins militaires, soit que les communications elles-mêmes se trouvent interrompues.

Enfin, le rassemblement des troupes doit aussi s'entendre de leur réunion pour les grandes manœuvres annuelles ordonnées par l'article 28 de la loi du 24 juillet 1873 comme complément de l'instruction progressive et régulière des troupes de toutes armes.

Dans ces opérations, auxquelles concourent parfois plusieurs corps d'armée, un ordre mal exécuté peut conduire nos soldats loin de leurs convois, ou une marche inopinée, simulacre de celles de la guerre, peut forcer à recourir à la réquisition.

Il y a d'ailleurs un incontestable avantage à instruire en temps de paix le soldat pour la guerre, non seulement sur le maniement de ses armes, mais encore sur tous les détails de ce qu'il aura à faire en campagne. L'habituer à se loger et à se cantonner chez l'habitant avec un ordre complet, lui apprendre la conduite qu'il doit tenir vis-à-vis de la population, c'est assurément une excellente école.

Enfin, il n'est pas moins utile que l'administration de la guerre apprenne elle-même à procéder avec ordre aux réquisitions, et les grandes manœuvres doivent lui permettre d'acquérir cette partie essentielle de son instruction.

M. Laisant, à la Chambre des députés, et M. Meinadier, au Sénat, avaient demandé par voie d'amendement la suppression du mot « *rassemblement* ». Ils paraissaient craindre qu'en étendant le droit de réquisition au delà du cas de mobilisation, on ne mît sans besoin et sans limites la propriété privée à la disposition du ministre de la guerre.

Ces objections furent combattues par les rapporteurs et par le ministre de la guerre, qui insistèrent sur la nécessité du droit de réquisition en cas de rassemblement, firent remarquer que cette situation n'était point arbitraire puisqu'elle est prévue par les règlements qui allouent dans ce cas une indemnité exceptionnelle tant aux hommes de troupe qu'aux officiers, fonctionnaires et employés militaires (Décret du 25 décembre 1875,

---

1. Un avis du Conseil d'État (section des finances... de la guerre, etc.) du 9 janvier 1889, intervenu sur la demande du ministre de la guerre, porte « que le rassemblement des troupes en vue des grandes manœuvres ne constitue pas le cas de mobilisation totale ou partielle ». (Voir § 188.)

art. 16), et ajoutèrent enfin que l'administration de la guerre était la première intéressée à limiter strictement le droit de réquisition dont l'exercice est toujours plus onéreux que les modes d'approvisionnement habituels.

Enfin, il convient d'observer qu'en dehors de la mobilisation, le droit de réquisition est fort peu étendu. Nous verrons, en effet, que l'article 5 le limite au logement ou cantonnement, et, d'une manière très restreinte, à la nourriture et aux moyens de transport.

5. — Quelle que soit la cause du rassemblement, un arrêté du ministre de la guerre doit intervenir pour déterminer l'époque où peut commencer et celle où doit se terminer l'exercice du droit de réquisition, ainsi que les portions de territoire où ce droit peut être exercé. Cet arrêté doit être publié dans les communes que comprend le territoire soumis aux réquisitions. (Décret régl., art. 2.)

Des difficultés s'étant élevées sur le point de savoir à quels agents incomberait le soin de procéder à l'affichage, il a été convenu entre les ministres de la guerre et de l'intérieur, que les affiches seraient adressées par les généraux commandant les corps d'armée à la gendarmerie, qui les remettrait directement aux maires des communes, veillerait à leur apposition et en dresserait procès-verbal. De leur côté, les maires font procéder à l'opération matérielle de l'affichage par les soins de l'agent chargé de l'affichage des autres actes de l'autorité publique. (Circ. du ministre de la guerre du 29 août 1883 et du ministre de l'intérieur du 31 octobre 1883.)

ARTICLE 2.

Toutes les prestations donnent droit à des indemnités représentatives de leur valeur, sauf dans les cas spécialement déterminés par l'article 15 de la présente loi.

Principe du droit à indemnité.

6. — Le devoir auquel obéit le citoyen en se dépouillant, pour une nécessité d'ordre supérieur, d'une portion de sa propriété, lui constitue envers la société un droit de dédommagement absolu. L'indemnité ne peut être préalable, mais elle n'en est pas moins due. Aussi, après avoir posé le principe que l'autorité militaire peut, en certains cas, exercer le droit de réquisition, le législateur a-t-il pris soin d'édicter cette règle qui en est la conséquence immédiate, c'est-à-dire que la prestation du citoyen qui a été requis lui constitue un droit à une indemnité égale à la valeur de la prestation fournie.

Nous verrons plus tard avec quelle prévoyance la loi veille à ce que le droit à indemnité ne soit pas illusoire, avec quel souci des intérêts privés elle s'est au contraire efforcée d'en faciliter l'exercice, en déterminant, d'une part, le mode d'exécution des réquisitions (titre IV) et, d'autre part, tout ce qui touche à l'examen des réclamations, au jugement les difficultés qu'elles soulèvent, enfin au paiement de l'indemnité (titre V).

7. — Le principe du droit à indemnité comporte une exception; mais la loi, en admettant cette dérogation, n'innove point : elle se borne à reproduire, en y apportant les modifications rendues nécessaires par nos nouvelles institutions militaires, une disposition de la loi du 23 mai 1792, disposition qui n'avait point cessé d'être en vigueur. L'article 15, auquel se réfère l'article 2, ne refuse en effet d'indemnité que pour le logement ou le cantonnement momentané des troupes.

ARTICLE 3.

Le droit de requérir appartient à l'autorité militaire.

Les réquisitions sont toujours formulées par écrit et signées.

Elles mentionnent l'espèce et la quantité des prestations imposées et, autant que possible, leur durée.

Il est toujours délivré un reçu des prestations fournies.

Droit de réquisition confié exclusivement à l'autorité militaire.

8. — Par la nature même des besoins auxquels il correspond, l'ordre de réquisition ne peut émaner que de l'autorité militaire; elle seule, en effet, peut réellement reconnaître s'il existe cette insuffisance des moyens d'approvisionnement qui, d'après l'article 1er, doit être l'unique motif des réquisitions.

Le décret du 2 août 1877, rendu en exécution de la délégation donnée par l'article 4 de la loi, a désigné celles des autorités militaires qui ont qualité pour ordonner ou exercer les réquisitions.

Il convient de distinguer à cet égard entre le cas où il s'agit d'une mobilisation totale et celui où il ne s'agit que d'une mobilisation partielle ou d'un rassemblement[1].

9. — Lorsque la mobilisation totale est ordonnée, les généraux commandant des armées, des corps d'armée, des divisions ou des troupes ayant une mission spéciale, peuvent de plein droit exercer des réquisitions.

Ils peuvent déléguer le droit de requérir aux fonctionnaires de l'intendance ou aux officiers commandant des détachements. (Décret réglementaire, art. 3.)

10. — Le droit de l'autorité militaire est plus étroitement circonscrit dans les autres situations ; en effet, en cas de mobi-

---

1. Nous avons exposé la base de cette distinction sous l'article 1er, § 3.

lisation partielle ou de rassemblement de troupes, la faculté d'exercer des réquisitions sur les portions de territoire et pendant la période déterminées par le ministre de la guerre, n'appartient de plein droit qu'aux généraux commandant les corps d'armée mobilisés ou les rassemblements de troupes.

Le droit de requérir peut être délégué par ces autorités aux fonctionnaires de l'intendance ou aux officiers commandant des détachements. (Décret réglementaire, art. 4.)

11. — Lorsque des détachements de différents corps ou des troupes de différentes armes se trouvent à la fois dans une commune, les réquisitions ne peuvent être ordonnées que par l'officier auquel le commandement appartient en vertu des règlements militaires, par conséquent à l'officier le plus élevé en grade ou, en cas d'égalité de grade, au plus ancien.

Cette dernière disposition ne s'applique pas aux réquisitions qui peuvent être ordonnées pour les besoins généraux de l'armée par les officiers généraux, les fonctionnaires de l'intendance ou encore par les autorités civiles, dans le cas où celles-ci interviennent pour l'approvisionnement des places fortes. (Décret réglementaire, art. 34.)

Exceptionnellement, et seulement en temps de guerre, tout commandant de troupe ou chef de détachement opérant isolément peut requérir, sous sa responsabilité personnelle, les prestations nécessaires aux besoins journaliers des hommes et des chevaux placés sous ses ordres. (Id., art. 8.)

Une note du Ministère de la guerre, du 6 juillet 1887, porte que :

« Dans le périmètre tracé par les saillants des ouvrages les plus avancés, le droit aux réquisitions de toute nature est exclusivement réservé au gouverneur.

« En dehors de ce périmètre et jusqu'à la limite de la zone myriamétrique, les commandants des troupes actives concentrées dans cette zone peuvent exercer le droit de réquisition, à charge d'en donner avis au gouverneur, mais seulement en ce qui concerne les vivres et les fourrages.

« Le gouverneur conservera, d'ailleurs, le droit de requérir, dans cette zone, tous les autres éléments nécessaires à la défense. »

Quand il s'agit de pourvoir à la formation des approvisionnements nécessaires à la subsistance des habitants des places de guerre, les réquisitions à exercer en vue de la constitution de ces approvisionnements peuvent être faites par les *autorités administratives*, mais c'est en vertu d'une délégation spéciale du gouverneur de la place, c'est-à-dire de l'autorité militaire. (V. sous l'article 7, §§ 47, 48 et 49.)

Forme des réquisitions.

12. — Afin de rendre efficace la responsabilité de l'autorité qui délivre l'ordre de réquisition et de fournir une base certaine à l'autorité municipale qui sert d'intermédiaire à l'exécution de la réquisition, la loi exige expressément que les réquisitions soient *toujours*, c'est-à-dire quelles que soient les circonstances, *formulées par écrit et signées*. Le maire pourrait donc très légitimement se refuser à exécuter un ordre verbal de réquisition, et s'il y consentait, il se rendrait personnellement responsable vis-à-vis de ses administrés.

13. — L'article 3 ajoute, comme complément de cette première règle, que les réquisitions doivent mentionner l'espèce et la quantité des prestations imposées, et pour celles, comme les moyens de transport par exemple, qui peuvent se prolonger, indiquer « *autant que possible* » la durée. La mention de l'espèce et de la quantité est donc absolument obligatoire, ces éléments étant toujours faciles à connaître[1] ; celle de la durée ne

---

1. Ainsi jugé par le juge de paix de Villers-Bocage, le 5 novembre 1885.

l'est pas, car dans certains cas on ne peut prévoir pendant combien de temps la prestation requise sera nécessaire.

14. — Le décret du 2 août, également par délégation de l'article 4 de la loi, a réglementé dans les termes suivants la forme dans laquelle l'ordre de réquisition doit être établi :

« Les ordres de réquisition sont détachés d'un carnet à souche qui est remis à cet effet entre les mains des officiers appelés à exercer des réquisitions. (Art. 9.)

« Les généraux » qui, suivant les distinctions indiquées plus haut, ont droit d'exercer les réquisitions « peuvent remettre aux chefs de corps ou de service des carnets à souche d'ordres de réquisition contenant délégation du droit de requérir, pour être délivrés par ces chefs de corps ou de service aux officiers sous leurs ordres qui pourraient être éventuellement appelés à exercer des réquisitions. (Id., art. 6.)

« L'officier qui a reçu délégation du droit de requérir doit, après avoir terminé la mission pour laquelle il avait reçu cette délégation, remettre immédiatement son carnet d'ordres de réquisition à son chef de corps ou de service, qui le fait parvenir à la commission chargée du règlement des indemnités, ainsi qu'il est dit au titre V. »

Quand, en exécution de la loi du 5 mars 1890 et du décret du 3 juin suivant, les autorités civiles sont appelées à exercer le droit de réquisition, il leur est délivré par le préfet des carnets à souche d'ordres de réquisition et de reçus. Le fonctionnaire doit remettre sans délai son carnet d'ordres de réquisition au préfet du département, qui le fait parvenir à la commission chargée du règlement des indemnités. (Id., art. 10.)

15. — Nous avons dit que, en temps de guerre, tout commandant de troupe ou chef de détachement opérant isolément peut requérir, sous sa responsabilité personnelle, les prestations nécessaires aux besoins journaliers des hommes et des chevaux placés sous ses ordres. Il n'est pas besoin, dans ce cas exceptionnel, que cet officier soit porteur d'un carnet de réquisitions. L'article 9 du décret réglementaire dispose à cet égard : « Les réquisitions ainsi exercées sont toujours faites « par écrit et signées : elles sont établies en double expédi-« tion, dont l'une reste entre les mains du maire et l'autre « est adressée immédiatement, par la voie hiérarchique, au « général commandant le corps d'armée. »

Délivrance d'un récépissé.

16. — Le dernier paragraphe de l'article 3 de la loi, qui exige qu'il soit toujours délivré un reçu des prestations fournies, s'explique et se justifie de lui-même. Il n'est pas fait exception à cette règle pour le cas où, en temps de guerre, le commandant d'une troupe et d'un détachement requiert les vivres ou les abris nécessaires à ses hommes. (Décret réglementaire, art. 9.)

Les reçus délivrés par les officiers chargés de la réception des prestations fournies sont extraits d'un carnet à souche qui est fourni par l'autorité militaire, comme les carnets d'ordres de réquisition (id., art. 7), suivant les règles exposées ci-dessus.

Ces reçus sont remis au maire qui a servi d'intermédiaire entre l'autorité militaire et les habitants, auxquels il est tenu à son tour de délivrer des reçus constatant ce que chacun a fourni (voir art. 20 de la loi). Lorsque, par exception, l'autorité militaire s'adresse directement aux habitants, c'est à ceux-ci que les reçus doivent être délivrés.

Inutile d'ajouter que ces pièces (ordres de réquisition et reçus) doivent être conservées avec le plus grand soin par le maire et les habitants, puisqu'elles serviront à établir les éléments du calcul de l'indemnité.

Article 4.

Un règlement d'administration publique déterminera les conditions d'exécution de la présente loi, en ce qui concerne la désignation des autorités ayant qualité pour ordonner ou exercer les réquisitions, la forme de ces réquisitions et les limites dans lesquelles elles pourront être faites.

Renvoi à un règlement d'administration publique.

17. — Le règlement d'administration publique auquel le législateur a renvoyé ces questions de détail, est le décret du 2 août 1877, dont nous avons déjà passé en revue les premières dispositions relatives aux points prévus par l'article 3.

Nous reproduisons intégralement à la fin du volume le texte de ce règlement ainsi que le texte de la loi du 3 juillet 1877, bien qu'il figure déjà en tête des commentaires de chaque article.

Nous reproduisons aussi la loi du 5 mars 1890 et le décret du 3 juin 1890 qui ont admis pour un cas spécial l'intervention des autorités civiles. Ces textes font corps avec la loi et le règlement. Ils sont indiqués en caractère italique à chacun des articles auxquels ils ont été ajoutés.

TITRE II

DES PRESTATIONS A FOURNIR PAR VOIE DE RÉQUISITION

ARTICLE 5.

Est exigible, par voie de réquisition, la fourniture des prestations nécessaires à l'armée et qui comprennent notamment :

1° Le logement chez l'habitant et le cantonnement pour les hommes et pour les chevaux, mulets et bestiaux dans les locaux disponibles, ainsi que les bâtiments nécessaires pour le personnel et le matériel des services de toute nature qui dépendent de l'armée ;

2° La nourriture journalière des officiers et soldats logés chez l'habitant, conformément à l'usage du pays ;

3° Les vivres et le chauffage pour l'armée, les fourrages pour les chevaux, mulets et bestiaux ; la paille de couchage pour les troupes campées ou cantonnées ;

4° Les moyens d'attelage et de transport de toute nature, y compris le personnel ;

5° Les bateaux ou embarcations qui se trouvent sur les fleuves, rivières, lacs et canaux ;

6° Les moulins et les fours ;

7° Les matériaux, outils, machines et appareils nécessaires pour la construction ou la réparation des voies de communication, et, en général, pour l'exécution de tous les travaux militaires ;

8° Les guides, les messagers, les conducteurs, ainsi que les ouvriers pour tous les travaux que les différents services de l'armée ont à exécuter ;

9° Le traitement des malades ou blessés chez l'habitant ;

10° Les objets d'habillement, d'équipement, de campement, de harnachement, d'armement et de couchage, les médicaments et moyens de pansement ;

11° Tous les autres objets et services dont la fourniture est nécessitée par l'intérêt militaire.

Hors le cas de mobilisation, il ne pourra être fait réquisition que des prestations énumérées aux cinq premiers paragraphes du présent article. Les moyens d'attelage et de transport, bateaux et embarcations, dont il est question aux §§ 4 et 5, ne pourront également être requis chaque fois, hors le cas de mobilisation, que pour une durée maximum de 24 heures.

Prestations qui peuvent être requises en cas de mobilisation ou de rassemblement.

18. — Cet article établit une distinction capitale entre le cas de la mobilisation et le cas de simples rassemblements de troupes[1]; il donne pour le premier à l'autorité militaire les pouvoirs les plus étendus et restreint dans d'étroites limites, pour le second, le droit de réquisition. Cette distinction qui, en Allemagne, a donné lieu à une double loi, l'une pour le temps de paix, l'autre pour le temps de guerre, paraît suffisamment déterminée par le dernier paragraphe de l'article que nous étudions[2].

PRESTATIONS QUI PEUVENT ÊTRE REQUISES EN CAS DE MOBILISATION.

19. — Nous devons d'abord faire remarquer qu'il n'existe aucune différence entre le cas de mobilisation totale et celui de mobilisation partielle en ce qui concerne les prestations auxquelles s'applique le droit de réquisition.

Tout peut alors être requis, car si la loi énumère certaines prestations pour lesquelles on aura le plus fréquemment recours aux habitants, le § 11 ajoute dans les termes les plus généraux : *Tous les autres objets et services dont la fourniture est nécessitée par l'intérêt militaire*. Il est bien évident que l'autorité militaire seule aura qualité pour apprécier, sous sa responsabilité, la nécessité de la fourniture, et que ni le maire, ni les habitants ne seraient fondés à refuser d'obéir à un ordre de réquisition, sous le prétexte que les prestations requises ne seraient point nécessaires à l'intérêt de l'armée ou de la défense.

1. Nous avons exposé, sous l'article 1er, §§ 3 et 4, les différences qui existent entre ces deux situations.

2. Sur la législation allemande, voir *Revue générale d'administration*, 1887, II, p. 458, et 1894, II, p. 200.

20. — Passons en revue les différentes prestations énumérées par l'article 5.

1° *Logement et cantonnement.*

Nous n'avons ici à entrer dans aucun détail. Les explications que nous pourrions donner trouveront mieux leur place sous le titre III, qui s'occupe spécialement de la question.

2° *Nourriture journalière des officiers et des soldats logés chez l'habitant, conformément à l'usage du pays.*

21. — Le rapport de la commission chargée de l'examen du projet, à la Chambre des députés, déclare en termes formels que c'est seulement dans des circonstances tout à fait exceptionnelles, comme après des marches forcées qui amèneront tardivement les troupes dans une localité, lorsque les soldats fatigués ne pourront eux-mêmes avoir le temps de faire la soupe et de préparer leurs aliments, que l'autorité militaire devra recourir pour ce soin aux habitants et leur demander de partager avec leurs hôtes un ordinaire souvent modeste.

M. le baron Reille ajoutait : « On ne saurait se dissimuler qu'il pourrait y avoir là matière à des difficultés et à des abus. Il semble cependant bien difficile d'entrer, pour ce cas réellement exceptionnel, dans une réglementation aussi minutieuse que celle de la loi allemande, et de prévoir par une disposition détaillée la fourniture qui devra être faite aux officiers et aux soldats. Essentiellement unie à la nation par son recrutement, l'armée n'est qu'une portion de celle-ci. Le citoyen comprendra, comme le soldat, les devoirs qu'impose à chacun d'eux l'hospitalité. Le premier offrira place à sa table, le deuxième donnera en échange la portion de ses vivres qu'il a emportée, et nous sommes persuadés que tous deux sauront s'entendre pour que ce repas ne cesse pas d'être un repas de famille. Il ne faut pas oublier d'ailleurs qu'il y a toujours pour l'habitant le droit à l'indemnité prévue par l'article 2.

« Pour sauvegarder cependant le citoyen contre des exigences possibles, sinon probables, et pour bien spécifier le caractère légal des dispositions qu'elle vous propose, votre commission a cru devoir ajouter au paragraphe : « *la nourriture journalière des officiers et soldats logés chez l'habitant* », les mots : « *telle qu'elle est en usage dans le pays* ».

L'article 12 du décret réglementaire du 2 août, s'inspirant des intentions du législateur, limite ainsi le droit du militaire, officier ou soldat, nourri chez l'habitant : « Lorsque des troupes « sont logées chez l'habitant et que celui-ci est requis de leur « fournir la nourriture, il ne peut être exigé une nourriture « supérieure à l'ordinaire de l'individu requis. »

En cas de contestation, il appartiendrait au maire d'intervenir soit auprès de l'habitant, soit auprès du chef de corps, pour faire lever au plus tôt la difficulté.

3° *Les vivres et le chauffage pour l'armée, les fourrages pour les chevaux, mulets et bestiaux; la paille de couchage pour les troupes campées ou cantonnées.*

22. — Nous verrons sous l'article 19, paragraphe final (voir §§ 226 et 227), que le législateur a imposé une sage limite à l'autorité militaire en prescrivant que les réquisitions exercées sur une commune ne doivent porter que sur les ressources qui y existent, sans pouvoir les absorber complètement.

Dans une pensée également prévoyante, le décret réglementaire dispose (art. 13) : « L'officier commandant un détache- « ment qui réquisitionne dans une commune des fournitures en « vivres, denrées ou fourrages pour la nourriture des troupes « ou des chevaux sous ses ordres, doit mentionner sur la réqui- « sition la quantité de rations requises et la quotité de la ration « réglementaire. »

C'est là du reste une application du principe général contenu dans l'article 3 de la loi, et d'après lequel les réquisitions doivent mentionner l'espèce et la quantité des prestations imposées.

4° *Les moyens d'attelage et de transport de toute nature, y compris le personnel.*

23. — La réquisition dont il s'agit ici est toute différente de la réquisition des voitures attelées qui doivent suivre l'armée en cas de mobilisation et dont s'occupe le titre VIII. Dans le premier cas, le propriétaire de la voiture ne fait que la prêter à l'autorité militaire, avec le cocher, conducteur ou charretier, pour un temps plus ou moins long, en vue d'effectuer des transports d'un lieu à un autre; dans le second, l'autorité militaire acquiert la voiture attelée, recensée et classée à l'avance, désignée par un tirage au sort, et elle la confie à un conducteur militaire, en vue de suivre dans leurs mouvements les troupes auxquelles cette voiture est attachée.

24. — Comme, dans la disposition dont nous nous occupons, il ne s'agit que d'un prêt, il faut, tout au moins lorsque le déplacement doit se prolonger, que l'état dans lequel se trouvent la voiture et l'attelage au moment de la remise à l'officier qui requiert, soit constaté, pour permettre au propriétaire de justifier le bien-fondé de sa réclamation si ces objets viennent à subir une détérioration pendant qu'ils sont entre les mains de l'autorité militaire. C'est à quoi pourvoit l'article 14 du décret réglementaire ainsi conçu : « Quand il y a lieu de requérir des « chevaux, voitures ou harnais, pour des transports qui doivent « amener un déplacement de plus de cinq jours avant le retour « des chevaux et voitures, il est procédé, avant la prise de pos- « session, à une estimation contradictoire faite par l'officier « requérant et le maire. »

Cet état estimatif doit évidemment être dressé en deux expéditions, dont l'une reste entre les mains du maire, l'autre étant gardée par l'officier.

25. — Il fallait, en outre, que le conducteur compris dans la réquisition pût, en cas d'accident survenu pendant que la voiture est à la disposition de l'administration militaire, mettre sa responsabilité à couvert vis-à-vis du propriétaire. Les articles 15 et 16 du règlement lui donnent cette garantie nécessaire, quelle que soit d'ailleurs la durée du déplacement.

« Art. 15. Si des chevaux ou voitures, requis pour accom-
« pagner un détachement ou convoi, sont perdus ou endomma-
« gés, le chef du détachement ou convoi doit délivrer au con-
« ducteur un certificat constatant le fait.

« Il y joint son appréciation des causes du dommage, et, si
« l'estimation préalable n'a pas eu lieu, une évaluation de la
« perte subie.

« Art. 16. En cas de refus de l'officier chef du détachement
« ou du convoi de délivrer les pièces mentionnées à l'article
« précédent, le conducteur des chevaux et voitures endommagés
« devra s'adresser immédiatement au juge de paix, ou, à défaut
« du juge de paix, au maire de la commune où s'est produit le
« dommage, pour en faire constater les causes et la valeur. »

Le maire d'une commune non chef-lieu de canton, qui refuserait de délivrer ce certificat, ou le maire d'un chef-lieu de canton qui s'y refuserait, lorsqu'il en est prié à défaut du juge de paix, s'exposerait à une poursuite en dommages-intérêts, en même temps qu'il manquerait gravement à son devoir.

L'indemnité pour perte et dépréciation est réglée conformément au titre V de la loi. (Voir § 584 *bis*.)

26. — Les chefs de détachement qui requièrent des conducteurs pour accompagner les voitures, doivent pourvoir à leur nourriture ainsi qu'à celle des chevaux, comme s'ils faisaient partie du détachement, pendant toute la durée de la réquisition. (Décret réglementaire, art. 19.) Les conducteurs et les chevaux ont aussi droit, comme les troupes, au logement ou au cantonnement. (Voir § 73.)

5° *Les bateaux ou embarcations qui se trouvent sur les fleuves, rivières, lacs et canaux.*

27. — La loi ne dit pas que le personnel de ces bateaux et embarcations puisse être requis, comme elle le dit lorsqu'il s'agit des voitures. Mais le droit de l'autorité militaire est incontestable en cas de mobilisation, puisque, d'une part, le § 8 permet, en termes généraux, de requérir « *les conducteurs* », et que, d'autre part, le § 11 étend le droit de réquisition à *tous les services* dont la fourniture est nécessitée par l'intérêt militaire.

28. — L'article 17 du décret réglementaire contient une disposition analogue à celle de l'article 14 que nous avons rencontrée en étudiant le paragraphe précédent. Il porte que toutes les fois qu'il est fait une réquisition de bateaux ou embarcations en dehors des eaux maritimes, pour une durée de plus de huit jours, il est procédé, avant l'enlèvement desdits objets, à une estimation faite contradictoirement par l'officier requérant et le maire de la commune.

S'il est, plus tard, restitué tout ou partie desdits objets, procès-verbal est dressé de cette restitution, ainsi que des détériorations subies, et mention en est faite sur le reçu primitivement délivré, auquel le procès-verbal est annexé.

La durée du déplacement pour laquelle le décret n'exige pas d'estimation est plus étendue lorsqu'il s'agit d'embarcations que lorsqu'il s'agit de voitures : elle est de huit jours dans le premier cas, tandis qu'elle n'est que de cinq jours dans le second.

Lorsque le personnel est requis en même temps que le bateau, nous estimons que, par analogie avec ce qui existe pour les voitures, le batelier pourrait, en cas d'accident, exiger de l'officier, chef du détachement, un certificat constatant la perte ou les détériorations subies, avec l'appréciation des causes du dommage et l'évaluation de la perte, si l'estimation préalable n'avait pas eu lieu. En cas de refus de l'officier, le batelier pourrait aussi, comme le conducteur, s'adresser au juge de paix et, à défaut du juge de paix, au maire. (Voir § 25.)

29. — Les bateliers nous paraissent compris parmi les conducteurs auxquels les chefs de détachement doivent assurer la nourriture (Décret réglementaire, art. 19) et le logement pendant toute la durée de la réquisition. (Voir § 73.)

30. — Le § 5 ne parle, on le remarquera, que des embarcations qui se trouvent en dehors des eaux maritimes ; les autres sont régies par l'article 23 de la loi du 3 juillet 1877. (Voir §§ 255 et suivants.)

6° *Les moulins et les fours.*

31. — Si la réquisition de moulins a pour objet d'en attribuer temporairement à l'autorité militaire l'usage exclusif, il est procédé, avant et après la prise de possession, à une constatation sommaire par l'officier requérant et le maire de la commune. (Décret réglementaire, art. 18.)

7° *Les matériaux, outils, machines et appareils nécessaires pour la construction ou la réparation des voies de communication, et, en général, pour l'exécution de tous les travaux militaires.*

32. — Toutes les fois qu'il est fait une réquisition d'outils, matériaux, machines, etc., pour une durée de plus de huit jours, il est procédé, avant l'enlèvement desdits objets, à une estimation faite contradictoirement par l'officier requérant et le maire de la commune.

S'il est, plus tard, restitué tout ou partie desdits objets, procès-verbal est dressé de cette restitution, ainsi que des détériorations subies, et mention en est faite sur le reçu primitivement délivré, auquel le procès-verbal est annexé. (Décret réglementaire, art. 17.)

8° *Les guides, les messagers, les conducteurs, ainsi que les ouvriers pour tous les travaux que les différents services de l'armée ont à exécuter.*

33. — Ainsi que nous avons déjà eu l'occasion de le dire en parlant des voituriers et des bateliers (voir §§ 25 et 29), les chefs de détachements qui requièrent des guides ou conducteurs pour accompagner les troupes, doivent pourvoir à leur nourriture, ainsi qu'à celle des chevaux, comme s'ils faisaient partie du détachement, pendant toute la durée de la réquisition (Décret réglementaire, art. 19) ; ils doivent aussi leur assurer le logement auquel les réquisitionnés ont droit comme les hommes de troupe. (Voir § 73.)

34. — Les services rendus par les guides, messagers et autres, leur donnent droit à indemnité.

L'article 20 du décret du 2 août règle ainsi qu'il suit la manière dont ces services sont constatés : « Les guides, les « messagers, les conducteurs et les ouvriers qui sont l'objet de « réquisitions reçoivent, à l'expiration de leur mission, un « certificat qui en constate l'exécution et qui est délivré : pour « les guides, par les commandants de détachements ; pour les « messagers, par les destinataires ; pour les conducteurs, par « les chefs de convois, et pour les ouvriers, par les chefs de « service compétents. »

9° *Le traitement des malades ou blessés chez l'habitant.*

35. — Cette prestation peut se présenter sous deux formes : l'abri donné aux malades et blessés et les soins médicaux.

En ce qui concerne l'installation, l'article 21 du décret réglementaire dispose que lorsqu'il y a lieu de requérir le traitement de malades ou blessés, les maires fournissent des locaux spéciaux pour le traitement desdits malades ou blessés, et, à défaut de locaux spéciaux, les répartissent chez les habitants.

Mais cette obligation, que l'humanité imposerait à défaut de la loi, eût été excessive si on n'avait point excepté le cas de maladie contagieuse. D'ailleurs, la prudence la plus élémentaire prescrit de circonscrire, autant que possible, le foyer de la contagion. Aussi le même article du décret ajoute-t-il : « S'il s'agit « de maladies contagieuses, les maires doivent pourvoir aux « soins à donner dans des bâtiments où les malades puissent « être séparés de la population et qui, au besoin, sont requis à « cet effet. »

36. — Dans l'hypothèse qui nous paraît inadmissible, où, contrairement à ce qui s'est toujours produit, il ne se présenterait pas volontairement un nombre suffisant de personnes dévouées pour soigner les malades et les blessés, l'autorité militaire trouverait dans le § 11 qui lui permet de requérir tous les services nécessités par l'intérêt militaire, le droit de requérir les infirmiers civils dont l'aide serait indispensable.

37. — Il fallait prévoir les circonstances fort rares où il serait impossible de recourir à l'intermédiaire du maire. Le décret dispose à cet égard, dans le paragraphe final de l'article 21 : « En cas d'extrême urgence, et seulement sur des « points éloignés du centre de la commune, l'autorité militaire « peut requérir directement des habitants le soin des malades « ou blessés ; mais cette réquisition, faite directement, ne peut « jamais s'appliquer à des malades atteints de maladies conta- « gieuses. »

38. — Le corps médical civil a toujours fait preuve d'un désintéressement au-dessus de tout éloge dans les circonstances difficiles où l'armée devait recourir à lui pour traiter les militaires malades ou blessés ; toutefois, pour ne rien laisser à l'arbitraire et permettre aux médecins qui le voudraient de faire valoir leurs droits à l'indemnité, on a cru devoir introduire dans le règlement la disposition suivante : « Art. 22. Si des

« communes ou des habitants sont requis de recevoir des ma-« lades ou des blessés, et si ces derniers ne peuvent pas être « soignés par les médecins de l'armée, les visites des méde-« cins civils donnent droit à une indemnité spéciale. — Cette « indemnité est fixée par la commission d'évaluation[1], sur la « note du médecin, certifiée par l'habitant qui a logé le malade « ou le blessé, ou, si faire se peut, par ce dernier lui-même, « et visée par le maire de la commune. »

10° *Les objets d'habillement, d'équipement, de campement, de harnachement, d'armement et de couchage, les médicaments et moyens de pansement.*

39. — Ce paragraphe ne motive aucune observation particulière.

11° *Tous les autres objets et services dont la fourniture est nécessitée par l'intérêt militaire.*

40. — Nous avons signalé plus haut des applications possibles de cette disposition qui ne pose d'autre limite au droit de l'autorité militaire, relativement à la nature des prestations, que celle même de la nécessité ; elle est empruntée à la législation allemande et se trouve justifiée par l'intérêt suprême de la défense du pays.

Pigeons voyageurs.

41. — Au nombre des objets que l'administration militaire peut requérir en vertu du § 11, se trouvent les pigeons voyageurs. On n'a pas oublié les services importants que les pigeons voyageurs ont rendus dans la dernière guerre et le rôle considérable qu'ils ont joué dans la défense de Paris.

Aussi dès 1885 les ministres de l'intérieur et de la guerre firent-ils rendre un décret portant que chaque année un recen-

1. Pour ce qui concerne la commission d'évaluation, voir le titre V, art. 24 et suiv.

sement des pigeons voyageurs serait effectué par les soins des maires, sur la déclaration obligatoire des propriétaires et, au besoin, d'office (Décret du 15 septembre 1885, art. 2).

Dans le courant du mois de novembre, les généraux commandant les corps d'armée arrêtent, sur la proposition des préfets, la liste des communes où le recensement aura lieu (art. 3).

Le maire de chacune des communes désignées, en exécution de l'article précédent, fait publier, dès le commencement de décembre, un avertissement adressé à tous les éleveurs isolés ou sociétés colombophiles qui possèdent des pigeons-voyageurs dans la commune pour les informer qu'ils doivent, avant le 1er janvier, faire à la mairie, personnellement ou par l'intermédiaire d'un représentant, la déclaration du nombre de leurs colombiers, du nombre de pigeons voyageurs qui y sont élevés et des directions dans lesquelles ils sont entraînés.

Il est délivré à chaque éleveur isolé ou société colombophile, qui a fait la déclaration prescrite ci-dessus, un certificat constatant ladite déclaration et mentionnant les renseignements fournis (art. 4).

Dans les premiers jours du mois de janvier, le maire fait exécuter des tournées par les gardes champêtres et les agents de police, pour s'assurer que toutes les déclarations ont été exactement faites (art. 5).

Du 1er au 15 janvier, le maire dresse en double expédition, sur un modèle qui lui est transmis par le commandant de la région, un état contenant les renseignements qui lui ont été fournis par les propriétaires ou qu'il a pu recueillir.

L'une des expéditions de ces états est adressée au commandant de la région par l'intermédiaire du préfet ; l'autre expédition est conservée à la mairie (art. 6).

Mais ces prescriptions manquaient de sanction et la liberté laissée pour l'ouverture de colombiers pouvait entraîner de sérieux dangers. Aussi le législateur est-il intervenu pour soumettre l'ouverture de tout colombier à l'autorisation préfectorale, attacher une sanction pénale à l'obligation de faire la déclaration annuelle et autoriser le Gouvernement à interdire les importations de pigeons étrangers, ainsi que tout mouvement de pigeons voyageurs à l'intérieur.

La loi ci-dessous a été votée le 4 décembre 1894 par le Sénat et est actuellement soumise à la Chambre des députés.

Art. 1er. — Toute personne voulant ouvrir un colombier de pigeons voyageurs doit en obtenir préalablement l'autorisation du préfet de son département.

Art. 2. — Toute personne qui reçoit à titre permanent ou transitoire des pigeons voyageurs est tenue d'en faire la déclaration et d'en indiquer la provenance à la mairie dans un délai de deux jours.

Art. 3. — Chaque année, à la date fixée par le ministre de l'intérieur, un recensement de pigeons voyageurs sera fait dans toutes les communes de France par les soins des municipalités.

Art. 4. — Sera punie d'une amende de 100 à 500 fr. toute personne en contravention aux prescriptions des articles 1 et 2.

Sera punie en outre d'un emprisonnement de trois mois à deux ans toute personne qui aura employé des pigeons voyageurs à des relations nuisibles à la sûreté de l'État.

Art. 5. — Le Gouvernement pourra interdire par décret, sur la proposition des ministres de l'intérieur et de la guerre, toute importation de pigeons étrangers en France ainsi que tout mouvement de pigeons voyageurs à l'intérieur.

Toute infraction aux prescriptions dudit décret sera punie des peines édictées au paragraphe 2 de l'article 4.

Art. 6. — L'article 463 du Code pénal est applicable aux infractions prévues par la présente loi.

Le ministre de l'intérieur a, par circulaire du 6 août 1887, attiré l'attention des préfets sur la nécessité d'une surveillance active concernant les lâchers de pigeons étrangers.

Nous croyons devoir donner le texte de cette circulaire qui nous paraît devoir encore être suivie malgré les modifications apportées à la législation[1].

---

1. Monsieur le Préfet, un décret en date du 15 septembre 1885 a réglementé les conditions dans lesquelles doit s'effectuer le recensement des pigeons voyageurs existant dans les colombiers établis sur le territoire de la République.

Aux termes de ce décret, les sociétés colombophiles ou les éleveurs isolés

PRESTATIONS QUI PEUVENT ÊTRE REQUISES EN CAS DE RASSEMBLEMENT.

42. — L'intérêt de la défense n'est plus directement en jeu lorsqu'il ne s'agit que de concentrations de troupes en temps

---

sont tenus de déclarer, chaque année, à la mairie de leur résidence, la situation exacte de leurs colombiers; il est prescrit, d'autre part, aux maires de prendre les dispositions nécessaires pour être, en tout temps, informés de l'ouverture de nouveaux colombiers affectés à l'élevage de pigeons voyageurs.

J'ai l'honneur d'appeler votre attention sur l'importance qu'il convient d'attacher à l'application de ce décret, en raison de l'extension que ne cesse de prendre l'introduction sur notre territoire de pigeons provenant de l'étranger. Ces importations sont principalement le fait de sociétés colombophiles qui donnent à leurs opérations un but purement sportif.

Il n'en est pas moins à craindre que ces opérations ne favorisent quelquefois l'établissement sur notre territoire de colombiers clandestins.

Dans ces conditions, il est essentiel que l'autorité, sans entraver en rien des intérêts qui doivent être ménagés, s'efforce par tous les moyens en son pouvoir d'empêcher la création et l'entretien sur notre territoire de colombiers clandestins et de livrer à la sévérité des lois et règlements les résidents étrangers qui contreviendraient aux dispositions du décret du 15 septembre 1885.

Je ne saurais donc trop vous recommander, Monsieur le Préfet, de tenir la main à la stricte exécution des prescriptions de ce décret. J'estime qu'il convient d'insister tout particulièrement auprès des maires afin qu'ils s'acquittent avec la plus grande vigilance du devoir qui leur incombe de vous tenir très exactement au courant des informations recueillies sur ceux de leurs administrés qui possèdent des pigeons voyageurs.

Il vous appartient, au surplus, de veiller à ce que les contraventions soient, en toutes circonstances, sévèrement réprimées. J'ajoute que, dans le cas où les contrevenants seraient de nationalité étrangère, vous ne devriez pas hésiter à me proposer leur expulsion.

Mon administration a dû également se préoccuper des mesures de surveillance que comportent les lâchers de pigeons provenant de l'étranger. Il n'est pas douteux, en effet, que l'entraînement sur notre territoire de pigeons importés puisse présenter de sérieux inconvénients. Toutefois, une étude attentive de cette question a démontré, d'autre part, qu'il serait bien difficile de recourir à ce propos à une prohibition absolue. Une semblable mesure provoquerait certainement des protestations légitimes et dépasserait le but que l'administration se propose d'atteindre.

Le Gouvernement n'en a pas moins le droit et le devoir de se préoccuper de ces lâchers et de prendre toutes les garanties nécessaires pour qu'ils ne deviennent pas préjudiciables à la sûreté de l'État.

A cet effet, j'ai concerté avec mes collègues de la guerre et des travaux publics les dispositions suivantes, qui ont principalement pour but de prévenir, autant que possible, que quelques-uns des pigeons importés ne soient conservés pour servir à la création et à l'entretien de colombiers clandestins.

En principe, les lâchers de pigeons importés de l'étranger sont *tolérés* sur le territoire de la République, en tant du moins que ces pigeons proviennent de

de paix; par suite, le législateur devait restreindre étroitement le droit de réquisition confié à l'autorité militaire. Les seules choses pour lesquelles l'armée peut alors recourir aux habitants sont : le logement, les subsistances et les moyens de transport.

---

pays usant à cet égard de réciprocité pour les expéditions françaises de même nature.

Les paniers renfermant les pigeons doivent être scellés au moyen de plombs sur lesquels sont apposés les cachets particuliers des expéditeurs.

Chaque envoi doit être accompagné d'une déclaration établie et signée par l'expéditeur et certifiée véritable par l'autorité du lieu d'origine. Cette déclaration indique : *les noms et qualité, le domicile et la nationalité de l'expéditeur ; le nombre des pigeons, leur provenance et leur destination ; le nombre des plombs apposés sur chaque panier, ainsi que la description très exacte du cachet dont ces plombs sont revêtus.*

Les lâchers doivent toujours être effectués dans les stations de chemin de fer, sous la surveillance et par les soins des chefs de gare, qui ne procèdent à ces opérations qu'autant qu'ils ont été mis en possession de la déclaration mentionnée ci-dessus et qu'ils en ont vérifié l'exactitude.

L'attention des chefs de gare se porte tout d'abord sur l'état des plombs et des cachets apposés sur chaque panier. Les paniers dont les plombs ne seraient pas intacts ou dont les cachets ne répondraient pas aux indications mentionnées dans la déclaration de l'expéditeur sont distraits du lâcher et tenus à la disposition de l'autorité supérieure, qui est immédiatement avisée de ces constatations.

Au moment de l'ouverture des paniers, les chefs de gare vérifient le nombre des pigeons et s'assurent que tous, sans exception, prennent part à l'envolée, afin d'empêcher que quelques-uns de ces pigeons ne soient distraits de l'envoi pour servir à l'entretien ou à la création de colombiers clandestins.

Le lâcher accompli, les chefs de gare transmettent, après l'avoir visée, au ministère des travaux publics (direction des chemins de fer) la déclaration qui leur a été remise et signalent, s'il y a lieu, les circonstances particulières qui peuvent s'être produites dans l'exécution du lâcher.

Exceptionnellement, il peut être procédé à des lâchers hors des gares, sous la condition qu'ils aient été préalablement autorisés par le préfet du département. Ces lâchers sont effectués sous la surveillance et par les soins des maires, qui exigent la production de la déclaration prescrite, accompagnée de l'autorisation délivrée par le préfet. Ils doivent, au surplus, se conformer aux mesures de contrôle et aux réserves prescrites, en pareil cas, aux chefs de gare et transmettre sans retard les pièces justificatives du lâcher au préfet, qui les fait parvenir immédiatement au ministère de l'intérieur (direction de la sûreté générale, 1er bureau).

Il vous appartiendra, Monsieur le Préfet, de bien préciser aux maires, le cas échéant, les conditions dans lesquelles leur intervention doit se produire, en vous attachant à leur bien faire comprendre que l'administration supérieure, en réglementant ainsi les lâchers, ne se propose d'autre but que d'empêcher l'entretien en France de colombiers clandestins.

L'introduction des pigeons voyageurs destinés aux lâchers de concours est d'ailleurs facile à surveiller, tant en raison de l'importance des envois que de

C'est à ces trois prestations que se réfèrent les cinq premiers paragraphes de l'article 5.

Le premier est relatif au logement et au cantonnement, c'est celui qui sera le plus fréquemment appliqué; mais, sous ce rapport, la loi n'innove pas; elle se borne à confirmer ce qui existe depuis 1792.

Les deux paragraphes suivants ont trait à la nourriture des hommes et des chevaux.

Enfin les §§ 4 et 5 assurent à l'armée les moyens de transport par terre et par eau qui peuvent lui être nécessaires.

43. — Le projet du Gouvernement ne comprenait tout d'a-

---

l'intérêt que les sociétés ou les particuliers ont, dans ce cas, à se prêter aux mesures de contrôle que l'administration entend exiger d'eux.

Il n'en est pas de même des importations que peuvent tenter des individus isolés pénétrant en France, soit par les voies ferrées, soit par la voie de terre, et il y a lieu de prendre à cet égard des mesures particulières de contrôle.

En conséquence, tout porteur de pigeons voyageurs pénétrant en France sera tenu désormais de produire un certificat visé par l'autorité du lieu d'où proviennent ces pigeons et indiquant : *les noms, qualité, domicile et nationalité de l'expéditeur; le nombre et la provenance des pigeons; le nom et l'adresse du destinataire et le but de l'expédition.*

Les agents du contrôle dans les gares et les préposés des douanes aux postes-frontières devraient s'opposer formellement à toute importation dont il ne sera pas ainsi justifié.

Le cas échéant, ces fonctionnaires prennent toujours une copie du certificat produit qu'ils transmettent immédiatement au préfet du département où se rend le porteur des pigeons. Ils préviennent celui-ci qu'il doit, dès son arrivée à destination et avant d'avoir remis les pigeons à leur adresse, déposer son certificat entre les mains du maire.

Sur les avis qui lui sont transmis, le préfet fait toute diligence auprès du maire pour être mis au courant des mesures de contrôle qui auront été prises au sujet de l'envoi et des constatations auxquelles elles auront donné lieu. Le résultat de ces informations est très exactement transmis au ministère de l'intérieur (direction de la sûreté générale, 1er bureau).

Je ne puis, Monsieur le Préfet, que vous laisser le soin d'adresser aux agents relevant de votre autorité, que l'application de ces dispositions concerne, les instructions nécessaires pour qu'ils en assurent l'exécution aussi promptement que possible.

Je vous serai obligé de vouloir bien, en me donnant avis des mesures que vous aurez prises à cet effet, m'accuser réception de la présente circulaire.

Recevez, etc.

Le Ministre de l'Intérieur,

A. FALLIÈRES.

bord dans cette catégorie que les transports par voie de terre. La Chambre des députés, d'accord avec le ministre de la guerre, y a ajouté les bateaux et embarcations en se fondant sur le motif suivant : « Les raisons qui militent pour que le Gouvernement, dans certains cas exceptionnels, ait la faculté de disposer des transports par terre, s'appliquent également aux transports par eau. Comment ne pas reconnaître, en effet, que si des circonstances urgentes, comme la nécessité de réparer rapidement des routes ou des travaux d'art détruits par un accident fortuit, nécessitent le prompt envoi de convois de matériaux, d'outils et d'hommes, il serait à la fois utile et avantageux tantôt de profiter des voies d'eau qui se présentent, tantôt de suppléer à des ponts emportés ou faisant défaut, au moyen des ressources qui se trouvent dans les localités ? » (Rapport de M. le baron Reille.)

44. — La Chambre des députés a apporté une autre modification, celle-ci dans un sens restrictif, au projet du Gouvernement. En mettant à la disposition de l'armée les attelages et les moyens de transport, ce projet ne posait ni limites de temps, ni limites de distance. La Chambre a pensé qu'en fixant à vingt-quatre heures le maximum de temps pendant lequel l'autorité militaire pourrait les utiliser, elle indiquait une limite extrême qui ne sera jamais atteinte.

M. le baron Reille, dans son rapport, motive ainsi le changement apporté au projet primitif : « S'il est évident qu'en cas de mobilisation les ressources de cette nature doivent être laissées d'une manière absolue à la discrétion de l'armée, qui peut avoir à les utiliser pour des besoins urgents, sous la seule condition de les remplacer le plus tôt possible, il ne saurait en être de même pour de simples rassemblements de troupes, et, dans ce cas, les voitures exceptionnellement requises ne seraient pas sans inconvénient, même avec indemnité, détournées longtemps de leurs travaux habituels. »

ARTICLE 6.

Les réquisitions relatives à l'emploi d'établissements industriels pour la fourniture de produits autres que ceux qui résultent de leur fabrication normale ne pourront être exercées que sur un ordre du ministre de la guerre ou d'un commandant d'armée ou de corps d'armée.

Réquisition d'établissements industriels.

45. — Cette disposition, qui protège l'industrie contre des réquisitions intempestives, est en même temps conforme à l'intérêt général. Si on comprend que des chefs de corps et de détachements, agissant loin de leurs bases d'opérations, puissent avoir besoin de faire appel, en certains cas, aux habitants pour les fournitures énumérées dans l'article 5, on ne pouvait leur laisser la latitude de réquisitionner les établissements industriels et d'en troubler profondément l'organisation en y faisant fabriquer des produits différents de ceux à la confection desquels ils sont affectés. Même en temps de guerre, il est toujours désirable, à tous les points de vue, que les travaux de ces établissements continuent aussi longtemps que le permettent les circonstances, et pour éviter des réquisitions hâtives, souvent inutiles, presque toujours préjudiciables, il était indispensable de soustraire l'industrie à l'action de chefs militaires inférieurs qui, n'étant pas au courant des nécessités générales de la conduite des opérations, risqueraient d'employer de telles mesures sans qu'elles fussent suffisamment justifiées.

46. — L'article 6 ne parle d'ailleurs que de l'emploi des établissements industriels pour la fourniture de produits autres que ceux qui résultent de leur fabrication normale ; on ne saurait en étendre les termes et se fonder sur cette disposition pour s'opposer au cantonnement des troupes requis par une autre autorité militaire que celles qui y sont désignées, pourvu que ce cantonnement ne mette point l'établissement dans l'impossibilité de fonctionner.

Article 7.

En cas d'urgence, sur l'ordre du ministre de la guerre ou de l'autorité militaire supérieure chargée de la défense de la place, il peut être pourvu, par voie de réquisition, à la formation des approvisionnements nécessaires à la subsistance des habitants des places de guerre.

Les réquisitions à exercer en vue de la constitution de ces approvisionnements pourront être faites par les autorités administratives en vertu d'une délégation spéciale du gouverneur de la place.

Un règlement d'administration publique désignera les autorités civiles auxquelles le droit de requérir pourra être délégué, et déterminera les conditions et les formes dans lesquelles ce droit s'exercera [1].

Approvisionnements nécessaires à la population civile des places fortes.

47. — Le § 1er de cet article figurait seul dans le texte de la loi du 3 juillet 1877.

La disposition qu'il contient apporte une légère dérogation au principe que les réquisitions doivent avoir pour unique but les besoins de l'armée. Il est nécessaire que les habitants d'une place forte qui peuvent, comme la garnison de cette place, se trouver enfermés, bloqués, qui subissent alors le sort de l'armée pendant le siège, et qui sont exposés aux mêmes dangers et aux mêmes privations, il est nécessaire, disons-nous, que ces habitants soient traités avec la même sollicitude que ceux dont ils partagent les périls. D'ailleurs, la limite de la résistance est la plupart du temps marquée par l'épuisement des moyens d'existence de la population enfermée dans la place. La justice et l'intérêt de la défense concourent donc à réclamer cette exception au droit commun.

48. — Mais il a paru au Gouvernement qu'une autre dérogation aux règles générales s'imposait et qu'il y avait grand intérêt à confier, en semblable cas, le droit de réquisition à l'autorité

---

1. Le texte en italique a été ajouté au texte primitif par la loi du 5 mars 1890.

administrative par délégation de l'autorité militaire. On pourrait ainsi « dégager le commandement, dont la charge sera si lourde et si complexe, des multiples opérations du ravitaillement de la population civile[1] ». Une commission instituée par décret du 12 juin 1888, pour étudier la question du ravitaillement de la population civile des places fortes, avait d'ailleurs appelé sur ce point l'attention particulière du ministre de la guerre. On pensa d'abord que, pour atteindre le but, il suffirait d'un décret modifiant le règlement d'administration publique du 2 août 1877 et autorisant le Gouvernement à déléguer le droit de requérir aux préfets, sous-préfets et maires appelés à participer aux opérations du ravitaillement. Mais le Conseil d'État saisi de l'examen du projet émit, le 14 février 1889, l'avis qu'il appartenait au législateur seul de donner à l'autorité administrative le droit d'ordonner et d'exercer les réquisitions, même par délégation de l'autorité militaire.

La haute assemblée rappelait que l'article 3 de la loi réserve à l'autorité militaire le droit de requérir, que l'article 56 de la même loi abroge toutes les dispositions antérieures en vertu desquelles c'était aux autorités administratives qu'il appartenait de faire, sur la demande de l'autorité militaire, les réquisitions en nature pour le compte de l'État. Elle ajoutait que, d'après l'ensemble des dispositions contenues dans les titres II et V de la loi du 3 juillet 1877, la mission des autorités administratives se borne à assurer l'exécution des réquisitions ordonnées par l'autorité militaire et à intervenir dans le règlement des indemnités. Le Conseil d'État en concluait que, dans l'article 4 de la loi, il fallait exclusivement entendre par « autorités ayant qualité pour ordonner et exercer les réquisitions » et dont la désignation doit être faite par un règlement d'administration publique, les autorités militaires, aux différents degrés de la hiérarchie.

Les travaux préparatoires de la loi de 1877 confirmaient cette

1. Exposé des motifs du projet déposé sur le bureau du Sénat. Séance du 21 novembre 1889.

interprétation[1]. Le Gouvernement recourut au Parlement. Un projet de loi fut soumis au Sénat (21 novembre 1889) qui l'adopta sans discussion, le 10 décembre, sur le rapport de M. Tézenas (n° 25 des imp. du Sénat). Porté à la Chambre des députés, le 12 décembre (n° 170 des imp.), il fit l'objet d'un rapport favorable de M. Godefroy Cavaignac (n° 338 des imp.) et vint en discussion le 25 février suivant. M. Hély d'Oissel et M. le baron Reille le combattirent. Suivant ces orateurs, il était inutile; si l'on ne visait que la préparation des opérations du ravitaillement, des instructions ministérielles ou au plus un décret suffirait à assurer le concours de l'autorité administrative. Que si l'on entendait faire exercer la réquisition par les préfets, sous-préfets et maires eux-mêmes, on se heurterait à de grandes difficultés. Ces fonctionnaires ne rencontreraient pas la même obéissance que l'autorité militaire, chez les populations réquisitionnées. On pourrait redouter de leur part des abus que préviennent les rigueurs de la justice militaire, quand il s'agit de personnes appartenant à l'armée. Enfin, il faut que la responsabilité des autorités communales soit couverte, au moment même où elles livrent sur place l'objet de la réquisition. Les moyens leur manquent pour assurer les convois et les faire parvenir sûrement à destination.

Le rapporteur et M. de Freycinet, ministre de la guerre, défendirent le projet contre ces critiques; ils insistèrent sur la nécessité de dégager le commandement des préoccupations afférentes au ravitaillement de la population civile, de donner l'esprit de suite aux opérations qui, préparées par l'autorité civile en temps de paix, ne sauraient être conduites, en connaissance de cause, lors de la mobilisation, que par cette même autorité. Quant aux abus, le rapport avait d'avance répondu dans les termes suivants :

La Commission a considéré que l'extension du droit de réquisition s'appli-

1. Voir discours de M. Hély d'Oissel à la Chambre des députés. Séance du 25 février 1890.

querait très vraisemblablement sous le régime de l'état de siège qui offrira pour la répression, tout au moins des abus les plus graves auxquels pourrait donner lieu la réquisition, les sanctions les plus rigoureuses. Même alors que cette hypothèse si probable ne se réaliserait pas, le Gouvernement a fait observer que notre droit public prévoyait des sanctions applicables aux autorités civiles qui abuseraient du droit de réquisition ou qui exerceraient des réquisitions sans avoir qualité pour le faire.

Il faut se souvenir enfin que les abus, les délits ou les crimes de cette nature exposeraient leurs auteurs à une responsabilité civile qui serait la plus efficace des sanctions.

La Chambre vota sans modification le projet qui devint la loi du 5 mars 1890 et fut publiée au *Journal officiel* du 6 mars.

Le règlement d'administration publique que prévoyait le dernier paragraphe intervint peu de temps après. Il porte la date du 3 juin 1890. Ses dispositions modifient les articles 10, 34 et 35 du décret du 2 août 1877.

Nous avons déjà eu occasion d'en citer quelques-unes. Les autorités civiles auxquelles le droit de requérir peut être délégué par le gouverneur, quand il y aura lieu de pourvoir par voie de réquisition à la formation des approvisionnements nécessaires à la subsistance des habitants d'une place de guerre, sont les préfets, sous-préfets et maires appelés à participer aux opérations du ravitaillement, les ingénieurs du corps des ponts et chaussées et des mines. Ce droit portera sur toutes les prestations destinées à la constitution des approvisionnements (nouvel article 10), et non pas seulement sur les approvisionnements eux-mêmes. Il comprendra donc, outre les denrées, les moyens de transport, et les convoyeurs, le logement et la nourriture de ces convoyeurs et de leurs bêtes, d'une manière plus générale tout ce qui assurera ou facilitera la constitution des approvisionnements.

On sait que l'article 213 du décret du 23 octobre 1883 sur le service dans les places de guerre, nomme le maire de la ville membre du comité de surveillance des approvisionnements de siège dans les villes assiégées.

49. — Nous donnons ci-après le texte d'un décret du 12 mars 1890 qui détermine les règles générales du ravitaillement de la population civile dans les places fortes.

Les mesures d'exécution que ce décret prévoit, dès le temps de paix, sont déjà appliquées : un plan de ravitaillement a été dressé dans chacune de nos grandes places et chacun des agents appelés à le réaliser, en temps de guerre, a ses devoirs tout tracés d'avance, de telle sorte qu'au moment de la mobilisation il ne puisse y avoir ni doute ni hésitation pour personne.

Le Président de la République française,

Vu l'avis du comité permanent des subsistances en date du 31 janvier et du 14 février 1890;

Vu la loi du 3 juillet 1877 sur les réquisitions militaires;

Vu la loi du 5 mars 1890;

Sur le rapport du ministre de la guerre,

Décrète :

Art. 1er. — Toutes les mesures d'exécution nécessaires pour assurer, en cas de siège, la subsistance de la population civile des places fortes, tant du corps de place que des communes englobées dans le périmètre de défense, doivent être préparées, dès le temps de paix, pour la partie de cette population que l'autorité militaire estime pouvoir conserver dans l'enceinte de la place.

Art. 2. — Pour subvenir aux besoins des populations en vivres, fourrages, combustibles et autres denrées, on procédera :

1° Par des achats ou réquisitions à exécuter dans la partie de la zone immédiate de ravitaillement qui se trouve sur le territoire placé sous le commandement du gouverneur de la place;

2° Par des achats ou réquisitions à exécuter sur le territoire national, en dehors des limites de ce commandement, soit dans la zone immédiate de ravitaillement, soit dans les centres de ravitaillement distincts de cette zone et désignés d'avance;

3° Par des achats en dehors du territoire national;

4° Par des approvisionnements permanents, quand la formation d'approvisionnements éventuels par les moyens prévus aux alinéas 1°, 2° et 3° ci-dessus aura été reconnue insuffisante par le ministre de la guerre.

Ces approvisionnements permanents sont constitués et entretenus dès le temps de paix, en conformité des crédits votés par les Chambres.

Art. 3. — Les dépenses relatives à la constitution des approvisionnements éventuels, au moment de la mobilisation, seront effectuées sur ordonnancement ou réquisition de l'administration militaire, suivant le mode arrêté de concert entre les ministres de la guerre et des finances, et imputées provisoirement, sauf restitution ultérieure, à un compte général hors budget, classé parmi les services spéciaux du Trésor, sous le titre de : « Dépenses des approvisionnements de siège ». Ce compte sera soldé progressivement par l'inscription en recette :

1° Des versements opérés dans les caisses du Trésor par les villes et communes, à des époques périodiques à déterminer, suivant les circonstances, pour la valeur des denrées que les municipalités auront reçues de l'administration militaire et livrées à la population civile ;

2° Des ordonnances délivrées sur le budget de la guerre, correspondant à la valeur des denrées qui auront été affectées aux besoins de l'armée ;

3° Des ordonnancements effectués sur le même budget, au profit du Trésor, pour balancer la différence entre les prix de revient des denrées et les prix de remboursement.

Les dépenses résultant de la constitution, de l'entretien et du renouvellement des approvisionnements permanents créés par le ministre de la guerre sont à la charge du budget de la guerre, qui sera remboursé de ses cessions aux villes et communes comme il est dit au paragraphe 1° du présent article et à l'article 8 ci-après.

Art. 4. — Le ministre de la guerre a, dans ses attributions, le service des approvisionnements, éventuels ou permanents, destinés à la population civile des places fortes. Il détermine la nature et l'importance des approvisionnements éventuels, les procédés par lesquels ils doivent être réalisés, les zones ou centres de ravitaillement affectés à chaque place pour les diverses denrées. Il désigne les places dans lesquelles il y a lieu d'entretenir des approvisionnements permanents, fixe la nature et l'importance de ces approvisionnements et en assure la constitution et l'entretien, dans les limites des crédits votés par les Chambres.

Ces dispositions ne font pas obstacle aux mesures qui pourraient être prises dans le même but, pendant le temps de paix, par les municipalités dans les limites de leurs attributions, à la charge par elles d'en donner connaissance à l'autorité militaire.

Art. 5. — Les approvisionnements permanents constitués et entretenus par les soins directs de l'administration militaire font partie du matériel du département de la guerre et sont administrés et gérés d'après les règles en vigueur dans ce département. Ils font l'objet de rubriques distinctes dans les états de situation et de comptabilité.

Pour les approvisionnements permanents constitués et entretenus par des compagnies ou des entrepreneurs qui tiennent simplement les denrées à la disposition de l'administration militaire, en vertu de conventions spéciales, les procédés de surveillance, comprenant des inspections périodiques et inopinées, ainsi que le mode et la périodicité du renouvellement, sont réglés par ces conventions.

Art. 6. — Dès que l'ordre général de mobilisation est donné, les places de première urgence procèdent immédiatement, et sans autre avis, à la formation de leurs approvisionnements éventuels, dans les conditions et dans les zones de ravitaillement précédemment déterminées par le ministre de la guerre.

Le ministre de la guerre peut, d'ailleurs, si les circonstances l'exigent, prescrire le ravitaillement immédiat d'une place de première urgence, sans que l'ordre général de mobilisation soit donné. Avis en est alors adressé par lui à toutes les autorités qui doivent concourir à ce ravitaillement sur l'ordre du gouverneur de la place ; ce dernier n'emploie, dans ce cas particulier, que le procédé des achats, à l'exclusion des réquisitions.

Les places de deuxième urgence attendent un ordre spécial du ministre de la guerre, même en cas de mobilisation, pour procéder à leur ravitaillement.

Art. 7. — Dès que le ravitaillement d'une place est prescrit, soit par un ordre spécial du ministre, soit comme conséquence de l'ordre général de mobilisation, le gouverneur de cette place passe immédiatement aux mesures d'exécution consignées sur le journal de ravitaillement de la place, approuvé d'avance par le ministre de la guerre.

En ce qui concerne la partie de la zone de ravitaillement placée sous son commandement, il dirige et surveille l'exécution de ces mesures, il fait passer les marchés et solder les réquisitions, dans les conditions prévues par l'article 27 de la loi du 3 juillet 1877, par l'autorité administrative sous ses ordres.

Si la place doit recourir à des centres de ravitaillement placés en dehors de son commandement, le gouverneur de la place prévient les autorités militaires ou civiles qui ont été désignées d'avance dans ces centres, d'exécuter les achats ou réquisitions dont elles doivent posséder le détail dès le temps de paix. Il délègue, dans ce but, aux autorités civiles, s'il y a lieu, les droits de réquisition nécessaires, pour l'acquisition et le transport des denrées. L'ordonnancement des dépenses est fait, dans ce cas, par l'autorité administrative militaire du lieu de livraison du matériel ou des denrées auxquels ces dépenses sont relatives.

Quant aux achats à effectuer à l'étranger, le ministre de la guerre seul les ordonne et les fait exécuter. Les moyens propres à assurer ces achats ainsi que les règles relatives aux payements auxquels ils donneront lieu sont déterminés, dès le temps de paix, par une entente entre les départements ministériels intéressés.

Art. 8. — Les approvisionnements destinés à la population civile, permanents ou éventuels, restent en la possession de l'autorité militaire à partir du moment où ils sont constitués par elle jusqu'à ce que le gouverneur donne l'ordre de les distribuer aux habitants par suite de l'épuisement complet des ressources locales. Ils sont alors délivrés directement, au fur et à mesure des besoins, à l'autorité municipale, qui est chargée d'en assurer la répartition entre les habitants et d'en recouvrer le montant. Le remboursement par la municipalité a lieu aux prix fixés par le dernier tarif publié du service des subsistances militaires, qui devra comprendre, dans ce but, toutes les denrées entrant dans l'approvisionnement des places fortes.

Art. 9. — Si la place, après avoir été ravitaillée, n'est pas investie, les approvisionnements qui y ont été rassemblés restent à la disposition du ministre de la guerre, qui appréciera s'ils doivent être conservés dans la place en totalité ou en partie, ou s'ils peuvent être employés au ravitaillement des armées qui tiennent la campagne, ou s'ils peuvent être cédés aux municipalités contre remboursement, comme il est dit à l'article 8.

Art. 10. — Le ministre de la guerre est et demeure chargé de l'exécution du présent décret, qui abroge toute disposition contraire.

Ce décret admet en principe que l'État se chargera, dans les limites des crédits ouverts par les Chambres, de la réunion des approvisionnements par voie d'achat ou de réquisition, au moment de la mobilisation, ainsi que des approvisionnements permanents qu'il peut être nécessaire de constituer par anticipation.

Mais le Gouvernement aurait désiré que, dans les grandes villes, surtout à Paris, l'autorité municipale se chargeât de constituer un approvisionnement permanent de farines en vue des premiers besoins de la population civile et il avait déposé le 10 novembre 1890[1] un projet de loi qui l'autorisait : 1° à désigner les villes soumises à cette obligation ; 2° à porter à deux mois la durée de l'approvisionnement et 3° à déclarer la dépense obligatoire pour le budget municipal. Ce projet n'a pas encore eu de suite.

1. Numéro des impressions de la Chambre 978, session extraordinaire de 1890.

TITRE III

DU LOGEMENT ET DU CANTONNEMENT

ARTICLE 8.

Le logement des troupes, en station ou en marche, chez l'habitant, est l'installation, faute de casernement spécial, des hommes, des animaux et du matériel dans les parties des maisons, écuries, remises ou abris des particuliers reconnues, à la suite d'un recensement, comme pouvant être affectées à cet usage, et fixées en proportion des ressources de chaque particulier ; les conditions d'installation afférentes aux militaires de chaque grade, aux animaux et au matériel, étant d'ailleurs déterminées par les règlements en vigueur.

Le cantonnement des troupes, en station ou en marche, est l'installation des hommes, des animaux et du matériel dans les maisons, établissements, écuries, bâtiments ou abris de toute nature appartenant soit aux particuliers, soit aux communes ou aux départements, soit à l'État, sans qu'il soit tenu compte des conditions d'installation attribuées, en ce qui concerne le logement défini ci-dessus, aux militaires de chaque grade, aux animaux et au matériel, mais en utilisant, dans la mesure du nécessaire, la contenance des locaux, sous la réserve, toutefois, que les propriétaires ou détenteurs conservent toujours le logement qui leur est indispensable.

Législation antérieure.

50. — Avant de commencer l'explication de ce titre, nous croyons utile de rappeler avec quelques détails la législation antérieure sur le logement des troupes chez l'habitant. Cet aperçu historique aidera à comprendre le sens et la portée des dispositions de la nouvelle loi.

Sous l'ancienne monarchie, le principe était que les gens de guerre devaient être logés d'une manière permanente chez les habitants. Louis XII chercha, dans une ordonnance de 1514, à établir un peu d'ordre dans ce service. Les règlements de 1641 et de 1644, qui poursuivaient le même but, déclarent qu'il n'y aura *aucun exempt* de logement, hors les ecclésiastiques, les gentilshommes faisant profession des armes, les chefs des compagnies de justice, comme les présidents, lieutenants-généraux et particuliers, les gens du roi des sièges présidiaux et autres royaux, les maires et les échevins, receveurs des tailles et taillons en exercice, commis de gabelles, traites foraines ou autres fermiers ayant le maniement actuel des deniers du roi.

De plus, un grand nombre d'officiers obtinrent la même exemption, ou par le relief de leurs offices ou par les privilèges qui leur étaient attribués, et cette exemption, disent les auteurs anciens, avait été accordée à plusieurs officiers de justice, *moyennant finance*.

51. — L'ordonnance de 1768, en réglant cette matière dans son titre V, limita les cas d'exemption; mais, d'une part, un grand nombre de pensionnaires du roi reçurent, du titre même de leur pension, le privilège de ne point loger les gens de guerre; d'autre part, les municipalités, par des complaisances coupables, dispensaient trop souvent de cette charge les bourgeois les plus considérables, de sorte qu'elle retombait lourdement sur ceux qui n'étaient point l'objet de semblables faveurs. La servitude du logement, à raison de sa permanence, était dans tous les cas fort pénible à supporter; aussi un certain nombre de villes, où les troupes tenaient habituellement garnison, avaient-elles fait construire des casernes ou pavillons pour se soustraire à cette charge.

52. — La loi des 23 janvier et 7 avril 1790 apporta un premier remède à cet état de choses en supprimant les exemptions abusives; elle dispose: « Tous les citoyens, sans exception, sont et devront être soumis au logement des gens de guerre, jusqu'à ce qu'il ait été pourvu à un nouvel ordre de choses. »

53. — La loi du 10 juillet 1791 vint ensuite déclarer qu'en principe le logement des troupes était une charge de l'État, tout en laissant subsister pour les habitants l'obligation de loger les militaires, soit lorsqu'ils sont en marche, soit lorsqu'ils sont en station, mais seulement alors dans les cas exceptionnels.

Un règlement préparé pour l'application de cette loi par le ministre de la guerre fut approuvé par une loi du 23 mai 1792 avec laquelle il fait corps. Faisant la même distinction entre le logement des troupes en passage et des troupes en station, il accordait une indemnité au logeur dans le second cas, mais lui imposait la charge sans aucune compensation dans le premier. Il définissait soigneusement les obligations tant des habitants que de l'autorité municipale et de l'autorité militaire, ainsi que les conditions dans lesquelles le logement devait être fourni. Ce règlement a été jusqu'en 1877 la base de la législation en la matière.

Un règlement du ministre de la guerre, du 29 juillet 1824, précisait tous les détails d'exécution.

54. — Si pesante que pût être dans certaines circonstances la charge du logement militaire pour les habitants des communes gîtes d'étapes, situées sur des routes fréquemment suivies par les troupes en marche, il est à remarquer que peu de réclamations se sont élevées depuis 1790. Toutefois, dans les premières années de la monarchie de Juillet, la question préoccupa l'opinion publique. Se fondant sur ce que l'obligation du logement chez l'habitant était contraire au principe proclamé par la Charte, de l'égalité des citoyens devant l'impôt, les habitants de Chartres adressèrent en 1830, à la Chambre des députés, une pétition demandant que les communes qui logent les troupes en marche fussent indemnisées de cette charge par une rétribution évaluée à 75 centimes par homme et par nuit. La Chambre renvoya cette pétition, le 1er octobre 1831, au ministre de la guerre qui, tout en repoussant l'idée de faire payer la dépense qui en résulterait par l'État, inclinait à penser qu'il pourrait être donné satisfaction aux pétitionnaires en mettant le logement des troupes en marche à la charge des départements. Le ministre estimait qu'il y aurait avantage à créer dans chaque commune gîte d'étapes une caserne de passage aux frais du budget départemental. L'affaire envisagée à ce point de vue concernant l'administration départementale, le ministre de la guerre transmit la pétition à son collègue du commerce et des travaux publics[1], avec ses observations, et le pria d'examiner quelle suite pourrait y être donnée. M. le comte d'Argout crut devoir consulter le Conseil d'État et demanda l'avis de cette assemblée sur les questions suivantes :

1° Y a-t-il lieu de rapporter les dispositions des lois des 7-10 juillet 1791 et 23 mai 1792 comme contraires à la Charte? — 2° Le logement des militaires en marche doit-il être à la charge de l'État ou des départements ? — 3° Quel mode doit être adopté pour acquitter la dépense ? — Le comité de l'intérieur répondit, par avis du 14 mars 1832, qu'il convenait de maintenir le *statu quo*[2].

---

1. L'étude de ces questions fait maintenant partie des attributions du ministre de l'intérieur.

2. Nous reproduisons le texte de cet avis :

AVIS DU COMITÉ DE L'INTÉRIEUR ET DU COMMERCE.

Les membres du Conseil du roi composant le comité, consultés par M. le ministre du commerce et des travaux publics, sur les trois questions suivantes :

« 1° Y a-t-il lieu de rapporter les dispositions des lois des 10 juillet 1791 et 23 mai 1792 comme contraires à la Charte ?

« 2° Le logement des militaires en marche doit-il être à la charge de l'État ou des départements?

« 3° Quel mode doit être employé pour acquitter cette dépense ?

Ont examiné les pièces jointes au rapport du 21 janvier 1832, et notamment la pétition adressée par des habitants de Chartres, à la Chambre des députés, les deux brochures de M. Nérat, la lettre du colonel Bonnet du 6 octobre 1831, et celle du ministre de la guerre du 21 du même mois.

Avant la Révolution, il était de principe que l'habitant devait le logement aux troupes en stationnement ou en marche. Aussi toutes les casernes construites à cette époque l'ont-elles été aux frais des localités. L'Assemblée constituante a mis le logement à la charge de l'État. Elle a remis les bâtiments militaires au domaine, et a statué que lorsqu'ils seraient insuffisants, les troupes seraient réparties chez les habitants moyennant une indemnité équivalente, pour les offi-

55. — Dans la séance du 18 mars 1833, l'attention de la Chambre des députés fut de nouveau appelée sur la question par deux de ses membres, sans que la discussion aboutît à

---

ciers, à celles qu'ils reçoivent eux-mêmes de l'État, pour les sous-officiers à 15 centimes, pour les soldats à 7 1/2 centimes par nuit.

La conséquence rigoureuse de ce principe conduisait à en faire l'application aux troupes en marche, car on doit supposer que leurs mouvements n'ont jamais pour objet qu'un service public ; cependant le logement, en cas de passage, est fourni gratuitement, conformément à l'article 9 de la loi du 10 juillet 1791, ainsi conçu : « Dans les cas de marche ordinaire, de mouvements imprévus, les trou-« pes seront logées chez l'habitant sans distinction de personnes, quelles que « soient leurs fonctions et leurs qualités, à l'exception des dépositaires de caisses « pour le service public, lesquels ne seront point obligés de fournir le logement « dans les maisons qui renferment lesdites caisses, mais seront tenus d'y sup-« pléer, soit en fournissant des logements en nature chez d'autres habitants, soit « par une contribution proportionnée à leurs facultés et agréée par les munici-« palités. La même exception aura lieu, et à la même condition, en faveur des « veuves et des filles. Les municipalités veilleront à ce que la charge du loge-« ment ne tombe pas toujours sur les mêmes individus, et à ce que chacun y soit « soumis à son tour. » La loi de 1792 a répété ces dispositions à peu près dans les mêmes termes et en a réglé les moyens d'exécution.

Ainsi les réformes apportées par l'Assemblée constituante dans la législation relative au logement des troupes en marche, se sont bornées à la suppression des privilèges et des exemptions abusives.

Des réclamations, peu nombreuses à la vérité, mais fort vives, s'élèvent après quarante ans pour l'extension au temps de marche, du principe que les troupes doivent être logées par le Gouvernement. Elles se fondent sur les articles 2 et 11 de la Charte. En effet, il est incontestable que lorsque tous les Français sont indistinctement appelés, dans la proportion de leur fortune, à partager les charges de l'État, le logement des troupes en marche pèse exclusivement sur les lieux d'étape ; que dans le lieu d'étape même la charge est personnelle et non point répartie en raison des facultés de chacun ; que l'occupation d'une habitation par billet de logement n'est point précédée *de la juste et préalable indemnité* qui est la condition de toute affectation de la propriété particulière à un service public.

Ces plaintes ne sont pas sans réponse.

L'article 2 de la Charte n'a eu en vue que les charges pécuniaires qui peuvent être réparties comme l'élément de leur assiette l'est lui-même entre les divers membres du corps social. Les charges personnelles sont d'une tout autre nature, et l'on n'a jamais songé à demander l'abolition de la conscription, celle de l'inscription maritime, de la garde nationale, sous prétexte que ces impôts dont l'homme est l'unité ne peuvent point se répartir et se lever suivant le principe posé dans l'article 2 précité. Le logement des troupes en marche est une charge de cette espèce ; elle est inévitable, individuelle ; ainsi, la seule question qui puisse être sérieusement traitée est celle de l'indemnité.

L'application rigoureuse du principe de l'égalité des charges blesserait la justice et la raison s'il n'y avait pas en même temps égale répartition des avantages, et d'un autre côté, c'est un principe également posé dans nos lois que lorsque l'État indemnise, il a droit de déduire, par compensation, une partie des bénéfices qu'apportent aux réclamants les circonstances sur lesquelles se fondent

aucun résultat. Enfin, en 1834, le conseil municipal d'Uzès adressa à la Chambre une pétition tendant à la suppression de l'obligation de loger les militaires de passage. Cette pétition, rapportée le 1er mars 1834, fut renvoyée à l'examen des minis-

---

leurs titres. Or, il est de fait que, sauf quelques exceptions inappréciables, les mouvements de troupes n'ont lieu que sur les grandes communications, et ces grandes communications sont construites et entretenues aux frais de la nation tout entière. On peut donc considérer lo logement des troupes en marche comme une charge locale corrélative à l'avantage d'être placé sur une grande route. Il y a d'autant moins d'injustice à ce que la charge soit gratuite lorsque la jouissance l'est aussi, que l'avantage est, dans cette circonstance, infiniment supérieur. Il n'y a peut-être pas en France un seul gîte d'étape où l'on voulût renoncer aux profits résultant de la traverse ou du voisinage de la route pour être dispensé des logements des troupes en marche. Il est également certain que si l'on proposait d'établir à la fois un péage sur les routes d'étape et une indemnité de gîte, il n'y a pas de lieu d'étape qui ne préférât l'état de choses actuel. Si d'ailleurs l'activité commerciale, qui résulte de la présence des troupes, détermine souvent les villes à faire des dépenses considérables pour obtenir des garnisons, des circonstances analogues atténuent, pour les lieux d'étape, la charge du logement.

Il faut que le bon sens des populations ait compris que le logement des troupes en marche n'est point une charge sans compensation, pour que sur 1,200 gîtes d'étape qui existent en France, la ville de Chartres, qui n'est assurément pas la plus maltraitée (sa population est de 13,703 âmes et l'on y trouve inouï un passage de 16,500 hommes en 1829), la ville de Chartres, disons-nous, soit la seule qui insiste pour la révision d'une législation qui est passée dans la coutume.

Si, malgré les considérations qui précèdent, on croyait devoir établir une indemnité pour le logement des troupes en marche, elle devrait évidemment être payée par l'État. Les troupes ne voyagent jamais pour un service départemental.

La dépense devant être imputée sur le budget de la guerre, il y aurait lieu d'augmenter d'autant les impôts, et ici s'élève une question de finances que le comité de l'intérieur ne saurait résoudre. Les troupes en marche étant un trentième de l'effectif de l'armée, il en résulterait, d'après les bases discutées dans le dossier, une dépense d'environ 3,750,000 fr.

Le comité se croit dispensé, par la discussion qui précède, de s'étendre beaucoup sur la proposition de construire dans chaque lieu d'étape une caserne de 800 hommes. Il se contentera de remarquer que le nombre des gîtes étant de 1,200, il y aurait peu d'économie à faire la dépense d'un casernement de 960,000 hommes pour en loger environ 10,000 qui sont habituellement en marche.

D'après ces considérations,

Le comité est d'avis :

1° Qu'il n'y a pas lieu de rapporter les dispositions des lois des 10 juillet 1791 et 23 mai 1792 relatives aux troupes en marche ;

2° Que si le logement des troupes en marche était payé, la dépense devrait être à la charge de l'État et non à celle des départements ;

3° Que le présent avis soit communiqué à M. le ministre de la guerre pour l'évaluation de la dépense présumée.

Signé : Baude, *rapporteur*.

Bon Cuvier, *président*.

tres de la guerre et du commerce ; aucune suite ne paraît y avoir été donnée[1].

Législation actuelle.

56. — En 1877, le législateur, désireux de condenser dans une même loi toutes les dispositions relatives aux réquisitions, ajouta au projet préparé par le Gouvernement un titre spécial sur le logement et le cantonnement, en empruntant la plus grande partie de ses dispositions à la loi du 10 juillet 1791 et au règlement du 23 mai 1792, que l'article final de la nouvelle loi abroge expressément pour ne laisser subsister aucun doute.

La loi du 3 juillet 1877 confia au Gouvernement le soin de déterminer par un décret réglementaire les détails d'exécution. Si la législation antérieure a cessé d'être en vigueur, nous pourrons toutefois y recourir dans certains cas pour préciser le sens des dispositions douteuses, puisque la nouvelle loi n'en est, en quelque sorte, que la reproduction. Il nous sera également permis, pour la même raison, de nous appuyer sur les décisions rendues soit par la Cour de cassation, soit par l'administration, sous l'empire des lois de 1791 et de 1792, pour interpréter des dispositions qui leur ont été empruntées parfois textuellement.

57. — Nous aurons occasion de constater, en examinant chacun des articles, les différences existant entre la loi de 1877 et la

---

1. En 1888, la 7e commission de la Chambre des députés a, sur le rapport de M. Ducher, renvoyé à l'examen de M. le ministre de la guerre une pétition des habitants de Ligny (Meuse) ; les pétitionnaires exposait que l'exécution des règlements sur les logements militaires imposait une charge exorbitante à la population de la commune et demandaient que la loi établit le principe d'une indemnité à donner aux communes intéressées. La Commission priait le ministre de la guerre d'étudier s'il n'y aurait pas lieu d'ouvrir la porte au principe d'une indemnité qui serait calculée sur le nombre et l'importance des passages (annexe au feuilleton n° 286 du 2 février 1888). Ainsi que nous le verrons plus loin (§ 200), une indemnité est accordée quand les troupes sont logées plus de trois nuits par mois.

législation précédente; mais nous croyons devoir dès à présent signaler les principales.

Antérieurement, la loi ne prévoyait que le *logement* des troupes; l'expérience et l'exemple donné par d'autres nations ont démontré que, lorsqu'il s'agit d'abriter de grandes masses, il est nécessaire de recourir au *cantonnement*.

Les lois de 1791 et 1792 distinguaient deux cas où les troupes pouvaient être logées chez l'habitant: *le cas de marche* et celui où il était impossible de loger *les troupes en station*, soit dans des bâtiments appartenant à l'État, soit dans des maisons louées par l'administration de la guerre. La nouvelle loi maintient le premier cas et restreint le second, en ne parlant que des troupes détachées ou cantonnées; mais, d'autre part, elle permet à l'autorité militaire de requérir le logement ou le cantonnement dans les cas de mobilisation ou de rassemblement. On peut dire que, sous ce rapport, le pouvoir de l'autorité militaire est soumis à des conditions plus étroites qu'autrefois, puisque la loi spécifie les circonstances où les troupes en station seront logées chez l'habitant.

Enfin, précédemment, le logement des troupes de passage était toujours gratuit, celui des troupes en station donnait toujours droit à une indemnité. Aujourd'hui, les habitants peuvent être indemnisés, même lorsqu'ils n'ont fourni le logement qu'à des troupes en marche, et, d'un autre côté, ils n'ont pas toujours droit à l'être quand ils ont logé des troupes séjournant pendant quelque temps dans la localité.

Distinction entre le logement et le cantonnement.

58. — Il importait de définir tout d'abord ce que l'on entend par les expressions de *logement* et de *cantonnement*. Les utilisations de locaux, comme les indemnités à allouer, varient en effet considérablement d'un cas à l'autre, et il était nécessaire que l'autorité municipale sût exactement à quoi s'en tenir sur la demande qui lui est faite dans chacune de ces éventualités. Le rapport de M. le baron Reille développe et précise de la manière suivante la distinction contenue dans l'article 8 :

« Le *logement* constitue une opération absolument régulière. Faute de casernement spécial, la troupe est installée de la même facon qu'elle le serait dans les bâtiments ordinaires ou du moins d'une façon analogue, soit dans des édifices loués à cet effet par les municipalités, soit chez les habitants eux-mêmes. Chaque officier, suivant son grade, a droit à un appartement d'un certain nombre de pièces. Les sous-officiers et les soldats doivent être installés dans de certaines conditions. Le règlement de 1792 prévoyait minutieusement pour chaque grade ou emploi les détails du logement à attribuer. C'est là une matière sur laquelle il convient de ne pas statuer par la loi, mais que le règlement fixera. Aussi le texte proposé renvoie-t-il sur ce point *aux règlements en vigueur*.

« Le *cantonnement* est une opération transitoire. Il a pour but de maintenir un nombre considérable de troupes réunies sur un point donné, à portée de leurs chefs, prêtes soit pour la mobilisation, soit pour une opération de guerre. On ne s'inquiète donc, dans ce cas, que d'abriter le mieux possible hommes et chevaux, et d'utiliser les locaux, quels qu'ils soient, de manière à placer sur un point déterminé le nombre de soldats et d'animaux nécessaire. Tel hangar, telle grange qui ne présenterait pas, pour le logement, des conditions suffisantes de bien-être, peut être parfaitement approprié à un cantonnement.

« C'est surtout cet emploi différent des locaux et ces conditions diverses d'installation qu'a pour but de faire ressortir la définition que nous vous proposons. Elle servira, nous n'en doutons pas, à bien spécifier la valeur des deux expressions employées à tour de rôle dans les articles suivants, chacune dans son sens distinct. »

59. — La distinction entre le logement et le cantonnement reposant presque tout entière sur ce que dans le premier mode les troupes doivent être logées dans des conditions réglementaires dont l'observation est négligée dans le second, il est indispensable d'examiner, tout d'abord, quelles sont ces conditions.

La loi se réfère, à cet égard, aux règlements en vigueur. Le décret du 2 août 1877 ne contenant aucune disposition sur ce point, nous devons nous reporter aux règlements antérieurs. Le plus important de ces règlements est celui du 20 juillet 1824, dont les dispositions sont empruntées en grande partie à la loi du 23 mai 1792. Puis le règlement du 10 avril 1866 et celui du 30 juin 1856.

Ces règlements n'ont pas été visés dans le décret de 1877 en raison des modifications dont ils peuvent être l'objet dans l'avenir. Mais la circulaire du ministre de l'intérieur du 26 décembre 1886 en donne l'analyse.

Nous renvoyons le lecteur à cette analyse qui se trouve insérée aux §§ 142 et 143.

60. — Nous mentionnerons seulement, d'après les articles 121 et 122 du règlement du 20 juillet 1824, la composition des lits et de l'ameublement des chambres.

« Les lits qui sont fournis par les habitants dans les loge-
« ments des officiers, sont garnis d'une housse, d'une paillasse,
« de deux matelas, ou d'un seul avec un lit de plume, d'un
« traversin, de deux couvertures et d'une paire de draps.

« Chaque chambre à lit est meublée d'une table, de chaises,
« d'une armoire ou commode fermant à clef, d'un porte-man-
« teau, d'un pot à l'eau avec sa cuvette, et de deux serviettes
« par semaine.

« Quant aux autres chambres qui sont accordées aux officiers
« et qui ne doivent point être garnies de lits, elles sont meu-
« blées de tables, chaises, chandeliers et autres ustensiles né-
« cessaires.

« Chaque lit de domestique est composé comme celui du
« soldat. »

61. — Quant au logement des sous-officiers et soldats, le règlement dispose (art. 122) : « Les habitants doivent fournir un « lit pour deux caporaux, brigadiers et soldats, de même que « pour deux sergents, maréchaux des logis et fourriers ; mais « ces derniers ne doivent, dans aucun cas, coucher avec les sol- « dats, ni avec des sous-officiers d'un autre corps [1].

« Il sera délivré un lit pour chaque adjudant, tambour et « trompette-major, sergent-major et maréchal des logis chef, « qui doivent coucher seuls. »

Les lits fournis par les habitants aux sous-officiers et soldats doivent, autant que possible, être composés comme ceux des casernes, et il doit y avoir dans la chambre deux chaises ou un banc. (Id., art. 104.)

62. — Lorsque les troupes sont en cantonnement, on utilise tous les locaux disponibles ; les hommes peuvent être couchés dans des hangars, dans des granges, sur la paille. Toutefois, à moins d'impossibilité absolue, des lits doivent être fournis aux officiers et fonctionnaires militaires, ainsi qu'aux adjudants, tambours et trompettes-majors, sergents-majors et maréchaux des logis chefs.

63. — D'une manière plus générale, le ministre de la guerre, dans son instruction pour les maires du 15 mars 1882, définit comme suit le logement et le cantonnement :

« Une troupe est *logée* chez l'habitant quand les officiers sont placés seuls dans des chambres reconnues à l'avance, et quand il est fourni un lit par sous-officier et par deux caporaux et soldats.

« Une troupe est *cantonnée* quand elle est simplement abritée, c'est-à-dire, quand l'homme dispose non plus d'un lit, mais seulement de l'espace couvert nécessaire pour s'étendre et se reposer. »

Ces définitions ont été rappelées par la circulaire du ministre

---

1. D'après le décret réglementaire du 2 août 1877, les sous-officiers ont droit à un lit.

de l'intérieur du 26 décembre 1886. On en verra les conséquences quand nous parlerons du recensement des logements (art. 10).

ARTICLE 9.

Aux termes de l'article 5 ci-dessus, et en cas d'insuffisance des bâtiments militaires destinés au logement des troupes dans les places de guerre ou les villes de garnison, il y est suppléé au moyen de maisons oud'établissements loués par les municipalités, reconnus et acceptés par l'autorité militaire, ou au moyen du logement des officiers et des hommes de troupe chez l'habitant. Cette disposition est également applicable à la fourniture des magasins et des écuries.

Le logement est fourni de la même manière, à défaut de bâtiments militaires, dans les villes, villages, hameaux et maisons isolées, aux troupes détachées ou cantonnées, ainsi qu'aux troupes de passage et aux militaires isolés.

Du logement militaire. — Quand et à qui il est dû. — Communes non gîtes d'étapes. — Casernes de passage.

64. — L'article 9 reproduit en les résumant les dispositions relatives au logement comprises dans les articles 8 et 9 de la loi de 1791, et dans les articles 3, 5 et 6 du règlement de 1792. Il indique les cas où les militaires peuvent être logés chez l'habitant, l'étendue du droit au logement, les localités qui y sont assujetties, comment elles doivent y satisfaire; nous allons passer en revue ces différentes questions et nous examinerons en même temps les obligations accessoires des communes.

§ I. — Cas où les militaires peuvent être logés chez l'habitant.

65. — Le principe qui n'a cessé d'être en vigueur depuis 1791, et d'après lequel les militaires ne sont logés chez l'habitant qu'en cas d'insuffisance des bâtiments militaires destinés au logement des troupes dans les places de guerre et dans les villes de garnison[1] est maintenu et formellement rappelé.

---

1. Le ministre de la guerre a rappelé cette prescription par une note du 29 juin 1827, ainsi conçue :

« Les états des indemnités dues aux communes pour logement de troupes en

Aussi, considérons-nous comme toujours applicable l'article 129 du règlement de 1824, qui porte : « Les sous-intendants mili- « taires communiquent les états des logements militaires et de « leur ameublement aux maires de chaque ville, afin que ceux-ci « puissent connaître si les demandes de logement chez l'habi- « tant qui leur sont faites sont proportionnées au besoin du « service. Les états certifiés par le sous-intendant militaire et « par l'officier du génie font foi. »

66. — Pour la même raison, il nous semble qu'il y a toujours lieu d'observer l'article 8 de la loi de 1791 qui est la conséquence du principe rappelé plus haut. Cet article est ainsi conçu :

« Faute de bâtiments affectés au logement des troupes desti- « nées à tenir garnison dans un lieu quelconque, il y sera « pourvu, autant que faire se pourra, en établissant lesdites « troupes dans des maisons vides et convenables, et il y sera, « en outre, fourni aux troupes à cheval des écuries suffisantes « pour leurs chevaux. Ces maisons et écuries seront choisies et

---

station, qui sont transmis périodiquement par MM. les intendants militaires, ont donné lieu de reconnaître que cette sorte de dépense s'accroît sur plusieurs points d'une manière considérable et progressive, sans que des circonstances extraordinaires et spéciales expliquent et motivent un semblable accroissement.

« Le ministre de la guerre rappelle à cet égard à MM. les intendants et sous-intendants militaires, à MM. les chefs de corps, que, d'après les dispositions de la loi du 10 juillet 1791, il ne doit être placé à demeure chez l'habitant aucun détachement, aucun sous-officier ou soldat, aucuns chevaux appartenant à des corps de troupes en station qu'autant qu'il serait constaté que les bâtiments militaires de la place sont totalement occupés et momentanément insuffisants. En ce cas même, la prestation du logement par les villes ne doit être que temporaire, et il y a lieu de suppléer, par des locations consenties de gré à gré, au défaut de capacité des quartiers partout où leur insuffisance paraît devoir être permanente.

« Le ministre invite, en conséquence, MM. les sous-intendants militaires à ne requérir le logement chez l'habitant, pour des détachements, des hommes et des chevaux isolés, faisant partie d'un corps en station, que sur le vu d'un certificat du commandant du génie, attestant que ces détachements, ces hommes ou ces chevaux, ne peuvent être placés dans les bâtiments militaires. Ils annexeront ces attestations aux états portant décompte des indemnités dues aux communes. » (*Cette note a été insérée sous sa date dans l'édition refondue du* Journal militaire officiel.)

« louées par les commissaires des guerres[1] qui seront autorisés « à requérir les soins et l'intervention des municipalités pour « leur faciliter l'établissement des logements dont ils seront « chargés ; de plus, les agents militaires désignés à cet effet par « les règlements feront, en présence d'un ou de plusieurs offi- « ciers municipaux, la reconnaissance des maisons et écuries « qui seront louées, afin de constater l'état dans lequel elles se « trouveront, et afin de pouvoir, au départ des troupes, estimer, « s'il y a lieu, les indemnités dues aux propriétaires pour les « dégradations qu'auraient éprouvées lesdites maisons et écu- « ries. »

67. — Ce n'est donc qu'à défaut des ressources normales que l'autorité militaire peut recourir aux habitants pour le logement, comme d'ailleurs pour toutes les autres prestations.

68. — Le premier cas prévu par l'article 9 est celui dont nous nous sommes occupés sous l'article 5, où le droit de réquisition est ouvert par suite d'une mobilisation soit totale, soit partielle, ou de rassemblements. Il faut y ajouter celui où, en temps de guerre, un commandant de troupes ou un chef de détachement est autorisé à requérir les prestations nécessaires aux besoins journaliers des hommes et des chevaux placés sous ses ordres (Déc. régl., art. 8). En effet, parmi ces besoins, le logement figure en première ligne.

69. — Le second cas prévu est celui où des troupes sont détachées ou cantonnées dans une localité qui n'est pas ville de garnison. Le plus souvent, cette situation ne se produira que dans la période du rassemblement. Mais, alors même que le droit de réquisition ne serait pas ouvert parce que le ministre de la guerre n'aurait pas jugé utile d'user de la faculté que lui

1. Les commissaires des guerres ont été remplacés par les intendants et les sous-intendants.

donne la loi, ou parce que les généraux commandant les rassemblements ne croiraient pas devoir recourir à la réquisition, le logement n'en serait pas moins exigible aux termes du deuxième paragraphe de l'article 9. D'ailleurs, on peut facilement supposer l'hypothèse où, en dehors de tout rassemblement, des troupes seraient détachées hors d'une ville de garnison.

70. — Le troisième cas dont parle l'article 9 est celui des militaires en marche, soit en corps, soit isolément. Ce cas est et continuera à être le plus fréquemment appliqué, parce qu'il correspond à des besoins quotidiens.

71. — Rappelons, en passant, que lorsqu'un corps ou détachement arrive dans une place pour y tenir garnison, la troupe est considérée comme étant encore en marche, et logée chez l'habitant pour une nuit ou deux au plus. (Règlement de 1824, art. 101.)

Pour les deux derniers cas, l'article 9 n'innove pas ; il ne fait que maintenir ce qui existait auparavant.

§ II. — Étendue du droit au logement.

72. — Le logement comprend non seulement l'abri des hommes, mais encore celui des chevaux et la fourniture de magasins pour les voitures, bagages, etc.

73. — Le logement est dû aux militaires de tous grades et de toutes armes et autres considérés comme tels, ce qui comprend les fonctionnaires et employés militaires, ainsi que les hommes attachés momentanément à l'armée, comme nous l'avons dit en parlant des conducteurs de voitures, des bateliers, des messagers, ou guides réquisitionnés [1].

1. Voir plus haut, §§ 26, 29 et 33.

74. — Pour les troupes en station, il ne peut y avoir de difficulté ; les personnes ayant droit au logement sont indiquées au maire par l'officier qui commande la troupe. Il en est de même lorsque les militaires voyagent en corps. Quand ils voyagent isolément, le maire ne doit accorder de billet de logement que sur le vu de la feuille de route attribuant cette prestation au porteur.

75. — En cas d'appel pour une période d'instruction ou en cas de mobilisation, les hommes appartenant soit à la disponibilité, soit à la réserve de l'armée active, soit à l'armée territoriale qui se rendent à pied de leur résidence à la localité indiquée sur l'ordre de route ou la feuille spéciale de leur livret ou sur le reçu de ce livret, ont droit au logement chez l'habitant, même dans les communes qui ne sont pas gîtes d'étapes, lorsque la distance comprise entre le point de départ et la destination dépasse 24 kilomètres. Le logement est dû sur la simple présentation au maire de la pièce portant ordre de route.

76. — Les officiers et assimilés qui se déplacent isolément n'ont pas à réclamer aux habitants le bénéfice du logement en nature. (Circulaire ministérielle, 4 juin 1877.)

77. — Les membres militaires des conseils de révision n'ont aucun droit à des billets de logement pendant la tournée du conseil. (Circulaire ministérielle, 30 avril 1860.)

Par contre, les officiers, présidant les commissions de classement et de réquisition des chevaux, les vétérinaires militaires membres desdites commissions et les sous-officiers ou caporaux secrétaires [1] doivent être logés chez l'habitant. (Voir §§ 392 et 478.)

1. Il en est de même des cavaliers qui soignent les chevaux du corps amenés par les présidents des commissions de classement (voir § 395), des maréchaux ferrants attachés aux commissions de réquisition, des conducteurs militaires chargés de la conduite au corps des chevaux ou voitures réquisitionnés, des palefreniers civils requis pour le même service et des animaux et voitures réquisitionnés. (Voir § 478.)

78. — La difficulté la plus sérieuse qui se soit élevée au sujet du droit au logement concernait les détachements conduisant des chevaux de remonte.

Certains maires avaient refusé des billets de logement à ces détachements, en se fondant sur les dispositions de l'ordonnance royale du 11 avril 1831, qui allouait aux officiers chargés de la conduite des chevaux de remonte les fonds nécessaires pour les faire loger et nourrir, à prix débattu, dans les auberges de chaque gîte.

Un décret du 14 septembre 1854 a tranché la question en décidant que les militaires chargés de la conduite des chevaux de remonte auraient droit, comme toutes les troupes en marche, au logement, sans indemnité, chez l'habitant pour eux et les chevaux qu'ils conduisent[1].

---

1. Voici le texte de ce décret :

NAPOLÉON, etc.,

Vu la loi du 23 mai 1792 et le règlement y annexé, sur le logement des troupes ;

Vu l'ordonnance royale du 11 avril 1831, portant règlement sur le service de la remonte générale ;

Vu le règlement du 23 mars 1837, relatif au service de la remonte ;

Considérant que, si l'ordonnance précitée du 11 avril 1831 a réglé que les officiers chargés de la conduite des chevaux de remonte seraient pourvus des fonds nécessaires pour les faire loger et nourrir, à prix débattu, dans les auberges de chaque gîte, elle n'a pu abroger les dispositions de la loi du 23 mai 1792, qui établit que tous les militaires voyageant en troupe ou isolément avec feuilles de route, ont droit au logement chez l'habitant pour eux et pour leurs chevaux, sans indemnité, toutes les fois qu'ils le réclament ;

Considérant que les dispositions du règlement précité du 23 mars 1837 ont modifié celles de l'ordonnance du 11 avril 1831, en ce qui concerne les indemnités allouées pour la conduite des chevaux de remonte ;

Sur le rapport de nos ministres secrétaires d'État aux départements de la guerre et de l'intérieur,

Avons décrété et décrétons ce qui suit :

Art. 1er. — Les militaires chargés de la conduite de chevaux de remonte ont droit, comme toutes les troupes en marche, au logement, sans indemnité, chez l'habitant pour eux et les chevaux qu'ils conduisent.

Art. 2. — Les dispositions de l'ordonnance royale du 11 avril 1831 sont et demeurent abrogées en ce qu'elles ont de contraire au présent décret.

Art. 3. — Nos ministres secrétaires d'État aux départements de l'intérieur et de la guerre sont chargés de l'exécution du présent décret, chacun en ce qui le concerne.

Fait à Boulogne, le 14 septembre 1854.

Signé : NAPOLÉON.

Le conseil général de la Manche ayant émis, dans sa session d'août 1882, un vœu tendant à l'exonération de cette charge, les ministres de la guerre et de l'intérieur ont été d'accord pour ne point donner suite à cette demande. (Lettre du ministre de l'intérieur au préfet, 21 février 1883.)

79. — Les militaires de la gendarmerie ont droit au logement comme ceux des autres armes. Ainsi décidé par le ministre de l'intérieur au sujet de deux gendarmes escortant un convoi de poudre qui avaient dû coucher en route. (Lettre au préfet de la Haute-Marne, 12 janvier 1848. Lettre au préfet de l'Allier, 7 décembre 1851.)

80. — Les hommes appartenant à l'armée de mer ont droit au logement dans les mêmes conditions que les autres militaires.

81. — Les prisonniers de guerre en passage sont assimilés aux militaires ; il en est différemment lorsqu'ils sont en station. (Arrêt du Cons. d'État 28 octobre 1829, ville de Montpellier.)

82. — Les seules femmes accompagnant l'armée qui aient droit au logement sont les blanchisseuses ou vivandières, dans les limites prescrites par les règlements. (Circ. min. de la guerre, 6 novembre 1837.)

83. — Les chevaux mis à la disposition des agriculteurs par le ministre de la guerre ne cessent pas d'être chevaux de troupe par le fait de la destination qui leur est donnée. Ils doivent être logés par l'habitant lorsqu'ils sont en route, conduits par des militaires, en vue d'être remis aux cultivateurs. (Lettre du ministre de la guerre au ministre de l'intérieur, 31 octobre 1867; Bouches-du-Rhône.)

84. — L'article 5 de la loi de 1791 portait que, dans le cas où les troupes en station étaient logées chez l'habitant, les officiers ne pourraient prétendre à des billets de logement pour plus de trois nuits et devraient se loger, ce terme expiré, de gré à gré et à leurs frais. Cette disposition a été reproduite par l'article 26 de la loi du 23 mai 1792 et rappelée par le règlement de 1824 (art. 107). Rien n'indique que le législateur de 1877, qui a déclaré emprunter aux lois antérieures les règles principales concernant le logement, ait entendu innover à cet égard.

Toutefois, lorsque le logement est requis en vertu de l'article 5, en cas de mobilisation ou de rassemblement, la réquisition embrasse le logement des officiers comme celui des sous-officiers et soldats ; car ici on ne peut recourir aux précédents, et la loi qui permet à l'autorité militaire de requérir le logement ne fait point de distinction.

85. — Quand les officiers doivent se loger à leurs frais, les maires sont chargés de veiller à ce que les habitants n'abusent pas, dans le prix des loyers, du besoin de logement où se trouvent ces officiers. (Loi 1791, art. 6 ; Loi 1792, art. 26 ; Règl. 1824, art. 107.)

86. — Si, dans le même cas, une difficulté s'élève entre l'officier et l'habitant qui l'a logé, au sujet du loyer, il appartient aux tribunaux de statuer, sans qu'il y ait lieu d'apprécier si l'officier a droit ou non à une indemnité de la part de l'État. (Ordonn. du Cons. d'État 30 mai 1821, Martier-Varlet contre prince d'Eckmühl[1].)

1. En l'an XII, le prince d'Eckmühl, commandant en chef un corps d'armée, logea pendant cinq mois dans la maison de Martier-Varlet, à Dunkerque, et ne lui paya aucun loyer. — Jugement contradictoire du tribunal de la Seine qui condamne le prince à payer une indemnité de 1,500 fr. avec intérêts et dépens. — Sur l'appel, arrêt confirmatif du 30 septembre 1817. — Le 6 avril 1818, le préfet, par ordre du ministre de la guerre, éleva le conflit et le motiva sur la nécessité où le prince d'Eckmühl s'était trouvé de prendre, dans l'intérêt des opérations militaires, deux logements, l'un à Dunkerque et l'autre à Ostende, et sur ce que, si les règlements ne lui accordaient d'indemnité que pour un logement, on ne pouvait, d'autre part, mettre à sa charge un second logement qu'il avait pris pour le bien de son service ; ajoutant que le condamner, c'était condamner l'État, dans l'intérêt duquel il avait agi, et qu'une telle condamnation, aux termes des lois, ne

§ III. — Localités assujetties à l'obligation du logement.

87. — Toutes y sont soumises, sans exception, qu'il s'agisse de villes, villages, hameaux ou maisons isolées. A cet égard, l'article 9 est formel.

Sous l'empire de la législation précédente, qui d'ailleurs rendait l'obligation aussi générale, certaines communes s'étaient refusées à loger des militaires, en se fondant sur ce qu'elles n'étaient pas gîtes d'étapes[1]. Cette prétention, qui a été constamment repoussée, ne saurait s'élever aujourd'hui en présence des termes de la loi[2].

88. — Lorsque les troupes en marche ne peuvent être logées en totalité dans le gîte d'étape désigné sur la feuille de route,

---

pouvait être prononcée que par l'autorité administrative. Sur ce conflit est intervenue l'ordonnance suivante :

« Louis, etc., considérant que, d'après l'article 26 du règlement annexé à la loi du 23 mai 1792, tout officier doit indemniser son hôte pour le temps de son logement au delà de trois nuits; que ladite indemnité doit être fixée de gré à gré, et qu'aux termes de l'article 52 dudit règlement les officiers doivent la payer eux-mêmes; — considérant que, d'après l'article 47 du même règlement, le général en chef reçoit une indemnité pour frais de logement; — considérant que si le prince d'Eckmühl s'est trouvé dans de telles circonstances qu'il eût droit à une plus forte allocation de frais de logement, il pouvait se pourvoir, à cet égard, devant le ministre de la guerre ; mais que, dans aucun cas, les droits des tiers ne devaient en souffrir, et qu'ainsi le sieur Martier-Varlet et la dame veuve Horeau étaient fondés à se pourvoir devant l'autorité judiciaire.

Art. 1er. Les arrêtés de conflit pris par le préfet du département de la Seine, les 6 avril et 31 juillet 1818, sont annulés. (Du 30 mai 1821. — Ordonn. du Cons. d'État ; M. Tarbé, rapp.)

1. On appelle gîtes d'étapes les localités situées sur les routes habituellement suivies par les troupes en marche, et indiquées par le ministre de la guerre comme lieux de repos pour ces troupes. Le dernier livret des gîtes d'étapes a été approuvé par décision du ministre de la guerre, en date du 29 mai 1874, et figure au *Journal officiel militaire* (partie réglementaire, année 1874, n° 41).

2. Une note insérée au *Bulletin officiel du ministère de l'intérieur*, annexe militaire, 1885, p. 79, sous la date du 17 juin 1885 s'exprime ainsi : « A l'occasion d'une réclamation adressée à M. le ministre de la guerre par une municipalité au sujet du logement d'un détachement de troupes rentrant dans sa garnison après les manœuvres d'automne, il a été reconnu par les ministres de la guerre et de l'intérieur que la loi du 3 juillet 1877 et le décret du 2 août suivant obligent toutes les localités *sans exception* au logement d'une troupe en marche. »

les maires doivent, autant que possible, placer les détachements en avant ou à la hauteur de ce gîte, afin de leur épargner des marches inutiles. (Règl. 1824, art. 123.)

Il a été admis que cette disposition donne aux maires des communes constituées gîtes d'étapes la faculté de répartir sur les communes voisines, en avant ou à la hauteur du gîte, les portions de troupes que celui-ci ne peut loger convenablement. (Lettre du ministre de l'intérieur au préfet de la Somme, après avis du ministre de la guerre, 24 septembre 1834.)

Il n'est point nécessaire de tenir compte, dans cette répartition, des limites de départements. (Même décision et lettres du ministre de l'intérieur aux préfets de la Seine-Inférieure et de la Somme, 15 avril 1835[1].)

En cas de difficultés, c'est aux préfets qu'il appartient de répartir les contingents d'hommes à loger dans chaque commune, sauf appel au ministre de l'intérieur. (Lettre du ministre de l'intérieur au préfet de la Somme, 24 septembre 1834.)

89. — Ces dispositions ont été confirmées par une circulaire du ministre de l'intérieur en date du 7 août 1882[2]. (Voir égale-

---

1. Mais il a été reconnu qu'il y aurait des inconvénients, dans certains cas, à ce que le gîte d'étapes et l'annexe n'appartinssent pas à la même région de corps d'armée. (Lettre du ministre de l'intérieur au préfet de l'Ain, 26 mars 1885.)

2. Voici le texte de cette circulaire :

Monsieur le Préfet, l'exécution de la loi des réquisitions du 3 juillet 1877 en ce qui concerne le logement militaire a donné lieu à quelques difficultés sur lesquelles mon attention a été appelée ainsi que celle de M. le ministre de la guerre. Afin d'en prévenir le retour, les dispositions suivantes ont été adoptées de concert entre les deux départements.

1° *Troupes en manœuvres. Avis à donner aux maires.*

Il est arrivé quelquefois que les dispositions nécessaires pour loger une troupe en cours de déplacement ou de manœuvres n'avaient pu être prises dans certaines villes, en raison de l'envoi tardif par l'officier commandant la troupe à loger, de la réquisition réglementaire.

M. le ministre de la guerre a, en conséquence, invité par une circulaire du 10 juin 1882, les commandants de corps d'armée à prescrire à tous les officiers autorisés à formuler des réquisitions, de faire parvenir, autant que possible, ces réquisitions *deux jours au moins à l'avance* aux maires des communes où des troupes auraient à séjourner, et de faire en même temps connaître très exactement à la municipalité le nombre des militaires de tous grades et de chevaux à

ment circulaire du ministre de la guerre du 15 juillet 1882.)
Le plus souvent le préfet, avisé à l'avance de l'envoi des trou-

---

loger, ainsi que les conditions dans lesquelles il est à désirer, pour le bien du service, que les logements soient fournis.

Cette prescription, générale pour les détachements en route, en manœuvres de brigade avec cadres, etc..., ne s'applique pas au cas de *manœuvres proprement dites,* alors qu'il y a lieu de conserver un certain imprévu dans les opérations. Cependant toutes les fois que les cantonnements pourront être arrêtés d'avance, les maires des communes intéressées seront avisés aussitôt que possible.

2° *Répartition des troupes de passage dans les communes voisines lorsqu'elles ne peuvent être toutes logées au gîte d'étape.*

Lorsqu'il s'agit non plus de troupes en manœuvres, qui doivent être logées en vertu de réquisitions spéciales dans les localités dénommées sur l'ordre de réquisition, mais de simples troupes de passage arrivant à un gîte d'étape trop nombreuses pour y trouver place, la question s'est posée de savoir à qui appartenait le soin de répartir l'excédent dans les communes voisines. Quelques maires, se fondant sur les termes de l'article 3 de la loi du 3 juillet 1877 qui réserve à l'autorité militaire seule le droit de réquisition, ont cru qu'à elle seule aussi incombait le soin de faire cette répartition, tandis qu'il était autrefois admis que ce soin appartenait à l'autorité civile.

L'article 3 de la loi du 3 juillet 1877 porte, il est vrai, que le droit de requérir appartient à l'autorité militaire, mais les circonstances dans lesquelles ce droit peut s'exercer sont définies dans l'article 1er de la même loi, et se réduisent aux cas de mobilisation partielle ou totale de l'armée, ou de rassemblement de troupes dans les conditions de temps et de lieux déterminées par le ministre de la guerre, et, par suite, exceptionnelles. Au contraire, l'obligation de fournir le logement aux troupes de passage et aux militaires isolés est une charge permanente des habitants; elle existe indépendamment de tout arrêté ministériel ouvrant la période de réquisition. En rappelant cette obligation dans l'article 9 de la loi du 3 juillet, le législateur n'a rien dit qui puisse faire supposer qu'il ait entendu modifier les errements suivis antérieurement. On doit donc se reporter, pour l'application, au règlement du 20 juillet 1824 qui a conservé toute sa valeur dans toutes celles de ses dispositions qui ne sont pas contraires à la nouvelle loi.

Or, aux termes de l'article 113 du règlement de 1824, lorsque les troupes en marche ne peuvent être logées en totalité dans le gîte d'étape désigné sur la feuille de route, les maires doivent, autant que possible, placer les détachements en avant ou à la hauteur de ce gîte, afin de leur épargner des marches inutiles. Il a été reconnu que cette disposition donne aux maires des communes constituées gîtes d'étape la faculté de répartir sur les communes voisines, en avant ou à la hauteur du gîte, les portions de troupes que celui-ci ne peut loger convenablement. Il n'est même point nécessaire de tenir compte, dans cette répartition, des limites de départements; s'il s'élève des difficultés, c'est au préfet qu'il appartient de répartir les contingents entre les diverses communes, sauf appel au ministre de l'intérieur.

Ainsi, le droit des maires des gîtes d'étape repose sur un texte formel et qui n'a pas cessé d'être en vigueur. Mais dans la pratique, et pour prévenir les difficultés, l'autorité militaire a soin d'aviser les préfets à l'avance afin qu'ils puissent faire eux-mêmes la répartition ou déléguer ce soin au sous-préfet.

Lors donc, Monsieur le Préfet, que vous êtes avisé du passage d'un détache-

pes (voir § 105), fera lui-même la répartition ou déléguera ce soin au sous-préfet.

90. — Lorsque les troupes ne peuvent être entièrement logées au gîte d'étape, les maires envoient au-devant de la colonne, et jusqu'au lieu marqué pour la séparation de la troupe, des guides qui sont chargés de conduire les détachements dans les gîtes annexes. (Règl. 1824, art. 114.)

Des guides sont pareillement fournis au départ d'une troupe répartie dans les cantonnements, lorsqu'ils sont jugés nécessaires et demandés par le commandant, pour diriger les détachements par la route la plus courte et la plus commode sur le point où ils doivent rejoindre la colonne dans la direction du nouveau gîte. (Id., art. 115.)

Le maire doit charger de préférence du soin de guider les détachements soit les gardes champêtres, soit les appariteurs ou autres agents de la mairie.

91. — Lorsqu'une commune rurale fait suite sans interruption à une ville gîte d'étape, il semble juste que cette dernière ne supporte pas seule la charge du logement militaire. Il convient, dans ce cas, de se concerter avec l'autorité militaire pour déterminer à l'avance, à chaque passage de troupes, le contin-

---

ment dont l'effectif ne pourrait trouver place au gîte d'étape, vous devez désigner les communes voisines appelées à loger l'excédent et adresser aux maires intéressés des instructions destinées à prévenir toute difficulté.

M. le ministre de la guerre, en se prévalant des anciens règlements pour laisser le soin de cette répartition à l'autorité administrative, pense qu'elle est, mieux que les chefs de détachement, en mesure d'apprécier les ressources locales. Tel est aussi mon sentiment, et j'estime qu'il est, en cette circonstance, non seulement du devoir, mais encore de l'intérêt de l'administration de prêter son concours empressé à l'autorité militaire.

Je vous engage, Monsieur le Préfet, à insérer la présente circulaire, au moins en extrait, au *Recueil des actes administratifs de votre département*, et à prendre bonne note des recommandations qui y sont contenues.

Recevez, etc.

Pour le Ministre :
Le Sous-Secrétaire d'État,
Signé : DEVELLE.

gent qui devra être logé dans chacune des deux communes par les soins des maires. (Lettre du ministre de l'intérieur aux préfets de la Sarthe, 23 juin 1828, et de la Mayenne, 27 octobre 1832.)

92. — Les communes annexes de gîtes d'étapes ne sont pas, en temps normal, obligées de fournir des voitures pour le transport des vivres et des fourrages à prendre au gîte. (Lettre du ministre de la guerre au ministre de l'intérieur, 22 juin 1818.) Mais pendant les périodes où le droit de réquisition est ouvert, il en serait autrement. Nous avons vu, sous l'article 5, que le transport est une des prestations qui peuvent être requises non seulement en cas de mobilisation, mais même en cas de rassemblement.

§ IV. — Comment doit être fourni le logement.

93. — L'article 9 dit que les troupes seront logées soit dans des maisons ou établissements loués par les municipalités, reconnus et acceptés par l'autorité militaire, soit au moyen du logement chez l'habitant.

94. — CASERNES DE PASSAGE. — Le premier mode se rapporte plus généralement aux *casernes de passage*. On appelle ainsi des locaux construits ou loués par les villes et où les troupes qui n'y séjournent que momentanément, sont casernées, ce qui dispense les habitants de fournir le logement en nature ; mais il peut s'agir également d'établissements ou de maisons ordinaires occupés temporairement par la troupe, soit dans le cas d'augmentation de l'effectif des garnisons, soit pendant la construction des nouvelles casernes dans les places, etc.

Le ministre de l'intérieur (M. T. Duchâtel) a, par une circulaire du 15 mars 1845, recommandé très vivement la création de casernes de passage aux villes fréquemment exposées aux passages de troupes. Il est reconnu que c'est le mode de logement le plus favorable à la discipline en même temps qu'à la santé et à la moralité des troupes. C'est aussi celui qui concilie le mieux les nécessités résultant de l'obligation du logement des gens de guerre imposée par la loi à tous les habitants, et les convenances particulières des citoyens considérés individuellement.

Le ministre indiquait, à titre d'exemple, les mesures déjà prises à cet égard par diverses municipalités :

« Il n'entre point dans mon intention de fixer ici des règles à suivre pour l'établissement des casernes dont il s'agit, attendu que la solution de cette question doit être subordonnée à l'appréciation par l'autorité civile des moyens à l'aide desquels ce résultat est susceptible d'être obtenu.

« Ainsi à Lyon, le conseil municipal ayant arrêté en principe qu'une somme serait prélevée sur les produits de l'octroi pour assurer, aux frais de la ville, les logements des militaires de passage voyageant isolément ou par détachement, un traité est intervenu entre le maire et un entrepreneur pour régler les conditions d'après lesquelles une ancienne caserne se trouve aujourd'hui attribuée au logement de ces militaires.

« A Tours, le conseil municipal a affecté à l'établissement d'une caserne dite de *passage*, un bâtiment appartenant à la ville et dépendant d'un ancien couvent sans destination. Les frais d'appropriation et de mobilier, établis et fixés d'après un devis, ont été laissés à la charge de l'entrepreneur, qui a pris cet immeuble à bail pendant dix-huit années. La clause obligatoire du bail est de tenir toujours prêts jusqu'à 250 lits dans cette caserne, avec tous les ustensiles ordinaires aux casernes de l'État.

« Quant aux avantages assurés à l'adjudicataire, ils consistent dans les produits des billets de logement à la charge des habitants qui consentent un abonnement volontaire, ou qui veulent faire conduire à la caserne dont il s'agit les militaires qui leur sont adressés, en payant le prix du billet.

« Dans ce but, les habitants ont été divisés en sept classes de logement, de manière à fixer pour chacune de ces classes un abonnement annuel et spécial, lequel varie depuis 30 fr. jusqu'à

2 fr. L'abonnement au billet, isolément considéré, a été fixé à 1 fr. 20 c. pour tous les habitants.

« Cette mesure a produit ce résultat efficace qu'un grand nombre de citoyens se sont abonnés, et qu'il en est peu qui ne fassent conduire les militaires à la caserne de passage.

« Du reste, l'établissement, qui suffit à tous les besoins de l'armée et à ceux des habitants, est placé sous la surveillance active et continue de l'autorité militaire et administrative ; et, depuis 1839, époque où il a été créé, il n'a pas été signalé un seul fait qui laissât à désirer sous le rapport tant de la santé des soldats que de la bonne discipline et de la moralité publique.

« Il en est de même pour la ville de Nantes ; seulement, la caserne qui est plus considérable, puisqu'elle renferme 400 lits, au lieu d'être établie dans un bâtiment dépendant de la commune, est installée dans une partie de maison appartenant à un particulier, lequel s'est rendu adjudicataire pendant dix ans de l'établissement de cette caserne, aux mêmes conditions que celles qui ont été fixées à Tours. »

A la circulaire du 15 mars 1845, sont annexés le traité intervenu entre la ville de Lyon et l'entrepreneur, l'arrêté du maire de Nantes, qui autorise l'établissement d'une caserne de passage et un règlement d'organisation.

L'institution de casernes de passage a été depuis, à plusieurs reprises, conseillée par le ministre de l'intérieur. (Voir notamment les circulaires des 14 février 1852 et 12 février 1874.)

95. — Une circulaire du ministre de l'intérieur, du 18 août 1845, recommande expressément de stipuler, comme l'une des clauses essentielles du marché qu'il y aurait lieu de passer avec les entrepreneurs, pour le logement dans les casernes de passage établies à leurs frais, la condition qu'un lit sera fourni à chaque sous-officier ou soldat.

96. — Nous devons appeler particulièrement l'attention sur la disposition de l'article 9 d'après laquelle les casernes de passage doivent être reconnues ou acceptées par l'autorité militaire. En fait, ces établissements étaient déjà soumis au contrôle de cette autorité ; mais il n'était pas inutile que la loi affirmât formellement le droit de l'autorité militaire pour couper court aux hésitations qui ont pu se produire sur ce point.

§ V. — Obligations accessoires de la commune.

97. — Dans les gîtes qui ne sont pas lieux de garnison, la garde de police est établie à la mairie ou dans tout autre local à proximité, reconnu propre à servir de corps de garde, et désigné par le maire, qui y fait fournir le chauffage, la lumière et les ustensiles nécessaires. (Loi de 1791, art. 20, et Règlement de 1824, art. 125.)

Les fournitures de chauffage, éclairage, etc., sont à la charge des communes, et le prix n'en saurait être réclamé à l'administration de la guerre. (Lettre du ministre de l'intérieur au préfet de la Vendée, après avis du ministre de la guerre, 5 mai 1837.)

98. — Les dépenses relatives à la préparation du logement des troupes, telles que les frais d'impression des formules pour billets de logement, incombent à la commune. Lorsqu'une commune a été désignée pour concourir avec le gîte d'étapes à la charge du logement, ces dépenses doivent être supportées par les deux communes où les troupes sont logées, chacune en ce qui la concerne. (Décision du ministre de l'intérieur, 3 juin 1823 ; Seine-Inférieure.)

Article 10.

Il sera fait par les municipalités un recensement de tous les logements, établissements et écuries que les habitants peuvent fournir pour le logement et le cantonnement des troupes, dans les circonstances spécifiées à l'article 9.

Ce recensement sera communiqué à l'autorité militaire.

Il pourra être revisé, en tout ou en partie, dans les localités et aux époques fixées par le ministre de la guerre.

Recensement des logements.

99. — L'obligation imposée aux maires de recenser les logements est empruntée à l'article 4 de la loi du 10 juillet 1791, qui portait : « Dans les places de guerre, postes militaires et « villes de garnison habituelle de l'intérieur, il sera fait par les « officiers municipaux un recensement de tous les logements et « établissements qu'ils peuvent fournir sans fouler les habitants, « à l'effet d'y avoir recours au besoin, et momentanément, soit « dans le cas de passage de troupes, soit dans les circonstances « extraordinaires, lorsque les établissements militaires ne suffi- « ront pas. »

La loi nouvelle a dû seulement, pour mettre cette prescription d'accord avec l'institution du cantonnement, étendre à ce mode d'abri ce qui ne s'appliquait auparavant qu'au logement. De plus, elle l'étend à toutes les communes, sans exception.

100. — Le règlement du 23 mai 1792 obligeait les municipalités à donner connaissance à l'autorité militaire de l'assiette du logement. Le législateur de 1877 a pensé que cette disposition s'appliquait mieux au recensement.

M. le baron Reille explique comme il suit, dans son rapport, les motifs qui ont déterminé la commission de la Chambre des députés à préférer ce système : « Connaissant, par cette opération, faite dans toutes les communes, les ressources pour les logements ou le cantonnement, de toutes les localités, l'autorité militaire peut répartir d'une manière plus équitable les troupes de passage ou les détachements qu'elle a à envoyer. Dans le cas de mobilisation, elle peut, grâce à l'état qu'elle aura entre les mains, connaître les moyens de placer les troupes mobilisées sur les divers points du territoire sans fouler les populations. Cette disposition est donc à la fois dans l'intérêt de l'armée et dans celui des habitants. »

S'inspirant des intentions exprimées dans ce passage du rapport, le décret du 2 août 1877 dispose, article 11, que les officiers qui peuvent être appelés à requérir le logement chez l'habitant ou le cantonnement de troupes sous leurs ordres, doivent consulter les états de recensement dressés par les maires, et ne réclamer dans chaque commune le logement que pour un nombre d'hommes et de chevaux inférieur ou au plus égal à celui qui est indiqué dans ces tableaux.

101. — Le décret du 2 août a réglé, avec détail, le mode suivant lequel doivent être dressés les tableaux de recensement et les indications qu'ils doivent contenir. Nous nous bornons, sur ce point, à citer le texte même du décret :

« Art. 23. — Les maires dressent, tous les trois ans, en « double expédition, sur des modèles qui leur sont transmis « par les commandants de région un état des ressources que « peut offrir leur commune pour le logement et le cantonne- « ment des troupes.

« Cet état doit distinguer l'agglomération principale et les « hameaux détachés ; il doit indiquer approximativement :

« 1° Le nombre de chambres et de lits qui peuvent être affec- « tés au logement des officiers et le nombre d'hommes de troupe « qui peuvent être logés chez l'habitant, à raison d'un lit par « sous-officier et d'un lit ou au moins d'un matelas et d'une cou- « verture pour deux soldats.

« Le nombre de chevaux, mulets, bestiaux et voitures qui « peuvent être installés dans les écuries, étables ou remises ;

« 2° Le nombre d'hommes qui peuvent être cantonnés dans les « maisons, établissements, écuries, bâtiments ou abris de toute « nature appartenant soit aux particuliers, soit aux communes « ou aux départements, soit à l'État, sous la seule réserve que « les propriétaires ou détenteurs conserveront toujours les lo- « caux qui leur sont indispensables pour leur logement et celui « de leurs animaux, denrées et marchandises [1].

---

1. Les modèles pour la formation de ces états ont été dressés par M. le ministre de la guerre et transmis aux préfets par M. le ministre de l'intérieur. (Circulaire du 22 décembre 1877.)

« *Les officiers et les fonctionnaires militaires, qui sont logés à « leurs frais, dans leur garnison ou résidence, ne sont tenus de « fournir le logement aux troupes qu'autant que le logement qu'ils « occupent excède, quant au nombre de pièces, celui qui serait affecté « à leur grade ou à leur emploi, dans les bâtiments de l'État.*

« *Sur l'état des ressources, les maires ne tiennent compte que de « la partie du logement qui excède le nombre de pièces affecté au « grade ou à l'emploi d'après les règlements militaires.*

« *Les détenteurs de caisses publiques déposées dans leur domicile, « les veuves et filles vivant seules, et les communautés religieuses de « femmes, les officiers et fonctionnaires militaires logés, à leurs frais, « dans leur garnison ou résidence, ne sont tenus de fournir le can- « tonnement que dans les dépendances de leur domicile qui peuvent « être complètement séparées des locaux occupés pour l'habitation.*

« *Sur l'état des ressources pour le cantonnement, les maires ne « tiennent compte que de ces dépendances*[1].

« Art. 24. — Les états dressés en exécution de l'article pré- « cédent sont adressés aux commandants de région par l'inter- « médiaire du préfet.

« Lorsque le ministre de la guerre veut faire opérer la révi- « sion de ces états, il charge de cette mission des officiers qui « se transportent successivement dans chaque commune[2].

« Il est donné avis aux maires de la mission confiée à ces « officiers et de l'époque de leur arrivée dans les communes.

« Art. 25. — Après la révision, des tableaux récapitulatifs « sont imprimés ou autographiés par les soins de l'autorité « militaire et tenus à la disposition des officiers généraux ainsi

---

1. Le texte en italique contient les additions apportées par le décret du 23 novembre 1886 au décret du 2 août 1877. — Nous expliquerons ces additions dans le commentaire de l'article 12 de la loi.

2. Une première application partielle de cette disposition a été faite au commencement de l'année 1878. — Par circulaire du 9 avril, M. le ministre de l'intérieur a invité les préfets à signaler aux maires l'importance de cette opération et l'intérêt qu'ils ont à y participer.

Les officiers chargés de la révision auront droit, ainsi que leur ordonnance et leurs chevaux, au logement chez l'habitant dans les localités où ils seront obligés de séjourner. (Circulaire du préfet de Meurthe-et-Moselle du 31 mai 1878.)

« que des intendants militaires et des commissions de règle-« ment des indemnités. Un extrait est envoyé par les comman-« dants de région aux maires des communes intéressées [1].

« Art. 26. — Lorsque les maires ont reçu l'extrait mentionné « à l'article précédent, ils dressent, avec le concours des con-« seillers municipaux, un état indicatif des ressources de chaque « maison pour le logement ou le cantonnement des troupes, « d'après le nombre fixé par le tableau indiqué à l'article précé-« dent.

« Lorsqu'ils sont requis de loger ou de cantonner des mili-« taires, ils suivent le plus exactement possible l'ordre de cet « état indicatif. »

102. — L'état indicatif est dressé par le maire avec le concours des conseillers municipaux, et non par le conseil municipal. Les membres du conseil interviennent par voie d'avis; mais c'est, croyons-nous, au maire, à qui seul incombe le devoir d'assurer le logement, qu'appartient en définitive le droit de déterminer les ressources qu'offre chaque maison pour l'abri des troupes.

103. — L'état indicatif une fois dressé, les habitants ont-ils le droit d'en exiger communication? Nous pensons que non. La même question s'étant posée au sujet des rôles établis en vue du logement sous l'empire de la législation antérieure, le ministre de l'intérieur répondit qu'aucune loi ni aucun règlement n'imposaient à l'administration municipale l'obligation de communiquer les rôles des habitants assujettis à la charge du logement militaire ou d'en laisser prendre copie (23 avril 1867,

---

1. L'extrait récapitulatif envoyé par l'autorité militaire doit être conservé avec soin à la mairie pour être représenté, lors des recensements ultérieurs, aux officiers chargés de la révision. De graves inconvénients pourraient résulter de la suppression de ces documents. Outre que la négligence des municipalités sur ce point entrave les opérations de la révision, elle peut donner naissance à de grandes difficultés, si, au moment de la répartition des troupes, la municipalité ne peut invoquer la seule pièce qui fasse foi vis-à-vis de l'autorité militaire et qui a été approuvée par elle. (Circulaire du ministre de l'intérieur du 8 mars 1884.)

Montélimar). Or, la loi nouvelle n'a point prescrit cette communication. La jurisprudence précédente doit donc être maintenue. D'ailleurs les tableaux de recensement et les états indicatifs sont des documents purement administratifs dont le but est de faciliter la tâche de l'autorité militaire et du maire; il n'existe aucune raison pour les rendre publics.

ARTICLE 11.

Dans tous les cas où les troupes devront être logées ou cantonnées chez l'habitant, l'autorité militaire informera les municipalités du jour de leur arrivée.

Les municipalités délivreront ensuite, sur la présentation des ordres de route, les billets de logement, en observant de réunir, autant que possible, dans le même quartier, les hommes et les chevaux appartenant aux mêmes unités constituées, afin d'en faciliter le rassemblement.

Avis à donner par l'autorité militaire. — Devoirs du maire à l'arrivée des troupes.

104. — Cet article reproduit presque textuellement l'article 10 de la loi du 23 mai 1792. D'une part, il prescrit à l'autorité militaire d'aviser le maire du jour où arriveront dans sa commune les troupes dont il devra assurer le logement; de l'autre, il indique au maire les devoirs qu'il doit remplir à l'arrivée de ces troupes.

§ I. — Avis à donner par l'autorité militaire.

105. — Aux termes de l'article 124 du règlement de 1824, relatif au logement des troupes en marche, les sous-intendants militaires doivent, autant que possible, donner à l'avance avis au maire des époques d'arrivée et de séjour des corps et détachements, afin que les billets de logement puissent être préparés.

D'après l'article 128 du même règlement, lorsqu'un corps de troupes en station doit être logé chez l'habitant, le sous-intendant, ou l'autorité qui le supplée, en fait par écrit la demande au maire de la commune, en lui indiquant le nombre d'officiers et de sous-officiers, de soldats et de chevaux à loger, ainsi que les emplacements nécessaires pour les magasins du corps.

Par décision du 14 octobre 1824, le ministre de la guerre a complété cette disposition en ajoutant que le sous-intendant devrait en même temps en donner avis au préfet du département.

Pour que l'administration départementale fût régulièrement informée des mouvements de troupes, le ministre de la guerre prit en 1840, de concert avec le ministre de l'intérieur, une décision disposant que les passages de troupes seraient portés à la connaissance des préfets : par le ministère de la guerre pour les mouvements de troupes que l'administration supérieure ordonne directement ; par les soins des généraux commandants de corps d'armée (autrefois, les lieutenants généraux commandant les divisions militaires), pour les mouvements que ces officiers généraux sont dans le cas de prescrire. (Circulaire du ministre de l'intérieur, 29 décembre 1840.)

Souvent pendant le temps des manœuvres le préfet ne peut pas être prévenu. Mais il est recommandé à tous les officiers autorisés à formuler des réquisitions de logement, de faire parvenir, autant que possible, ces réquisitions *deux jours au moins à l'avance* aux maires des communes où des troupes auraient à séjourner et de faire en même temps connaître très exactement à la municipalité le nombre de militaires de tous grades et de chevaux à loger. (Circulaire du ministre de la guerre du 10 juin 1882 et du ministre de l'intérieur du 7 août 1882[1].)

---

1. Voici la circulaire du ministre de la guerre du 10 juin 1882. Quant à celle du ministre de l'intérieur du 7 août 1882, nous l'avons insérée en note sous le § 82.

« Mon cher Général, mon attention a été appelée sur les difficultés qui se sont produites dans une ville, à l'occasion du logement, par voie de réquisition, d'une troupe en cours de manœuvres.

« Il résulte des renseignements qui m'ont été fournis, que les dispositions nécessaires pour assurer le logement de cette troupe n'ont pu être prises à temps par le maire de la ville, en raison de l'envoi tardif, par l'officier commandant la troupe à loger, de la réquisition réglementaire.

« En vue de prévenir, autant que possible, toute difficulté de cette nature, j'ai l'honneur de vous prier de prescrire toujours aux autorités militaires sous vos ordres, qui auront à effectuer des déplacements pouvant donner lieu à réquisition,

On doit désirer que ces prescriptions soient toujours observées. Leur exécution suffirait, dans presque tous les cas, à aplanir les difficultés qui pourraient s'élever entre les maires et l'autorité militaire ou à en faciliter la prompte solution.

106. — Il est certain que si les troupes arrivent dans une commune par suite de mouvements imprévus, le maire ne pourra se refuser à délivrer des billets de logement sous le prétexte qu'il n'aurait pas été avisé par le sous-intendant. La loi, dans l'intérêt du bon ordre et pour rendre plus facile la tâche des municipalités, a prescrit à l'autorité militaire de donner cet avis; elle n'a point subordonné à cette condition le droit au logement ou au cantonnement.

107. — De même, l'autorité militaire n'a évidemment aucun avis à donner, lorsqu'il s'agit du logement de militaires isolés.

La loi dispose que le logement ou le cantonnement *des troupes* est assuré par les municipalités sur des avis adressés préalablement par l'autorité militaire, — mais elle ne fait pas mention des militaires isolés autrement que par la définition (art. 5, § 1er) du droit au logement ou au cantonnement pour les *hommes*. Or, s'il est généralement possible à l'autorité militaire

---

d'avoir soin d'adresser plusieurs jours à l'avance, deux au moins, aux maires des communes où des troupes auront à séjourner, les réquisitions qu'elles auront à exercer, en conformité de la loi du 3 juillet 1877 et du décret du 2 août 1877, et de leur faire connaître, en même temps, très exactement, le nombre des militaires de tous grades et de chevaux à loger, ainsi que les conditions dans lesquelles il est à désirer, pour le bien du service, que des logements soient fournis.

« Il conviendra aussi que l'officier auquel incombe le soin de donner l'avis dont il s'agit (art. 34 du décret du 2 août 1877) s'enquière avec soin des communications postales, afin de s'assurer que son avis parviendra à temps aux municipalités destinataires.

« *Signé :* BILLOT. »

Toutefois, par une lettre collective du 28 juin 1882, le ministre de la guerre a fait observer que cette prescription ne s'applique pas au cas de manœuvres proprement dites, alors qu'il y a lieu de conserver un certain imprévu dans les opérations. Cependant, toutes les fois que les cantonnements peuvent être arrêtés d'avance sans nuire à l'initiative des chefs et à la conduite des opérations, il y a lieu d'aviser aussitôt que possible les maires des communes voisines.

d'aviser d'avance les maires des arrivées de *corps de troupes* ou de *détachements,* il est absolument impossible qu'elle le fasse quand il s'agit du passage des *isolés,* dont le droit au logement subsiste néanmoins.

Nous avons cru utile de faire ressortir explicitement l'exception que la force des choses doit introduire dans l'application du § 1er de l'article 11, en ce qui concerne les mouvements d'isolés. Il importe, en effet, de prévenir toute difficulté à ce sujet, soit lors du renvoi des classes, soit pour les appels annuels de réservistes et de militaires de l'armée territoriale, soit enfin pour la mobilisation.

La même disposition doit d'ailleurs s'étendre aux individus qui seraient désignés pour un service spécial en vertu de l'article 5 de la loi du 3 juillet (voituriers, bateliers, messagers, ouvriers, etc.), et qu'il convient d'assimiler aux militaires, comme nous l'avons rappelé à plusieurs reprises dans le cours de nos explications. (Voir §§ 26, 29, 33 et 73.)

En résumé, lorsque des isolés se présentent sans être annoncés par un avis préalable, les maires ont le devoir de leur assurer le logement, sur le vu, soit de leur feuille de route, soit de l'ordre de route annexé à leur livret individuel (mobilisation), soit de la feuille spéciale aux appels pour périodes d'instruction annexée en tête dudit livret (appels annuels de réservistes et de territoriaux), soit enfin de l'ordre d'appel remis à l'homme désigné pour un service spécial (dernier cas indiqué ci-dessus).

§ II. — Devoirs du maire à l'arrivée des troupes.

108. — Dès qu'il a reçu avis de l'arrivée d'une troupe, le maire doit faire établir les billets de logement en se référant à l'état indicatif des ressources de chaque maison dont nous avons parlé dans l'article précédent. (Voir § 100.)

Il remet ensuite les billets à l'officier chargé du logement, en paquets séparés pour chaque compagnie, escadron ou batterie, de manière que les officiers, sous-officiers et soldats qui les composent, soient, autant que possible, logés dans le même village ou bourg, ou dans le même quartier, afin d'en faciliter le rassemblement et la surveillance. (Règlem. 1824, art. 118.)

109. — En règle générale, afin d'aider au maintien de la discipline, les soldats ou cavaliers ne doivent être logés dans des fermes ou maisons isolées qu'autant qu'elles peuvent recevoir une compagnie entière, ou une fraction régulière de compagnie, avec un officier ou un sous-officier. (Id., art. 116.)

110. — Les chevaux sont placés dans des écuries à portée du logement de chaque escadron. (Id.)

Mais cette prescription comporte certains tempéraments. Si, par exemple, dans l'agglomération de la commune il est difficile de loger les chevaux sans causer une très grande gêne aux habitants, tandis que dans les fermes environnantes des écuries sont disponibles, le maire peut y envoyer ces chevaux; mais c'est à l'autorité militaire qu'il appartient alors d'apprécier dans quelle mesure les besoins du service peuvent se concilier avec l'intérêt de la population. (Lettre du ministre de l'intérieur, après avis du ministre de la guerre, au préfet de la Charente-Inférieure, 14 août 1877.)

111. — Les maires désignent pour le logement des chefs d'ordinaire des maisons dont les habitants peuvent fournir les ustensiles nécessaires, ainsi que la place suffisante pour faire la cuisine pour huit ou seize hommes, et pour qu'ils puissent y manger; sauf à faire alterner les habitants, ou à leur accorder, en compensation de cette charge, une diminution relative du logement militaire. (Règl. 1824, art. 117.)

112. — Il est fourni aux troupes en marche, pour le dépôt de leurs bagages, un local à proximité du corps de garde de police. (Id., art. 126.)

113. — Lorsque les troupes logées sont en station, le maire doit réserver quelques logements, dans l'arrondissement de chaque compagnie, pour les hommes absents qui peuvent rentrer au corps. (Id., art. 131.)

Les billets de logement pour les hommes arrivant après l'établissement de la troupe sont délivrés sur la présentation des feuilles de route ou des billets de sortie de l'hôpital, et sur l'invitation du commandant du corps. (Id., art. 132.)

114. — Le commandant de la troupe doit faire connaître au maire les logements qui deviennent vacants par le départ des hommes allant aux hôpitaux, en congé ou en détachement. (Id., art. 133.)

115. — L'officier ou le sous-officier qui précède la troupe ne doit pas s'immiscer dans le choix des logements. Il donne au maire tous les renseignements nécessaires pour établir le logement dans l'ordre de bataille. (Id., art. 112). Mais c'est à l'officier chargé du logement, ou à l'adjudant à qui les billets sont remis, qu'il appartient de faire la distribution des billets, conformément à l'ordonnance sur le service intérieur des corps [1]. (Id., art. 119.)

ARTICLE 12.

Dans l'établissement du logement ou du cantonnement chez l'habitant, les municipalités ne feront aucune distinction de personnes, quelles que soient leurs fonctions ou qualités.

Seront néanmoins dispensés de fournir le logement dans leur domicile les détenteurs de caisses publiques déposées dans ledit domicile, les veuves et filles vivant seules et les communautés religieuses de femmes. Mais les

---

1. Dans les places, l'autorité militaire prête son concours au maire pour la répartition des troupes chez les habitants. Dès que le commandant d'armes est informé de l'arrivée d'une troupe, il doit se concerter avec l'autorité civile pour que ses fractions constituées soient logées dans des quartiers contigus ; et pour que les maisons inhabitées, si elles sont désignées pour être occupées par la troupe, soient ouvertes à l'avance et pourvues du nécessaire. L'officier qui devance la troupe en remet la situation au commandant d'armes, qui lui donne ses ordres. (Décret du 23 octobre 1883, art. 35.)

uns et les autres sont tenus d'y suppléer en fournissant le logement en nature chez d'autres habitants, avec lesquels ils prendront des arrangements à cet effet; à défaut de quoi, il y sera pourvu à leurs frais par les soins de la municipalité.

Les officiers et les fonctionnaires militaires, dans leur garnison ou résidence, ne logeront pas les troupes dans le logement militaire qui leur sera fourni en nature, et lorsqu'ils seront logés en dehors des bâtiments militaires, ils ne seront tenus de fournir le logement aux troupes qu'autant que celui qu'ils occuperont excédera la proportion affectée à leur grade ou à leur emploi.

Les officiers en garnison dans le lieu de leur habitation ordinaire seront tenus de fournir le logement dans leur domicile propre, comme les autres habitants.

Par qui est dû le logement militaire.

116. — Les dispositions contenues dans cet article se trouvaient déjà dans les articles 9 et 15 de la loi de 1791 et dans les articles 11 et 12 de la loi-règlement de 1792; nous allons examiner successivement chacun des paragraphes dont il se compose.

§ I. — Caractère général de l'obligation du logement militaire.

117. — Tout habitant est assujetti à cette obligation; les municipalités ne doivent faire aucune distinction. C'est l'application du principe proclamé par la loi du 7 avril 1790 pour mettre fin aux abus qui s'étaient produits sous l'ancien régime.

118. — Le mot *habitant* comprend même les personnes logeant en garni. (Lettre du ministre de l'intérieur au préfet des Basses-Pyrénées, 17 mars 1834.)

Cette solution a fait naître la question de savoir si le logement est dû par l'habitation ou par l'habitant; en d'autres termes, si une vaste maison occupée par une seule personne ne doit loger qu'un militaire, tandis qu'une autre maison divisée en vingt chambres garnies occupées par 20 locataires devrait recevoir 20 militaires. Le ministre de l'intérieur, consulté à cet égard, répondit que le logement est dû personnellement par les habitants, *mais suivant leurs facultés.* (Lettres au préfet du Gard, 10 février 1831, au préfet de la Charente-Inférieure, 16 juin 1831, au préfet de la Meurthe, 18 octobre 1848.)

119. — Nous verrons plus loin que l'article 13, § 2, de la nouvelle loi, reproduisant une disposition du règlement de 1792 (art. 20), porte : « Les habitants ne seront jamais délogés de la « chambre et du lit où ils ont l'habitude de coucher ; ils ne « pourront néanmoins, sous ce prétexte, se soustraire à la charge « du logement *selon leurs facultés.* » Il faut conclure de ces derniers mots que l'habitant qui n'a à offrir d'autre chambre ni d'autre lit que ceux qu'il occupe, est dispensé de loger, si ses facultés ne lui permettent pas de suppléer au logement en nature, en pourvoyant au placement des militaires qui lui seraient destinés chez un autre habitant. (Lettre du ministre de l'intérieur au préfet de Seine-et-Marne, 16 février 1829.)

120. — Un jeune homme majeur qui habite un appartement distinct, quoiqu'il prenne ses repas chez son père, doit le logement militaire ; il remplit les conditions de l'habitant, puisqu'il supporte les contributions mobilière et personnelle. (Loi du 21 mai 1832, art. 12. Lettre du ministre de l'intérieur au préfet de l'Allier, 7 mai 1838.)

121. — Il a été décidé dans le même sens qu'un particulier habitant une ville où il a son établissement est assujetti à la charge du logement militaire, sans qu'il y ait lieu de rechercher s'il occupe à titre gratuit ou onéreux un appartement ou même une seule chambre dans la maison de son beau-père. (Lettre du ministre de l'intérieur, 4 avril 1821, Haute-Saône.)

122. — Un ouvrier compagnon travaillant avec son frère, chez qui il a son logement et son domicile, aux termes de l'article 109 du Code civil, doit être considéré comme habitant et par suite il est assujetti au logement militaire, si sa situation de fortune le permet. (Lettre du ministre de l'intérieur au préfet de la Meurthe, 28 février 1831.)

123. — *Domestiques.* — Les domestiques ou autres gens à gages peuvent-ils être assujettis à l'obligation de loger des militaires? Comme l'a fait remarquer avec juste raison le ministre de l'intérieur, cette question ne comporte pas de solution absolue. Le maire doit décider suivant les circonstances de fait. Un serviteur, par exemple un régisseur, un garde, ayant un logement et un ménage séparé de celui du maître, ne peut se soustraire à une charge que la loi impose à tout habitant. (Lettre du ministre de l'intérieur au préfet de la Loire-Inférieure, 31 janvier 1860.) Mais les concierges, les domestiques et tous gens de service qui n'ont point de domicile distinct sont exempts du logement militaire, parce qu'ils ne font que représenter le maître dont ils reçoivent les gages et sur qui seul pèse l'obligation du logement. (Lettre du ministre de l'intérieur au préfet de Seine-et-Marne, 16 février 1829.)

124. — *Étrangers.* — Les étrangers peuvent-ils exciper de leur nationalité pour se soustraire au logement? Le Conseil d'État (comité de l'Intérieur), par un avis du 1er décembre 1826, a tranché la question dans le sens de la négative, se fondant sur ce que « le logement des gens de guerre, par sa nature même, doit être réparti en raison des bâtiments susceptibles d'être momentanément occupés, quelle que soit la qualité de Français ou d'étranger des personnes qui les habitent ».

Cette interprétation a été confirmée par une décision plus récente du ministre de l'intérieur, qui a considéré comme assujettis à l'obligation du logement des étrangers locataires de maisons ou d'appartements garnis et qui habitent momentanément la commune. (Lettre au préfet de la Meuse, 17 janvier 1877[1].)

---

1. Voir, toutefois, ce que nous disons plus loin (§ 148) de l'immunité des agents diplomatiques ou consulaires.

125. — Il faut toutefois excepter les étrangers exemptés des réquisitions militaires par suite d'arrangements internationaux, conclus à titre de réciprocité. Ceux-là sont dispensés d'une manière générale de toutes les contributions ou prestations imposées par les lois, décrets ou règlements concernant le service militaire et par conséquent du logement et du cantonnement des troupes[1].

126. — *Habitant ayant plusieurs habitations.* — Mais comme nous l'avons déjà vu, c'est l'habitant et non l'habitation qui doit le logement ; d'un autre côté, le logement est accompagné accessoirement de prestations qui exigent la présence de l'habitant (art. 16). Il en faut conclure qu'une personne ayant deux habitations situées dans deux communes, ne doit le logement que dans la commune où elle se trouve au moment de l'arrivée des troupes[2].

Ainsi, une personne domiciliée à Paris et possédant à Melun une habitation où elle vient passer deux jours par semaine ne peut être astreinte *d'une manière permanente* dans cette dernière

---

1. Voici la liste des pays dont les nationaux, par suite de stipulations spéciales, sont exemptés en France de toute réquisition militaire :
Allemagne, traité du 10 mai 1871, article 11.
Argentine (Confédération), traité du 29 octobre 1840, article 5.
Brésil, traité du 8 janvier 1826, article 6.
Chili, traité du 15 septembre 1846, article 3.
Dominicaine (République), traité du 9 septembre 1882, article 7.
Équateur, traité du 6 juin 1843, article 4.
Espagne, traité du 6 février 1882, article 4.
Grande-Bretagne, traité du 28 février 1882, article 11.
Haïti, traité du 12 février 1838, article 3.
Honduras, traité du 22 février 1856, article 4.
Mexique, traité du 27 novembre 1886, article 4.
Russie, traité du 1er avril 1874, article 4.
Sandwich, traité du 29 octobre 1857, article 4.
République Sud-Africaine, traité du 19 juillet 1885, article 1er.
Suisse, traité du 23 février 1882, article 6.

2. On décidait autrefois que le logement militaire n'était dû que dans la localité où le propriétaire ou le locataire de plusieurs habitations résidait la plus grande partie de l'année. (Lettre du ministre de l'intérieur au préfet de la Marne, 21 juillet 1831.) Mais la jurisprudence administrative s'est modifiée sur ce point et, suivant nous, avec raison.

ville à l'obligation de loger des militaires; mais elle ne saurait s'y soustraire pendant les séjours qu'elle fait à Melun. (Lettre du ministre de l'intérieur au préfet de Seine-et-Marne, 22 novembre 1859.)

127. — *Absents.* — Si l'habitant *absent* n'est pas obligé de laisser s'introduire chez lui des militaires, s'il ne doit pas le logement en nature (sauf le cas de mobilisation), il est soumis néanmoins à certaines obligations. Il doit pourvoir aux frais de logement des militaires qui lui sont destinés, ainsi que nous le verrons sous l'article suivant (§§ 186 et sq.)

128. — Le propriétaire n'est exempt du logement en nature pour l'habitation où il ne réside pas au moment de l'arrivée des troupes qu'autant que cette habitation est inoccupée; car au cas où elle est occupée par des domestiques ou ayants cause, la maison ne cessant pas d'être habitée, le maire peut y envoyer des militaires. (Lettre du ministre de l'intérieur au ministre de la guerre et au préfet du Calvados, 14 avril 1837; au préfet du Morbihan, 24 mars 1841; au préfet de la Meuse, 17 janvier 1877.)

§ II. — Dispenses, sous condition, accordées aux comptables, aux filles et veuves.

129. — Les détenteurs de caisses publiques, par exemple les percepteurs, les receveurs municipaux, les receveurs des postes[1], etc., étant responsables des fonds qui leur sont confiés par l'État, les communes ou les établissements publics, on ne pouvait leur imposer, sans aggraver cette responsabilité, l'obligation de loger des personnes étrangères dans leur domicile où la caisse est déposée.

A un autre point de vue, pour un motif de haute convenance,

---

1. Ainsi décidé pour un receveur des postes par arrêt de la Cour de cassation du 3 février 1888. Voir cet arrêt cité en note sous le § 134.

le législateur ne pouvait contraindre les femmes seules à loger chez elles des militaires.

La dispense accordée par le § 2 de l'article 12 à ces deux catégories de personnes existait déjà dans la loi de 1791 (art. 9) et dans le règlement de 1792 (art. 11) ; mais, de même que dans la nouvelle loi, il ne s'agissait pas d'une exemption complète. Les détenteurs de caisses publiques et les femmes vivant seules qui ne veulent point loger les militaires dans leur domicile doivent assurer le logement à ces militaires en le leur fournissant chez un autre habitant[1].

130. — Nous n'avons point besoin de faire remarquer que l'expression *détenteurs de caisses publiques* s'applique non seulement aux personnes qui sont comptables de deniers appartenant à l'État, mais encore à toutes celles qui sont dépositaires des caisses des communes ou des établissements publics (hospices, établissements de bienfaisance, etc.).

131. — Les lois de 1791 et de 1792 se bornaient à dispenser « *les veuves et filles* ». L'article 12 de la loi de 1877 ajoute « *vivant seules* », ce qui permet de résoudre certaines questions que les anciens textes laissaient douteuses. Il ajoute aussi : « *les communautés religieuses de femmes* », ne faisant à cet égard que confirmer la jurisprudence qui comprenait les religieuses dans l'expression « veuves et filles ». (Lettre du ministre de l'intérieur au ministre des cultes, 1er octobre 1830 ; Vaucluse.)

132. — Après entente entre le ministre de la guerre et le ministre de l'intérieur, il a été reconnu que « la disposition « relative à l'exemption des filles et femmes vivant seules est « générale et que, si le législateur de 1877 a cru devoir citer, à

1. La loi de 1791 leur donnait, en outre, la faculté de remplacer le logement par une contribution proportionnée à leurs facultés et agréée par la municipalité. Cette latitude, que ne rappelait point, du reste, le règlement de 1792 et qui serait une source de difficultés, doit être considérée comme abrogée par le législateur de 1877.

« titre d'exemple, les communautés religieuses, cette dernière « indication n'est pas limitative, mais simplement énonciative.

« Il en résulte que la loi et le décret d'administration publique, rendu pour son exécution, ont placé dans une situation exceptionnelle, non seulement les veuves et filles vivant isolément, mais encore les réunions, quelles qu'elles soient, composées exclusivement de femmes et de filles. S'il en était autrement, le bénéfice de la dispense devrait être refusé à toute veuve, ou femme séparée de son mari, ayant une fille ou une parente avec elle, ce qui serait manifestement contraire à l'intention du législateur.

« En conséquence, tout établissement occupé par des femmes vivant seules, et notamment les écoles normales d'institutrices, les lycées et colléges de jeunes filles, les pensionnats privés, etc., sont, au même titre que les communautés religieuses de femmes, dispensés de fournir le logement militaire en nature et le cantonnement dans d'autres conditions que celles qui sont indiquées à l'article 23 du décret réglementaire. (Circulaire du ministre de l'intérieur, 10 juin 1887.) »

133. — On s'est demandé si l'aubergiste, à qui les personnes dispensées de loger dans leur domicile adressent des militaires, est toujours obligé de les recevoir. La question doit être résolue négativement. Dans ce cas, en effet, pour que l'aubergiste puisse être tenu de recevoir les militaires qui lui sont amenés ou envoyés, il faut, ou bien un accord de gré à gré entre lui et l'habitant, dont il assume l'obligation, ou un ordre de l'autorité. Mais autrement l'habitant ne peut l'y contraindre sous prétexte que l'auberge est un lieu public où tout voyageur non suspect a droit à un gîte en payant ; car il ne s'agit pas là d'un voyageur ordinaire demandant gîte, puisque ce voyageur en a un de droit, et l'on ne peut voir dans le fait qu'une substitution de logis faite par un habitant à un autre habitant. (Conf. M. Masson, *Traité des locations en garni*, n° 272 ; Dalloz, v° *Organisation militaire*, n° 711.)

134. — *Sanction.* — Les lois de 1791 et de 1792 ne contenaient pas de sanction contre celles des personnes dispensées qui ne procureraient pas aux militaires un logement chez un autre habitant. L'article 12 a comblé cette lacune en disposant que, faute par elles de leur procurer ce logement, il y sera pourvu par les soins du maire.

Néanmoins cette disposition ne couvre pas la faute que la femme veuve ou le comptable aurait commise en refusant de procurer le logement aux militaires qui lui sont adressés, ainsi que l'a reconnu la Cour de cassation par arrêt du 29 mai 1892[1].

---

1. Voici le texte de cet arrêt :

« La Cour,

« Sur le moyen unique du pourvoi, tiré de la violation des articles 12 et 21 de la loi du 3 juillet 1877 sur les réquisitions militaires :

« Attendu que la veuve Dumonteil, rentière à Nevers, a été traduite devant le tribunal de simple police de cette ville pour avoir refusé de loger deux militaires pourvus d'un billet de logement à son nom ;

« Qu'elle a été renvoyée de la poursuite par le motif qu'une femme veuve, en refusant purement et simplement le logement militaire et en laissant ainsi à la municipalité le soin d'y pourvoir à sa place et à ses frais, ne faisait qu'user d'un droit et ne saurait dès lors commettre aucune contravention ;

« Attendu qu'en statuant ainsi le jugement attaqué a méconnu le caractère des dispositions légales régissant la réquisition du logement militaire, et notamment de l'article 12 de la loi du 3 juillet 1877 ;

« Attendu que le deuxième paragraphe de cet article est ainsi conçu : « Seront néanmoins dispensés de fournir le logement dans leur domicile, les détenteurs de caisses publiques déposées dans ledit domicile, les veuves et filles vivant seules, et les communautés religieuses de femmes. Mais les uns et les autres sont tenus d'y suppléer en fournissant le logement en nature chez d'autres habitants avec lesquels ils prendront des arrangements à cet effet ; à défaut de quoi il y sera pourvu à leurs frais par les soins de la municipalité » ;

« Attendu qu'aux termes de cet article, la femme veuve qui ne fournit pas aux militaires le logement à son domicile est tenue d'y suppléer en procurant ce logement en nature chez d'autres habitants ; que ce n'est pas là une faculté que la loi lui accorde, mais une obligation qu'elle lui impose, et qu'en n'y satisfaisant pas elle contrevient à cette disposition légale et devient passible de la peine portée à l'article 21 de la même loi ;

« Qu'elle n'est pas relevée de cette obligation par celle qui incombe, d'après ce même article 12, à l'autorité municipale de pourvoir à son défaut, à ses frais, au logement des militaires refusés ;

« Que cette dernière disposition n'a été édictée qu'en faveur de l'autorité militaire à laquelle le logement, dû par la commune, doit toujours être, en définitive, procuré ; mais qu'elle ne saurait être invoquée par la veuve, ni par aucune des autres personnes exemptées pour se soustraire à l'exécution de la prescription légale qui leur est directement imposée de fournir elles-mêmes,

Ils ne peuvent s'en remettre au maire du soin d'assurer le logement et se décharger sur lui d'une obligation que la loi leur impose personnellement.

---

chez les autres habitants, le logement qu'elles refusent de donner à leur propre domicile ; — Casse. »

Cette jurisprudence est nouvelle. Antérieurement, la Cour de cassation considérait que les veuves et les comptables n'avaient pas à pourvoir au logement des militaires et qu'en laissant le maire pourvoir à leurs frais à ce logement, ils usaient d'un droit qui leur est conféré par la loi. Voici dans ce sens un arrêt du 3 février 1888 :

« La Cour,

« Sur le moyen unique du pourvoi, tiré de la violation des articles 12 de la loi du 3 juillet 1877 et 27 du décret du 2 août de la même année :

« Attendu que la loi du 3 juillet 1877, après avoir posé, dans son article 8, le principe du logement chez l'habitant des troupes en station ou en marche, dispose, dans son article 12, § 2 : « Seront néanmoins dispensés de fournir le logement dans leur domicile, les détenteurs de caisses publiques, déposées dans ledit domicile, les veuves et filles vivant seules et les communautés religieuses de femmes. Mais les uns et les autres seront tenus d'y suppléer en fournissant le logement en nature chez d'autres habitants, avec lesquels ils prendront des arrangements à cet effet ; à défaut de quoi, il y sera pourvu à leurs frais par les soins de la municipalité » ;

« Que le règlement d'administration publique du 2 août 1877, rendu en exécution de cette loi, porte, dans son article 27, que le maire, lorsqu'il loge des militaires aux frais d'un dispensé ou d'un absent, prend un arrêté qui est notifié, aussitôt que possible, à la personne intéressée et qui fixe la somme à payer, laquelle est recouvrée comme en matière de contributions directes ;

« Attendu que l'article 12, § 2, de la loi de 1877 précité, en autorisant les détenteurs de caisses publiques et autres personnes dispensées du logement à domicile des militaires, à les loger chez d'autres habitants, leur a accordé une simple faculté et non imposé une obligation dont elles pourraient être d'ailleurs dans l'impossibilité de procurer l'exécution ; que le principe est celui de la dispense, sous la condition de supporter les frais du logement fourni d'office, à leur défaut, par la municipalité ;

« Qu'il résulte, tant de cet article que de l'article 27 du décret du 2 août 1877 que, lorsque le dispensé, sur la présentation du billet de logement, refuse de loger les militaires à son domicile, et qu'il ne s'est pas d'ailleurs mis en mesure de fournir, sans délai, le logement chez d'autres habitants, la municipalité a le devoir, comme elle a aussi le droit, de procurer immédiatement et d'office le logement aux frais du dispensé en se conformant aux dispositions de l'article 27 du décret précité ; que le dispensé, qui se borne à refuser le logement en nature, ne fait qu'user d'un droit qui lui est conféré par la loi, et qu'il ne commet, dès lors, aucune contravention ;

« Attendu qu'il suit de là qu'en relaxant Thomas, receveur des postes à Crest, et à ce titre détenteur d'une caisse publique, des poursuites dirigées contre lui pour le simple refus de la prestation en nature de logement des militaires qui lui avaient été adressés par la municipalité, le jugement attaqué, loin de violer les dispositions légales susvisées, en a fait, au contraire, une juste application. »

135. — Quant aux frais qu'occasionnera le logement, ils seront à la charge de ces personnes ; le maire prendra un arrêté motivé qui leur sera notifié aussitôt que possible, et qui fixera la somme à payer (voir § 191) ; le paiement sera recouvré comme en matière de contributions directes. (Décret réglement. 2 août 1877, art. 27.)

136. — *La dispense ne s'applique pas au cantonnement en ce qui concerne les dépendances du logement.* — Un avis du Conseil d'État, en date du 1er février 1881, distingue entre le logement et le cantonnement, lorsqu'il y a lieu d'appliquer l'exemption dont bénéficient les comptables, les femmes vivant seules et les communautés religieuses ; voici cet avis :

La section des finances, des postes et télégraphes, de la guerre, de la marine et des colonies du Conseil d'État, sur le renvoi qui lui a été fait par M. le ministre de la guerre d'une lettre, en date du 18 janvier 1881, par laquelle le ministre de la guerre demande l'avis du Conseil d'État sur l'interprétation qui doit être donnée à l'article 12 de la loi du 3 juillet 1877, sur les réquisitions militaires, en ce qui concerne l'exemption du logement militaire accordée par ledit article aux détenteurs de caisses publiques, aux veuves, aux filles vivant seules et aux communautés religieuses de femmes ;

Vu la loi du 10 juillet 1791, sur la conservation et le classement des places de guerre et postes militaires, la police des fortifications et autres objets y relatifs et, notamment l'article 9 du titre V de ladite loi ;

Vu la loi du 3 juillet 1877, relative aux réquisitions militaires ;

Vu le décret du 2 août 1877, rendu pour l'exécution de ladite loi ;

Considérant que l'article 12 de la loi du 3 juillet 1877, qui n'est, du reste, que la reproduction de l'article 9 du titre V de la loi du 10 juillet 1791 stipule :

1° Que dans l'établissement du logement et du cantonnement chez l'habitant, les municipalités ne feront aucune distinction de personnes, quelles que soient leurs fonctions ou leurs qualités ;

2° Que les détenteurs de caisses publiques, les veuves et filles vivant seules et les communautés religieuses de femmes seront dispensés de fournir le logement dans leur domicile, mais qu'ils seront tenus d'y suppléer en fournissant le logement en nature chez d'autres habitants ;

Considérant que l'exemption ainsi stipulée, en ce qui concerne le logement des troupes, s'explique facilement et ne porte, d'ailleurs, aucun préjudice à l'armée, puisque les personnes dispensées de fournir chez elles le logement des troupes doivent néanmoins fournir le logement chez d'autres habitants ;

Qu'il n'en est pas de même, en ce qui concerne le cantonnement ; qu'il y a lieu de remarquer, en premier lieu, qu'aucune disposition de la loi n'indique comment les exemptions pourront se concilier avec les exigences du service militaire, lorsqu'il y aura lieu de requérir le cantonnement serré ; en deuxième lieu, que les personnes dispensées du cantonnement chez elles ne pourraient généralement pas fournir d'autres locaux pour remplacer ceux qui feraient l'objet de la dispense, puisque, dans l'hypothèse du cantonnement serré, tous les locaux disponibles sont ou peuvent être mis en réquisition ;

Considérant cependant que les raisons de convenance qui ont inspiré la dispense prévue par le § 2 de l'article 12, en ce qui concerne le logement des troupes, existent aussi lorsqu'il s'agit du cantonnement ; et qu'il y a lieu, pour rester dans l'esprit de la loi, de chercher à concilier, dans la mesure du possible, ces dispenses avec les nécessités du service militaire ;

Considérant que le cantonnement est et doit rester une mesure exceptionnelle, mais que l'intérêt de l'armée pouvant exiger, à un moment donné, un rassemblement de troupes considérable, supérieur même aux ressources que peut offrir une localité, il est juste, dans ce cas, de réduire au strict nécessaire la dispense accordée aux dépositaires de caisses publiques, aux veuves et aux filles et aux communautés religieuses de femmes ; *que cette dispense peut n'être appliquée qu'au logement même occupé par les personnes dispensées et que le cantonnement pourrait être requis dans toutes les dépendances desdits logements, sous la seule condition de fermer les communications avec les logements occupés par les personnes dispensées ;*

Est d'avis :

Qu'il y a lieu de répondre à la lettre du ministre de la guerre dans le sens des considérations qui précèdent.

Le décret du 23 novembre 1886, consacrant cet avis, porte que les personnes dispensées du logement militaire ne sont tenues de fournir le cantonnement que dans les dépendances de leur domicile qui peuvent être complètement séparées des locaux occupés par l'habitation.

Les maires ne tiennent compte que de ces dépendances sur l'état des ressources pour le cantonnement. (Art. 23 du décret du 2 août 1877 modifié.)

§ III. — Dispense des officiers.

137. — La dernière partie de l'article 12 reproduit les dispositions de l'article 15 de la loi de 1791 et de l'article 12 du règlement de 1792.

Trois cas peuvent se présenter pour les officiers en activité résidant dans une garnison :

1° S'ils reçoivent le logement en nature dans les bâtiments militaires ou si, logeant en dehors des bâtiments militaires, ils ne sont pourvus que d'un logement conforme à celui que les règlements prévoient pour leur grade, ils ne sont pas tenus de recevoir chez eux des soldats ;

2° Si leur logement excède la proportion affectée à leur grade, ils n'ont pas à réclamer d'immunité, et l'autorité municipale a le droit de se servir de leurs locaux disponibles ;

3° Les officiers peuvent se trouver en garnison dans le lieu de leur résidence habituelle ; ils ne sauraient, dans ce cas, arguer de leur qualité militaire pour se soustraire à une charge civile qui frappe tous les habitants, et ils doivent, au même titre qu'eux, être compris dans la répartition.

138. — Il n'y a pas à distinguer entre les officiers de l'armée de terre et les officiers de l'armée de mer, employés dans les ports ou dans les établissements hors des ports. L'exemption est applicable aux officiers de marine. (Lettre du ministre de l'intérieur, sur l'avis des ministres de la guerre et de la marine, au préfet de la Nièvre, 13 juin 1865.)

Ainsi, un commissaire de l'inscription maritime, logé dans une maison louée par le ministère de la marine et ne possédant pas d'autre logement personnel, est dispensé de l'obligation de loger des militaires. Le bâtiment loué par l'État est assimilé dans ce cas à un bâtiment militaire. (Lettre du ministre de l'intérieur au ministre de la marine, 8 août 1868, Pas-de-Calais.

Lettre du ministre de l'intérieur, concertée avec la marine, du 10 novembre 1891, Gironde.)

139. — Les officiers de gendarmerie logés dans les immeubles départementaux jouissent du même avantage. (Lettre du ministre de l'intérieur, sur l'avis du ministre de la guerre, au préfet des Vosges, 10 janvier 1861.) [Voir § 144.]

Composition du logement des officiers.

140. — Comment détermine-t-on si le logement occupé par l'officier excède la proportion affectée à son grade ou à son emploi? Cette question a reçu, suivant les époques, des solutions diverses. D'abord, on a pris pour l'une des bases, la cote d'imposition foncière assise sur la maison occupée ou la fraction de cote afférente à la partie louée par l'officier; la seconde base était autrefois l'indemnité de logement attribuée à chaque officier ou employé militaire et dont le tarif se trouve dans le décret du 5 décembre 1840 (*Journ. offic. mil.*, édit. refondue, t. III, p. 744).

Mais le décret du 25 décembre 1875 (art. 13) a supprimé l'indemnité de logement et d'ameublement qui se trouve maintenant confondue dans la solde. On a alors soutenu l'opinion que, faute d'autre base indiquée par la loi, il fallait se reporter au dernier tarif de l'indemnité de logement[1].

---

1. Voir dans ce sens arrêt du Conseil d'État, 23 février 1877 (Virlet).

Une disposition spéciale du ministre de la guerre règle la situation des fonctionnaires de l'intendance. En voici le texte :

« Monsieur, j'ai reçu la lettre que vous m'avez adressée le 1er du mois dernier, pour me consulter sur la question de savoir si les sous-intendants militaires sont soumis à fournir le logement militaire aux troupes qui logent chez l'habitant, comme les officiers et autres fonctionnaires militaires, à qui l'article 12 du règlement annexé à la loi du 23 mai 1792 impose cette obligation, dans leur garnison ou résidence, lorsqu'ils reçoivent leur logement en argent, si toutefois le prix du loyer de celui qu'ils occupent excède la proportion affectée à leur grade et à leur emploi.

« Votre demande m'a donné lieu de considérer que l'indemnité de logement de 600 francs (qui est celle du grade de colonel auquel la fonction de sous-intendant militaire est assimilée) ne représentait que le logement personnel de ces

141. — La question est aujourd'hui résolue dans un autre sens : le décret du 23 novembre 1886, modifiant celui du 2 août 1877 (art. 23), porte que la proportion sera fixée d'après la contenance du local. Les officiers et fonctionnaires militaires qui sont logés à leurs frais dans leur garnison ou résidence ne sont tenus de fournir le logement aux troupes qu'autant que le logement qu'ils occupent excède, *quant au nombre de pièces*, celui qui serait affecté à leur grade ou à leur emploi dans les bâtiments de l'État. Sur l'état des ressources, les maires ne tiennent compte que de la partie du logement qui excède le nombre de pièces affectées au grade ou à l'emploi, d'après les règlements militaires.

---

fonctionnaires, et non l'emplacement occupé par leurs bureaux. J'ai donc jugé que, sous ce dernier point de vue, ils se trouvaient dans une position différente de celle des autres officiers, et indépendante des convenances du grade, d'autant plus qu'une partie de l'indemnité qui leur est allouée pour frais de bureau, est nécessairement destinée à pourvoir à ce surcroît de dépenses. Il est d'ailleurs conforme à l'esprit de la loi et à la justice que les motifs qui déterminent l'exemption légale pour le logement de la personne, soient, à plus forte raison, appliqués aux emplacements qui servent de bureaux, puisqu'ils ont, pour ainsi dire, une destination publique qui les fait rentrer, par cela même, dans la classe des localités où nulle personne étrangère à l'administration ne doit s'introduire que pour affaires de service.

« J'ai reconnu, par ces motifs, qu'il ne serait pas juste de calculer, relativement aux charges du *logement militaire*, le loyer du logement que les sous-intendants militaires doivent occuper avec leurs bureaux, sur l'indemnité attribuée à leur grade seulement, et que, sans les traiter trop favorablement, on pouvait adopter pour base une quotité double de cette indemnité.

« Mais comme la question peut se représenter, j'ai jugé convenable d'y statuer par une décision de principe qui fût commune à tous les membres de l'intendance militaire.

« J'ai arrêté, en conséquence, que MM. les intendants et sous-intendants militaires, non logés dans les bâtiments militaires, ne seraient soumis à l'application de l'article 12 du règlement annexé à la loi du 23 mai 1792, que lorsque le prix annuel du loyer de la maison, ou partie de maison qu'ils occupent, tant pour leur logement personnel que pour l'emplacement de leurs bureaux, n'excédera point, d'après la cote d'imposition foncière assise sur ladite maison, ou la fraction de cote afférente à la partie louée pour cette destination, la somme de 2,400 francs quant à MM. les intendants, et celle de 1,200 francs quant à MM. les sous-intendants, à moins toutefois que les uns et les autres ne se trouvent en résidence dans le lieu de leur domicile propre, selon ce qui est prescrit par le deuxième paragraphe de l'article précité, qui, en ce cas, les rend passibles du logement des gens de guerre.

« Je vous invite à faire donner des instructions conformes à MM. les maires de votre département. » (Décision ministérielle du 15 mars 1820.)

142. — Voici, d'après la circulaire du 10 avril 1826[1], les dispositions qui règlent les logements à fournir aux officiers généraux :

Général de division. — 12 pièces, plus 8 chambres de domestiques, cuisine, office, caves et écuries pour six chevaux avec leurs dépendances.

Général de brigade. — 9 pièces, plus 4 chambres de domestiques, cuisine, office, caves et écuries pour quatre chevaux avec leurs dépendances.

Depuis 1873, les gouverneurs militaires et les commandants de corps d'armée ont seuls droit au logement dans les bâtiments militaires. Toutefois, exceptionnellement, il peut être concédé des logements en nature à des officiers ou assimilés quand il existe dans les forts isolés, les citadelles ou les établissements militaires des locaux qui ne pourraient être affectés à aucun autre usage.

143. — Le logement des officiers supérieurs et subalternes est fixé ainsi qu'il suit par le règlement du 30 juin 1856 :

1. L'énumération des pièces composant le logement des officiers généraux et le tableau annexe concernant les officiers supérieurs et subalternes est emprunté à la circulaire du ministre de l'intérieur du 26 décembre 1886 sur les logements militaires. La circulaire ajoute que les *règlements militaires* dont parle le décret du 23 novembre 1886 sont ceux du 10 avril 1826 et du 30 juin 1856, mais qu'ils n'ont pas été visés au décret à raison des modifications dont ils peuvent être l'objet dans l'avenir.

TABLEAU.

LOGEMENTS	NOMBRE ET COMPOSITION des locaux.	OBSERVATIONS.
Colonel	6 chambres, dont 5 à feu . . . 1 cuisine. . . . 1 écurie	L'écurie comprise dans le logement d'un officier supérieur doit contenir un nombre de chevaux égal au nombre des rations de fourrage allouées à cet officier en raison de son grade. L'écurie pourra d'ailleurs, si elle renferme un excédent de place, être commune à plusieurs officiers; mais, dans ce cas, les chevaux de chaque officier seront isolés, au moyen de stalles pleines, des autres chevaux logés dans l'écurie. Quand un major est logé dans un bâtiment militaire, on annexe à son logement deux pièces pour lui servir de bureau.
Lieutenant-colonel. . .	5 chambres, dont 4 à feu . . . 1 cuisine. . . . 1 écurie. . . .	
Chef de bataillon . . . Chef d'escadron. . . . Major. . . . . Médecin-major de 1re classe.	4 chambres, dont 3 à feu . . . 1 cuisine. . . . 1 écurie. . . .	
Capitaine . . . . . . Trésorier . . . . Officier d'habillement. . Médecin-major de 2e classe.	2 pièces, dont 1 à feu et 1 cabinet	A défaut d'espace, le logement d'un capitaine peut être restreint exceptionnellement à une chambre et à un cabinet. Quand un officier trésorier est logé dans un bâtiment militaire, on annexe à son logement deux pièces pour lui servir de bureau.
Lieutenant. . . . . . Sous-lieutenant. . . . Médecin aide-major . . Vétérinaire. . . . . . Chef de musique . . .	1 chambre à feu et 1 cabinet . .	. . . .

144. — Lorsque leur logement excède la proportion affectée à leur grade, les officiers de gendarmerie qui se logent à leurs frais, sont, comme tous autres officiers, assujettis à la même charge que les habitants non militaires. (C. de cass.,

10 septembre 1836; min. public contre de Brocas[1].) [Voir § 139.]

---

1. La Cour : — Vu les articles 50 de la loi du 14 décembre 1789, 3, n° 1, tit. XI, de celle des 16-24 août 1790, et 46, tit. I, de la loi des 19-22 juillet 1791 ; la loi des 23 janvier-7 avril 1790, qui soumet tous les citoyens, sans exception, au logement des gens de guerre ; l'article 9, titre V, de celle des 8-10 juillet 1791, portant que dans le cas de marche ordinaire, les troupes seront logées chez les habitants ; les articles 11 et 12 du règlement approuvé par la loi du 23 mai 1792, relative au logement et casernement des troupes et des fonctionnaires militaires ; ensemble les articles 408 et 413 C. instr. crim., et les articles 65 et 471, n° 15, C. pénal ;

Attendu, en droit, qu'il résulte de la combinaison des six premières lois précitées : 1° que tous les habitants d'un lieu où séjournent des troupes en marche, sont indistinctement tenus de les loger, chacun à son tour ; qu'aucun règlement local de police n'est nécessaire pour leur prescrire, spécialement et d'avance, l'exécution de ces dispositions d'ordre public ; qu'ils sont légalement mis en demeure de remplir les obligations qu'elles leur imposent par la seule présentation des billets de logement délivrés aux militaires qui les produisent ; que, dès lors, le refus de loger ces militaires entraîne, contre ceux qui s'en sont rendus coupables, l'application de l'article 471, n° 15, C. pénal ; que les officiers et autres fonctionnaires militaires qui, dans leur résidence ou garnison, reçoivent leur logement en argent, ne sont soumis à la condition commune, sous ce double rapport, que dans le cas où le logement excède la proportion affectée à leur grade ; que le refus de loger ne doit donc leur faire appliquer la peine dudit article 471 qu'autant que le ministère public prouve qu'ils ne se trouvent pas dans l'exception établie par la loi ; mais que, la vérification du fait ne devenant nécessaire que lorsque le prévenu invoque le bénéfice de cette exception, il suffit qu'elle soit provoquée alors, et qu'aux termes des articles 408 et 413 C. instr. crim., le tribunal saisi de la prévention ne peut pas se dispenser de l'ordonner ;

Et attendu qu'il est reconnu, dans l'espèce, que le lieutenant de gendarmerie de Brocas, qui reçoit son logement en argent, a refusé de loger les militaires que le maire de Villefranche lui avait envoyés à cet effet ; — qu'il a excipé, pour être renvoyé de l'action exercée contre lui, de l'exception résultant du premier alinéa de l'article 12 du règlement annexé à la loi du 23 mai 1792 ; — que, de son côté le ministère public a soutenu qu'elle ne lui était point applicable, et requis qu'une vérification de son logement fût ordonnée pour s'en assurer ; — que, néanmoins, le jugement dénoncé, au lieu de faire droit à cette réquisition, a relaxé ledit de Brocas, sur le motif qu'elle avait été tardivement formée ; que cet officier a toujours été dispensé du logement des troupes depuis qu'il est en résidence dans ladite ville, qu'il n'y existe aucun règlement de police qui puisse, à cet égard, le constituer en contravention, et que, d'ailleurs, son refus n'autorise l'autorité qu'à poursuivre par la voie civile le remboursement de la somme payée à l'aubergiste chez lequel ont été placés, pour son compte, les militaires dont il s'agit ; — d'où il suit, qu'en statuant ainsi, ce jugement a commis une violation expresse des dispositions ci-dessus visées ; — en conséquence, faisant droit au pourvoi, casse le jugement que le tribunal de simple police de Villefranche a prononcé, le 7 août dernier, en faveur du lieutenant de gendarmerie de Brocas. (Du 10 sept. 1836, ch. criminelle, M. Bastard, prés. ; M. Rives, rapp.)

145. — Quand un officier que le maire croit assujetti à l'obligation du logement militaire refuse de recevoir les militaires qui lui sont envoyés et qu'il est traduit comme contrevenant devant le tribunal de police (voir § 182), le juge de paix ne peut refuser d'ordonner, lorsque le ministère public le requiert, la vérification du fait que le logement occupé par cet officier excède la proportion affectée à son grade. (Même arrêt.)

146. — Comment doit-on comprendre l'expression « les officiers en garnison dans le lieu de leur habitation ordinaire » seront tenus de fournir ce logement dans leur « *domicile propre* » ?

La question s'étant posée sous le régime des lois de 1791 et de 1792, le ministre de la guerre (M[al] de Bellune) répondit : « La question me paraît résolue de manière à ne laisser aucun doute par l'article 106 du Code civil portant : que le citoyen appelé à une fonction publique temporaire ou révocable conservera le domicile qu'il avait auparavant, s'il n'a pas manifesté d'intention contraire. Il suit de cette disposition, qu'un officier ou administrateur militaire ne pourrait être considéré comme ayant un domicile propre dans la ville où il est en garnison ou bien où il exerce ses fonctions, qu'autant qu'il l'y aurait eu antérieurement et indépendamment de la résidence temporaire que ses fonctions lui assignent, ou qu'il aurait manifesté l'intention de l'y établir en faisant les déclarations qu'exige l'article 104 du Code civil. » (Lettre au préfet de la Meurthe, 30 juillet 1823.)

147. — En cas de cantonnement, les officiers et fonctionnaires militaires logés à leurs frais dans leur garnison ou résidence ne sont tenus de le fournir que dans les dépendances de leur domicile qui peuvent être complètement séparées des locaux occupés par l'habitation. Sur l'état des ressources pour le cantonnement, les maires ne tiennent compte que de ces dépendances (art. 23 du règlement du 2 août 1877, modifié par le décret du 23 novembre 1886).

Autres cas d'exemption.

148. — Aux cas d'exemption prévus par la loi s'en ajoutent deux autres :

Agents diplomatiques. — D'abord, il a toujours été entendu qu'on ne peut considérer comme *habitants* les ministres et agents étrangers accrédités près du gouvernement français et qui ne sont pas sujets français. L'exemption de loger les troupes a été constamment accordée à ces agents, et c'est par suite du même principe qu'ils sont dispensés de toute contribution personnelle directe, ainsi que de tout service personnel. Ils ne supportent que les charges inhérentes à la propriété ou au commerce, lorsqu'ils sont propriétaires ou commerçants. (Lettre du ministre de l'intérieur, sur avis du ministre des affaires étrangères, au préfet du Finistère, 16 janvier 1826.)

Cette immunité leur est acquise même dans le cas où ils exerceraient une profession quelconque en dehors de leur mission. (Lettre du ministre de l'intérieur, sur avis du ministre des affaires étrangères, au préfet de la Charente-Inférieure, 19 octobre 1848.)

L'exemption du logement militaire pour les agents étrangers (consuls généraux, consuls, élèves-consuls, chanceliers, vice-consuls, agents consulaires) est d'ailleurs généralement prévue par les conventions consulaires. [Voir notamment la convention entre la France et la Grèce, promulguée par décret du 2 mars 1878 (art. 9).]

149. — Consulté en 1888 sur la question de savoir si les ambassadeurs, ministres plénipotentiaires et autres agents diplomatiques accrédités auprès du gouvernement français, propriétaires ou locataires en France, à titre privé, doivent être exemptés de la charge du logement des troupes, même pour les locaux qu'ils n'occupent pas comme agents diplomatiques, le ministre des affaires étrangères a répondu que, dans son opinion, l'immunité diplomatique n'entraîne pas la suppression ou même l'atténuation des charges qui sont attachées à la possession, à un titre quelconque, d'un bien-fonds sur le sol français. Aussi ces charges peuvent-elles être imposées aux agents diplomatiques étrangers accrédités en France, lorsqu'elles sont dues pour les biens-fonds qu'ils posséderaient sur notre territoire à titre personnel. (Lettre du ministre des affaires étrangères à son collègue de la guerre, 7 juillet 1888.)

150. — *Gardiens de prison.* — D'un autre côté, les gardiens de prisons, forcés par la nature de leurs fonctions d'occuper l'intérieur des établissements publics auxquels ils sont attachés, ne peuvent être assujettis à l'obligation de loger des militaires, si d'ailleurs ils n'ont point au dehors un logement particulier. (Lettres du ministre de l'intérieur au préfet de la Meurthe, 3 octobre et 8 novembre 1834.)

La dispense ne peut être invoquée par aucun autre fonctionnaire ou agent.

151. — Sauf ces exceptions, la jurisprudence a toujours appliqué strictement la règle qu'il ne doit être fait aucune distinction de personnes, quelles que soient leurs fonctions ou leurs qualités, règle affirmée par la Cour de casssation dans son arrêt du 10 septembre 1836. (Voir plus haut, § 144, en note.)

Préfets. — C'est ainsi qu'il a été décidé que les préfets ne pouvaient être dispensés de l'obligation du logement militaire. (Avis du Conseil d'État, 11 mars 1831 [1].) Mais l'administration

---

1. Comité de l'intérieur et du commerce. — Les membres du Conseil du roi composant le comité, consultés par M. le ministre de l'intérieur sur la question de savoir si les préfets doivent être assujettis au logement des militaires;

Vu les lois des 7 avril 1790, 10 juillet 1791 et 6 juin 1792;

Considérant que l'article 9 du titre V de la loi du 10 juillet 1791 soumet à l'obligation du logement des troupes tous les habitants sans distinction de personnes, quelles que soient leurs fonctions et leurs qualités, et n'établit d'exception que pour les dépositaires de caisses publiques, lesquels encore sont tenus de

conseille aux maires de dispenser ces hauts fonctionnaires du logement en nature, par assimilation avec les détenteurs de caisses publiques. Cette dérogation se justifie pleinement par la nature des fonctions des préfets et l'importance des dépôts confiés à leur garde.

152. — *Ecclésiastiques.* — La question s'est fréquemment posée de savoir si les ecclésiastiques peuvent prétendre à l'exemption du logement militaire. Un arrêt du Conseil du 13 novembre 1638, confirmé par lettres patentes du 20 janvier 1714, accordait ce privilège aux gens d'église. Mais les dispositions des lois de 1791 et 1792, comme la dernière loi, non seulement n'ont pas reproduit cette exemption, mais exigent que les troupes soient logées chez les habitants « sans distinction de personnes, quelles que soient leurs fonctions ou leurs qualités ». Le privilège établi par l'arrêt du Conseil de 1638 ne subsiste donc plus à l'égard des ecclésiastiques, qui doivent fournir le logement comme les autres habitants. (Lettres du ministre de l'intérieur au ministre des cultes, 1er octobre 1830, Vaucluse ; au préfet du Nord, 9 février 1831 ; au préfet de la Haute-Marne, 30 juin 1831 ; garde des sceaux, 16 juin 1840, Vendée ; curé de Villeneuve-Saint-Georges, Seine-et-Oise, 12 janvier 1841.)

153. — *Inscrits maritimes.* — La déclaration du 21 mars 1778 accordait l'exemption du logement des gens de guerre aux inscrits maritimes pendant la durée de leur service et

---

suppléer au logement qu'ils ne peuvent fournir dans leur propre maison, soit en fournissant des logements en nature chez d'autres habitants, soit par une contribution proportionnée à leurs facultés ;

Considérant que l'administration ne peut pas créer une exception que la loi n'a point établie, et que d'ailleurs, sous le rapport des inconvénients du logement des militaires, il n'existe pas d'analogie entre les préfets et les comptables ;

Sont d'avis :

Qu'aux termes des lois existantes, les préfets sont soumis, comme tous les autres citoyens, à l'obligation de loger les militaires. (Bon Cuvier, prés., et T. Duchâtel, rapp.)

pendant les quatre mois après leur rentrée dans leurs foyers. Quoique l'arrêté du Directoire exécutif du 21 ventôse an IV, rendu en exécution de l'article 47 de la loi du 3 brumaire an IV sur l'inscription maritime, ait maintenu par son article 17 les ordonnances, lois et règlements auxquels la loi de brumaire n'avait pas dérogé, cet arrêté n'a pu conserver aux inscrits maritimes, à l'encontre de la loi de 1791, le privilège dont ils jouissaient au point de vue du logement militaire. Décidé, en conséquence, qu'un premier maître de timonerie inscrit et propriétaire de deux maisons à la Seyne ne pouvait être dispensé du logement des troupes. (Lettre du ministre de l'intérieur au ministre de la marine, 27 juin 1868, Var [1].)

---

1. Cette solution a été adoptée par décision du ministre de la marine et des colonies, du 3 décembre 1884, ainsi conçue :

« La déclaration du roi, en date du 21 mars 1778, qui exempte du logement des gens de guerre les marins inscrits présents sous le pavillon, ne doit plus être considérée comme étant encore en vigueur.

« Déjà, sous l'empire des lois des 10 juillet 1791 et 23 mai 1792, on s'était demandé si certains privilèges antérieurs pouvaient subsister à l'encontre de la généralité de termes des lois précitées : la négative avait été admise dans de nombreuses décisions, eu égard au texte de l'article 12 de la loi du 23 mai 1792, ainsi conçu : « Les municipalités ne feront aucune distinction de personnes, quelles que soient leurs fonctions ou qualités. »

« Ainsi, un arrêt du Conseil du 13 novembre 1638, confirmé par lettres patentes du 20 janvier 1714, dispensait les *gens d'église* du logement des gens de guerre ; et cependant, à diverses reprises, le département de l'intérieur a rejeté les réclamations présentées à ce sujet par des ecclésiastiques et a déclaré formellement qu'ils étaient astreints comme tous autres aux réquisitions de logement militaire (décisions de 1830, 1831, 1840 et 1841). De même, en ce qui touche les inscrits maritimes, une décision du ministre de l'intérieur, du 27 juin 1868, a refusé de reconnaître un premier maître de timonerie comme dispensé du logement des troupes.

« Au surplus, si le doute était encore possible sous l'empire des lois de 1791 et 1792, il ne l'est plus aujourd'hui en présence des travaux préparatoires de la loi du 3 juillet 1877.

« La mission du législateur, dit le rapporteur de la loi à la Chambre des députés, est donc, en pareil cas, de rendre aussi claires et *aussi complètes* que possible les dispositions qu'il édicte, d'en bien faire connaître à chacun l'esprit, le sens, la valeur ; et, pour atteindre ce but, il nous a semblé que nous devions essayer de faire entrer dans le texte de la loi toutes les décisions restant en vigueur de la législation antérieure rapidement analysée ci-dessus, et faire ensuite *table rase* de tous ces décrets, lois ou règlements qui n'auront plus de raison d'être, afin d'éviter d'un côté, qu'on ne vienne faire appel, dans un moment de crise, à des dispositions draconiennes tombées en désuétude, de l'autre, qu'on ne soit obligé

154. — *Préposés des douanes.* — Quant aux préposés des douanes, s'ils ont été exemptés de l'obligation de loger les gens de guerre par un arrêté du Gouvernement du 30 vendémiaire an IV et par d'anciennes décisions ministérielles, ces actes ne peuvent porter atteinte au principe général établi par la loi qui assujettit *tout habitant* au logement militaire. (Lettres du ministre de l'intérieur au ministre des finances, 30 septembre 1822; Ariège, Basses-Pyrénées, 23 février 1828; au préfet de la Seine-Inférieure, 16 février 1828; au préfet de la Gironde, 12 février 1831; au préfet du Nord, 26 octobre 1831; au préfet des Côtes-du-Nord, 30 novembre 1831.)

155. — *Ouvriers des manufactures d'armes.* — L'article 27 du règlement approuvé par le roi, le 20 novembre 1822, sur les manufactures d'armes et l'article 28 du règlement du 10 décembre 1844 sur le même service, déclarent les ouvriers engagés et immatriculés dispensés du logement militaire. Ces dispositions ne sauraient prévaloir contre la loi, ni être invoquées par les ouvriers pour justifier leur refus de recevoir les militaires que le maire leur enverrait[1].

---

d'aller chercher *dans des articles oubliés* telle ou telle règle que la loi actuelle n'abrogerait pas.

« C'est dans cet ordre d'idées que fut rédigé l'article 55 de la loi du 3 juillet 1877 qui porte : « Sont abrogées toutes les dispositions antérieures relatives aux réqui- « sitions militaires, notamment, etc. » Le défaut de mention de la déclaration de 1778, dans l'énumération *purement énonciative* qui suit, n'empêche donc pas cet acte d'avoir été abrogé en 1877, en admettant même qu'il ait survécu aux lois de 1791 et 1792.

« Par suite de cette abrogation, on se trouve en présence du seul texte des troisième et quatrième paragraphes de l'article 12 de la loi de 1877, lequel ne dispense de l'obligation du logement que les officiers et fonctionnaires militaires, et seulement lorsqu'ils sont logés en nature, ou lorsque, se trouvant en garnison hors du lieu de leur habitation ordinaire, ils n'occupent qu'un logement strictement proportionné à leur grade, c'est-à-dire dont le loyer ne dépasse pas le taux de leur indemnité de logement. Il résulte de l'esprit de cette disposition qu'elle ne s'applique qu'aux officiers et assimilés, auxquels le législateur a voulu, non pas dans leur intérêt personnel, mais dans l'intérêt supérieur de la discipline, épargner le contact direct des soldats à loger. Il n'est donc pas possible de faire bénéficier de cette exemption les inscrits maritimes en général, ni même les officiers mariniers, qui ne sont que des sous-officiers. »

1. En 1891, M. Leveillé a proposé à la Chambre des députés d'exempter du

156. — *Agents des compagnies de chemins de fer.* — Des agents des compagnies de chemins de fer, logés dans des dépendances de la voie, s'étaient fondés, pour se soustraire à l'obligation du logement militaire, sur les lois et les règlements relatifs à la police de ces chemins (notamment l'ordonnance du 15 novembre 1846), qui interdisent, au point de vue de la sécurité, l'introduction dans l'enceinte de la voie de toutes personnes étrangères au service de l'exploitation. Cette prétention a d'abord été repoussée; mais l'administration admit un tempérament conciliant les nécessités de la sécurité publique avec l'exécution de la loi, en permettant aux agents de loger les militaires hors de leur habitation. (Circulaires du ministre de l'intérieur aux préfets, 28 septembre 1858; du ministre des travaux publics aux administrateurs des compagnies de chemins de fer, 26 décembre 1859[1].)

Ce tempérament ne concernait que les employés de chemins

---

logement les ouvriers des manufactures d'armes. M. le vicomte de Montfort a conclu à la non-prise en considération de cette proposition (annexe au procès-verbal de la séance du 16 juin 1891, nº des impressions 1501).

1. *Circulaire du ministre de l'intérieur.* — Monsieur le Préfet, les employés des chemins de fer qui habitent dans l'enceinte même de la voie, sont assujettis, comme tous les citoyens, au logement des militaires, en vertu des dispositions de la loi du 23 mai 1792.

Cette obligation, en ce qui les concerne, présente de graves inconvénients.

Les garde-barrières, par exemple, ont généralement un logement trop exigu pour admettre des lits de supplément; mais, ce qui est plus grave, l'introduction d'étrangers dans leur demeure constitue une violation des règlements sur la police des chemins de fer, qui interdisent la présence, dans l'enceinte de la voie, de personnes étrangères au service.

Il y a là une question de sécurité publique qui a éveillé l'attention de l'administration des travaux publics.

D'accord avec mon collègue, M. le Maréchal-ministre de la guerre, j'ai reconnu que les nécessités du service militaire s'opposaient à ce que les employés dont s'agit fussent, par mesure générale, exemptés de la charge du logement des troupes; mais les autorités municipales ont le pouvoir de tempérer par une juste appréciation ce que les prescriptions de la loi de 1792 pourraient avoir pour eux de trop onéreux ou de contraire à la sécurité publique. Il appartient, en effet, aux maires, et ce point est formellement reconnu par un arrêt de la Cour de cassation du 13 août 1842, de tenir compte, dans la répartition du logement des gens de guerre, *des facultés des habitants et autres circonstances locales.*

En appliquant ce principe avec toute la latitude qu'il comporte, à la classe

de fer qui habitent l'*enceinte de la voie* et non ceux qui jouissent d'un logement spacieux accessible par les cours extérieures

---

d'employés dont je vous entretiens, il sera possible, je n'en doute pas, de donner satisfaction à tous les intérêts.

Je vous invite à appeler sur ce point l'attention de MM. les maires du département.

Recevez, etc.

Le Ministre Secrétaire d'État au département de l'intérieur,
DELANGLE.

Circulaire du ministre des travaux publics. — Messieurs, j'ai eu l'honneur de vous faire connaître, le 29 novembre 1858, les dispositions arrêtées par M. le ministre de l'intérieur, de concert avec M. le ministre de la guerre, en ce qui concerne l'application, aux agents logés dans les dépendances des chemins de fer, des stipulations de la loi du 23 mai 1792 relatives au logement des militaires chez l'habitant.

Depuis la date de cette communication, des agents des compagnies ont été soumis, comme par le passé, à fournir le logement militaire et les réclamations qui m'ont été adressées à ce sujet par les compagnies intéressées m'ont donné lieu de remarquer que les instructions de M. le ministre de l'intérieur n'avaient pas été nettement comprises en ce qui touche soit les droits des administrations municipales en matière de répartition des militaires chez l'habitant, soit les obligations qui incombent sur ce point aux agents domiciliés dans l'enceinte des voies.

Je viens, en conséquence, vous donner les instructions complémentaires que nécessite la question.

Ainsi que le faisait remarquer M. le ministre de l'intérieur, les termes de la loi du 23 mai 1792 sont absolus et les agents des chemins de fer ne peuvent être exemptés de cette charge qui leur incombe comme à tous les citoyens; toutefois, d'une part, les lois et règlements sur la police des chemins interdisant, au point de vue de la sécurité, l'introduction dans l'enceinte de la voie de toutes personnes étrangères au service de l'exploitation, et, d'un autre côté, l'exiguïté des logements affectés à une certaine classe d'agents ne permettant pas à ces agents de loger les militaires, il appartient aux autorités municipales d'apprécier cette double circonstance et de tempérer par cette appréciation ce que les prescriptions de la loi de 1792 pourraient avoir ou de trop onéreux pour lesdits agents, ou de contraire à la sécurité publique.

Le ministre de l'intérieur rappelait que le droit pour les maires de tenir compte, dans la répartition du logement des gens de guerre, des facultés des habitants et des autres circonstances locales, a été reconnu à ces magistrats par un arrêt de la Cour de cassation du 13 août 1812.

Il résulte des principes ci-dessus exposés :

1° Qu'en droit, tous les agents des chemins de fer, qu'ils soient ou non domiciliés dans l'enceinte des voies, doivent supporter la charge du logement des gens de guerre, sous la réserve des atténuations résultant *des facultés* de ces agents, atténuations qui sont laissées à l'appréciation des administrations municipales, sauf réclamations de la part des intéressés ;

2° Qu'en fait, dans la plupart des cas et à raison *des circonstances locales*, dont l'appréciation appartient également aux administrations municipales, les agents dont il s'agit ne devront pas admettre les militaires dans les immeubles dépen-

de la gare. (Lettres du ministre de l'intérieur au préfet de la Creuse, 14 janvier 1859; au préfet de Seine-et-Oise, 14 septembre 1865.)

Plus récemment, à la suite d'une entente intervenue entre les départements de l'intérieur, de la guerre et des travaux publics, la question du logement avait été résolue d'une manière plus favorable pour les employés de chemins fer logés dans les bâtiments des compagnies. Une circulaire du ministre de l'intérieur du 25 octobre 1887 portait que non seulement ces employés ne doivent pas être astreints à la prestation en nature du logement et du cantonnement des troupes, mais encore qu'on ne peut exiger d'eux, ni directement ni indirectement, le paiement d'aucune sorte de taxe[1].

Cette solution n'a pas été acceptée par les tribunaux. Par

---

dant du chemin de fer et dont l'occupation leur est réservée à raison de leurs fonctions ; ils auront, en conséquence, à prendre à cet égard des mesures pour que les logements soient assurés, à leurs frais, en dehors des dépendances de la voie, le tout sauf réclamations envers qui de droit.

Je vous prie, Messieurs, de faire connaître à vos agents les dispositions contenues dans la présente circulaire que je notifie à MM. les préfets et à MM. les ingénieurs du contrôle.

Recevez, etc.

Le Ministre de l'agriculture, du commerce et des travaux publics,

L. Rouher.

1. Voici les termes de cette circulaire :

Monsieur le Préfet, l'article 34 de la loi du 3 juillet 1877 sur les réquisitions militaires porte que les communes ne peuvent comprendre dans la répartition des prestations qu'elles ont à fournir aucun objet appartenant aux compagnies de chemins de fer. On s'est demandé si cette disposition s'appliquait en ce sens que, non seulement aucun objet matériel appartenant aux compagnies de chemins de fer ne pouvait être requis, mais encore que le logement militaire ne pouvait être imposé aux agents logés dans les dépendances des gares et de la voie. C'est dans ce dernier sens que la question vient d'être tranchée par un accord intervenu entre mon département et ceux de la guerre et des travaux publics.

Il a été arrêté que non seulement les employés des chemins de fer logés dans les dépendances des gares et de la voie ne devaient pas être astreints à la prestation en nature du logement et du cantonnement des troupes, mais encore qu'on ne pouvait exiger d'eux ni directement, ni indirectement le paiement d'aucune sorte de taxe. Quant aux agents logés en ville, ils restent soumis au droit com-

arrêt du 29 avril 1893[1], la Cour de cassation a, en effet, décidé que les chefs de gare des compagnies de chemins de fer ne sont dispensés du logement des militaires par aucune disposition légale. En conséquence, le chef de gare qui refuse de loger

---

mun, leur situation ne se distinguant en rien de celle des autres habitants de la commune. Toutefois, pour maintenir le principe de l'égalité des charges entre les citoyens et pour que l'exonération attribuée aux agents des chemins de fer, à raison de leur situation exceptionnelle, ne puisse préjudicier aux autres habitants, il a été convenu que les locaux occupés dans les dépendances des gares et de la voie ne seront pas compris à l'avenir dans le recensemement des ressources qu'offrent les communes pour le logement et le cantonnement des troupes.

En attendant la prochaine révision générale des états de recensement, quand il y aura lieu de faire un logement ou un cantonnement dans une localité, le chiffre admis actuellement comme représentant la capacité de logement et de cantonnement sera diminué de la quantité correspondant aux locaux détenus par les employés de chemins de fer exempts de l'obligation du logement militaire.

De cette façon, les autres habitants n'auront à loger qu'un nombre d'hommes proportionnel aux ressources *réelles* de la commune, abstraction faite des bâtiments exonérés et, par suite, leur charge ne s'en trouvera pas augmentée.

M. le ministre de la guerre a adressé des instructions dans ce sens aux généraux commandant les corps d'armée. Vous voudrez bien, de votre côté, Monsieur le Préfet, porter ces dispositions à la connaissance des municipalités, par la voie du *Recueil des actes administratifs* et vous entendre avec l'autorité militaire pour en assurer l'exécution.

Pour le Ministre :
Le Conseiller d'État,
Directeur de l'administration départementale et communale,
Léon Bourgeois.

1. La Cour...,

Sur le second moyen, pris de la violation des articles 8, 31, 34 de la loi du 3 juillet 1877, 471, n° 15, du Code pénal, 162 du Code d'instruction criminelle, et de la fausse application de l'article 12, § 1, de la loi du 3 juillet 1877, en ce que le jugement entrepris a considéré comme une infraction punissable le refus d'un chef de gare de loger deux sous-officiers dans la gare où il a son habitation, à raison de ses fonctions, alors que cette habitation, affectée au service d'une compagnie de chemin de fer, serait exemptée par la loi de toute prestation ;

Attendu que le premier paragraphe de l'article 12, titre III, de la loi précitée, porte : « Dans l'établissement du logement ou du cantonnement chez l'habitant, les municipalités ne feront aucune distinction de personnes, quelles que soient leurs fonctions ou qualités » ; que ce texte, conçu en termes clairs et précis, ne comporte d'autres exceptions que celles expressément déterminées par le législateur ;

Attendu que les chefs de gare de chemins de fer ne sont dispensés du logement des militaires par aucune disposition légale ; qu'à la vérité, l'article 34 de ladite loi dispose que « les communes ne peuvent comprendre, dans la répartition des prestations qu'elles sont requises de fournir, aucun objet appartenant aux compagnies de chemins de fer » ; mais que ce texte ne peut être considéré

deux sous-officiers munis d'un billet de logement, délivré par le maire, est passible des peines portées dans l'article 21 de la loi du 3 juillet 1877.

En conséquence, des instructions nouvelles ont été données par les ministres intéressés. (Circ. Trav. publ. 6 novembre 1894; Circ. Int. 20 novembre 1894.) Ces instructions portent :

1° Que les maires devront dorénavant comprendre, sur les états de recensement dressés pour le *logement* et le *cantonnement* des troupes, les locaux occupés par les agents logés dans les dépendances des gares et de la voie, tout en ayant soin, en ce qui a trait au logement, de ne porter sur lesdits états que les locaux occupés *personnellement* par les agents;

2° En ce qui concerne les surfaces couvertes, utilisées pour le service public de la gare, telles que bureaux, halles aux marchandises, remises à voitures et autres, ils doivent être portés sur les états du *cantonnement,* étant entendu qu'ils ne pourront être utilisés qu'autant qu'ils seraient vacants et qu'il ne suffirait pas qu'ils fussent *momentanément* vacants si, par suite des fluctuations du trafic, ils devaient être occupés avant que la réquisition ait pris fin.

Les ministres rappellent enfin qu'en aucun cas, on ne pourrait comprendre, parmi les locaux susceptibles d'être réquisitionnés pour le logement ou le cantonnement, ceux auxquels on ne peut accéder sans pénétrer dans l'enceinte du chemin de fer. En effet, aux termes de l'article 61 de l'ordonnance du

---

comme applicable au logement des troupes, lequel constitue une charge personnelle à chaque habitant;

D'où il suit que le jugement attaqué, en condamnant le demandeur à 1 fr. d'amende, n'a ni violé ni faussement appliqué les dispositions légales susvisées;

Et attendu que ce jugement est régulier en la forme ;

Par ces motifs,

Rejette le pourvoi de Launay contre le jugement du tribunal de simple police du canton de Pavilly en date du 12 novembre dernier.

Voir les observations auxquelles cet arrêt, qui confirme l'opinion exprimée autrefois par le ministre de l'intérieur, a donné lieu dans la *Revue générale d'administration* (1893, III, 62).

15 novembre 1846, « il est interdit à toute personne étrangère « au service du chemin de fer, de s'introduire dans l'enceinte « du chemin de fer [1] ».

---

1. Voici le texte de la circulaire adressée le 6 novembre 1894 par le ministre des travaux publics aux administrateurs des compagnies de chemins de fer :

Messieurs,

En réponse à ma circulaire du 6 septembre 1893, la plupart des compagnies de chemins de fer m'ont fait connaître qu'elles donnaient à leurs agents logés dans les dépendances des gares et de la voie l'ordre d'accepter à l'avenir les réquisitions qui leur seraient régulièrement adressées par les maires pour le logement et le cantonnement des troupes; mais elles ont demandé que ces réquisitions fussent strictement limitées aux locaux affectés à l'usage personnel des employés et que ces locaux seuls fussent portés sur les états de recensement, à l'exclusion des surfaces couvertes utilisées pour le service public, telles que bureaux, halles à marchandises, remises à voitures, etc...

J'ai consulté à ce sujet mes collègues de l'intérieur et de la guerre.

M. le ministre de l'intérieur a déclaré s'en remettre à la décision de M. le ministre de la guerre, plus directement intéressé dans la question.

M. le ministre de la guerre a fait observer que, si la demande des compagnies parait justifiée en ce qui concerne le *logement*, il n'en est pas de même en ce qui touche le *cantonnement*.

En effet, les locaux affectés au service public ne peuvent être utilisés pour le logement des troupes, qui constitue une charge essentiellement personnelle et s'adressant aux particuliers ; ils ne doivent, dans aucun cas, être portés sur la première partie des états de recensement qui, aux termes de l'article 23 du décret du 2 août 1877, indique les ressources disponibles pour le *logement chez les habitants*. Cela résulte clairement de ce que la réquisition du logement comporte celle du matériel de couchage. Or, une semblable réquisition ne peut être adressée à une compagnie de chemin de fer, alors même qu'elle disposerait sur un point déterminé d'une literie destinée au couchage de ses agents, l'article 34 de la loi du 3 juillet 1877 stipulant que les objets appartenant aux compagnies ne pourront être compris dans les prestations que les communes seront requises de fournir.

Mais, d'après mon collègue, les bâtiments des gares et autres dépendances des chemins de fer doivent, quelle que soit leur destination, être inscrits dans la deuxième partie de l'état de recensement qui récapitule les ressources disponibles pour le *cantonnement*. En présence des textes des articles 8 et 10 de la loi du 3 juillet 1877 et de l'article 23 du règlement d'administration publique du 2 août suivant, qui prescrivent de comprendre sur ledit état les bâtiments et abris de toute nature appartenant, soit aux particuliers, soit aux communes ou aux départements, soit à l'État, il lui parait impossible de faire une exception pour les locaux appartenant aux compagnies de chemins de fer.

M. le ministre de la guerre reconnait toutefois que cette situation présente des inconvénients réels et il annonce qu'en raison de l'intérêt qu'il y aurait, au point de vue militaire même, à ce que les locaux affectés au service des chemins de fer ne pussent, dans aucun cas, être requis par les municipalités pour le cantonnement, il a l'intention de demander la modification des articles 10 et 12 de la loi du 3 juillet 1877, lors du dépôt du projet qui est actuellement en voie d'élaboration et qui a pour objet de compléter et de remanier la législation existante sur les réquisitions militaires.

En attendant, il estime qu'il suffit d'appeler l'attention de M. le ministre de l'intérieur sur la nécessité d'adresser aux maires des instructions leur prescrivant de n'utiliser éventuellement les ressources offertes pour le cantonnement par les dépendances des voies ferrées que dans le cas où les locaux situés dans ces

157. — *Fonctionnaires de l'enseignement.* — Il nous reste encore à enregistrer quelques solutions de rejet intervenues sur des demandes d'exemption.

Le principal d'un collège ne saurait se fonder sur des motifs

---

dépendances ne seraient pas affectés au service des voyageurs ou des marchandises.

Je suis d'accord avec M. le ministre de la guerre sur les conditions dans lesquelles les bâtiments appartenant aux compagnies doivent être inscrits sur les états des surfaces couvertes susceptibles d'être utilisées pour le cantonnement des troupes, étant entendu qu'un local ne doit pas être considéré comme affecté au service des voyageurs ou des marchandises seulement lorsqu'il est effectivement occupé.

Le fait que certains locaux sont momentanément vides n'empêche pas ces locaux d'être nécessaires pour permettre d'assurer le service dans les conditions fixées par les cahiers des charges. Il importe donc de ne pas faire porter les réquisitions sur des halles à marchandises, des remises à voitures, etc..., qui auraient présenté à un moment des surfaces disponibles, mais qui, en raison des fluctuations du trafic et des nécessités de service, devraient être complètement utilisées avant que la réquisition n'eût pris fin.

Il convient de remarquer d'ailleurs qu'en aucun cas on ne pourrait comprendre parmi les locaux susceptibles d'être réquisitionnés pour le logement ou le cantonnement ceux auxquels on ne peut accéder sans pénétrer dans l'enceinte du chemin de fer. En effet, aux termes de l'article 61 de l'ordonnance du 15 novembre 1846 portant règlement d'administration publique sur la police, la sûreté et l'exploitation des chemins de fer, « il est interdit à toute personne étrangère au service du chemin de fer :

« 1° De s'introduire dans l'enceinte du chemin de fer, d'y circuler ou d'y stationner ;

« 2° . . . . ;

« 3° D'y introduire des chevaux, bestiaux ou animaux d'aucune espèce ;

« 4° D'y faire circuler ou stationner aucunes voitures. . . . . . étrangères au service. »

Cette interdiction, formulée dans un intérêt de sécurité publique et à laquelle échappent seulement les catégories de personnes spécifiées à l'article 62 de ladite ordonnance, n'a pas été abrogée par les lois sur les réquisitions. Elle s'applique aussi bien aux militaires à loger ou à cantonner qu'à toutes autres personnes étrangères au service et non dénommées dans ce dernier article, et son inobservation pourrait être une source de graves accidents.

Il en résulte que, légalement, aucun local situé à l'intérieur de l'enceinte des voies ferrées ne doit figurer sur les états de réquisitions, puisque les bénéficiaires ne pourraient se rendre au lieu de leur logement ou de leur cantonnement sans s'introduire dans cette enceinte, traverser le plus souvent les voies principales ou les voies de service affectées aux manœuvres et sans contrevenir, par suite, à l'article 61 précité de l'ordonnance de 1846.

C'est dans ce sens et sous le bénéfice de ces réserves que je prie M. le ministre de l'intérieur de vouloir bien donner des instructions aux maires, en attendant que la législation sur les réquisitions militaires ait été revisée conformément aux intentions de M. le ministre de la guerre.

Je vous prie, de votre côté, de donner des instructions dans le même sens à votre personnel et de m'accuser réception de la présente circulaire, qui annule et remplace celle du 12 juillet 1888.

Recevez, etc...

Le Ministre des travaux publics,

Louis Barthou

d'ordre et de discipline pour être dispensé du logement militaire. (Lettre du ministre de l'intérieur au ministre de l'instruction publique, 24 août 1829, Moselle.)

Décidé dans le même sens en ce qui concerne les instituteurs primaires. (Lettre du ministre de l'intérieur au ministre de l'instruction publique, 27 mars 1837, Seine.)

158. — *Administrateurs d'un dépôt de mendicité.* — Les fonctionnaires et administrateurs d'un dépôt de mendicité ne peuvent être exemptés du logement; cette dispense ne pourrait être accordée qu'aux agents inférieurs, considérés comme domestiques ou gens à gages. (Lettre du ministre de l'intérieur au préfet de l'Aisne, 22 juin 1841.)

159. — *Garde général des forêts.* — Un garde général des forêts ne peut être dispensé de la charge de loger des gens de guerre. (Lettre du ministre de l'intérieur au préfet de Seine-et-Marne, 20 novembre 1826, et au préfet de la Somme, 24 novembre 1832.)

160. — *Vérificateur de l'enregistrement.* — Un vérificateur de l'enregistrement et des domaines, se fondant sur ce qu'il n'avait pas de domicile fixe par suite de la nature même de ses fonctions, avait demandé à être exempté du logement militaire : il fut répondu qu'il avait son domicile là où il payait la contribution personnelle et mobilière et que là aussi il devait le logement militaire. (Lettre du ministre de l'intérieur au préfet de l'Aveyron, 23 février 1829.)

161. — *Sapeurs-pompiers.* — Dans beaucoup de communes, le maire dispense, en fait, du logement les sapeurs-pompiers. C'est là une simple tolérance justifiée par les services inappréciables et désintéressés que ces hommes dévoués rendent à tous leurs concitoyens et contre laquelle, pour cette raison, aucune réclamation ne s'est jamais élevée. Mais, qu'on le remarque, les sapeurs-pompiers ne sauraient s'en prévaloir comme d'un droit pour refuser de loger les militaires qui leur seraient envoyés.

161 *bis.* — *Personnes qui ont recueilli des blessés.* — L'auteur du *Code manuel des réquisitions militaires* pense que, bien que la loi n'en parle pas, il n'en serait pas moins légal de dispenser du cantonnement et du logement en temps de guerre ceux qui ont recueilli effectivement et soignent des blessés, puisque cette immunité est stipulée dans l'article 5 de la convention internationale du 22 août 1864. L'omission serait due à un simple oubli du législateur.

Sans doute, le maire devra tenir compte, dans la répartition du logement, des lits occupés par les militaires blessés et les déduire de l'état des ressources de la commune, mais nous ne croyons pas qu'il faille aller au delà et que la présence d'un blessé, par exemple, suffise à assurer l'exonération de l'habitant qui aurait encore 5 ou 6 chambres disponibles[1].

ARTICLE 13.

Les municipalités veilleront à ce que la charge du logement ou du cantonnement soit répartie avec équité sur tous les habitants.

Les habitants ne seront jamais délogés de la chambre et du lit où ils ont l'habitude de coucher ; ils ne pourront néanmoins, sous ce prétexte, se soustraire à la charge du logement selon leurs facultés.

---

1. M. Leveillé ayant déposé à la Chambre une proposition de loi tendant à dispenser du logement les personnes qui soignent les blessés, M. le vicomte de Montfort a conclu à la non-prise en considération en ces termes : « Quant à « introduire dans la loi la disposition proposée, qui consisterait à dispenser *ipso* « *facto* de la charge du logement militaire toute personne ayant recueilli chez » elle un blessé, il est certain que l'abus ne tarderait pas à se produire. Ce « serait, dans la pratique, rendre non seulement difficile, mais probablement im- « possible le logement et le cantonnement des troupes.

« On peut craindre, en effet, qu'en dehors même du sentiment très naturel « et très louable de l'humanité, un trop grand nombre de particuliers ne saisis- « sent l'occasion de se soustraire, en soignant un blessé ou peut-être un malade, « à d'autres obligations, souvent fort lourdes, mais dont la nécessité n'a pas « besoin d'être démontrée. » (Annexe au procès-verbal de la séance du 16 juin 1891, numéro des impressions 1501.)

Hors le cas de mobilisation, le maire ne pourra envahir le domicile des absents ; il devra loger ailleurs à leurs frais.

Les établissements publics ou particuliers requis préalablement par l'autorité militaire, et effectivement utilisés par elle, ne seront pas compris dans la répartition du logement ou du cantonnement.

§ I. — Attributions et pouvoirs du maire en ce qui concerne la répartition du logement.

162. — L'article 9 de la loi de 1791 et l'article 11 du règlement de 1792 disposaient déjà : « Les municipalités veilleront « à ce que la charge du logement ne tombe pas toujours sur les « mêmes individus, et que chacun y soit soumis à son tour. » Le § 1er de l'article 13 exprime le même principe avec une simple modification de mots.

163. — C'est à l'autorité municipale, c'est-à-dire au maire ou à son remplaçant légal, qu'il appartient de répartir entre les habitants de la commune, la charge du logement et du cantonnement. Il lui suffit, pour bien remplir la mission que la loi lui donne, de se reporter aux renseignements fournis par le recensement dressé avec le concours des autorités militaires et les états indicatifs, à l'établissement desquels participe le conseil municipal (voir plus haut, § 102). Il ne s'agit donc, en quelque sorte, que d'une opération matérielle, d'un acte d'exécution rentrant par sa nature dans les attributions exclusives du maire. Aussi décidait-on, sous l'empire de la législation antérieure, et devrait-on encore décider, que l'intervention du conseil municipal dans la répartition définitive des troupes serait illégale. (Lettre du ministre de l'intérieur au préfet du Doubs, 12 avril 1831.)

164. — Le maire, en procédant à cette opération, ne fait que remplir un des devoirs de ses fonctions ; il serait donc mal fondé à solliciter une indemnité pour le surcroît de travail qu'occasionneraient à son administration des passages de troupes, même fréquents. (Décision du ministre de la guerre, 17 janvier 1861, Jura.)

165. — Du principe qu'il est dans les attributions de l'autorité municipale de prendre les mesures nécessaires pour assurer aux troupes en marche le logement chez les habitants, découle la conséquence que les arrêtés pris par le maire pour cet objet sont légalement obligatoires. (Cour de cassation, 12 septembre 1846, Ménil, Delieuvin[1].)

166. — *Indigents.* — De même, du droit conféré au maire de veiller à ce que les charges du logement militaire soient justement réparties, résulte celui d'en affranchir *les indigents* ainsi que ceux qui ne pourraient offrir aux militaires le logement nécessaire, et, par suite, celui d'apprécier les facultés des habitants et autres circonstances locales; ainsi, est légal et obligatoire pour les tribunaux, tant qu'il n'a pas été réformé ou modifié par l'autorité supérieure administrative, l'arrêté du maire d'une commune qui, pour faire une répartition exacte du logement des gens de guerre, a divisé en plusieurs classes les habitants de cette commune, et assigné à chacun d'eux, selon ses facultés, le nombre de militaires qu'il a à loger, soit 6 à ceux de la 1re classe, 4 à ceux de la 2e, 2 à ceux de la 3e. (Cour de cassation, 13 août 1842, Durut[2].)

---

1. Voir le texte de cet arrêt cité en note sous le § 171.

2. Un arrêté municipal, en date du 4 septembre 1841, a divisé en trois classes, proportionnellement à leurs facultés, et d'après le taux de leurs contributions, les habitants de Bapaume (Pas-de-Calais) soumis au logement des gens de guerre par les lois des 23 janvier-7 avril 1790, 8-10 juillet 1791 et 23 mai 1792.

Par application des dispositions de cet arrêté, les particuliers de la première classe ont été astreints à loger à chaque tour de rôle six militaires, ceux de la deuxième classe, quatre, et ceux de la troisième deux.

Le sieur Durut, que le montant de ses contributions a fait placer dans la seconde classe, ayant eu deux militaires à loger le 12 mai 1842, s'est refusé à les recevoir par le motif que cette répartition était illégale.

Cité pour ce refus devant le tribunal de simple police du canton de Bapaume, le sieur Durut a été acquitté par le motif que son refus ne constitue une infraction ni aux lois précitées, ni à l'arrêté du maire de Bapaume, lequel, *pris pour*

167. — S'en tenant strictement au texte des lois de 1791 et de 1792, la jurisprudence ministérielle n'admettait pas qu'il pût être établi de catégories entre les habitants d'une commune

---

assurer aux officiers commandant les troupes, des logements dans les proportions affectées à leurs grades par l'article 13 *du décret ci-dessus rappelé du* 23 *mai* 1792, n'a point pour but de répartir d'une manière inégale le logement des gens de guerre, puisqu'il ne l'exprime point formellement et qu'il ne détermine point dans quelles proportions chacune des classes qu'il crée y sera soumise.

Le maire de Bapaume s'est pourvu contre cette décision pour fausse interprétation de l'arrêté susdaté et des lois des 10 juillet 1791 et 23 mai 1792.

Sur ce pourvoi est intervenu l'arrêt suivant :

Arrêt. — « Vu l'article unique de la loi du 7 avril 1790, ainsi conçu : « *Tous* « *les citoyens sans exception sont et devront être soumis au logement des gens de* « *guerre, jusqu'à ce qu'il ait été pourvu à un nouvel ordre de choses* » ;

« Attendu que la loi du 10 juillet 1791, relative aux places de guerre, et le rè« glement dressé par le ministre de la guerre, approuvé par décret législatif du « 23 mai 1792, légalement promulgué le 18 janvier 1793, ont soumis à l'autorité « municipale la répartition de cette charge dans les villes de garnison où les bâ« timents militaires sont insuffisants ; que si l'article 11 du décret de 1792 n'a « pas reproduit les dispositions de l'article 9, titre V, de la loi du 10 juillet 1791, « relatives à l'établissement d'une contribution *proportionnée* à leurs facultés et « agréée par les municipalités, quant aux comptables publics, aux veuves et aux « filles qui ne peuvent être assujettis au logement en nature, cette loi a laissé à « l'autorité municipale *le soin de veiller à ce que la charge du logement ne tombe* « *pas toujours sur les mêmes individus et que chacun y soit soumis à son tour ;*

« Attendu que de cette délégation indéfinie et de l'ensemble des autres dispo« tions du règlement du 10 juillet 1791 il résulte que cette autorité a le droit « d'affranchir de cette charge *les indigents et ceux des habitants qui ne pour*« *raient offrir aux militaires le logement nécessaire ;*

« Que dès lors il lui appartient d'apprécier les facultés des habitants et autres « circonstances locales, et que si les arrêtés de l'autorité municipale sont suscep« tibles de modification ou de réformation, c'est à l'autorité supérieure adminis« trative qu'il appartiendrait d'y pourvoir, d'après la règle générale de subordina« tion du pouvoir municipal ;

« Mais que les arrêtés de ce genre sont obligatoires pour les tribunaux tant « qu'ils ne sont pas modifiés ou rapportés par l'autorité administrative supérieure, « lorsque d'ailleurs ces arrêtés n'enfreignent aucune disposition formelle des lois « précitées ;

« Et attendu que dans l'espèce il ne s'agit point de l'exemption du logement « en nature accordé par ces lois aux comptables, aux veuves et aux filles, mais « d'un habitant assujetti au logement personnel ; qu'il est constaté que Durut, ha« bitant de la ville de Bapaume, s'est refusé à recevoir les deux militaires por« teurs de billets de logement à eux délivrés par la mairie, sous prétexte que « ces billets étaient imposés deux fois par chaque tour de rôle ; que cette charge « résultait suffisamment de la division en trois classes, opérée par les articles 1er « et 2 du règlement municipal du 4 septembre 1841 ; qu'en le renvoyant de la « poursuite par le motif que ce refus n'était contraire ni aux lois, ni au règle« ment dont il s'agit, le jugement attaqué a méconnu l'autorité de ce règlement, « et par suite a violé l'article 11 du règlement annexé à la loi du 23 mai 1792, pour déterminer le mode et la répartition du logement des troupes, par le motif que tout habitant devait être soumis *à son tour* à la charge du logement. Cette charge, disait-on, doit donc être répartie entre tous les habitants dans la mesure des moyens dont chacun dispose ; certains habitants ne peuvent être assujettis à recevoir des militaires plus souvent que d'autres ; seulement, lorsque leur tour arrive, ils peuvent avoir à loger un plus grand nombre de militaires. (Lettres du ministre de l'intérieur au préfet de Saône-et-Loire, 18 juillet 1833 ; au préfet de l'Eure, 17 mars 1834.) Cette interprétation littérale ne semble pas avoir été maintenue après l'arrêt précité du 13 août 1842.

Avec le texte nouveau, la question ne peut plus se poser ; il prescrit seulement au maire de répartir la charge du logement avec équité, sans disposer que chaque habitant devra loger *à son tour*. Or, il peut être équitable que certains habitants plus aisés soient plus fréquemment appelés à loger que d'autres, dont la maison est de même importance, mais qui ont une fortune moindre.

Billets de logement.

168. — Si les arrêtés pris par le maire pour assurer le logement militaire sont obligatoires, ils ne sont point nécessaires pour que l'habitant à qui des militaires sont envoyés soit tenu de les recevoir. Il suffit que ces militaires soient porteurs de billets de logement. (Cour de cassation, 10 septembre 1836, de Brocas[1].)

169. — D'un autre côté, l'autorité municipale n'est pas te-

« le principe de l'assujétissement des habitants, établi par la loi du 7 avril 1790 « et l'article 471, n° 15, du Code pénal ;

« Par ces motifs, la Cour casse et annule le jugement rendu le 27 mai dernier, « par le tribunal de police du canton de Bapaume, au profit du sieur Durut;

« Et, pour être de nouveau statué sur la poursuite en contravention, renvoie « la cause devant le tribunal de police d'Arras. »

1. Voir le texte de cet arrêt cité en note sous le § 144.

nue de prévenir les citoyens, par avertissement individuel, du grade des militaires qu'ils seront tenus de loger; ces citoyens doivent obtempérer à la réquisition qui leur est faite sur la présentation du billet de logement par le militaire. (Cour de cassation, 12 juin 1845, Min. publ. contre Carpentier [1].)

170. — La Cour de cassation a en outre jugé que le refus de loger des militaires ne saurait être excusé sous le prétexte que le billet aurait été présenté, non par l'officier qui devait en profiter, mais par deux soldats se disant chargés d'examiner le logement destiné à cet officier. (Cour de cassation, 15 mai 1846, Droin [2].)

---

1. La Cour : — Vu les articles 65 et 471, n° 15, du Code pénal; attendu que l'obligation imposée à tous les habitants d'une commune, par les lois des 23 janvier-7 avril 1790 et 8-10 juillet 1791, ainsi que par le règlement annexé à la loi du 23 mai 1792, de loger des troupes en marche ordinaire, est d'ordre public, et qu'elle a pour sanction l'article 471, n° 15, du Code pénal; que l'autorité municipale n'est point tenue de faire connaître spécialement et d'avance à ses administrés, par voie de publication ou d'avertissement individuel, les résolutions qu'elle a jugé devoir adopter pour assurer l'exécution de ces dispositions; qu'ils sont dès lors légalement mis en demeure de s'y conformer, par la seule présentation des billets de logement délivrés aux militaires qui les produisent et qu'on ne peut s'abstenir de recevoir ces militaires sans encourir la peine de cette contravention;

Et attendu, dans l'espèce, qu'il résulte du procès-verbal régulièrement dressé à la charge de Louis Carpentier, lequel procès-verbal n'a point été débattu par la preuve contraire, que ce propriétaire, après avoir refusé de loger un capitaine, le 10 avril dernier, persista dans son refus lorsque le commissaire de police, qui agissait en vertu de l'ordre du maire, le somma d'obtempérer au billet dont cet officier était porteur; que cependant le jugement dénoncé a relaxé ledit Carpentier de la poursuite exercée contre lui à ce sujet, par les motifs notamment qu'on ne lui avait jamais envoyé jusqu'alors que deux simples militaires; qu'il n'était point légalement informé que l'autorité municipale l'avait inscrit sur le tableau des habitants qui devraient recevoir ce jour-là des officiers, et qu'on avait substitué sur le billet imprimé dont il s'agit, sans approbation de ce changement, le mot : « un capitaine », aux mots : « deux militaires » ;

Attendu qu'en prenant ces circonstances pour une excuse légale du fait de la prévention, ledit jugement a commis un excès de pouvoir et une violation expresse de l'article 65 du Code pénal; — casse.

(Du 12 juin 1845. Ch. crim. M. Laplagne-Barris, prés.; M. Rives, rapp.; M. Quénault, av. gén.)

2. La Cour : — Vu le règlement général du 23 mai 1792, ainsi que les articles 65 et 471, n° 15, du Code pénal; attendu qu'il est constaté par le procès-verbal dressé de ce fait, le 25 mars dernier, qu'Alexandre Droin, docteur en médecine,

171. — *Contraventions.* — En cas de refus de l'habitant, procès-verbal doit en être dressé comme pour toute autre contravention. Le procès-verbal ne peut être combattu que par la preuve contraire, mais non pas par une simple dénégation du contrevenant. (Cour de cassation, 12 septembre 1846, Ménil, Delieuvin et autres[1].)

---

auquel un billet de la mairie d'Auxerre fut présenté ce jour-là pour qu'il logeât un officier d'un corps militaire en marche, déclara qu'il refusait d'accepter ce billet et d'y obtempérer; que ce refus, qui constitue une contravention au règlement général du 23 mai 1792, rendait ledit Droin passible de la peine prononcée par l'article 471, n° 15, du Code pénal, lequel est la sanction légale de ce règlement; qu'il suit de là que le jugement dénoncé, en le relaxant de la poursuite sur le motif que le billet dont il s'agit lui aurait été présenté, non par l'officier qui devait en profiter, mais par deux soldats se disant chargés d'examiner le logement destiné à cet officier, et qu'il en logea d'ailleurs un autre deux jours après, a suppléé une excuse qui n'est point admise par la loi, et commis tout ensemble un excès de pouvoir et une violation expresse du règlement général, ainsi que des articles ci-dessus visés; en conséquence, faisant droit au pourvoi; — casse, etc. (Du 15 mai 1846. C. cass., ch. crim. MM. Laplagne, prés.; Rives, rapp.)

1. La Cour : — Sur le second moyen pris de la violation de l'article 154 du Code d'instruction criminelle en ce que, quoiqu'il n'ait point été produit de preuve contraire aux constatations du procès-verbal dressé par le maire de Regmalard, le jugement attaqué a fait prévaloir sur ces constatations la simple dénégation de Ménil père; attendu que le procès-verbal dressé par le maire est régulier, que le maire certifie dans cet acte, en termes directs et formels, que Ménil père a refusé de loger deux militaires qui lui avaient été adressés avec un billet de logement, en exécution d'un arrêté municipal du 5 avril dernier; que ce fait, ainsi établi ne pouvait être détruit que par la preuve contraire, et que cette preuve n'étant pas faite, le jugement attaqué, en donnant effet à la simple dénégation du contrevenant, a porté atteinte au caractère probant du procès-verbal du maire de Regmalard, et violé ainsi l'article 154 du Code d'instruction criminelle;

Sur le troisième moyen, pris de ce que, nonobstant le refus du sieur Delieuvin d'obtempérer à l'ordre de loger un officier, le tribunal de simple police l'a relaxé et a ainsi violé les dispositions de l'article 471, n° 15, du Code pénal; vu l'article précité et l'article 65 du Code pénal; attendu qu'aux termes des lois des 23 janvier-7 avril 1790, 8-10 juillet 1791, ainsi qu'aux termes du règlement annexé à la loi du 23 mai 1792, il est dans les attributions de l'autorité municipale de prendre les mesures nécessaires pour assurer aux troupes en marche le logement chez les habitants, d'où il suit que les arrêtés pris par les maires dans cet objet sont légalement obligatoires; que l'autorité municipale a seule les moyens et le droit d'apprécier les réclamations auxquelles les logements militaires peuvent donner lieu de la part des habitants, et qu'en renvoyant le sieur Delieuvin de la poursuite exercée contre lui, par des considérations dont l'appréciation ne lui appartenait pas, et en refusant d'appliquer à la contravention la sanction pénale portée par l'article 471, n° 15, du Code pénal, le jugement attaqué a violé ledit article, et également violé l'article 65 du même Code en admettant des excuses non établies par la loi; — casse.

(Du 12 septembre 1846. C. cass., ch. crim. MM. Crouseilhes, prés.; Barennes, rapp.)

Le maire est juge des réclamations.

172. — Les réclamations formées contre l'assiette ou la surcharge des logements, ou contre les abus dans la délivrance des billets, doivent être présentées au maire. C'est aussi au maire que l'habitant doit soumettre les raisons qu'il peut avoir à faire valoir pour se faire exonérer de l'obligation du logement. (Même arrêt et Cour de cassation, 10 novembre 1860, Fariel[1].)

Le maire peut déléguer à cet effet un adjoint ou un conseiller municipal : on a pensé que l'assistance d'un officier pourrait être utile dans certains cas. Aussi le règlement de 1824 porte-t-il, article 120 : « Après la distribution du logement, un officier de « la troupe et l'un des membres du conseil municipal doivent « rester à la mairie pour recevoir les réclamations des habitants « et des militaires, et pour y faire droit s'il y a lieu. »

173. — Par application du principe qu'au maire seul appartient le droit de statuer sur les réclamations, la Cour de cassation a jugé que les habitants portés sur les états de répartition

---

1. La Cour : — Sur le moyen tiré de la violation de l'article 471, n° 15, du Code pénal ; attendu qu'il était constaté et reconnu que le sieur Fariel avait refusé d'obtempérer à l'ordre, émané du maire, de loger six militaires le 1er mai dernier ; attendu qu'aux termes des lois des 23 janvier-7 avril 1790, 8 et 10 juillet 1791, ainsi qu'au règlement annexé à la loi du 23 mai 1792, il est dans les attributions de l'autorité municipale de prendre les mesures nécessaires pour assurer aux troupes en marche le logement chez les habitants ; d'où il suit que l'autorité municipale, qui a seule les moyens d'apprécier les réclamations auxquelles les logements militaires peuvent donner lieu de la part des habitants, en a seule aussi le droit, et qu'en renvoyant le sieur Fariel de la poursuite exercée contre lui par des considérations dont l'appréciation ne lui appartenait pas, et en refusant d'appliquer l'article 471, n° 15, du Code pénal, le jugement attaqué a expressément violé ledit article et commis un excès de pouvoir ; — casse.

(Du 10 novembre 1860. Ch. crim. M. Sénéca, rapp.)

V. décision analogue Ch. crim. Cassation. 11 février 1853, note suivante.

des logements militaires doivent, si des changements opérés à leurs bâtiments les mettent dans l'impossibilité de fournir ces logements, en avertir l'autorité municipale, faute de quoi ils ne pourraient, en excipant de cette impossibilité, se refuser à procurer le logement sans commettre une contravention (Cour de cass., 11 février 1853, Lorentz[1]), et qu'il ne suffit pas qu'un habitant ait donné avis à la mairie d'une circonstance qui l'empêcherait de fournir le logement, si l'envoi qui lui a été fait de

---

1. La Cour : — Vu les lois des 23 janvier-7 avril 1790, 8 juillet 1791, titre V, et le règlement annexé à la loi du 23 mai 1792, sur le logement des troupes par les habitants ; attendu que les dispositions de ces lois et règlements touchent à l'ordre public et sont obligatoires pour les citoyens, sous les peines portées par l'article 471, n° 15, Code pénal ; attendu que les états de répartition de la contribution du logement des militaires, dressés par l'autorité municipale pour l'exécution des dispositions ci-dessus visées sont également obligatoires pour les habitants, tant qu'ils n'ont pas été modifiés ; attendu qu'il résulte d'un certificat du maire de la ville d'Altkirch, produit au procès, que le sieur Lorentz, habitant de cette ville, était inscrit sur l'état de répartition des logements militaires comme propriétaire d'une écurie susceptible de recevoir six chevaux, et que lors du passage des troupes qui a eu lieu le 5 octobre 1852, il a été désigné comme devant loger ce nombre de chevaux ; attendu qu'il résulte encore des pièces du procès que ledit jour, 5 octobre, un brigadier conduisant cinq chevaux s'est présenté chez le sieur Lorentz, porteur d'un billet régulier de logement pour lui et ses chevaux, et que Lorentz s'est refusé à les recevoir, sous le prétexte qu'il avait changé la destination de son écurie, convertie en bûcher et en partie remplie de bois à cette époque ; attendu que le jugement attaqué a relaxé Lorentz des poursuites dirigées contre lui à l'occasion de ce refus, sur le double motif que l'autorité municipale aurait dû s'assurer, avant de délivrer le billet de logement, que l'écurie de Lorentz était disponible, et que celui-ci n'ayant fait qu'user de son droit de propriétaire en changeant la destination de son écurie, ne pouvait, par l'impossibilité où il se trouvait, par suite, de loger des chevaux, être considéré comme refusant de les recevoir, et sous ce rapport être passible des peines portées en l'article 471, n° 15, Code pénal ; attendu que dès l'instant où Lorentz était inscrit sur l'état de répartition des logements militaires pour recevoir six chevaux, ce n'était pas à l'autorité municipale à s'assurer si l'écurie qui devait les recevoir restait disponible, mais bien à Lorentz de la prévenir du changement de destination donné à son écurie, afin de mettre cette autorité à même de s'assurer si les changements survenus dans les lieux empêchaient en réalité le logement des chevaux, et, par suite, de prendre les mesures nécessaires pour les loger dans d'autres bâtiments ; attendu, dès lors, qu'en relaxant Lorentz par les motifs ci-dessus indiqués, le jugement attaqué a formellement violé les lois des 23 janvier 1790, 8 juillet 1791, titre V, le règlement annexé à la loi du 23 mai 1792, ainsi que l'article 471, n° 15, Code pénal ; par ces motifs, casse le jugement rendu par le tribunal de simple police d'Altkirch, du 13 décembre 1852, etc.

(Du 11 février 1853. Ch. crim. MM. Laplagne-Barris, prés.; Victor Foucher, rapp.; Vaïsse, av. gén.)

militaires prouve que le maire a rejeté son excuse. (Cour de cass., 18 février 1876, Gibier[1].)

174. — L'appel contre la décision du maire doit être porté devant le préfet. Si ce fonctionnaire la confirme ou s'il s'abstient de statuer, le réclamant peut se pourvoir devant le ministre de l'intérieur.

En principe, le logement est dû en nature.

175. — En principe, la charge du logement est due en nature. C'est donc illégalement qu'un conseil municipal ou un maire imposerait une contribution en argent aux habitants qui, à raison de l'éloignement de leurs maisons du centre de la commune, ne recevraient pas de militaires. Cette prestation constituerait un véritable impôt dont la perception n'est autorisée par aucune loi ; les habitants que l'on voudrait y assujétir seraient donc parfaitement fondés à s'y refuser. (Lettre du ministre de l'intérieur au préfet du Var, 6 octobre 1834.)

---

1. La Cour : — Attendu qu'il a été régulièrement constaté par le jugement attaqué que, le 22 septembre 1875, le sieur Gibier avait refusé de loger, lors du passage d'un régiment en marche, le colonel qui s'était présenté porteur d'un billet de logement délivré par le maire de Malesherbes ; que ce refus constituait une infraction au règlement général du 23 mai 1792, lequel a pour sanction pénale l'article 471, n° 15, Code pénal ; que c'est donc en faisant une juste application de la loi que le juge de police a condamné le prévenu à 3 fr. d'amende ; attendu, en effet, que si ce dernier prétendait qu'il avait donné avis à la mairie qu'à raison de la présence de parents chez lui, il se trouvait dans l'impossibilité de recevoir un officier supérieur, le juge de police n'avait point à apprécier cette excuse ; qu'aux termes des lois sur la matière, et notamment du règlement annexé à la loi du 23 mai 1792, l'autorité municipale, chargée de prendre les mesures nécessaires pour assurer aux troupes en marche le logement chez les habitants, a seule le droit de statuer sur les réclamations qui lui sont faites à cet égard ; attendu, dans l'espèce, qu'il était établi par la délivrance du billet de logement, que le maire n'avait pas tenu compte de la demande qui lui avait été adressée par le sieur Gibier ; d'où il suit qu'en statuant comme il l'a fait, le jugement attaqué s'est exactement conformé à la loi ; par ces motifs, rejette le pourvoi contre le jugement du tribunal de simple police de Malesherbes du 8 décembre 1875.

(Du 18 février 1876. Ch. crim. MM. de Cornières, prés. ; Moignon, rapp. ; Desjardins, av. gén.)

Auberges destinées aux militaires.

176. — Sauf les exceptions formellement prévues par la loi, l'habitant à qui le maire envoie des militaires à loger est tenu de les recevoir dans son propre domicile (Avis du Conseil d'État, comité de l'intérieur, du 22 février 1833), et c'est par une simple tolérance que le maire peut toujours faire cesser, et qu'il doit faire cesser quand il y a abus, que ces militaires sont placés à l'auberge ou chez des logeurs de profession. Nous croyons devoir rapporter ici les passages principaux d'une importante circulaire adressée aux préfets sur cette question, le 15 mars 1845, par le ministre de l'intérieur. Les prescriptions qu'elle contient doivent toujours servir de règles aux municipalités.

Leur application rencontrera, nous en sommes convaincus, d'autant moins de résistance, qu'aujourd'hui tous les citoyens étant appelés à faire partie de l'armée, chacun a le sentiment plus vif du devoir moral qui lui est imposé d'assurer, dans la plus large mesure possible, le bien-être de nos soldats.

Monsieur le Préfet, depuis longtemps la sollicitude de l'administration est vivement préoccupée des inconvénients graves que présente la marche généralement suivie en ce qui concerne le logement des militaires lorsqu'ils voyagent en corps ou isolément.

Dans le plus grand nombre des communes, il est passé en usage d'envoyer ces militaires chez des logeurs de profession, dans des maisons ordinairement mal tenues sous le rapport de la propreté, et quelquefois suspectes au point de vue des bonnes mœurs.

Il en résulte que ces militaires se trouvent ainsi exposés à contracter, dans ces logis, des maladies dangereuses et des habitudes préjudiciables au maintien de la discipline et du bon ordre.

Les nombreux rapports qu'a reçus à ce sujet M. le ministre de la guerre, et dont il m'a donné connaissance à plusieurs reprises, ne permettent d'élever aucun doute sur l'existence de ce fâcheux état de choses dans diverses communes, et je n'hésite point à en attribuer la cause principale au défaut de surveillance de la part des autorités municipales à l'égard des maisons garnies dont il s'agit, non moins qu'à la tolérance avec laquelle les maires autorisent les habitants à envoyer les militaires loger dans ces maisons, au lieu d'exiger d'eux qu'ils fournissent le logement dans leur propre domicile, ainsi que le veut la loi.

Il importe de mettre promptement un terme aux inconvénients qui me sont signalés, et il est du devoir de l'autorité supérieure de prescrire et de faire exécuter toutes les dispositions qui, sous le rapport du logement des militaires, doivent compléter et rendre efficace l'ensemble des mesures que ma circulaire du 23 mai 1843 a recommandées à votre surveillance dans l'intérêt de l'armée et des populations.

Je reconnais, Monsieur le Préfet, que, par suite des modifications que le temps a apportées à notre état social, il serait extrêmement difficile de revenir aujourd'hui à la stricte exécution des lois de 1790 et de 1792.

Il ne faut pas perdre de vue cependant que, si par l'effet d'une tolérance que comportent les habitudes actuelles, les charges qu'imposent ces lois ont été successivement modérées dans leur application, elles n'en conservent pas moins encore toute leur force en principe, aucune disposition nouvelle n'étant venue modifier ou abroger leurs prescriptions formelles.

Or, aux termes de la loi du 23 janvier 1790, tous les citoyens, sans aucune exception, sont soumis au logement des gens de guerre, et sont tenus de fournir personnellement ce logement en nature.

Quant à celle du 23 mai 1792, qui est intervenue exclusivement pour réglementer la prescription posée dans la loi de 1790, elle s'est bornée (art. 11) à dispenser certaines classes de personnes nominativement désignées (telles que les dépositaires de caisses pour le service public, les veuves et les filles) de fournir le logement militaire dans leur propre domicile, sous la condition toutefois d'y *suppléer en fournissant ce logement en nature chez d'autres habitants avec lesquels ces personnes doivent s'entendre à cet effet.*

Ainsi donc, ce principe subsiste encore aujourd'hui tout entier, à savoir : qu'à l'exception des personnes comprises dans les trois catégories ci-dessus désignées, tous les citoyens, quelle que soit leur profession, sont indistinctement astreints à l'obligation de loger les militaires dans leur domicile personnel.

Dans le plus grand nombre des communes, l'usage et la force des choses en ont fait abandonner la stricte exécution, et l'on a cessé d'exiger de chaque citoyen qu'il héberge les militaires chez lui.

Bien plus, au lieu de se borner à autoriser le citoyen qui se trouverait dans l'impossibilité de fournir le logement dans son domicile personnel à y suppléer en procurant à ses frais le logement chez un autre habitant, suivant la permission accordée par la loi aux dépositaires des caisses publiques, aux veuves et aux filles, les maires ont poussé la tolérance jusqu'à laisser aux habitants la faculté d'envoyer à leur gré les militaires loger dans des maisons exclusivement destinées à recevoir des étrangers.

Il en est résulté qu'insensiblement les garnis se sont substitués, pour le logement des gens de guerre, au foyer domestique des citoyens, et que cette substitution qui, en tout état de cause, n'aurait jamais dû être permise qu'à titre d'exception, est devenue aujourd'hui une sorte de règle consacrée par l'usage.

C'est à cette tolérance excessive des maires et, quelquefois, à un défaut d'attention de leur part à l'égard du choix et de la bonne tenue de ces maisons de logement ou garnis, qu'il faut sans nul doute attribuer les fâcheux résultats qui me sont signalés par M. le ministre de la guerre comme portant un grave préjudice aux mœurs et à la santé des militaires.

Déjà, dans plusieurs villes importantes, la sollicitude de l'autorité s'est occupée activement des moyens de remédier à ces abus, et de mettre certaines conditions à la faculté accordée aux citoyens de ne pas loger, dans leur propre domicile, les militaires de passage.

Après avoir recommandé l'établissement des casernes de passage, dont nous avons parlé plus haut (§ 94), le ministre ajoutait :

Quant aux communes moins importantes qui sont placées comme gîtes d'étape, ou qui peuvent être appelées à recevoir des militaires en marche, on ne peut espérer, sans doute, d'y trouver des ressources suffisantes pour suppléer, à l'aide de l'établissement de casernes de passage, à la prestation du logement que les habitants sont personnellement tenus de fournir en nature.

Il faut, dès lors, s'y renfermer nécessairement dans les prescriptions de l'article 11 de la loi réglementaire de 1792 ; et c'est là, Monsieur le Préfet, qu'il convient de porter toute votre attention, afin de remédier aux abus que je vous ai signalés plus haut comme résultant de la tolérance excessive avec laquelle les maires concèdent aux habitants la faculté d'envoyer à leur gré les militaires loger dans les garnis ou auberges lorsqu'ils ne jugent pas à propos de les héberger chez eux.

La force des choses a fait admettre, je le sais, la possibilité de procurer ce logement en nature dans une hôtellerie, et l'on peut se fonder à cet égard sur ce que, d'après un droit généralement établi, l'autorité municipale a le pouvoir de placer à l'auberge, aux frais des habitants, les militaires auxquels un billet de logement a été fourni.

Mais cette interprétation de la loi ne préjudicie en rien au principe ci-dessus rappelé, d'après lequel les habitants sont tenus de fournir le logement dans leur domicile personnel ; elle doit être considérée au point de vue des droits et prérogatives attachés à l'exercice de l'autorité municipale, attendu que le devoir de cette autorité est d'assurer avant tout l'exécution de la loi, et que, par conséquent, à défaut du logement personnel chez l'habitant, par suite d'une impossibilité constatée, il lui appartient de prescrire telles dispositions qu'elle juge convenables pour que les militaires soient logés.

Dès lors, il entre spécialement dans les attributions des maires, en vertu du pouvoir dont ils sont revêtus, de désigner nominativement, par un arrêté spécial de police, les auberges ou hôtelleries qu'ils jugeraient propres à recevoir les militaires que les habitants ne seraient pas en mesure de loger dans leur domicile personnel; de considérer et de poursuivre comme refus de logement l'envoi des militaires chez des logeurs autres que ceux qui auraient été désignés.

Le ministre recommandait donc, en première ligne, la stricte exécution de la loi qui prescrit aux habitants de fournir le logement dans leur domicile, et subsidiairement il engageait les maires à désigner les auberges où seraient envoyés les militaires que les habitants seraient dispensés de loger chez eux.

La Cour de cassation a pleinement confirmé sur ces deux points la jurisprudence ministérielle.

Elle a jugé, en effet, que l'autorité municipale a le droit, en vertu des pouvoirs qui lui sont attribués pour assurer dans la commune le logement des troupes de passage, d'interdire aux habitants de faire loger hors de leur domicile, sans l'autorisation spéciale de la municipalité, les militaires qui leur sont adressés par un billet régulier, et aux aubergistes et logeurs de recevoir les militaires qui leur sont renvoyés par les habitants sans que leurs billets de logement aient été visés à la mairie. (Cour de cass., 13 juillet 1860, Ducros et Imbert[1].)

---

1. La Cour : — Vu les lois des 23 janvier-7 avril 1790, l'article 9, titre V, de la loi des 8-10 juillet 1791, les articles 10, 11 et 12 du règlement approuvé par la loi du 23 mai 1792 et l'article 471, n° 15, du Code pénal; vu également les arrêtés du maire de Brignoles, en date des 31 mai 1853 et 7 mai 1859; attendu que les lois susvisées chargent directement l'autorité municipale d'assurer le logement des troupes de passage chez les habitants de leur commune, et que les arrêtés qu'ils prennent pour atteindre ce but sont obligatoires pour les tribunaux aussi longtemps qu'ils ne sont pas réformés par l'autorité administrative supérieure; attendu que les arrêtés pris par le maire de Brignoles, en date des 31 mai 1853 et 7 mai 1859, qui avaient pour but d'interdire aux habitants de faire loger les militaires qui leur étaient adressés par un billet régulier, hors de leur propre domicile, si ce n'est dans les cas prévus par les règlements ou sans l'autorisation préalable de la municipalité, et qui faisaient défense aux aubergistes et autres

177. — Mais le pouvoir du maire ne peut aller jusqu'à aggraver la charge que la loi impose aux habitants. En voici un exemple. Nous avons vu que les simples soldats et les sous-officiers autrefois n'avaient droit qu'à un lit pour deux hommes. Sur la demande du ministre de la guerre, le ministre de l'intérieur avait cependant recommandé (circulaire du 18 août 1845) aux maires qui désigneraient les auberges où seraient envoyés les militaires que les habitants ne logeraient pas chez eux, d'imposer aux aubergistes privilégiés l'obligation de fournir un lit par homme. Il estimait que l'on pouvait faire de cette obligation, aux hôteliers ou aubergistes, une condition indispensable de la préférence qui leur serait accordée, puisqu'en définitive elle ne serait qu'une juste compensation des bénéfices résultant pour eux de leur entreprise.

La Cour de cassation n'a pas partagé cet avis. Elle a déclaré illégal un arrêté municipal disposant que, dans le cas où les ha-

---

logeurs de recevoir des militaires de passage, sans que leurs billets de logement eussent été visés à la mairie, ont été pris dans les limites des pouvoirs que l'autorité municipale tenait directement des lois et règlements concernant le logement des gens de guerre ;

Attendu que si, dans des cas exceptionnels extraordinaires, un habitant se trouve dans l'impossibilité de loger des militaires dans son propre domicile, il ne peut, au mépris des arrêtés spéciaux, les envoyer dans une hôtellerie qu'autant que l'autorité municipale a été mise à même d'autoriser la substitution de logement ; attendu, néanmoins, que, dans l'espèce, le juge de police a relaxé des poursuites Ducros et Bromond, par le motif que le règlement du 23 mai 1792 n'interdisait pas aux habitants la faculté d'envoyer les militaires dans une hôtellerie dans des cas exceptionnels, alors que leur logement n'était pas convenable, et que, dès lors, le maire de Brignoles, en leur défendant de le faire, sans avoir l'agrément préalable de l'administration, avait excédé ses pouvoirs ; attendu qu'en statuant ainsi et en refusant de reconnaître le caractère obligatoire des arrêtés du maire de Brignoles, les jugements attaqués ont méconnu les droits que l'autorité municipale tient des lois des 7 avril 1790, 10 juillet 1791 et du règlement approuvé par la loi du 23 mai 1792, pour assurer l'exécution desdites lois et règlements sur le logement des gens de guerre, ont commis un excès de pouvoir et ont formellement violé l'article 471, n° 15, C. pén. ; joint les pourvois formés par le ministère public contre les jugements rendus, le 29 mai 1860, en faveur de Ducros et Bromond, par le tribunal de simple police de Brignoles ; — casse.

(Du 13 juillet 1860. Ch. crim. MM. Vaïsse, prés. ; V. Foucher, rapp. ; de Marnas, 1er av. gén.)

2e espèce (Imbert). Du même jour. — Arrêt identique au rapport du même magistrat.

bitants voudraient user du droit de loger des militaires chez des logeurs, ces logeurs ne pourraient coucher deux militaires dans le même lit. (Cour de cassation, 25 mars 1852, Ducrot[1].)

Surveillance spéciale des auberges destinées aux militaires.

178. — Si le maire croit devoir tolérer que les habitants, au lieu de fournir des lits aux soldats qui leur sont adressés, les envoient chez des logeurs, il est tenu d'exercer sur les maisons de ces logeurs la plus active surveillance. Le comte d'Argout, ministre du commerce et des travaux publics, dans une circulaire du 28 juin 1832, appelait déjà sur ce point toute l'attention des préfets.

Ces logeurs, disait-il, tiennent, en général, leurs maisons dans la plus grande malpropreté ; ils ne lavent jamais les couvertures ni les paillasses, ne mettent point les matelas à l'air, et placent souvent quarante soldats, l'un après l'autre, dans les mêmes draps. Il en résulte, entre autres inconvénients, que

---

1. La Cour (après délibération en chambre du conseil) : — Attendu que si, aux termes des lois des 7 avril 1790, 8 juillet 1791 et 23 mai 1792, tous les citoyens étant soumis au logement des gens de guerre, à défaut et en cas d'insuffisance des bâtiments militaires, l'autorité municipale est spécialement chargée de prendre ses mesures pour assurer ce logement et en faire la répartition, il n'en résulte pas pour cette même autorité le droit de prendre des arrêtés ayant pour objet d'aggraver cette charge imposée aux habitants ; — attendu que l'article 14, n° 12, du décret du 23 mai 1792 n'oblige les habitants à fournir aux sous-officiers et soldats qu'un lit par deux hommes effectifs ; — attendu que l'arrêté du maire de Chalon-sur-Saône, en date du 30 avril 1851, en autorisant les habitants à loger des militaires de passage hors de leurs domiciles chez des personnes qui voudraient exercer la profession de logeurs de militaires, et en interdisant à ces logeurs de coucher deux militaires dans le même lit, renferme par cela même une aggravation de la charge du logement des militaires, et en conséquence la création d'une sorte d'impôt qu'aucune disposition de loi ne rend obligatoire ; — attendu, d'ailleurs, que cet arrêté ne rentre dans aucun des objets confiés à la vigilance des corps municipaux par les lois des 24 août 1790 et 22 juillet 1791 ; — attendu, dès lors, que le tribunal de simple police de Chalon-sur-Saône, en renvoyant le défendeur de la plainte, par le motif que ledit arrêté avait été pris par le maire en dehors du cercle des attributions qui lui appartiennent, a fait une juste application des lois précitées ; — rejette.

(Du 25 mars 1852. Ch. crim. MM. de Glos, rapp. ; Sevin, av. gén.)

Nous avons vu plus haut (§ 95) que l'administration peut imposer aux entrepreneurs de casernes de passage, comme une clause de leur marché, l'obligation d'assurer un lit spécial à chaque militaire.

beaucoup de militaires, en sortant de ces espèces de repaires, contractent diverses maladies, plus ou moins graves, que les médecins des hôpitaux attribuent uniquement à cette cause.

Je vous recommande donc, Monsieur le Préfet, de faire surveiller particulièrement les auberges où on loge les soldats en route. C'est aux maires qu'il appartient de prescrire les mesures nécessaires pour s'assurer de quelle manière sont tenues ces maisons, pour obliger les logeurs à faire laver de temps en temps les couvertures et les paillasses, à exposer les matelas à l'air, à fournir des draps propres à chaque soldat qu'on leur envoie.

Ces recommandations ont été plusieurs fois rappelées par le ministre de l'intérieur. (Circ. 21 juin 1842, 15 mars 1845.) Le 14 février 1852, M. de Persigny insistait de nouveau pour qu'elles fussent suivies :

Je vous recommande avec les plus vives instances d'exiger des maires de toutes les communes de votre département que les logements destinés à recevoir les militaires, tels que casernes de passage, auberges ou hôtelleries, soient soumis à des investigations fréquentes faites par les commissaires de police, la gendarmerie et les hommes de l'art, dans le but de s'assurer des conditions hygiéniques que présentent les chambres destinées au logement des militaires, ainsi que de la propreté des fournitures de literie et surtout des draps.

En 1874, le ministre de la guerre s'étant plaint de la mauvaise tenue des maisons de logeurs, le ministre de l'intérieur s'empressa de transmettre, le 12 février 1874, aux préfets les instructions suivantes :

Quant aux observations relatives à la mauvaise tenue et à la malpropreté des maisons des logeurs, qui sont trop souvent, en outre, des lieux clandestins de débauche où les militaires sont exposés à compromettre à la fois leur bourse et leur santé, je ne puis que recommander cet objet à toute votre attention, en vous invitant à stimuler à cet égard le zèle et la vigilance des administrations locales, pour assurer la visite régulière desdites maisons ainsi que celle des établissements de prostitution, sans négliger d'ailleurs d'insister auprès des municipalités pour obtenir d'elles, autant que possible, la création de casernes de passage, au moyen desquelles seraient prévenus la plupart des inconvénients signalés.

Précautions sanitaires contre les maladies contagieuses.

179. — Si le maire a le devoir de veiller à ce que les militaires logés dans sa commune ne soient point exposés aux maladies contagieuses, il n'est pas moins tenu de préserver la population civile du contact de militaires atteints de maladies cutanées ou vénériennes. Le règlement du 10 mai 1842, concerté entre le ministre de la guerre et le ministre de l'intérieur, notifié aux préfets par circulaire du 21 juin suivant, contient, sous ce rapport, des dispositions préventives à l'exécution desquelles l'autorité municipale doit tenir la main.

D'après ce règlement, quand une troupe voyage en corps, tout militaire, avant d'être mis en route, doit, s'il déclare ou s'il est soupçonné d'être atteint de gale ou de syphilis, être soumis à la visite ; cette visite doit être renouvelée à tous les gîtes où la troupe séjourne ; il peut y être procédé par les médecins civils. Les hommes atteints de maladies vénériennes ou cutanées sont dirigés sur les hôpitaux affectés à ces maladies ; ils peuvent, en route, être logés dans les hospices civils des communes où ils doivent coucher ou séjourner, si elles possèdent des établissements de ce genre et si les maires le préfèrent, ou être réunis dans un local commun qui leur est affecté. Arrivés au lieu de leur destination, ils ne reçoivent, sous aucun prétexte, de billet de logement, et ils sont, autant que possible, conduits directement à l'hôpital par un homme de garde. Après guérison, ils sont également conduits à la porte de la ville par un homme de garde du poste de l'hôpital ou par le sergent de planton.

Tout soldat ou sous-officier partant de son corps pour voyager isolément est soumis, avant son départ, à une visite sanitaire, à l'effet de vérifier s'il n'est atteint ni de maladie vénérienne ni de gale. Cette visite est constatée par un certificat du chirurgien-major ou aide-major qui est visé pas l'officier supérieur commandant et annexé à la feuille de route du militaire. Dans tous les gîtes d'étapes où réside un fonctionnaire de l'intendance, l'homme voyageant isolément est interrogé sur son état de santé, et il peut être soumis à une visite si, malgré sa déclaration négative, des symptômes extérieurs donnent lieu de croire qu'il est atteint de gale ou de syphilis. S'il est reconnu malade, il est dirigé immédiatement sur l'hôpital.

De ces dispositions combinées il résulte que le maire doit refuser de délivrer un billet de logement à tout militaire qui ne justifierait pas, par les certificats du chirurgien-major ou des fonctionnaires de l'intendance, qu'il a subi les visites sanitaires réglementaires : à défaut d'officier de santé militaire, il peut le faire visiter par un médecin civil et l'envoyer à l'hôpital s'il est constaté qu'il est atteint d'une maladie psorique ou syphilitique.

Il est inutile d'insister sur l'intérêt que présente, au point de vue de l'hygiène publique, l'observation de ces prescriptions qu'ont rappelées les circulaires du ministre de l'intérieur des 23 mai 1843, 5 décembre 1845 et 12 février 1874.

Surveillance des écuries.

180. — La vigilance de l'autorité municipale doit aussi se porter sur l'état sanitaire des écuries qui sont destinées à abriter les chevaux des troupes, soit en cas de passage, soit en cas de cantonnement. Le ministre de l'intérieur, dans une circulaire du 27 février 1875, indique quels sont à cet égard les devoirs des maires[1].

---

1. Monsieur le Préfet, M. le ministre de la guerre m'a signalé, comme devant être attribuée à l'insalubrité des écuries où sont logés, dans les gîtes d'étape, les chevaux des troupes de passage, une épizootie charbonneuse qui s'est déclarée dans certains régiments.

Sur la demande de mon collègue, je crois devoir porter ces réclamations à votre connaissance, en vous priant d'inviter les maires des communes gîtes d'étape à prescrire les mesures nécessaires pour éviter le retour de semblables accidents. Les lois des 16-24 août 1790 (chap. 11, art. 3, § 5) et 28 septembre-16 octobre 1791 (titre Ier, section IV, art. 20, et titre II, art. 9) confient aux officiers municipaux le soin de veiller à la salubrité publique, et notamment de pré-

Moyens coercitifs dont dispose le maire en cas de refus de loger.

181. — Il nous reste à examiner quels sont les moyens coercitifs dont le maire dispose pour vaincre la résistance des habitants qui refusent de loger les militaires, en d'autres termes, quelle est la sanction de l'obligation du logement.

Tout d'abord, on décidait, sous l'empire de la législation antérieure, que le refus de loger les militaires qui se présentent porteurs de billets de logement constituait une contravention de simple police, punissable, aux termes de l'article 471, n° 15, du Code pénal, d'une amende de 1 à 5 fr. C'était en effet, une contravention au règlement du 23 mai 1792, c'est-à-dire à un règlement d'administration publique rendu dans les limites de la loi. (Cour de cass., 14 mars 1834, Facien[1]; 10 septembre

venir par tous les moyens les épizooties. Ils sont, d'autre part, chargés d'assurer le logement des troupes de passage. (Décrets des 23 mai 1792, 18 janvier 1793.) Il appartient donc à ces magistrats d'ordonner, dès qu'ils sont prévenus de l'arrivée des troupes, l'assainissement des écuries dans lesquelles doivent être logés les chevaux de l'armée. Leur contrôle doit s'exercer d'une manière particulière sur les écuries ou étables dépendant des auberges ou autres lieux publics soumis spécialement à la surveillance de l'autorité municipale.

Vous voudrez bien, Monsieur le Préfet, adresser des instructions en ce sens aux maires de votre département et insérer la présente circulaire au Recueil des actes administratifs de la préfecture.

Recevez, etc.

Pour le Ministre de l'Intérieur :

Le Conseiller d'État, Directeur de l'administration départementale et communale,

H. Durangel.

1. Le sieur Facien ayant refusé de loger des hussards, établis chez lui par le maire de sa commune, fut, pour ce fait, condamné à l'amende et aux dommages-intérêts par le tribunal de simple police. Sur son appel, le tribunal de Saint-Omer le renvoya de l'action, en déclarant qu'il n'y avait lieu à l'application d'aucune peine. — Pourvoi. — Arrêt (après délibération en chambre du conseil).

La Cour : — Vu l'article 50 de la loi du 14 décembre 1789, l'article 3, n° 1, titre II, de la loi des 16-24 août 1790 et l'article 46, titre I, de celle des 19-22 juillet 1791, la loi des 23 janvier-7 avril 1790, qui soumet tous les citoyens, sans exception, au logement des gens de guerre, le décret des 8-10 juillet 1791 et l'article 471, n° 15, du Code pénal; — attendu, en droit, que le règlement du roi, en date des 23 mai-6 juin 1792, sur le logement des troupes, se rattache évidemment aux dispositions de police et d'ordre public, autorisées par lesdites

1836, de Brocas[1]; — 23 avril 1842, Guillamet[2]; — 11 février 1853, Lorentz[3].)

La Cour de cassation avait en outre décidé, conformément aux principes généraux, que cette contravention ne comportait pas l'excuse tirée de l'ignorance de la loi. (Cour de cass., 15 janv. 1859, Bazaille[4].)

Nous avons vu plus haut qu'il n'appartient qu'au maire et non au juge de police d'apprécier les excuses que peuvent avoir à présenter les contrevenants. (Voir § 172.)

182. — Le règlement de 1792 ayant été abrogé par l'article 56 de la loi de 1877, ce n'est plus aujourd'hui à un règlement d'administration publique, mais à la loi elle-même que résisterait le particulier.

---

lois de 1789 et 16-24 août 1790, et qu'il emporte, dès lors, contre les citoyens qui l'enfreignent aujourd'hui, la sanction de l'article 471, n° 15, du Code pénal; et attendu, en fait, que Facien a refusé de continuer à loger, à partir du 1er octobre dernier, les hussards que le maire de sa commune avait établis chez lui; que ce refus constitue une contravention au susdit règlement d'administration publique et de tranquillité générale; d'où il suit qu'en infirmant le jugement du tribunal de simple police qui l'avait réprimée, et en décidant que le refus dont il s'agit ne pouvait donner lieu à l'application d'aucune peine, le tribunal d'appel a violé les règles de la compétence, ainsi que les lois ci-dessus visées; — casse, et renvoie devant le tribunal correctionnel de Béthune.

(Du 14 mars 1834. Ch. crim. MM. de Bastard, prés.; Rives rapp.)

1. Voir le texte de cet arrêt, en note sous le § 141.
2. Voir le texte de cet arrêt, en note sous le § 190.
3. Voir le texte de cet arrêt, en note sous le § 173.

4. La Cour : — Vu le règlement général du 23 mai 1792, ainsi que les articles 65 et 471, n° 15, du Code pénal; attendu qu'il est constaté par un procès-verbal régulier du commissaire de police du canton de Pesmes, en date du 21 octobre 1858, que le nommé Antoine Bazaille, aubergiste, auquel un billet signé du maire de Pesmes fut présenté ledit jour, 21 octobre 1858, pour qu'il logeât dans ses écuries vingt chevaux de troupes, a refusé d'obtempérer à cette réquisition; que ce refus constituait une contravention au règlement général du 25 mai 1792 et rendait Bazaille passible de la peine prononcée par l'article 471, n° 15, du Code pénal, qui forme la sanction légale de ce règlement;

Que, cité à raison du fait dont il s'agit devant le tribunal de simple police, Bazaille, qui avouait la contravention à lui imputée, a été relaxé des fins de la poursuite, par le motif qu'il ne connaissait pas la loi sur les logements militaires; qu'en statuant ainsi, le jugement attaqué a commis un excès de pouvoir, admis une excuse non autorisée par la loi et violé tout à la fois le règlement général du 25 mai 1792 et l'article 471, n° 15, susvisé; — casse.

(Ch. crim. MM. Caussin de Perceval, rapp.; Martinet, av. gén.)

Toutefois, si le maire avait pris pour assurer le service du logement un arrêté spécial, cet arrêté serait obligatoire et le contrevenant pourrait, à notre avis, continuer à être poursuivi, devant le tribunal de simple police par application de l'article 471, § 15, du Code pénal.

En l'absence même d'arrêté municipal spécial, nous pensons, avec l'arrêt de cassation du 23 avril 1842, Guillamet, cité sous le § 190, que la simple présentation du billet de logement suffirait pour justifier la prévention et rendre applicable l'article 471 du Code pénal.

182 *bis.* — Mais la loi de 1877 prévoit une autre sanction : Elle porte que les habitants qui n'obtempéreraient pas aux ordres de réquisition sont passibles d'une amende pouvant s'élever au double de la valeur de la prestation requise.

Bien que la *réquisition* proprement dite n'intervienne que dans les cas exceptionnels (mobilisation et rassemblement) prévus à l'article 1er, la jurisprudence semble admettre que le billet de logement doit être assimilé à un ordre de *réquisition* et que ceux qui n'y obtempèrent pas sont passibles des peines portées à l'article 21 de la loi [1].

Cette peine, avons-nous dit, est une amende pouvant s'élever au double de la prestation requise, d'où il suit que la connaissance de l'infraction sera de la compétence du tribunal de simple police ou de la police correctionnelle, selon que la valeur du logement requis sera inférieure ou supérieure à 7 fr. 50 [2].

---

1. Ceci résulte notamment de l'arrêt de la Cour de cassation du 29 avril 1893, cité en note sous le § 156 qui, dans la première partie de la décision, partie non reproduite, déclare que le particulier qui refuse un billet de logement est passible des peines portées par l'article 21 de la loi contre ceux qui n'obtempèrent pas aux ordres de réquisition.

2. Ainsi jugé par la Cour de cassation le 6 mars 1886 dans l'affaire Mettetal. Ce particulier avait été poursuivi devant le juge de paix pour avoir refusé de recevoir des militaires. Il était absent de chez lui et n'avait confié ses clefs à un voisin qu'en cas d'accident.

La Cour déclare qu'en admettant qu'il y ait contravention à l'article 21 de la loi du 3 juillet 1877, par le propriétaire, dans son refus tel qu'il vient d'être précisé, la peine d'amende applicable peut s'élever jusqu'au double du chiffre de la pres-

Droit du maire de placer les militaires à l'auberge aux frais du contrevenant. Recouvrement des frais.

183. — Une autre sanction, qui certainement n'a point disparu, avait été admise sous l'ancienne législation.

Punir les récalcitrants est chose juste et utile ; mais, avant tout, il faut que le maire assure le logement des troupes. Il a été admis de bonne heure que, pour lui permettre de remplir ce devoir, il fallait lui reconnaître le droit de faire loger chez un autre habitant les militaires que celui à qui ils étaient destinés refuse de recevoir, et de faire supporter au récalcitrant les frais occasionnés par le logement de ces militaires. (Lettres du ministre de l'intérieur au préfet du Pas-de-Calais, 6 avril 1818, et au préfet de la Meurthe, 12 février 1831.)

Quelques hésitations s'étant produites, en 1832, sur l'étendue du pouvoir du maire et sur la procédure à suivre pour obtenir du récalcitrant les frais du logement chez un autre habitant, le ministre du commerce et des travaux publics soumit la question au Conseil du Roi. Un avis du comité de l'intérieur et du commerce, en date du 22 février 1833, vint confirmer la jurisprudence ministérielle[1].

---

tation arrêtée par l'autorité municipale ; de ceci il résulte que le chiffre de la prestation fixé par cette autorité détermine la compétence du tribunal qui aura à statuer sur le refus du propriétaire.

Or, dans l'espèce, ce propriétaire ayant dû loger six militaires et le maire ayant fixé la prestation à 8 fr., la peine à prononcer serait de 8 fr., pouvant s'élever au double, c'est-à-dire à 16 fr.

Dans ce cas, l'incompétence du tribunal de simple police est évidente, puisque le maximum de l'amende qu'il peut prononcer est de 15 fr. Le tribunal correctionnel seul devrait être saisi.

Cassation, sur le pourvoi du ministère public près le tribunal de simple police de Crest (Drôme), du jugement de ce tribunal, du 31 octobre 1885, en ce qu'il ne s'est pas déclaré incompétent pour statuer sur la prévention dirigée contre le sieur Mettetal.

1. Les membres du Conseil du Roi, composant le comité, qui, sur le renvoi ordonné par M. le ministre du commerce et des travaux publics, ont pris connaissance d'un rapport sur cette question :

« L'administration a-t-elle le droit, en cas de refus d'un habitant de loger les « militaires, de le contraindre à fournir ce logement en nature ? ».

Et qui ont examiné en même temps les documents relatifs aux difficultés qu'a

Enfin, la Cour de Cassation, par un arrêt de rejet du 23 avril 1842 (Guillamet), décida à son tour qu'en cas de refus de la

---

récemment rencontrées à Valenciennes, département du Nord, l'application des lois sur le logement des militaires marchant par étapes;

Vu les lois des 7 avril 1790, 10 juillet 1791 et 23 mai 1792;

Vu la lettre de M. le préfet du Nord, du 31 décembre 1832;

Ensemble toutes les pièces produites;

Considérant que le logement des gens de guerre, dans les cas déterminés par la loi, est obligatoire pour tous les citoyens, chacun selon ses facultés;

Qu'ils doivent le fournir en nature, sauf les exceptions portées à l'article 11 de la loi du 23 mai 1792, et qui ne s'appliquent qu'aux dépositaires des caisses pour le service public, aux veuves et aux filles;

Considérant qu'une disposition aussi impérative de la loi non seulement donne le droit, mais encore impose à l'autorité municipale l'obligation d'assurer de la part des habitants désignés pour recevoir dans leurs maisons des militaires, la prestation à laquelle ils sont tenus;

Considérant que, lorsqu'un citoyen ne veut pas recevoir un ou plusieurs militaires munis de billets de logement à son nom et régulièrement délivrés, l'autorité municipale doit le contraindre à obtempérer à cet ordre, ou, après avoir légalement constaté le refus, désigner une autre maison où ces militaires seront logés aux frais de celui qui devait primitivement les recevoir;

Que, dans ce cas, le logeur est fondé à poursuivre de la part du citoyen dont il a rempli l'obligation, le remboursement des dépenses qui en sont résultées;

Que, si ce remboursement est contesté, le juge de paix, sur la présentation de la réquisition du maire et de l'état des frais par lui arrêté, ne peut refuser l'exécutoire pour en assurer le recouvrement sans avoir à examiner l'origine et la réalité de la dépense;

Que cette marche, tracée par d'anciennes instructions et consignée dans le *Répertoire de jurisprudence* de Merlin, ne paraît pas avoir rencontré d'obtacles sérieux jusqu'à ces derniers temps;

Considérant que, dans l'espèce citée, rien ne prouve que le juge de paix de Valenciennes ait été mis en demeure de se prononcer par un jugement, puisqu'il n'a indiqué son incompétence que par une lettre adressée au maire;

Sont d'avis :

1° Qu'aux termes des lois sur le logement des militaires marchant par étapes, l'autorité municipale a le droit de forcer les habitants non compris dans l'exception rappelée plus haut, à fournir ce logement en nature;

2° Que, dans le cas de refus et pour éviter des délais ou une résistance qui nécessiterait l'emploi de la force, elle peut se borner à constater ce refus et désigner une autre maison où seront logés les militaires aux frais de l'habitant désigné d'abord pour les recevoir;

3° Qu'en cas de contestations sur le paiement des frais qui résultent de cette mesure, le maire en arrête le montant, et le juge de paix, sur la présentation de cet état et de la réquisition du maire, doit délivrer l'exécutoire qui en assure le recouvrement.

Signé : De Champlouis, rapp., et Maillard, prés.

Pour extrait conforme :

Le Secrétaire du Comité,

Boullée.

part de l'habitant de recevoir les militaires qui se présentent chez lui avec un billet de logement, le maire peut envoyer ces militaires à l'auberge et aux frais du récalcitrant, en faisant décerner contre lui un exécutoire par le juge de paix [1].

Le ministre de l'intérieur, dans deux lettres en date des 24 juin et 29 août 1849, dont les passages les plus importants ont été reproduits sous forme de note au *Bulletin officiel du ministère de l'intérieur,* 1850, p. 409, traçait la marche à suivre en ce cas par le maire; le maire, d'après cette note, devait arrêter le montant des frais, et le juge de paix, sur la présentation de cet état et du billet de logement, était tenu de délivrer l'exécutoire.

Il nous paraît hors de doute que le maire a conservé le droit, qu'on n'a jamais cessé de lui reconnaître, de pourvoir au logement des militaires qu'un habitant refuse de recevoir, alors que la nouvelle loi le lui accorde expressément pour le cas où les détenteurs de caisses publiques, les filles ou veuves ne remplissent point l'obligation qui leur est imposée de fournir le logement chez d'autres habitants (art. 12, § 2), et pour celui où l'habitant appelé à loger des militaires est absent (art. 13, § 3).

Ce droit, le ministre de l'intérieur l'a reconnu par une décision du 21 juillet 1894, insérée dans la *Revue générale d'administration,* 1894, III, 204.

Nous avions émis, dans notre première édition, l'avis que, par analogie avec la disposition qui concerne les comptables publics, les femmes vivant seules et les absents (Décret réglement. du 2 août 1877, art. 27), le recouvrement des frais pouvait se faire comme en matière de contributions directes (voir §§ 135 et 191); mais le Conseil d'État n'a pas été de cette opinion. Il a annulé un arrêté du conseil de préfecture de la Marne, statuant sur l'opposition du sieur Courtin aux pour-

1. Voir le texte de cet arrêt *infrà,* en note sous le § 190.

suites administratives intentées contre lui et décidé que le recouvrement dans la forme des contributions directes ne s'appliquait qu'aux deux cas prévus par la loi (veuves et comptables, — absents)[1].

Nous ne pouvons que regretter cette interprétation au point de vue de la simplicité des formes.

Le maire devra donc continuer à recourir au juge de paix pour revêtir de l'exécutoire l'état des frais. (Voir décision du ministre de l'intérieur du 21 juillet 1894 citée plus haut.)

§ II. — Droit pour les habitants de conserver leur chambre et leur lit.

184. — Le deuxième paragraphe de l'article 13 reproduit l'article 20 du règlement de 1792, portant que les habitants ne doivent jamais être délogés de la chambre ou du lit qu'ils occupent habituellement. Cette exemption ne peut cependant

---

1. Voici le texte de cet arrêt qui porte la date du 10 mars 1894 :

« Le Conseil d'État,

« Considérant qu'il résulte de l'instruction, que le sieur Courtin père ayant refusé de loger les deux militaires qui lui avaient été assignés, le maire de Vitry-le-François a pourvu pour le compte de cet habitant à leur logement, et a fixé la somme à payer par arrêté en date du 29 mai 1890 ; que le receveur municipal a exercé, pour le recouvrement de cette somme, des poursuites administratives ; que le requérant a fait opposition à ces poursuites devant le conseil de préfecture de la Marne, qui, par l'arrêté attaqué, a déclaré mal fondée la demande du sieur Courtin ;

« Considérant qu'aucune disposition de loi ou de règlement n'autorise à recouvrer, comme en matière de contibutions directes, les frais de logement militaire à la charge d'un habitant qui a refusé de fournir ce logement et a mis le maire dans la nécessité de prendre un arrêté pour pourvoir aux conséquences de son refus ; que l'article 27 du décret du 2 août 1877, invoqué par l'administration, ne concerne que les cas dans lesquels un maire est obligé, par application du deuxième paragraphe de l'article 12, ou du troisième paragraphe de l'article 13 de la loi du 3 juillet 1877, de loger des militaires aux frais et pour le compte de détenteurs de caisses publiques, de veuves et filles vivant seules, de communautés religieuses de femmes, ou de personnes absentes ;

« Qu'il suit de là que le conseil de préfecture de la Marne était incompétent pour connaître de l'opposition du requérant au recouvrement des frais dont il s'agit, et que dès lors il y a lieu d'annuler l'arrêté attaqué ;

« Décide :

« Art. 1er. — L'arrêté du conseil de préfecture de la Marne, en date du 23 décembre 1890, est annulé. »

servir de prétexte pour se soustraire à la charge du logement. Comme le dit fort exactement M. le baron Reille, tous les citoyens auxquels leurs ressources le permettent, y sont astreints, et ce n'est pas une raison, parce qu'ils n'ont qu'un lit, pour qu'ils ne donnent pas asile aux militaires dans une autre pièce qui peut être disponible.

185. — On s'est demandé, sous la législation précédente, si, par assimilation, les habitants peuvent se refuser à retirer leurs chevaux de leurs écuries pour y loger les chevaux des troupes. Le ministre de l'intérieur, consulté, a incliné vers l'affirmative; mais comme, d'autre part, il eût été injuste de faire supporter exclusivement la charge par ceux dont les écuries sont vacantes, il a décidé que les habitants n'étaient point tenus de déloger leurs chevaux, mais qu'ils ne pouvaient s'en dispenser qu'en pourvoyant, à leurs frais, au placement des chevaux de troupe dans une autre écurie. (Lettre du ministre de l'intérieur au préfet des Ardennes, 18 décembre 1826.)

§ III. — Mesures a prendre en cas d'absence des habitants appelés a loger des mititaires.

186. — Le paragraphe 3 de l'article 13 prévoit l'hypothèse où l'habitant appelé à fournir le logement à ces militaires est absent; il porte que le maire ne peut envahir son domicile, sauf dans le cas de mobilisation, mais qu'il doit loger aux frais de l'absent les militaires qui lui étaient destinés.

Cette disposition est parfaitement justifiée dans le rapport de M. le baron Reille. « Sans doute, y lisons-nous, dans le cas de mobilisation, il y a en quelque sorte force majeure. Toute habitation doit s'ouvrir aux soldats, et la violation de domicile devient dans ce cas une nécessité d'ordre supérieur, devant laquelle doit céder tout intérêt. Mais il ne saurait en être de même dans les circonstances ordinaires, et nous avons cru devoir, dans ce cas particulier, inscrire dans la loi une mesure tutélaire pour les habitations des citoyens absents, en autorisant le maire à chercher, à leurs frais, d'autres logements. Exonérer complètement les absents, c'est en effet permettre aux habitants de se soustraire, en s'éloignant à temps, à toutes les obligations indiquées par la présente loi. Cependant il faut restreindre au cas de nécessité absolue cet acte si grave de l'entrée légale, mais violente, dans une maison close. Exposer un habitant, que des occupations, un service public même peut-être, retiennent loin de chez lui, à trouver en rentrant sa maison dérangée, nous a semblé beaucoup trop rigoureux; et nous ne doutons pas qu'il ne préfère au retour s'acquitter en argent de sa part de prestations et éviter de pareils inconvénients pour une somme presque toujours modique. C'est dans ce but que nous avons proposé d'inscrire, au troisième paragraphe de l'article 13, une disposition protégeant en temps de paix les immeubles des habitants absents. »

187. — Cette disposition s'applique aussi bien au cantonnement qu'au logement. (Avis de la Section de la guerre du Conseil d'État du 9 janvier 1889, cité au § 188. — Cassation, 1er mars 1890[1].)

---

1. Voici l'extrait de l'arrêt du 1er mars rejetant le pourvoi du sieur Roumier, maire de Dun-les-Places, contre un arrêt de la cour de Bourges, qui l'avait condamné à 100 fr. d'amende pour violation de domicile :

« Sur le deuxième moyen tiré de la violation des articles 184, paragraphe 2, du Code pénal, et 13 de la loi du 3 juillet 1877 sur les réquisitions militaires, en ce que le demandeur avait, en sa qualité de maire de Dun-les-Places, le droit de faire ouvrir le logement de Baroin, alors qu'il s'agissait de procurer, non le logement, mais le cantonnement des troupes de passage dans cette localité;

« Attendu qu'aux termes de l'article 13, paragraphe 3, de la loi du 3 juillet 1877, le maire ne peut envahir le domicile des absents, hors le cas de mobilisation;

« Attendu que cet article est placé sous la rubrique commune du titre III, *Du logement et du cantonnement;*

« Que spécialement le paragraphe 1er dudit article dispose que les municipalités veilleront à ce que la charge du logement et du cantonnement soit répartie avec équité sur tous les habitants;

« Que les prescriptions du paragraphe 3 s'appliquent donc sans distinction à l'un et à l'autre mode d'installation..... »

188. — Le ministre de la guerre, préoccupé de la nécessité de loger les troupes en grandes manœuvres, avait consulté le Conseil d'État sur le point de savoir si on ne pourrait pas faire occuper les habitations des habitants absents, soit en considérant les troupes en manœuvres comme une mobilisation partielle, soit en faisant une distinction entre le logement et le cantonnement; mais le Conseil d'État (Section de la guerre) a répondu le 9 janvier 1889 :

1° Que le rassemblement des troupes en vue des grandes manœuvres ne constitue pas le cas de mobilisation prévu au § 3 de l'article 13 de la loi du 3 juillet 1877;

2° Que l'interdiction d'occuper le domicile des absents pour y loger des troupes, hors le cas de mobilisation, subsiste lorsqu'il s'agit du cantonnement[1].

---

1. Voici le texte de l'avis du Conseil d'État :

La Section des finances, des postes et télégraphes, de la guerre, de la marine et des colonies du Conseil d'État, sur le renvoi qui lui a été fait par le ministre de la guerre, a examiné la question de savoir :

1° Si les troupes en manœuvres constituent une mobilisation partielle et si, dans ce cas, le maire ne peut pas se considérer comme en droit de faire occuper le domicile des absents par application du paragraphe 3 de l'article 13 de la loi du 3 juillet 1877 sur les réquisitions militaires ;

2° Si l'interdiction édictée par ledit article d'envahir le domicile des absents pour y loger des troupes, hors le cas de mobilisation, subsiste lorsqu'il s'agit du cantonnement ;

3° Si un immeuble dont une partie est occupée par des gens au service d'un propriétaire doit être considéré par l'autorité civile comme étant en son entier habité ou non ;

Vu la loi du 3 juillet 1877 sur les réquisitions militaires ;

Vu les décrets des 2 août 1877 et 23 novembre 1886 ;

Vu la dépêche du ministre de la guerre en date du 21 novembre 1888 ;

Sur la première question :

Considérant que l'on ne saurait assimiler un rassemblement de troupes, en temps de paix, avec la mobilisation totale ou partielle qui confère à l'autorité militaire le droit à l'ensemble des prestations énumérées dans le titre II de la loi du 3 juillet 1877 et à l'application des dispositions contenues dans le paragraphe 3 de l'article 13 de ladite loi ;

Qu'il résulte, en effet, des travaux préparatoires et des débats auxquels a donné lieu la loi sur les réquisitions que le législateur a toujours entendu viser le cas de guerre, quand il a employé le mot mobilisation pour déterminer les circonstances dans lesquelles le droit de réquisition peut être exercé dans toute son étendue ;

Considérant que c'est en raison de la différence fondamentale existant entre la

189. — Le même avis tranche une autre question relative aux immeubles dont une partie est occupée par des gens au

---

mobilisation totale ou partielle du cas de guerre et les rassemblements de troupes opérés dans un but d'instruction, que la loi des 29-31 juillet 1887, relative à une expérience de mobilisation, est intervenue pour investir par son article 6 l'autorité militaire du droit de réquisition dans les conditions prévues par la loi du 3 juillet 1877, « en cas de mobilisation » ;

Considérant enfin qu'en ce qui touche notamment l'application des dispositions de l'article 13 de la loi du 3 juillet 1877 relatif au logement chez les absents, le rapporteur de la loi a nettement spécifié dans son rapport que cet article avait pour but de protéger « en temps de paix » les immeubles des habitants absents ;

Est d'avis :

Que le rassemblement des troupes en vue des grandes manœuvres ne constitue pas le cas de mobilisation prévu au paragraphe 3 de l'article 13 de la loi du 3 juillet 1877 ;

Sur la deuxième question :

Considérant que les raisons qui ont déterminé le législateur de 1877 à introduire dans l'article 13, dont les dispositions sont tirées presque textuellement de la loi du 10 juillet 1791 et du règlement du 22 mai 1794, un paragraphe nouveau pour sauvegarder le domicile des absents, hors le cas de mobilisation, subsiste pour le cantonnement comme pour le logement ;

Considérant que si, à la vérité, le décret du 23 novembre 1886, complétant celui du 2 août 1877, a pu astreindre les personnes dispensées par l'article 12 de la loi de fournir le logement en nature, à fournir le cantonnement dans les dépendances de leur domicile, cette disposition ne portait pas atteinte au principe sur lequel reposent les prescriptions de l'article 12 de la loi et qui a pour objet de protéger une certaine catégorie de personnes, en consacrant en toute circonstance, l'inviolabilité de leur habitation personnelle ;

Considérant, par contre, qu'en édictant l'article 13 de la loi, le législateur a entendu protéger en temps de paix, non les personnes, mais les immeubles des absents, ainsi que les objets qu'ils contiennent et qui sont leur propriété ; que l'on ne saurait pénétrer sans violence même dans les dépendances d'une habitation quand elles sont closes, en dehors de l'intervention du propriétaire ou de ses ayants cause ; que, dès lors, il n'est pas possible de disposer pour le cantonnement de ces dépendances comme on le fait pour celles des personnes visées à l'article 12 de la loi et à l'article 23 du décret du 23 novembre 1886 et qui sont supposées présentes ;

Est d'avis :

Que l'interdiction d'occuper le domicile des absents pour y loger des troupes, hors le cas de mobilisation, subsiste lorsqu'il s'agit du cantonnement ;

Sur la troisième question :

Considérant qu'en ce qui touche les locaux ouverts, le droit de réquisition pour le logement et le cantonnement est entier en toute circonstance, qu'il l'est également à l'égard de l'habitation et de ses dépendances closes, quand elles sont occupées par des membres de la famille du propriétaire qui doivent être normalement tenus pour avoir l'entière disposition des immeubles de l'absent ;

Considérant, toutefois, qu'il ne saurait en être de même lorsque le proprié-

service d'un propriétaire absent. Ces immeubles doivent, d'après l'avis, être considérés comme habités, dans la mesure des locaux dont les gens de service ont la disposition habituelle.

190. — Pour que le maire puisse loger les militaires aux frais de l'habitant absent, il faut que l'habitant se soit absenté sans laisser de mandataire [1]. Dans le cas contraire, nous pensons qu'il y aurait lieu de suivre la jurisprudence antérieure de la Cour de cassation, qui reconnaissait aux habitants obligés de s'absenter le droit de charger un ami ou un voisin de pourvoir au logement des militaires qui lui seraient adressés par le maire. (Cour de cassation, 23 avril 1842, Min. public c. Guillamet [2].)

---

taire a commis un mandataire ou des gens à son service à la garde de son immeuble; que, dans ce cas, les seuls locaux fermés sur lesquels l'autorité civile puisse exercer le droit de réquisition, sont ceux dont les ayants cause du propriétaire ont la disposition normale en raison de leurs fonctions;

Est d'avis :

Que, quand un immeuble est occupé en partie par des gens au service d'un propriétaire absent, il doit être considéré par l'autorité civile comme habité dans la mesure des locaux dont lesdites personnes ont la disposition habituelle.

Général Blondeau, *président*. Général Mojon, *rapporteur*.

1. Ou que le représentant du propriétaire n'ait pas qualité pour disposer de la maison. Ainsi, si le propriétaire absent de chez lui, s'est borné à confier ses clefs à un voisin, en cas d'accident, il a pu, sans contravention, refuser de loger des militaires de passage, par l'intermédiaire du dépositaire de ses clefs, qui a déclaré ne pas être autorisé à ouvrir la maison dans ce cas. (Cour de cassation. Ch. crim., 6 mars 1886, Mettetal. Voir arrêt cité sous le § 182.)

Il faut aussi qu'il s'agisse de l'habitation habituelle de l'absent. La personne qui, ayant deux résidences, ne se trouve point dans la maison où sont envoyés des militaires, n'est point assujettie à l'obligation du logement, sauf le cas où il serait prouvé que son déplacement a eu pour cause unique l'intention de se soustraire à cette charge (voir § 126).

2. Guillamet a été cité devant le tribunal de police comme prévenu d'avoir laissé, le 15 novembre 1841, la porte de son domicile fermée pour se dispenser du logement militaire, auquel la ville de Saint-Pourçain était tenue ce jour-là. Le défendeur articule que, loin de se dispenser du logement militaire, il a, au contraire, fait conduire à l'hôtel du *Dauphin*, par un de ses voisins, qu'il avait préposé à cet effet, les deux militaires qui lui ont été adressés, ce qu'il offre au surplus de prouver; et qu'habitant seul sa maison, il a été obligé de s'absenter le jour prédaté. Jugement interlocutoire qui ordonne la preuve de ces faits, sauf la preuve contraire. — Pourvoi. — Arrêt.

La Cour : — Sur le premier moyen, puisé dans la violation de l'article unique

191. — *Recouvrement des frais de logement des militaires placés à l'auberge au compte d'un habitant absent.* — Lorsqu'un maire est obligé, par application du troisième paragraphe de l'article 13, de loger des militaires aux frais et pour le compte de tiers, il prend à cet égard un arrêté motivé, qui est notifié aussitôt que possible à la personne intéressée et qui fixe la somme à payer. Le paiement en est recouvré comme en ma-

---

de la loi des 23 janvier-7 avril 1790, qui soumet au logement des gens de guerre tous les citoyens sans exception, en ce que le jugement attaqué aurait admis que ce logement pouvait être fourni par l'habitant hors de la maison où il réside, et même dans une auberge : attendu que si, par son article 11, le règlement approuvé par la loi du 23 mai 1792 dispense nommément certaines classes de personnes du logement militaire dans leur propre domicile, à la charge d'y suppléer en fournissant ce logement en nature chez d'autres habitants, avec lesquels ces personnes doivent s'entendre à cet effet, on ne peut en conclure qu'en s'expliquant ainsi relativement aux dépositaires de deniers pour le service public, aux veuves et aux filles, la loi ait interdit aux habitants qui, dans des cas extraordinaires, accidentellement, seraient dans l'impossibilité de recevoir les militaires dans leur domicile, les moyens d'y suppléer par un logement en nature chez d'autres habitants, en s'entendant à cet effet, et sauf à soumettre à l'autorité municipale la décision de tout différend que cette substitution de logement pourrait faire naître ; attendu, d'ailleurs, que la loi n'interdisant pas expressément de procurer ce logement en nature dans une hôtellerie, on serait d'autant moins fondé à induire cette prohibition de ses autres dispositions que, d'après les instructions et un droit généralement établi, l'autorité municipale, indépendamment de toutes poursuites ultérieures relatives à la contravention, peut placer à l'auberge les militaires auxquels un billet de logement aurait été fourni, et ce, aux frais du contrevenant, en faisant décerner contre lui exécutoire par le juge de paix du canton ;

Sur le deuxième moyen, tiré de la violation des lois des 16-24 août 1790, 19-22 juillet 1791, en ce que la contravention à l'arrêté de la police locale qui avait enjoint aux habitants de laisser leurs portes ouvertes à jour fixé pour le logement des troupes de passage, étant avoué, le jugement attaqué n'avait pu, au moyen d'un interlocutoire, suspendre ni paralyser l'effet de cet arrêté, dans une matière que les lois précitées plaçaient exclusivement dans les attributions de l'administration : attendu que l'autorité municipale ayant reçu de la loi mission de procurer logement chez les habitants aux troupes en marche, la seule présentation du billet de logement, indépendamment d'un règlement local et temporaire, soumettrait à l'application des peines de l'article 471, nº 15, du Code pénal ceux qui se rendraient coupables du refus de loger ; mais que, dans l'espèce, s'agissant d'une substitution de logement, et les parties se trouvant contraires en fait, la décision attaquée, qui d'ailleurs ne préjuge rien, a pu admettre respectivement ces partie à la preuve de leurs faits, sans pour cela violer aucune loi et notamment celles invoquées ; — rejette, etc.

(Ch. crim. M. de Bastard, prés. ; Jacquinot-Godard, rapp. ; Quénault, av. gén., c. conf.)

tière de contributions directes[1]. (Décret régl. 2 août 1877, art. 27.)

§ IV. — Établissements non compris dans la répartition du logement et du cantonnement.

192. — Le paragraphe 4 de l'article 13 dispose que les établissements, soit publics, soit même privés, que l'autorité militaire aurait requis préalablement, et qu'elle aurait effectivement utilisés ne seront pas compris par le maire dans la répartition du logement et du cantonnement.

Le sens et la portée de cette disposition ressortent clairement des explications suivantes, contenues dans le rapport de la commission de la Chambre des députés :

« L'article 10 du projet du Gouvernement se terminait par une disposition qui ne nous a pas paru d'une portée suffisamment claire[2]. Ce paragraphe, en effet, semblait exempter d'une manière générale des réquisitions les propriétés de l'État ou des départements et les établissements religieux ou hospitaliers. Il résulte des explications qui nous ont été fournies, que le but de ce paragraphe, se référant en réalité d'une manière presque exclusive au logement des troupes, avait été d'éviter des conflits et des abus : des conflits, en employant l'initiative municipale pour occuper certains établissements qui dépendent d'une autorité supérieure ; des abus, en laissant au maire le moyen de

1. De ce que le recouvrement doit s'opérer comme en matière de contributions directes, découlent les conséquences suivantes : Ce recouvrement sera opéré par les soins du percepteur, qui suivra la procédure habituelle en semblable matière, et agira, s'il y a lieu, par voie de contrainte ; en cas de réclamation, le conseil de préfecture sera compétent (L. 28 pluviôse, an VIII, art. 4), sauf recours au Conseil d'État ; le jugement des contestations aura lieu sans frais ; c'est également au conseil de préfecture qu'il appartiendrait de décider si la réclamation doit entraîner la suspension des poursuites (C. d'État, 21 déc. 1858, Pebernard) ; le recouvrement est soumis à la prescription de trois ans. (C. d'État, 21 avril 1848, Massonet.)

2. Cette disposition était ainsi conçue : « Dans aucun cas, le maire ne pourra comprendre dans la répartition des prestations requises les établissements religieux ou hospitaliers, les propriétés de l'État ou du département situés sur le territoire de la commune. »

livrer à l'armée, au lieu et place des cantonnements qu'elle demande chez l'habitant, des locaux qu'elle eût facilement occupés sans intermédiaire et qui avaient été peut-être mis d'avance à sa disposition.

« Il faut remarquer, en effet, qu'avant même la mobilisation et par mesure de prévoyance, les chefs de l'armée doivent fixer à l'avance les édifices complémentaires dont ils auront besoin pour y établir des hôpitaux, des ambulances, des magasins, des casernements même ; que les bâtiments appartenant à l'État, aux départements ou à des services dépendant d'eux à un titre quelconque, sont tout désignés pour être ainsi utilisés, et que l'ordre du ministre compétent ou du chef de service suffit pour en disposer, sans qu'il soit nécessaire de recourir aux formalités des réquisitions. C'est ainsi que, dès le commencement de la dernière guerre, de nombreux établissements d'instruction, pourvus du matériel nécessaire, ont été, pour la réunion des gardes mobiles, une précieuse ressource, sans qu'aucune réquisition municipale ait eu à être prononcée. Devant les nécessités de la défense nationale, comme devant ce grand devoir de soulager nos soldats blessés ou malades, personne n'a failli à cette époque : communautés, sociétés ou particuliers ont rivalisé de zèle pour mettre à la disposition du ministre de la guerre toutes leurs ressources. Il appartient au ministre et, sous ses ordres, au chef militaire supérieur d'accepter ces offres généreuses dans la limite nécessaire et suivant les besoins qu'ils peuvent seuls prévoir. Il importe donc de leur laisser pleine liberté pour cette catégorie de réquisitions forcées ou volontaires. C'est dans ce but que nous vous proposons une rédaction qui affirme leurs droits à cet égard et qui, s'appliquant exclusivement au logement, devait trouver sa place dans le nouveau titre III ; nous vous proposons de l'insérer à l'article 13, comme dernier paragraphe.

« Il est bien entendu que les édifices des divers cultes ne sauraient être consacrés au logement des troupes, et cette disposition est d'un ordre trop élevé pour que nous ayons besoin d'y insister. »

Utilisation des locaux scolaires.

193. — Des dispositions spéciales ont été adoptées d'un commun accord entre les ministres de la guerre, de l'instruction publique et de l'intérieur, en vue de l'utilisation des locaux scolaires, qu'ils appartiennent à l'État ou à la commune, pour le logement et le cantonnement des troupes, soit en temps de paix, soit en temps de guerre.

Ces dispositions doivent se concilier avec le dernier paragraphe de l'article 13, c'est-à-dire qu'elles n'auront d'application qu'autant que l'autorité militaire n'aura pas requis préalablement et fait utiliser les locaux scolaires.

Voici les termes de la convention tels qu'ils résultent des circulaires du ministre de l'intérieur du 18 mai 1893 et du ministre de l'instruction publique du 3 mai de la même année :

« Aux termes de la loi du 3 juillet 1877 (art. 13), il appartient aux municipalités de veiller à ce que la charge du logement et du cantonnement soit répartie avec équité sur tous les habitants. Dans ces conditions, l'utilisation et l'emploi des locaux scolaires se feront de la façon suivante, soit pendant les appels du temps de paix, soit en cas de mobilisation, toutes les fois que les municipalités jugeront devoir y recourir :

« 1° Les écoles de filles continueront à bénéficier des disposi-
« tions du règlement d'administration publique du 23 novembre
« 1886, concernant les établissements occupés par des femmes ou
« des filles vivant seules. Aux termes dudit règlement, tout éta-
« blissement de cette catégorie est considéré comme non soumis
« à la charge du logement en nature et comme ne devant fournir
« le cantonnement que dans les bâtiments qui peuvent être com-
« plètement isolés des locaux occupés par l'habitation.

« 2° Les établissements scolaires de garçons seront, quelle
« qu'en soit la nature, mis à la disposition des troupes, chaque
« fois que les municipalités jugeront devoir y recourir pour le
« logement ou le cantonnement.

« Il est d'ailleurs entendu que cette occupation ne pourra « jamais s'étendre à la partie des locaux effectivement habitée « par les élèves présents. En outre, les autorités municipales « devront, avant de fixer la quantité d'hommes que peut rece- « voir un établissement pendant la période de scolarité, consulter « son directeur, afin de n'y loger ou cantonner, sauf le cas de « force majeure, que le nombre d'hommes compatible avec le « fonctionnement du service scolaire.

« D'autre part, il sera rappelé que la présence de literie et de « mobilier disponibles dans un établissement scolaire n'im- « plique, en aucune façon, leur mise à la disposition des troupes « simplement cantonnées.

« 3° Les dégâts causés par les militaires dans les bâtiments « scolaires seront estimés dans les mêmes formes que ceux dont « aurait à se plaindre un particulier, et les imputations qui en « résulteront seront mises à la charge du département de la « Guerre. »

Article 14.

Les troupes seront responsables des dégâts et dommages occasionnés par elles dans leurs logements ou cantonnements. Les habitants qui auront à se plaindre à cet égard adresseront leurs réclamations, par l'intermédiaire de la municipalité, au commandant de la troupe, afin qu'il y soit fait droit, si elles sont fondées.

Lesdites réclamations devront être adressées et les dégâts constatés, à peine de déchéance, avant le départ de la troupe, ou, en temps de paix, trois heures après, au plus tard ; un officier sera laissé, à cet effet, par le commandant de la troupe[1].

---

1. Le décret du 23 octobre 1883 sur le service des places contient sur le même sujet les dispositions suivantes :

« Art. 39. — ... Les officiers veillent à ce qu'il ne soit pas commis de dommages chez les habitants, et à ce qu'il ne s'élève pas de discussions entre ces derniers et les soldats.

« Art. 165. — Le commandant d'armes reçoit par l'intermédiaire de la municipalité les réclamations ou plaintes que les habitants auraient à former contre les officiers, les sous-officiers et les soldats de la troupe partant ; il prend des mesures pour qu'il y soit fait droit, si elles sont reconnues fondées.

« Lorsque les plaintes sont d'une nature grave, le commandant d'armes en saisit le commandant de la région territoriale ; le ministre en est informé, s'il y a lieu. »

Responsabilité des troupes logées chez l'habitant.

194. — L'article 10 de la loi de 1791 portait déjà : « Les « troupes seront responsables des bâtiments qu'elles occupent « ainsi que des écuries qui leur seront fournies pour leurs « chevaux. »

Le règlement de 1792 développait le même principe dans les articles 22 et 23, ainsi conçus :

« Art. 22. Les troupes seront responsables des dégâts et dom- « mages qu'elles auraient faits dans leurs logements ; en consé- « quence, lors de leur départ, elles seront tenues de faire réparer « à leurs dépens ou de payer les dégradations faites à leurs « logements et aux fournitures.

« Art. 23. Les habitants qui auront à se plaindre de quelques « dommages ou dégâts occasionnés par les troupes, devront « faire leur réclamation avant leur départ, soit au commandant « du régiment ou des détachements, soit aux commissaires des « guerres (intendants) ou aux officiers municipaux, afin qu'il y « soit fait droit, et à défaut de se présenter avant le départ de « la troupe, ou une heure au plus tard après, ils ne seront plus « reçus dans leurs demandes ; en conséquence, le commandant « du corps chargera un officier de rester après le départ du ré- « giment pour recevoir les plaintes, s'il y en a, et y faire droit « si elles sont fondées. »

Enfin le règlement du 20 juillet 1824 contient sur le même point les dispositions suivantes :

« 108. (*Dégradations à la charge des militaires.*) Les militaires « logés chez l'habitant sont responsables des dommages et des « dégradations qu'ils auraient occasionnés dans leur logement. « Les dégâts sont constatés par l'autorité locale, qui fait ses « diligences auprès de l'intendant militaire pour en obtenir le « remboursement.

« 109. (*Réclamations tardives non admises.*) Les réclamations « des habitants ne sont admises que lorsqu'elles ont été présen-

« tées avant le départ des militaires, ou au plus tard une heure « après, soit au sous-intendant militaire, s'il s'en trouve un dans « la place, soit aux commandants des corps ou détachements, soit, « dans le cas où il serait constaté que ceux-ci sont déjà partis, « au maire du lieu, qui constate que la réclamation a été faite « en temps opportun.

« 110. (*Mandats délivrés au nom des maires.*) Dans le cas prévu « en l'article 108, les mandats de paiement sont délivrés au nom « des maires, qui, après en avoir reçu le montant, sont chargés « de tenir compte aux habitants des sommes qui leur revien- « nent. »

195. — Les modifications introduites par la loi de 1877 tendent toutes à faciliter l'exercice du droit de réclamation qui appartient aux habitants.

Le délai d'une heure après le départ de la troupe, fixé par le règlement de 1792, a paru trop bref au législateur, qui a cru pouvoir sans inconvénient le porter, en temps de paix, à trois heures. Ce délai suffit, quelque grande que soit la ville, pour que les habitants puissent saisir l'autorité municipale de leur plainte.

L'article 183 du nouveau règlement sur le service des places prescrit au commandant d'armée, comme l'article 197 du décret du 13 octobre 1863 le prescrivait au commandant de place, de prévenir officiellement l'autorité civile du départ de la troupe.

Le maire doit, dans tous les cas, transmettre au commandant de la troupe les réclamations des habitants qui se trouvent lésés.

S'il est reconnu que les dégâts ont été commis chez un ou plusieurs habitants par des soldats qui y étaient logés ou cantonnés, procès-verbal en est dressé contradictoirement par le maire de la commune et par l'officier chargé d'examiner la réclamation.

S'il s'agit de passage de troupes en temps de paix, le procès-verbal est remis à l'habitant, qui adresse sa réclamation à l'autorité militaire.

En cas de mobilisation, le procès-verbal sert à l'intéressé comme une réquisition ordinaire, et l'indemnité à allouer est réglée comme en matière de réquisition. (Décret réglement. 2 août 1877, art. 28.)

196. — En temps de guerre, les dégâts doivent, en principe, être constatés *avant le départ de la troupe,* car le chef de corps ne peut, dans ce cas, laisser un officier en arrière, et les réclamations produites ultérieurement ne sauraient avoir aucune suite. Néanmoins, le départ en temps de guerre pouvant être inopiné, lorsque les habitants n'ont pu être prévenus et ont ainsi été empêchés de faire leurs justes réclamations, la forclusion édictée par la loi eût été trop rigoureuse pour être appliquée d'une manière absolue. Suivant le vœu exprimé par la commission du Sénat, le règlement d'administration publique du 2 août 1877 a ouvert aux habitants une voie pour faire parvenir leurs réclamations et permis à l'autorité militaire d'y donner suite, après que l'exactitude en aura été établie, de concert, par les municipalités et un délégué de l'autorité militaire.

L'article 29 du décret porte en effet : « En cas de guerre et « en cas de départ inopiné des troupes logées chez l'habitant, « si aucun officier n'a été laissé en arrière pour recevoir les ré- « clamations, tout individu qui croit avoir à se plaindre de dé- « gâts commis par les soldats logés chez lui et qui n'a pu faire « sa réclamation avant le départ de la troupe, porte sa plainte « au juge de paix, ou, à défaut de juge de paix, au maire de la « commune.

« Cette plainte doit être remise moins de trois heures après « le départ de la troupe.

« Le juge de paix ou le maire se transporte immédiatement « sur les lieux, fait une enquête et dresse un procès-verbal qui « est remis à la personne intéressée, pour faire valoir ses droits « comme en matière de réquisition. »

197. — Aux termes de l'article 24 du règlement de 1792, le maire doit donner aux régiments des détachements qui ont logé chez l'habitant, un certificat constatant qu'il n'est parvenu aucune plainte de la part des personnes qui ont fourni le logement, ou bien que le corps a satisfait aux réclamations qui ont été faites. Le maire ne peut refuser ce certificat si, une heure après le départ, il n'est parvenu aucune plainte de la part des habitants.

Cette disposition est toujours appliquable, sous la réserve que le délai imparti pour faire les réclamations est maintenant de trois heures au lieu d'une heure [1].

Article 15.

Le logement des troupes, en cas de passage, de rassemblement, de détachement ou de cantonnement, donnera droit à l'indemnité, conformément à l'article 2 ci-dessus, sauf les exceptions suivantes :

1° Le logement des troupes de passage chez l'habitant ou leur cantonnement pour une durée maximum de trois nuits dans chaque mois, ladite durée s'appliquant indistinctement au séjour d'un seul corps ou de corps différents chez les mêmes habitants ;

2° Le cantonnement des troupes qui manœuvrent ;

3° Le logement chez l'habitant ou le cantonnement des troupes rassemblées dans les lieux de mobilisation et leurs dépendances pendant la période de mobilisation, dont un décret fixe la durée.

Indemnité due pour le logement et le cantonnement.

198. — Le principe de l'indemnité en matière de logement était inscrit dans le règlement du 23 mai 1792 (art. 3) ; il y était fait exception pour les troupes de passage (art. 7), et en outre l'article 26 portait qu'en cas de logement de troupes stationnées, les trois premières nuits seraient gratuites.

---

1. L'article 167 du décret du 23 octobre 1883 sur le service des places contient, sous la rubrique : *Certificat de bien-vivre*, la disposition suivante : « Si la troupe a été logée chez l'habitant, son chef est tenu de faire prendre à la mairie par un officier laissé en arrière pour recevoir les réclamations, un certificat relatif à la conduite tenue par les soldats à l'égard de leurs hôtes et aux plaintes auxquelles il n'aurait pu être fait droit. Cet officier ne quitte la mairie que trois heures après le départ de l'arrière-garde. »

199. — Nous avons vu qu'aux termes de l'article 2 de la nouvelle loi, toutes les prestations donnent droit à indemnité. Cette disposition s'applique en matière de logement, et le législateur a pris soin de le rappeler avant de spécifier les trois exceptions qu'il a admises par analogie avec celles qui existaient antérieurement, mais en y introduisant certaines modifications favorables aux habitants.

Nous ne saurions mieux faire, pour expliquer l'économie de cet article, que de citer textuellement le rapport de M. le baron Reille :

200. — « 1° D'après l'ancienne loi, le logement des troupes de passage était, nous l'avons dit, toujours gratuit. Il en résultait que les routes d'étape conduisant sur des points de rassemblement, lorsqu'il y avait des réunions de troupes pour des exercices ou en vue de la guerre, étant exclusivement suivies, pendant un temps quelquefois très prolongé, avaient à supporter sans indemnité une charge onéreuse, à laquelle les autres localités n'étaient pas soumises. Cette manière de procéder constitue donc, il faut le reconnaître, une exception contraire à ce principe que les dépenses de la guerre doivent être supportées également par tous les citoyens.

« Nous vous proposons de décider que partout et toujours la gratuité de trois nuits sera admise dans le même mois, qu'il s'agisse du même corps ou de corps différents.

« Si donc une localité située sur une route d'étape reçoit dans le même mois diverses colonnes qui séjournent en tout plus de trois jours, les journées en excédent de ce chiffre ouvriront le droit à une indemnité.

« Ce sera au ministre de la guerre à répartir, s'il ne veut pas avoir d'allocation à payer, la marche de ses colonnes sur des routes différentes, de manière à éviter de frapper une seule et même route, et à mieux répartir les frais résultant du logement des troupes de passage. Si les nécessités des opérations obligent à ne recourir qu'à une seule ligne d'étapes, ou dans certaines circonstances de guerre, à faire circuler continuellement les troupes sur toutes les voies qui aboutissent à la base d'opérations, les habitants auront du moins, comme dédommagement, l'allocation d'une indemnité, toutes les fois que dans le même mois ils auront fourni le logement pendant plus de trois nuits.

« Il nous semble que c'est là une règle simple et uniforme sauvegardant également les intérêts du Trésor et ceux des habitants.

201 — « 2° La loi de 1873 a disposé que les corps seraient exercés à des manœuvres d'ensemble. Ces manœuvres ont lieu tous les deux ans pour chaque corps, pendant un délai assez court, sur des points divers du territoire. Le but est de simuler les opérations de la guerre ; pendant leur durée, les troupes doivent être exercées à se cantonner dans les villages suivant les nécessités du plan adopté. C'est là une charge qui pèsera à tour de rôle sur les différentes parties du pays, et souvent sur des localités que leur situation en dehors des routes parcourues met à l'abri du logement habituel des troupes de passage.

« Il nous paraît que dans ce cas le cantonnement peut être gratuit, comme l'a demandé le ministre de la guerre. Les manœuvres durent au maximum un mois : les troupes pendant ce temps changent plusieurs fois de position ; leur cantonnement excédera donc rarement la durée de trois nuits dans le même endroit ; mais s'il se prolongeait exceptionnellement au delà, il nous semble qu'on peut admettre cette deuxième exception qui nous est demandée.

202. — « 3° Les récentes lois sur l'armée ont créé une période entièrement nouvelle que l'ancienne législation n'avait pu prévoir. Les nécessités de la guerre contemporaine obligent à mettre en mouvement, dans un temps aussi restreint que possible, des masses considérables d'hommes, de chevaux, d'équipages, pour faire passer l'armée rapidement du pied de paix au pied de guerre. L'opération qui consiste à réunir ainsi sur tous les points les éléments divers de l'armée prête à entrer en campagne, s'appelle la mobilisation. Cette prompte réunion de la plus grande partie des forces vives de la nation exige, sur tous les points de rassemblement (et ils sont nombreux), une agglomération momentanée, à laquelle les ressources ordinaires du casernement ne sauraient suffire. Il faudra donc, dans les lieux de mobilisation et leurs dépendances, employer tous les locaux disponibles dans les bâtiments publics et chez les particuliers, pour fournir un abri momentané au personnel et au matériel.

« Cette période est courte, et on doit tendre à l'abréger de plus en plus, parce que de la rapidité de la mise en œuvre dépendra presque toujours le succès des premières opérations. Pendant ce laps de temps, les chefs militaires placeront leurs soldats partout où ils pourront, au fur et à mesure de leur arrivée. Quelques-uns de ceux-ci demeureront plus longtemps que le maximum de trois nuits fixé comme règle générale ; mais les plus rapprochés seulement des hommes et des animaux pourront avoir rejoint le 1er jour ; les autres, suivant leur éloignement, arriveront le 2e jour, le 3e, le 4e, jusqu'à ce que l'effectif étant suffisamment élevé, l'organisation suffisamment faite, les premières troupes mobilisées se dirigent vers les points de concentration de leurs corps d'armée.

« C'est à ce moment que cesse la période dite de mobilisation. Comment obliger l'autorité militaire qui, nous l'avons dit, aura besoin, pour grouper ses hommes, de profiter de tous les espaces qu'elle pourra occuper, qui ne s'en servira qu'au fur et à mesure des besoins, comment l'obliger, dis-je, à tenir compte de cantonnements individuels commençant à des époques différentes, suivant l'arrivée des hommes, des chevaux, du matériel ?

« Comment pourra-elle ouvrir un compte à chaque habitant, pour les hommes qu'il reçoit successivement ? Les circonstances de force majeure, l'égalité d'une charge frappant à la fois une grande partie du territoire, la brièveté du séjour des hommes qui rend la charge bien minime, nous paraissent militer en faveur de la proposition du ministre de la guerre, qui consiste à décider la gratuité du logement et du cantonnement pendant la période de mobilisation, dont un décret fixe la durée. Votre commission vous propose d'accepter cette troisième exception au principe des indemnités. »

Nous complétons ces explications par le passage suivant du rapport de M. de Bastard, qui détermine clairement le sens de la disposition finale de l'article 15 :

« Dans le but de faire cesser la gratuité du logement dans les lieux de mobilisation et leurs annexes, dès qu'elle n'est plus indispensable, le paragraphe 3 de l'article 15 dispose qu'un décret fixe la durée de la période de mobilisation. Ce décret sera rendu, sur la proposition du ministre de la guerre, postérieurement à cette période, et au moment précis où les derniers éléments des troupes mobilisées auront reçu leur complément de guerre sur tout le territoire, en cas de mobilisation totale ; dans les limites d'une région déterminée, en cas de mobilisation partielle. Le décret en question fixera donc la date à partir de laquelle le logement des troupes dans les lieux de mobilisation sera soumis aux conditions ordinaires, c'est-à-dire donnera droit à une indemnité. Il n'est question ici, bien entendu, que des troupes stationnées à demeure dans ces lieux. Le logement des troupes de passage reste soumis aux dispositions du paragraphe 1 précité de l'article 15. »

Calcul de l'indemnité.

203. — Il nous reste à examiner les dispositions prises pour assurer le paiement de l'indemnité lorsqu'elle est due pour le logement et le cantonnement.

Le décret réglementaire du 2 août 1877 prescrivait (art. 30) au commandant de toute troupe logée ou cantonnée dans une commune de remettre au maire, avant de quitter la commune, un état indiquant l'effectif en officiers, sous-officiers, soldats, chevaux, mulets, voitures, etc., ainsi que la date de l'arrivée et celle du départ.

Le décret du 23 novembre 1886, modifiant celui du 2 août 1877, veut que le commandant de la troupe remette au maire cet état, en double expédition, *le dernier jour de chaque mois, ainsi que le jour où la troupe quitte la commune.*

Ce qui veut dire que les trois nuits de logement gratuit doivent être supputées par mois du calendrier et non par période de trente jours.

En outre, le même décret du 23 novembre 1886 porte (art. 31) que le droit à indemnité ne s'ouvre « qu'autant que le nombre de lits ou places occupés, dans le courant du même mois, excède le triple du nombre des lits ou places portés sur l'extrait des tableaux dont il est fait mention à l'article 25[1]. L'excédent seul ouvre droit à l'indemnité. »

Dès lors, l'état de l'effectif remis au maire par le commandant est destiné à faire ressortir le droit éventuel des habitants à une indemnité par comparaison à l'état des ressources en logement que possède la commune. Il doit donc être établi autant de fois qu'il y a eu de périodes de séjour pendant le mois.

Ainsi, si une même troupe a été logée dans la commune du 3 au 5 juillet, et du 28 juillet au 3 août, il sera établi trois états d'effectif :

1° Pour la période du 3 au 5 juillet ;

2° Pour celle du 28 au 31 juillet ;

3° Pour celle du 1er au 3 août.

Dans ce cas, en supposant que la troupe ait occupé tous les logements de la commune portés sur l'état des ressources, les habitants ayant logé des militaires pendant six jours en juillet, du 3 au 5 exclu et du 28 au 31 inclus, auront droit à une indemnité pour trois jours de logement. Mais ils ne pourront pas

1. Ce sont les tableaux récapitulatifs du recensement des logements dont un extrait est envoyé au maire.

en réclamer pour la période du 1er au 3 août, attendu que cette période n'excède pas la durée réglementaire de trois nuits.

204. — Il n'y aura pas lieu de fournir l'état de l'effectif lorsqu'il s'agit du cantonnement de troupes qui manœuvrent, ou du logement ou cantonnement de militaires pendant la période de mobilisation, puisque, dans ce cas, les habitants n'ont jamais droit à indemnité.

205. — C'est aux maires qu'il appartient de réclamer l'indemnité au nom des habitants à qui elle est due; il doit fournir la preuve pour chaque habitant qui réclame une indemnité, qu'il a reçu des militaires chez lui pendant plus de trois nuits dans le même mois.

Aux termes de l'article 32 modifié du décret du 2 août 1877, les maires fournissent cette preuve au moyen de l'envoi d'un état récapitulatif[1] appuyé des états d'effectif qui lui ont été remis par le commandant de troupe.

Les contestations qui pourraient s'élever au sujet du règlement de l'indemnité sont jugées conformément aux dispositions des articles 26 de la loi du 3 juillet 1877 et 56 du décret du 2 août. (Juge de paix, à moins que la contestation ne dépasse 1,500 fr.)

Le nombre de nuits accusé par les états d'effectif est rapproché du nombre dû par la commune à titre gratuit.

L'excédent qui ressort de cette comparaison ouvre droit à une indemnité calculée d'après le tarif dont nous parlerons plus loin (§ 217).

Si, par suite d'une répartition irrégulière des charges du logement ou du cantonnement, la somme ainsi déterminée n'est

1. Les imprimés nécessaires des formules d'états récapitulatifs modèles n°s 2 et 2 *bis* (voir à la fin du volume annexes n°s 6 et 7) seront fournis aux maires par l'administration de la guerre, et les municipalités auront soin de réclamer au sous-intendant militaire de la subdivision de région les imprimés dont ils auront besoin.

L'emploi de ces formules supprimera, pour le cantonnement et le logement, l'usage des états modèles A *bis* et B annexés au décret du 2 août 1877. (Circul. du min. de l'int. du 26 déc. 1886.)

pas suffisante pour indemniser tous les habitants qui ont fourni la prestation pendant plus de trois nuits, le maire indique, sur le même état, les motifs qui ont donné lieu à une augmentation de dépense. Il y consigne également les circonstances qui ont pu augmenter ou réduire les ressources de la commune en logement ou en cantonnement depuis l'établissement des tableaux.

Dans le décompte des nuits de logement, il n'est compté qu'une seule nuit pour deux brigadiers ou caporaux ou pour deux soldats, l'habitant ne devant qu'un seul lit pour deux brigadiers ou caporaux ou pour deux soldats (art 23 du décret)[1].

---

1. Voir instructions du ministre de la guerre du 23 novembre 1886. Le ministre de l'intérieur, en notifiant le décret du 28 novembre 1886 aux préfets, s'explique ainsi qu'il suit :

« Le droit à indemnité résulte donc, ainsi qu'on vient de le voir, de la comparaison de l'état des ressources de la commune en logement ou cantonnement avec les états d'effectif produits par le maire et signés par les chefs de détachement qui ont séjourné dans une commune pendant l'espace d'un mois.

« Mais il peut se faire que, si la commune n'a pas fourni pendant cette période un nombre de nuits de logement ouvrant droit à indemnité, ou même si elle a droit à une indemnité déterminée, le total de cette indemnité ne soit pas suffisant pour désintéresser tous les habitants qui auront logé des militaires pendant le mois. Si, par exemple, la commune contient 500 lits qui doivent donner 1,500 nuits de logement et qu'un détachement de 300 hommes reste quatre jours dans la commune, celle-ci, qui n'aura fourni que 1,200 lits, n'a rien à réclamer. Néanmoins, il peut arriver que l'autorité militaire préfère laisser les hommes coucher quatre nuits de suite dans la même maison, plutôt que de les faire changer le quatrième jour pour aller loger chez d'autres habitants.

« Aussi le décret prévoit-il le cas où certains habitants auraient logé des militaires plus de trois nuits, sans que la commune ait épuisé la prestation légale de logement qu'elle doit fournir au total.

« S'il en est ainsi, le maire est autorisé à réclamer, pour certains de ses administrés exceptionnellement surchargés, une allocation supplémentaire, *en faisant connaître les causes qui la justifient.*

« Je n'ai pas besoin d'insister, Monsieur le Préfet, sur les soins que les maires doivent apporter à répartir le logement de manière à ne pas s'exposer, autant que possible, à réclamer à l'autorité militaire d'indemnité exceptionnelle. En effet, si celle-ci refuse d'accueillir la réclamation, les intéressés auront à s'adresser aux autorités judiciaires (juge de paix ou tribunal de première instance) auxquelles l'article 26 de la loi du 3 juillet 1877 donne compétence pour statuer sur le différend et, dans le cas où les intérêts du Trésor auraient été lésés par sa faute, le maire s'exposerait à être rendu responsable pécuniairement de ses erreurs.

« Il sera donc prudent, de la part des municipalités, de s'entendre au préalable avec l'autorité militaire toutes les fois qu'il paraîtrait opportun de répartir le logement entre les habitants d'une manière inégale de façon à leur ouvrir éventuellement un droit à une indemnité exceptionnelle. » (Circul. du min. de l'int. du 26 décembre 1886.)

Paiement de l'indemnité.

206. — L'état récapitulatif, appuyé des deux expéditions des états d'effectif, est adressé, en double expédition, *dans le mois qui suit celui auquel il se rapporte,* au sous-intendant militaire de la subdivision de région.

Avant de procéder à l'ordonnancement de la somme réclamée, le sous-intendant vérifie les indications de l'état et, s'il y a lieu, demande, dans ce but, communication d'un extrait concernant la commune intéressée, des tableaux récapitulatifs des ressources de la région.

L'ordonnancement est fait au nom du receveur municipal de la commune, chargé de payer les intéressés.

207. — L'ordonnancement a lieu, avons-nous dit, au nom du receveur municipal; mais il n'en est pas moins vrai que c'est l'habitant, et non la commune, qui est créancier de l'indemnité.

C'est également l'habitant qui seul a le droit de réclamer devant l'autorité judiciaire, sauf la responsabilité éventuelle du maire dans le cas où, par sa négligence, il aurait lésé les intérêts du Trésor.

208. — Le percepteur-receveur municipal fait l'avance de l'indemnité avec les deniers de sa caisse; garde l'état émargé par les ayants droit, au fur et à mesure qu'ils touchent, *comme valeurs en caisse,* et n'en fait dépense pour le compte du trésorier-payeur général que lorsque la distribution à chacun des ayants droit est définitivement terminée.

Mais il peut arriver que, soit par ignorance de leurs droits, soit pour cause d'absence, des parties négligent de réclamer la somme pour laquelle elles sont portées aux états. Il en résulterait, d'une part, que les percepteurs ou receveurs éprouveraient un retard indéfini dans la rentrée des avances faites par eux aux autres habitants portés sur le même état que les retardataires, et, d'autre part, que le Trésor n'aurait pas toutes les garanties désirables de sa complète et régulière libération. Afin d'obvier à ces inconvénients, il est recommandé au maire qui reçoit un mandat de paiement, de faire parvenir à chacune des personnes inscrites à l'état nominatif un avis qui la mette en demeure de réclamer, dans un délai déterminé, et qu'on peut fixer à *un mois* au plus, la somme à laquelle elle a droit.

Lorsque des mandats délivrés collectivement pour le paiement de l'indemnité de logement, n'ont point été employés pour leur intégralité dans le délai d'un mois, ces mandats sont versés par les percepteurs aux receveurs particuliers pour la somme réellement payée ; les receveurs particuliers les versent de même au trésorier-payeur général, qui les transmet aussitôt au fonctionnaire de l'intendance militaire signataire du mandat. (Circ. du min. de la guerre du 21 mai 1840 et du 31 juillet 1841.)

209. — D'un autre côté, il arrive que, dans certaines circonstances, ce n'est plus l'habitant, mais la commune qui est le créancier réel de l'État ; sur quelques points, en effet, l'administration municipale pourvoit elle-même aux frais de logement des troupes. Les habitants, considérés individuellement, n'ayant alors aucun droit à l'indemnité dont il s'agit, et pour laquelle ils figurent nominalement sur l'état établi par le maire, le mandat, pour être acquitté, doit être appuyé de l'état *non émargé* et de la quittance à souche et *timbrée* du comptable de la commune.

Il peut aussi arriver que l'administration municipale ait passé un marché avec un entrepreneur pour loger la troupe, en lui faisant l'abandon des indemnités que l'État pourra devoir : dans ce cas, le mandat doit être appuyé d'un extrait dudit marché, de l'état *non émargé* dressé par le maire, et enfin de la quittance *timbrée* de l'entrepreneur.

Si l'administration municipale avait traité à forfait, si elle payait annuellement une somme fixe à l'entrepreneur, en prenant pour elle les chances aléatoires du service, l'état nominatif *non émargé* et la quittance à souche *timbrée* du comptable de la commune, qui appuieraient le mandat, devraient être accompagnés d'un extrait du marché, à titre de renseignement, pour expliquer l'absence de l'acquit des habitants.

Afin d'assurer, en ce qui les concerne, l'exécution de ces dispositions, les intendants doivent exiger que les maires déclarent, au bas de chacun des états nominatifs, si l'indemnité est due personnellement aux habitants y dénommés, ou si elle revient à la commune, ou, enfin, si elle a été cédée par elle à un entrepreneur en vertu d'un marché. (Circ. du min. de la guerre, 21 mai 1840.)

210. — Il a été reconnu, de concert entre les départements de la guerre, de l'intérieur et des finances, que ce n'était pas comme receveurs municipaux, mais comme agents auxiliaires des trésoriers-payeurs généraux, que les percepteurs doivent acquitter, sur leur recette courante, les indemnités de logement, et que, d'ailleurs, il n'y avait qu'avantage, sous le point de vue financier, comme sous le rapport de la comptabilité, à affranchir les communes d'un service de dépense qui est étranger à leurs budgets. Il en résulte que c'est sur les fonds du Trésor et non sur ceux des communes que les percepteurs doivent faire les avances relatives à ce service. (Décision du ministre de la guerre, 29 février 1844.)

211. — Dans le cas où des personnes ayant droit à des indemnités de logement, font abandon à la commune de la somme qui leur était allouée, le percepteur doit faire recette de cette somme au profit de la commune et s'en déliver à lui-même une quittance extraite de son journal à souche; cette quittance est ensuite rapportée par lui avec la déclaration de l'habitant, comme justification de la dépense faite pour le compte du Trésor. (Note explicative du ministre de la guerre, 29 février 1844.)

ARTICLE 16.

En toutes circonstances, les troupes auront droit, chez l'habitant, au feu et à la chandelle.

Droit au feu et à la chandelle.

212. — Cette disposition rend générale l'obligation que l'article 19 du règlement de 1792 imposait aux habitants dans le cas seulement où ils logeaient des troupes de passage. Il n'y a donc plus à distinguer maintenant entre ce cas et celui où les troupes sont en station dans la commune; *en toutes circonstances*, la fourniture du feu et de la chandelle est une obligation accessoire du logement et du cantonnement.

Toutefois, le ministre de la guerre, afin de ne pas imposer aux habitants une charge trop lourde, a décidé que les troupes de passage *cantonnées* chez l'habitant pendant trois jours n'auraient le droit d'exiger de ce dernier « à titre gratuit » ni combustible, ni ustensiles de cuisine; il s'ensuit que la dépense résultant de la fourniture en combustible aux troupes cantonnées, incombe de droit au département de la guerre. (Lettre du min. de la guerre au min. de l'intérieur, du 10 sept. 1884.)

Nous n'avons point à nous étendre sur la signification des mots *droit au feu et à la chandelle*. Le législateur a conservé intentionnellement cette forme vieillie, parce qu'elle est partout comprise, consacrée qu'elle est par un long usage.

213. — Le règlement de 1812 (art. 12) imposait aussi aux habitants la fourniture des ustensiles de cuisine. Cette fourniture n'est plus obligatoire, croyons-nous. En fait, nous sommes assurés que jamais aucune difficulté ne s'élèvera à cet égard; l'obligeance française est proverbiale: en cas de besoin, les hôtes se feront un plaisir de prêter aux militaires qu'ils auront à loger les ustensiles dont ceux-ci auraient besoin.

214. — Il faut rapprocher de l'article 16 la disposition de l'article 116 du règlement de 1824, d'après laquelle l'habitant qui loge des chevaux doit fournir aux gardes d'écurie la lumière nécessaire pour la surveillance des chevaux pendant la nuit. C'est d'ailleurs la seule obligation accessoire du logement des chevaux, et il a été décidé que l'habitant n'est nullement tenu de fournir la paille pour la litière. (Lettre du ministre de la guerre au ministre de l'intérieur, 22 juin 1839, Seine.)

ARTICLE 17.

Dans tous les cas où les troupes seront gratuitement logées chez l'habitant ou cantonnées, le fumier provenant des animaux appartiendra à l'habitant. Dans tous les cas où le logement chez l'habitant et le cantonnement donneront droit à une indemnité, le fumier restera la propriété de l'État, et son prix pourra être déduit du montant de ladite indemnité, avec le consentement de l'habitant.

Abandon du fumier aux habitants qui logent les chevaux.

215. — Il est depuis longtemps d'usage que les troupes, lorsqu'elles sont logées gratuitement chez l'habitant, abandonnent à celui-ci le fumier des animaux[1]. Il y a là une sorte de rémunération légitime de l'hospitalité donnée, et le législateur, désireux d'alléger autant que possible la charge imposée aux habitants, a pris soin de sanctionner cette coutume par une disposition expresse. Toutes les fois donc que les soldats seront logés sans qu'il y ait droit à une indemnité (art. 15), le fumier sera la propriété du logeur.

Si le logement donne lieu à une indemnité, la loi réservait à l'État la propriété du fumier, sauf à le faire entrer en ligne de compte dans le règlement de l'indemnité.

Le décret du 23 novembre 1886, modifiant le décret du 2 août 1887, fixe l'indemnité due à l'habitant pour le logement des chevaux à 0 fr. 05 c. par nuit, *plus le fumier*. Le fumier est la

1. La décision du ministre de la guerre du 1er juillet 1831, insérée dans l'édition refondue du *Journal militaire*, allait même plus loin et abandonnait le fumier à des habitants indemnisés pour le logement de chevaux appartenant à une troupe en station.

seule indemité accordée pour le cantonnement. Nous en reparlerons sous l'article 18.

ARTICLE 18.

Un règlement d'administration publique fixera les détails d'exécution du logement des troupes en dehors des bâtiments militaires, notamment les conditions du logement attribué aux militaires de chaque grade.

Il déterminera en outre le prix de la journée de logement ou de cantonnement pour les hommes ou les animaux et le prix de la journée de fumier.

Tarif de l'indemnité pour le logement et le cantonnement.

216. — Des deux natures de questions dont le législateur avait remis la solution au règlement d'administration publique, une seule, le tarif de l'indemnité, a été tranchée d'abord par le décret réglementaire du 2 août 1877, puis plus récemment par le décret du 23 novembre 1886. On a pensé sans doute qu'il n'y avait point lieu, quant à présent, de modifier les règles contenues dans les règlements de 1826 et 1856 sur les conditions du logement attribué aux militaires de chaque grade, le nombre de pièces auxquelles a droit chaque officier, leur ameublement, etc. (Voir *suprà*, §§ 59, 142 et 143.)

217. — Quant au prix de la journée de logement ou de cantonnement pour les hommes ou les animaux [1], dans le cas où une

---

1. Voici comment l'article 53 du règlement du 23 mai 1792 fixait le tarif du logement des troupes en station, par journée :

1° Sous-officiers, couchant seuls	0f 15c
2° Sous-officiers et soldats couchant à deux	0 075
3° Journée de cheval	0 05

Le décret du 2 août 1877 avait fixé le tarif ainsi qu'il suit :

1° *Logement.*

Par officier logé seul et par jour	1f 00c
Par deux officiers logés ensemble et par jour.	1 50
Par sous-officier et par jour	0 15
Par soldat et par jour	0 10
Par cheval et par jour.	0 05
	(Plus le fumier.)

2° *Cantonnement.*

Par homme et par jour	0f 05c
Par cheval	le fumier.

indemnité est due, il est fixé ainsi qu'il suit par le nouvel article 33 du décret réglementaire :

1° Logement.

Par lit d'officier et par nuit	1f 00
Par lit de sous-officier ou soldat, et par nuit . . .	0 20
Par place de cheval ou mulet, et par nuit.	0 05
	(Plus le fumier.)

2° Cantonnement.

Par homme et par nuit	0f 05
Par cheval ou mulet	le fumier.

Le décret n'a point déterminé le prix de la journée de fumier puisqu'il est attribué au logeur comme indemnité et qu'il forme un des éléments du prix de journée. Dans les cas exceptionnels où il y aurait lieu de l'évaluer séparément, on recourrait aux règlements militaires spéciaux.

Pour les cantonnements et marches dans les Alpes et afin d'éviter toute difficulté, le logement et le cantonnement sont fournis en vertu de conventions spéciales passées avec les communes, par le service de l'intendance. On classe par ordre de mérite, de concert avec les maires, les ressources de chaque commune en 4 catégories. Les locaux classés en 1re catégorie sont affectés aux officiers supérieurs et l'État paie 1 fr. 50 c. par jour. Les locaux de la 2e sont affectés aux officiers subalternes (1 fr.), ceux de la 3e (20 c.) sont en principe réservés aux sous-officiers, ceux de la 4e demeurent affectés aux brigadiers, caporaux et soldats qui sont toujours cantonnés moyennant le prix de 5 cent.

Le local occupé par la cantinière est payé 1 fr. (Instruction ministérielle du 5 avril 1890.)

218. — Les communes n'ont droit à aucune indemnité pour les dépenses accessoires de l'obligation de logement, telles que locaux pour installation de cantine, de prisons, de cuisines, de magasins d'effets d'équipement. (Lettre du ministre de l'intérieur, sur l'avis du ministre de la guerre, au préfet de la Meuse, 19 septembre 1878.)

219. — Il n'est plus désormais attribué à l'officier, quel que soit son grade, que la chambre et le lit qui lui sont indispensables.

Par suite, le tarif des indemnités pour logement d'officier a pu être fixé uniformément à 1 franc *par lit* et *par nuit,* sans distinguer si deux officiers sont ou non logés dans la même chambre.

De même, l'indemnité est de 20 centimes par lit de sous-officiers ou soldat et par nuit. Les sous-officiers doivent en principe être couchés seuls, et les soldats à deux; mais si, par exemple, deux sous-officiers sont couchés ensemble, ou si un soldat occupe un lit à lui seul, l'indemnité reste calculée *par lit,* et fixée, dans tous les cas, à 20 centimes.

Il est dû également 5 centimes par place de cheval ou mulet et par nuit, plus le fumier.

En cas de cantonnement, il n'est pas fait de différence entre les officiers, les sous-officiers et la troupe. L'indemnité est de 5 centimes par militaire cantonné et par nuit. Pour les animaux, aucune indemnité n'est allouée ; le fumier en tient lieu.

Ces tarifs, outre l'avantage de la simplification, sont plus avantageux pour l'habitant, au moins quant au logement, que les tarifs fixés par l'ancien article 33 du décret du 2 août 1877. (Circ. du min. de l'intérieur du 26 décembre 1886.)

TITRE IV

DE L'EXECUTION DES RÉQUISITIONS

Article 19.

Toute réquisition doit être adressée à la communé ; elle est notifiée au maire. Toutefois, si aucun membre de la municipalité ne se trouve au siège de la commune, ou si une réquisition urgente est nécessaire sur un point éloigné du siège de la commune et qu'il soit impossible de la notifier régulièrement, la réquisition peut être adressée directement par l'autorité militaire aux habitants.

Les réquisitions exercées sur une commune ne doivent porter que sur les ressources qui y existent, sans pouvoir les absorber complètement.

220. — Cet article contient deux dispositions d'ordre différent : le § 1er charge le maire d'assurer l'exécution de la réquisition ; le 2e limite aux ressources qui existent dans la commune les prestations qui peuvent être requises.

§ I. — *Le maire est en principe l'intermédiaire légal entre l'autorité militaire et les habitants.*

221. — L'article 2 de la loi du 7 juillet spécifie que l'autorité militaire seule a le droit de requérir. C'est à la commune que la réquisition doit être adressée, et l'intermédiaire naturel est l'autorité municipale. Si, en effet, au lieu de recourir à celle-ci pour partager entre les habitants les prestations demandées, on était obligé d'envoyer un ordre individuel à chaque habitant, on risquerait de répartir inégalement cette charge momentanée, d'introduire le désordre là où les prescriptions de la loi ont pour but d'introduire l'ordre le plus rigoureux que comporte la matière, de réclamer des habitants des prestations hors de proportion avec leurs ressources individuelles.

222. — L'entremise du maire est la seule prévue par la loi ; mais les préfets auront à intervenir toutes les fois qu'une fourniture devra être demandée à plusieurs communes, pour répartir la charge suivant leurs facultés. C'est ce qui résulte clairement du passage suivant de l'exposé des motifs, qui détermine en même temps quel sera, dans ce cas, le rôle de l'autorité préfectorale :

« Sans doute, si un officier, investi d'un commandement important, avait besoin d'une fourniture considérable qui ne pourrait être demandée à une seule commune, il y aurait à faire une première répartition entre différentes communes, au prorata des ressources de chacune d'elles, et l'autorité militaire éprouverait souvent de grandes difficultés à faire à elle seule la répartition d'une manière équitable. En ce cas, elle s'adressera utilement à l'autorité préfectorale. La loi n'édicte, à cet égard, aucune règle, parce qu'il nous a paru que les relations entre l'autorité militaire et l'autorité préfectorale devaient être réglées par des instructions ministérielles, avec la latitude que comporte, en pareille matière, l'extrême variété des circonstances. Le concours qu'apportera, en ce cas, la préfecture sera un concours officieux, en quelque sorte, et l'autorité militaire devra toujours elle-même adresser à chaque commune un ordre distinct et séparé émanant d'elle. »

223. — Par le mot *maire,* le législateur a entendu non seulement le maire même, mais aussi ses suppléants légaux : l'adjoint ou, à son défaut, le premier conseiller municipal, ou encore le conseiller délégué pour remplir les fonctions de maire, le président de la délégation spéciale remplaçant le conseil municipal, en un mot toutes les personnes qui sont placées, même provisoirement, à la tête de l'administration municipale. L'exposé des motifs du Gouvernement et le rapport de M. le baron

Reille le disent formellement, et d'autre part l'article 35 du décret réglementaire du 2 août 1877 porte : « Les réquisitions sont toujours adressées au maire de chaque commune *ou à son suppléant légal.* »

224. — Lorsque la réquisition émane du maire lui-même agissant en vertu d'une délégation de l'autorité militaire (pour la constitution des approvisionnements nécessaires à la subsistance des habitants d'une place de guerre), il l'adresse à son suppléant légal. (Décret du 2 août 1877, art. 35, modifié par le décret du 3 juin 1890. (Voir §§ 47, 48 et 49.)

225. — La règle que la réquisition doit toujours s'adresser au maire, comporte deux exceptions qui trouvent leur place dans la suite de l'article 19 de la loi :

1° Il peut arriver, quelque rare que soit le cas, qu'au moment de l'arrivée de la troupe armée dans une commune, il n'y ait pas de municipalité en fonctions. Les temps si difficiles pendant lesquels une loi de cette nature est applicable, justifient cette hypothèse, et ce défaut de municipalité ne saurait empêcher une troupe de pourvoir à ses besoins urgents.

2° Un détachement après une longue marche, peut arriver à l'improviste dans une localité éloignée de la commune, hameau, ferme ou métairie. Comment obliger ces soldats harassés, quelquefois épuisés par les labeurs d'une rude journée, forcés peut-être, aux dépens de leur sécurité ou pour le succès de leur mission, de ne goûter que quelques instants de repos, comment les obliger, pour se procurer gîte et nourriture, d'attendre l'arrivée d'un officier municipal, logeant au loin et retenu parfois par d'autres devoirs au siège de sa commune ?

Dans ces deux cas, il fallait bien autoriser le chef de la troupe à demander directement aux habitants ce qu'aucun intermédiaire autorisé ne pouvait leur réclamer en son nom. Le législateur ne s'est pas dissimulé la gravité de cette disposition ; mais, après examen approfondi, il n'a pas cru pouvoir faire entrer dans le texte de la loi une combinaison pratique. Il a pensé avec le Gouvernement qu'il appartenait au règlement d'administration publique de prescrire d'une manière détaillée les mesures à prendre, et d'inviter le chef du détachement à chercher, en s'abouchant avec un ou plusieurs notables, les moyens de s'éclairer sur la répartition à faire, et de remplacer ainsi officieusement l'intermédiaire officiel absent. (Rapport de M. le baron Reille.)

Se conformant à ces indications, le décret réglementaire du 2 août dispose, dans son article 36 :

« Lorsqu'un officier ne trouve aucun membre de la munici-
« palité au siège de la commune, ou lorsqu'il est obligé d'exer-
« cer une réquisition urgente dans un hameau éloigné et qu'il
« n'a pas le temps de prévenir le maire, il s'adresse, autant que
« possible, à un conseiller municipal, ou, à son défaut, à un ha-
« bitant, pour se faire aider dans la répartition des prestations à
« fournir. »

§ II. — *Limite imposée à l'autorité militaire pour l'importance des prestations exigées de la commune.*

226. — Certaines des lois en vigueur dans d'autres pays, et notamment en Allemagne, ne limitent en aucune façon l'étendue des réquisitions à exercer sur une commune et permettent d'obliger celle-ci à se procurer à titre onéreux ce qui n'existe pas en nature chez elle. C'est faire de la commune l'auxiliaire direct de l'administration militaire. On s'est accordé à penser qu'une semblable disposition ne saurait être introduite dans notre législation sur les réquisitions sans en dénaturer le caractère ; aussi les Chambres ont-elles adopté le projet du Gouvernement, ainsi conçu : « Les réquisitions exercées sur une commune ne doivent porter que sur les ressources qui y existent. » De plus, estimant qu'il serait trop sévère de forcer les habitants à livrer tout ce qu'ils ont, sans rien se réserver pour eux-mêmes, afin d'attendre le moment où ils pourront remplacer les denrées cédées, elles ont ajouté au projet primitif les mots « sans pouvoir les absorber complètement », afin d'éviter que l'autorité militaire n'épuise entièrement la commune où s'exerce le droit de réquisition.

227. — Le législateur ne s'est pas dissimulé que cette disposition pourra donner lieu à des difficultés entre l'officier exposé à faire, d'après des renseignements inexacts, des demandes excessives et le maire, désireux de ménager outre mesure ses administrés, qui serait tenté de dissimuler les ressources de sa commune ; mais il a cru devoir laisser au règlement d'administration publique le soin d'indiquer la marche à suivre pour éviter ces conflits, et de fixer nettement les moyens d'engager la responsabilité de celui qui persévérerait dans une demande exagérée, comme de celui qui maintiendrait un refus déraisonnable.

C'est dans l'article 37 du décret du 2 août que nous trouvons les dispositions relatives à cette question. Cet article porte :

« Si le maire déclare que les quantités requises excèdent les « ressources de sa commune, il doit d'abord livrer toutes les « prestations qu'il lui est possible de fournir. L'autorité militaire « peut toujours, dans ce cas, faire procéder à des vérifications.

« Lorsque celle-ci trouve des denrées qui ont été indûment « refusées, elle s'en empare, même par la force, et signale le « fait à l'autorité judiciaire. »

Le règlement, s'inspirant de l'esprit d'humanité qui a dicté la modification apportée au projet primitif, ajoute, dans son article 38 :

« Ne sont pas considérées comme prestations disponibles ou « comme fournitures susceptibles d'être réquisitionnées :

« 1° Les vivres destinés à l'alimentation d'une famille et ne « dépassant pas sa consommation pendant trois jours ;

« 2° Les grains ou autres denrées alimentaires qui se trouvent « dans un établissement agricole, industriel ou autre et ne dé- « passent pas la consommation de huit jours ;

« 3° Les fourrages qui se trouvent chez un cultivateur et ne

« dépassent pas la consommation de ses bestiaux pendant quinze « jours. »

Nous devons en rapprocher comme répondant à la même pensée, l'article suivant du décret réglementaire que nous avons déjà rencontré en parlant du logement et du cantonnement :

« Art. 11. Les officiers qui peuvent être appelés à requérir le « logement chez l'habitant, ou le cantonnement de troupes sous « leurs ordres, doivent consulter les états dressés en exécution « de l'article 10 de la loi du 3 juillet 1877 et des articles 23 et « suivants du présent décret, et ne réclamer dans chaque com« mune le logement que pour un nombre d'hommes et de che« vaux *inférieur ou au plus égal* à celui qui est indiqué par lesdits « tableaux. »

On le voit, la loi s'est efforcée de concilier, dans la plus large mesure possible, les intérêts des habitants avec les nécessités publiques. Nous avons la conviction qu'en s'en rendant compte les maires tiendront à honneur de ne point chercher à en abuser pour soustraire leurs administrés à l'application de la loi. Ils ne doivent pas perdre de vue que s'ils sont les défenseurs naturels de leurs concitoyens, ils sont avant tout les représentants du Gouvernement chargés d'exécuter la loi et de veiller à son exécution, et qu'ils manqueraient gravement à leur principal devoir si, par des complaisances coupables pour les habitants de leur commune, ils créaient des difficultés à l'autorité militaire et entravaient l'exercice de son droit. D'ailleurs, la loi a armé cette autorité de pouvoirs suffisants pour vaincre toute résistance, déjouer toute fraude, et les maires, en prêtant leur appui au mauvais vouloir de leurs administrés, ne feraient qu'appeler sur les récalcitrants une plus sévère répression, tout en engageant leur responsabilité personnelle.

ARTICLE 20.

Le maire, assisté, sauf le cas de force majeure ou d'extrême urgence, de deux membres du conseil municipal appelés dans l'ordre du tableau, et de deux des habitants les plus imposés de la commune, répartit les prestations exigées entre les habitants et les contribuables, alors même que ceux-ci n'habitent pas la commune et n'y sont pas représentés.

Cette répartition est obligatoire pour tous ceux qui y sont compris.

Il est délivré par le maire, à chacun d'eux, un reçu des prestations fournies.

Le maire prendra les mesures nécessitées par les circonstances, pour que, dans le cas d'absence de tout habitant ou contribuable, la répartition, en ce qui le concerne, soit effective.

Au lieu de procéder par voie de répartition, le maire, assisté comme il est dit ci-dessus, peut, au compte de la commune, pourvoir directement à la fourniture et à la livraison des prestations requises ; les dépenses qu'entraîne cette opération sont imputées sur les ressources générales du budget municipal, sans qu'il soit besoin d'autorisation spéciale.

Dans les cas prévus par le premier paragraphe de l'article 19, ou lorsque les prestations requises ne sont pas fournies dans les délais prescrits, l'autorité militaire fait d'office la répartition entre les habitants.

228. — Cet article détermine, d'un côté, par qui et comment il est procédé à la répartition des prestations exigées entre les habitants, et fait, de l'autre, peser la réquisition sur les absents comme sur les présents.

§ I. — *Par qui et comment il est procédé à la répartition des prestations entre les habitants.*

229. — 1° *Autorité chargée de la répartiton.* — Le maire ou son suppléant légal est le principal agent : c'est à lui que s'impose en première ligne le devoir de faire exécuter la réquisition et, par suite, de répartir entre tous les habitants de la commune les prestations exigées par l'autorité militaire ; mais le législateur a pensé que laisser le maire tout seul procéder à la répartition, c'était lui créer vis-à-vis de ses administrés une situation bien délicate. Exiger la réunion du conseil municipal avec adjonction des plus imposés eût été le mode le plus sûr et le plus équitable. Mais, en matière de réquisitions, la célérité a la plus grande importance ; il eût fallu beaucoup de temps pour réunir cette assemblée, et le nombre même de ses membres eût rendu la délibération bien lente.

On a donc pensé qu'il fallait choisir un mode intermédiaire, et faire assister le maire (sauf le cas de force majeure ou d'extrême urgence) *de deux membres du conseil municipal dans l'ordre du tableau, et de deux des habitants les plus imposés de la commune.* Cette commission présente toutes les garanties désirables d'impartialité ; elle pourra presque toujours être réunie, car on ne saurait douter que le maire fasse les plus grands efforts pour ne pas être obligé de procéder seul et sans ces auxiliaires si utiles à une mission délicate.

Une loi du 5 avril 1882 a abrogé *en toutes matières* les diverses dispositions législatives exigeant l'adjonction des plus imposés aux conseils municipaux. Cette loi a-t-elle supprimé la mission spéciale que l'article 20 donne aux deux habitants les plus imposés de seconder, avec les deux premiers conseillers municipaux, le maire répartissant entre les habitants de la commune les prestations de guerre ? Nous ne le croyons pas. Il s'agit ici d'une délégation particulière donnée par la loi à titre individuel ; les plus imposés ne sont pas *adjoints* au conseil municipal, mais aux conseillers désignés, comme eux, par le législateur et la loi de 1882 nous semble ici sans application.

230. — L'article 39 du décret réglementaire du 2 août détermine la composition de la commission et le rôle qu'elle a à remplir ; il porte : « Lorsque le maire reçoit une réquisition, il « convoque, sauf le cas d'extrême urgence, deux des membres « du conseil municipal et deux des plus imposés dans l'ordre « du tableau, en laissant de côté ceux qui habitent loin du centre « de la commune.

« Quel que soit le nombre des personnes qui répondent à la

« convocation du maire, celui-ci procède, seul ou avec les mem-
« bres présents, à la répartition des réquisitions, et ses décisions
« sont exécutoires sans appel. »

On remarquera que la loi et le décret permettent au maire d'agir seul toutes les fois qu'il serait impossible de réunir les membres de la commission ou que leur convocation entraînerait trop de retard. Lorsque les conseillers municipaux ou les plus imposés ne se rendent pas à la convocation du maire, celui-ci, le temps moral nécessaire pour qu'ils arrivent expiré, n'a pas à faire d'autres convocations ; il doit procéder seul à la répartition.

La commission n'intervient d'ailleurs que par voie d'avis ; c'est au maire, en réalité, qu'appartient la décision définitive, puisque l'article 35 du décret dit : « Le maire procède, seul ou avec les membres présents, à la répartition des réquisitions, et ses décisions sont exécutoires sans appel. »

231. —. *Caractère obligatoire de la décision du maire.* — La décision est immédiatement obligatoire. Comment, en effet, admettre un recours qui suspendrait l'exécution d'une réquisition toujours urgente? La commission pourra, sans doute, séance tenante, sur les réclamations des habitants, modifier sa décision ; mais on ne pouvait admettre qu'appel fût interjeté de celle-ci, sans s'exposer à des pertes de temps qui empêcheraient complètement d'atteindre le but de la loi.

232. — Par exception, l'autorité militaire peut faire d'office et directement la répartition entre les habitants : 1° lorsqu'aucun membre de la municipalité ne se trouve au siège de la commune ; 2° lorsqu'une réquisition urgente est nécessaire sur un point éloigné du siège de la commune ; 3° enfin lorsque, par suite du mauvais vouloir ou de la négligence du maire, les prestations requises ne sont pas fournies dans les délais prescrits.

Dans les deux premiers cas, l'officier doit s'adresser autant que possible à un conseiller municipal ou, à son défaut, à un habitant pour se faire aider dans la répartition (Décr. régl., art. 36); mais c'est lui seul qui prend les décisions, et le conseiller municipal ou l'habitant auquel il s'adresse doit se borner à lui fournir des renseignements.

Dans le troisième cas, le commandant de la troupe, avant de procéder à la répartition qu'il peut effectuer seul, constate par un procès-verbal que les fournitures requises ne lui ont pas été délivrées à l'heure qu'il avait déterminée en notifiant la réquisition au maire. Ce procès-verbal est adressé, s'il y a lieu, à l'autorité judiciaire. Nous ferons remarquer, avec M. le baron Reille, que, dans ce cas, il est à craindre que la répartition faite hâtivement et sans éléments suffisants ne remplisse pas les conditions d'égalité si désirables à obtenir; mais c'est au maire seul que les habitants auront à attribuer ce fâcheux résultat.

233. — 2° *Comment il est procédé à la répartition.* — En principe, le maire, seul ou assisté de la commission, indique la part que chacun des habitants ou des contribuables devra fournir dans l'ensemble des prestations requises. Il fait notifier ses décisions par le garde champêtre ou tout autre agent et peut même recourir, en cas d'urgence, à une notification collective par voie d'annonce ou d'affiche. Aucune forme n'est prescrite ni par la loi, ni par le règlement. L'essentiel est que chacun des habitants soit promptement avisé de ce qu'il doit fournir.

234. — Les prestations livrées par les habitants doivent être remises au maire, qui les centralise et qui donne à chacun reçu de ce qu'il fournit. (Loi, art. 20, § 3.) Il faut, en effet, qu'une constatation demeure de la part fournie par chaque habitant pour le règlement ultérieur des indemnités. L'autorité militaire, n'ayant pas à connaître les détails d'exécution, ne délivre qu'un reçu d'ensemble, remis à la municipalité. (Loi, art. 3, § 4.) Celle-ci à son tour doit remettre à chacun un reçu spécial des choses et des quantités requises. Il y a là, à la fois, un moyen de contrôle et le seul procédé possible pour que chacun puisse justifier de ses droits quand le paiement s'effectue.

Les prestations peuvent être fournies directement par la commune.

235. — Telle est la procédure générale; mais il peut arriver, dans certains cas, qu'il soit plus avantageux, au lieu de recourir à chaque habitant pour obtenir de lui sa quote-part de la livraison demandée, de faire fournir les prestations requises au compte de la commune. Cette façon de procéder peut être quelquefois utile aux intérêts de la commune, sans être préjudiciable à personne, et il a paru au législateur qu'il convenait d'ouvrir à la municipalité les moyens de l'employer.

Il n'a pas cru cependant qu'il fût possible, comme le faisait le projet du Gouvernement, d'autoriser le maire à prendre seul ce parti. Cette opération peut entraîner quelques frais et quelques avances, auquels le budget municipal aura à parer provisoirement ou définitivement. Les circonstances dans lesquelles se produit la réquisition et la nécessité d'en assurer l'exécution sans le moindre retard ne permettent pas cependant de procéder dans les formes ordinaires, c'est-à-dire de convoquer le conseil municipal.

Mais la commission restreinte dont nous avons indiqué plus haut la composition, est, ici encore, appelée à seconder le maire; son assentiment donne plus de poids et plus de garantie à la mesure. Le concours de cette commission, qui n'est point indispensable lorsqu'il s'agit de répartir individuellement les prestations requises, semble obligatoire dans le cas où le maire croit préférable de mettre la fourniture au compte de la commune. Quand la commission a délibéré et statué au lieu et place de l'assemblée communale qu'il est impossible de réunir, les dépenses occasionnées par la fourniture des prestations requises sont imputées sur les ressources générales du budget municipal, sans qu'il soit besoin d'autorisation spéciale.

Récépissé à donner des prestations fournies.

236. — Dans tous les cas, le maire fait procéder, en sa présence ou en présence d'un délégué, à la remise aux parties prenantes des fournitures requises et s'en fait donner reçu. (Décr. régl., art. 41.)

237. — Quand l'autorité militaire fait elle-même la répartition, elle doit délivrer à chacun des habitants qui sont l'objet de ces réquisitions directes un reçu des prestations qu'il fournit. Les habitants portent ensuite ces reçus au maire, qui les échange contre d'autres reçus signés de lui. (Décr. régl., art. 41.)

Les conducteurs, guides, ouvriers, etc., requis pour un service personnel, doivent également remettre au maire les certificats délivrés par l'autorité militaire et qui constatent l'accomplissement du service requis; le maire leur en délivre un reçu. (Décr. régl., art. 41.)

Registre à tenir à la mairie.

238. — Enfin, aux termes de l'article 41 du règlement du 2 août, le maire doit tenir registre des prestations fournies par chaque habitant, soit en vertu de la répartition par lui faite, soit en vertu de réquisitions directes, et mentionner les quantités fournies ainsi que les prix réclamés. Toutes ces mesures ont pour objet de faciliter le règlement des indemnités, règlement que le maire est chargé de provoquer, comme nous le verrons sous le titre suivant.

§ II. — *Personnes entre lesquelles peuvent être réparties les prestations requises.*

239. — La charge de la réquisition doit peser sans distinction sur tous les habitants et tous les contribuables même non habitants de la commune [1].

---

1. En principe, les étrangers sont assujettis comme tous les autres habitants à la charge des réquisitions. Les nationaux de certains pays en sont néanmoins exemptés en vertu de conventions internationales spéciales. Les représentants des gouvernements étrangers en sont dispensés par l'effet de l'immunité diplomatique (voir §§ 124, 125, 148 et 149).

240. — Le passage suivant du rapport de M. le baron Reille prouve que l'État, le département, la commune et les établissements publics y sont assujettis comme tous autres propriétaires. Après avoir rappelé que l'article 13 exempte du logement et du cantonnement les établissements requis directement par l'autorité militaire, le rapporteur ajoute : « Pour les autres réquisitions, il n'a pas paru à votre commission qu'il y eût lieu d'inscrire des dispenses d'aucune sorte, soit en faveur des propriétés de l'État ou du département, soit en faveur des établissements religieux ou hospitaliers. Elle se réfère à la règle générale inscrite dans le premier paragraphe qui applique les réquisitions à tous les contribuables suivant leurs ressources. »

Absents.

241. — Le législateur a eu à résoudre une question plus grave, celle de savoir si la répartition devait comprendre les absents qui n'ont point de représentant dans la commune. L'exposé des motifs témoigne des hésitations du Gouvernement :

« Était-il possible d'admettre que le fait de l'absence pût exonérer un habitant de la prestation à fournir? Tout le monde a certainement présent à la mémoire le souvenir des difficultés qu'ont rencontrées les municipalités, lors de la dernière guerre, quand elles avaient à répartir une réquisition. — Si les municipalités ne comprenaient pas les absents, il en résultait contre ceux-ci une irritation profonde de la part des autres habitants obligés de les remplacer, et cette irritation se traduisait par de fâcheuses mauvaises volontés, sinon par d'autres actes plus regrettables. — D'un autre côté, comprendre les absents dans des fournitures à faire, c'est forcément envahir momentanément le domicile de ceux-ci ; mais quelque fâcheuse que soit cette extrémité, elle nous a paru avoir moins d'inconvénients que l'exonération qui serait faite à leur profit. »

La loi va moins loin que le projet primitif, qui comprenait sans distinction les absents dans les réquisitions. La Chambre des députés a pensé que le domicile des absents devait être respecté, sauf dans les cas d'absolue nécessité. C'est ainsi que pour le logement, les militaires ne peuvent être placés dans la maison de l'absent que pendant la mobilisation. (Voir plus haut, sous l'article 13, §§ 186 et suiv.) En ce qui concerne les autres prestations, elles ne peuvent être requises, d'après la loi même, qu'en cas de mobilisation; le maire aura à apprécier s'il y a lieu de les exiger de l'absent, car, aux termes de l'article 20, § 4, il doit prendre les mesures nécessitées par les circonstances pour que, dans le cas d'absence de tout habitant ou contribuable, la répartition, en ce qui le concerne, soit effective.

Il n'y aura point d'hésitation possible lorsque le propriétaire absent aura dans la commune, soit sur pied, soit en meules, des récoltes de la nature de celles qui sont réquisitionnées; le maire devra le comprendre dans la répartition. Il le pourra aussi, même quand il s'agira de denrées ou d'objets emmagasinés; mais alors il sera tenu d'observer les règles tracées par l'article 40 du décret réglementaire qui porte : « S'il y a lieu « de requérir la prestation d'un habitant absent et non repré- « senté, le maire peut, au besoin, faire ouvrir la porte de vive « force et faire procéder d'office à la livraison des fournitures « requises. Dans ce cas, il requiert deux témoins d'assister à « l'ouverture et à la fermeture des locaux, ainsi qu'à l'enlève- « ment des objets ; il dresse un procès-verbal de ces opérations. »

Article 21.

Dans le cas de refus de la municipalité, le maire, ou celui qui en fait fonctions, peut être condamné à une amende de vingt-cinq à cinq cents francs (25 à 500 fr.).

Si le fait provient du mauvais vouloir des habitants, le recouvrement des prestations est assuré, au besoin, par la force ; en outre, les habitants qui n'obtempèrent pas aux ordres de réquisition sont passibles d'une amende qui peut s'élever au double de la valeur de la prestation requise.

En temps de paix, quiconque abandonne le service pour lequel il est requis personnellement est passible d'une amende de seize à cinquante francs (16 à 50 fr.).

En temps de guerre, et par application des dispositions portées à l'article 62 du Code de justice militaire, il est traduit devant le conseil de guerre et peut être condamné à la peine de l'emprisonnement de six jours à cinq ans, dans les termes de l'article 194 du même code.

Sanctions pénales.

242. — Tout porte à penser que la loi sur les réquisitions s'exécutera facilement; les maires et les habitants comprendront qu'elle leur impose un devoir patriotique, et l'expérience a prouvé qu'en dehors même d'une législation précise les populations n'hésitaient point à mettre à la disposition de l'autorité militaire ce qui pouvait servir à la défense. Mais si improbables que soient les résistances, la loi devait les prévoir; elle devait sanctionner les obligations qu'elle impose aux habitants et aux municipalités. Tel est le double objet de l'article 21.

§ I. — *Peine édictée contre le maire qui manquerait à son devoir.*

243. — Le projet du Gouvernement rendait le maire passible de l'amende dans deux cas : celui de *mauvais vouloir* et celui de *négligence*. Lors de la discussion à la Chambre des députés, MM. Marguine et Faye proposèrent de remplacer ces mots « dans les cas de mauvais vouloir et de négligence » par les mots « dans le cas de refus ». Ils motivèrent leur amendement sur ce qu'il serait très difficile d'apprécier le mauvais vouloir. Cette modification, acceptée par la commission, fut votée par la Chambre.

Il en résulte que la peine est encourue par le seul fait que le maire aura refusé soit expressément, soit tacitement, de faire exécuter la réquisition. Lors donc qu'à l'heure fixée par l'officier, les prestations requises ne lui auront pas été remises et que le retard ne proviendra pas de la résistance des habitants, l'officier constatera le refus par un procès-verbal qu'il fera parvenir au parquet. Il procédera ensuite lui-même à la répartition, comme nous l'avons dit sous l'article précédent.

244. — Pour prévenir toute hésitation, l'article 21 déclare passible de l'amende, en cas de refus, non seulement le maire, mais celui qui en fait fonctions (adjoint, conseiller municipal provisoirement chargé de l'administration municipale, délégué, etc.). Le devoir étant identique, la peine devait être la même. Mais il est bien certain que si le maire est présent et non empêché, l'adjoint ne pourrait être poursuivi pour n'avoir point fait exécuter la réquisition en son lieu et place. Ce soin n'incombe en effet à l'adjoint qu'à défaut du maire, et il n'aurait point qualité pour se substituer à lui; son inaction dans ce cas ne saurait donc être punissable.

245. — La peine prononcée contre le maire qui manque à son devoir est sévère, puisque le chiffre de l'amende, qui n'est jamais inférieur à 25 francs, peut s'élever jusqu'à 500 francs. Mais, d'une part, sa faute est grave en ce qu'elle a pour résultat d'entraver l'action des troupes, et d'autre part, ainsi que le fait remarquer M. le baron Reille, l'importance de l'amende est pour le maire une véritable garantie; elle fera comprendre à ses administrés combien est sérieuse l'obligation qu'il doit remplir.

§ II. — *Peines édictées contre les habitants qui manquent à leurs devoirs.*

246. — Il convient de distinguer suivant qu'il s'agit de la réquisition de prestations ou de la réquisition de services personnels.

1° *Réquisition de prestations.* Lorsque la réquisition ne peut s'exécuter dans le délai voulu, parce que les habitants résistent aux décisions prises par l'autorité municipale pour la répartition des prestations, le maire, après avoir usé de son influence et fait appel au bon sens de ses administrés en leur montrant que toute résistance serait vaine et leur causerait de sérieux dommages, doit rendre compte de la situation au commandant de la troupe, qui lui donne le concours de l'autorité militaire afin d'assurer l'exécution de ses décisions.

Mais les habitants qui n'obtempèrent pas de leur plein gré aux ordres de réquisition commettent une faute[1]; il est donc juste qu'ils soient punis. Procès-verbal doit être dressé de leur refus et, sur la poursuite du ministère public, ils peuvent être

---

1. La Cour de Grenoble a décidé qu'on ne saurait voir un mauvais vouloir ou un refus d'obtempérer aux mesures de l'autorité municipale chargée de faire exécuter les réquisitions dans le fait d'un habitant qu'un obstacle matériel empêche momentanément de mettre ses locaux à la disposition des troupes et qui les cède ensuite, sur l'invitation du maire, après la disparition de l'obstacle, sans se plaindre ni proférer une parole.

« La Cour : — Attendu que la Cour n'a point à rechercher si, le 12 septembre dernier, pour le cantonnement des troupes de passage à la Verpillière, les réquisitions de l'autorité municipale adressées aux habitants de cette commune ont été réparties avec équité et sous la protection des garanties spéciales prescrites par la loi du 3 juillet 1877 et le règlement d'administration publique du 2 août de la même année; qu'aux termes des articles 20 et 21 de la loi précitée et de l'article 40 du règlement d'administration publique du 2 août 1877, toute réquisition de l'autorité municipale est obligatoire, exécutoire sans appel, et a pour sanction, dans un intérêt supérieur, le droit de l'assurer au besoin par la force; que la Cour a donc à examiner uniquement dans la cause si Bret-Morel a contrevenu, le 12 septembre dernier, à la loi précitée par mauvais vouloir et refus d'obtempérer aux réquisitions de la municipalité de la Verpillière;

« Attendu que les explications et les lumières de l'audience ont restitué aux faits leur véritable caractère; qu'il est résulté des débats que Bret-Morel, ayant reçu une réquisition pour loger 50 hommes et 50 chevaux, s'est empressé de mettre à la disposition de la troupe son écurie, qui était immédiatement disponible et où 25 chevaux ont été placés; qu'un obstacle matériel l'empêchait de livrer au même instant sa remise embarrassée de récoltes, de chars, de voitures, d'instruments d'agriculture; que lorsque M. le maire est venu lui-même pour exiger l'occupation de la remise, Bret-Morel n'a réclamé ni contre cette occupation, ni contre l'enlèvement préalable des instruments aratoires toujours enfermés dans ce local; que de l'aveu de M. le maire lui-même devant la Cour, l'inculpé n'a fait aucune observation; qu'ainsi il n'est pas exact que Bret-Morel ait refusé de loger le contingent d'hommes et de chevaux qui lui était adressé, puisque, au moment même où ce contingent s'est présenté, il a obtempéré aux réquisitions dans la mesure du possible en logeant la moitié des chevaux dans son écurie, et qu'il a reçu la seconde moitié dans sa remise lorsque M. le maire l'a jugé nécessaire, sans se plaindre, sans proférer une parole; qu'il n'y a donc eu de la part de Bret-Morel ni le refus d'obtempérer aux réquisitions de l'autorité municipale, ni le mauvais vouloir dont la preuve aurait dû être faite pour qu'il pût être passible de la peine édictée par l'article 21 de la loi du 3 juillet 1877;

« Par ces motifs :

« Renvoie Bret-Morel d'instance. »

(Du 14 mars 1881. C. Grenoble, 1re ch. — MM. Bonafous, 1er prés.; Sarrut, av. gén.)

condamnés à une amende dont le maximum est fixé au double de la valeur de la prestation requise.

247. — En ce qui concerne la juridiction compétente, il faut distinguer si la prestation requise dépasse ou non le maximum de 7 fr. 50 c. Dans le premier cas, le tribunal correctionnel doit être saisi, dans le second, il appartient au tribunal de simple police de statuer. Ainsi la contravention de refus de logement de militaires échappe à la compétence du juge de simple police et ne relève que de celle du tribunal correctionnel, lorsque la valeur des logements refusés a été fixée par l'autorité municipale à une somme supérieure à 7 fr. 50 c., l'amende encourue pouvant, en effet, alors s'élever au double de cette valeur, c'est-à-dire à plus de 15 francs. (Cour de cassation, 6 mars 1886, Mettetal.) — Voir l'arrêt cité en note sous le § 182 *bis*.

248. — 2° *Réquisition d'un service personnel.* La gravité de la faute dépend des circonstances dans lesquelles elle est commise. La loi distingue en conséquence entre le temps de paix et le temps de guerre.

249. — *En temps de paix,* quiconque abandonne le service pour lequel il est requis personnellement peut être condamné à une amende dont le minimum est fixé à 16 francs et le maximum à 50 francs. La peine est légère, parce que la faute n'est point de nature à entraîner de graves conséquences ; il ne s'agira en effet généralement que de l'abandon d'un charroi ou d'autres actes du même genre.

Aux termes de l'article 42 du décret du 2 août, l'officier qui constate l'abandon du poste doit prévenir immédiatement le procureur de la République du domicile du délinquant, en lui faisant connaître le nom de ce dernier et son domicile.

250. — *En temps de guerre,* la loi devait se montrer beaucoup plus sévère ; l'abandon du poste devant l'ennemi peut avoir les plus funestes résultats, et en même temps la tentation de se soustraire au service requis peut être plus pressante. Ce n'est plus alors devant le tribunal correctionnel, mais devant le conseil de guerre que le délinquant doit être traduit, conformément à l'article 62 du Code de justice militaire [1].

Le conseil de guerre peut prononcer contre le coupable une condamnation à l'emprisonnement, qui ne peut être moindre de six jours ni excéder cinq ans, dans les termes de l'article 194 du Code de justice militaire [2].

Le législateur ne s'est point dissimulé ce que cette disposition a de grave. Mais il lui a paru qu'en temps de guerre surtout, il fallait à tout prix assurer l'exécution du service personnel et bien avertir les citoyens des conséquences que pourrait avoir sur ce point un refus d'obéissance.

Article 22.

Tout militaire qui, en matière de réquisitions, abuse des pouvoirs qui lui sont conférés, ou qui refuse de donner reçu des quantités fournies, est puni de la peine de l'emprisonnement, dans les termes de l'article 194 du Code de justice militaire ; tout militaire qui exerce des réquisitions sans avoir qualité pour le faire est puni, si ces réquisitions sont faites sans violence, conformément au cinquième paragraphe de l'article 248 du Code de justice militaire.

Si ces réquisitions sont exercées avec violence, il est puni conformément à l'article 250 du même code.

Le tout sans préjudice des restitutions auxquelles il peut être condamné.

---

1. Code de justice militaire (loi du 9 juin 1857), article 62. — Sont justiciables des conseils de guerre aux armées pour tous crimes ou délits :

1° Les justiciables des conseils de guerre dans les divisions territoriales en état de paix ;

2° *Les individus employés, à quelque titre que ce soit*, soit dans les états-majors et *dans les administrations et services qui dépendent de l'armée ;*

3° Les vivandiers et vivandières, cantiniers et cantinières, les blanchisseuses, les marchands, les domestiques et autres individus à la suite de l'armée en vertu de permissions.

2. Article 194. — La durée de l'emprisonnement est de six jours au moins et cinq ans au plus.

Peines édictées contre les militaires qui réquisitionnent sans droit.

251. — Si la loi édicte des peines sévères contre les municipalités ou les habitants qui manquent à leurs devoirs, elle se montre plus rigoureuse encore pour maintenir les militaires dans les limites strictes de leurs droits, et pour protéger contre tout abus les intérêts des populations. Il faut, comme le dit l'exposé des motifs, que l'armée donne elle-même l'exemple du respect de la loi et, dans une matière où l'on exige des citoyens des sacrifices qui peuvent parfois être considérables, il est convenable que l'armée soit, aux yeux de tous, rigoureusement maintenue dans les limites que la loi lui impose. Aussi un simple abus de pouvoirs, le refus de donner reçu, peut entraîner pour l'officier requérant qui s'en rend coupable la peine de l'emprisonnement de six jours à cinq ans.

Quant au militaire qui exerce des réquisitions sans avoir qualité pour le faire, la peine qu'il encourt diffère selon qu'il a agi sans violence ou avec violence.

252. — Si les réquisitions ont été faites sans violence, la loi prononce contre leur auteur la peine prévue par le § 5 de l'article 248 du Code de justice militaire, ainsi conçu : « Est puni « de la peine de la réclusion et, en cas de circonstances atté- « nuantes, d'un emprisonnement d'un an à cinq ans, tout mili- « taire qui commet un vol au préjudice de l'habitant chez lequel « il est logé. »

253. — Si les réquisitions ont été faites avec violence, elles sont assimilées au pillage à main armée et punies conformément à l'article 250 du Code de justice militaire, qui porte :

« *Est puni de mort, avec dégradation militaire,* tout pillage ou « dégât de denrées, marchandises ou effets commis par des mi- « litaires en bande, soit avec armes ou à force ouverte, soit avec « bris de portes et clôtures extérieures, soit avec violence en- « vers les personnes.

« Le pillage en bande est puni de la réclusion, dans tous les « autres cas.

« Néanmoins, si dans les cas prévus par le premier para- « graphe, il existe parmi les coupables un ou plusieurs mili- « taires pourvus de grades, la peine de mort n'est infligée qu'aux « instigateurs et aux militaires les plus élevés en grade. Les « autres coupables sont punis de la peine des travaux forcés à « temps.

« *S'il existe des circonstances atténuantes, la peine de mort est* « *réduite à celle des travaux forcés à temps*, la peine des travaux « forcés à temps à celle de la réclusion et la peine de la réclu- « sion à celle d'un emprisonnement d'un an à cinq ans.

« En cas de condamnation à l'emprisonnement, l'officier est « en outre puni de la destitution. »

La rigueur de ces peines prouve suffisamment que le législateur n'a rien négligé pour protéger d'une manière efficace les intérêts privés et pour les mettre à l'abri de tout abus.

254. — Dans tous les cas, l'officier qui percevrait à tort des réquisitions serait tenu de restituer les prestations requises. Ajoutons que, suivant les principes généraux du droit, il pourrait être condamné à des dommages-intérêts envers les particuliers lésés, sur leur demande.

Article 23.

Dans les eaux maritimes, les propriétaires, capitaines ou patrons de navires, bateaux et embarcations de toute nature sont tenus, sur réquisition, de mettre ces navires, bateaux ou embarcations à la disposition de l'autorité militaire, qui a le droit d'en disposer dans l'intérêt de son service et qui peut également requérir le personnel en tout ou en partie.

Ces réquisitions se font par l'intermédiaire de l'administration de la marine, sur les points du littoral où elle est représentée.

Réquisition de navires ou bateaux dans les eaux maritimes

255. — Nous avons vu, en expliquant l'article 5, que parmi les choses pouvant être requises, même en cas de rassemblement, figurent les bateaux ou embarcations qui se trouvent sur les fleuves, rivières, lacs et canaux. L'article 23 complète, relativement aux transports par eau, les dispositions du § 5 de l'article 5. Il permet, en effet, à l'autorité militaire de requérir les navires et les embarcations qui se trouvent dans les eaux maritimes, au besoin, avec leurs équipages. Il faut en effet pouvoir, dans certains cas, franchir les barres des ports et les embouchures des fleuves, côtoyer même les rivages, ou faire toute autre opération exigeant un embarquement momentané.

256. — La loi n'indique pas expressément les cas où la réquisition peut s'étendre à ces navires; mais par cela même qu'elle a énuméré limitativement les prestations qu'il est permis de requérir en cas de rassemblement, il paraît évident que l'article 23 n'est applicable que pendant la mobilisation. M. le baron Reille le déclare, du reste, dans son rapport en termes formels.

257. — Les équipages requis restent soumis aux appels pour le service de la flotte. (Déc. régl., art. 43.)

258. — Si la loi s'occupe sous ce titre de la réquisition des navires par l'autorité militaire, c'est qu'elle la soumet à des règles particulières en ce qui touche l'exécution.

La réquisition se produisant dans les eaux maritimes et sur des objets soumis aux règlements de la marine, ce n'était plus au maire que pouvait être confié en principe le soin d'assurer l'exécution de la réquisition : l'intervention de l'administration de la marine était nécesssaire. Aussi le § 2 porte-t-il : « Ces réquisitions se font par l'intermédiaire de l'administration de la marine sur les points du littoral où elle est représentée. » De son côté, le décret réglementaire du 2 août dispose, dans son article 43 : « Dans les eaux maritimes, toute réquisition de l'autorité militaire relative à l'emploi temporaire de navires, bateaux ou embarcations de commerce, et de tout ou partie de leurs équipages, est adressée au représentant de la marine, s'il y en a un dans la localité ; ce dernier est, dans ce cas, substitué au maire pour l'exécution de la réquisition. »

Par « représentant de la marine » il faut entendre non seulement les fonctionnaires du commissariat de la marine, mais encore les syndics des gens de mer pour l'étendue du syndicat[1].

A défaut de tout agent de la marine, la réquisition est adressée directement au capitaine du navire. (Déc. régl., art. 68.)

259. — Par analogie avec ce que nous avons vu pour les voitures ou autres objets requis temporairement, il est procédé,

---

1. Le ministre de la guerre a notifié, le 25 juin 1885, aux autorités militaires la circulaire suivante, émanant du ministre de la marine, qui détermine l'autorité à laquelle doivent être adressées, en dehors des chefs-lieux de quartier maritime, les réquisitions de navires ou de bateaux :

« J'ai été consulté sur la question de savoir à quelle autorité doivent être adressées, dans les eaux maritimes, les réquisitions relatives à l'emploi temporaire de navires, bateaux ou embarcations de toute nature, et de tout ou partie de leurs équipages, lorsqu'il y a lieu d'exercer ces réquisitions en dehors d'un chef-lieu de quartier, c'est-à-dire hors de la résidence d'un commissaire de l'inscription maritime.

« Aux termes de l'article 23 de la loi du 3 juillet 1877, les réquisitions dont il s'agit « se font par l'intermédiaire de l'administration de la marine, sur les points « du littoral où elle est représentée » ; de plus, d'après l'article 43 du règlement d'administration publique du 2 août 1877, rendu en exécution de cette loi, lesdites réquisitions sont adressées au représentant de la marine, s'il y en a un dans la localité.

« Or, en dehors des chefs-lieux de quartier, les syndics des gens de mer sont les représentants de la marine et se trouvent, en conséquence, substitués aux maires pour les réquisitions de l'espèce, à titre de suppléants des commissaires de l'inscription maritime. C'est donc aux syndics des gens de mer que doivent, dans ce cas, être adressées les réquisitions militaires.

« Cette solution est, du reste, conforme à l'esprit de la loi du 3 juillet 1877, qui a jugé l'intervention de l'autorité maritime indispensable en pareille circonstance et qui, dans l'article 68 du décret précité du 2 août suivant, a spécifié qu'en l'absence d'un représentant de la marine, l'autorité militaire devait s'adresser directement au capitaine du navire, sans passer par l'autorité municipale. »

s'il y a lieu, à l'estimation préalable des navires, bateaux ou embarcations requis dans les eaux maritimes. Cette estimation est faite par un expert que désigne le représentant de la marine. (Déc. régl., art. 43.)

Les indemnités relatives à ces réquisitions sont réglées dans les conditions prescrites par les articles 71 et 72 du décret réglementaire du 2 août 1877.

TITRE V

DU RÈGLEMENT DES INDEMNITÉS

ARTICLE 24.

Lorsqu'il y a lieu, par application de l'article 1er de la présente loi, de requérir des prestations pour les besoins de l'armée, le ministre de la guerre nomme, dans chaque département où peuvent être exercées des réquisitions, une commission chargée d'évaluer les indemnités dues aux personnes et aux communes qui ont fourni des prestations.

Un règlement d'administration publique déterminera la composition et le fonctionnement de cette commission, qui devra comprendre des membres civils et des membres militaires, en assurant la majorité à l'élément civil.

Explications préliminaires.

260. — Ce titre est par son objet un des plus importants de la loi. C'est aussi celui où se manifeste le plus nettement la volonté du législateur d'assurer aux intérêts privés toutes les garanties possibles. Le passage suivant du rapport de M. le baron Reille montre bien quels sont les principes qui ont inspiré les dispositions dont nous allons entreprendre l'étude, et fait ressortir les avantages qu'elles présentent sur la législation antérieure :

« L'article 2 de la loi a déclaré que toute réquisition donne droit à une indemnité représentative de sa valeur. Ce principe avait bien été jusqu'à présent moralement admis, et toutes les fois que les circonstances ont obligé de recourir aux réquisitions, on a reconnu, en droit, que les citoyens devaient être dédommagés de la perte qui leur avait été occasionnée. Mais, dans la pratique, l'état de la législation ne répondait pas au principe admis, et le ministre de la guerre ne pouvait qu'inviter l'intendance à préparer après coup une liquidation dont les éléments faisaient le plus souvent défaut. On instituait, il est vrai, des commissions composées d'hommes très compétents, qui recherchaient avec le plus grand soin des bases d'évaluation, et s'efforçaient de répartir de la manière la plus juste des allocations représentant le prix des denrées livrées. Mais, la plupart du temps, il n'existait pas de pièces régulières; les requérants n'avaient pas conservé l'état de leurs demandes; les requis n'étaient pas pourvus de reçus, et, faute de ces moyens de contrôle, les commissions étaient exposées à des évaluations inexactes, appuyées sur des enquêtes sans fondement, et arrivaient à léser ou l'État ou le citoyen, suivant que leur erreur inévitable se produisait dans un sens ou dans l'autre.

« Ce n'était du reste presque toujours que longtemps après la fourniture qu'il était possible de procéder au paiement; et ce retard rendait plus difficile encore l'appréciation, toujours délicate, de la valeur des réclamations, dont la justesse n'était constatée par aucun document certain.

« C'est à cet état de choses si fâcheux que la loi proposée a eu surtout pour but de porter remède. Le principe de l'indemnité n'est rien si l'on n'arrive, dans l'exécution, à la rendre prompte et équitable, et à garantir ainsi les populations de toute perte provenant de l'appel fait à leur patriotisme pour les besoins de l'armée. »

Le rapporteur résume ensuite d'une façon aussi concise qu'exacte le système adopté pour le règlement des indemnités : « Une commission appréciant la valeur de la réquisition, le représentant du ministre faisant une offre sur le rapport de cette commission, les citoyens demeurant libres ou d'accepter cette offre ou de la refuser, et dans ce dernier cas pouvant porter leurs réclamations devant deux juridictions successives, un mandatement aussi rapide que possible, suivi d'un paiement à brève échéance, telle est dans son ensemble l'économie du projet. »

261. — L'examen des articles de la loi complétés par le règlement d'administration publique auquel ont dû être renvoyées les questions de détail, nous permettra d'apprécier la simplicité de la procédure prescrite pour arriver au règlement des indemnités en cas de désaccord entre l'État et les particuliers ou les communes.

262. — Cette procédure ne s'applique ni au règlement des indemnités pour dommages causés aux propriétés privées pendant les manœuvres ou exercices exécutés annuellement par les corps d'armée, ni aux indemnités pour réquisitions des chemins de fer, ni aux indemnités pour dégâts aux propriétés riveraines des champs de tir et des polygones ou pour les accidents qui résultent du tir. Les deux premières font l'objet d'articles spéciaux de la loi (art. 54 et 32). Les troisièmes sont directement allouées par le ministre de la guerre, compétent pour statuer, d'après les principes généraux du droit, sur la responsabilité pouvant incomber à l'État à raison des dommages causés aux particuliers par l'exécution de services publics [1].

---

1. Ainsi jugé par le Tribunal des conflits, le 29 novembre 1890, par confirmation du conflit :

« Vu les lois des 16-24 août 1790 et du 16 fructidor an III ; vu les ordonnances du 1er juin 1828 et du 12 mars 1831 ; le règlement d'administration publique du 26 octobre 1849 et la loi du 24 mai 1872 ; vu la loi du 25 mai 1838, la loi du 3 juillet 1877 et le décret du 2 août 1877 ;

« Considérant que l'action intentée par les conjoints Boutes et la dame Bruniquel devant le juge de paix du canton de Labruguière tendait à faire déclarer l'État civilement responsable des dommages causés à leurs champs et récoltes depuis trois ans par les troupes d'artillerie qui viennent chaque année camper pendant plusieurs mois au polygone du Caussé, pour y faire divers exercices et notamment les écoles à feu ;

« Considérant que la responsabilité qui peut incomber à l'État pour les dommages causés aux particuliers par le fait des personnes qu'il emploie dans les services publics, n'est pas régie par les principes de droit civil établis pour les rapports de particulier à particulier ; que cette responsabilité n'est ni générale ni absolue, qu'elle a ses règles spéciales qui varient selon les besoins des services et la nécessité de concilier les droits de l'État avec les droits des particuliers ; que, dès lors, aux termes des lois ci-dessus visées, l'autorité administrative est seule compétente pour en connaître, sauf les cas où une loi spéciale a expressément attribué compétence à l'autorité judiciaire ;

« Considérant que si l'article 5 de la loi du 25 mai 1838 dispose que les juges de paix connaissent sans appel, jusqu'à la valeur de cent francs, et à charge

Commission départementale d'évaluation.

263. — Afin de prévenir les lenteurs qui se produisaient dans la liquidation des réquisitions et qui provenaient du défaut de renseignements recueillis à l'époque même de la réquisition, le législateur a voulu que désormais, dans toutes les circonstances où l'autorité militaire sera investie du droit de réquisition, c'est-à-dire en cas de mobilisation ou de rassemblement, il fût institué, dans chaque département soumis à l'exercice de ce

---

d'appel, à quelque valeur que la demande puisse s'élever, des actions pour dommages faits aux champs, fruits et récoltes, soit par l'homme, soit par les animaux, cette disposition n'a eu d'autre but que d'élever en la matière le taux de la compétence en dernier ressort des juges de paix, et ne saurait être interprétée comme ayant implicitement, par dérogation au principe ci-dessus rappelé, étendu la compétence de l'autorité judiciaire aux dommages qui peuvent résulter de l'exécution des services publics;

« Considérant, d'autre part, que les dommages visés dans l'assignation ne rentraient pas dans les catégories de ceux auxquels sont applicables les dispositions des articles 14 et 54 de la loi du 3 juillet 1877 sur les réquisitions militaires; qu'il ne s'agissait, en effet, ni de dommages occasionnés par les troupes dans leurs logements ou cantonnements, ni de dommages causés aux propriétés privées par le passage ou le stationnement des troupes dans les marches, manœuvres et opérations d'ensemble, qui sont prévues à l'article 28 de la loi du 24 juillet 1873 et qui doivent s'effectuer dans les conditions déterminées par le titre IX du règlement du 2 août 1877;

« Considérant, en conséquence, que c'est avec raison que le préfet du Tarn a revendiqué pour l'autorité administrative la connaissance du litige pendant devant le tribunal civil de Castres;

« Décide :

Article 1er.

« L'arrêté de conflit du 11 juillet 1890 est confirmé.

Article 2.

« Sont annulés : 1° les jugements du juge de paix de Labruguière, en date des 20 décembre 1889 et 17 janvier 1890, ainsi que le jugement du tribunal civil de Castres du 27 juin 1890; 2° l'exploit d'assignation du 9 novembre 1890. »

L'indemnité pour terrains occupés par l'autorité militaire en vue de l'installation d'un camp est, au contraire, assimilée à un loyer dû en vertu d'un quasi-contrat et doit être réglée par l'autorité judiciaire.

Ainsi des terrains appartenant au sieur Béraud dans le département des Bouches-du-Rhône avaient été occupés temporairement, en 1885, par l'autorité militaire pour l'installation du camp du Pas-des-Lanciers. Sur la demande du sieur Béraud, le conseil de préfecture s'est déclaré compétent pour statuer sur l'indemnité due au propriétaire; il s'agissait en effet, d'après le tribunal administratif, d'un cas

droit, une autorité permanente en quelque sorte, placée à portée des communes et à laquelle les intéressés puissent s'adresser aussitôt la fourniture faite.

Cette autorité est une commission dans laquelle entrent l'élément civil et l'élément militaire; il fallait, en effet, à raison des questions qu'elle a à traiter, que l'autorité militaire y fût représentée; toutefois, comme le but de l'institution est de sauvegarder les droits des intéressés par une juste évaluation, le législateur a voulu, et il l'a déclaré expressément, que l'élément civil y fût toujours prédominant.

---

assimilable à l'occupation temporaire d'un terrain pour l'exécution de travaux publics.

Le ministre de la guerre s'est pourvu contre l'arrêté du conseil de préfecture, en revendiquant pour lui-même le règlement de l'indemnité. Aucun travail, disait-il, n'a été entrepris sur la propriété du sieur Béraud; le préjudice résultait uniquement des manœuvres militaires exécutées sur ce terrain, et le ministre de la guerre était seul compétent pour connaître des actions en responsabilité dirigées contre l'État par suite de la négligence ou de la faute des militaires ayant occupé cet immeuble.

Si des arrêtés d'occupation temporaire avaient été pris par le préfet des Bouches-du-Rhône, il n'en résultait pas que le ministre eût entendu accepter la compétence du conseil de préfecture.

Le Conseil d'État a décidé, par arrêt du 3 août 1888, que le conseil de préfecture s'était à tort déclaré compétent. Mais il n'a pas accueilli la théorie tendant à faire le ministre juge de l'indemnité. L'occupation des terrains doit, en effet, dans l'espèce, être considérée comme résultant d'un quasi-contrat dont la connaissance appartient à l'autorité judiciaire. Voici en quels termes il a statué :

« Considérant que la demande du sieur Béraud tend à obtenir une indemnité à raison des dommages qu'auraient subis diverses parcelles de terrain occupées par l'autorité militaire pour l'établissement d'un camp au Pas-des-Lanciers;

« Que les arrêtés des 6 mai et 2 juin 1885 par lesquels le préfet des Bouches-du-Rhône a autorisé le chef du génie à Marseille à occuper lesdits terrains, n'ont pas été pris dans un des cas prévus par la loi du 28 pluviôse an VIII et par celle du 15 septembre 1807;

« Qu'en effet, ils n'ont pas eu pour objet de permettre à l'autorité militaire d'occuper temporairement les terrains nécessaires à l'exécution d'un travail public qu'elle aurait été régulièrement autorisée à entreprendre; que dans ces circonstances, l'occupation de ces terrains doit être considérée comme résultant d'un quasi-contrat dont la connaissance appartient à l'autorité judiciaire; que, par suite, c'est à tort que le conseil de préfecture des Bouches-du-Rhône, s'est déclaré compétent pour connaître de la demande présentée par le sieur Béraud et qu'il y a lieu d'annuler l'arrêté attaqué;

Décide :

« L'arrêté ci-dessus visé du conseil de préfecture des Bouches-du-Rhône, en date du 5 juin 1886, est annulé. »

264. — *Composition de la commission.* — Suivant l'importance des réquisitions faites dans une contrée, la tâche de la commission est plus ou moins laborieuse. Aussi le nombre des membres dont elle doit être composée peut-il varier. Il est de 3, de 5 ou de 7 personnes. C'est au ministre de la guerre qu'il appartient de fixer ce chiffre. (Déc. régl., art. 45.)

Le nombre des membres civils est de deux dans les commissions composées de trois personnes, de trois dans celles qui sont composées de cinq personnes et de quatre dans celles de sept membres. (*Id.*, art. 46.)

La loi confie aussi au ministre de la guerre le soin de nommer la commission ; mais, aux termes de l'article 45 du décret réglementaire, il peut déléguer le droit de nomination au général commandant la région.

L'élément militaire comprend nécessairement l'intendant militaire ou son représentant, et s'il y a lieu, un ou plusieurs officiers presque toujours de l'armée territoriale, et plus particulièrement du génie de cette arme, puisque celui-ci, composé d'ingénieurs de l'État, compte parmi ses membres des hommes spécialement aptes à ces fonctions. (Rapport de M. le baron Reille.)

Les membres civils sont nommés sur la désignation du préfet. (Déc. régl., art. 46.) La loi ne limite pas le choix, qui peut varier suivant les exigences locales ou la nature des prestations requises. M. le baron Reille signale comme particulièrement aptes à cette mission les conseillers généraux, les conseillers d'arrondissement, les propriétaires, négociants ou industriels.

265. — L'arrêté qui nomme les commissions départementales désigne en même temps le président et le secrétaire, qui peuvent être choisis parmi les membres militaires ou parmi les membres civils. (Déc. régl., art. 46.)

La commission ne peut délibérer que s'il y a au moins trois membres présents dans les commissions composées de trois ou de cinq membres, et cinq dans celles qui sont composées de sept membres. (Déc. régl., art. 47.)

266. — Si la loi veut que l'élément civil domine dans la composition de la commission, ni la loi, ni le règlement n'exigent, pour la validité des délibérations, que la majorité des membres présents appartienne à cet élément. Il faut en conclure que les décisions prises par une commission où les militaires siégeront en majorité seront néanmoins régulières, si les membres civils ont tous été nommés et convoqués. La négligence de ces membres ne saurait entraver les opérations de la commission. Ainsi, si nous supposons une commission de sept membres, elle pourra délibérer si les trois membres militaires et deux membres civils sont présents, bien que, dans ce cas, la majorité appartienne à l'élément militaire.

267. — *Rôle de la commission.* — La commission doit fonctionner dès l'ouverture de la période des réquisitions jusqu'au règlement complet de celles-ci. (Exposé des motifs.)

Son rôle est ainsi défini par le rapport de M. le baron Reille : « Elle est spécialement chargée de prendre connaissance des ordres de réquisition donnés, de les vérifier, de les comparer avec les reçus et avec les états de répartition, de dresser le tableau des habitants ayant fourni des prestations, de connaître de leurs demandes, d'apprécier les allocations à donner, et de fixer l'administration militaire sur les offres qu'elle doit faire aux prestataires. »

268. — Aux termes de l'article 48 du décret réglementaire du 2 août, le premier soin des commissions d'évaluation doit être d'établir, pour les différents objets susceptibles d'être réquisitionnés, des tarifs qui sont arrêtés par le ministre de la guerre.

269. — Les commissions d'évaluation peuvent manquer d'éléments suffisants d'information ou des connaissances techniques suffisantes pour déterminer la valeur des prestations requises. L'article 47 du décret réglementaire leur permet dans ce cas de s'adjoindre, avec voix consultative, des notables commerçants, pour l'établissement des tarifs ; elles peuvent aussi désigner des experts pour l'estimation des dommages. Les frais d'expertise sont à la charge de l'administration.

Commission centrale d'évaluation.

270. — Outre les commissions départementales qui sont instituées dans tous les cas où les réquisitions peuvent être exercées, le décret du 2 août prescrit pour le cas spécial de la mobilisation totale, la nomination par le ministre de la guerre d'une commission centrale qui est chargée de correspondre avec les commissions départementales d'évaluation, d'assurer l'uniformité et la régularité des liquidations et d'émettre son avis sur toutes les difficultés auxquelles peut donner lieu le règlement des indemnités. (Déc. régl., art. 44.)

Il ne détermine pas la composition de cette commission, dont l'organisation appartiendra au ministre de la guerre. Son rôle, qui reste assez vague, sera, pensons-nous, celui d'auxiliaire et de conseil du ministre ; mais elle n'aura pas à prendre de décisions proprement dites.

Article 25.

Le maire de chacune des communes où il a été exercé des réquisitions adresse, dans le plus bref délai, à la commission, avec une copie de l'ordre de réquisition, un état nominatif contenant l'indication de toutes les personnes qui ont fourni des prestations, avec la mention des quantités livrées, des prix réclamés par chacune d'elles et de la date des réquisitions.

L'autorité militaire fixe, sur la proposition de la commission, l'indemnité qui est allouée à chacun des intéressés.

Les demandes d'indemnités sont adressées à l'autorité militaire par l'intermédiaire du maire.

271. — Le maire, qui est l'intermédiaire légal entre l'autorité militaire et les habitants pour faire exécuter les ordres de réquisitions, est également chargé de représenter les intéressés demandant à être indemnisés des prestations qu'ils ont fournies. Mandataire des réclamants, son devoir est de hâter la liquidation des réquisitions faites dans sa commune, et ce devoir sera facile à remplir s'il s'est conformé aux prescriptions de la loi et du règlement lors de l'exécution des réquisitions.

272. — Nous avons vu qu'au moment même où elles sont effectuées, le maire doit tenir registre des prestations fournies par chaque habitant et mentionner les quantités livrées et les prix réclamés; qu'il doit réunir les reçus obtenus de l'autorité militaire par les habitants en cas de réquisitions directes et les certificats délivrés aux intéressés pour constater l'accomplissement d'un service requis. (Déc. régl., art. 41.) Au moyen de ce registre et de ces pièces, il sera aisé au maire d'établir sur des formules imprimées, préparées par l'administration militaire et mises *gratuitement* par elle à la disposition des municipalités, un état nominatif de tous les habitants qui ont fourni des prestations[1]. Il doit indiquer sur cet état la nature et l'importance des prestations fournies, la date des réquisitions et les prix réclamés.

273. — *État à fournir par le maire.* — Un état spécial doit être dressé, par service administratif du ministère de la guerre, suivant les objets fournis.

Le services administratifs sont les suivants :

1° *Vivres.* — Ce service comprend le blé, la farine, le pain, la viande abattue ou sur pied, le vin, l'eau-de-vie, etc., etc., en un mot, les denrées et liquides destinés à l'alimentation des hommes, les sacs ou autres récipients qui les contiennent, les ustensiles d'exploitation du service, ainsi que la nourriture de la troupe chez l'habitant.

Le prix est fixé par cent kilogrammes pour les denrées et la

---

1. Nous donnons, à la suite du décret réglementaire du 2 août 1877, les modèles de ces états dits A et A *bis* (voir annexes 1 et 2) que les maires auront uniquement à remplir et qui contiennent toutes les indications nécessaires.

viande, par hectolitre pour les liquides, par unité pour les récipients et objets mobiliers, par demi-journée correspondant à un repas pour la nourriture chez l'habitant.

2° *Chauffage et éclairage.* — Ce service comprend le bois, le charbon de terre, les fagots, l'huile, la chandelle et les ustensiles d'éclairage.

Le prix est fixé par cent kilogrammes pour toutes les matières combustibles, et par unité pour les appareils d'éclairage.

3° *Fourrages.* — Ce service comprend le foin, la paille, l'avoine et autres denrées destinées à l'alimentation des chevaux et des bestiaux, ainsi que les objets mobiliers nécessaires à l'exploitation du service.

Le prix est fixé par cent kilogrammes pour les denrées, et par unité pour les objets mobiliers.

4° *Hôpitaux.* — Ce service comprend la fourniture des médicaments et objets de pansement, le traitement des malades et blessés, les visites du médecin.

Le prix est fixé, suivant la nature des médicaments et objets de pansement, par kilogramme, par mètre ou par unité ; par journée, pour le traitement des malades ; par unité, pour les visites du médecin.

5° *Habillement et campement.* — Ces services comprennent les étoffes, effets et objets nécessaires pour l'habillement et le campement des troupes.

Le prix est fixé, suivant la nature des fournitures faites, par mètre ou par unité.

6° *Lits militaires.* — Ce service comprend les objets de couchage pour les troupes, le logement chez l'habitant avec lits, le cantonnement.

Le prix des objets de couchage est fixé par unité, s'ils sont achetés, et par nuit, s'ils sont occupés temporairement ; le prix du logement et du cantonnement est fixé par nuit et par homme[1].

7° *Transports.* — Ce service comprend les voitures à un ou plusieurs colliers, les chevaux de renfort requis provisoirement et les embarcations.

Le prix est fixé par unité, s'il s'agit d'une prise de possession définitive. Quand il s'agit d'un usage temporaire, le prix est fixé par journée.

8° *Remonte générale.* — Ce service comprend l'achat des chevaux et mulets.

Le prix est fixé par unité.

9° *Harnachement.* — Ce service comprend les harnais et objets de sellerie pour les chevaux de l'armée, ainsi que la ferrure.

Le prix est fixé par unité.

10° *Artillerie.* — Ce service comprend les matières et objets requis pour le service spécial de cette arme.

Le prix est fixé par kilogramme ou par unité, suivant la nature du matériel requis.

11° *Génie.* — Ce service comprend les outils et matériaux requis pour les travaux à effectuer dans l'intérêt de l'armée et le salaire des ouvriers requis.

Le prix des outils est fixé par unité, s'il s'agit d'une prise de possession définitive, et par journée, s'il s'agit d'un usage temporaire ; le prix des matériaux est fixé au poids ou au mètre cube, suivant leur nature ; le prix des journées de travail est fixé par unité.

---

1. Voir, annexes 6 et 7, les modèles spéciaux d'états que les municipalités doivent fournir pour le logement et le cantonnement.

274. — Chacun des états est dressé en double expédition. Le maire doit y joindre son avis sur la réclamation faite par les intéressés. Son appréciation sera d'un grand poids auprès de la commission d'évaluation, car personne n'est mieux à même de connaître le prix exact des prestations fournies par chacun; le maire est également en situation de savoir si, d'après son caractère et ses habitudes, le réclamant est porté à exagérer ses prétentions ou à limiter sa demande dans de justes bornes. Il doit soutenir, cela est évident, les intérêts de ses administrés dans ce qu'ils ont de fondé; mais, d'un autre côté, il méconnaîtrait gravement ses devoirs envers l'État, dont il est le représentant, s'il cherchait à surprendre la religion de la commission en appuyant comme justifiées des réclamations immodérées. Qu'il y songe d'ailleurs, une semblable manière d'agir aurait un résultat contraire à ses intentions trop bienveillantes, puisque, d'une part, la résistance de l'autorité militaire retarderait le règlement de l'indemnité et que, de l'autre, son avis cesserait d'être pris en considération par la commission qui, dans la crainte d'être trompée, n'attacherait plus aucune confiance à son appréciation, même lorsqu'elle serait exacte.

275. — Une fois l'état nominatif dressé, le maire doit réunir les pièces qui sont de nature à justifier la réclamation. Ces pièces sont : tout d'abord, les ordres de réquisitions et les reçus de l'autorité militaire, puis les certificats de services requis délivrés soit aux guides, messagers, conducteurs et ouvriers (Déc. régl., art. 20), soit aux médecins civils (*Id.*, art. 22), enfin, s'il y a lieu, les procès-verbaux de dégâts ou d'estimation établis pour les voitures et chevaux (*Id.*, art. 14, 15 et 16), pour les outils, matériaux, machines, bateaux, embarcations, etc. (*Id.*, art. 17), pour les immeubles occupés par des troupes logées ou cantonnées. (*Id.*, art 28 et 29.)

Les pièces justificatives sont récapitulées par le maire dans un bordereau dressé en double expédition.

Tous ces documents doivent être transmis, dans le plus bref

délai, par le maire au préfet pour l'arrondissement chef-lieu, au sous-préfet pour les autres arrondissements. Ces fonctionnaires les font parvenir à la commission départementale d'évaluation.

Celle-ci renvoie immédiatement au maire une des expéditions du bordereau, à titre de récépissé, après l'avoir visée. (Décret régl., art. 49.)

Examen des réclamations par la commission départementale d'evalu t'on. Règlement de l'indemnité.

276. — La commission, saisie des réclamations consignées dans l'état estimatif, n'a qu'à évaluer, d'après les tarifs préparés à l'avance, le taux de l'indemnité qui doit revenir à chacun ; elle compare les états individuels avec les reçus communaux, en constate l'exactitude, et alors le représentant du ministre, c'est-à-dire l'intendant militaire, qui siège lui-même ou qui a un délégué dans le sein de la commission, fixe l'indemnité allouée à chacun des intéressés, au nom du ministre de la guerre.

Le rôle de la commission est en effet déterminé dans les termes suivants par l'article 50 du décret réglementaire du 2 août 1877 : « La commission d'évaluation donne son avis sur « les prix de chaque prestation et sur les différences qui peuvent « se produire entre les quantités réclamées et celles qui résul« tent des reçus. Elle transmet son avis au fonctionnaire de « l'intendance chargé par le ministre de la guerre de fixer l'in« demnité. »

La commission de la Chambre des députés avait d'abord pensé à rendre obligatoire l'avis de la commission et à ne laisser à l'autorité militaire qu'une sorte d'homologation. Mais elle en a été détournée par un motif déterminant que le rapport expose ainsi : « Si nous devions avant tout sauvegarder les droits des citoyens, il ne fallait pas cependant abandonner ceux du Trésor. Absolument indépendante par sa composition, la commission pouvait être exposée à n'en pas tenir compte, et à se montrer trop large dans ses évaluations. Il appartiendra à l'autorité militaire, si par impossible les appréciations lui paraissent exagérées, de réduire la somme indiquée, comme aussi de l'élever, si elle appréciait que certaines conditions particulières de la livraison ont échappé à la commission. »

Du reste, sans être souverain, l'avis de la commission d'évaluation aura une très grande importance, car si les citoyens se croyaient lésés dans leurs droits, ils trouveraient dans l'opinion de la commission une base pour refuser l'offre faite, et pour réclamer devant la juridiction compétente une indemnité plus considérable.

Ces opérations, prescrites par la nouvelle loi pour arriver au règlement des indemnités, peuvent être, on le voit, d'une extrême rapidité; *tout dépend du zèle que mettra le maire à recueillir les documents à soumettre à la commission.* (Rapport de M. le baron Reille.)

Article 26.

Dans les trois jours de la proposition de la commission, les décisions de l'autorité militaire sont adressées au maire et notifiées administrativement par lui à chacun des intéressés ou à leur résidence habituelle, dans les vingt-quatre heures de la réception.

Dans un délai de quinze jours, à partir de cette notification, ceux-ci doivent faire connaître au maire s'ils acceptent ou refusent l'allocation qui leur est faite.

Faute par eux d'avoir fait connaître leur refus dans ce délai, les allocations sont considérées comme définitives. Le refus sera motivé et indiquera la somme réclamée.

Il est transmis par le maire au juge de paix du canton, qui en donne connaissance à l'autorité militaire et envoie de simples avertissements sans frais, pour une date aussi prochaine que possible, à l'autorité militaire et au réclamant.

En cas de non-conciliation, il peut prononcer immédiatement ou ajourner les parties pour être jugées dans le plus bref délai.

Il statue en dernier ressort jusqu'à une valeur de deux cents francs (200 fr.) inclusivement, et en premier ressort jusqu'à quinze cents francs (1,500 fr.) inclusivement. Au-dessus de ce chiffre, l'affaire sera portée devant le tribunal de première instance.

Dans tous les cas, le jugement sera rendu comme en matière sommaire.

Notification et jugement des réclamations.

Cet article règle deux questions importantes : 1° la notification des décisions de l'autorité militaire aux intéressés et leur mise en demeure d'avoir à faire connaître leur acceptation ou leur refus ; 2° le recours accordé aux réclamants lorsqu'ils ne jugent pas suffisantes les offres de l'autorité militaire.

§ I. — *Notification des décisions de l'autorité militaire aux intéressés et mise en demeure d'avoir à faire connaître leur acceptation ou leur refus.*

277. — Le législateur a voulu que le règlement de l'indemnité ne subît de la part de l'administration aucun retard. Aussi a-t-il assigné un délai de trois jours seulement, à partir de la délibération de la commission, au fonctionnaire de l'intendance chargé de décider au nom du ministre de la guerre, pour adresser ses décisions au maire de la commune. Il doit joindre à sa notification les états nominatifs que le maire a transmis à la commission d'évaluation, après avoir revêtu ces états de son visa. (Déc. régl., art. 51.)

278. — Dès la réception des décisions de l'autorité militaire, le maire ou son suppléant doit s'empresser de notifier à chacun des intéressés, *par la voie administrative* et individuellement, le chiffre de l'indemnité qui lui est offerte. La notification doit être faite soit à l'intéressé lui-même, soit, en son absence, à sa résidence habituelle ; en même temps le maire avertira les réclamants qu'ils doivent, sous peine de perdre tout droit de recours, adresser à la mairie, dans un délai de quinze jours, leur acceptation ou leur refus.

Le maire n'a pas un moment à perdre pour remplir cette formalité ; la loi ne lui impartit en effet qu'un délai de vingt-quatre heures. Il doit inscrire sur les états que l'autorité militaire lui a envoyés la date de la notification faite aux divers intéressés. Cette mention est essentielle, puisque cette date est le point de départ du délai accordé aux habitants pour formuler leur refus.

279. — Une déclaration faite par le rapporteur à la Chambre des députés (séance du 20 février 1877)[1] précise la manière dont se doivent calculer les délais de trois jours et de vingt-quatre heures assignés par le § 1er de l'article 26. Nous la reproduisons textuellement:

« On a demandé comment la commission entendait le délai porté au premier paragraphe de cet article. Ce paragraphe dit : « Dans les trois jours de la proposition de la commission, les « décisions de l'autorité militaire sont adressées au maire et no- « tifiées administrativement par lui à chacun des intéressés ou « à leur résidence habituelle, dans les vingt-quatre heures de « la réception. »

« Dans la pensée de la commission, l'autorité militaire a trois jours pour prendre sa décision. Elle adresse sa décision au maire; mais le temps que met la notification à arriver n'est pas compris dans les trois jours. De même, quand nous disons que les décisions doivent être notifiées par le maire à chacun des intéressés, ou à leur résidence habituelle, dans les vingt-quatre heures de la réception, les délais de transmission par la poste sont en dehors. Voilà dans quels sens doivent être entendus les délais indiqués par l'article. »

280. — Dans les quinze jours à partir de la notification faite par le maire, les intéressés doivent adresser leur réponse à la mairie. La loi n'exigeant pas que cette réponse soit formulée par écrit, le maire doit les accepter même lorsqu'elles sont faites verbalement ; mais il n'échappera à aucun magistrat municipal qu'une déclaration écrite des intéressés sauvegardera bien mieux sa responsabilité, et la prudence lui commande de la demander lorsque le réclamant n'est pas illettré.

281. — Dans tous les cas, le maire devra mentionner la réponse ou le silence des prestataires sur les états nominatifs, dans la co-

1. *Journal officiel* du 21 février 1877, page 1322, 3e colonne.

lonne disposée à cet effet (col. 22), par ces seuls mots mis en regard de chaque intéressé : *accepte, refuse* ou *n'a pas répondu.*

Le délai de quinze jours expiré, le maire arrête les états nominatifs et en certifie l'exactitude (Déc. régl., art. 51). Il renvoie l'un des deux états au fonctionnaire de l'intendance et conserve l'autre double avec soin dans les archives de la mairie. (*Idem.*)

§ II. — *Recours accordé aux intéressés lorsqu'ils ne jugent pas suffisantes les offres de l'autorité militaire.*

282. — Les états préparés dans chaque commune étant individuels, chacun reste maître de défendre ses droits particuliers, à ses risques et périls, comme il l'entend ; tout intéressé qui trouve insuffisante l'indemnité allouée par le fonctionnaire de l'intendance, est libre de réclamer contre l'évaluation qui a été faite des prestations qu'il a fournies ; mais la première condition est qu'il déclare son refus à la mairie de la commune où la réquisition a été exercée, dans les quinze jours qui suivent la notification. Passé ce délai, il serait considéré comme acceptant et ses réclamations ultérieures seraient rejetées comme tardives.

De plus, aux termes de la loi, le refus doit être motivé et indiquer la somme réclamée ; il ne serait donc tenu aucun compte d'une réclamation vague, à l'appui de laquelle aucune raison ne serait invoquée et qui se bornerait à dire que la somme offerte est insuffisante, sans préciser en chiffres les prétentions de l'intéressé.

283. — *Juridiction compétente pour statuer.* — Mais supposons le refus déclaré en temps utile et présenté dans les conditions prescrites par la loi, quelle autorité sera juge de la réclamation ?

Cette question a été l'objet de longues délibérations et d'un examen approfondi.

Se reportant au mode de procéder qui, en matière de fournitures militaires, attribue à son propre département une juridiction spéciale, M. le ministre de la guerre avait d'abord pensé que le recours contre une première décision d'indemnité prise par l'autorité militaire et non acceptée par les particuliers, devait lui être adressé à lui-même, pour être ensuite porté en appel devant le Conseil d'État.

Consulté sur ce point, le Conseil d'État fit remarquer, avec raison, que des citoyens habitant des points éloignés du territoire éprouveraient certaines difficultés à faire valoir auprès de l'administration centrale des réclamations portant souvent sur une valeur minime, et se décourageraient, sans aucun doute, d'un recours qu'ils pourraient croire illusoire. En conséquence, il émit l'avis que le recours devrait être porté, en premier ressort, non pas devant le ministre, mais devant le conseil de préfecture, afin d'assurer aux intéressés une voie de recours plus à leur portée. Le Conseil d'État aurait jugé en appel les décisions des conseils de préfecture. M. le ministre de la guerre se rallia à cette opinion et le projet primitif fut rédigé dans ce sens.

Ce système n'a pas prévalu devant la Chambre des députés. Nous trouvons dans le rapport le résumé des débats auxquels la question a donné lieu au sein de la commission et les raisons qui ont déterminé sa préférence pour l'autorité judiciaire :

« La juridiction ordinaire, en matière de fournitures militaires, n'a pas trouvé de défenseurs dans le sein de votre commission. Les raisons indiquées pour renoncer à ce système dans le cas particulier des réquisitions, raisons résultant, d'un côté, de l'absence de clauses préalables, de l'autre, de l'éloignement de la juridiction, nous ont paru justes ; et votre commission a été d'avis qu'il y avait lieu, en effet, de recourir à un autre mode.

« Le mode proposé par le Conseil d'État a trouvé des partisans dans la minorité de la commission.

« Quelle que puisse être l'opinion de principe sur le maintien « ou la suppression de la juridiction administrative, ont dit les « défenseurs de ce système, cette juridiction existe. Il serait « mauvais par une loi spéciale de porter atteinte à une loi géné-

« rale. Or l'État est ici en cause, et l'action à intenter ressortit « par suite au contentieux administratif. Le conseil de préfecture « est d'ailleurs parfaitement placé pour connaître de ces sortes « de réclamations, puisqu'il en existe un dans chaque départe- « ment. La procédure y est simple et peu coûteuse. Il convient « donc de recourir à cette juridiction, avec appel au Conseil « d'État. »

« La majorité de votre commission n'a pas partagé cet avis. Elle a pensé qu'une évaluation de ce genre serait plutôt du domaine des juges de paix, avec appel aux tribunaux ordinaires. La raison tirée du droit commun ne saurait s'appliquer ; en effet, l'attribution aux conseils de préfecture sort des règles ordinaires en matière de fournitures militaires et se justifie surtout par l'avantage de mettre le tribunal plus à la portée des intéressés, d'un côté ; dans des conditions d'appréciation plus facile, de l'autre. Combien ce double motif ne s'applique-t-il pas d'une manière plus frappante encore aux juges de paix qui, placés dans chaque canton, y sont mieux à même que personne de connaître, par expérience quotidienne, la valeur, souvent variable d'une localité à une autre, des denrées requises !

« La juridiction contentieuse administrative n'est pas ici dans son essence absolue : il n'y a pas une action des intéressés contre l'État, mais une sorte de réclamation relative à l'appréciation d'une expropriation pour cause d'utilité publique. La nature de cette expropriation ne permet pas le jugement par un jury ; mais elle entraîne un débat entre la demande et l'offre, qui peut, sans inconvénients, être porté devant le juge local, sous réserve de l'appel de la décision devant le tribunal. »

Au Sénat, la question fut l'objet d'une nouvelle étude, dont les résultats sont indiqués dans le rapport de M. le colonel O. de Bastard. Après avoir exposé le parti adopté par la Chambre des députés, l'honorable rapporteur ajoute :

« C'est ce système, d'ailleurs accepté par M. le Ministre, que nous demandons au Sénat de consacrer aujourd'hui. Il a, sur les précédents, l'avantage considérable de mettre le tribunal à la portée des parties intéressées, et de rendre plus facile l'appréciation de l'indemnité, plus prompte la décision définitive.

« Il a toutefois soulevé quelques objections auxquelles nous croyons utile de répondre.

« En premier lieu, a-t-on dit, il s'agit ici d'un marché de fournitures et, par suite, les tribunaux judiciaires sont incompétents.

« Nous démontrerons qu'il n'y a pas, à proprement parler, en l'espèce, marchés de fournitures. En outre, la compétence en matière de fournitures appartenant au *ministre* et, *en appel au Conseil d'État,* ce serait donc toujours déroger à un principe reconnu et établi que de saisir le conseil de préfecture de ces demandes d'indemnité.

« En second lieu, on a fait remarquer qu'il est singulier et anormal de voir l'État, débiteur, traduit devant l'autorité judiciaire, qui pourra être ainsi amenée, dans certains cas, à critiquer les opérations du Gouvernement relativement aux réquisitions ordonnées.

« Nous répondrons que les réquisitions étant un droit exceptionnel conféré, dans un intérêt supérieur, à l'autorité militaire, il n'y a rien d'étonnant qu'on attribue exceptionnellement, dans l'espèce, compétence aux tribunaux ordinaires.

« D'ailleurs, remarquons qu'il ne s'agit pas précisément de marchés de fournitures. Il y a ici une véritable *expropriation de la propriété mobilière,* une expropriation qu'on pourrait dire pour cause de *nécessité publique,* absolument comme il y a des expropriations immobilières, en cas d'urgence, pour travaux de fortifications. Et alors il serait tout naturel de trouver dans le règlement de l'indemnité due pour expropriation mobilière, quelque chose d'analogue à ce qui se passe dans le règlement de l'indemnité pour expropriation d'immeubles. Or, sous les lois du 28 pluviôse an VIII et du 16 septembre 1807, l'indemnité en matière d'expropriation immobilière était réglée par le *conseil de préfecture* (art. 4). Mais la loi du 8 mars 1810 est venue enlever aux tribunaux administratifs le règlement de cette indemnité pour le confier à l'autorité judiciaire. Aujourd'hui, c'est un jury spécial qui est chargé de ce soin (Lois des 7 juillet 1833 et 3 mai 1841). Donc, ce qu'on pourrait voir dans notre disposition serait une seconde exception apportée à l'article 4 de la loi du 28 pluviôse an VIII. Cette deuxième exception s'expliquerait d'autant mieux qu'elle naîtrait dans les mêmes conditions que la première.

« Mais nous ajoutons bien vite qu'ici il n'y a même pas dérogation à l'article 4 de la loi du 28 pluviôse an VIII. Cet article, en effet, n'a jamais réglé que l'expropriation en matière d'immeubles ; il réglait seulement les indemnités dues aux propriétaires des *terrains pris ou fouillés*. D'ailleurs, il n'est rien resté de la disposition de cet article ayant trait à l'expropriation, les lois postérieures l'ayant abrogée. Par suite, si un tribunal est compétent aujourd'hui en matière d'expropriation mobilière, expropriation admise en principe par l'article 545 du Code civil, ce ne peut être un tribunal administratif.

« Toutefois, étant en présence d'une véritable expropriation, nous pourrions nous demander s'il n'y a pas lieu d'introduire dans notre espèce les dispositions de la loi du 3 mai 1841, et de confier à un jury le règlement de l'indemnité ? Nous ne le pensons pas, et cela pour deux motifs. En premier lieu, les formalités de la loi de 1841 sont fort longues ; d'autre part, nous sommes dans une hypothèse toute différente, car il s'agit ici d'une *expropriation mobilière, faite en cas d'urgence, sans indemnité préalable* et dont l'objet sera souvent très minime.

« Nous ne pensons pas davantage devoir admettre l'amendement qui a été proposé sur ce point, malgré l'autorité qui s'attache au nom de son auteur.

« L'amendement de notre honorable collègue, M. Bozérian, a le même inconvénient que le premier projet du Gouvernement : celui de ne pas mettre le tribunal à la portée des intéressés, en instituant au chef-lieu du département une commission, juge en premier ressort, le Conseil d'État devant connaître en appel des demandes d'indemnité. Il supprime, en outre, par ce fait, tout préliminaire de conciliation, et engage immédiatement une instance, sans que les intéressés aient été appelés à s'arranger à l'amiable avec l'État.

« Enfin, la commission à laquelle est attribué le pouvoir de statuer est composée, savoir : du président du tribunal civil, d'un juge par lui délégué, d'un conseiller général, d'un conseiller d'arrondissement désigné par le préfet et de deux membres militaires désignés par le général commandant la subdivision.

« Il y a, dans cette commission, des éléments de nature différente, qu'on ne devrait pas, croyons-nous, trouver réunis dans un même tribunal : l'autorité militaire et l'autorité judiciaire. En outre, nous remarquerons que l'élément administratif *proprement dit* n'y est pas représenté, et cependant la connaissance de l'affaire, en appel, appartient au Conseil d'État, qui connaîtrait ainsi d'une décision à laquelle auraient participé *deux membres de l'autorité judiciaire,* et pas un membre de l'autorité administrative.

« Pour ces raisons, nous pensons que l'amendement ne doit pas être pris en considération, sans contester, cependant, ce que son système a d'ingénieux et de séduisant, et tout en reconnaissant, d'ailleurs, qu'il pouvait être inspiré par un précédent existant dans la législation antérieure.

« En effet, une loi de finances du 28 avril 1816 (art. 6) créa des commissions départementales composées de *six conseillers généraux présidés par le préfet,* chargées de vérifier et liquider tous les comptes des marchés de fournitures et réquisitions qui avaient été exercées, soit en argent, soit en denrées, pendant l'invasion de 1815, dans les départements occupés par l'ennemi. Cette commission n'a jamais eu, du reste, d'attributions parfaitement déterminées. Elle statuait en premier ressort, mais la jurisprudence n'était pas d'accord sur la question de savoir si le recours devait être porté devant les conseils de préfecture ou devant le Conseil d'État. »

284. — Le système adopté définitivement et consacré par la loi est le suivant : une tentative de conciliation doit avoir lieu dans tous les cas devant le juge de paix ; si l'accord ne se fait point entre l'autorité militaire et le réclamant, le différend est porté devant les tribunaux judiciaires, et compétence est attribuée : aux *justices de paix* en dernier ressort jusqu'à une valeur de 200 fr. ; aux *justices de paix* en premier ressort, et aux *tribunaux de première instance,* en appel, pour toute réclamation n'excédant pas 1,500 fr. Au-dessus de ce chiffre, l'affaire est portée devant le tribunal de première instance.

285. — *Les refus d'acceptation sont transmis au juge de paix par le maire.* — Le maire est chargé par la loi de transmettre au juge de paix du canton les déclarations de refus qui lui sont faites par les intéressés. L'article 56 du décret réglementaire dispose à cet égard :

« Les refus d'acceptation du chiffre de l'indemnité allouée, « qui sont remis au maire dans les conditions prévues par l'ar- « ticle 26 de la loi du 3 juillet 1877, sont transmis par ceux-ci aux « juges de paix aussitôt après l'expiration du délai de quin- « zaine. »

Dans le rapport adressé au Sénat, M. le colonel O. de Bastard a prévu et réfuté l'objection que cette disposition pouvait faire naître au point de vue des principes généraux du droit ; en même temps il a déterminé quelle serait en cette matière la responsabilité du maire :

« Le maire, aux termes de cet article, sert d'agent de transmission entre les particuliers et l'autorité judiciaire. Il est tenu de transmettre au juge de paix du canton le refus motivé de l'allocation de la part des particuliers. Il y a bien ici dérogation au principe général qui veut que les parties elles-mêmes ou leurs mandataires saisissent les tribunaux des différends qu'elles peuvent avoir. Mais cette disposition, qui peut paraître singulière à première vue, a sa raison d'être : on a voulu donner aux intéressés toute facilité pour le règlement de l'indemnité. C'est le maire qui est chargé de renseigner l'autorité militaire sur les prestations fournies, c'est lui qui reçoit les propositions d'indemnité et les transmet aux particuliers ; ce sera également le maire qui saisira le tribunal de leurs contestations, en étant, pour ainsi dire, leur mandataire constitué par la loi. Cette disposition est donc tout à l'avantage des particuliers. Aucune pénalité, il est vrai, n'est édictée contre le maire qui ne se conformerait pas aux prescriptions de l'article 26 sur ce point ; mais une pénalité est ici inutile. *Si le maire ne voulait pas exécuter la loi, les particuliers trouveraient dans cette loi même la base d'une action en dommages-intérêts.* »

286. — *Conciliation.* — Le juge de paix, dès qu'il est saisi de la déclaration de refus, doit appeler en conciliation le fonctionnaire de l'intendance qui a pris la décision attaquée, ainsi que les réclamants. (Déc. régl., art. 56.) Cette citation en conciliation est faite par voie d'avertissement, sans frais et pour une date aussi rapprochée que possible. (Loi du 3 juillet 1877, art. 26, § 4.)

Le fonctionnaire de l'intendance n'est point tenu de comparaître lui-même ; il résulte des rapports présentés à la Chambre des députés et au Sénat qu'il est autorisé à se faire représenter par un agent dont le choix est laissé à l'administration, et qui peut être, suivant les localités, un officier, un brigadier de gendarmerie, un commissaire de police, un agent des finances, notamment le percepteur. Ces fonctionnaires, cités dans les rapports de M. le baron Reille et de M. le colonel O. de Bastard, ne le sont qu'à titre d'exemple. Mais dans tous les cas le représentant de l'autorité militaire devra justifier de son mandat auprès du juge de paix.

287. — *Jugement.* — « En cas de non-conciliation », porte l'article 26, § 5, « le juge de paix peut prononcer immédiatement ou ajourner les parties pour être jugées dans le plus bref délai. » Cette disposition semblerait attribuer dans tous les cas compétence au juge de paix, mais il n'en est pas ainsi. En effet, le paragraphe suivant dispose expressément qu'au-dessus de 1,500 francs l'affaire est portée devant le tribunal de première instance.

La compétence du juge de paix est donc limitée : « Il statue en dernier ressort jusqu'à une valeur de 200 fr. inclusivement et en premier ressort jusqu'à 1,500 fr. inclusivement. »

Lors donc que la demande excède 1,500 fr., le juge de paix n'en connaît qu'à titre de conciliateur ; aussi l'article 56, § 3, du décret réglementaire exige-t-il que les procès-verbaux de non-conciliation pour les réclamations supérieures à 1,500 fr. soient remis directement aux intéressés.

288. — Ce qui détermine la compétence, c'est le chiffre de la somme réclamée par l'intéressé ; c'est ce qui ressort de ces mots « pour les réclamations supérieures à 1,500 fr. » et aussi du passage suivant du rapport de M. le colonel O. de Bastard :

« Le juge de paix est donc saisi par le maire ; il statue en dernier ressort jusqu'à une valeur de 200 fr., et à charge d'appel devant le tribunal de première instance, *pour les réclamations de 200 à 1,500 fr. Pour toute demande supérieure à 1,500 fr.*, le juge de paix n'en connaît que comme tribunal de conciliation, et la connaissance de l'affaire appartient, en premier ressort, aux tribunaux de première instance et en appel à la cour. C'est dans ce sens général que l'article devra être interprété. »

Nous voyons par le même passage que, dans la pensée du législateur, les tribunaux de première instance ne statuent qu'en premier ressort et, sauf recours devant la cour d'appel, sur les réclamations supérieures à 1,500 fr. [1].

289. — *Voies de recours.* — Il nous paraît certain que les

---

1. Cette interprétation résulte aussi de la déclaration faite par M. le baron Reille à la Chambre des députés (séance du 20 février 1877) : « *L'appel aura lieu dans les formes ordinaires.* »

voies de recours ordinaires, telles que l'opposition et le recours en cassation, sont ouvertes aux parties. Rien d'ailleurs ne justifierait une exception aux règles générales. (Voir à ce sujet le rapport de M. Bozérian au Sénat, séance du 16 février 1878, sur le projet tendant à l'exemption des droits d'enregistrement, § 294.)

290. — *Représentation de l'État.* — Par qui l'État sera-t-il représenté dans l'instance? Le rapporteur du Sénat, en posant cette question, donne la solution suivante : « Devant les cours d'appel et les tribunaux de première instance, il sera naturellement représenté par le magistrat faisant fonction de ministère public; devant les justices de paix, nous pensons qu'il est bon de laisser à l'administration le soin de choisir, suivant les localités, entre le commissaire de police, un brigadier de gendarmerie ou un agent des finances, le percepteur par exemple. »

291. — *Procédure.* — L'article 26, § 7, prescrit que le jugement soit, dans tous les cas, rendu comme en matière sommaire. Le législateur considère comme extrêmement désirable, au point de vue des intérêts de tous, le règlement le plus prompt possible des indemnités; il veut aussi que le jugement du désaccord n'entraîne que peu de frais. Ce double but est atteint par la disposition du paragraphe final de l'article 26. En effet, la procédure tracée pour l'instruction et le jugement des matières sommaires (art. 405 à 413 et 463, C. Pr. civ. [1]) permet de statuer dans un très bref délai en simplifiant, dans une large mesure, les formalités ordinaires. « Les matières sommaires sont jugées à l'audience, après les délais de la citation échus, sur un simple acte, sans autre procédure ni formalités » (art. 405, C. Pr. civ.). D'un autre côté, les taxes pour les actes de procédure sont moins élevées qu'en matière ordinaire (D. 16 février 1807, tarif en matière civile, art. 67). Les réclamations

1. Voir aussi D. 6 juillet 1810 (art. 11).

en indemnités seront donc jugées promptement et avec économie.

292. — Le législateur n'a parlé que du jugement : « *Le jugement sera rendu comme en matière sommaire.* » Mais il nous paraît certain que son intention n'a pas été de restreindre au seul jugement l'assimilation avec les matières sommaires. Il est de jurisprudence que les mots « *jugés sommairement* », employés dans divers articles du Code de procédure civile ou dans d'autres lois, signifient que l'affaire doit être non seulement jugée, mais instruite comme en matière sommaire et que les frais doivent être taxés comme en matière sommaire. (Dalloz, v° *Matière sommaire,* n°s 8 et suiv.) A plus forte raison doit-on interpréter dans le même sens l'expression « jugement rendu comme en matière sommaire ». D'ailleurs, M. Reille, dans son rapport, fait remarquer qu' « avec cette procédure, les frais seront minimes », ce qui n'aurait point de sens si les taxes n'étaient point celles que fixe l'article 67 du tarif en matière civile.

293. — *Frais et dépens.* — Aux tribunaux saisis de la réclamation appartiendra le droit de fixer par qui les frais et dépens devront être supportés : le même rapport le déclare expressément. Ces frais pourront donc être mis à la charge de l'État, si les prétentions du réclamant sont reconnues fondées.

294. — *Exemption des frais de timbre et d'enregistrement.* — Le système adopté par le législateur tend, on le voit, tout entier à donner à celui qui a été frappé d'une réquisition toutes les facilités possibles pour obtenir un juste dédommagement.

Avant de passer à l'explication de l'article suivant, il nous reste à parler d'une loi spéciale, la loi du 18 décembre 1878 [1],

1. Cette loi a été publiée au *Journal officiel* du 20 décembre 1878.

qui, ayant pour objet de diminuer les frais auxquels peut donner lieu le règlement des indemnités, doit être naturellement rapprochée de l'article 26.

C'est d'ailleurs comme amendement à cet article que l'honorable M. Bozérian avait soumis au Sénat le projet qui a été adopté depuis après quelques modifications.

Cet amendement était ainsi conçu :

« Les procès-verbaux, certificats, significations, jugements, contrats, quittances et autres actes faits en vertu de la présente loi seront visés pour timbre et enregistrés gratis lorsqu'il y aura lieu à la formalité de l'enregistrement. »

Son auteur la justifia à la tribune du Sénat dans les termes suivants :

« Le paragraphe additionnel que j'ai soumis à l'attention du Sénat a pour objet de rendre applicables à la loi que vous discutez en ce moment les règles générales en matière d'expropriation.

« Il s'agit, dans le cas actuel, d'une expropriation d'un genre spécial : de réquisitions.

« En matière d'expropriation, pour toutes les difficultés contentieuses qui peuvent naître et forcer les parties à se présenter devant les tribunaux, tous les actes, tous les procès-verbaux sont dispensés du timbre et de l'enregistrement. Cela, au point de vue des justiciables, a un intérêt considérable.

« Je demande par mon amendement, que cette disposition, qui est, en quelque sorte, de droit commun en matière d'expropriation, soit appliquée à la loi spéciale que vous discutez en ce moment. »

Le principe de l'amendement ne fut combattu ni par la commission, ni par le Gouvernement. Le rapporteur et M. le ministre de la guerre firent entendre à cet égard des déclarations fort nettes. Mais, après avoir constaté leur adhésion, et pour ne point retarder la promulgation de la loi qui, avec la modification proposée, eût dû être de nouveau soumise à la Chambre des députés [1], M. Bozérian retira son amendement, se réservant de le reprendre sous forme de projet de loi spéciale.

C'est ce qu'il fit, en effet, dès que le Sénat fut de nouveau réuni. La proposition, soumise à la commission d'initiative, fut l'objet d'un rapport favorable (24 janvier 1878, annexe 31) et prise en considération (séance du 28 janvier), sous le bénéfice d'une réserve faite par M. le ministre des finances. Une commission spéciale [2] chargée de l'examiner choisit pour rapporteur M. Bozérian qui, dans un rapport déposé le 16 février 1878 (annexe 70, *Officiel* du 23 février), conclut à l'adoption. Nous extrayons de ce rapport les passages les plus importants :

« La procédure sommaire ne dispense ni des frais de timbre, ni de ceux d'enregistrement ; elle ne dispense pas non plus les parties de l'assistance des officiers ministériels, dans le cas où cette assistance est obligatoire ; elle ne dispense pas davantage des amendes infligées par la loi à ceux qu'elle considère comme des plaideurs téméraires.

« Or, ces frais peuvent s'élever à des sommes considérables [3]. »

Après avoir rappelé dans quelles circonstances avait été retiré l'amendement présenté lors de la préparation de la loi du 3 juillet et qui avait pour but de remédier à cet inconvénient, le rapport ajoute :

« La proposition de loi déposée par notre collègue est la reproduction textuelle de cet article ; elle a pour objet, dans cette matière, comme en matière d'expropriation, de dispenser des droits de timbre et d'enregistrement les procès-verbaux, certificats, significations, jugements, contrats, quittances et autres

---

1. La Chambre des députés allait être dissoute.

2. Cette commission était composée de MM. Dumesnil, *président ;* Dauphin, *secrétaire ;* Bozérian, *rapporteur ;* de la Sicotière, Arnaudeau, Bonafous, Espinasse, Valentin, Oudet.

3. Le dépôt d'un pourvoi civil devant la Cour de cassation occasionne une dépense de plus de 200 fr.

actes faits en exécution de la loi du 3 juillet 1877, sur les réquisitions militaires.

« A raison de son objet, et à raison des précédents, cette proposition ne pouvait souffrir de difficulté.

« Elle n'en pouvait souffrir, lorsque la procédure traverse la période gracieuse ; car, bien que la loi du 3 juillet 1877 ne s'explique pas explicitement sur ce point, il est certain que tous les actes faits durant cette période ne doivent occasionner aucuns frais de ce genre aux personnes qui ont fourni des prestations.

« Pourquoi en serait-il autrement dans la période contentieuse? Parce que les contestations des réclamants peuvent être mal fondées ; mais ceux qui réclameront à tort seront punis de leur erreur par une condamnation aux dépens de l'instance, et c'est l'État qui bénéficiera de ces dépens.

« On se demande pour quelle raison l'individu requis pour cause de nécessité publique serait traité autrement que l'individu exproprié pour cause d'utilité publique.

« Si la situation des deux est analogue, le traitement doit être le même.

« Un des membres de la commission a fait observer qu'au cours de l'instance des incidents étrangers au règlement de l'indemnité peuvent surgir et que ces incidents pourraient nécessiter une procédure spéciale, parallèle à celle relative audit règlement ; il a pensé qu'il ne serait pas juste de faire participer au bénéfice de la présente proposition de loi les actes nécessités par cette procédure, bien qu'ils se rattachassent à la procédure principale.

« Cette observation a paru juste à votre commission, qui vous propose de décider que ces actes demeureront soumis aux règles du droit commun, c'est-à-dire qu'ils ne seront pas dispensés des frais de timbre et d'enregistrement. »

La proposition fut adoptée en première lecture le 1er mars 1878, après déclaration faite par M. Bozérian que le ministre des finances l'acceptait en principe, sauf sur un point que le rapporteur déterminait ainsi :

« Persévérant dans ses précédents errements, la commission propose de s'en tenir à l'exécution littérale de la promesse faite en 1877, et par conséquent de décider que, quelle que soit l'issue des procès qui pourront s'engager, les actes dont il s'agit (jugements, contrats et tous autres actes) seront dispensés du timbre et qu'ils seront enregistrés gratis.

« M. le ministre des finances voudrait que les actes fussent enregistrés non pas gratis, mais en débet, ce qui aurait pour résultat, si le particulier perd son procès, de mettre à sa charge les frais de timbre et d'enregistrement. »

Lors de la seconde lecture (séance du 7 mars), M. Bozérian, au nom de la commission, présenta la rédaction suivante :

« Les procès-verbaux, certificats, significations, jugements, contrats, quittances et autres actes faits en vertu de la loi du 3 juillet 1877 sur les réquisitions militaires et *exclusivement* relatifs au règlement de l'indemnité seront *dispensés du timbre* et enregistrés gratis lorsqu'il y aura lieu à la formalité de l'enregistrement. »

Il expliqua à la tribune les motifs qui avaient déterminé la commission à modifier le texte primitif :

« Un mot, un seul, sur ces deux modifications d'ailleurs de peu d'importance. M. le ministre des finances a demandé qu'on voulût bien faire précéder du mot *exclusivement,* ceux-ci : *relatifs au règlement de l'indemnité.*

« En effet, Messieurs, voici ce qui peut se présenter : lorsqu'un pourvoi relatif au règlement de l'indemnité se présente devant la juridiction contentieuse, il peut advenir que des questions absolument étrangères au règlement de l'indemnité se trouvent introduites par voie d'incident.

« Exemple : Paul réclame une indemnité, Pierre intervient et dit : Mais l'indemnité, quelle qu'elle soit — sauf le chiffre à fixer, — doit m'être attribuée à moi et non à Paul.

« Il est parfaitement juste que, dans cette circonstance, le droit commun recouvre son empire, et pour bien marquer le but et la portée de la loi, nous avons ajouté le mot « exclusivement ».

« Quant aux mots *visés pour timbre,* on propose de dire, — ce qui est plus simple, j'en conviens, — « *dispensés du timbre* ». M. le ministre nous a fait observer que cette logomachie empruntée au vocabulaire juridique était assez peu compréhensible, en ce sens surtout qu'elle aurait pour résultat de forcer des employés à faire une besogne inutile. Pourquoi viser pour timbre des actes que la loi déclare exempts du timbre ? Il est beaucoup plus simple de dispenser l'employé du travail du visa. »

A la suite de ces explications, le Sénat adopta sans discussion le projet qui fut transmis à la Chambre des députés. M. Charles Mention, au nom de la commission chargée de l'examen de la proposition, a déposé, dans la séance du 1er avril, un rapport[1] concluant à l'adoption pure et simple du texte voté par le Sénat. Le texte, voté sans modification et sans débats par la Chambre le 9 novembre[2], a été promulgué le 18 décembre suivant.

Article 27.

Après l'expiration du délai fixé par le deuxième paragraphe de l'article précédent, le maire dresse l'état des allocations devenues définitives par l'acceptation ou le silence des intéressés.

Le montant des allocations portées sur ce tableau est mandaté collectivement, au nom de la commune, par les soins de l'intendance.

Le mandat doit être payé comptant.

En temps de guerre, le paiement peut être fait en bons du Trésor, portant intérêt à 5 p. 100 du jour de la livraison.

---

1. Voir le texte de ce rapport (annexe 592) au *Journal officiel* du 2 mai 1878, page 4614.
2. Voir *Journal officiel* du 10 novembre 1878, page 10360.

Paiement des indemnités.

295. — Nous avons vu (§ 281) qu'après l'expiration du délai de quinze jours imparti aux intéressés pour faire connaître à la mairie s'ils acceptent ou s'ils refusent l'indemnité offerte par l'autorité militaire, le maire doit, sans retard, adresser au fonctionnaire de l'intendance l'état nominatif sur lequel il a eu soin de mentionner la résolution prise par chacun des habitants qui y sont compris (*accepte, refuse, n'a pas répondu*). Il doit lui transmettre par le même envoi, en simple expédition et par service administratif[1], l'état des allocations acceptées et de celles pour lesquelles les intéressés n'ont pas fait de réponse. Ce nouvel état est dressé sur des formules imprimées, dites modèle B[2], préparées par les soins du ministère de la guerre et mises gratuitement à la disposition des municipalités. (Décret régl., art. 52.)

296. — Lorsque le fonctionnaire de l'intendance a reçu les états transmis par le maire, il doit, après vérification et dans un délai maximum de huit jours, délivrer un mandat de paiement équivalant au montant total des offres acceptées ou au sujet desquelles il n'a pas été fait de réponse. Ce mandat est collectif et établi au nom de la commune ou, plus exactement, au nom du receveur municipal de la commune ; il est adressé à ce receveur avec une expédition de l'état nominatif des allocations acceptées ou considérées comme telles par le silence des intéressés (*modèle B*), qui est préalablement visé par le fonctionnaire de l'intendance ordonnateur. (Décret régl., art. 53.)

On remarquera que l'intendance n'a à délivrer qu'un seul titre pour tous les acceptants d'une même commune. Le législateur, en adoptant cette disposition, a voulu simplifier les opé-

---

1. Nous avons indiqué plus haut (§ 273) quels sont les différents services administratifs du ministère de la guerre.
2. Voir ce modèle aux annexes (annexe n° 3.)

rations de l'intendance qui peuvent être considérables, et hâter ainsi le paiement de l'indemnité.

297. — Le projet du Gouvernement donnait un délai d'un mois pour le paiement du mandat, qui devait être fait soit au comptant, soit en bons du Trésor à trois mois. La Chambre des députés n'a pas cru devoir accepter ce système. Elle a décidé que le mandat doit être payé comptant, et qu'en temps de guerre, exclusivement, le paiement pourrait être fait en bons du Trésor, portant intérêt à 5 p. 100 du jour de la livraison.

Le rapport de M. le baron Reille témoigne à cette occasion de la sollicitude constante que le législateur a manifestée pour les intérêts des populations : « En temps ordinaire, la commission ne voit aucune raison pour accorder un délai d'un mois. Si l'on tient compte du temps minimum qui s'est écoulé depuis la réquisition, on voit qu'il a fallu environ trente jours pour que le mandat soit délivré. La fixation est devenue définitive : il n'y a donc aucune raison valable pour faire attendre plus longtemps les intéressés. L'administration, qui connaît depuis près de trois semaines le chiffre total des allocations proposées, aura pu se mettre en mesure pour le paiement. En temps ordinaire, nous demandons donc que ce paiement soit fait au comptant; mais en temps de guerre, il est permis de prévoir des obstacles à un règlement immédiat. Le Trésor peut ne pas être suffisamment pourvu, et le paiement à terme devenir nécessaire. Dans ce cas, il nous a paru que c'était au Gouvernement, qui connaît ses ressources et les époques de ses rentrées, à fixer lui-même le délai dont il a besoin et à échelonner le paiement des bons qu'il délivrera, afin d'être sûr de pouvoir faire face aux échéances. Un intérêt de 5 p. 100 sera servi aux requis, et pour les dédommager du retard, l'intérêt commencera à courir du jour de la réquisition.

Il est bien entendu que le maire, qui touchera le mandat au nom de la commune, tiendra compte à chacun de la part d'intérêt qui lui est afférente. Ces dispositions nous semblent plus avantageuses que celles que contenait le projet, tant pour les particuliers que pour le Trésor. »

Article 28.

Aussitôt après le paiement du mandat ou l'échéance du bon du Trésor, le maire est tenu de mandater et le receveur municipal est tenu de payer à chaque indemnitaire la somme qui lui revient.

Distribution des indemnités aux ayants droit.

298. — Le mandat délivré par l'intendance étant établi au nom de la commune, c'est à l'autorité municipale qu'il appartient de faire la répartition entre les intéressés. Mais il est bien évident que c'est là une simple opération de forme, car les sommes allouées par l'autorité militaire et acceptées par les ayants droit ne peuvent être modifiées.

Dès que le mandat est payé ou, en temps de guerre, à l'échéance du bon du Trésor, le maire doit s'empresser de mandater, au nom de chaque indemnitaire, la somme pour laquelle il est compris sur l'état nominatif. Sur le mandat du maire, le receveur municipal paie à chacun ce qui lui est dû, en lui faisant émarger l'état nominatif (*modèle B*) pour constater le paiement ; l'émargement tient ainsi lieu de quittance. (Décret régl., art. 54.)

299. — Si le paiement a lieu en bons du Trésor, le receveur municipal encaisse le montant de ces bons à leur échéance, et il fait, de concert avec le maire, la répartition des intérêts au prorata des indemnités ; il porte cette répartition sur l'état nominatif et effectue les paiements sur des mandats délivrés par le maire et contre émargement. (Décret régl., art. 55.)

300. — Si les intéressés font abandon de leurs droits à indemnité, il nous semble évident que la commune doit en bénéficier, puisque le mandat est délivré en son nom. Mais il est encore moins douteux que cet abandon ne peut être que volontaire et ne saurait être imposé par une délibération du conseil municipal.

TITRE VI

DES RÉQUISITIONS RELATIVES AUX CHEMINS DE FER [1]

Article 29.

Dans les cas prévus par l'article 1er de la présente loi, les compagnies de chemins de fer sont tenues de mettre à la disposition du ministre de la guerre toutes les ressources en personnel et matériel qu'il juge nécessaires pour assurer les transports militaires. Le personnel et le matériel ainsi requis peuvent être indifféremment employés, sans distinction de réseau, sur toutes les lignes dont il peut être utile de se servir, tant en deçà qu'au delà de la base d'opérations.

Obligations imposées aux compagnies de chemins de fer.

301. — Les chemins de fer sont devenus un instrument militaire des plus importants. En temps ordinaire, les troupes y ont souvent recours pour leur transport ; en temps de guerre, les lignes ferrées jouent un rôle des plus considérables dans la préparation comme dans la conduite de la campagne, et tout le monde sait comment elles peuvent être utilisées tant pour la marche que pour les approvisionnements des troupes.

Il est donc hors de doute que, dans les circonstances spéciales

---

1. Bien que les *tramways* soient désignés dans la langue administrative sous le nom de « chemins de fer à traction de chevaux », nous ne pensons pas que les dispositions de ce titre leur soient applicables. Ils correspondent à des besoins spéciaux et sont placés sous un régime particulier. Le cahier des charges annexé au décret d'autorisation ne prévoit point la réquisition par l'État. Les lois du 24 juillet 1873 (art. 26) et du 13 mars 1875 (art. 22 et suiv.) ne parlent évidemment que des chemins de fer dans le sens donné vulgairement à ce mot. L'ensemble des dispositions du titre VI de la nouvelle loi s'appliquerait difficilement aux tramways. Bien entendu, les lignes de tramways et leur matériel pourraient être requis comme tous autres modes de transport en vertu de l'article 5, § 4, de la loi du 3 juillet 1877.

où l'autorité militaire peut s'adresser au pays, les chemins de fer doivent être mis d'une manière absolue à la disposition du ministre de la guerre, et en fait il en a été ainsi dans les dernières guerres. Mais il n'y avait pas moins avantage à rendre, par des dispositions légales, cette réquisition absolument régulière. Déjà la loi du 24 juillet 1873, dans son article 26, et la loi des 13-28 mars 1875 [1], dans son article 23, avaient posé le principe. La loi du 3 juillet 1877, s'occupant de toutes les réquisitions, devait comprendre, en ce qui concerne les chemins de fer, les bases générales ; comme elle ne pouvait entrer dans les détails d'application, elle les a renvoyés au règlement d'administration publique. La commission militaire supérieure des chemins de fer, instituée en vertu de la loi du 13 mars 1875 (art. 23) [2], avait déjà préparé sur cette question des travaux très complets, qui ont servi à élaborer le règlement qui, aujourd'hui, fixe exactement la marche à suivre et les relations entre le commandement et les compagnies.

302. — Le ministre peut réquisitionner les chemins de fer dans tous les cas prévus par l'article 1er de la loi, c'est-à-dire non seulement en cas de mobilisation, mais même en cas de rassemblement.

Lorsqu'il y a lieu de requérir la totalité des moyens de transport dont disposent une ou plusieurs compagnies de chemins de fer, cette réquisition est notifiée à chaque compagnie par un arrêté spécial du ministre des travaux publics. Son retrait lui est notifié de la même manière. (Décret régl., art. 57.)

303. — On remarque qu'aux termes mêmes de la loi les compagnies sont tenues de mettre à la disposition du ministre de la guerre *toutes les ressources en personnel et en matériel* qu'il

---

1. Les dispositions des articles 22 à 27 de la loi du 13 mars 1875 ont été abrogées et remplacées par de nouvelles, comme on le verra plus loin (§ 309) par la loi du 28 décembre 1888.

2. Aujourd'hui article 26 (loi du 28 décembre 1888).

juge nécessaires pour assurer les transports militaires. Le personnel, sans distinction, qu'il s'agisse d'hommes compris dans la réserve de l'armée active ou dans l'armée territoriale, ou libérés de tout service militaire, d'employés appartenant ou non aux sections d'ouvriers de chemins de fer (Loi du 13 mars 1875 modifiée par la loi du 28 décembre 1888, art. 27), est susceptible d'être requis pour assurer les transports. Cette obligation peut être rigoureuse, mais elle nous paraît ressortir nécessairement de la loi ; elle se justifie d'ailleurs par l'intérêt supérieur que le législateur avait en vue.

304. — Les opérations militaires auraient été souvent entravées si les compagnies avaient pu exiger que leur matériel et leur personnel ne fussent utilisés que sur leur réseau. La loi, pour prévenir toute difficulté, a disposé expressément qu'ils pourraient être indifféremment employés, sans distinction de réseau, sur toutes les lignes dont il peut être utile de se servir tant en deçà qu'au delà de la base d'opérations.

305. — Il y a néanmoins intérêt à distinguer entre ces deux parties de la ligne ; en effet, aux termes de l'article 58 du décret du 2 août, en temps de guerre, les transports en deçà de la base d'opérations sont ordonnés par le ministre de la guerre et sont exécutés par les compagnies sous la direction de la commission militaire supérieure des chemins de fer. Les transports au delà de la base d'opérations sont ordonnés par le général en chef et sont exécutés par les soins de la direction militaire des chemins de fer de campagne, à l'aide d'un personnel spécial organisé militairement et d'un matériel fourni par les compagnies.

Article 30.

L'autorité militaire peut aussi se faire livrer par les compagnies, sur réquisition et au prix de revient, le combustible, les matières grasses et autres objets qui seront nécessaires pour le service des chemins de fer en campagne.

Réquisition de combustibles, matières grasses et autres objets nécessaires pour le service des chemins de fer en campagne.

306. — « L'article 30 permet au ministre de la guerre de prendre aux compagnies, à leur prix de revient, tous les objets nécessaires à l'exploitation des chemins de fer en campagne. Il peut, en effet, y avoir urgence à se fournir rapidement du combustible et des matières grasses indispensables, et ces objets peuvent faire défaut sur le parcours des voies ferrées de campagne, soit qu'ils ne se trouvent pas dans le pays, soit que l'ennemi ait eu le temps et le soin de les enlever dans les stations qu'il a occupées et abandonnées. Il pourrait être trop long d'avoir à faire venir, par marchés, les charbons et autres objets, de points éloignés de l'intérieur. Aussi la loi arme-t-elle l'autorité militaire des moyens de les requérir des compagnies. » (Rapport de M. le baron Reille.)

ARTICLE 31.

Les dépendances des gares et de la voie, y compris les bureaux et fils télégraphiques des compagnies, qui peuvent être nécessaires à l'administration de la guerre, doivent également être mis, sur réquisition, à la disposition de l'autorité militaire.

Les réquisitions seront adressées par l'autorité militaire aux chefs de gare.

Réquisition des dépendances des gares et de la voie.

307. — L'article 31 autorise l'administration de la guerre à se mettre en possession des gares, dépendances et télégraphes appartenant aux compagnies, si elle en a besoin pour assurer les opérations militaires, ou si elle veut exécuter des travaux préparatoires de défense pour la conservation de ces bâtiments si importants en temps de guerre. Afin d'éviter toute perte de temps et d'assurer l'exécution immédiate, c'est au chef de gare qu'il y aura lieu de s'adresser comme au représentant local de la compagnie.

308. — Il convient de distinguer, en ce qui concerne l'autorité qui peut réquisitionner ces dépendances, entre la fraction de la ligne située en deçà et la fraction située au delà de la base d'opérations. Les dépendances des gares et de la voie ne peuvent être réquisitionnées, *en deçà* de la base d'opérations, que par le ministre de la guerre, sur l'avis de la commission militaire supérieure des chemins de fer, et *au delà* de la base d'opérations, que par le général en chef, sur l'avis de la direction militaire des chemins de fer de campagne. (Décret régl., art. 60.)

ARTICLE 32.

Les réquisitions prévues par les articles 29, 30 et 31 de la présente loi sont exercées conformément aux articles 22 et suivants de la loi du 13 mars 1875, et donnent lieu à des indemnités qui seront déterminées par un règlement d'administration publique.

Règles suivant lesquelles sont exercées les réquisitions concernant les chemins de fer.

309. — Les articles 22 et suivants de la loi du 13 mars 1875, auxquels renvoie l'article 32, n'ont fait qu'appliquer le principe posé par l'article 26 de la loi du 24 juillet 1873 sur l'organisation générale de l'armée, article ainsi conçu : « En cas de mo-« bilisation et de guerre, les compagnies de chemins de fer « mettent à la disposition du ministre de la guerre tous les « moyens nécessaires pour les mouvements et la concentration « des troupes et du matériel de l'armée. »

La loi du 13 mars 1875 a, depuis, été modifiée par la loi du 28 décembre 1888, qui porte :

« Les articles 22, 23, 24, 25, 26 et 27 de la loi du 13 mars 1875 (relative à la constitution des cadres et des effectifs de l'armée active et de l'armée territoriale) sont remplacés par les articles suivants :

« Art. 22. — En temps de guerre, le service des chemins de fer relève tout entier de l'autorité militaire.

« Art. 23. — Le ministre de la guerre dispose des chemins

de fer dans toute l'étendue du territoire national non occupé par les armées d'opérations.

« Le commandant en chef de chaque groupe d'armées ou armée opérant isolément dispose des chemins de fer dans la partie du territoire assignée à ses opérations.

« Le ministre de la guerre fixe la date à laquelle cette délégation aux commandants en chef commence pour chaque armée et pour chaque ligne ; il détermine le point de démarcation entre les diverses zones. »

« Art. 24. — Les commandants en chef des armées ont, en outre, sous leurs ordres un personnel spécial comprenant :

« 1° Des sections de chemins de fer de campagne, organisées en tout temps avec le personnel des grandes compagnies de chemins de fer et du réseau de l'État ;

« 2° Des troupes de sapeurs de chemins de fer.

« Art. 25. — Chaque administration de chemins de fer est représentée en tout temps auprès du ministre de la guerre par un agent agréé par lui et chargé :

« 1° En temps de paix, d'assurer, d'après les instructions du ministre, la préparation complète des transports en temps de guerre ;

« 2° En temps de guerre, de recevoir les ordres du ministre et d'en assurer l'exécution.

« Chaque administration de chemins de fer pourra être tenue de désigner, dès le temps de paix, un agent, agréé par le ministre, qui la représentera éventuellement auprès du commandant en chef opérant sur son réseau, et qui sera chargé de recevoir ses ordres et d'en assurer l'exécution sur la partie du réseau comprise dans ses opérations.

« Art. 26. — Une commission militaire supérieure des chemins de fer est instituée dès le temps de paix auprès du ministre de la guerre.

« Cette commission, nommée par décret, sur la proposition du ministre de la guerre, comprend des représentants du ministère de la guerre, du ministère de la marine et du ministère des travaux publics, ainsi que des compagnies de chemins de fer. Elle est chargée de donner son avis sur toutes les questions relatives à l'emploi des chemins de fer pour les besoins de l'armée.

« Art. 27. — Des décrets détermineront :

« 1° L'organisation des services destinés à assurer l'exécution des transports ordonnés par le ministre de la guerre et par les commandants en chef des armées, chacun de ces services devant, aux divers échelons, comprendre un officier et un agent technique des chemins de fer ;

« 2° L'organisation des sections de chemins de fer de campagne et leurs réunions et appels en temps de paix, la durée annuelle de ces réunions et appels ne pouvant dépasser vingt et un jours ;

« 3° La composition et les attributions de la commission militaire supérieure des chemins de fer ;

« 4° L'organisation et le fonctionnement d'un service des étapes sur les voies de communication de toute nature.

En exécution de cette loi, le ministre de la guerre a fait rendre le 5 février 1889 trois décrets : le premier portant organisation du service militaire des chemins de fer ; le deuxième portant organisation des sections de chemins de fer de campagne ; le troisième réglant la composition et les attributions de la commission militaire des chemins de fer.

Nous renvoyons le lecteur au *Bulletin officiel du ministère de la guerre* (1894, p. 154, 157 et 164) où ces décrets sont insérés.

Indemnités dues pour réquisitions en matière de chemins de fer.

310. — Toutes ces réquisitions, qui peuvent être imposées aux compagnies, présentent le même caractère que les autres réquisitions énumérées dans la loi ; aussi donnent-elles lieu à indemnité au même titre, conformément au principe général posé par l'article 2 ; mais les règles ordinaires tracées par le titre V pour le règlement des indemnités ne pouvaient être suivies pour les réquisitions toutes spéciales des chemins de fer. Aussi la loi a-t-elle renvoyé au décret réglementaire le soin de tracer les conditions dans lesquelles il serait procédé au règlement des comptes entre l'État et les compagnies.

On a présenté à cet égard une objection qu'expose en la réfutant le rapport présenté au Sénat par M. le colonel O. de Bastard.

Il a été dit que la prescription contenue en l'article 32, déférant à un règlement d'administration publique le soin de déterminer les indemnités auxquelles donnent lieu les réquisitions prévues par les articles 29, 30 et 31 de la loi, combinée avec l'abrogation des dispositions antérieures relatives aux réquisitions militaires prononcée par l'article 56, pouvait donner à penser que la législation actuelle, en ce qui concerne les indemnités à allouer par l'État aux compagnies de chemins de fer en cas de réquisition et définies par l'article 54 du cahier des charges, était remise en question.

Que la matière était réglée par l'article 54 du cahier des charges de concession ainsi conçu :

« Si le Gouvernement avait besoin de diriger des troupes et un matériel militaire ou naval sur l'un des points desservis par le chemin de fer, la compagnie serait tenue de mettre immédiatement à sa disposition, pour la moitié de la taxe du tarif, tous ses moyens de transport. »

Qu'il en est de même pour les réquisitions de combustibles, matières grasses et autres objets prévus par l'article 30, puisque ce même article porte que la valeur en sera remboursée au prix de revient.

Que l'occupation des gares, bureaux, etc. (art. 31), rentre dans la réquisition plus générale prévue par l'article 29 et qui a pour résultat de faire allouer aux compagnies réquisitionnées la moitié du tarif légal au lieu du quart.

Qu'en résumé, les droits et devoirs des compagnies de chemins de fer ont été réglés, au moment des concessions, de manière à assurer à l'État, en échange des bénéfices que devait produire l'exploitation des lignes, certaines garanties pour l'exécution des services publics. Au nombre de ces clauses restrictives figurait le droit de réquisition avec règlement au prix de la moitié des tarifs.

Que la loi sur les réquisitions ne saurait modifier à l'avantage des compagnies le contrat passé entre elles et l'État, en leur assurant, en cas de réquisition, la même situation qu'aux particuliers qui n'ont pas, comme elles, obtenu de l'État une situation privilégiée.

Que, dès lors, il n'y a pas lieu d'établir un règlement d'administration publique, les conditions dans lesquelles s'exerce la réquisition étant suffisamment définies.

Le principe invoqué est absolument vrai, mais la conclusion est trop absolue.

Il est incontestable que l'article 56 du projet de loi ne peut avoir pour effet de supprimer l'article 54 du cahier des charges, qui, sans être une disposition législative proprement dite, est une convention passée entre l'État et les compagnies et constitue, à ce titre, des droits acquis au profit des parties, soit au profit des compagnies, *soit au profit de l'État.* Cet article ne pouvait donc être modifié, soit au détriment de l'État, soit au détriment des compagnies, sans une indemnité au profit de celui des contractants dont les droits acquis auraient été méconnus.

Il est néanmoins indispensable qu'un règlement d'administration publique complète la jurisprudence générale de l'article 54, ainsi que les dispositions nouvelles établies par la présente loi.

Il a été admis en principe, par l'article 3, qu'en dehors des exceptions déterminées par la loi une indemnité serait due pour toutes les prestations réclamées, et cette disposition s'applique naturellement aux réquisitions exercées à l'égard des compagnies de chemins de fer.

D'autre part, aux termes de l'article 4, un règlement d'administration publique doit déterminer les conditions d'application de la loi.

Il est évident que le Gouvernement a le droit, sans autre indemnité que celle prévue par l'article 54 du cahier des charges, et qui consiste dans l'élévation du tarif du quart à la moitié de la taxe ordinaire, d'employer le personnel et le matériel, ainsi que tous les bâtiments, dépendances et appareils qui peuvent être nécessaires. Mais l'article 54 du cahier des charges des grandes compagnies n'a pas toujours été inséré dans ceux des divers chemins d'intérêt général ou d'intérêt local successivement concédés, et le tarif fixé pour le transport des troupes et du matériel militaire en cas de réquisition varie avec les compagnies. Pour certains de ces chemins, l'augmentation est d'un quart du tarif ordinaire ; pour d'autres, elle est de la moitié ; pour d'autres, enfin, aucune différence de prix n'a été prévue. L'emploi de ces chemins pourra être rendu nécessaire par les besoins de la guerre, et il faut qu'un règlement d'administration publique détermine la quotité des indemnités à allouer.

311. — L'article 59 du décret du 2 août 1877 s'inspire des considérations exposées au nom de la commission du Sénat.

Il porte qu'en cas de réquisition totale, le prix des transports militaires effectués en deçà de la base d'opérations sera payé conformément aux stipulations du cahier des charges ; s'il n'existe aucune stipulation à ce sujet, le prix est fixé à la moitié du tarif normal.

Le même article ajoute que la réquisition totale donne, soit au ministre de la guerre et à la commission militaire supérieure des chemins de fer, soit au général en chef et à la direction militaire des chemins de fer de campagne, le droit d'utiliser pour les besoins de l'armée les dépendances des gares et de la voie et les fils télégraphiques des compagnies, sans que cet emploi puisse donner lieu à aucune indemnité nouvelle.

Au delà de la base d'opérations, il n'est dû aux compagnies, pour les transports effectués sur leurs réseaux, que la taxe de péage fixée conformément au cahier des charges qui régit chacune d'elles. (Décret régl., art. 61.) Les dépenses d'exploitation et de transport sont, dans ce cas, à la charge de l'État. (Rapport de M. le colonel O. de Bastard.)

312. — L'emploi des machines, voitures et wagons, provenant des compagnies, dont la direction militaire des chemins de fer de campagne peut avoir besoin, donne lieu à une indemnité de location réglée conformément à un tarif qui sera établi par un décret rendu en Conseil d'État. (Décret régl., art. 62.)

Le matériel affecté au service de la direction militaire des chemins de fer de campagne sera préalablement inventorié. L'estimation portée à l'inventaire servira de base à l'indemnité à allouer en cas de perte, de destruction ou d'avarie. (*Id.*, art. 63.)

313. — Enfin, en cas de réquisition de combustibles, matières grasses et autres objets, par application de l'article 30 de la loi du 3 juillet 1877, les prix à percevoir par chaque compagnie appelée à fournir ces objets se composent : 1° du prix d'achat de ces matières ; 2° des frais de transport sur des voies étrangères à la compagnie qui les a fournies ; 3° des frais de transport sur le réseau exploité par ladite compagnie, calculés sur le pied de trois centimes par tonne et par kilomètre. (*Id.*, art. 64.)

314. — Dans tous les cas, l'indemnité sera réglée par le ministre de la guerre, juge des questions auxquelles peuvent donner lieu les fournitures faites pour le compte de son département. Si la compagnie se croit lésée par la décision du ministre, elle pourra la déférer en appel au Conseil d'État. En un mot, la loi n'ayant point ici organisé une procédure spéciale, on rentre dans le droit commun relatif aux marchés de fournitures. C'est en ce sens que M. le baron Reille dit dans son rapport : « Les indemnités de cette nature doivent être réglées directement, conformément aux clauses du cahier des charges, entre le ministre et les compagnies, sauf appel au Conseil d'État. »

315. — Le Gouvernement pense que la loi du 3 juillet 1877 aurait besoin d'être complétée par une disposition qui, précisant le sens de l'article 54 du cahier des charges, fixe d'une manière plus précise le prix des transports militaires en temps de guerre et, lors de la discussion du budget de 1892, le ministre de la guerre annonçait l'intention de déposer un projet de loi spécial. (Séance du 5 novembre 1891 [1].)

ARTICLE 33.

En temps de guerre, les transports commerciaux cessent de plein droit sur les lignes ferrées situées au delà de la station de transition fixée sur la base d'opérations.

Cette suppression ne donne lieu à aucune indemnité.

---

1. Voici les paroles du ministre de la guerre :

« La loi des réquisitions n'a pas prévu les prix de transport : il y a lieu de la compléter, et je présenterai dans quelque temps un projet destiné à combler cette lacune. Nous verrons alors dans quelle mesure on pourra étendre le droit de réquisition et donner à l'État le moyen de soumettre les transports de la guerre au régime que vous trouverez le plus avantageux et le plus juste.

« Je vous demande de vous en rapporter à la discussion de cette loi, qui aura un grand intérêt, car les transports du temps de guerre ont une importance infiniment supérieure à ceux du temps de paix. »

Cessation des transports commerciaux en temps de guerre.

316. — Les motifs de cette disposition sont fort clairement exposés dans le rapport de M. le baron Reille :

« Il n'y aura pas lieu à indemnité dans le cas prévu par l'article 33. Si, en effet, la guerre venait à être malheureusement portée sur le territoire français, les transports commerciaux ne peuvent être continués au delà de la base d'opérations. Ils pourraient, en effet, gêner les transports militaires qui doivent demeurer libres au delà de ce point, et ils pourraient être inquiétés dans leur exécution, comme faire tomber entre les mains de l'ennemi des denrées, un matériel et un personnel qu'il est urgent de lui soustraire. Une telle disposition résulte d'un cas de force majeure, et nullement d'un fait de réquisition ; aussi les compagnies ne peuvent-elles prétendre à en recevoir aucun dédommagement, pas plus que les industriels ne peuvent être garantis des dommages que leur cause la suspension de leurs relations commerciales dans les mêmes circonstances. »

M. le colonel O. de Bastard, dans son rapport au Sénat, a complété ces explications :

« Au delà de la base d'opérations, tout service doit être interrompu, et il ne saurait y avoir lieu, pour ce motif, de leur attribuer aucune indemnité. Il s'agit alors d'un cas de force majeure et l'intérêt de la défense exige qu'on ne permette point à une compagnie d'exposer imprudemment son matériel. Dans ce cas, l'interruption de la circulation est le résultat de la lutte et, de même qu'on n'indemnise pas le propriétaire d'un champ dont les récoltes ont été foulées aux pieds pendant une bataille, il n'y a pas lieu d'indemniser une compagnie qui ne tire pas profit d'un chemin de fer qu'elle ne saurait exploiter sans danger.

« Il ne peut y avoir, dès lors, aucun recours de la part des compagnies et, d'un autre côté, le public ne saurait intenter contre elles ni contre l'État une action fondée sur des retards d'expédition ou sur des refus de transport. »

Nous appelons particulièrement l'attention de nos lecteurs sur cette dernière phrase.

ARTICLE 34.

Les communes ne peuvent comprendre dans la répartition des prestations qu'elles sont requises de fournir aucun objet appartenant aux compagnies de chemins de fer.

Les chemins de fer ne peuvent être compris dans les réquisitions ordinaires.

317. — Tout ce qui appartient aux compagnies de chemins de fer étant mis à l'entière disposition de l'autorité militaire, on ne pouvait permettre aux communes de réclamer, pour faire face à leurs réquisitions, une portion de ces ressources, qui eussent risqué d'être ainsi indirectement, sur une demande d'une autorité militaire subalterne, détournées du but que se propose l'autorité supérieure. L'article 34 dispose donc que les maires n'auront pas à comprendre dans la répartition ce qui appartient aux compagnies.

Nous rencontrerons plus loin une exception semblable en ce qui concerne leurs chevaux et leurs voitures (art. 40 et 42).

Ainsi, le maire reste absolument étranger à ce qui concerne les réquisitions adressées aux compagnies de chemins de fer. Il n'a à intervenir ni dans la notification, ni dans l'exécution de ces réquisitions, ni dans le règlement de l'indemnité [1].

318. — *Organisation des chemins de fer au point de vue des transports militaires.* — Le cadre de notre travail ne nous permet pas d'entrer dans l'examen détaillé des dispositions prises pour assurer le fonctionnement, par voie de réquisition, du service des transports militaires par chemins de fer. Elles ont été déterminées avec la plus grande précision par le décret du

---

1. Voir pour le logement et le cantonnement des troupes dans les bâtiments des chemins de fer et pour le logement des militaires par les employés des chemins de fer occupant les bâtiments des compagnies les observations insérées au § 156.

1er juillet 1874, rendu sur le rapport de la commission militaire supérieure des chemins de fer. Ce décret prévoit tout ce qui concerne les transports ordinaires, les transports stratégiques et les transports du département de la marine[1]. Ce

---

1. On jugera de l'importance de ce règlement par le simple sommaire des divisions.

PRINCIPES GÉNÉRAUX. — PREMIÈRE PARTIE. — TRANSPORTS ORDINAIRES. — TITRE Ier. — Chap. I. Autorités ayant qualité pour prescrire les transports ordinaires par voie ferrée. — Chap. II. Mode de transmission des ordres de mouvement. — Chap. III. Surveillance exercée par la commission supérieure sur l'exécution des transports.

TITRE II. — Chap. I. Transports des militaires isolés. — Chap. II. Transport des détachements par les trains ordinaires de l'exploitation. — Chap. III. Transport du matériel par les trains ordinaires de l'exploitation.

TITRE III. — Transport des troupes et du matériel qui les accompagne par trains spéciaux. — Chap. I. Principes généraux. — Chap. II. Exécution du transport. — *Section I. Règles techniques.* — *Section II. Règles militaires.*

DEUXIÈME PARTIE. — TRANSPORTS STRATÉGIQUES. — TITRE Ier. — Chap. I. Principes généraux. — Chap. II. Préparation des transports stratégiques.

TITRE II. — TRANSPORTS EXÉCUTÉS EN DEÇA DE LA BASE D'OPÉRATIONS. — Chap. I. Personnel chargé de diriger et de faire exécuter les transports. — *Section I. Commission supérieure et commission exécutive.* — *Section II. Commission de ligne.* — *Section III. Commission d'étapes.* — *Section IV. Emploi du télégraphe.* — Chap. II. Règles d'exécution des transports. — *Section I. Règles techniques préliminaires des transports.* — *Section II. Fonctionnement des gares du point de départ d'étapes dans les transports de ravitaillement et d'évacuation.*

TITRE III. — TRANSPORTS EXÉCUTÉS AU DELA DE LA BASE D'OPÉRATIONS. — Chap. I. Personnel chargé de diriger et de faire exécuter les transports. — *Section I. Direction des chemins de fer de campagne à l'état-major général de l'armée.* — *Section II. Commissions militaires de chemins de fer de campagne.* — *Section III. Commandements militaires d'étapes des chemins de fer de campagne.* — Chap. II. Règles d'exécution. — *Section I. Règles d'exploitation.* — *Section II. Règles relatives à la protection de la voie et des trains.*

TITRE IV. — TRANSPORT DU MATÉRIEL EN TEMPS DE GUERRE. — Chap. I. Transport en deçà de la base d'opérations. — *Section I. Gare de point de départ d'étapes. Stations-magasins, en cas mobiles.* — *Section II. Demande d'ordre de transport.* — *Section III. Lettre de voiture et factures d'expéditions. Convoyeurs. Chargement et déchargement des wagons.* — Chap. II. Transport traversant la base d'opérations.

TITRE V. — TRANSPORT DES MALADES ET DES BLESSÉS EN ARRIÈRE DE L'ARMÉE. — Chap. I. Direction du service. — Chap. II. Ambulances d'évacuation et ambulances provisoires des gares. — *Section I. Ambulances d'évacuation.* — *Section II. Ambulances provisoires des gares.* — Chap. III. Emploi du matériel roulant. — Chap. IV. Dispositions propres aux malades. — Chap. V. Avis et notifications, Feuilles d'évacuation. Bons de chemins de fer.

TROISIÈME PARTIE. — TRANSPORTS DU DÉPARTEMENT DE LA MARINE ET DES COLONIES. — TITRE UNIQUE. — Chap. I. Transports ordinaires. Transports stratégiques. — Chap. II. Autorités ayant qualité pour prescrire les transports ordinaires par voie ferrée.

règlement général, précédé du rapport de la commission au ministre de la guerre et suivi des règles militaires relatives à l'exécution des transports des troupes pour les différentes armes, est inséré au *Journal militaire officiel*, partie réglementaire, 1874; 2e semestre, page 193. — Les dispositions du règlement concordent avec celles de la loi du 3 juillet et du décret du 2 août 1877.

TITRE VII

DES RÉQUISITIONS DE L'AUTORITÉ MARITIME

Article 35.

Les dispositions de la présente loi sont applicables aux réquisitions exercées pour les besoins de l'armée de mer.

Un règlement d'administration publique déterminera les attributions de l'autorité maritime en ce qui concerne le droit de requérir et les conditions d'exécution des réquisitions.

319. — Bien que la marine n'ait que rarement besoin de recourir aux réquisitions, la loi sur cette matière peut cependant, dans certains cas, lui être applicable. Les moyens à employer, les objets à réquisitionner et les formes de réquisition sont conformes à ce qui a été indiqué dans les titres précédents; aussi le législateur s'est-il borné à déclarer que les dispositions de la nouvelle loi sont exécutoires pour la marine, et à renvoyer au règlement d'administration publique le soin de déterminer les attributions des autorités maritimes, comme il devait déterminer celles de l'autorité militaire, en vertu de l'article 4.

320. — *Quand l'autorité maritime peut-elle réquisitionner.* — Le décret réglementaire du 2 août, dans son titre VII, a, en conséquence, mis l'application de la loi sur les réquisitions en harmonie avec l'organisation de la marine.

Ce décret rappelle tout d'abord (art. 65) que l'autorité maritime peut exercer des réquisitions, en cas de mobilisation totale ou partielle, comme l'autorité militaire. Il ne parle pas du cas de rassemblement qui, en effet, ne saurait se produire lorsqu'il s'agit des forces maritimes.

Aux termes du même article, en cas de mobilisation partielle, les arrêtés du ministre de la marine déterminent l'époque où pourra commencer et celle où devra se terminer l'exercice du droit de réquisition (comparez art. 2). En cas de mobilisation totale, l'article 1er du décret est évidemment applicable ; le droit de réquisition peut être exercé depuis le jour de la mobilisation jusqu'au moment où l'armée est remise sur le pied de paix.

321. — *Agents des réquisitions.* — De même que pour l'armée de terre, le pouvoir d'exercer des réquisitions n'est confié qu'à quelques autorités déterminées.

Les vice-amiraux commandant en chef, préfets maritimes, peuvent seuls exercer de plein droit des réquisitions. Mais ils peuvent déléguer le droit de requérir aux officiers des corps de la marine investis d'un commandement ou aux officiers du commissariat de la marine. (Décret régl., art. 66. — Comparez art. 4.)

322. — Les ordres de réquisition doivent être constatés suivant les règles que nous avons étudiées sous l'article 3 de la loi ; aussi l'article 66 du décret réglementaire exige-t-il que les réquisitions de l'autorité maritime, comme celles de l'autorité militaire, soient extraites d'un carnet à souche.

323. — Toutefois, une disposition analogue à celle de l'article 8 autorise exceptionnellement tout officier de marine commandant une force navale, un bâtiment isolé ou un détachement à terre, à requérir, sous sa responsabilité personnelle, les prestations nécessaires aux navires et aux hommes qu'il commande, même sans être porteur d'un carnet de réquisition (art. 67).

Cet officier devra, dans ce cas, se conformer aux prescriptions de l'article 9 du décret, c'est-à-dire délivrer un ordre de réquisition écrit et signé, dressé en deux expéditions dont l'une restera entre les mains du fonctionnaire chargé de l'exécution, et l'autre sera adressée immédiatement par la voie hiérarchique au vice-amiral commandant en chef. Reçu devra être donné des prestations fournies.

324. — *A qui s'adressent les réquisitions.* — C'est en principe au maire que sera adressée la réquisition faite par l'autorité maritime, comme l'est celle de l'autorité militaire (art. 68). Mais il existe une exception que nous avons d'ailleurs déjà rencontrée en étudiant l'article 23 de la loi et qui se justifie par la nature des prestations requises. Cette exception est contenue dans l'article 68 du décret réglementaire, qui porte :

« Les réquisitions de navires, embarcations, matériel naval et équipages de ces bâtiments sont adressées au représentant de la marine, qui, en cette circonstance, a les mêmes droits et les mêmes devoirs que le maire.

« Lorsqu'il n'y a pas de représentant de la marine, les réquisitions mentionnées au paragraphe précédent sont adressées directement au capitaine du navire. » (Voir plus haut, § 258.)

325. — *Objets à réquisitionner. Exécution des réquisitions.* — Sous le rapport des prestations à fournir par voie de réquisition, du logement et du cantonnement, de l'exécution des réquisitions, les réquisitions de l'autorité maritime sont ordonnées et exécutées suivant les règles établies par les articles composant les titres II, III et IV du décret du 2 août (art. 69).

Nous ne pouvons donc que nous référer, sur ce point, aux explications données plus haut.

326. — *Cas où les troupes de mer concourent avec les troupes de terre à une même opération.* — Il convenait de prévoir le cas où des troupes de l'armée de terre et des troupes de l'armée de mer participent à une même opération, afin de déterminer à quelle autorité appartiendrait le droit d'exercer les réquisitions, et de prévenir ainsi toute cause de conflit ou de double emploi.

D'autre part, il fallait indiquer au compte de quel département les réquisitions seraient opérées. L'article 70 du règlement a nettement précisé les droits et les obligations respectifs des deux autorités ; il porte :

« Lorsque des troupes de l'armée de terre prennent part à une opération maritime dirigée par un officier de marine, les réquisitions relatives à ces troupes sont ordonnées au nom et pour le compte de l'autorité maritime.

« Lorsque des marins ou des troupes de l'armée de mer sont employées à terre à des opérations de l'armée de terre, les réquisitions relatives à ces troupes sont exercées au nom et pour le compte de l'autorité militaire. »

327. — *Règlement des indemnités.* — Aux termes de l'article 73 du décret du 2 août, le règlement et la liquidation des indemnités relatives aux réquisitions de l'autorité maritime, s'effectuent suivant les règles établies pour les réquisitions de l'autorité militaire ; il réserve toutefois, en ce qui concerne les réquisitions de vaisseaux, le cas où il existerait des conventions conclues entre l'État et les compagnies propriétaires des navires réquisitionnés.

Nous n'avons donc, pour les détails du règlement, du jugement des réclamations, du paiement de l'indemnité, etc., qu'à rappeler les règles examinées sous le titre V.

328. — Cependant, pour ce qui touche la constitution des commissions d'évaluation, le décret réglementaire a tracé des règles spéciales lorsqu'il s'agit de la réquisition de navires.

L'article 71 dispose : « Dans les arrondissements et sous-arrondissements maritimes où il est exercé, soit des réquisitions de l'autorité maritime, soit des réquisitions de l'autorité militaire relatives à des navires, embarcations et à leurs équipages, il est créé une commission mixte d'évaluation composée de trois, cinq ou sept membres, selon l'importance des réquisitions.

« Le ministre de la marine fixe ce nombre et peut déléguer au préfet maritime le soin de nommer les membres de ces commissions.

« Les articles 46 et 47 du présent décret sont applicables auxdites commissions. »

Ainsi, le nombre des membres civils est de deux dans les commissions composées de trois personnes, de trois dans celles qui sont composées de cinq personnes et de quatre dans celles de sept membres. Les membres civils sont nommés sur la désignation du préfet. L'arrêté qui nomme les commissions d'arrondissement ou de sous-arrondissement maritime désigne en même temps le président et le secrétaire, qui peuvent être choisis parmi les membres militaires ou parmi les membres civils.

La commission ne peut délibérer que s'il y a au moins trois membres présents dans les commissions composées de trois ou de cinq membres, et cinq dans celles qui sont composées de sept membres.

Les commissions d'évaluation peuvent s'adjoindre, avec voix consultative, des notables commerçants pour l'établissement des tarifs ; elles peuvent aussi désigner des experts pour l'estimation des dommages et, dans ce cas, les frais d'expertise sont à la charge de l'administration de la marine ou de la guerre, suivant l'autorité qui a ordonné la réquisition.

Lorsque la réquisition émane de l'autorité militaire, il est indispensable qu'elle soit représentée par un de ses fonctionnaires dans le sein de la commission d'évaluation ; aussi l'article 72 dispose-t-il que toutes les fois qu'il y a lieu d'évaluer les indemnités qui peuvent être dues pour des réquisitions exercées par l'autorité militaire par application de l'article 23 de la loi du 3 juillet 1877 (c'est-à-dire de réquisitions de navires, embarcations, de leur personnel dans les eaux maritimes), cette évaluation est faite par la commission indiquée plus haut, *complétée par l'adjonction d'un fonctionnaire de l'intendance nommé par le ministre de la guerre, ou, sur sa délégation, par le commandant de région.*

Cette adjonction rendant pair le nombre des membres de la commission (4, 6 ou 8), l'article 72 ajoute qu'en cas de partage la voix du président est prépondérante.

TITRE VIII

DISPOSITIONS RELATIVES AUX CHEVAUX, MULETS ET VOITURES NÉCESSAIRES A LA MOBILISATION

Article 36.

L'autorité militaire a le droit d'acquérir, par voie de réquisition, pour compléter et pour entretenir l'armée au pied de guerre, des chevaux, juments, mules et mulets, et des voitures attelées[1].

329. — *Notions préliminaires.* — Nous avons vu dans l'introduction que, depuis longtemps, la loi a reconnu aux armées le droit de recourir à la saisie temporaire ou définitive des animaux ou objets de transport qui leur sont nécessaires. Jusqu'en 1870, c'était la loi du 29 avril 1792 qui prévoyait et réglait les conditions suivant lesquelles l'État pouvait exercer ce droit de réquisition en cas de guerre.

La plus importante de ces conditions consistait dans le paiement d'une allocation pour les chevaux requis et rendus aux propriétaires lors de la paix, l'indemnité représentative de la valeur n'étant due que pour les animaux morts. Mais le législateur ne s'était pas rendu compte de l'extrême difficulté dans laquelle se trouvaient les commissions chargées de déterminer la base d'un prix de location dont l'application devrait évidemment produire des résultats différents pour chacun des animaux requis.

---

1. Le projet déposé par le Gouvernement le 15 janvier 1894 termine ainsi l'article 36 : des chevaux, juments, *mulets et mules et des voitures.*

330. — On avait donc reculé devant la mise à exécution de cette loi et, dans nos dernières guerres, l'administration militaire était obligée d'avoir recours aux achats, faits surtout à l'étranger, au moyen de marchés d'autant plus onéreux qu'ils devaient être plus promptement réalisés.

Quels qu'aient été les efforts du service de la remonte en 1870, on a dû reconnaître qu'ils furent d'une insuffisance absolue, au double et inséparable point de vue du nombre et de la rapidité des achats. Et ce n'est pas sans un grand sentiment d'amertume que les commissions d'enquête ont constaté « qu'au mois de juillet 1870 on n'a pu conduire devant l'ennemi que 1,700 canons au lieu de 2,370 qui pouvaient être attelés, parce que l'on n'avait que 32,000 chevaux, alors qu'il en aurait fallu 51,000 ». (Page 4 du discours du président de la commission des marchés à la commission de l'armée [1].)

D'un autre côté, les conditions de la guerre se sont trouvées profondément modifiées. Il faut aujourd'hui qu'au moment de la mobilisation, des masses considérables soient mises sans aucun retard à la disposition de l'autorité militaire. Il est impossible de songer à accumuler à l'avance et à entretenir en temps de paix tout ce qui leur est indispensable ; il importe donc de préparer les réquisitions et d'en rendre l'exécution pour ainsi dire instantanée. Il ne suffit pas de mettre sur pied un million d'hommes, de les équiper et de les armer. Ce sacrifice, déjà si grand, serait inutile si cette armée n'était pas protégée dans ses manœuvres par une artillerie presque doublée, si elle n'était pas éclairée dans sa marche par une cavalerie beaucoup plus nombreuse, l'abritant en même temps comme un vaste rideau à plusieurs myriamètres en avant.

Les calculs les plus sérieux ont établi que, pour assurer le passage du pied de paix au pied de guerre de tous les services

1. M. le marquis de Mornay. Proposition de loi sur l'organisation du service général des remontes militaires ; annexe au procès-verbal de la séance du 2 février 1874 de l'Assemblée nationale. (N° 2196.)

de l'armée, il faut pouvoir requérir et verser dans les corps d'armée, en moins de huit jours, plus de 175,000 chevaux, sans préjudice de nouveaux achats presque immédiats pour combler les vides produits par la guerre[1].

331. — La nécessité de recourir à la réquisition de voitures attelées en cas de mobilisation, pour être moins étendue, est également certaine.

L'armée mobilisée a besoin, non seulement d'hommes et de chevaux pour porter au pied de guerre les effectifs des corps, mais encore de voitures attelées, afin de compléter les convois *qui partent en même temps que les troupes et les suivent dans leurs mouvements jusque devant l'ennemi.* Les moyens de transport dont disposent les magasins de l'armée seraient insuffisants pour la mobilisation de toutes les forces nationales, et il faut recourir à la réquisition pour se procurer des voitures supplémentaires. Le nombre en est du reste bien minime, car, si les prévisions indiquées dans l'exposé des motifs sont exactes, « *le nombre de voitures nécessaires pour compléter les convois des corps d'armée est bien inférieur à celui des communes de France* ».

Il ne s'agit pas ici, il faut le remarquer, des convois de ravitaillement qui, en dehors du théâtre des opérations, doivent être transportés par réquisition. Pour assurer ce service d'une commune à l'autre, on recourra aux règles ordinaires portées au titre II, en demandant aux habitants de conduire avec leurs propres voitures et leurs propres attelages, jusqu'à ce qu'ils soient remplacés, les denrées nécessaires. Mais pour les convois de corps d'armée qui partagent les fatigues des troupes et les accompagnent dans les opérations, il faut des conducteurs militaires soumis à la même discipline que le reste de l'armée. (Rapport de M. le baron Reille.)

332. — *Loi du 1er août 1874.* — Le principe de la législation

1. M. le marquis de Mornay, *loco citato*, p. 307.

nouvelle sur les réquisitions d'animaux et de voitures a été déposé dans l'article 5 de la loi du 24 juillet 1873 sur l'organisation générale de l'armée. Cet article dispose qu'il est fait, chaque année, par les soins des bureaux de recrutement, un recensement général des chevaux, mulets et voitures susceptibles d'être utilisés pour les besoins de l'armée, et qui sont répartis d'avance dans chaque corps d'armée et inscrits sur un registre spécial.

L'article 25 de la même loi portait qu'en cas de mobilisation les animaux recensés pourraient être requis par décret du Président de la République, et réservait à une loi spéciale le soin de déterminer le mode d'exécution de cette réquisition et le taux de l'indemnité à allouer aux propriétaires.

Le Gouvernement s'empressa de préparer un projet de loi sur la conscription des chevaux qui fut soumis à l'Assemblée nationale par M. le général de Cissey, ministre de la guerre (séance du 13 juin 1874), et renvoyé à l'examen de la grande commission de l'armée. Cette commission était déjà saisie d'une proposition présentée par M. le marquis de Mornay (séance du 2 février 1874), et qui, sous le titre d'organisation du service général des remontes militaires, avait également pour objet de réglementer l'exercice du droit de réquisition. Le 27 juillet suivant, M. de Carayon-Latour déposait le rapport fait au nom de la commission de l'armée et concluant à l'adoption du projet qui est devenu la loi du 1er août 1874. C'est à cette loi, complétée par les décrets du 23 octobre et du 23 novembre 1874, qu'est emprunté, en très grande partie, le titre VIII de la loi du 3 juillet 1877.

333. — *Préparation de la nouvelle loi.* — Le Gouvernement avait cru d'abord devoir se borner, dans la loi générale sur les réquisitions, à rappeler la loi du 1er août 1874, pour ce qui concernait la réquisition des chevaux et mulets et ne s'occuper que de la réquisition des voitures attelées. Le projet primitif était rédigé en ce sens. Mais les observations de la commission de la

Chambre des députés amenèrent le ministre de la guerre à penser qu'en vue d'introduire, dans les règles relatives à la réquisition des animaux et des voitures, le caractère d'unité qu'elles comportent, et qui répond d'ailleurs aux prescriptions de l'article 5 de la loi du 24 juillet 1873, il ne serait pas inutile de fusionner dans un même titre les dispositions relatives à la réquisition des moyens de transport et celles de la loi du 1er août 1874, dont l'abrogation serait ainsi rendue possible.

Il y vit, en outre, l'occasion de modifier, sans porter préjudice aux intérêts des populations, certains articles de cette loi, dont l'expérience lui avait fait reconnaître l'incompatibilité avec la rapidité nécessaire aux opérations de la mobilisation.

Le Gouvernement déposa en conséquence, le 23 juin 1876, un nouveau projet de loi ayant pour objet de modifier le titre VIII du projet primitif sur les réquisitions militaires.

La Chambre des députés avait, d'un autre côté, renvoyé à la commission des réquisitions une proposition présentée par M. Magniez et plusieurs de ses collègues, et qui tendait à apporter quelques changements à la loi du 1er août 1874, dans l'intérêt des propriétaires.

334. — Parmi les modifications proposées par le Gouvernement à la législation antérieure, il en était une relative à l'adoption d'un système de cartes, pour les chevaux, analogues aux livrets des hommes, que la Chambre ne crut pas devoir adopter. Le rapport de M. le baron Reille expose l'économie de ce système et les motifs qui l'ont fait écarter :

Les décisions de la commission relativement à chaque cheval auraient été inscrites sur une carte qui aurait été remise au propriétaire et qui aurait suivi l'animal dans toutes ses mutations sur le territoire français. Les propriétaires auraient été tenus de produire ces cartes toutes les fois qu'elles auraient été demandées par l'autorité.

Le tableau dressé dans chaque commune à la suite du recensement aurait été tenu au courant par les soins des maires. Chaque fois, en effet, qu'un habitant de la commune aurait acheté ou vendu un cheval, il aurait été tenu d'en faire la déclaration dans les cinq jours à la mairie, et la municipalité aurait effacé ou ajouté l'animal en question sur son tableau. Tous les mois, chaque commune aurait envoyé au bureau du recrutement le relevé des mutations, afin que le double du tableau, demeuré à la suite du dernier recensement entre les mains du commandant de recrutement, fût mis par celui-ci mensuellement en concordance avec le tableau resté à la commune.

Au point de vue du Trésor et de la mobilisation de l'armée, ce système pouvait présenter de sérieux avantages.

Une fois, en effet, que cette manière de procéder serait bien passée dans les habitudes des populations et des mairies, l'inspection annuelle de tous les chevaux n'aurait plus eu sa raison d'être, et on n'aurait eu qu'à faire périodiquement examiner les chevaux nouvellement inscrits, ceux qui avaient été ajournés ou ceux dont les propriétaires demandaient la réforme. On évitait ainsi pour les populations des déplacements onéreux et on diminuait pour le Trésor les frais qu'entraîne la visite des commissions mixtes.

Pour l'armée, les états de classement des chevaux étant constamment tenus au courant, les mesures de mobilisation pouvaient être préparées avec une complète régularité et les ressources des différentes régions établies avec une scrupuleuse exactitude. La période d'un mois qui s'écoulait entre chaque notification des mutations par les mairies étant très courte, on peut dire que les bureaux de recrutement auraient possédé une situation exacte des animaux, et auraient été en mesure de proportionner continuellement leurs demandes aux besoins de l'armée et aux ressources du pays.

Ces avantages si sérieux n'ont pas paru malheureusement à votre commission compenser les graves inconvénients qu'aurait entraînés l'adoption de ce système.

On ne saurait se dissimuler d'abord qu'il serait très difficile de faire adopter dans la pratique l'échange des cartes et l'obligation d'une déclaration immédiate.

Mais en supposant même qu'on arrivât à régulariser cette double opération, dans les pays d'élevage, dans tous les endroits où le commerce des chevaux est actif, les mutations seraient nombreuses, le contrôle difficile à tenir; et au moment où l'on aurait besoin d'y recourir pour une mobilisation, on serait quelquefois très surpris d'y rencontrer de nombreuses inexactitudes.

Dans un commerce où l'usage n'exige pas toujours une complète véracité, les cartes ne deviendraient-elles pas par la force des choses un instrument de fraude ?

Quelque exact que puisse être le signalement porté sur la carte, il ne serait pas impossible, même sans de grands efforts de falsification, de s'en servir pour un cheval autre que celui pour lequel la pièce a été établie, et d'arriver ainsi à certifier officiellement un âge ou des aptitudes contraires à la vérité.

Laisser les propriétaires seuls juges de la demande de réforme, c'était s'exposer à ne la voir sollicitée par aucun : les uns se préoccupant peu d'une éventualité de mobilisation heureusement fort rare, assurés qu'au moment de l'appel on reconnaîtra toujours que leur animal n'est plus apte au service, ne se donneront pas la peine de le conduire aux inspections périodiques ; les autres, ne voulant pas déprécier leur cheval par une réforme que constaterait la carte, se garderont de le présenter, afin de pouvoir bénéficier, lors de la vente, du certificat d'admission pour le service militaire.

Les contrôles continueraient donc forcément à être chargés d'une quantité considérable de non-valeurs, et le but que l'on se propose, d'avoir toujours une situation exacte des animaux disponibles, ne serait pas atteint. L'inspection annuelle, ou tout au moins fréquente, ne pourrait donc être évitée, et, par suite, l'économie pour le Trésor, ainsi que l'avantage, pour les propriétaires, de déplacements moins renouvelés, ne seraient pas obtenus.

Toutes ces raisons ont déterminé votre commission à renoncer à une combinaison qui serait pour le commerce des chevaux à la fois une entrave et un moyen de fraude, pour les propriétaires un ennui fréquent, pour les maires une charge nouvelle et considérable.

Ce système écarté, on revint à celui de la loi du 1er août 1874, qui fut reproduite presque entièrement, sauf quelques modifications dont l'expérience avait démontré l'utilité.

335. — *Nouveau projet modificatif.* — Le Gouvernement a déposé, le 15 janvier 1894, un projet de loi tendant à modifier certains articles du titre VIII de la loi du 3 juillet 1877 et notamment à abaisser l'âge du classement des chevaux. Mais il n'a pas encore été donné suite à ce projet. Nous nous bornerons à indiquer, sous chacun des articles, les modifications proposées.

335 *bis.* — *Expériences de mobilisation des chevaux.* — Une expérience de mobilisation des chevaux de selle eut lieu en octobre 1894 en vertu de la loi du 13 juillet 1894 [1]. Il s'agissait

1. Voici le texte de la loi :

Art. 1er. — Le ministre de la guerre est autorisé à procéder, dans le courant de l'année 1894, à la formation de deux régiments de réserve de cavalerie. Cette expérience s'effectuera conformément aux dispositions spécifiées dans les articles ci-après :

Art. 2. — La désignation des régions où devra s'effectuer l'expérience et

de former deux régiments de réserve de cavalerie entièrement montés avec des chevaux de réquisition. L'expérience a porté

---

l'époque à laquelle elle devra avoir lieu sont laissées à la disposition du ministre de la guerre; toutefois, le ministre ne devra faire connaître que dix jours à l'avance les régions qu'il aura choisies.

Art. 3. — Pendant la durée de l'expérience, l'autorité militaire se trouvera investie du droit de réquisition déterminé par la loi du 3 juillet 1877 et dans les limites indiquées aux articles 4 et 5 ci-après.

Art. 4. — La réquisition des chevaux aura une durée de vingt-sept jours.

Elle portera seulement sur les chevaux des catégories affectées aux régiments convoqués.

Les opérations de cette réquisition sont limitées aux régions de corps d'armée désignées pour l'expérience.

Elles seront également limitées, dans chacune de ces régions, à une zone qui sera déterminée par le ministre de la guerre autour du point de réunion du régiment et dont les ressources devront être suffisantes pour permettre de se procurer le nombre de chevaux nécessaires.

La réquisition sera précédée d'un examen détaillé du cheval, fait en présence du propriétaire par le vétérinaire attaché à la commission; un procès-verbal constatera les tares ou commencements de tares dont l'animal peut être atteint.

Art. 5. — La réquisition n'entraînera pas l'acquisition des animaux requis; mais il sera payé aux propriétaires un prix journalier de location de douze francs (12 fr.) par cheval, indépendamment des indemnités pour dépréciation qui seraient reconnues au moment de la restitution des animaux ou pour pertes survenues pendant la durée de l'expérience.

La restitution s'opérera dans les lieux de rassemblement où la réquisition aura été effectuée, par les soins des commissions mixtes prévues à l'article 46 de la loi du 3 juillet 1877. Ces commissions seront chargées d'évaluer les indemnités qui pourraient être dues pour les dépréciations ou pertes susvisées.

Si cette évaluation est acceptée, le montant de la somme fixée est payé sur-le-champ.

En cas de désaccord, la contestation est introduite et jugée comme il est dit à l'article 26 de la loi du 3 juillet 1877.

Il ne pourra être alloué d'indemnités en dehors des cas prévus par l'article 54 de la loi du 3 juillet 1877 concernant les grandes manœuvres.

Art. 6. — Indépendamment de la réquisition prévue ci-dessus, le ministre de la guerre est autorisé à faire réquisitionner, sur tout le territoire des régions désignées, les moyens de transport qui peuvent être nécessaires à la gendarmerie pour assurer la prompte transmission des ordres relatifs à cette expérience.

Art. 7. — Le ministre de la guerre est autorisé à appeler, dans les zones désignées pour la réquisition des chevaux, pour la conduite des animaux requis, des centres de réquisition au point de réunion des régiments et réciproquement, le nombre d'hommes qui seront nécessaires, pris parmi ceux désignés pour ce service en cas de mobilisation. L'appel de ces hommes aura lieu en commençant par ceux des classes les plus jeunes.

Art. 8. — Il est ouvert, au ministre de la guerre, au titre de la 1re section du budget de l'exercice 1894, en addition aux crédits alloués par la loi du 26 juillet 1893, un crédit extraordinaire de cinq cent mille francs (500,000 fr.) qui sera

sur le 45e régiment de dragons (2e corps d'armée) et sur le 61e régiment de chasseurs à Limoges (12e corps d'armée). Les résultats ont été très satisfaisants. (Voir § 3.)

---

inscrit à un chapitre spécial n° 76 sous le titre : *Convocation de deux régiments de réserve de cavalerie.*

Il sera pourvu à ce crédit au moyen des ressources générales du budget de l'exercice 1894.

Art. 9. — Sur les crédits ouverts au ministre de la guerre, au titre du chapitre 16 (*Solde de l'infanterie*) de la 1re section du budget de l'exercice 1894, par la loi du 26 juillet 1893, une somme de cinq cent mille francs (500,000 fr.) est et demeure définitivement annulée.

Nous donnons ci-dessous le texte des instructions que le ministre de la guerre a adressées, en 1887, pour le paiement du prix de location et de dépréciation des chevaux et voitures réquisitionnés lors de la première expérience de mobilisation du 17e corps, dont nous avons parlé dans le § 3 :

« Le paiement du prix de location des animaux et voitures rapatriés sera effectué par les commissions qui fixeront, le cas échéant, les indemnités pour dépréciations survenues depuis la réquisition.

« Elles alloueront aux propriétaires des animaux et voitures dûment reconnus comme perdus une indemnité égale aux prix d'estimation antérieurement fixés par elles.

« Les indemnités pour pertes ou dépréciations seront inscrites sur des procès-verbaux journaliers. Il sera délivré, en même temps, à chaque propriétaire intéressé un bulletin de perte ou de dépréciation.

« Si l'allocation fixée est acceptée par le propriétaire, le montant de cette allocation sera payé sur-le-champ par l'officier adjoint à la commission, contre remise du bulletin de perte ou dépréciation portant acquit du propriétaire.

« Lorsqu'il y aura désaccord au sujet de l'indemnité due pour perte ou dépréciation, mention en sera faite dans la colonne *Observations* du procès-verbal. Il sera remis aux maires, le cas échéant, un extrait de ce procès-verbal concernant les animaux ou voitures de leur commune qui font l'objet des contestations. Les propriétaires de ces animaux ou voitures devront, dans un délai de trois jours à partir de la restitution des animaux et voitures de la commune, remettre au maire leur refus d'acceptation du chiffre de l'indemnité fixée. Ces refus seront motivés et indiqueront la somme réclamée.

« Aussitôt après l'expiration du délai dont il vient d'être parlé, le maire transmettra au juge de paix du canton les extraits des procès-verbaux qui lui auront été remis par la commission, avec les refus d'acceptation qui lui seront parvenus.

« Il sera ensuite procédé au jugement des contestations conformément à l'article 26 de la loi du 3 juillet 1877 et à l'article 56 du décret du 2 août suivant.

« En cas de perte ou de dépréciation, dûment reconnue et intéressant un propriétaire non comparant, il sera fait mention de cette circonstance dans la colonne *Observations* du procès-verbal, et le bulletin de perte ou de dépréciation sera remis au maire avec l'animal ou la voiture.

« Pour le Ministre et par son ordre :

« *Le Général chef d'état-major général,*

« Général HAILLOT. »

Nature spéciale du droit de réquisition en ce qui concerne les animaux et les voitures.

336. — M. O. de Bastard fait nettement ressortir, dans son rapport au Sénat, le caractère spécial de la réquisition s'appliquant aux animaux et aux voitures attelées :

Cette nature de réquisition est absolument différente de celle mentionnée au paragraphe 4 de l'article 5, qui, pour le temps de paix notamment, a un caractère essentiellement limité, puisque la durée de chaque réquisition ne peut excéder vingt-quatre heures [1]. Elle ne peut, non plus, être soumise aux règles fixées par le titre IV de la loi pour l'exécution de la réquisition, et par le titre V pour les indemnités à allouer aux propriétaires réquisitionnés. Il ne s'agit plus de prestations à utiliser sur place, de denrées à consommer en plus ou moins grande quantité, suivant le nombre des troupes présentes sur les lieux.

Les chevaux et voitures nécessaires pour compléter l'effectif de l'armée constituent un élément dont il est indispensable de connaître d'avance l'importance, qu'il faut savoir où trouver, qu'il faut, en un mot, avoir classé et évalué pour le diriger, en temps utile, là où le besoin se fait sentir.

Il faut avoir organisé ces ressources par une série d'opérations analogues à celles du recrutement pour le personnel. Comme lui, elles sont passibles envers le pays du service obligatoire, et si leur appel à l'activité est éventuel, il est du moins prévu, et les détails de la mise en service peuvent être nettement définis. Cette sorte de réquisition a un caractère spécial et, plus que toute autre, on pourrait la qualifier d'expropriation éventuelle, car la propriété requise est connue d'avance, son prix est évalué ; chacun sait quelle portion de sa propriété est soumise à cette éventualité et le paiement suit immédiatement la livraison.

337. — On a fait remarquer, non sans raison, que le titre VIII a plutôt le caractère d'une loi sur la conscription des chevaux, mulets et voitures que d'une loi de réquisition [2]. Le légis-

1. Pour bien indiquer la différence qui existe entre la réquisition des moyens de transports et la réquisition des chevaux, mulets et voitures attelées, le législateur a substitué, dans l'article 36, aux mots : *a le droit de requérir*, que contenait le projet du Gouvernement, les mots: *a le droit d'acquérir par voie de réquisition*. (Rapport de M. le baron Reille.)

2. La loi du 1er août 1874 était intitulée : « Loi sur la conscription des chevaux et mulets. »

lateur n'a pas cru cependant devoir en faire une loi distincte ; il a pensé qu'il y avait avantage à réunir en une sorte de Code toutes les dispositions ayant un but essentiel commun, celui de fournir aux corps d'armée, lors de la mobilisation, les ressources matérielles qui leur sont nécessaires.

338. — Par cela même que la loi a voulu donner à l'État le droit d'acquérir par réquisition, des animaux appartenant aux particuliers, elle ne s'applique point aux animaux de trait et aux juments poulinières appartenant à l'État et mis en dépôt chez des cultivateurs ou éleveurs. (Circ. du min. de la guerre 20 octobre 1877.)

339. — Pour faciliter l'étude de cette partie de la loi, il convient de distinguer trois opérations ; les deux premières sont : le recensement et le classement préparatoires de la réquisition et ont pour objet soit de tenir l'autorité militaire au courant des ressources dont elle peut être appelée à disposer, soit de faciliter la levée au moment où elle est ordonnée ; la troisième opération est la réquisition elle-même.

Nous allons examiner successivement ces trois opérations.

I. — Recensement.

Article 37.

Tous les ans, avant le 16 janvier [1], a lieu, dans chaque commune, sur la déclaration obligatoire des propriétaires, et, au besoin, d'office, par les soins du maire, le recensement des chevaux, juments, mules et mulets [2] susceptibles d'être requis en raison de l'âge qu'ils ont eu au 1er janvier, c'est-à-

---

1. Le projet déposé par le Gouvernement le 15 janvier 1894 porte : *du 1er au 16 janvier*.

2. Le projet de 1894 porte : *mulets et mules*.

dire six ans [1] et au-dessus pour les chevaux et juments, quatre ans et au-dessus pour les mulets et mules.

L'âge se compte à partir du 1er janvier de l'année de la naissance.

Tous les trois [2] ans, avant le 16 janvier, a lieu dans chaque commune, et de la même manière que ci-dessus, le recensement des voitures attelées de chevaux et de mulets, autres que celles qui sont exclusivement affectées au transport des personnes [3].

340. — Il y a lieu de distinguer : 1° les règles communes aux chevaux et aux voitures ; 2° les règles spéciales aux chevaux ; 3° les règles spéciales aux voitures.

§ I. — *Dispositions communes au recensement des chevaux et mulets et au recensement des voitures attelées.*

341. — *Déclaration obligatoire des propriétaires.* — Tous les ans, au commencement de décembre, le maire fait publier un avertissement adressé *en nom particulier ou collectif*, à tous les propriétaires de chevaux ou mulets qui se trouvent dans la commune, pour les informer qu'ils doivent se présenter à la mairie avant le 1er janvier, et faire la déclaration de tous les chevaux, juments, mulets ou mules qui sont en leur possession *sans aucune distinction ni exclusion* [4], en indiquant l'âge *et le signalement* de ces animaux. (Déc. régl., art. 74.)

Tous les trois ans, le maire fait la liste de recensement des voitures attelées, dans les conditions et aux époques de l'année indiquées pour le recensement des chevaux et mulets.

---

1. Le projet déposé en 1874 porte : *5 ans* pour les chevaux et juments et *3 ans* pour les mulets et mules.

2. Le projet porte : tous les *deux ans*.

3. Un dernier paragraphe est proposé ainsi conçu :

Dans les communes désignées à cet effet par le ministre de la guerre, et pour faciliter l'exercice des réquisitions prévues par le quatrième paragraphe de l'article 5, la liste de recensement comprendra dans une deuxième partie : 1° les voitures sans attelages, mais susceptibles d'être attelées de chevaux et de mulets ; 2° les voitures attelées de chevaux et juments, ou de mulets et mules, non susceptibles d'être requis en raison de leur âge ou qui auraient été refusés précédemment par les commissions de classement.

4. Le propriétaire d'un cheval précédemment réformé par une commission de classement n'est pas assujetti à la déclaration (Trib. de Castelnaudary 22 mars 1895, voir § 547 *bis*).

Le ministre de la guerre avertit les préfets deux mois avant le 1er janvier de l'année où doit se faire ce recensement.

Le préfet avertit le maire au moins six semaines avant le commencement de cette même année. (*Id.*, art. 78.)

Ainsi, le maire doit, tous les trois ans, adresser aux propriétaires de voitures attelées un avertissement analogue à celui qu'il adresse annuellement aux propriétaires de chevaux et mulets.

342. — Sont seuls dispensés de la déclaration et du recensement les chevaux et voitures appartenant :

1° Aux agents diplomatiques des puissances étrangères [1] (Déc. régl., art. 75, 6°) ;

---

1. La question de savoir quelle étendue doit être donnée aux mots *agents diplomatiques des puissances étrangères*, est parfois délicate. Nous pensons qu'il ne sera pas sans intérêt de rapporter quelques décisions administratives qui sont intervenues dans d'autres matières, pour déterminer quels sont ceux des représentants des gouvernements étrangers qui peuvent réclamer l'exemption des charges imposées d'une manière générale aux personnes résidant en France, sans distinction de nationalité.

L'une des plus importantes de ces décisions est une lettre adressée, le 11 juillet 1866, au sénateur préfet de la Seine par M. Drouyn de Lhuys, ministre des affaires étrangères, et qui résume la situation des agents politiques et des agents consulaires étrangers au point de vue de l'impôt. (Voir : *Jurisprudence des Conseils de préfecture*, 1878, page 284, en note.)

En voici la partie essentielle :

« Monsieur le Préfet et cher Collègue, vous me faites l'honneur de me demander quels sont les agents politiques et consulaires qui, d'après les traités, ont droit à l'affranchissement de la contribution personnelle et mobilière et jusqu'où s'étend, parmi les officiers des ambassades et les employés des consulats, ce droit à l'exemption.

« J'ai l'honneur de vous rappeler, ainsi qu'un de mes prédécesseurs a eu l'occasion de vous l'écrire, que cette exception est acquise *de plano* aux agents politiques, chez tous les peuples qui échangent entre eux des missions diplomatiques. L'hôtel du chef de la mission n'est pas toujours le lieu de résidence des secrétaires officiels de cette mission. Ces derniers jouissent, dès lors, de l'exemption en dehors du siège de l'ambassade, aussi bien que leurs chefs. Cette règle de droit coutumier a la même force que des articles de traité.

« Il n'en est plus de même pour les consuls et les agents consulaires. Cependant, depuis une vingtaine d'années l'exemption tend à se généraliser en faveur des agents commerciaux, soit par dispositions formelles de traités, soit par conventions tacites et réciprocité. Il ne reste que l'Angleterre qui ne soit pas entrée dans cette voie. Pour assurer à son consul à Paris l'exemption qu'elle refuse à nos consuls, qui ne sont que des officiers purement commerciaux, sans aucun

2° Aux nationaux des pays suivants, en faveur desquels l'exemption de toute réquisition militaire a été stipulée par des conventions spéciales, savoir :

Allemagne, République argentine, Brésil, Chili, République dominicaine, Équateur, Espagne, Grande-Bretagne, Haïti, Honduras, Mexique, Russie, Sandwich, République Sud-africaine, Suisse. (Circ. du minist. de la guerre 13 mars 1895.)

343. — Il est à remarquer que l'article 1er de la loi du 1er août 1874 confiait simplement l'opération du recensement aux soins du maire, sans prescrire de déclaration préalable du propriétaire. Aujourd'hui, le propriétaire est tenu de faire sa déclaration, sous les peines portées par l'article 52 de la loi. Les maires doivent appeler sur ce point important l'attention particulière de

---

rang diplomatique, elle en a fait un secrétaire d'ambassade, et son titre consulaire est primé par son rang politique.

« Il est toutefois à observer que le droit à l'exemption n'a été accordé aux consuls qu'à certaines conditions. Ils jouissent, disent les conventions, de l'exemption des logements militaires, des contributions directes, personnelles, mobilières, somptuaires, imposées par l'État ou par les communes, à moins qu'ils ne possèdent des biens immeubles, qu'ils ne fassent le commerce ou qu'ils n'exercent quelque industrie, dans lesquels cas ils sont soumis aux mêmes taxes, charges et impositions que les autres particuliers.

« Ces dispositions sont appliquées aux consuls généraux, consuls, vice-consuls et agents consulaires. Les simples employés de chancellerie ne participent pas à l'exemption.

« Il est bien entendu qu'elle ne s'applique qu'aux agents qui sont sujets de la nation qui les a nommés..... »

La question de savoir si les attachés militaires sont ou non des agents diplomatiques s'est présentée devant le tribunal civil de la Seine (3e chambre) qui l'a résolue affirmativement. Il résulte du jugement rendu le 31 juillet 1878 : 1° que le privilège d'exterritorialité s'étend à tous les fonctionnaires qui accompagnent les envoyés étrangers et qui leur sont adjoints pour les assister et les suppléer, soit dans la mission générale qu'ils ont à remplir, soit dans les branches spéciales ressortissant à cette mission ; 2° que les attachés militaires, commissionnés et accrédités par le gouvernement étranger, exercent une fonction qui n'est qu'un démembrement des fonctions plus générales du chef de la mission et participent au privilège d'exterritorialité. (V. *le Droit* du 18 août 1878.)

Enfin deux circulaires du directeur général des contributions directes complètent ce que nous avons dit plus haut des agents consulaires :

« Des difficultés se sont élevées à plusieurs reprises au sujet de l'imposition des consuls des puissances étrangères à la contribution personnelle-mobilière et à la contribution des portes et fenêtres, à raison des habitations qu'ils occupent en France. Je crois utile de faire connaître les règles à suivre à cet égard, et qui

leurs administrés. Il ne leur échappera pas, d'ailleurs, que cette nouvelle prescription facilite considérablement leur tâche.

Nous trouvons dans le rapport de M. le baron Reille les motifs de cette innovation et les raisons pour lesquelles l'obligation qu'elle impose est facile à remplir.

« La loi de 1874, dans son article 1er, indiquait bien un recensement annuel fait par les soins du maire. Mais aucune déclaration n'étant demandée au propriétaire, l'autorité municipale n'avait aucun moyen de procéder avec exactitude au recrutement, et il en est résulté, dans les deux dernières années, un nombre considérable d'omissions sur les tableaux. Les propriétaires sont obligés de déclarer leurs animaux, les uns pour l'impôt qui frappe

---

n'ont été que sommairement indiquées à la suite de la circulaire du 5 septembre 1860, n° 392.

« Bien que les lois relatives aux contributions directes déclarent imposables les Français et les *étrangers*, on doit, en ce qui concerne les agents diplomatiques, tenir compte des conventions internationales, qui, à leur égard, ont force de loi. Il convient donc d'affranchir des contributions personnelle-mobilière et des portes et fenêtres, les consuls des nations étrangères chez lesquelles les consuls français jouissent d'un privilège égal, soit en vertu des conventions de cette nature, soit par application du principe de réciprocité. D'après les indications fournies par le ministère des affaires étrangères, l'immunité dont il s'agit est applicable aux consuls de tout pays, excepté ceux d'Angleterre ; mais cette immunité ne doit toutefois leur être accordée qu'autant qu'ils sont sujets de l'État qui les nomme, et à raison seulement de leur habitation officielle. De plus, s'ils possèdent des immeubles ou s'ils exercent un commerce ou une industrie, ils sont soumis, à raison de ces immeubles, de ce commerce ou de cette industrie, aux mêmes charges que les nationaux.

« Quant aux Français qui ont été autorisés par le gouvernement à remplir des fonctions consulaires au nom de gouvernements étrangers, ils n'ont droit à aucune exemption, de quelque nature qu'elle puisse être ; l'*exequatur* qui leur est délivré par le département des affaires étrangères contient, sur ce point, une réserve formelle. » (Circulaire du 9 janvier 1875, n° 544.)

« ..... La circulaire n° 544 indique les règles à suivre en ce qui concerne les immunités de contribution directe à accorder aux consuls des puissances étrangères. Aux termes de cette circulaire, ces immunités sont dues aux consuls de tous pays, sauf l'Angleterre, mais à la condition qu'ils soient sujets de l'État qui les nomme.

« Une exception doit être apportée à cette règle en ce qui concerne les consuls des États-Unis, en vertu de l'article 2 de la convention consulaire du 23 février 1853. D'après cet article, les agents consulaires des États-Unis ont droit à l'exemption de toutes contributions personnelles, quelle que soit leur nationalité, à moins cependant qu'ils ne soient citoyens français. » (Circulaire du 2 avril 1878, n° 569.)

les chevaux de luxe, les autres pour l'impôt communal des prestations. C'est donc une charge à peine sensible que de leur demander de faire en même temps les déclarations nécessaires pour le recensement militaire. Dans le but de leur faciliter encore cette opération, au lieu de la date du 31 décembre proposée dans le projet rectificatif du Gouvernement, nous vous demandons de maintenir celle du 16 janvier, qui est la limite pour la déclaration concernant l'impôt[1]. »

344. — Mais à la différence de la déclaration que les propriétaires de chevaux sont tenus de faire, aux termes de la loi du 2 juillet 1862, au point de vue de la taxe des chevaux de luxe et qui produit effet tant qu'elle n'a pas été modifiée, la déclaration que leur impose la loi du 3 juillet 1877, sur le recensement des chevaux destinés au service militaire, doit être renouvelée chaque année.

Le propriétaire de chevaux qui, après avoir fait une première fois la déclaration exigée par la loi de 1877, ne l'a pas renouvelée les années suivantes, est donc passible de l'amende édictée par l'article 52 de cette loi, alors même qu'il aurait régulièrement présenté ces chevaux à la commission de classement, chaque fois qu'elle a fonctionné. (Cour de cassation 12 janvier 1888, Bonin.)

345. — La loi n'impose aucune forme pour la déclaration. Aussi a-t-il été jugé qu'une déclaration simplement verbale faite, même sur le ton de la conversation, au secrétaire de la mairie, dans son bureau, est valable. (Tribunal correctionnel de Clermont [Oise] 18 juillet 1889.)

346. — *Affichage de l'avis à donner aux propriétaires.* — Les affiches destinées à porter à la connaissance des propriétaires l'obligation qui leur incombe doivent être apposées, dans les

1. Voir, pour les personnes tenues à la déclaration, les observations contenues aux §§ 547 et sq.

premiers jours de décembre, en aussi grand nombre que possible, non seulement à la porte de la mairie, mais aussi dans chacun des groupes d'habitations les plus importants ou les plus éloignés du centre de la commune.

Elles sont indépendantes de toutes autres publications qui pourraient être faites sur la voie publique.

Les convocations individuelles ne sont pas exigibles; là où les municipalités jugent à propos d'en établir, elles sont à leur charge et sous leur responsabilité.

La publication par affiches étant seule obligatoire, ces affiches doivent mentionner que le défaut de tout autre mode de publicité ne constitue pas une excuse pour les propriétaires qui ne feraient pas la déclaration prescrite.

Elles doivent également rappeler les pénalités dont sont passibles les propriétaires qui auraient omis de faire leurs déclarations ou qui en auraient fait sciemment de fausses (Loi du 3 juillet 1877, art. 52), et faire remarquer que le recensement est une mesure d'intérêt général qui n'apporte aucune restriction au droit de propriété et aux transactions dont les animaux, les voitures et les harnais peuvent être l'objet.

347. — *Certificat à remettre aux déclarants.* — Aux termes de l'article 77 du décret du 2 août 1877, le maire est tenu de délivrer à tous les propriétaires qui font la déclaration un certificat constatant cette déclaration et mentionnant, pour les animaux, le nombre de chevaux, juments, mulets et mules inscrits, et, pour les voitures, le nombre et l'espèce de ces voitures ainsi que la composition de leurs attelages (voitures à deux ou à quatre roues, à un ou à deux chevaux)[1].

---

1. Voici le modèle de ces certificats :

1° POUR LES CHEVAUX, JUMENTS, MULETS ET MULES.

L'an mil huit cent quatre-vingt-neuf, le du mois de décembre, je soussigné, maire de la commune d , canton d , arrondissement d , département d , certifie que

Ce certificat doit être remis au propriétaire immédiatement après l'inscription de la déclaration sur les registres.

Si le propriétaire a plusieurs résidences, il doit présenter le certificat aux maires des communes où il ne fait pas sa déclaration.

348. — *Tournées par le garde champêtre.* — Du 16 au 20 janvier, le maire de chaque commune fait exécuter des tournées par les gardes champêtres et les agents de police pour s'assurer que toutes les voitures et tous les chevaux, juments, mulets et mules ont été exactement déclarés.

Lorsqu'il est reconnu que des animaux ou des voitures n'ont pas été déclarés, le maire doit les porter d'office sur les registres dont nous allons parler tout à l'heure.

349. — *Constatation des contraventions.* — Mais auparavant nous devons indiquer les mesures à prendre pour assurer la ré-

---

le sieur (1) , (2) , domicilié dans cette commune, a déclaré qu'il possède (3) animaux de tout âge, dont (3) cheva , (3) jument , (3). mulet et (3) mule .

Le Maire,

(1) Nom et prénoms.
(2) Profession.
(3) Nombre des animaux.

2° POUR LES VOITURES ATTELÉES SUSCEPTIBLES D'ÊTRE REQUISES.

L'an mil huit cent quatre-vingt-neuf, le du mois de décembre, je soussigné, maire de la commune d , canton d , arrondissement d , département d , certifie que le sieur (1) , (2) , domicilié dans cette commune, a déclaré, au recensement des voitures attelées, 1 voiture ci-après, savoir :

(3) voiture à 2 roues et à 1 cheval ;
(3) — — 2 chevaux ;
(3) voiture à 4 roues et à 1 cheval ;
(3) — — 2 chevaux,

soit au total (4) voitures.

Le Maire,

(1) Nom et prénoms.
(2) Profession.
(3) Nombre de voitures en chiffres.
(4) Nombre total des voitures en toutes lettres.

pression des contraventions commises par les propriétaires qui n'auraient pas fait la déclaration à laquelle la loi les oblige[1].

Voici quelles sont à cet égard les instructions données par M. le ministre de la guerre dans sa circulaire du 31 décembre 1877 :

« J'ai arrêté, après m'être concerté à cet effet avec M. le garde des sceaux, ministre de la justice, les dispositions suivantes au sujet du mode de procéder à l'égard des propriétaires qui ne se conformeraient pas aux obligations dont il s'agit.

« Les gardes champêtres et les agents de police qui seront chargés par les maires de faire, dès les premiers jours de janvier, des tournées pour s'assurer que tous les chevaux, juments, mulets et mules ont été exactement déclarés, devront, en même temps, au fur et à mesure de la découverte des infractions, dresser des procès-verbaux contre tous les propriétaires qui n'auraient pas fait à la mairie, avant le 1er janvier, la déclaration obligatoire ou qui auraient fait de fausses déclarations[2].

« La loi n'ayant, d'ailleurs, prescrit, après déclaration obligatoire des propriétaires, que le recensement des animaux ayant atteint ou qui atteindront chaque année l'âge fixé pour la réqui-

---

1. Voir § 425.

2. Cette disposition qui figurait dans l'instruction du ministre de la guerre du 20 octobre 1877, a été reproduite dans celle du 25 octobre 1878 ; mais une circulaire spéciale du 23 décembre suivant porte que les procès-verbaux ne pourront être dressés que contre les propriétaires qui n'auraient point fait leur déclaration avant le 16 janvier ; elle s'exprime ainsi : « Je vous informe qu'après m'être concerté avec M. le garde des sceaux, ministre de la justice et président du Conseil, j'ai décidé que les procès-verbaux ne pourraient être établis par les gardes champêtres et les agents de police que contre les propriétaires de chevaux et mulets qui n'auraient pas fait la déclaration obligatoire prescrite par l'article 37 de la loi précitée *avant le 16 janvier*.

« Je prie notamment MM. les préfets de vouloir bien veiller à l'exécution par les maires des dispositions contenues dans la présente circulaire.

« M. le ministre de la justice adresse de son côté des instructions à MM. les chefs de parquet, pour la suite à donner aux procès-verbaux dont il s'agit. »

D'après les instructions adressées par M. le ministre de la guerre dans sa circulaire du 11 octobre 1886, les gardes champêtres feront leurs tournées du 16 au 20 janvier et dresseront procès-verbal contre tous ceux *qui n'auraient pas encore fait* à la mairie la déclaration obligatoire ou qui auraient fait de fausses déclarations. (Voir § 547.)

sition (6 ans et au-dessus pour les chevaux et juments, 4 ans et au-dessus pour les mulets et mules), il ne sera pas dressé de procès-verbaux contre les propriétaires qui n'auraient pas déclaré des animaux au-dessous de cet âge.

« Les procès-verbaux dressés par les gardes champêtres et les agents de police seront individuels et dans la forme ordinaire. Ils devront indiquer, du reste, à titre de renseignement, les motifs d'excuses qui pourront leur être donnés par les intéressés.

« Ces pièces seront transmises, dans les délais fixés, à M. le procureur de la République, qui fera procéder à une information, comme il est prescrit en matière de délit ordinaire, par le Code d'instruction criminelle. »

Nous verrons plus tard, sous l'article 52, la pénalité édictée contre les maires qui ne se conforment pas aux prescriptions de la loi. (Voir §§ 534 et sq.)

350. — *Imprimés.* — Tous les imprimés nécessaires pour les opérations du recensement sont fournis aux maires par les soins du préfet ; ceux destinés à l'établissement des registres et de la liste doivent être d'un modèle uniforme. (Voir, à la fin du volume, annexes n°s 8 et 9.)

La dépense résultant de cette fourniture et de celle des affiches et des certificats de déclaration est à la charge du département de la guerre ; les factures et pièces qui y sont relatives sont transmises directement par les préfets aux fonctionnaires de l'intendance qui en mandatent le montant sur les fonds spéciaux inscrits au budget du ministère de la guerre. (Circulaires du ministre de la guerre des 20, 24 octobre et 22 novembre 1877, 25 octobre 1878, etc.)

Les frais d'insertion au *Recueil des actes administratifs* sont seuls supportés par les préfets au titre du fonds d'abonnement. (Circ. guerre 15 octobre 1889.)

§ II. — *Dispositions particulières au recensement des chevaux.*

351. — *Registre des déclarations.* — Les animaux déclarés, « quels que soient leur âge et leur aptitude », doivent être inscrits avec le plus grand soin par les maires sur un registre de déclarations (modèle A, annexe n° 8) en consultant, d'ailleurs, les registres de recensement des années précédentes.

Le registre des déclarations comprend, au fur et à mesure des déclarations faites, savoir :

1° Les nom et prénoms de chaque propriétaire (colonne 2) ;

2° Ses profession et qualité (colonne 3) ;

3° Son domicile (colonne 4) ;

4° Le signalement détaillé de chaque animal (sexe, âge, taille, nom et robe, — colonnes 5 à 12).

L'âge indiqué est celui que les animaux ont l'année dans laquelle doit se faire le classement ; il se compte à partir du 1er janvier de l'année de la naissance. (Loi du 3 juillet 1877, art. 37.) Ainsi, un cheval, né le 1er juillet 1874, doit être porté sur le registre de 1878 comme ayant 4 ans.

On mentionne, pour chacun des animaux déjà examinés l'année précédente par la commission mixte, la décision de cette commission et, s'il y a lieu, le classement déjà donné (colonne 13)

On indique, en regard de chaque animal, ceux qui ont été désignés pour être attelés à des voitures comprises dans le recensement.

352. — *Liste de recensement.* — Du 1er au 15 janvier, les maires doivent dresser, à l'aide du registre de déclarations, la *liste* dite *de recensement* (modèle B, annexe n° 9), des chevaux, juments, mulets et mules susceptibles, par leur âge, d'être requis pour le service de l'armée en cas de mobilisation. (Déc. régl., art. 75.)

Cette liste doit présenter les noms des propriétaires par ordre alphabétique et comprendre tous ceux des animaux ayant atteint ou qui atteindront dans l'année l'âge fixé par la loi (6 ans et au-dessus pour les chevaux et juments, 4 ans et au-dessus pour les mulets et mules), et portés sur le registre de déclarations, sauf les exceptions ci-après, que l'article 75 du décret réglementaire détermine expressément, savoir :

1° Les chevaux, juments, mulets et mules qui sont reconnus être déjà inscrits dans une autre commune ;

2° Les animaux qui sont reconnus avoir déjà été réformés par une commission de classement, en raison de tares, de mauvaise conformation ou d'autres motifs qui les rendent impropres au service de l'armée ;

3° Les chevaux, juments, mulets et mules reconnus avoir été ajournés par une commission de classement pour défaut de taille, à moins que les conditions de taille n'aient été modifiées depuis ce refus.

353. — *Taille.* — Le minimum de taille fixé est de 1m,46 pour les chevaux et juments, et de 1m,42 pour les mulets et mules [1].

En Corse, exceptionnellement, ce minimum est réduit à 1m,42 pour les chevaux et juments, et à 1m,38 pour les mulets et mules. (Voir § 406.)

354. — Une colonne de la liste de recensement est destinée à recevoir les notes de la commission de classement qui doit opérer dans l'année ; elle doit, par suite, être laissée en blanc.

355. — Dans les villes divisées en plusieurs cantons, il doit être ouvert un registre de déclarations et une liste de recensement pour chaque canton ou arrondissement municipal. (Circ. annuelle min. guerre.)

Le registre des déclarations et la liste de recensement sont

---

1. Dans les Alpes-Maritimes, le minimum de taille des mulets et mules est abaissé à 1m,40.

visés et certifiés par le maire, savoir : le registre, le 31 décembre ; la liste, le 15 janvier suivant.

Toutefois, ces documents continuent à rester ouverts pour recevoir toutes les inscriptions et mutations ultérieures ; ils doivent être arrêtés définitivement et visés, savoir : le registre, le 1er décembre suivant, la liste, le 31 décembre.

Ce registre et cette liste doivent être conservés avec le plus grand soin, sous la responsabilité du maire.

Dans chaque mairie, la liste de recensement devra être mise à la disposition de toutes les personnes qui voudront la consulter. (Circ. annuelle du min. de la guerre.)

356. — *Relevé numérique.* — Enfin, les maires ont à établir un *relevé numérique* (modèle C, annexe nº 10) en double expédition :

1° De tous les chevaux, juments, mulets et mules existant chez les propriétaires de la commune, quels que soient leur âge et leur aptitude ;

2° Des mêmes animaux subdivisés en deux catégories, savoir : d'une part, ceux qui n'atteindront pas dans l'année ; d'autre part, ceux qui ont atteint ou qui atteindront dans l'année l'âge fixé par la loi [1]. (Circ. du min. de la guerre 25 octobre 1878, etc.)

Le nombre total des animaux réformés aux classements antérieurs et existant à l'époque du recensement est porté dans une colonne spéciale du tableau.

Il est bien entendu que les animaux réformés doivent être compris au nombre de ceux ayant atteint ou qui atteindront l'âge prescrit par la loi et dans le total général de l'existant.

Les deux expéditions de ce relevé doivent être adressées par les maires, dès *le 20 janvier,* au sous-préfet de l'arrondissement, qui en conserve une et transmet l'autre *sans délai* au bureau

1. D'après les précédentes instructions, cette partie du tableau ne devait comprendre que les animaux ayant atteint l'âge légal.

de recrutement du ressort. (Circ. annuelle du min. de la guerre.)

Les registres des déclarations, la liste de recensement et le relevé numérique doivent toujours être établis, arrêtés et certifiés conformes, même s'ils sont négatifs.

En cas de négligence des magistrats municipaux, le préfet doit assurer l'exécution de la loi par un délégué spécial. (Circ. min. intér. 19 décembre 1874.)

357. — *Relevé numérique général.* — Chaque bureau de recrutement doit établir en double expédition un *relevé numérique général* (modèle D, annexe n° 11) des renseignements fournis par les communes, et transmettre, *dès le 25 janvier,* l'une des expéditions au gouverneur militaire ou au général commandant le corps d'armée, et l'autre au ministre (*Bureau des remontes*).

358. — *Surveillance des sous-préfets.* — Plusieurs maires tenant très irrégulièrement les états de recensement et laissant souvent aux commissions de classement le soin de les dresser, le ministre de l'intérieur a chargé les sous-préfets de surveiller eux-mêmes, dans des tournées périodiques, la tenue de ces documents. Ce soin est confié, dans l'arrondissement chef-lieu, au secrétaire général. (Circ. du 15 décembre 1891.)

§ III. — *Dispositions particulières au recensement des voitures.*

359. — *Registre du recensement.* — Pour les voitures, les maires n'ont qu'un registre à tenir (modèle n° 1, annexe n° 12). Ce registre donne la désignation des propriétaires, le nombre et le signalement des voitures ainsi que le signalement des chevaux destinés à les atteler.

Il doit comprendre toutes les voitures non suspendues, suspendues, mixtes ou autres qui ne sont pas exclusivement affectées au transport des personnes, pourvu que le propriétaire de ces voitures puisse les atteler à l'aide d'animaux figurant sur la liste de recensement des chevaux, juments, mulets et mules classés, ou susceptibles d'être classés.

Le passage suivant de l'exposé des motifs explique fort clairement pourquoi le législateur s'est abstenu de distinguer entre les voitures suspendues et les voitures non suspendues :

Il est évident que toutes les voitures ne sont pas propres au service des transports de l'armée, il fallait donc définir celles de ces voitures qui devraient être portées sur la liste de recensement. Nous avions pensé d'abord à la définition de voitures non suspendues ; mais nous avons reconnu que nous pourrions nous priver ainsi d'un grand nombre de voitures excellentes. Il y a, en effet, des pays où l'on se sert habituellement pour les transports de voitures suspendues sur un essieu ou même sur deux essieux. En définitive, ce qui est inutile à l'armée, puisqu'il s'agit de transport de bagages et de matériel, ce sont les voitures de luxe, les voitures destinées à porter des personnes.

360. — L'autorité militaire ayant été consultée sur la question de savoir si les charrettes et les tombereaux attelés de chevaux ou de mulets doivent être recensés, il a été répondu que ces voitures étaient comprises parmi celles qui peuvent être requises et qui, par conséquent, doivent être portées sur le registre de recensement. (Lot-et-Garonne. — Avis publié par le préfet dans le *Recueil des actes administratifs*, 26 décembre 1877.)

361. — Des doutes se sont élevés sur le point de savoir si, d'une manière générale, il convenait de recenser des voitures qui, par leur forme, leur poids et leurs dimensions, nécessiteraient l'emploi d'un attelage composé *de plus de deux chevaux*.

Cette question a été résolue négativement.

En effet, aux termes de l'article 79 du décret du 2 août 1877, on doit porter sur la liste de recensement toutes les voitures..., pourvu que le propriétaire puisse les atteler dans des conditions que comporte leur forme ou leur poids, *d'un* cheval ou mulet ou de *deux* chevaux ou mulets, classés ou susceptibles d'être classés. (Avis du préfet de l'Aisne publié au *Recueil des actes administratifs,* 22 décembre 1877 ; et Circulaire du préfet de Maine-et-Loire 7 janvier 1878.)

362. — Pour les inscriptions à opérer, le maire doit tenir compte des observations suivantes :

Chaque inscription comprend :

1° Les nom et prénoms de chaque propriétaire (colonne n° 1) ;

2° Sa profession (colonne 2) ;

3° Son domicile (colonne 3) ;

4° Le nombre de voitures attelées des différentes espèces, susceptibles d'être requises, existant chez chaque propriétaire.

Les indications à porter dans les colonnes 4, 5, 6 et 7 ne doivent comprendre que des unités destinées à faire connaître l'espèce de la voiture recensée.

Une ligne horizontale devant être réservée pour le signalement de chaque animal faisant partie d'un attelage, l'inscription d'une voiture attelée à deux chevaux est faite sur deux lignes horizontales du registre. On réunit par une accolade le signalement des deux animaux formant un même attelage.

Les inscriptions relatives aux différentes voitures appartenant à un même propriétaire sont réunies sous une même accolade ;

5° Dans la colonne 8, on inscrit très succinctement le signalement de la voiture ; on indique si cette voiture est suspendue ou non suspendue, munie ou non d'un toit ou d'une bâche ; on fait connaître également d'une façon approximative le poids maximum du chargement qu'elle pourrait contenir, eu égard à l'attelage qui lui est affecté ;

6° Les indications à faire figurer dans les colonnes 10, 11, 12, 13 et 14, au sujet du signalement des attelages, sont la reproduction de celles qui sont inscrites sur la liste de recensement des chevaux, juments, etc., de la commune ;

7° Les colonnes 9 et 15, destinées à indiquer le classement à donner ultérieurement aux voitures et aux attelages par la commission de classement, sont provisoirement laissées en blanc, pour être remplies en temps opportun par le président de cette commission.

363. — Si un propriétaire possède plusieurs voitures, et s'il ne peut fournir qu'un seul attelage, le maire porte sur le registre de recensement celle de ces voitures qui lui paraît la plus propre au service de l'armée, tout en étant susceptible d'être employée avec l'attelage dont il s'agit. (Décret régl., art. 80.)

Si le propriétaire peut fournir plusieurs attelages, on porte sur le registre de recensement autant de voitures qu'il peut en atteler à la fois. Dans ce cas, le maire veille à ce que, pour chacune des voitures recensées, il soit inscrit, suivant sa forme et son poids, un ou deux animaux capables d'un bon service et portés sur la liste de recensement des chevaux, juments, mulets et mules. (Décret régl., art. 80.)

Quelques exemples feront mieux comprendre le sens exact de ces dispositions :

Lorsqu'un propriétaire possède plusieurs voitures susceptibles d'être requises, on ne doit faire figurer sur le registre de recensement que la voiture ou les voitures qu'il peut fournir attelées *avec des chevaux classés à lui appartenant.*

Ainsi, un fermier qui a deux camions et deux voitures ordinaires avec quatre chevaux de trait, dont trois refusés par la commission de classement, et un classé, sera porté pour *une seule voiture,* celle qui pourra être attelée *au moyen du cheval classé.*

Le propriétaire ou fermier qui a quatre voitures et qui n'a aucun de ses chevaux d'attelage classé, *n'aura aucune voiture inscrite.*

Enfin, si le propriétaire qui a plusieurs voitures peut fournir un, deux ou trois attelages, il figurera sur le registre pour une, deux ou même trois voitures, selon le nombre de véhicules qu'il pourra fournir attelés de chevaux *classés.* (Circ. du préfet du Morbihan 28 décembre 1877.)

364. — Aux termes de l'article 81 du décret réglementaire du 2 août 1877, le registre de recensement des voitures attelées contient, outre le signalement des voitures et des animaux, l'inscription de ces derniers sur l'état de recensement *s'ils n'ont pas encore été classés,* ou leur numéro de classement *s'ils figurent sur le dernier état de classement de la commune.*

Il en résulte que les maires doivent porter sur le registre de recensement *les voitures qui peuvent être attelées* par leurs propriétaires, soit avec des chevaux, juments, etc., leur appartenant, *inscrits sur le dernier état de classement de la commune,* soit encore avec des chevaux, juments, mulets et mules *qui figurent sur la liste de recensement des animaux susceptibles par leur âge d'être requis* par l'autorité militaire en cas de mobilisation, qui est établie la même année pour la commune.

365. — Le registre de recensement est arrêté et certifié par le maire à la date du 15 janvier. Il continue d'ailleurs à rester ouvert pour toutes les inscriptions et mutations ultérieures, et, en particulier, pour les inscriptions qui doivent être faites dans les colonnes laissées en blanc par le président de la commission mixte d'inspection et de classement, comme nous l'avons dit plus haut.

Ce registre est arrêté définitivement et visé par le maire le 15 janvier de l'année suivante.

366. — *Relevé numérique.* — D'après les indications fournies par le registre de recensement, il est dressé, dans chaque commune et par les soins du maire, un *relevé numérique* (modèle nº 2, annexe 13) en double expédition, des voitures attelées susceptibles d'être requises, existant au 15 janvier.

Ces deux expéditions sont adressées le 20 janvier au sous-préfet qui en fait parvenir une au commandant du bureau de recrutement du ressort.

367. — *Relevé numérique général.* — Chaque commandant de bureau de recrutement établit, pour toutes les communes de son ressort, un relevé général des renseignements numériques portés sur les états modèle n° 2 transmis par les communes.

Ce relevé général est dressé en double expédition et conformément au modèle n° 3, annexe 14. Les indications relatives à chaque commune sont portées sur une ligne distincte.

Dès le 25 janvier, les deux expéditions du relevé modèle n° 3 doivent être transmises par le commandant du bureau de recrutement, savoir : l'une au gouverneur militaire ou au général commandant le corps d'armée, l'autre au ministre (*3e Direction, Artillerie; 2e Bureau, Matériel*).

II. — Classement.

ARTICLE 38.

Chaque année, le ministre de la guerre peut faire procéder, du 16 janvier au 1er mars, ou du 15 mai au 15 juin, à l'inspection et au classement des chevaux, juments, mulets ou mules, recensés ou non, ayant l'âge fixé à l'article précédent.

La même opération peut être faite, aux mêmes époques, dans l'année du recensement pour les voitures attelées.

L'inspection et le classement ont lieu, en temps de paix, dans chaque commune, à l'endroit désigné à l'avance par l'autorité militaire, en présence du maire ou de son suppléant légal.

Il y est procédé par des commissions mixtes, désignées dans chaque région par le général commandant le corps d'armée et composées chacune d'un officier président et ayant voix prépondérante en cas de partage, d'un membre civil choisi dans la commune, ayant voix délibérative, et d'un vétérinaire militaire ou d'un vétérinaire civil, ou, à défaut, d'une personne compétente désignée par le maire, ayant voix consultative.

Il ne sera pas alloué d'indemnité au membre civil de ladite commission.

368. — *Date du classement.* — Le projet du Gouvernement portait que *tous les ans* il serait procédé au classement des chevaux, et *tous les trois ans* à une révision des voitures. Il n'a pas semblé au législateur que le texte dût être aussi formel.

Dans les systèmes employés parmi les nations voisines, le classement des chevaux ne se fait pas aussi fréquemment. Nul doute que, dans les premiers temps, il y ait avantage à procéder à cette opération chaque année ; mais si, grâce aux déclarations des propriétaires et au soin des municipalités, les tableaux annuels de recensement arrivent à être établis dans des conditions suffisantes d'exactitude, il peut ne pas être nécessaire de renouveler aussi souvent la visite des commissions mixtes ; il a paru dès lors utile d'inscrire dans la loi une faculté au lieu d'un droit et de laisser au ministre de la guerre, plus apte que personne à juger, d'après les renseignements qu'il a entre les mains, de la nécessité de la visite, le soin d'user ou non du moyen que la loi met à sa disposition. (Rapport de M. le baron Reille.)

Toutefois, d'après le décret réglementaire du 2 août 1877, le principe est que le classement aura lieu chaque année pour les chevaux et mulets ; il ne peut y être dérogé que par une disposition expresse du ministre de la guerre (art. 82). L'article 87 du même décret dispose d'une manière générale que, dans l'année du recensement des voitures attelées, les commissions chargées du classement des chevaux et mulets procèdent également au classement des voitures attelées.

369. — En 1893, afin de réduire les dépenses du classement, les communes du territoire de chaque région ont été divisées en trois catégories :

La première catégorie comprend les communes où le classement a lieu tous les ans ;

La deuxième catégorie comprend les communes où le classement a lieu les années de millésime pair ;

La troisième catégorie comprend les communes où le classement a lieu les années de millésime impair.

Les communes sont réparties entre ces trois catégories par les soins des généraux commandant les corps d'armée, suivant les besoins de la réquisition et d'après l'expérience des classements précédents, soit par département ou subdivision de région, soit par arrondissement ou par canton.

Les communes d'un même canton ne peuvent appartenir qu'à une seule des catégories visées ci-dessus.

La première catégorie comprend, d'ailleurs, le plus grand nombre possible de communes et autant que le permettent les crédits affectés au classement.

370. — La loi de 1874 ne déterminait pas à quelle époque de l'année devait s'effectuer le classement. En 1876, le ministre de la guerre avait fixé au 8 mars le commencement des opérations, dont la durée devait être d'un mois environ. On se plaignit, non sans raison, du choix de cette époque où les travaux de labour sont en pleine activité. M. Magniez, député de la Somme, se fit au sein de la Chambre des députés l'interprète des réclamations qui s'étaient élevées dans un grand nombre de départements et, sur sa demande instante, le ministre de la guerre donna, le 30 mars, ordre de suspendre l'inspection et de ne la reprendre que le 15 mai suivant. Afin de sauvegarder entièrement les intérêts agricoles, la nouvelle loi a disposé en termes formels que le classement aurait lieu nécessairement dans les périodes comprises soit entre le 16 janvier et le 1er mars, soit entre le 15 mai et le 15 juin. Le ministre de la guerre peut se mouvoir dans ces délais suffisamment étendus en tenant compte à la fois des convenances des populations, des circonstances climatériques et des intérêts de l'armée.

371. — *Lieu où s'opère le classement.* — La loi de 1874 n'exigeait pas que la commission de classement se transportât dans toutes les communes ; elle portait seulement qu'il serait procédé à ce classement, *autant que possible,* dans chaque commune. Le ministre de la guerre, dans le désir d'abréger la durée des opérations et inspiré par une idée d'économie, décida que les commissions opéreraient en principe par canton sur un ou deux points, au chef-lieu de préférence. Cette mesure avait un double inconvénient. D'une part, dans beaucoup de contrées, les propriétaires perdaient une journée entière pour conduire leurs animaux au lieu de réunion. Le travail des chevaux et mulets était également perdu durant tout un jour; enfin, on imposait à ces animaux, à raison de la longueur des parcours, une fatigue telle qu'ils ne pouvaient fournir le lendemain un travail utile. D'autre part, la concentration d'une grande quantité d'animaux était de nature à faciliter la propagation de maladies contagieuses. Ces considérations, signalées par M. Magniez lors de l'incident parlementaire rappelé plus haut, déterminèrent le ministre de la guerre à prescrire aux commissions d'opérer à l'avenir dans chaque commune.

En 1877, le législateur crut devoir insérer cette prescription dans la loi même.

372. — Mais il ne pensa pas qu'il y eût lieu de fixer légalement au chef-lieu le point de réunion. Il peut y avoir, en effet, telle ou telle circonstance particulière, comme, par exemple, la réunion habituelle d'une foire dans un hameau séparé du chef-lieu de la commune, l'existence sur un point éloigné de ce chef-lieu d'un haras, d'une grande ferme, où se trouve la majorité des chevaux à inspecter, qui justifie surabondamment le choix d'un autre emplacement. Mais, afin d'éviter toute incertitude à ce sujet, l'arrêté qui fixe les époques de la visite doit indiquer en même temps l'endroit même où elle aura lieu, et les propriétaires sont ainsi avertis à l'avance du point où ils doivent conduire leurs chevaux ou leurs voitures. (Rapport de M. le baron Reille.)

Pour les communes rurales, l'arrêté ne détermine point en général la place précise où aura lieu la réunion; il se borne à indiquer le village, le hameau. Dans ce cas, c'est au maire qu'incombe le devoir de choisir à l'avance l'emplacement le plus favorable à la facilité et à la régularité des opérations. Mais la loi confiant à l'autorité militaire le droit de choisir « *l'endroit* » où doit avoir lieu le classement, si la commission désigne un autre emplacement que celui dont le maire aurait fait choix, ce dernier n'a pas à insister sur ses préférences personnelles et doit se rendre au lieu où il est procédé aux opérations. Il ne serait point fondé à prétendre, pour se dispenser de remplir cette obligation, que l'emplacement désigné par lui était approprié à l'opération. (Décision du min. de l'int. 16 octobre 1878, Yonne.)

Itinéraire des commissions de classement.

373. — Quelque temps avant le commencement des opérations des commissions, les généraux commandant les corps d'armée[1] répartissent chacune des subdivisions de région en circonscriptions de commission, dont le nombre doit être calculé de telle sorte que toutes les commissions opérant simultanément puissent terminer leur travail dans le délai indiqué par le ministre de la guerre.

Comme il importe de limiter autant que possible le nombre des officiers, des vétérinaires militaires et des sous-officiers détachés en même temps de leurs corps, le nombre des commissions de classement est calculé de manière à ce que chacune d'elles opère au moins 25 jours.

Le nombre des commissions doit être calculé d'après l'examen des ressources du recensement de l'année, en tenant compte, pour ce qui concerne les chevaux et mulets, de ceux refusés définitivement ou réformés aux précédents classements, et qui ne doivent plus être présentés.

374. — Les itinéraires des commissions sont fixés par le général commandant le corps d'armée, qui les établit de manière

---

1. En ce qui concerne les départements de la Seine, de Seine-et-Oise et du Rhône, qui correspondent aux 2e, 3e, 4e, 5e, 7e, 8e, 13e et 14e corps d'armée, le travail est préparé par MM. les Gouverneurs de Paris et de Lyon, au titre de chacun des corps d'armée, et en concordance avec les bureaux de recrutement spéciaux à ces départements.

que les commissions opèrent avec le plus de rapidité possible et sans aucune perte de temps.

Chaque commission doit, quand les distances à parcourir sont peu considérables et lorsque le nombre d'animaux et de voitures attelées le permet, examiner trois ou quatre communes par jour.

Un même canton ne doit jamais être fractionné entre deux commissions.

On calcule, d'après les itinéraires qui devront être suivis par les commissions, le nombre de journées de route à prévoir pour chacune d'elles.

Dans chaque corps d'armée, les commissions sont désignées par une série unique de numéros.

Aucune commission ne doit opérer dans deux subdivisions différentes.

Les itinéraires sont complétés, pour chaque commission, par l'indication des lieu, date et heure de réunion dans chaque commune.

Pour éviter toute dépense inutile, ils doivent être tracés de telle sorte que les commissions n'aient pas à revenir sur leurs pas. Ils doivent être établis également de manière que les opérations n'aient pas lieu dans les communes les jours de grands marchés ou de foires.

Les commissions n'opèrent pas les dimanches et jours fériés.

375. — Les itinéraires sont notifiés aux préfets, qui en informent immédiatement les membres civils et les vétérinaires civils désignés pour faire partie des commissions et qui font, en outre, publier dans les communes *par voie d'affiches*, indépendamment de toutes publications qui pourraient être faites sur la voie publique, un avis invitant les propriétaires à présenter leurs animaux et leurs voitures attelées au jour, à l'heure et à l'endroit où doit avoir lieu l'opération.

Ces affiches doivent être apposées *trois jours au moins à l'a-*

vance[1], et en aussi grand nombre que possible, non seulement à la porte de la mairie, mais encore dans chacun des groupes d'habitations les plus importants ou les plus éloignés du centre de la commune.

Elles indiquent *l'endroit exact* où sera fait le classement ; dans les grandes villes, elles portent l'heure et le jour auxquels les personnes de chaque quartier et de chaque rue doivent présenter leurs animaux.

376. — Les affiches sont envoyées aux maires par les soins du préfet ; les frais en sont mis à la charge du budget du ministère de la guerre. Il est recommandé aux préfets de transmettre directement les factures et pièces concernant cette dépense aux fonctionnaires de l'intendance chargés d'en mandater le montant[2]. (Circ. annuelle du min. gueree.)

377. — C'est aux maires qu'il appartient de prendre, sur l'invitation du préfet, les mesures nécessaires pour aviser les propriétaires. Outre l'avertissement par voie d'affiches, ils peuvent recourir à d'autres moyens de publicité suivant les usages locaux, tels que publication à son de trompe ou de tambour. Lorsqu'elles le jugent à propos, les municipalités peuvent aussi, mais à leur charge et sous leur responsabilité, adresser aux intéressés des convocations individuelles[3]. Dans tous les cas, la publication par affiches étant seule obligatoire, les affiches doivent mentionner que le défaut de tout autre mode de publicité ne

---

1. Les dernières circulaires du ministre de la guerre portent : *huit* jours à l'avance.

2. Les factures dépassant 1,500 fr. doivent être appuyées d'une copie du marché passé avec le fournisseur.

Les frais des insertions que les préfets font au *Recueil des actes administratifs* sont payés par leurs soins, sur les fonds spéciaux d'abonnement des préfectures, conformément aux dispositions de l'ordonnance royale du 15 mai 1822. Ils ne doivent donc pas figurer sur les factures d'impression à adresser par les préfets aux intendants militaires.

3. Les officiers, sous-officiers et brigadiers ou caporaux de gendarmerie ne doivent, dans aucun cas, être employés au travail de convocation des propriétaires.

constitue pas une excuse pour les propriétaires qui ne présenteraient pas leurs animaux et leurs voitures attelées [1].

378. — Les affiches doivent rappeler aux propriétaires les pénalités qu'ils encourraient s'ils contrevenaient aux prescriptions de la loi ou s'ils se rendaient coupables de fausses déclarations. (Voir *infrà*, art. 52.)

379. — Tous les membres des commissions doivent se conformer aux indications des itinéraires pour toute la durée des opérations.

Dans le cas où, pour une cause quelconque, une commission ne pourrait opérer aux lieu, jour et heure indiqués par l'itinéraire, le président en préviendrait immédiatement le maire de la commune et fixerait, après en avoir référé au commandement, une nouvelle date de convocation à la fin de l'itinéraire primitivement arrêté.

Composition des commissions de classement.

380. — Il nous reste à examiner la composition des commissions de classement.

Elles sont formées d'un officier, président, d'un membre civil et d'un vétérinaire.

Les membres militaires sont désignés par les soins du général commandant le corps d'armée, qui répartit ces désignations aussi également que possible sur les corps de troupes à cheval de son commandement. Ils sont choisis de préférence parmi ceux ayant déjà opéré les années précédentes.

Dans son rapport, M. le baron Reille a fait remarquer que l'on devait entendre le mot *officier* dans son acception la plus large, c'est-à-dire que le président peut faire partie, suivant les cir-

1. Voir plus loin, §§ 515 et 567.

constances, de l'armée active, de la réserve ou de l'armée territoriale [1].

381. — Le membre civil est, aux termes de la loi, choisi dans la commune. La désignation de ce commissaire appartient au préfet, dont le choix doit porter, quand cela est possible, sur d'anciens officiers de troupes à cheval, et, à défaut, sur des membres des conseils municipaux jugés aptes à cette mission [2].

Dans aucun cas, le maire de la commune ou son suppléant légal, dont la présence est obligatoire pendant la durée des opérations de la commission de classement, ne peut être désigné comme membre civil de ladite commission.

M. Magniez avait proposé de faire désigner le membre civil

---

1. La circulaire du ministre de la guerre du 24 février 1894, reproduite presque textuellement par la circulaire du 13 mars 1895, porte que les officiers sont choisis parmi ceux de l'armée active, de la réserve ou de l'armée territoriale, appartenant à la cavalerie, à l'artillerie (à l'exclusion de l'artillerie de forteresse), au train des équipages militaires ou au service éventuel des remontes ou des réquisitions.

Peuvent également être désignés pour ces fonctions des officiers de gendarmerie, de réserve ou de l'armée territoriale.

Il pourra être désigné des officiers de réserve et de l'armée territoriale n'ayant pas servi dans l'armée active, sous la réserve expresse que ces officiers posséderont toute l'aptitude désirable.

Les officiers de réserve et de l'armée territoriale, autres que ceux susceptibles d'être désignés d'office ou retraités en vertu de la loi du 22 juin 1878, ne peuvent être désignés qu'avec leur consentement. Ces dispositions sont également applicables aux vétérinaires.

Les officiers retraités, qui ne sont pas pourvus d'un grade d'officier de réserve ou de l'armée territoriale ne peuvent pas être employés au classement.

Des officiers et des vétérinaires militaires de réserve et de l'armée territoriale peuvent être désignés d'office pour faire partie des commissions de classement; dans ce cas, ils sont convoqués comme pour un stage d'instruction au titre de leurs corps ou services, et pour une durée qui ne pourra excéder 28 jours pour les officiers et vétérinaires de réserve, et 15 jours pour l'armée territoriale.

2. Les circulaires du ministre de la guerre confient au préfet la désignation des membres et des vétérinaires civils. Il semble cependant que, dans la pensée des commissions de la Chambre des députés et du Sénat, la nomination devrait appartenir au général commandant le corps d'armée, sur la présentation du préfet. (Voir les rapports de M. le baron Reille et de M. de Bastard.)

Nous croyons savoir que, dans certains départements, le préfet délègue au maire de chaque commune le soin de désigner le membre civil. Nous hésitons à penser que cette manière de procéder soit régulière. En tous cas, les instructions ministérielles ne prévoient pas cette délégation.

par le conseil municipal. La commission de la Chambre des députés, favorable en principe à ce mode de désignation, a reconnu cependant que, dans la pratique, il en pourrait résulter quelques inconvénients : si la désignation était faite à l'avance, il pourrait arriver, soit que le conseil municipal eût oublié d'y procéder, soit que la personne choisie par lui se trouvât absente au moment de l'inspection. Si la désignation devait être faite au moment même, l'intérêt qui s'attache à ces fonctions serait bien minime pour motiver une convocation spéciale du conseil. On a pensé qu'il était plus simple de laisser la désignation à l'autorité supérieure, ce qui permet de réparer plus facilement un oubli ou une erreur.

382. — Tous les vétérinaires militaires du cadre actif qui peuvent, sans inconvénient, être distraits du service des régiments, sont désignés dans chaque corps d'armée par le général commandant [1].

Les aides-vétérinaires stagiaires de l'École d'application de cavalerie sont, en outre, mis à la disposition des généraux commandant les corps d'armée, qui s'adressent, à cet effet, au général commandant l'École, auquel des instructions ont été données en conséquence.

383. — A défaut de vétérinaires militaires de l'armée active, des vétérinaires de réserve et de l'armée territoriale, des vétérinaires civils sont désignés par les préfets, sur la demande des généraux commandant les corps d'armée [2].

Les vétérinaires civils, ceux de la réserve et de l'armée territoriale doivent toujours être affectés à une commission opérant en dehors de la circonscription de leur domicile.

Pour faciliter, autant que possible, la tâche de chacun d'eux et ne pas les distraire trop longtemps de leur clientèle, des substitutions sont autorisées, de telle sorte que plusieurs vété-

1. Voir la note sous le § 380.
2. Voir la note sous le § 381.

rinaires civils soient appelés à faire partie successivement de la même commission. Toutefois, ces substitutions ne peuvent se faire dans la même journée d'opérations, quel que soit le nombre des communes visitées dans cette journée.

Ces choix doivent être faits avec le plus grand soin, de manière à sauvegarder à la fois les intérêts de l'État et ceux des populations ; ils doivent porter de préférence sur d'anciens vétérinaires militaires.

384. — Les désignations, soit de membres civils, soit de vétérinaires civils, sont notifiées par les préfets aux généraux commandant les corps d'armée, qui arrêtent alors définitivement la composition des commissions.

385. — Pour le cas où le vétérinaire militaire ou le vétérinaire civil viendrait à faire défaut, une personne compétente est désignée à l'avance par le maire dans chaque commune.

386. — Enfin à chaque commission est attaché un sous-officier ou brigadier de corps de troupes à cheval de l'armée active, qui remplit les fonctions de secrétaire. Autant que possible, ce sous-officier ou brigadier est pris dans le corps auquel appartient l'officier président de la commission, quand celui-ci fait partie de l'armée active.

Des sous-officiers ou coporaux réservistes des sections de secrétaires d'état-major et du recrutement peuvent également être employés à ce service.

On peut aussi affecter aux commissions de classement les sous-officiers ou brigadiers appartenant à la réserve ou à l'armée territoriale, désignés pour être employés dans les commissions de réquisition.

Deux militaires de la gendarmerie, au moins, assistent aux opérations et maintiennent l'ordre, sous l'autorité du président de la commission.

L'un de ces militaires tient la toise, qu'il remet au vétérinaire au moment de toiser chaque animal présenté.

387. — *Voix prépondérante du président.* — Nous avons dit que l'officier préside ; ajoutons qu'il a voix prépondérante en cas de partage. Si l'on observe, en outre, que le vétérinaire ou son suppléant n'a que voix consultative, il est facile de voir qu'en réalité la décision appartient à l'officier.

Cette disposition a été vivement attaquée. M. Laisant s'est fait, à la Chambre des députés, l'interprète de ces critiques. Dans la séance du 20 février 1877, il s'exprimait à cet égard dans les termes suivants :

L'article 38 établit des commissions spéciales ayant pour objet l'inspection et le classement des chevaux. Ces commissions sont composées de la manière suivante : un officier président et ayant voix prépondérante en cas de partage, un membre civil choisi dans la commune, ayant voix délibérative, et puis un vétérinaire militaire ou un vétérinaire civil, ou, à défaut, une personne compétente désignée par le maire, ayant voix consultative.

Je demande si, lorsque l'on compose une commission de ce genre, qui comprend trois membres, il est juste de donner voix délibérative à deux seulement, et de la refuser à l'homme qui est le plus compétent des trois au point de vue technique, à l'homme spécial, au vétérinaire. Il y a là une disposition qu'il est véritablement impossible de laisser passer sans protestation.

M. Georges Périn. — Comme le président a voix prépondérante, ce sera toujours son opinion qui l'emportera.

M. Laisant. — On me le fait remarquer très justement : la commission se compose du président tout seul, puisque, si son opinion est partagée par le seul de ses collègues qui ait voix délibérative, c'est évidemment cette opinion qui l'emporte, et que si elle n'est pas partagée, la voix du président est encore prépondérante. » (*Très bien ! sur plusieurs bancs à gauche.*)

M. le baron Reille, répondant au nom de la commission, fit valoir les motifs sérieux qui avaient inspiré la rédaction de l'article et montra l'importance du rôle du vétérinaire.

J'arrive, dit-il, à une objection de détail qui nous est posée à propos de l'article 38. On nous dit : Vous avez mis dans la loi la composition de la commission chargée du recensement des chevaux. Vous avez composé comme suit cette commission : un officier, un membre civil et un vétérinaire ayant voix consultative.

Ici encore nous n'avons fait que reproduire ce qui avait été fait avant nous. Nous avons adopté les dispositions telles qu'elles existaient dans l'instruction ministérielle qui a été appliquée depuis 1874. Seulement, nous avons introduit une amélioration ; — quand je dis nous, ce n'est pas la commission, c'est un de nos collègues, l'honorable M. Magniez, qui, par un amendement qui a été accepté à l'unanimité, a introduit cette modification dans la loi. Voici en quoi elle consiste :

Le membre civil recevait une indemnité, car on l'obligeait à accompagner la commission sur tous les points du territoire ; nous l'avons pris dans la commune, et dans ces conditions, comme on ne le dérange pas, il n'a pas droit à une indemnité.

Il en résulte une économie réelle pour ces réquisitions de chevaux qui coûtaient fort cher. La commission de recensement classe les chevaux par catégorie militaire ; et il est donc bien naturel, puisque c'est l'intérêt de l'armée qui est en jeu, que ce soit l'élément militaire qui ait voix prépondérante, puisque c'est la commission qui sera responsable devant le ministre de la guerre, si elle prend des chevaux incapables de faire la guerre.

Quant au vétérinaire, il a dans la commission le rôle que tout homme technique possède dans toute commission, c'est-à-dire voix consultative ; son rôle n'en est pas moins un rôle important pour cela, car on prend toujours en très grande considération ses avis. Il en est, dans ce cas, comme pour le médecin dans les conseils de révision. Je n'ai pas vu un seul conseil prendre un homme que le médecin a déclaré mauvais. Vous restreignez le rôle du vétérinaire, si vous lui donnez voix délibérative, car ce qui est vrai pour le médecin dans le conseil de révision, l'est également pour le vétérinaire dans la commission dont il s'agit. Lorsqu'il aura dit : Dans ma pensée, moi homme de science, tel cheval est impropre au service de l'armée, aucune commission ne prendra le cheval ; la commission ne délibérera que lorsque le vétérinaire exprimera un doute, comme cela a lieu dans le conseil de révision.

M. Laisant. — Mais le conseil de révision n'est pas composé d'un seul membre !

M. le Rapporteur. — Je répondrai à votre objection, mon honorable collègue.

Je crois, messieurs, avoir répondu à la question du vétérinaire. Quant à la question de la composition de la commission, à qui voulez-vous donner la majorité ? Si vous voulez que la commission soit composée de plusieurs membres civils, prenez garde. De quoi s'agit-il ? Il ne s'agit pas de prendre immédiatement les chevaux, ils ne seront pris que plus tard ; il s'agit de dire : Tel cheval est bon pour la cavalerie légère, tel cheval est bon pour un officier, tel autre pour l'artillerie ou pour le train. Qui donc est intéressé au plus haut degré ? C'est l'armée. Si vous introduisez dans la commission deux membres civils, l'armée n'a plus la prépondérance : vous la donnez à l'élément civil.

Et voyez dans quelle situation vous mettez les membres pris tous deux dans la commune ; ils vont prendre les chevaux de tels de leurs voisins et laisseront les chevaux de tels autres. De combien de réclamations ne seront-ils pas assaillis ? Car, je le répète, dans ce système, l'influence militaire est supprimée.

Je crois donc que le système adopté par le ministre de la guerre, qui a fonctionné pendant deux ans et contre lequel il ne s'est élevé aucune réclamation, doit être accepté. Si nous l'avons introduit dans le domaine de la loi, c'est que nous avons voulu avoir une composition fixe.

388. — *Remplacement des membres absents.* — En cas d'empêchement imprévu de l'un des membres ayant voix délibérative, au cours des opérations, il est procédé comme il suit :

Le membre militaire étant momentanément indisponible, la commission continue ses opérations sous la présidence du membre civil, si, d'ailleurs, elle comprend un vétérinaire militaire. Dans ce cas, ce dernier a voix délibérative, et le membre civil a voix prépondérante.

Dans le même cas d'indisponibilité du membre militaire, si la commission n'a pas de vétérinaire militaire, les opérations sont suspendues.

Le membre civil délégué dans chaque commune par le préfet est suppléé, en cas d'indisponibilité, par une autre personne désignée à l'avance dans la même localité par les soins de ce haut fonctionnaire.

Si le vétérinaire fait défaut, il est remplacé, comme on l'a vu plus haut, par une personne compétente désignée à l'avance par le maire.

Dans tous les cas, le président de la commission rend compte immédiatement à l'autorité militaire et à l'autorité civile des faits qui ont motivé des modifications imprévues dans la composition de la commission, et provoque en même temps le remplacement aussi prompt que possible du membre devenu indisponible.

Indemnité aux membres des commissions de classement.

389. — La loi dit expressément qu'il n'est pas alloué d'indemnité au membre civil de la commission. Sous le régime de la loi de 1874, il n'en était pas ainsi, parce qu'au lieu d'être pris dans chaque commune, le membre civil suivait toutes les opérations de la commission à laquelle il était attaché; il devait par suite se déplacer; tout son temps était absorbé pendant plusieurs semaines. Il était équitable de le désintéresser des frais qu'il avait à supporter. Aujourd'hui, il ne sort point de sa commune ; on ne lui demande que quelques heures. Dans ces conditions, il n'y avait plus de raison pour allouer une indemnité et l'on pouvait supprimer ainsi, au profit du trésor public et, en définitive, des contribuables, une cause de dépenses assez considérables.

390. — Quant aux autres membres de la commission, ils reçoivent des indemnités qui sont réglées ainsi qu'il suit par les circulaires du ministre de la guerre :

391. — *Personnel de l'armée active.* — Les officiers de l'armée active, les vétérinaires militaires et les sous-officiers ou brigadiers secrétaires de l'armée active qui opèrent dans le lieu de leur garnison n'ont droit à aucune indemnité.

Ceux qui opèrent hors de leur résidence ont droit, savoir :

A l'indemnité ordinaire de route, pour se rendre de leur résidence à la localité où commencent les opérations de classement et, au retour, de la dernière localité où ils ont opéré à leur résidence;

A une indemnité journalière, pour chaque journée comprise entre le premier et le dernier jour des opérations de classement;

Cette indemnité est fixée, savoir :

A 10 fr. pour les officiers et les vétérinaires militaires de l'armée active[1] ;

A 5 fr. pour les sous-officiers, brigadiers ou caporaux secrétaires.

La même indemnité de 10 fr. et de 5 fr. est allouée, suivant le cas, pour les jours de repos, pendant le cours des opérations ; toutefois, les indemnités ci-dessus ne sont pas dues pour les journées de repos lorsque ces militaires peuvent, en raison de la distance, rentrer à leur corps, sans perte de temps et sans dépense appréciable.

Personnel de la réserve et de l'armée territoriale. — Les officiers et vétérinaires de réserve ou de l'armée territoriale reçoivent une indemnité de 10 fr. par journée d'opération au lieu de leur résidence. L'indemnité de déplacement hors du lieu de leur résidence est fixé à 18 fr. par journée.

Ces diverses indemnités sont exclusives de toute allocation de solde et de toute indemnité de route ou autre.

Les sous-officiers ou brigadiers secrétaires appartenant à la réserve ou à l'armée territoriale reçoivent la même indemnité que les secrétaires de l'armée active.

392. — Les officiers et vétérinaires (à l'exclusion des vétérinaires civils) ont droit au logement chez l'habitant ainsi que les sous-officiers ou caporaux secrétaires[2]. (Voir § 77.) Cette dis-

---

1. Ces officiers et vétérinaires reçoivent, en outre, une indemnité représentative de fourrages de 2 fr. par jour pour la nourriture des chevaux qu'ils sont autorisés à emmener au titre de leurs corps.

2. En outre, les officiers et vétérinaires militaires de l'armée active ne subiront aucune retenue pour le logement en nature.

Afin de faciliter les opérations du classement, le personnel d'une commission pourra séjourner dans une commune et se rendre de là, chaque jour, dans les communes environnantes, sans déplacer son gîte.

Le logement de ces militaires ne donnera droit à l'indemnité, pour les communes, que dans le cas prévu par l'article 15 de la loi du 3 juillet 1877 et par les articles 31 et 32 du décret du 2 août suivant. (Voir §§ 203 et sq. — Circ. guerre 24 février 1894 et 13 mars 1895.)

position est mentionnée sur l'ordre de service. (Circ. guerre 24 févr. 1894 et 13 mars 1895.)

393. — Il n'est alloué, nous l'avons dit, aucune indemnité aux membres civils.

Quant aux vétérinaires civils, ils reçoivent les indemnités ci-après :

Dix francs par journée *d'opération* au lieu de leur résidence :

Dix-huit francs par journée *de déplacement* hors du lieu de leur résidence[1].

La personne habitant la localité qui est appelée à remplacer le vétérinaire reçoit la même indemnité de dix francs pour chaque journée d'opération. Dans le cas où la commission visiterait plusieurs communes dans la même journée, cette indemnité serait réglée au prorata du temps passé dans chaque commune, sans toutefois que la somme à payer puisse être inférieure à trois francs, sans comporter de fraction de franc.

394. — Ces indemnités sont payées à la fin des opérations, au moyen de mandats délivrés par les sous-intendants militaires sur le vu des feuilles itinéraires transmises par les présidents des commissions opérant dans leur ressort et émargées chaque jour par les ayants droit. Dans le cas prévu à la fin du paragraphe précédent, le nombre des heures de présence du suppléant du vétérinaire est indiqué par le président au-dessus de l'émargement de la personne intéressée.

La dépense est imputée sur le chapitre du budget du ministère de la guerre affecté au recensement des chevaux.

Des avances peuvent être faites successivement par les soins des fonctionnaires de l'intendance, jusqu'à concurrence de la moitié du service probable ou restant à faire, aux officiers et vé-

1. Les circulaires précédentes accordaient 25 fr. En 1887, cette indemnité fut réduite à 22 fr. Le taux de 18 fr. est accordé par les circulaires des 16 mars 1893, 24 février 1894 et 13 mars 1895.

térinaires de réserve ou de l'armée territoriale, ainsi qu'aux vétérinaires civils.

Quant aux officiers de l'armée active présidents, et aux vétérinaires militaires, les corps auxquels ils appartiennent leur font des avances pouvant s'élever également à la moitié du service probable. D'autres avances peuvent leur être faites par les soins des fonctionnaires de l'intendance au cours des opérations et toujours dans la limite de la moitié du service restant à faire.

Il n'est pas remis directement d'avances aux sous-officiers et brigadiers secrétaires. Les sommes représentant la *totalité* des indemnités à leur payer pendant toute la durée des tournées sont confiées, dès le début des opérations, aux officiers présidents des commissions; ceux-ci les délivrent au jour le jour aux ayants droit.

395. — *Chevaux emmenés par le président.* — Les officiers de l'armée active, de réserve ou de l'armée territoriale peuvent être autorisés à emmener du corps un ou deux chevaux de trait pour les atteler à une voiture de louage.

Les officiers qui profitent de cette autorisation peuvent emmener avec eux un cavalier pour être chargé du soin et de la garde de ces animaux [1].

Quand il s'agit d'officiers de l'armée active, les cavaliers et les animaux doivent toujours faire partie du corps auquel appartiennent ces officiers; les cavaliers et les chevaux à accorder aux officiers de réserve ou de l'armée territoriale sont pris dans le corps le plus voisin du lieu des opérations.

Ces cavaliers ont droit à une indemnité de 2 fr. 50 c. par journée de déplacement, payable sur le crédit affecté au recensement des chevaux. Cette indemnité est exclusive de toute autre prestation en deniers ou en nature.

Il est pourvu à la nourriture des animaux emmenés par les

1. Les cavaliers qui conduisent ces chevaux ont droit au logement chez l'habitant. (Circ. guerre 12 mars 1891, 24 février 1891 et 13 mars 1895.)

officiers et vétérinaires au moyen de l'indemnité représentative de fourrages de 2 fr. par jour et par cheval prévue par le tarif n° 19 annexé au décret du 27 décembre 1890.

Quant au transport des chevaux de trait, du lieu de garnison au lieu qui sert de point de départ à l'itinéraire de chaque commission, il n'est opéré par les voies ferrées qu'en cas d'urgence et avec l'autorisation du général commandant le corps d'armée. Dans ce cas seulement le transport est effectué au compte de l'État.

396. — Enfin, il est alloué aux militaires de la gendarmerie, pour tout le temps qu'ils prêtent leur concours aux commissions de classement, l'indemnité journalière exceptionnelle prévue par la circulaire ministérielle du 13 août 1879 (*Journal militaire officiel*, partie réglementaire, p. 86). Cette indemnité sert aux gendarmes à pourvoir, pendant la durée de leur mission, à toutes leurs dépenses personnelles et de transport.

Assistance du maire.

397. — On remarquera qu'aux termes de l'article 38, paragraphe 3, de la loi, l'inspection et le classement ont lieu en présence du maire ou de son suppléant légal. Cette disposition existait déjà dans la loi de 1874 ; la commission de la Chambre des députés a tenu à maintenir cette prescription tutélaire. Le maire, ou son suppléant légal (adjoint, conseiller municipal, etc.), est donc *tenu* d'assister aux opérations de la commission ; il doit lui fournir tous les renseignements qui lui sont demandés, et notamment les procès-verbaux de classement établis les années précédentes, les registres de recensement, ainsi que le registre de déclarations des chevaux, la liste de recensement et le registre de déclarations des voitures attelées, dressés pour l'année.

Le maire n'a même pas voix consultative. Nous ne saurions cependant trop insister sur l'utilité de sa présence ; il doit en effet se constituer, dans le cours des opérations, le défenseur officieux et le conseil de ses administrés, faire valoir les cas de dispense, les causes de réforme, expliquer les excuses présentées par les propriétaires. D'un autre côté, les renseignements qu'il peut seul fournir sont précieux pour la commission et lui permettent d'expédier plus rapidement son travail ; il est donc excellent à tous les points de vue que le chef de la municipalité assiste à l'inspection et au classement.

Bien que les instructions soient muettes à cet égard, nous conseillons aux maires de revêtir pour la circonstance les insignes de leurs fonctions; ils doivent le faire comme pour les conseils de révision.

398. — *Instituteurs, secrétaires de mairie.* — Les instituteurs qui remplissent en même temps les fonctions de secrétaires de mairie sont également tenus d'assister aux séances des commissions de classement et doivent les aider dans toutes les recherches à faire sur les registres et listes dressées par les municipalités. Leur présence est indispensable et ils ne peuvent la refuser, même lorsque les commissions tiennent séance pendant les heures de classe. (Circ. du min. de l'instr. publ. 20 octobre 1880 et 25 juillet 1883.)

Mais d'après les instructions de M. le ministre de la guerre, les secrétaires des mairies ne doivent être chargés d'aucun travail d'écritures. Ce soin incombe au secrétaire militaire et les secrétaires des mairies n'assistent aux opérations que pour aider la commission dans toutes les recherches à faire sur les registres et les listes dressées par les municipalités.

399. — Le registre des déclarations et la liste de recensement sont mis au courant par les soins du maire, pour tous les animaux qui n'y figureraient pas, soit parce qu'ils n'auraient pas été déclarés précédemment, soit parce qu'ils auraient été introduits dans la commune depuis le commencement de l'année, soit pour tout autre motif. Ces dispositions s'appliquent également aux inscriptions faites sur le registre de recensement des voitures attelées.

Article 39.

Les animaux reconnus propres à l'un des services de l'armée sont classés suivant les catégories établies au budget pour les achats annuels de la remonte, les chevaux d'officier formant, dans chaque catégorie des chevaux de selle, une classe à part.

Opérations de classement et d'inspection des chevaux et mulets.

400. — Les opérations d'inspection et de classement des chevaux et mulets [1] sont réglées par le ministre de la guerre dans des instructions annuelles [2], dont nous allons résumer les dispositions.

Quelques jours avant les opérations, les généraux commandant les corps d'armée sont autorisés à réunir les officiers présidents des commissions pour leur donner les instructions spéciales qui pourront leur paraître nécessaires [3].

401. — Les officiers présidents des commissions, ainsi que les autres membres, ne doivent pas perdre de vue qu'ils ont à remplir une mission délicate et importante, qui doit concilier autant que possible les intérêts de l'État et ceux des particuliers. Ils doivent donc éviter avec le plus grand soin, au cours des opérations de classement, toute cause de conflit avec les propriétaires et y apporter une grande prudence et un langage me-

---

1. Ces opérations ne s'appliquent pas aux animaux de trait et aux juments poulinières appartenant à l'État et mis en dépôt chez des cultivateurs ou éleveurs. (Circ. annuelle min. guerre.)

2. La première circulaire est du 9 avril 1878. Elle a été depuis renouvelée à chaque classement. La dernière porte la date du 13 mars 1895.

3. Quand les officiers, présidents des commissions, sont convoqués hors de leur résidence par le général commandant le corps d'armée, afin de recevoir des instructions spéciales, ils ont droit à l'indemnité de route.

suré, sans se départir d'ailleurs de la fermeté nécessaire. (Circ. du 13 mars 1895.)

402. — Avant de commencer les opérations, le président de la commission collationne avec soin la liste de recensement des animaux pour l'année courante avec le registre de déclaration pour la même année.

403. — Les propriétaires, prévenus à l'avance du passage des commissions, comme il est dit plus haut, doivent présenter[1], dans l'endroit désigné, aux jour et heure indiqués, tous les chevaux, juments, mulets et mules en leur possession, ayant atteint l'âge minimum fixé par la loi, compris ou non dans les classements antérieurs, ainsi que les voitures attelées, lorsqu'il est procédé à l'inspection des voitures[2].

Tout cheval non attelé doit être présenté isolément, muni d'un licol ou d'un bridon.

Les chevaux attelés devront être dételés, si le président de la commission en reconnaît la nécessité pour l'examen particulier de ces animaux.

404. — Les seuls animaux dispensés de la présentation sont :

1° Les juments en état de gestation constatée par des certificats de saillie revêtus du visa du maire et appuyés de l'affirmation de deux témoins, et les juments suitées d'un poulain ou notoirement reconnues comme consacrées à la reproduction.

---

1. Les propriétaires qui ne pourraient venir eux-mêmes devant la commission doivent faire présenter leurs animaux par des personnes en mesure de fournir toutes les explications désirables. — Voir plus loin (§§ 551 et sq.) les pénalités portées contre les propriétaires qui ne présentent pas leurs chevaux, mulets et voitures et les diverses solutions admises par la jurisprudence.

2. Les propriétaires de chevaux et voitures se rendant au lieu de réunion fixé par la commission de classement, ne doivent pas être assimilés à des militaires et ne peuvent être, à ce titre, exemptés des droits de péage.

Il s'agit en effet d'un marché de travaux publics et la perception d'un péage est due sauf dans les cas limitativement exceptés par le cahier des charges. On ne saurait étendre ces cas, par voie d'analogie, sans le consentement du concessionnaire. (En ce sens, Cass. 16 mai 1861, Bayard ; D. 61, 1, 237. — Cass. rej. 27 juillet 1878, Dauzer ; D. 79, 1, 380.)

Cette dernière condition n'est admise que sur le témoignage de deux propriétaires possédant des chevaux, juments, mulets ou mules compris dans le classement [1] ;

2° Les animaux qui ont été réformés lors des classements antérieurs, en raison de tares, de mauvaise conformation, de vieillesse et d'usure ou de vices qui les rendent impropres au service de l'armée (Voir §§ 547 *bis* et 556) ;

3° Ceux qui ont été refusés conditionnellement ou ajournés pour défaut de taille, si la taille n'a pas été abaissée depuis le dernier classement. (Voir § 558.) Ces animaux doivent, au contraire, être présentés dans les régions où l'abaissement de la taille a été prononcé depuis le dernier classement.

Les propriétaires qui présenteraient, en faisant sciemment de fausses déclarations, des animaux déjà refusés définitivement ou réformés antérieurement, au lieu et place d'autres animaux aptes au service, doivent être déférés aux tribunaux, conformément à l'article 52 de la loi du 3 juillet 1877, et condamnés à une amende de 50 à 2,000 fr.

405. — Au moyen de la liste de recensement, qui a dû être établie par ordre alphabétique, le président de la commission appelle successivement les propriétaires. Chacun d'eux présente sans interruption tous les animaux et voitures qui lui appartiennent.

Les décisions de la commission sont consignées tant sur les tableaux ou procès-verbaux que sur la liste de recensement et sur le registre de recensement des voitures pour tous les animaux et toutes les voitures sans exception.

406. — *Taille.* — Chaque animal est toisé [2], puis classé, s'il

1. Cette disposition ne s'applique qu'aux juments consacrées *spécialement* à la reproduction, à l'exclusion des juments de travail, lesquelles ne doivent être exemptées que si elles sont en état de gestation apparente ou suitées d'un poulain.

2. Un des gendarmes tient la toise (§ 386). Une toise est fournie au président de chaque commission par les bureaux de recrutement.

y a lieu, d'après sa taille ou sa conformation, dans l'une des catégories ci-après[1] :

1re catégorie.	Cavalerie de réserve (cuirassiers). . . .	$1^m,54$ et au-dessus.
2e	—	Cavalerie de ligne (dragons)	$1^m,50$ à $1^m,54$.
3e	—	Cavalerie légère (chasseurs et hussards) .	$1^m,47$ à $1^m,50$.
4e	—	Artillerie (selle)	$1^m,48$ à $1^m,54$.
5e	—	Artillerie (trait léger)	$1^m,46$ à $1^m,60$.
6e	—	Train (gros trait).	$1^m,46$ et au-dessus.
7e	—	Mulets (de bât).	$1^m,42$ et au-dessus.
8e	—	Mulets (trait léger)	$1^m,42$ et au-dessus.
9e	—	Mulets (gros trait)	$1^m,42$ et au-dessus.

En Corse, exceptionnellement, le minimum de la taille fixée est de $1^m,42$ pour les chevaux et juments et de $1^m,38$ pour les mulets et mules.

Dans le département des Alpes-Maritimes, le minimum de taille des mulets et mules est abaissé à $1^m,40$.

407. — Le minimum de taille pour chaque catégorie est obligatoire ; au contraire, le maximum n'a rien d'absolu, c'est-à-dire qu'un cheval dépassant le maximum d'une catégorie peut

---

1. Les fixations ont été modifiées. En 1878, elles étaient les suivantes :

1re catégorie : Cavalerie de réserve (cuirassiers), taille de $1^m,54$ et au-dessus.
2e catégorie : Cavalerie de ligne (dragons), taille de $1^m,50$ à $1^m,54$.
3e catégorie : Cavalerie légère (chasseurs et hussards), taille de $1^m,47$ à $1^m,54$.
4e catégorie : Chevaux de troupe (artillerie), selle, taille de $1^m,48$ à $1^m,54$.
5e catégorie : Chevaux de troupe (artillerie), trait léger, taille de $1^m,48$ à $1^m,54$.
6e catégorie : Chevaux de troupe (train), gros trait, taille $1^m,48$ et au-dessus.
7e catégorie : Mulet de bât, taille de $1^m,44$ et au-dessus.
8e catégorie : Mulets (trait léger), taille de $1^m,44$ et au-dessus.
9e catégorie : Mulets (gros trait), taille de $1^m,44$ et au-dessus.

Mais le minimum de la taille fixé pour les chevaux et juments de trait des 5e et 6e catégories pouvait être abaissé, en cas de besoin absolu, à $1^m,46$ par une décision du général commandant le corps d'armée, et pour les 7e, 8e et 9e catégories (mulets de bât, de trait léger et de gros trait), à $1^m,42$, pourvu que ces animaux fussent d'ailleurs d'une bonne conformation. La décision prise à cet effet devait être notifiée aux préfets des départements compris dans la région avant le commencement des opérations.

Une décision du 2 mai 1879, prise par le général de Cissey, commandant le 11e corps d'armée, abaissait la limite de taille, dans la 11e région, à $1^m,46$ pour les catégories de trait, en considération de la valeur de la race des chevaux bretons.

néanmoins y être classé s'il n'a pas la vigueur nécessaire pour la catégorie supérieure.

408. — *Chevaux d'officiers.* — Les quatre premières catégories d'animaux reconnus aptes au service comprennent des chevaux d'officiers (ou de tête) et des chevaux de troupe. Une mention spéciale est indiquée, à cet effet, sur le tableau ou procès-verbal. Les chevaux d'officiers doivent justifier cette mention par leur distinction et leurs allures et autant que possible être exempts de tares.

409. — *Chevaux entiers.* — Les chevaux entiers ne peuvent être classés que dans la 6e catégorie. Les plus légers seront utilisés pour remonter les cadres des compagnies du train ayant à conduire des voitures de réquisition attelées de chevaux entiers.

Il n'est tenu aucun compte des robes pour le classement par catégories.

410. — *Le président doit faire trotter les chevaux.* — L'officier président doit s'assurer par lui-même de l'intégrité des aplombs et des membres ; il se tient près du cheval lorsque le vétérinaire le toise ; il le fait marcher devant lui au pas ou au trot afin de pouvoir juger, non seulement quel est le classement qui lui convient, mais encore si le cheval est réellement capable de faire, dans l'armée, un assez bon service de guerre pour que son achat ne soit pas trop onéreux à l'État.

411. — Les propriétaires de chevaux et mulets sont tenus non seulement de présenter leurs animaux devant la commission de classement, mais encore de mettre la commission à même de juger de la valeur des animaux présentés et des services qu'ils peuvent être appelés à rendre, par conséquent, de les faire trotter et, en se refusant à cette épreuve, ils encourraient la pénalité prévue par l'article 52 de la loi. Ainsi jugé par le tribunal d'Annecy le 4 juillet 1894[1].

412. — Les animaux classés ne font l'objet d'aucune estimation, leur classement devant à lui seul servir de base au règlement des indemnités en cas de réquisition.

413. — *Ajournement. Réforme.* — Sont ajournés :

1° Les animaux qui n'atteignent pas le minimum de taille fixé. — Les propriétaires de ces animaux sont tenus de les présenter au classement suivant, mais seulement dans le cas où la taille des animaux serait abaissée pour ce nouveau classement ;

2° Les animaux reconnus momentanément impropres au ser-

---

1. Voici les termes de ce jugement :

« Le Tribunal ;

« Attendu qu'aux termes de l'article 38 de la loi du 3 juillet 1877, les propriétaires de chevaux et mulets, compris sur les listes de recensement, sont tenus, sous la sanction de l'article 52, de présenter leurs animaux devant la commission instituée par cette loi pour procéder à l'inspection et au classement ; que ce devoir implique nécessairement l'obligation, pour eux, de mettre la commission à même de juger de la valeur des animaux présentés et du service qu'ils peuvent être appelés à faire ; que pour atteindre ce but, les instructions ministérielles recommandent expressément de faire marcher le cheval au pas et au trot ;

« Attendu que le refus, par un propriétaire, de soumettre ses chevaux à cette expérience indispensable, place la commission dans l'impossibilité de remplir utilement sa mission et rentre, dès lors, dans les prévisions de l'article 52, qui embrasse, dans sa généralité, tout fait dont le résultat serait de soustraire certains animaux à l'examen prescrit par l'article 38 ;

« Que, sans doute, aucune disposition légale ou réglementaire n'imposant au propriétaire l'obligation de faire trotter ses chevaux lui-même ou par un préposé, il ne pourrait être passible, de ce chef, d'aucune pénalité ; mais qu'il ne saurait en être ainsi du refus absolu de laisser procéder à cette opération, même par les soins de la commission ;

« Attendu, en fait, qu'il résulte de l'ensemble des débats que B... s'est absolument refusé à laisser trotter ses chevaux, prétendant que cette mesure n'était prescrite par aucun règlement ; qu'il reconnait lui-même avoir dit : « Mes chevaux ne trotteront pas » ; que ces paroles ne sauraient prêter à équivoque et ne peuvent s'entendre que d'un refus général et absolu de laisser procéder à une expérience indispensable ; que cette attitude, dans laquelle B... a persisté, malgré les observations des membres de la commission, rendait superflue toute autre mise en demeure ; qu'en rendant ainsi impossibles l'inspection et le classement de ses chevaux, il a contrevenu aux dispositions des articles 38 et 52 de la loi précitée ;

« Par ces motifs,

« Condamne le prévenu à 25 francs d'amende et à tous les dépens. »

vice de l'armée pour des causes accidentelles. — Ces derniers doivent, dans tous les cas, être présentés au classement suivant.

Sont définitivement réformés les animaux reconnus complètement impropres à tout service pour cause de vieillesse[1], d'usure ou de tares. (Les tares qui ne nuisent pas aux allures ne sont pas une cause d'exclusion.) — Les propriétaires des animaux réformés sont dispensés pour l'avenir de les présenter de nouveau.

414. — Les décisions de la commission sont définitives.

Elles sont consignées tant sur les tableaux de classement que sur la liste de recensement et le registre de recensement des voitures.

Elles sont indiquées séance tenante aux propriétaires, par le président de la commission, pour chaque animal classé, refusé conditionnellement ou réformé.

Elles ne sont accompagnées d'aucun commentaire.

En ce qui concerne les animaux classés, le président fait connaître au propriétaire la catégorie dans laquelle l'animal est inscrit.

Pour les animaux ajournés, il indique aux propriétaires si c'est pour défaut de taille ou pour manque d'état.

415. — *Certificat de réforme.* — Enfin, il invite les propriétaires d'animaux réformés à se faire délivrer, dans un délai qui ne doit pas dépasser un mois, par la mairie, conformément à l'article 85 du décret du 2 août 1877[2], un certificat[3] constatant la décision de la commission.

---

1. Par vieillesse on peut entendre l'âge de quinze ans et au-dessus. (Circ. min. guerre, 1er avril 1879.)

2. Art. 85. — Lorsqu'un cheval ou mulet est réformé comme impropre au service de l'armée, le maire remet au propriétaire, s'il le demande, un certificat constatant la décision de la commission. Le certificat doit contenir le signalement exact et détaillé de l'animal réformé, tel qu'il est inscrit sur la liste de recensement.

3. Les formules de ces certificats sont fournies gratuitement aux maires par l'administration de la guerre. Les préfets sont chargés de les répartir entre les municipalités. Voir à la fin du volume le modèle de ce certificat. (Annexe n° 24.)

Il les informe d'ailleurs que ces animaux ne doivent plus être présentés à l'avenir aux commissions de classement.

Le certificat de réforme ainsi obtenu est présenté au recensement suivant à la mairie du lieu où se trouve le cheval, avec une attestation par écrit de deux propriétaires ou patentables voisins ou d'un vétérinaire constatant que le cheval ou mulet réformé n'a pas été changé. (Décret régl., art. 85, § 2.)

416. — *Tableau de classement.* — L'inscription de chaque animal définitivement admis se fait au fur et à mesure, en suivant l'ordre alphabétique des noms des propriétaires, dans la catégorie correspondante du tableau ou procès-verbal. (Mod. n° 2, annexe n° 15.)

Il est donné sur ce tableau (col. n° 1) un numéro d'ordre à chaque animal, lors même que plusieurs animaux appartiendraient au même propriétaire.

Chaque tableau ou procès-verbal, établi en double expédition, est terminé par une récapitulation numérique divisée par catégories ; il est signé par tous les membres de la commission et visé par le maire de la commune ou son suppléant légal.

Cette pièce est toujours établie et signée, même si elle est négative, pour chacune des communes qui possèdent des animaux, d'après le recensement de l'année. (Décret régl., art. 84, § 2.)

Ce tableau doit faire ressortir pour chaque commune, à la suite de la récapitulation, le nombre des animaux de chaque catégorie qui, inscrits l'année même sur ces tableaux, figuraient déjà sur ceux du classement antérieur.

Une des expéditions du tableau de classement est remise au maire, qui la joint à la liste de recensement des animaux ou au registre de recensement des voitures attelées et l'autre est envoyée par le président de la commission mixte au bureau de recrutement. (Décret régl., art. 84, § 3.) — Voir § 458.

417. — En outre, l'officier président de la commission inscrit sur la liste du dernier recensement (modèle B, annexe n° 9), en regard de chacun des animaux, et dans la colonne à ce destinée (col. 14, voir § 352), l'une des mentions suivantes, savoir :

Classé, ajourné pour taille ou momentanément impropre au service, réformé, exempté, non présenté, changé de propriétaire, mort.

A la suite de chaque mention, et pour lui donner un caractère authentique, l'officier président appose son paraphe, après avoir rayé, bien entendu, les renseignements primitifs qui seraient en contradiction avec la décision de la commission.

Il rectifie, en outre, et complète, s'il y a lieu, le signalement de ces animaux sur ladite liste.

418. — Immédiatement après la dernière inscription, le président fait apposer la mention ci-après, qu'il revêt de sa signature :

Certifié véritable :

A , le 18 .

Le Président de la e commission
de la e subdivision du e corps d'armée.

(Signature, grade et corps.)

Le nouveau tableau ou procès-verbal (modèle n° 2, annexe n° 15) est remis au maire, en même temps que les diverses pièces et les registres qu'il avait communiqués au président de la commission. (Décr. régl., art. 84, § 5.)

419. — Les officiers présidents complètent, au besoin, séance tenante, les listes de recensement qui présentent des lacunes ; ils inscrivent et classent d'office tout animal qui leur paraît avoir été omis à tort sur cette liste ; ils vérifient les cas d'exemption. (Décr. régl., art. 83.)

420. — *Écritures à établir à la fin des opérations du classement par les présidents des commissions.* — A la fin de ses opérations, chaque commission établit pour le bureau de recrutement du ressort :

1° Un relevé numérique (mod. n° 3, annexe n° 16) des animaux aptes au service de l'armée existant dans chaque commune; ce relevé fait ressortir au-dessous du total général, dans chaque colonne, le renseignement relatif aux animaux déjà classés au dernier classement;

2° Un relevé numérique (mod. n° 4, annexe n° 17) des animaux ajournés comme n'atteignant pas le minimum de la taille fixée, ou paraissant momentanément impropres au service de l'armée pour des causes diverses;

3° Un relevé numérique (mod. n° 5, annexe n° 18) des animaux réformés ou exemptés.

Chacun de ces relevés doit indiquer nominativement toutes les communes de la circonscription soumises au classement, même celles où il n'existe pas d'animaux susceptibles d'y être portés.

Le relevé n° 3, ainsi que celui des animaux ajournés (mod. n° 4) et des animaux réformés ou exemptés (mod. n° 5), est transmis sans délai au bureau de recrutement du ressort avec les tableaux de classement (mod. n° 2).

Les animaux qui n'ont pas été présentés au classement ne seront pas compris dans les résultats numériques par catégories portés sur l'état modèle n° 3 ; mais, à titre de renseignement, on en indiquera le chiffre total séparément par un renvoi placé à la fin dudit état et ainsi formulé : « En outre, ... animaux n'ont pas été présentés par leurs propriétaires, contre lesquels des procès-verbaux ont été dressés. »

421. — *Écritures à établir par les commandants des bureaux de recrutement.* — Le commandant du bureau de recrutement établit pour sa subdivision :

A. — A l'aide des relevés numériques (mod. n° 3, annexe n° 16), un état indiquant, pour chaque commission, le nombre des animaux par catégorie.

B. — A l'aide des relevés numériques (mod. n° 4, annexe n° 17), un état récapitulatif des animaux ajournés, par catégorie.

C. — A l'aide des relevés numériques (mod. n° 5, annexe n° 18), un état récapitulatif des animaux réformés ou exemptés, par catégorie.

Ces trois états sont adressés par l'intermédiaire des commandants de corps d'armée au ministre de la guerre (bureau des remontes).

422. — *Chevaux recensés dans d'autres communes.* — Après l'inspection des animaux de chaque commune, la commission examine ceux qui lui sont amenés par des propriétaires habitant d'autres communes soumises au classement[1] et qui, pour un motif quelconque, ne peuvent les présenter dans la localité de leur résidence habituelle ou à la commission de leur circonscription dans les grandes villes. (Décr. régl., art. 86[2].)

A la suite de cet examen, il est établi deux pièces, savoir :

1° Un procès-verbal (mod. n° 6, annexe n° 19) ;

2° Un certificat qui est remis au propriétaire des animaux présentés (mod. n° 7, annexe n° 20).

Le procès-verbal est dressé séparément pour chacune des communes auxquelles appartiennent réellement les animaux, et doit être envoyé, le jour même, par le président au commandant

---

1. Si la commune où se trouvent momentanément les animaux et voitures n'est pas elle-même soumise au classement, les propriétaires seront exemptés des formalités de classement, mais ils devront se procurer un certificat délivré par le maire de la commune où se trouvent leurs animaux et voitures et attestant que ces animaux et voitures étaient bien présents dans cette commune le jour où a eu lieu le classement dans la commune de leur résidence habituelle.

Cette attestation est adressée par le propriétaire lui-même au commandant de la brigade de gendarmerie de laquelle dépend la commune où les animaux et voitures ont été recensés et où a lieu le classement. Si un procès-verbal de non-comparution a été dressé, le commandant de la brigade adresse un procès-verbal (modèle n° 10, annexe n° 23) au procureur de la République, afin que ce magistrat puisse arrêter les poursuites.

2. Pour les voitures attelées, voir § 450.

de la brigade de gendarmerie dans le ressort de laquelle se trouve cette commune. Cette pièce est admise à circuler en franchise, sous bandes, par la poste, dans toute la France, pendant la durée des opérations.

Le propriétaire est tenu de faire parvenir le certificat en temps utile à la commission du lieu de l'inscription de ses chevaux ou mulets. (Décr. régl., art. 86, § 3.)

423. — Si le classement n'a pas encore été fait dans la commune ou la circonscription à laquelle les animaux appartiennent, le commandant de la brigade fait remettre cette pièce au président de la commission, le jour où elle opère dans la localité. La commission en tient compte dans son travail.

Dans le cas où le classement a déjà eu lieu dans la commune ou dans la circonscription à laquelle appartiennent les animaux et voitures, et si un procès-verbal de non-comparution a été établi contre le propriétaire, le commandant de la brigade de gendarmerie adresse un procès-verbal (mod. n° 10, annexe n° 23) au procureur de la République, afin que ce magistrat puisse arrêter les poursuites contre les propriétaires qui ont fait examiner leurs chevaux ou leurs voitures en dehors de leurs communes ou de leurs circonscriptions. (Circ. garde des sceaux, 26 mars 1889.)

Le procès-verbal constatant la visite (mod. n° 6, annexe n° 19) est ensuite adressé, par les soins du même commandant de brigade, au commandant du bureau de recrutement du ressort, qui le joint au tableau de classement ou au registre de recensement de la commune correspondante, suivant que l'animal a été jugé bon ou non pour le service, et en transmet une copie certifiée au maire de ladite commune.

424. — *Poursuites à exercer contre les propriétaires qui n'ont pas déclaré leurs animaux ou qui ne les présentent pas à la commission de classement.* — Les propriétaires de chevaux, juments, mulets et mules qui ne se conforment pas aux dispositions du titre VIII de la loi du 3 juillet 1877, peuvent être déférés aux tribunaux et sont passibles d'une amende de 25 fr. à 1,000 fr. (Art. 52.)

A cet effet, le président de la commission, après avoir constaté l'absence des voitures ou des animaux au moment de l'appel aux lieu, date et heure indiqués, et avoir appelé *de nouveau* les manquants à la fin de chaque séance, établit, quand il y a lieu, une déclaration (mod. n° 8, annexe n° 21) et requiert la gendarmerie de dresser un procès-verbal collectif de non-comparution.

Ce procès-verbal doit être transmis, le jour même, par la gendarmerie au procureur de la République, chargé d'assurer l'application de la loi.

Les propriétaires non comparants qui justifient d'un des cas d'exemption prévus par les articles 40 et 42 de la loi du 3 juillet 1877 [1] et ceux pour lesquels il est prouvé que leurs animaux et leurs voitures ont été vus par une commission opérant dans une autre commune ou qu'ils ont été vendus ou cédés avant le jour fixé pour la présentation devant la commission [2] ne doivent pas être l'objet de poursuites.

A défaut de preuves suffisantes, la gendarmerie fait les recherches nécessaires, et qu'une excuse ait été ou non énoncée, établit un procès-verbal individuel, qu'elle adresse, comme il est fait pour le procès-verbal collectif, au procureur de la République.

425. — D'autre part, l'article 37 de la loi ayant rendu obli-

1. Complétée par les décrets des 9 avril 1878, 25 février 1879, 27 octobre 1883, 7 février 1887, 23 novembre 1888, 22 juin et 30 août 1891, 4 juillet et 21 août 1892 et 4 février, 23 juillet et 10 octobre 1893 et la circulaire ministérielle du 9 octobre 1888. Ce sont les cas d'exemption pour service public. (Voir §§ 430 et sq.)

2. Ou bien encore qui ont produit le certificat constatant que les chevaux et voitures se trouvent dans une commune non soumise au classement. (Voir la note sous le § 422.)

gatoire pour les propriétaires la déclaration, à la mairie, de leurs chevaux et mulets ayant l'âge légal et des voitures attelées susceptibles d'être requises, le président de la commission établit, lorsqu'il reconnaît que cette déclaration n'a pas été faite, un certificat le constatant (mod. n° 9, annexe n° 22) qui est adressé au parquet. (Voir § 349.)

Il requiert, en même temps, la gendarmerie de dresser contre tous les délinquants un procès-verbal individuel, qui reçoit la même destination que les précédents. Cette pièce indique, à titre de renseignements, les motifs d'excuse qui peuvent être donnés par les intéressés.

426. — Il est établi un procès-verbal différent pour chaque espèce de délit, lors même qu'il s'agit du même propriétaire. (Circulaire annuelle du ministre de la guerre. Circ. du garde des sceaux 6 juin 1878.)

Pour tous les procès-verbaux, la gendarmerie doit se conformer aux dispositions du décret du 1er mars 1854.

427. — Tous les animaux susceptibles d'être requis qui n'ont pas été recensés ou présentés au classement (qu'une amende ait été prononcée ou non) tombent, en cas de mobilisation, sous l'application des dispositions de l'article 45 (§ 1, 4°) de la loi du 3 juillet 1877, c'est-à-dire doivent être amenés devant la commission de réquisition.

Ils ne sont pas compris dans les résultats numériques par catégories portés sur l'état général (mod. n° 3, annexe n° 16); on indique seulement, par un renvoi et séparément, le chiffre total à la fin dudit état, à titre de renseignement.

428. — *Constatation de la morve.* — Sur la demande du ministre de l'agriculture, le ministre de la guerre a décidé que, toutes les fois que le vétérinaire attaché à une commission de classement constatera des cas de morve sur des animaux présentés, le président en rendra immédiatement compte au sous-préfet de l'arrondissement, au ministre de la guerre (bureau des remontes) et au ministre de l'agriculture (service vétérinaire)[1].

A cet effet, le président dressera, quand il y aura lieu, à la fin de chaque séance, un état (mod. n° 12, annexe n° 25), en triple expédition, par commune, portant le signalement des animaux reconnus *atteints ou suspects de morve*, et l'indication des principaux symptômes de la maladie, avec les noms et prénoms des propriétaires et leurs domiciles.

L'exemplaire destiné au sous-préfet de l'arrondissement est envoyé le jour même sous bande par le commandant de la brigade de gendarmerie dans le ressort de laquelle opère la commission. Les exemplaires destinés au ministre de la guerre et au ministre de l'agriculture leur sont transmis directement le même jour.

Les imprimés nécessaires sont fournis par l'administration centrale de la guerre et distribués aux présidents des commissions en même temps que les autres par les soins des bureaux de recrutement. (Circ. annuelle du min. de la guerre, en dernier lieu 13 mars 1895.)

429. — *Contrôle des opérations des commissions de recensement.* — Les généraux commandant les corps d'armée peuvent désigner les commandants des dépôts de remonte placés sur leur territoire pour contrôler les opérations du classement des chevaux et mulets.

Ils peuvent également désigner pour ce contrôle des officiers de leur état-major.

---

1. Le sous-préfet doit transmettre au préfet, sans aucun délai, les états signalétiques qui lui parviendront. En même temps il informera les maires des localités, afin que ceux-ci fassent visiter par le vétérinaire sanitaire de la circonscription les animaux signalés. Si la morve est constatée ou s'il s'agit de farcin incurable, les maires prescriront immédiatement l'abatage, conformément à l'article 8 de la loi du 21 juillet 1881 et, de son côté, le préfet, dès la réception du rapport que le vétérinaire devra lui adresser, prendra, s'il y a lieu, un arrêté de déclaration d'infection. Il transmettra au ministre de l'agriculture copie de cet arrêté ou une note constatant que la maladie soupçonnée n'existait pas réellement. (Circul. du min. de l'agriculture du 22 avril 1883.)

Article 40.

Sont exemptés de la réquisition, en cas de mobilisation, et ne sont pas portés sur la liste de classement par catégories :

1° Les chevaux appartenant au Chef de l'État ;

2° Les chevaux dont les fonctionnaires sont tenus d'être pourvus pour leur service ;

3° Les chevaux entiers approuvés ou autorisés pour la reproduction ;

4° Les juments en état de gestation constatée, ou suitées d'un poulain, ou notoirement reconnues comme consacrées à la reproduction ;

5° Les chevaux et juments n'ayant pas atteint l'âge de six[1] ans, les mulets et mules au-dessous de quatre ans ;

6° Les chevaux de l'administration des postes, ou ceux qu'elle entretient pour son service par des contrats particuliers ;

7° Les chevaux indispensables pour assurer le service des administrations publiques et ceux affectés au transport du matériel nécessité par l'exploitation des chemins de fer. Ces derniers peuvent, toutefois, être requis au même titre que les voies ferrées elles-mêmes, conformément aux dispositions de l'article 29 de la présente loi.

Chevaux et mulets exemptés de la réquisition et non portés sur la liste de classement.

430. — L'article 40 reproduit les exemptions portées dans la loi de 1874, sans aucune modification.

431 — 1° *Chevaux appartenant au Chef de l'État.* — Le premier cas d'exemption est motivé par des raisons de haute convenance et ne nécessite aucune explication.

432. — 2° *Chevaux des fonctionnaires et des établissements publics.* — Le second comprend les chevaux dont les fonctionnaires sont tenus d'être pourvus pour le service de l'État. Il convient d'en rapprocher la dispense du § 7 relative aux chevaux indispensables pour assurer le service des administrations publiques.

---

1. Le projet déposé le 15 janvier 1894 par le Gouvernement porte : *cinq ans* pour les chevaux et juments, et *trois ans* pour les mulets et les mules.

Un décret du 9 avril 1878 modifié et complété par décrets des 25 février 1879, 27 octobre 1883, 7 février 1887, 23 novembre 1888, 22 juin et 30 août 1891, 4 juillet et 21 août 1892, 4 février, 23 juillet et 10 octobre 1893, a déterminé les limites dans lesquelles s'étendent ces exemptions ; nous reproduisons le tableau qui est commun aux réquisitions de chevaux ou mulets et de voitures.

TABLEAU

TABLEAU

Indiquant les exemptions à accorder aux fonctionnaires et établissements publics qui sont tenus de posséder des chevaux, juments, mulets et mules, et des voitures pour le service de l'État.

DÉSIGNATION des ministères.	DÉSIGNATION : 1° Des fonctionnaires qui sont tenus de posséder des chevaux et voitures ; 2° Des administrations auxquelles des chevaux de service et des voitures sont nécessaires.	NOMBRE d'animaux par fonctionnaire ou établissement.	NOMBRE de voitures à 2 ou à 4 roues par fonctionnaire ou établissement.	OBSERVATIONS.
	Tous les Ministres	»	»	Sans fixation de chiffre.
JUSTICE ET CULTES.	Directeur et service de l'Imprimerie nationale	10	5	
AFFAIRES ÉTRANGÈRES	Le directeur des affaires politiques	8	4	
INTÉRIEUR.	Préfets des départements	2	»	
	Sous-préfets des arrondissements	1	»	
	Établissements pénitentiaires.			
	Clairvaux (Aube)	6	5	
	Val d'Yèvre (Cher)	11	5	
	Casabianca (Corse)	45	20	
	Castelluccio (Corse)	8	4	
	Chiavari (Corse)	31	15	
	Saint-Han (Côtes-du-Nord)	2	1	
	Gaillon (Eure)	1	1	
	Les Douaires (Eure)	10	5	
	Maison centrale de Nîmes (Gard)	1	1	
	Colonie de Mettray (Indre-et-Loire)	5	2	
	La Motte-Beuvron (Loir-et-Cher)	8	4	
	Fontevrault (Maine-et-Loire)	3	2	
	Loos (Nord)	2	2	
	Saint-Bernard (Nord)	13	6	
	La Grande-Trappe (Orne)	2	2	
	École Saint-Joseph à Frasne (Haute Saône)	2	1	
	Atelier refuge de Rouen	2	2	
	Saint-Hilaire (Vienne)	14	7	
	Établissements généraux de bienfaisance.			
	Maison nationale de Charenton (Seine)	3	2	
	Asile national de Vincennes (Seine)	5	2	
	Asile national du Vésinet (Seine-et-Oise)	3	2	
	Institution nationale des sourdes-muettes de Bordeaux	1	1	
	Hospice national du Mont-Genèvre	1	1	
	Institution nationale des sourds-muets de Chambéry	1	1	

DÉSIGNATION des ministères.	DÉSIGNATION : 1° Des fonctionnaires qui sont tenus de posséder des chevaux et voitures ; 2° Des administrations auxquelles des chevaux de service et des voitures sont nécessaires.	NOMBRE d'animaux par fonctionnaire ou établissement.	NOMBRE de voitures à 2 ou à 4 roues par fonctionnaire ou établissement.	OBSERVATIONS.
	Établissements hospitaliers.			
	Dépôt de mendicité de Montreuil-sous-Laon (Aisne)	4	2	
	Hospice d'Angoulême (Charente)	2	2	
	Dépôt de mendicité de Rabès (Corrèze)	1	1	
	Hospice général de Tours (Indre-et-Loire)	5	3	
	Hospice d'Alençon (Orne)	1	1	
	Dépôt de mendicité de Neurey (Haute-Saône)	2	1	
	Hospices du Mans (Sarthe)	1	1	
	Hospices de Poitiers (Vienne)	1	1	
	Hospice de Reims (Marne)	1	1	
	Hospices de Montpellier	3	»	
	Hôpital-hospice de Niort	11	»	
	Établissements dépendant de l'assistance publique de Paris (Seine).			
	Hôpital de la Charité, à Paris	1	1	
	— de la Pitié, à Paris	1	1	
	— Saint-Antoine, à Paris	1	2	
	— Necker, à Paris	1	2	
	— Beaujon, à Paris	1	2	
	— Lariboisière, à Paris	2	2	
	— Saint-Louis, à Paris	2	3	
INTÉRIEUR (*suite.*)	— des enfants malades, à Paris	2	1	
	— Sainte-Eugénie, à Paris	2	2	
	— de Berck-sur-Mer (Pas-de-Calais)	3	1	
	Maison municipale de santé, à Paris	1	2	
	Hospice des enfants assistés, à Paris	4	3	
	— de Bicêtre, vieillesse, hommes, à Gentilly (Seine)	6	4	
	— de la Salpêtrière, vieillesse, femmes, à Paris	6	6	
	— des Incurables, à Ivry (Seine)	3	3	
	Maison des ménages, à Issy (Seine)	2	3	
	Institution de Sainte Périne, à Paris (Auteuil)	1	2	
	Amphithéâtre d'anatomie, à Paris	1	2	
	Hospice de la Reconnaissance (fondation Brézin, à Garches [Seine-et-Oise])	1	3	
	Asiles d'aliénés.			
	Prémontré (Aisne)	6	3	
	Sainte-Catherine, commune d'Yseure (Allier)	3	2	
	Saint-Lizier (Ariège)	1	1	
	Rodez (Aveyron)	1	1	
	Aix (Bouches-du-Rhône)	2	1	

DÉSIGNATION des ministères.	DÉSIGNATION : 1° Des fonctionnaires qui sont tenus de posséder des chevaux et voitures ; 2° Des administrations auxquelles des chevaux de service et des voitures sont nécessaires.	NOMBRE d'animaux par fonctionnaire ou établissement.	NOMBRE de voitures à 2 ou à 4 roues par fonctionnaire ou établissement.	OBSERVATIONS.
	Asiles d'aliénés (suite).			
	Marseille (Bouches-du-Rhône)	1	1	
	Breuty (Charente)	2	1	
	Lafond, commune de Cognehors (Charente-Inférieure)	2	1	
	Bourges (Cher)	2	2	
	Dijon (Côte-d'Or)	1	1	
	Lehon, près Dinan (Côtes-du-Nord)	2	1	
	Bon-Sauveur, à Bigard (Côtes-du-Nord)	2	1	
	Evreux (Eure)	3	2	
	Bonneval (Eure-et-Loir)	3	2	
	Saint-Athanase, près Quimper (Finistère)	4	2	
	Toulouse (Haute-Garonne)	5	1	
	Auch (Gers)	2	1	
	Bordeaux (Gironde)	1	1	
	Cadillac (Gironde)	2	2	
	Rennes (Ille-et-Vilaine)	3	2	
	Saint-Robert à Saint-Egrève (Isère)	1	1	
	Dôle (Jura)	4	2	
	Blois (Loir-et-Cher)	2	2	
	Saint-Alban (Lozère)	2	1	
	Saint-Gemmes, près Angers (Maine-et-Loire)	4	2	
	Pontorson (Manche)	1	1	
	Picauville (Manche)	1	1	
	Saint-Lô (Manche)	1	1	
INTÉRIEUR (*suite*).	Châlons (Marne)	2	1	
	Saint-Dizier (Haute-Marne)	1	1	
	La Roche-Gandon, commune de Mayenne (Mayenne)	2	1	
	Maréville (Meurthe-et-Moselle)	4	2	
	Fains, près Bar-le-Duc (Meuse)	1	1	
	La Charité, près Nevers (Nièvre)	1	1	
	Bailleul (Nord)	6	3	
	Armentières (Nord)	5	3	
	Lommelet, à Marquette (Nord)	4	2	
	Alençon (Orne)	2	1	
	Pau (Basses-Pyrénées)	4	2	
	Bron (Rhône)	4	2	
	Le Mans (Sarthe)	1	1	
	Bassens (Savoie)	1	1	
	Sainte-Anne, à Paris	4	6	
	Vaucluse, commune d'Epinay-sur-Orge (Seine-et-Oise)	8	3	
	Ville-Evrard, commune de Neuilly-sur-Marne (Seine-et-Oise)	6	2	
	Quatre-Mares, à Sotteville-lès-Rouen (Seine-Inférieure)	6	3	
	Bon-Sauveur (Tarn)	1	1	
	Mont-de-Vergnes, à Avignon (Vaucluse)	2	1	
	La Roche-sur-Yon (Vendée)	2	1	
	Naugeat, à Limoges (Haute-Vienne)	1	1	

DÉSIGNATION des ministères.	DÉSIGNATION : 1° Des fonctionnaires qui sont tenus de posséder des chevaux et voitures ; 2° Des administrations auxquelles des chevaux de service et des voitures sont nécessaires.	NOMBRE d'animaux par fonctionnaire ou établissement.	NOMBRE de voitures à 2 ou à 4 roues par fonctionnaire ou établissement.	OBSERVATIONS.
	Service municipal de Paris.			
INTÉRIEUR (*suite*).	Octroi de la ville	4	2	
	Pompes funèbres de la ville	364	»	
	Idem, de la ville de Marseille	40	»	
	Idem, de la ville d'Orléans	2	2	
	Administration centrale	3[1]	3	[1] Ces chevaux appartiennent à un entrepreneur.
FINANCES.	*1° Administration des douanes.*			
	Inspecteurs divisionnaires	2	»	
	Sous-inspecteurs divisionnaires	2	»	
	Employés des brigades à cheval	1	»	
	2° Administration des contributions indirectes.			
	Receveurs ambulants à cheval	1	1	
	Commis principaux à cheval	1	»	
COMMERCE ET INDUSTRIE.	*Administration des télégraphes.*			
	Dépôt central à Paris	6[1]	»	
MARINE.	Hôpital maritime de Rochefort	1	5	
	Hospice des orphelines de la marine de Rochefort	1	1	
	Adjudicataires des travaux dans les ports et établissements de la marine, à Cherbourg	95	38	
	Adjudicataires des travaux dans les ports et établissements de la marine, à Brest	12	»	
	Idem, à Lorient	20	2	
	Idem, à Rochefort	10	»	
	Idem, à Toulon	29	3	
	Idem, à Indret	8	»	
	Idem, à Guérigny	11	»	
INSTRUCTION PUBLIQUE ET BEAUX-ARTS.	Faculté de médecine de Paris	1	1	
	Lycée de Nantes	4	1	
AGRICULTURE.	*1° Service des haras.*			
	Inspecteurs généraux	2	1	
	Directeurs des dépôts d'étalons	1	1	
	Sous-directeurs des dépôts d'étalons	1	»	

DÉSIGNATION des ministères.	DÉSIGNATION : 1° Des fonctionnaires qui sont tenus de posséder des chevaux et voitures ; 2° Des administrations auxquelles des chevaux de service et des voitures sont nécessaires.	NOMBRE d'animaux par fonctionnaire ou établissement.	NOMBRE de voitures à 2 ou à 4 roues par fonctionnaire ou établissement.	OBSERVATIONS.
	2° Service des forêts.			
AGRICULTURE (*suite*).	Inspecteurs	1	»	
	Sous-Inspecteurs	1	»	
	Gardes généraux	1	»	
	Gardes généraux adjoints	1	»	
	Brigadiers du service des dunes	1	»	
	Service des ponts et chaussées.			
	Les Ingénieurs ordinaires chargés d'un service d'arrondissement	1	»	
TRAVAUX PUBLICS.	*Service des bâtiments civils et palais nationaux.*			
	Conservation du mobilier national	4	10	
	Palais du Luxembourg	1	2	
	Palais de Versailles	1	2	
	Palais de Saint-Cloud	3	4	

433. — 3° *Chevaux entiers approuvés et autorisés pour la reproduction.* — En 1874, on avait songé à exclure des classements tous les chevaux entiers ; mais, malgré les inconvénients que présente l'emploi de ces chevaux pour le service militaire, l'Assemblée nationale, d'accord avec le Gouvernement, pensa qu'ils trouveraient leur utilité particulièrement dans les transports et que les comprendre dans les cas d'exemption serait encourager directement l'emploi général du cheval entier et augmenter ainsi le nombre des étalons, au détriment de leur qualité et de l'amélioration des races chevalines [1].

L'exemption ne s'applique donc qu'aux étalons approuvés ou

1. Voir rapport de M. de Carayon-Latour sur le projet de loi sur la conscription des chevaux, annexé au procès-verbal de la séance du 27 juillet 1874.

autorisés et seulement pendant la durée de l'approbation ou de l'autorisation.

434. — 4° *Juments en état de gestation constatée, ou suitées d'un poulain, ou notoirement reconnues comme consacrées à la reproduction.* — Il avait été présenté, en 1874, un amendement ayant pour but de diviser chaque catégorie en deux séries qui auraient compris l'une les chevaux et l'autre les juments, avec cette condition que la deuxième série ne serait appelée qu'après l'épuisement de la première. Cette proposition s'était produite sous l'inspiration d'un sentiment auquel il eût été désirable de pouvoir donner satisfaction, celui de réserver les éléments nécessaires à la reproduction, en mettant autant que possible à l'abri des destructions de la guerre les femelles de l'espèce chevaline.

La Commission et, après elle, l'Assemblée nationale crurent devoir repousser l'amendement pour deux motifs.

En premier lieu, l'adoption de la proposition aurait eu pour conséquence d'encourager l'emploi de femelles dans les services ordinaires, ce qui, contrairement au but qu'on voulait atteindre, aurait diminué, en temps de paix, les ressources de notre élevage. En outre, il est admis que les chevaux entiers doivent prendre part à la réquisition. Le nombre de ces animaux étant considérable, il en serait résulté que l'armée aurait reçu, à l'exclusion des juments, une proportion notable de chevaux entiers dont l'emploi présente de grandes difficultés et doit être exceptionnel[1].

On décidait autrefois que les juments affectées à la reproduction, bien qu'exemptées de la réquisition, n'en doivent pas moins être présentées aux commissions de classement. En effet, la destination donnée à ces animaux peut venir à changer et l'exemption prévue par la loi peut cesser, par suite, de leur être applicable. Il était donc naturel que les commissions procédassent chaque année à l'examen de ces animaux. Toutefois les

1. Rapport précité de M. de Carayon-Latour.

instructions actuelles du ministre de la guerre dispensent de les présenter aux commissions de classement (voir § 404), mais l'exemption résultant de l'affectation à la reproduction n'est admise que sur le témoignage de deux propriétaires possédant des chevaux, juments, mulets ou mules compris dans le classement[1].

435. — 5° *Chevaux et juments n'ayant pas atteint l'âge de six ans, mulets et mules au-dessous de quatre ans.* — La déclaration faite par les propriétaires au moment du recensement, concernant l'âge des animaux, fait foi sauf la responsabilité prévue par l'article 52 de la loi du 3 juillet 1877 qui punit sévèrement les fausses déclarations. Les propriétaires ne sont point tenus de présenter aux commissions de classement les chevaux ou mulets n'ayant point atteint l'âge fixé par la loi[2].

436. — 6° *Chevaux de l'administration des postes ou entretenus pour son service par des contrats particuliers.* — Cette exemption complète, pour un service spécial, celle qui est accordée par le paragraphe suivant, à tous les chevaux que les administrations sont tenues de posséder. La commission de classement a le droit de se faire représenter les contrats passés entre les entrepre-

---

1. Voici en quels termes la circulaire du 24 février 1894 reproduit cette cause d'exemption :

« Les juments en état de gestation constatée par des certificats de saillie revêtus du visa du maire, appuyés de l'affirmation de deux témoins, et les juments suitées d'un poulain, ou notoirement reconnues comme consacrées à la reproduction (cette dernière condition ne sera admise que sur le témoignage de deux propriétaires possédant des chevaux, juments, mulets ou mules compris dans le classement).

« Il doit être entendu que cette disposition ne s'applique qu'aux juments consacrées spécialement à la reproduction, à l'exclusion des juments de travail, lesquelles ne doivent être exemptées que si elles sont en état de gestation apparente ou suitées d'un poulain. »

La circulaire du 13 mars 1895 est conçue en termes presque identiques.

2. Pour l'âge légal, voir § 352. Le Gouvernement a déposé, le 15 janvier 1894, un projet de loi tendant à abaisser à 5 ans l'âge des chevaux et à 3 ans l'âge des mulets.

neurs et l'administration des postes et sur lesquels les propriétaires s'appuieraient pour réclamer l'exemption en faveur de leurs animaux.

Les opérations du classement, en 1880, ont donné lieu à quelques difficultés, en ce qui concerne l'application du droit à l'exemption pour les chevaux employés par l'administration des postes au transport des dépêches.

En principe, ce transport étant donné par voie d'adjudication à un entrepreneur, c'est à lui que revient l'exemption dont il s'agit. Mais, attendu qu'il lui est loisible de sous-louer son privilège, il en résulte qu'il pourrait revendiquer une exemption qui n'est point justifiée, alors que celui qui détient les chevaux réellement employés à ce service n'est pas en mesure de justifier du contrat qui peut seul lui conférer l'exemption.

Afin de prévenir tout abus sur ce point, les dispositions suivantes ont été arrêtées de concert entre les ministres de la guerre et des postes. (Circ. 28 octobre 1880.)

Les directeurs des postes et des télégraphes départementaux doivent adresser aux commandants de corps d'armée un état indiquant, en ce qui concerne chaque service de transport de dépêches effectué à cheval ou en voiture :

1° Le nom de l'entrepreneur ;

2° Les localités où sont installées les écuries ou relais de l'entreprise, le nombre de chevaux affectés dans chaque localité au service des dépêches et le nom des propriétaires de ces chevaux.

En ce qui concerne le service de transport des dépêches desservant des localités situées dans des départements différents, chaque chef de service départemental fournit au commandant de corps d'armée des renseignements concernant les relais situés dans son département. En outre, toutes les fois qu'il y a lieu, des bulletins de mutations sont adressés aux commandants de corps d'armée, afin que les états dont il est question plus haut puissent être constamment tenus à jour.

437. — *7° Chevaux indispensables pour assurer le service des administrations publiques ou affectés au transport du matériel nécessité par l'exploitation des chemins de fer.* — L'étendue de l'exemption, en ce qui concerne les administrations publiques, est déterminée dans le tableau annexé au décret du 9 avril 1878 (V. § 432). Pour les chevaux des chemins de fer, s'ils sont exemptés de la réquisition spéciale, ils peuvent être requis en même temps que tout le matériel du chemin de fer, comme nous l'avons vu en étudiant le titre VI. (Voir §§ 301 et sq.)

438. — Sont encore exemptés les animaux appartenant aux agents diplomatiques des puissances étrangères et ceux qui sont la propriété des étrangers résidant en France et appartenant aux pays en faveur desquels l'exemption de toute réquisition militaire a été stipulée par des conventions spéciales, savoir : Allemagne, République argentine, Brésil, Chili, République dominicaine, Équateur, Espagne, Grande-Bretagne, Haïti, Honduras, Mexique, Russie, Sandwich, République sud-africaine, Suisse. (Voir §§ 125, 342 et 457.)

Ces animaux ne doivent pas d'ailleurs être compris sur l'état de recensement ; leurs propriétaires ne sont point assujettis à la déclaration.

439. — Les commissions de classement peuvent seules rayer de la liste de recensement les animaux compris dans les cas d'exemption prévus par l'article 40, ainsi que ceux qui leur paraissent incapables d'un service dans l'armée. (Déc. régl., art. 83.)

Article 41.

Les voitures recensées [1] sont présentées tout attelées aux commissions mixtes qui arrêtent leur classement, ainsi que celui des harnais. A l'issue de ce classement, il est procédé, en présence de la commission, à un tirage au sort qui règle l'ordre d'appel des voitures en cas de mobilisation.

---

1. Le projet déposé par le Gouvernement, le 15 janvier 1894, remplace les mots : *les voitures recensées*, par ceux-ci : *les voitures comprises dans la première partie de la liste de recensement.*

Classement des voitures attelées et des harnais.

440. — L'inspection des animaux a pour unique objet leur classement ; celle des voitures se décompose en deux opérations : d'une part le classement de celles qui peuvent être utilisées pour les besoins de l'armée ; de l'autre, le tirage au sort qui détermine l'ordre d'appel en cas de mobilisation.

Le premier projet du Gouvernement proposait un autre système. Afin de déterminer l'ordre dans lequel les communes du canton seraient appelées pendant trois ans à fournir des équipages, en cas de mobilisation, un tirage au sort devait avoir lieu entre ces communes à chaque période triennale, à la suite du classement dans chaque canton, à peu près de la même manière que s'opère le tirage de la classe, c'est-à-dire pour l'arrondissement chef-lieu, sous la présidence du préfet ou de son délégué, et, pour tous les autres arrondissements, sous la présidence des sous-préfets ou de leurs délégués.

Quant à la formation des attelages dans l'intérieur d'une commune, elle devait se faire seulement au moment de la mobilisation ; le ministre de la guerre estimait qu'il n'y avait aucun inconvénient à ajourner à ce moment cette dernière opération. « En effet, porte l'exposé des motifs, le tirage au sort que le maire devra effectuer entre les chevaux de trait classés dans sa commune et les voitures également classées, peut se faire sans aucune perte de temps. La notification aux intéressés, qu'ils sont tenus de fournir soit un cheval, soit une voiture, peut également se faire avec une grande rapidité. Aussi, l'article 32 prescrit le tirage au sort des communes d'une manière normale tous les trois ans, tandis que, au contraire, l'article 33 remet au moment de la mobilisation le tirage au sort à effectuer dans une même commune entre les chevaux et les voitures susceptibles d'être levés. »

Dans un second système présenté plus tard par le Gouvernement, le tirage au sort était entièrement supprimé ; il n'y avait aucune donnée légale pour la désignation des voitures à appeler, qui était absolument laissée à l'arbitraire des commissions.

La commission de la Chambre des députés écarta ce dernier système comme n'offrant aucune garantie pour les intérêts privés, et le premier parce qu'il causait un dérangement hors de proportion avec l'intérêt en jeu. Il lui parut plus simple de faire procéder à un tirage au sort dans chaque commune après chaque classement.

Opérations du classement.

441. — Une instruction du ministre de la guerre, en date du 9 avril 1878 [1], a tracé avec détail la marche à suivre par les commissions pour la double opération qu'elles ont à accomplir. Nous en résumons les dispositions qui sont le développement et la mise à exécution des articles 87 à 89 du décret réglementaire du 2 août 1877.

La commission mixte chargée du classement des chevaux et mulets inspecte toutes les voitures qui ne sont pas exclusivement affectées au transport des personnes et pour lesquelles l'attelage nécessaire est fourni par le propriétaire même de la voiture. (Déc. régl., art. 87.)

442. — Il n'y a pas lieu à inspection ni, par suite, à classement :

1° Pour les voitures attelées de plus de 2 chevaux ;

2° Pour les voitures qui ne peuvent être présentées attelées avec 1 ou 2 animaux (chevaux, juments, mulets ou mules) appartenant au propriétaire de la voiture ;

3° Pour les voitures dont les attelages sont composés d'animaux non classés par la commission lors du dernier classement;

4° Pour les voitures rentrant dans les divers cas d'exemption que nous examinerons sous l'article suivant.

---

1. Renouvelée plusieurs fois et en dernier lieu le 16 mars 1893.

443. — Les opérations d'inscription et de classement des voitures sont faites, dans chaque commune, au même lieu et à la même époque que celles relatives aux chevaux, juments, mulets ou mules.

Chaque propriétaire, à l'appel de son nom, fait à l'aide de la liste de recensement des chevaux, présente sans interruption tous les animaux et voitures qui lui appartiennent ; les voitures sont présentées attelées.

444. — Une inspection très sommaire, qui se fera le plus souvent d'un seul coup d'œil, permettra à la commission de classement d'éliminer immédiatement les voitures qui ne paraîtraient pas susceptibles d'être employées à l'un des services de l'armée et qui ne devront pas être classées.

D'une manière générale, on pourra considérer comme de nature à être utilement employées à l'armée, les voitures en bon état, présentant une grande capacité et pouvant transporter un chargement d'un poids élevé.

Dans ces conditions et par ordre de préférence, les voitures peuvent être rangées ainsi qu'il suit :

Voitures à 4 roues et à 2 chevaux . . { de front. / en flèche.

Voitures à 2 roues et à 2 chevaux . . { de front. / en flèche.

Voitures à 4 roues et à 1 cheval.

Voitures à 2 roues et à 1 cheval.

Les ressources totales du territoire, en voitures susceptibles d'être requises, sont très supérieures aux besoins généraux de la mobilisation ; quoique ces ressources ne soient pas toujours réparties de la façon la plus convenable, on devra tenir compte, dans une certaine mesure, de ces disponibilités pour éliminer les voitures qui ne paraîtraient pas d'une *manière certaine* pouvoir être avantageusement employées en campagne. Il convient, en effet, de noter qu'en cas de mobilisation, la réquisition des voitures devant s'effectuer dans l'ordre indiqué par le tirage au sort dont il sera question plus loin, il pourrait arriver qu'une voiture médiocre, bien que classée, devrait être requise à l'exclusion d'une voiture d'un emploi préférable, dont le numéro de tirage serait plus élevé.

Il importe d'éviter, autant que possible, ce grave inconvénient, et, à cet effet, la commission doit rejeter du classement les voitures qui, par leur forme, leur mode de construction, leur poids, leur état de conservation (y compris les harnais), ne lui semblent pas susceptibles de faire immédiatement un bon service de guerre.

445. — *Tableau de classement.* — Toutes les voitures admises sont portées sur le tableau de classement (mod. n° 2 *bis,* annexe n° 26).

Une ligne horizontale est réservée pour chaque voiture ; on réunit sous une même accolade les voitures appartenant à un propriétaire unique. Suivant l'espèce de la voiture considérée, on marque une unité dans les colonnes 4, 5, 6 ou 7. En regard de cette unité et sur la même ligne horizontale doit être inscrit le signalement complémentaire de la voiture.

Ce signalement complémentaire comprend les indications ci-après :

Colonne 8. La capacité de la voiture est indiquée dans cette colonne par une des trois mentions suivantes : petite, moyenne ou grande.

Afin d'établir à cet égard des termes de comparaison, la capacité d'une voiture est qualifiée : petite, lorsqu'elle se rapproche de la capacité d'une voiture régimentaire ; moyenne, lorsqu'elle se rapproche de la capacité d'un fourgon ; grande, lorsqu'elle est égale ou supérieure à la capacité d'un chariot-fourragère.

Colonne 9. Si la voiture est suspendue, on met une unité dans la colonne 9 ; sinon, on met des guillemets.

Colonnes 10 et 11. On mentionne de la même manière si la voiture est couverte et si elle est munie d'un système d'enrayage.

Colonne 12. On inscrit ensuite le classement qui est donné par la commission et qui doit indiquer l'état de conservation de l'ensemble de la voiture et des harnais. Les voitures admises devant toutes être susceptibles d'être utilisées sans aucun retard, en cas de besoin, on n'admet que les deux classements suivants : *passable, bon.*

Dans les colonnes 13 et 14, la commission doit inscrire les renseignements de nature à déterminer l'attelage correspondant à la voiture classée. Ces renseignements, fournis par le procès-verbal de classement des animaux, sont, pour un attelage à un cheval, le numéro de la catégorie et le numéro d'ordre dans cette catégorie ; pour un attelage à deux chevaux, le ou les numéros de catégorie ainsi que les numéros d'ordre. Dans ce dernier cas, ces indications multiples sont réunies par une accolade correspondant à la ligne horizontale affectée à l'inscription de la voiture. (Décr. régl., art. 89[1].)

Dans la colonne 16, pour les voitures à deux chevaux, on fait figurer une des mentions suivantes : de front ou en flèche, destinées à faire connaître comment sont attelés les deux chevaux de la voiture.

446. — *Opérations du tirage au sort.* — Après que toutes les voitures ont été présentées, il est procédé, séance tenante, à un tirage au sort ayant pour but de donner un numéro d'ordre à chacune des voitures classées. Cette opération doit avoir lieu publiquement et avec l'assistance du maire ou de son suppléant. (Décr. régl., art. 88.)

Pour procéder au tirage, il suffit de prendre un nombre de bulletins égal à celui des voitures classées, chacun de ces bulletins ayant reçu un des nombres de la suite naturelle, depuis 1 jusqu'au nombre total des voitures classées.

Ces bulletins sont tirés un à un, par un membre de la commission ou par toute autre personne admise par le président.

1. Mention est faite aussi sur le tableau de classement des animaux de ceux d'entre eux qui font partie d'attelages classés. (Déc. rég., art. 89.)

Les numéros sortants sont inscrits en suivant l'ordre dans lequel ils sont appelés, et successivement en regard des diverses voitures, de telle sorte que le premier numéro sortant soit affecté à la première voiture classée, le deuxième numéro sortant à la deuxième voiture, et ainsi de suite jusqu'à la fin.

447. — Le tableau de classement est terminé par une récapitulation numérique des voitures classées ; il est signé par les membres de la commission et visé par le maire de la commune ou son représentant légal.

Ce tableau, même néant, est dressé en double expédition ; l'une des expéditions est remise au maire qui la joint au registre de recensement des voitures attelées de la commune (Voir § 458), l'autre expédition est conservée provisoirement par le président de la commission, chargé de la transmettre ensuite au bureau de recrutement. (Décr. régl., art. 88.)

448. — Au moment de l'examen des voitures attelées, le registre de recensement des voitures de la commune (modèle n° 1, annexe n° 12) est présenté par le maire. Après le classement donné aux voitures, le président de la commission rectifie, s'il y a lieu, et complète les indications qui figurent sur ce registre, notamment en ce qui concerne les colonnes 9 et 15, dans lesquelles on doit inscrire le précédent classement de la voiture considérée et de l'attelage correspondant ; dans la colonne 15, à la fois le numéro de la catégorie et le numéro d'ordre de l'attelage.

449. — Après la dernière inscription, le président de la commission fait apposer sur le registre de recensement des voitures la mention suivante qu'il revêt de sa signature.

Certifié véritable :

A *, le* *18* .

Le Président de la e *commission*

de la e *subdivision du* e *corps d'armée.*

(Signature, grade et corps.)

450. — *Examen des voitures présentées par les habitants d'autres communes.* — Lorsque les voitures attelées de la commune ont été inspectées et classées, la commission examine les voitures qui lui sont amenées par des propriétaires habitant d'autres communes et qui, pour un motif quelconque, ne peuvent les présenter dans la localité de leur résidence habituelle[1] ou à la commission de leur circonscription dans les grandes villes[2].

A la suite de cet examen, il est établi :

1° Par commune, un procès-verbal (mod. n° 6 *bis*, annexe n° 28) mentionnant, pour chaque voiture, le classement qui aura été donné ;

2° Un certificat (mod. n° 7 *bis*, annexe n° 29) constatant l'examen et destiné à être remis à chacun des propriétaires intéressés.

Le procès-verbal est dressé séparément pour chacune des communes auxquelles appartiennent réellement les voitures examinées et doit être envoyé le jour même au commandant de la brigade de gendarmerie dans le ressort de laquelle se trouve cette commune. Le président de la commission est autorisé à expédier ce procès-verbal en franchise, sous bande, par la poste.

Si le classement n'a pas encore été fait dans la commune ou dans la circonscription à laquelle appartiennent les voitures dont il s'agit, le commandant de la brigade fait remettre cette pièce au président de la commission le jour où elle opère dans la localité. La commission en tient compte dans son travail pour l'établissement du tableau de classement et pour le tirage au sort des voitures.

Dans le cas où le classement a déjà eu lieu dans la commune ou dans la circonscription à laquelle appartiennent les voitures et si un procès-verbal de non-comparution a été établi contre le

---

1. Voir pour la visite des chevaux, juments, mulets et mules appartenant à d'autres communes les dispositions analogues (§ 422).

2. Voir pour le cas où les voitures se trouvent momentanément dans une commune exempte du classement, les observations de la note sous le § 422.

propriétaire, le commandant de la brigade de gendarmerie adresse un procès-verbal spécial au procureur de la République (modèle n° 10, annexe n° 23), afin que ce magistrat puisse arrêter les poursuites contre les propriétaires qui ont fait examiner leurs voitures en dehors de leurs communes ou de leurs circonscriptions. Le procès-verbal de classement est ensuite envoyé par les soins du même commandant de brigade au commandant du bureau de recrutement du ressort.

451. — Les propriétaires qui ne présentent pas leurs voitures tombent sous le coup de l'article 52. Ainsi que nous l'avons expliqué (voir plus haut § 424) en parlant du classement des animaux, une déclaration, mentionnant les noms des délinquants, est adressée par le président de la commission au procureur de la République.

452. — *Relevé numérique à établir par la commission.* — Après avoir terminé les opérations d'inspection et de classement pour toutes les communes de son ressort, le président de la commission établit un relevé numérique (mod. n° 3 *bis*, annexe n° 27) d'après les indications portées sur le tableau de classement (mod. n° 2 *bis*, annexe n° 26).

Sur le relevé numérique une ligne horizontale est affectée à chaque commune.

Les voitures qui n'ont pu être présentées et admises au classement ne sont pas comprises dans ce relevé, à l'exception toutefois de celles qui auraient été classées par des commissions voisines et pour lesquelles les procès-verbaux seraient parvenus en temps utile à la commission intéressée.

On indique, dans un renvoi placé au bas du relevé numérique, le nombre total de voitures non présentées à la commission et qui n'ont pas été examinées par les commissions voisines.

Enfin, dans les deux dernières colonnes du relevé, le président de la commission inscrit le prix moyen approximatif, par commune, d'une voiture à deux roues et d'une voiture à quatre roues.

Ces chiffres sont donnés uniquement à titre de renseignements et ne sauraient évidemment être considérés comme correspondant à la valeur réelle d'une voiture déterminée; ils permettent seulement à l'autorité militaire de se rendre compte, d'une manière approximative, des dépenses qu'entraînerait une mobilisation dans certaines régions.

453. — Le relevé numérique est établi en double expédition : l'une des expéditions est destinée au bureau de recrutement du ressort; l'autre doit être adressée directement au bureau du matériel de l'artillerie et des équipages militaires du ministère de la guerre.

454. — Les imprimés spéciaux nécessaires pour les opérations d'inspection et de classement des voitures attelées sont fournis par l'administration centrale aux commandants des bureaux de recrutement, qui les répartissent entre les diverses commissions de leur ressort.

Article 42.

Sont exemptées de la réquisition, en cas de mobilisation, et ne sont pas portées sur la liste de classement par catégorie, les voitures indispensables pour assurer le service des administrations publiques et celles affectées aux transports de matériel nécessités par l'exploitation des chemins de fer. Ces dernières peuvent, toutefois, être requises au même titre que les voies ferrées elles-mêmes, conformément aux dispositions de l'article 29 de la présente loi.

Voitures exemptées de la réquisition et non portées sur la liste de classement.

455. — Nous avons vu sous l'article 40 les voitures que le décret du 9 avril 1878 a désignées comme étant indispensables aux administrations publiques pour assurer leur service (§ 432). Quant aux voitures des chemins de fer, elles sont soumises au même régime que les animaux dont les compagnies sont propriétaires; elles ne peuvent être requises au même titre que les autres voitures, mais elles sont comprises parmi les objets que les compagnies sont tenues de fournir à l'autorité militaire en vertu du titre VI de la loi. (Voir §§ 437, 301 et sq.)

456. — Les cas d'exemption sont moins nombreux pour les voitures que pour les chevaux et mulets. La seule difficulté qui puisse se présenter est celle de savoir quelle sera la destination des voitures employées accidentellement par la poste ou les chemins de fer. Le cas se trouve prévu par l'exposé des motifs du Gouvernement qui s'exprime à cet égard dans les termes suivants : « D'une part, les maires qui font les listes de recensement n'auront aucun intérêt à exempter trop facilement des voitures qui, servant accidentellement à un des services que nous venons d'indiquer, pourraient inspirer quelques doutes au sujet de l'interprétation de la loi. Moins il y aura de voitures recensées, plus les habitants propriétaires de voitures seront exposés à être requis. D'un autre côté, le nombre des voitures recensées sera tellement supérieur à celui des voitures qu'on pourra avoir besoin de lever, qu'il ne pourrait résulter aucun inconvénient d'une exemption qui se trouverait admise un peu trop facilement. »

457. — Aux cas d'exemption prévus par l'article 42, il faut ajouter celui où les voitures appartiennent soit au chef de l'État, soit aux agents diplomatiques des pays étrangers accrédités en France, soit aux nationaux des pays liés à la France par des conventions spéciales qui les exonèrent de toute réquisition militaire. (Voir §§ 125, 342 et 438.)

La loi n'avait pas à les prévoir expressément ; toutes ces personnes étant dispensées de la réquisition des chevaux, le sont par voie de conséquence de la réquisition des voitures, puisque les propriétaires de voitures n'y sont soumis que lorsqu'elles sont attelées de chevaux à eux appartenant et classés.

ARTICLE 43.

Un tableau certifié par le président de la commission mixte et par le maire, indiquant pour chaque commune le signalement des animaux classés ainsi que le nom de leurs propriétaires, est adressé au bureau de recrutement du ressort.

Un double de ce tableau reste déposé à la mairie jusqu'au classement suivant.

Il est dressé de la même manière un tableau de classement des voitures en double expédition ; les numéros de tirage y sont inscrits.

Tableaux de classement des animaux et des voitures.

458. — Nous avons déjà rencontré, en expliquant les articles précédents, l'application de cette disposition qui permet au maire de toujours savoir quelles ressources peuvent être demandées à sa commune en chevaux ou en voitures, et au bureau de recrutement de connaître celles qui peuvent être tirées de sa circonscription. (Voir §§ 416 et 447.)

459. — Outre ces tableaux, les instructions prescrivent d'en dresser d'autres qui ont pour objet de concentrer les renseignements obtenus par chaque bureau de recrutement et de mettre l'autorité militaire centrale à même d'apprécier l'ensemble des forces dont elle pourrait disposer en cas de mobilisation.

Nous avons mentionné plus haut (voir §§ 420, 421 et 452) les renseignements que doivent contenir soit les états numériques à dresser par les commissions de classement à la fin de leurs opérations, soit les états numériques généraux à fournir par les commandants des bureaux de recrutement.

Les relevés numériques qui doivent être fournis au ministre lui sont adressés directement, soit sous le timbre « bureau des remontes », soit sous le timbre « bureau du matériel de l'artillerie et des équipages militaires », suivant qu'ils se rapportent aux animaux ou aux voitures attelées. (Circ. guerre 9 avril 1878 et 1er avril 1879.) [Voir §§ 420 et 453.]

III. — Réquisition.

ARTICLE 44.

Le contingent des animaux à fournir en cas de mobilisation, dans chaque région, pour compléter et entretenir au pied de guerre les troupes qui y sont stationnées, est fixé par le ministre de la guerre, d'après les ressources constatées au classement pour chaque catégorie.

Ce contingent est réparti, dans la région, par l'autorité militaire, de manière à égaliser les charges provenant des réquisitions prévues pour les besoins successifs de l'armée. Toutefois, cette répartition n'est notifiée qu'en cas de mobilisation.

L'insuffisance des ressources dans un corps d'armée sera compensée, sur l'ordre du ministre de la guerre, par l'excédent d'un autre corps d'armée.

Les mêmes dispositions sont applicables aux voitures attelées.

Fixation du contingent d'animaux et de voitures à fournir en cas de mobilisation.

460. — L'article 44 est emprunté presque entièrement à l'article 6 de la loi du 1er août 1874. Il y a lieu toutefois de signaler une différence notable.

D'après la loi précédente, le contingent attribué à chaque région devait être réparti « *au prorata des ressources de chaque commune* » ; il devra l'être désormais « *de manière à égaliser les charges provenant des réquisitions prévues pour les besoins successifs de l'armée* ».

Le rapport de M. le baron Reille explique le sens et la portée de cette modification : « L'article 6 de la loi de 1874 obligeait le ministère de la guerre à une répartition au prorata des ressources entre toutes les communes. La lettre du texte semblait impliquer que chaque réquisition doit être partout proportionnelle. Mais la mobilisation n'est pas simultanée pour toutes les portions que comprend l'armée. L'armée active doit être la première prête, et il importe pour elle de pouvoir faire appel aux ressources les plus rapprochées, de manière à être en mesure de se trouver le plus tôt possible en présence de l'ennemi.

Après l'armée active, les troupes de remplacement, l'armée territoriale, auront aussi besoin de recourir à la réquisition des chevaux. L'administration de la guerre, qui connaît par avance tous ses besoins, peut en tenir compte sans qu'il en résulte aucun détriment pour les populations, si elle est autorisée à répartir également, non chaque réquisition séparée, mais l'ensemble des réquisitions successives. Elle pourra ainsi prendre d'abord pour les premiers besoins les animaux qui se trouvent le plus près des points de mobilisation, et faire appel, pour les nécessités ultérieures, aux localités plus éloignées, dont les animaux arriveront alors en temps parfaitement utile. La mobilisation en sera accélérée, sans que les populations aient à en souffrir, puisque, si chaque répartition séparée n'atteint, il est vrai, que quelques portions du territoire, toutes les parties du pays se trouveront à la fin de la guerre avoir supporté la charge dans la même proportion. »

L'intention formellement exprimée par le législateur est donc de permettre à l'autorité militaire de ne comprendre dans chaque réquisition et pour ainsi dire dans chaque levée qu'un certain nombre de communes de la région. Cette latitude aura l'incontestable avantage de simplifier et d'accélérer les opérations de la réquisition. C'est devant cet intérêt majeur qu'a cédé le principe de l'exacte proportionnalité des charges.

461. — La loi ayant laissé au ministre de la guerre le soin de fixer le contingent d'animaux à fournir dans chaque région, en cas de mobilisation des troupes qui y sont stationnées, d'après les ressources du classement, les généraux commandant les corps d'armée, après avoir fait établir par les bureaux de recrutement les résultats numériques des opérations des commissions de classement, doivent adresser à l'administration centrale un état comparatif des besoins et des ressources pour chaque catégorie d'animaux, qui permette au ministère de la guerre d'établir d'avance les proportions existant entre les différentes régions.

462. — La population chevaline et mulassière varie beaucoup suivant les régions ; on a dû par suite prévoir le cas où les ressources dont disposerait un corps d'armée seraient insuffisantes, alors que d'autres auraient un excédent considérable. Le troisième paragraphe de l'article 44 permet au ministre de la guerre d'assurer dans tous les cas le service de chaque corps, en compensant l'insuffisance des ressourses dans un corps d'armée par l'excédent d'un autre.

Pour que le ministre soit en mesure d'exercer ce droit sans retard, il est essentiel que les états comparatifs transmis par les généraux commandant les corps d'armée, à la suite des opérations des commissions de classement, fassent clairement ressortir l'insuffisance ou l'excédent des animaux de chaque catégorie, sur l'ensemble du corps d'armée, et indiquent, d'une part, sur quels points devraient être dirigés les animaux à tirer d'autres corps d'armée, d'autre part, où pourraient être pris les animaux qui excèdent les besoins.

Les dispositions comprises dans les trois premiers paragraphes de l'article 44 et les explications qui s'y réfèrent sont applicables aux voitures attelées.

Article 45.

Dès la réception de l'ordre de mobilisation, le maire est tenu de prévenir les propriétaires que : 1° tous les animaux classés présents dans la commune ; 2° tous ceux qui y ont été introduits depuis le dernier classement, et qui ne sont pas compris dans les cas d'exemption prévus par l'article 40 ; 3° tous ceux qui ont atteint l'âge légal depuis le dernier classement ; 4° tous ceux enfin qui, pour un motif quelconque, n'auraient pas été déclarés au recensement ni présentés au dernier classement, bien qu'ils eussent l'âge légal, doivent être conduits, aux jour et heure fixés pour chaque canton [1], au point indiqué par l'autorité militaire.

Le maire prévient également les propriétaires des voitures, d'après les

---

1. Le projet déposé par le Gouvernement, le 15 janvier 1894, porte : *pour chaque commune.*

numéros de tirage portés sur le dernier état de classement, suivant la demande de l'autorité militaire, d'avoir à les conduire tout attelées au même point de rassemblement.

Les animaux doivent avoir leur ferrure en bon état, un bridon et un licol pourvu d'une longe.

Avis à donner par le maire.

463. — Aussitôt que le ministre de la guerre a donné l'ordre de mobilisation, l'autorité militaire doit aviser, soit par affiches, soit de toute autre façon, les maires des communes comprises dans la réquisition. Le maire, de son côté, est *tenu,* sous les peines portées par l'article 52, de *prévenir* les propriétaires d'animaux ou de voitures attelées susceptibles d'être réquisitionnées, de les conduire au lieu de rassemblement.

464. — Il ne faudrait point donner au mot *prévenir* le sens d'un avis individuel. Le rapporteur a fait sur ce point à la tribune de la Chambre des députés la déclaration la plus explicite (séance du 20 février 1877 [1]) :

« On a demandé à la commission si elle entendait fixer le mode d'appel et dire qu'il ne pourrait avoir lieu que dans certaines formes déterminées. Telle n'a pas été son intention ; comme dans une loi précédente [2], le mode d'appel peut être modifié par suite de considérations diverses, par suite des nécessités locales, du besoin qu'on peut avoir de mobiliser, sur un tel point par voie d'affiches, sur tel autre par voie d'appel individuel.

« De même pour les chevaux, la question est réservée.

« L'article n'a pas la prétention de réglementer le mode d'appel ; il se borne à dire que le maire prévient les habitants que leurs animaux doivent être tenus à la disposition de l'autorité militaire. »

L'article 92 du décret du 2 août 1877 dispose d'ailleurs que

1. Voir *Journal officiel* du 21 février 1877, page 1324.
2. Loi du 1er août 1874.

l'ordre de rassemblement des voitures attelées et des chevaux, juments, mules et mulets, en cas de mobilisation, est porté à la connaissance des communes et des propriétaires par voie d'affiches indiquant la date, l'heure et le lieu de la réunion.

Il ajoute : les maires prennent toutes les mesures qui sont en leur pouvoir pour que tous les propriétaires soient avertis et obéissent en temps utile aux prescriptions de l'autorité militaire.

Par conséquent, les maires doivent suivre à cet égard les règles de publicité usitées dans la localité, en se rappelant toutefois que, dans l'intérêt général, il importe que tous les propriétaires soient avertis. Les maires ne devront donc rien négliger pour faire parvenir l'avis, dans le plus bref délai possible, sur tous les points de la commune, et notamment dans les hameaux isolés.

Cet avis doit indiquer clairement le jour, l'heure et le lieu précis désignés par l'autorité militaire pour le rassemblement.

Animaux susceptibles d'être réquisitionnés,

465. — Il est à remarquer que, pour les animaux, l'obligation imposée par l'article 45 ne s'applique pas seulement à ceux qui sont compris sur l'état de classement. Elle s'étend à tous ceux qui peuvent être réquisitionnés. L'article 93 du décret réglementaire, développant la disposition qui fait l'objet de notre examen, porte :

« Doivent être conduits aux lieux indiqués pour la réquisition des chevaux :

« 1° Tous les animaux portés sur le tableau de classement des communes appelées ;

« 2° Les animaux qui, pour un motif quelconque, ne figurent pas sur le tableau de classement, bien qu'ils aient l'âge légal, à l'exception de ceux qui se trouvent encore dans les cas d'exemption prévus par l'article 40 de la loi sur les réquisitions, de ceux qui ont été réformés, ou de ceux qui ont été refusés conditionnellement pour défaut de taille, si les conditions de taille ne sont pas modifiées au moment de la mobilisation ;

« 3° Les animaux recensés ou classés dans d'autres communes, et qui se trouvent dans la circonscription au moment de la mobilisation. »

466. — Au nombre des animaux dont parle le paragraphe 2, nous signalerons spécialement ceux qui ont cessé depuis le classement de se trouver dans un des cas d'exemption prévus par la loi ; les chevaux, par exemple, qui ont passé des mains d'un fonctionnaire obligé de les entretenir à celles d'un particulier.

On comprend, en effet, qu'en laissant ces animaux en dehors de la réquisition, on augmenterait d'autant la charge imposée à l'ensemble des propriétaires.

467. — Il n'est également que juste de comprendre parmi les animaux qui peuvent être réquisitionnés, ceux qui ont été introduits dans la commune depuis le dernier classement. Le législateur n'a voulu, en aucune façon, entraver le commerce des chevaux et mulets. En 1874, l'Assemblée nationale a repoussé une disposition du projet du Gouvernement aux termes de laquelle les propriétaires auraient dû faire connaître au maire de leur commune les changements survenus dans leurs écuries par suite de ventes, achats ou pertes d'animaux, au fur et à mesure que les cas se produisent[1]. Mais c'eût été ouvrir une voie trop aisée aux fraudes des propriétaires que de leur permettre de soustraire leurs animaux à la réquisition en les faisant passer d'une commune dans une autre. Aussi le rapporteur de la loi de 1874, qui contenait la même disposition, disait-il déjà : « Les chevaux déplacés depuis le dernier classement devront

1. Voir rapport de M. de Carayon-Latour. (*Journal officiel*, numéro du 18 août 1874, page 5831.)

être considérés comme appartenant à la commune où ils se trouvent au moment de la mobilisation[1]. »

468. — L'article 95 du décret du 2 août contient, dans son dernier paragraphe, la disposition suivante sur laquelle nous engageons les maires à attirer l'attention de leurs administrés : « Doivent également se rendre aux lieux de rassemblement tous les propriétaires qui ont à faire constater des mutations ou à présenter des excuses. Ils doivent, à moins d'impossibilité absolue, faire conduire les animaux pour lesquels ils ont des réclamations à faire. » Les propriétaires de chevaux classés qui ont cessé de les posséder auraient tort, on le voit, de se croire exempts de toute obligation. Ils sont tenus de se rendre devant la commission de réquisition.

469. — Les animaux devant pouvoir être emmenés immédiatement, s'ils sont déclarés requis, il est indispensable qu'ils soient présentés avec une ferrure en bon état, un bridon et un licol pourvu d'une longe. C'est ce que dispose le dernier paragraphe de l'article 45. Le propriétaire qui ne s'y serait pas conformé pourrait être contraint d'y satisfaire ou de subir une retenue sur le prix d'achat. (Rapport de M. O. de Bastard.)

Voitures qui doivent être conduites à la commission de réquisition.

470. — En ce qui concerne les voitures attelées, il semblerait, d'après les termes de l'article 45, que celles-là seules doivent être conduites au lieu de rassemblement qui, d'après les numéros de tirage portés sur le dernier état de classement, sont comprises dans le nombre réclamé par l'autorité militaire. L'article 93 du décret du 2 août dit d'une manière plus générale : Doivent être conduits : ..... 4° *les voitures attelées,* ce qui paraî-

1. Voir rapport de M. de Carayon-Latour. (*Journal officiel,* numéro du 18 août 1874, page 5832.)

trait s'appliquer à toutes les voitures classées. Le premier système, rigoureusement appliqué, pourrait avoir pour effet de ne pas amener devant la commission de réquisition un nombre de voitures suffisant ; car il peut arriver que, depuis le tirage au sort, quelques-unes de celles qui ont obtenu les premiers numéros aient été transférées dans d'autres communes ou aient cessé de remplir les conditions exigées pour le service de l'armée. D'autre part, le second système aurait le grave inconvénient d'obliger à des déplacements absolument inutiles les voitures comprises dans les derniers numéros et qui ne seraient certainement pas réquisitionnées. La solution qui sera le plus généralement adoptée nous paraît indiquée par le passage suivant du rapport de M. le baron Reille :

« Si la mobilisation a lieu, le commandant de recrutement, lorsqu'il en donne avis au maire, lui indique le nombre de voitures qu'il doit envoyer, dans l'ordre du tableau, au lieu de mobilisation, et c'est au maire qu'il appartient de *prévenir* les propriétaires. Si quelques-uns d'entre eux se trouvaient avoir quitté la commune, ou si, pour une cause ou pour une autre, une ou plusieurs voitures faisaient défaut, le maire les remplacerait par le ou les numéros suivants dans l'ordre du tableau. On évitera ainsi d'avoir à déplacer inutilement toutes les voitures de toutes les communes de la circonscription de remonte. L'autorité militaire s'arrangera pour demander un nombre suffisant, afin de pouvoir suppléer les voitures, désignées par leurs numéros, qui seraient devenues impropres au service. Cette disposition relative à la mobilisation figure au paragraphe 2 de l'article 45. »

Néanmoins, il est nécessaire de faire clairement ressortir que l'avertissement spécial et individuel aux propriétaires intéressés n'est exigé par aucun texte. Ainsi, rien n'empêchera l'autorité militaire locale, si elle le juge à propos, d'adresser au maire un état nominatif des propriétaires soumis à la réquisition, d'après l'ordre des numéros de tirage. Mais cette manière de procéder n'a aucun caractère obligatoire, et les propriétaires de voitures peuvent être simplement, comme les propriétaires de chevaux, convoqués par affiches; seulement, dans ce dernier cas, l'appel s'adressera à *la totalité* des propriétaires inscrits sur les listes du tirage au sort communales, conformément au droit que l'article 44 confère à l'autorité militaire.

471. — Les voitures doivent être présentées tout attelées et par conséquent avec les harnais examinés par la commission d'inspection lors du classement ou avec des harnais de même force et de même valeur.

Lieux de rassemblement.

472. — Il nous reste à parler du lieu de rassemblement. La nouvelle loi laisse ce lieu, sans condition, à la désignation de l'autorité militaire, tandis que la loi de 1874 obligeait celle-ci à choisir un point de l'arrondissement. Les circonscriptions de remonte, tracées en raison des ressources variables en chevaux existant sur le territoire, ne coïncident nullement avec les divisions administratives ; il était donc préférable d'effacer une disposition restrictive qui n'était pas praticable dans les circonstances où s'accomplit la mobilisation.

Les commissions mixtes de réquisition, dit l'article 91 du décret réglementaire, siègent en des lieux choisis et désignés à l'avance, qui forment le centre des circonscriptions de réquisition, établies également à l'avance par l'autorité militaire.

473. — Pour prévenir l'encombrement et accélérer les opérations en les facilitant, le même article permet à l'autorité militaire d'instituer au même lieu plusieurs commissions de réquisition qui peuvent opérer simultanément. Dans le cas où elles ne siégeraient pas au même point de la commune, il importerait que les maires fussent prévenus de l'endroit précis où devront être amenés les animaux et les voitures attelées de leur commune respective, afin qu'ils pussent eux-mêmes en aviser à l'avance les propriétaires intéressés.

ARTICLE 46.

Des commissions mixtes, désignées par l'autorité militaire, procèdent, audit point, à la réception, par canton [1], des animaux amenés, et opèrent le classement non encore fait de ceux qui se trouvent compris dans les cas spéciaux indiqués à l'article précédent.

Si le nombre des animaux présentés à la commission est supérieur au chiffre à requérir dans la catégorie, il est procédé à un tirage au sort pour déterminer l'ordre dans lequel ils seront appelés.

Composition et fonctionnement des commissions de réquisition.

474. — Une instruction très détaillée du ministre de la guerre, en date du 1er août 1879, a déterminé les mesures à prendre pour la réquisition des chevaux, juments, mulets et mules et des voitures attelées, en cas de mobilisation. Nous croyons indispensable d'en donner un résumé assez étendu en nous attachant particulièrement à celles des prescriptions qui intéressent d'une façon directe les propriétaires et les administrateurs civils.

475. — *Composition des commissions de réquisition.* — Les commissions mixtes désignées par l'autorité militaire pour procéder, dans chaque centre de réquisition, à la réception des animaux et des voitures attelées, sont composées, par analogie avec ce qui est prescrit pour le classement par l'article 38 de la loi, savoir :

1° D'un officier de l'armée active, de réserve ou de l'armée territoriale [2] (ou, en cas de nécessité, d'un officier de gendarmerie), président ;

---

1. Le projet déposé, le 15 janvier 1894, par le Gouvernement porte, au lieu des mots : *réception par canton,* ceux-ci : *à la réquisition par commune.*

2. Les officiers de réserve et de l'armée territoriale désignés doivent, autant que possible, avoir servi comme officiers dans l'armée active ; ils doivent être en uniforme.

2° D'un membre civil habitant, autant que possible, dans la localité où opère la commission.

Ces deux membres ont voix délibérative ; en cas de partage des voix, celle du président est prépondérante.

Chaque commission est assistée d'un vétérinaire militaire (armée active, réserve ou armée territoriale) ou d'un vétérinaire civil, ou, à défaut, d'une personne compétente prise autant que possible, dans la localité où opère la commission. Le vétérinaire, ou son suppléant, n'a que voix consultative.

Les membres militaires, les membres civils, les vétérinaires civils, sont nommés par le commandant de corps d'armée, les membres civils et les vétérinaires civils étant désignés préalablement par le préfet.

Il est nommé dans les mêmes conditions un suppléant au membre civil et un suppléant au vétérinaire, en vue de parer à toutes les éventualités.

476. — Toutes les désignations sont faites dès le temps de paix. Les lettres de service établies au titre des présidents des commissions leur sont remises dès leur désignation ; il en est de même pour les vétérinaires militaires.

Les lettres d'avis destinées aux membres civils, aux vétérinaires civils et à leurs suppléants, sont également établies dès le temps de paix ; elles sont déposées, suivant les circonstances, dans les états-majors, les bureaux de recrutement, chez les commandants d'armes, ou, exceptionnellement, dans les brigades de gendarmerie, mais, dans tous les cas, de manière à pouvoir être remises aux intéressés aussitôt après la réception de l'ordre de mobilisation.

477. — Dans chaque corps d'armée, toutes les commissions, sans exception, sont désignées par une série unique de numéros.

A chaque commission sont attachés :

1° Un sous-officier ou brigadier de corps de troupes à cheval appartenant à l'armée active, à la réserve ou à l'armée territoriale, secrétaire ;

2° Deux secrétaires civils pris parmi les personnes de la localité ou des environs ayant des notions suffisantes d'écriture, etc. (instituteurs publics ou libres, secrétaires de mairie, etc.) [1] ;

3° Un ou plusieurs maréchaux ferrants de l'armée active, de la réserve ou de l'armée territoriale, ou, à défaut, un ou plusieurs maréchaux ferrants civils requis à cet effet, par application de l'article 5 de la loi du 3 juillet 1877 [2].

Les secrétaires et maréchaux ferrants militaires sont désignés à l'avance par l'autorité compétente, de manière à pouvoir être mis en route sans retard.

Les secrétaires civils et les maréchaux ferrants civils sont également désignés à l'avance par les maires, sur l'ordre du préfet. Ils sont pris, autant que possible, au chef-lieu de la circonscription et sont informés de la désignation dont ils sont l'objet.

Dans le cas d'absence ou d'empêchement de l'un de ces derniers, le président de la commission fait désigner d'urgence un remplaçant par le maire du chef-lieu de réquisition.

Le service d'ordre est assuré, sous l'autorité du président de la commission, par la gendarmerie, aidée, s'il y a lieu, par les sous-officiers faisant partie des cadres de conduite.

Les maires doivent également prêter leur concours, chacun en ce qui concerne les administrés de sa commune, aux opérations de la réquisition.

478. — *Indemnités dues aux membres des commissions et aux autres personnes.* — Les officiers, les vétérinaires, les sous-offi-

1. Dans les commissions de corps ou de fractions de corps, les deux secrétaires civils sont remplacés par des militaires.

2. Le nombre de ces maréchaux ferrants est fixé par les généraux commandant les corps d'armée, à raison du nombre d'animaux à examiner et à recevoir dans une même journée et des ressources en ouvriers de cette catégorie.

ciers ou brigadiers secrétaires et les maréchaux ferrants appartenant à l'armée active, à la réserve ou à l'armée territoriale, qui opèrent *dans le lieu de leur garnison*, n'ont droit à aucune indemnité.

Les officiers et les vétérinaires de réserve ou de l'armée territoriale qui opèrent *dans le lieu de leur domicile* et qui ne sont pas entrés en solde, reçoivent une indemnité journalière de 6 fr., quel que soit leur grade.

Les sous-officiers ou brigadiers secrétaires et les maréchaux ferrants appartenant à la réserve ou à l'armée territoriale qui opèrent *dans le lieu de leur domicile* et qui, comme il est dit ci-dessus, ne sont pas entrés en solde, reçoivent une indemnité journalière de 1 fr. 25 c., quel que soit leur grade.

Les officiers, les vétérinaires, les sous-officiers ou brigadiers secrétaires et les maréchaux ferrants de l'armée active qui opèrent *hors de leur garnison*, ont droit, savoir :

1° A l'indemnité ordinaire de route pour se rendre de leur garnison au chef-lieu de la circonscription de réquisition, et *vice versâ* ;

2° A une indemnité de séjour pour chaque journée effectivement consacrée à la réquisition des chevaux et voitures.

Cette dernière indemnité, qui ne peut se cumuler avec l'indemnité journalière de route, est fixée, savoir :

Pour les officiers et les vétérinaires, à 10 fr. ;

Pour les sous-officiers ou brigadiers secrétaires, à 5 fr. ;

Pour les maréchaux ferrants, à 3 fr.

Les officiers et les vétérinaires de réserve et de l'armée territoriale, qui opèrent *hors de leur domicile* et qui ne sont pas encore entrés en solde comme n'ayant pas rejoint leur corps, ont droit :

1° Aux indemnités kilométrique et fixe de transport pour se rendre de leur domicile au chef-lieu de la circonscription de réquisition, et de là à leur destination de mobilisation ;

2° Et à une indemnité journalière de 16 fr. pour chaque journée de voyage ou de présence au chef-lieu de réquisition.

Les sous-officiers ou brigadiers secrétaires et les maréchaux ferrants appartenant à la réserve ou à l'armée territoriale opérant *hors de leur domicile* et qui ne sont pas encore entrés en solde comme n'ayant pas rejoint leur corps, ont droit, pour chaque journée d'opération au chef-lieu de réquisition, savoir :

Les sous-officiers ou brigadiers secrétaires, à 6 fr. ;

Les maréchaux ferrants, à 4 fr.

Pour se rendre au chef-lieu de réquisition, ils sont convoqués par ordre d'appel individuel et reçoivent une indemnité quotidienne de 1 fr. 25 c. à titre de frais de route.

Les officiers, les vétérinaires, les sous-officiers ou brigadiers secrétaires et les maréchaux ferrants appartenant à l'armée active, à la réserve ou à l'armée territoriale, *ont droit au logement chez l'habitant*[1]. (Voir § 77.)

Les membres civils, les vétérinaires civils et leurs suppléants reçoivent les indemnités ci-après :

10 fr. par journée d'*opération* au lieu de leur résidence ;

20 fr. par journée de *déplacement* hors du lieu de leur résidence.

Les secrétaires civils et les maréchaux ferrants civils reçoivent les indemnités ci-après :

5 fr. par journée d'*opération* au lieu de leur résidence ;

8 fr. par journée de *déplacement* hors du lieu de leur résidence.

Ces diverses indemnités sont payées par jour aux ayants droit par le président de la commission.

---

1. Sont également logés chez l'habitant : 1° les conducteurs militaires appartenant soit à l'armée active, soit à la réserve, soit à l'armée territoriale et qui sont chargés de conduire les chevaux ou voitures réquisitionnés aux corps auxquels ils sont destinés ; 2° les palefreniers civils requis pour le même service ; 3° les animaux et voitures réquisitionnés.

Opérations de la commission de réquisition.

479. — *Emplacement et dispositions matérielles.* — Dans chaque chef-lieu de circonscription de réquisition, l'emplacement où doivent avoir lieu les opérations est choisi et fixé à l'avance par l'autorité militaire, de concert avec le maire.

L'autorité militaire avise également à l'avance aux mesures à prendre pour faciliter le groupement par commune des animaux et voitures au moyen d'indications appropriées à l'emplacement désigné pour les opérations, et d'après les ressources de la localité.

Le matériel nécessaire (perches, planchettes, pancartes, guidons de différentes couleurs, etc.) doit pouvoir être réuni dès le matin même de la première journée des opérations. A cet effet, le commandant de la brigade de gendarmerie du chef-lieu de réquisition s'enquiert à l'avance de la possibilité de se procurer ce matériel et du prix de revient.

Dès son arrivée au chef-lieu de réquisition, le président de la commission donne des ordres pour l'achat, ainsi que pour la mise en place de ce matériel.

Le paiement en est opéré sur les fonds de réserve mis à la disposition du président [1].

---

1. Dans plusieurs départements, les préfets ont, sur la demande de l'autorité militaire, invité les maires à faire préparer les planchettes devant porter le nom de leur commune (Circ. préfet de l'Orne du 26 août 1880) ou se sont chargés eux-mêmes de les faire préparer pour toutes les communes de leur département (Circ. préfet d'Indre-et-Loire du 10 janvier 1881). Dans les deux cas, les maires ont été autorisés à mandater le montant de cette dépense minime sur le crédit des dépenses imprévues.

En 1890, le ministre de l'intérieur proposait aux conseils généraux de faire l'avance des frais d'acquisition des perches et guidons, cette dépense devant être remboursée plus tard par le ministre de la guerre sur les crédits de la mobilisation (Circ. du 26 février 1890).

Le matériel (toise, jeu de 10 chiffres arabes, lettre indicative du corps d'armée, boules numérotées dans un sac de toile, perches, planchettes, etc.) servant aux réquisitions de chevaux est l'objet d'une inspection périodique par les officiers présidant les opérations du classement.

480. — *Constitution de la commission*. — La commission de réquisition se constitue au jour et à l'heure fixés par le général commandant le corps d'armée.

Dans le cas où le membre civil, le vétérinaire, ou leur suppléant, ne seraient pas présents, le maire du chef-lieu de la circonscription de réquisition, ou son suppléant légal, désigne d'office dans la localité, sur la demande du président de la commission, les personnes nécessaires pour les remplacer.

481. — *Ordre des opérations*. — La commission procède successivement, pour chaque canton, aux diverses opérations de la réquisition dans l'ordre suivant :

A. — Révision des animaux compris dans le dernier classement ; examen et classement, s'il y a lieu, des animaux ayant l'âge fixé par la loi qui n'ont pas été classés antérieurement dans les communes.

B. — Révision des tableaux de classement des voitures attelées.

C. — Réquisition des voitures attelées.

D. — Tirage au sort des animaux, s'il y a lieu, et examen éventuel des demandes de substitution.

E. — Réquisition des animaux.

482. — A. — *Révision des animaux compris dans le dernier classement et examen de ceux non classés antérieurement*. — La commission procède d'abord, rapidement, en présence des maires des diverses communes du canton, ou de leurs suppléants légaux, et *simultanément* dans chaque commune :

A la révision des animaux portés sur le dernier tableau de classement ;

A l'examen et, s'il y a lieu, au classement, savoir :

1° De tous les chevaux, juments, mulets et mules introduits dans la commune depuis le dernier classement, ayant l'âge voulu, et qui ne sont pas compris dans un des cas d'exemption ;

2° De tous ceux qui ont atteint l'âge légal pour la réquisition depuis le dernier classement ;

3° De tous ceux, enfin, qui, pour un motif quelconque, n'ont pas été déclarés au recensement ni présentés au dernier classement, bien qu'ils eussent l'âge légal, ou dont les propriétaires ont cessé d'avoir droit aux exemptions prévues.

483. — A cet effet, le maire de chaque commune, ou son suppléant légal, groupe à l'avance les animaux dont il s'agit [1], et présente au président de la commission la liste alphabétique des propriétaires de ces animaux.

A l'appel de son nom, chaque propriétaire présente, *sans interruption,* tous les animaux qui lui appartiennent, qu'ils aient déjà été classés ou non.

En ce qui concerne les animaux déjà classés antérieurement, la commission vérifie s'ils sont toujours aptes au service militaire.

Pour ceux qui n'ont encore été ni examinés, ni classés, elle vérifie d'abord si les animaux ont l'âge minimum fixé par la loi. Elle renvoie immédiatement ceux qui n'ont pas l'âge légal.

484. — La commission fixe la catégorie à laquelle les animaux doivent appartenir d'après leur taille et leur conformation.

La taille minimum est fixée d'une manière générale à $1^{m},46$ pour les chevaux et juments, et à $1^{m},42$ pour les mulets et mules. (Voir plus haut, § 406.)

Toutefois, elle peut être abaissée, en cas de besoin absolu, par une décision du général commandant le corps d'armée.

Les animaux qui sont atteints de tares les rendant impropres à tout service, sont définitivement éliminés et *réformés.*

Les animaux présentés qui n'atteignent pas le minimun de taille fixé ou qui sont reconnus par la commission momenta-

1. Les animaux formant attelage de voiture sont présentés sans être dételés.

nément indisponibles pour cause de maladie ou d'accident, sont *refusés conditionnellement.*

Ceux non présentés et qui, sur la déclaration des propriétaires et la production de certificats authentiques, seraient dans le même cas, sont *ajournés conditionnellement* jusqu'à constatation de leur état.

La commission prononce, en outre, à la requête des propriétaires, sur tous les cas d'exemption.

Toutes les décisions de la commission sont sans appel et exécutoires sur l'heure (art. 96 du décret du 2 août 1877).

485. — Tous les animaux réformés, refusés conditionnellement ou exemptés, doivent immédiatement être emmenés hors du lieu de réunion, et des hommes des cadres de conduite peuvent au besoin être mis par le président de la commission à la disposition des propriétaires pour tenir momentanément ces animaux.

Les animaux classés, soit antérieurement, soit séance tenante, sont, au fur et à mesure qu'ils sont reconnus aptes au service, répartis sur le terrain en groupes séparés correspondant aux différentes catégories, cette mesure d'ordre devant faciliter les opérations ultérieures.

486. — Le président de la commission fait inscrire sur les tableaux de classement les indications correspondant aux mutations ou décisions dont les animaux ont été l'objet.

Il fait porter sur un tableau annexe les animaux qui n'avaient pas encore été classés et qui sont susceptibles d'être requis pour le service de l'armée.

Ce tableau supplémentaire est, comme le premier, établi *par commune.*

Il est donné un numéro d'ordre à chaque animal, en prenant la suite de la série des numéros portés sur le tableau dressé lors du dernier classement.

Cette pièce est établie en deux expéditions dont l'une est remise au maire et l'autre conservée par le président de la commission, qui la transmet au bureau du recrutement du ressort, quand les opérations de réquisition sont terminées.

Le sous-officier ou brigadier secrétaire porte, séance tenante et au fur et à mesure de l'examen des animaux, les inscriptions nécessaires sur l'exemplaire du tableau du dernier classement destiné au bureau de recrutement.

Le premier secrétaire civil fait simultanément le même travail sur les exemplaires des tableaux semblables à remettre aux maires des communes intéressées.

Les déplacements de chevaux ou voitures causés aux propriétaires pour les opérations de réquisition ne donnent droit à aucune indemnité, que les animaux ou voitures soient requis ou non [1].

487. — B. — *Révision des tableaux de classement des voitures attelées.* — Le président de la commission de réquisition reçoit du bureau de recrutement du ressort les derniers tableaux de classement des voitures correspondant aux diverses communes des cantons sur lesquels s'exerce la réquisition.

La commission procède d'abord à la révision de ces tableaux, en ce qui concerne les voitures classées qui, par suite de leurs numéros de tirage au sort, et conformément aux convocations de l'autorité militaire, ont été conduites tout attelées au chef-lieu de la circonscription de réquisition.

Les animaux composant les attelages doivent toujours avoir été classés aptes au service militaire.

Les voitures admises devant toutes être susceptibles d'être utilisées sans aucun retard, en cas de besoin, on n'admet que celles qui peuvent être classées *bonnes* ou, en cas de nécessité absolue, *passables*.

La commission prononce sur tous les cas d'exemption.

1. Les propriétaires des animaux non requis doivent pourvoir eux-mêmes, et à leurs frais, à la nourriture et, s'il y a lieu, au logement de ces animaux.

Le maire, ou son suppléant légal, fait, au préalable, ranger les voitures attelées de sa commune, d'après l'ordre des numéros de tirage au sort du dernier classement.

La révision des tableaux de classement est effectuée par la commission, en tenant compte des dispositions suivantes :

1° Modifier les indications contenues dans les colonnes 4 à 12 et, s'il y a lieu, dans la colonne 16 pour les voitures qui, depuis le dernier classement, ont été remplacées par leur propriétaire, si les nouvelles voitures sont propres au service militaire ;

2° Dans le cas où le remplacement de la voiture comporte également un changement dans l'attelage, modifier, en outre, les inscriptions des colonnes 13 et 14 d'après le résultat obtenu dans le classement et l'examen des animaux effectués ainsi qu'il a été dit plus haut ;

3° Modifier seulement les indications des colonnes 13 et 14, si les changements constatés n'intéressent que l'attelage de la voiture.

Dans les trois cas ci-dessus, la voiture présentée est considérée comme ayant le numéro de tirage obtenu lors du dernier classement pour la voiture examinée à cette époque, à la condition que cette voiture soit propre au service militaire ;

4° En ce qui concerne les voitures disparues pour une cause quelconque (*hors de service, non remplacées ; vendues, non remplacées*), les voitures remplacées par d'autres non propres au service militaire, les voitures devenues impropres au service de guerre, les voitures exemptées, celles dont les attelages ne peuvent plus être fournis par le propriétaire même de la voiture, on doit indiquer ces circonstances par une des mentions : I. (impropre au service) ; E. (exemptée) ; N. P. (non présentée).

Les voitures reconnues aptes au service recevront dans la colonne 17 la mention A.

Ces inscriptions sont faites simultanément : par le secrétaire militaire sur le tableau de classement du bureau de recrutement, et par le premier secrétaire civil sur celui du maire.

488. — C. — *Réquisition des voitures attelées.* — Lorsque la révision des tableaux de classement est terminée, la commission opère la réquisition des voitures attelées.

Le nombre des voitures à requérir, dans chaque canton, est indiqué par le général commandant le corps d'armée, sur l'état remis au président de la commission. C'est en tenant compte de cette indication que le président de la commission prononce la réquisition des voitures attelées présentées par les différentes communes et *reconnues aptes au service.* Si le nombre total de ces voitures est supérieur à celui des voitures à requérir, il convient de répartir les charges de la réquisition proportionnellement aux ressources des communes.

Les voitures attelées sont présentées par canton et, dans chaque canton, par commune, en suivant l'ordre alphabétique. Dans chaque commune, l'appel des voitures est effectué d'après l'ordre des numéros de tirage au sort portés au tableau de classement. Dans la colonne 18 de ce tableau, au fur et à mesure de l'appel d'une voiture, on fait figurer sur la ligne horizontale affectée au classement de cette voiture la mention : Requise, ou en abrégé : R.

Cette inscription est portée simultanément par le secrétaire militaire et par le premier secrétaire civil.

Le secrétaire militaire porte, en outre, dans les colonnes 19 et 20 du tableau de classement destiné au bureau de recrutement, le numéro matricule d'achat et le corps destinataire.

Lorsque, pour chaque commune, le nombre de voitures à requérir est atteint, le président de la commission met en observation, dans la colonne 18 du tableau de classement les mots : *En excédant,* en regard du signalement de la voiture qui, par son numéro de tirage au sort, vient immédiatement après la dernière voiture requise.

La réquisition des voitures attelées, dans le cas où elle est prévue pour un canton, devant être effectuée avant celle des animaux, les attelages des voitures non requises pour un motif quelconque sont versés dans la catégorie correspondant à leur classement.

Dans ce dernier cas, le propriétaire n'a droit à aucune indemnité pour faire reconduire sa voiture à son domicile.

Chaque voiture requise est marquée immédiatement au pinceau, sur le bois, à côté de la plaque indiquant le nom du propriétaire.

Un des sous-officiers ou brigadier des cadres de conduite est chargé d'appliquer cette marque, qui consiste dans le numéro matricule d'achat attribué à la voiture sur le procès-verbal de réception. Cette marque n'est que provisoire.

La voiture est ensuite conduite à la forge pour recevoir au même endroit l'empreinte du même numéro matricule au moyen d'un jeu de marques de dix chiffres arabes de 23 millimètres de hauteur qui sert également pour les animaux.

489. — *Prix des voitures requises.* — Aux termes de l'article 48 de la loi du 3 juillet 1877, l'estimation des voitures et des harnais requis est faite par la commission de réquisition, d'après les prix courants du pays.

Le président de la commission trouve, à son arrivée au chef-lieu de réquisition, un tarif approuvé par le ministre et indiquant, pour la région, les prix destinés à servir de base à l'évaluation des différentes espèces de voitures, harnais et accessoires susceptibles d'être requis. Les prix portés sur ce tarif doivent être considérés comme des prix *maxima*. Toutefois, pour des voitures dont la construction paraîtrait particulièrement soignée, les évaluations faites par les commissions pourront *très exceptionnellement* dépasser les prix portés au tarif.

490. — *Pièces à établir pour la réception des voitures requises.* — Le président de la commission fait établir *séance tenante*, par les secrétaires les pièces suivantes :

1° Un procès-verbal collectif de réception des voitures et des harnais.

On inscrit sur ce procès-verbal toutes les voitures requises par la commission. Pour cette inscription, on suit l'ordre alphabétique des différentes communes de chaque canton. Toutes les voitures requises dans une même commune sont portées à la suite les unes des autres. Outre la désignation sommaire de la voiture et de son attelage, on indique sur le procès-verbal les prix fixés pour la voiture (y compris les accessoires), s'il y a lieu, et pour les harnais, le corps ou l'établissement auquel la voiture attelée est destinée, et enfin la date de l'achat de la voiture et du départ pour l'établissement ou le corps destinataire, même si le départ n'a lieu que le lendemain de la réquisition.

Chaque procès-verbal ne doit présenter, pour toute la durée des opérations de la commission, qu'une seule et même série de numéros matricules.

Il est établi néanmoins, pour chaque journée, un procès-verbal partiel qui est envoyé, le soir même, au commandant du bureau de recrutement de la subdivision dans laquelle opère la commission.

Ce procès-verbal est rempli par le sous-officier ou brigadier secrétaire, qui complète, en outre, le tableau de classement destiné au bureau de recrutement.

2° Un bulletin de réquisition pour chaque voiture requise et pour les harnais correspondants. Ce bulletin comprend la désignation de l'espèce de la voiture (à 2 ou 4 roues) et celle de l'attelage (à 1 cheval ou à 2 chevaux), ainsi que le numéro matricule donné par la commission de réquisition et les prix fixés pour la voiture, les accessoires et les harnais.

Cette pièce est établie par le premier secrétaire civil, qui complète en outre le tableau de classement destiné au maire de la commune intéressée. Elle est signée immédiatement par le président de la commission et délivrée sur-le-champ au propriétaire ou à son représentant, pour être remise ultérieurement au receveur municipal chargé d'effectuer le payement.

491. — D. — *Tirage au sort des animaux, s'il y a lieu, et examen* *éventuel des demandes de substitution.* — Aux termes de l'article 46 de la loi, il ne doit y avoir de tirage au sort, pour la formation du contingent imposé à chaque canton, que dans le cas où le nombre des animaux présents reconnus aptes au service est supérieur au chiffre à requérir dans la catégorie [1]. A cet effet, le président de la commission porte, par catégorie, sur l'état, le nombre total, pour chaque commune, des animaux inscrits sur le tableau du dernier classement et sur le tableau annexe, pour s'assurer si ce nombre est supérieur à celui des animaux à fournir par ce canton.

---

1. Le rapport de M. le baron Reille contient au sujet du tirage au sort les explications suivantes :

« La loi de 1874 (art. 8) prescrivait un tirage au sort des animaux par catégories pour chaque commune.

« La condition première de la mobilisation est la rapidité, et ce tirage, tel qu'il était organisé, devait entraîner la perte d'un temps précieux. Afin d'y procéder, en effet, il fallait avoir réuni les chevaux de toute la commune, venant quelquefois de points éloignés, ne se présentant pas toujours, par suite de circonstances particulières, à l'heure dite. Il y avait donc là une cause de retard, un obstacle d'exécution, et le ministre de la guerre avait proposé la suppresion de cette mesure.

« Partout où le nombre des animaux classés, présents à l'appel et appartenant à la catégorie voulue, est égal ou inférieur au chiffre nécessaire à l'armée mobilisée, le tirage au sort est évidemment une opération inutile, puisque tous les animaux disponibles sont, sur ce point, réclamés pour les besoins de l'armée.

« Mais là où le chiffre des animaux amenés est en excédant sur celui des besoins, quelle règle suivre pour le choix à faire, si le tirage au sort est supprimé?

« Le Gouvernement nous proposait bien, par une mesure protectrice des petits propriétaires, de prendre d'abord un quantum aux habitants possédant plusieurs chevaux, avant de demander le cheval de ceux qui n'en ont qu'un. La mesure eût été difficile dans l'application, et d'ailleurs, si le nombre des propriétaires ne possédant qu'un cheval se trouvait supérieur au chiffre des animaux restant à prendre, il fallait déterminer d'une manière quelconque le procédé à suivre pour les requérir.

« Le système des cartes eût permis un tirage au sort préalable, en supposant les tableaux rigoureusement au courant. Nous avons vu plus haut quelles raisons avaient porté votre Commission à y renoncer.

« Nous avons cru devoir rétablir le tirage au sort pour le cas où le chiffre des animaux amenés serait supérieur au nombre nécessaire ; seulement ce tirage au sort serait fait dans le lieu de la mobilisation, au moment même où celle-ci aura lieu, dans des conditions par conséquent qui n'entraîneront qu'une minime perte de temps. Il n'y aura pas à attendre des animaux qui ne seraient pas arrivés. Nous croyons que, dans ces conditions, la mesure restera une garantie pour les populations et cessera d'être une gêne pour l'intérêt supérieur de la défense nationale. »

Le tirage au sort pour chaque catégorie a lieu *par canton* (dernier paragraphe de l'article 46 de la loi).

Les communes du même canton sont appelées par ordre alphabétique.

Dans chaque commune, le tirage se fait suivant l'ordre d'inscription des propriétaires au tableau du dernier classement annuel et ensuite au tableau annexe qui vient d'être dressé pour la même catégorie, par la commission de réquisition.

Il est tiré pour chaque propriétaire autant de numéros qu'il a d'animaux présents et inscrits dans la catégorie sur le tableau qui fait l'objet de l'appel.

Au fur et à mesure du tirage, le nom du propriétaire est porté en regard du ou des numéros tirés pour lui sur une liste spéciale.

Le président désigne l'un des maires du canton ou de leurs suppléants, pour procéder au tirage, qui s'effectue au moyen de boules numérotées à l'encre en chiffres arabes et renfermées dans un sac de toile.

492. — Conformément à l'article 47 de la loi, le propriétaire d'un animal compris dans le contingent a le droit de présenter à la commission et de faire substituer un autre animal non compris dans le contingent, mais appartenant à la même catégorie et à la même classe dans la catégorie. (Voir le commentaire de l'article 47, §§ 497 et 499.)

Chaque catégorie de selle comprend deux classes : les chevaux d'officier et les chevaux de troupe.

Toutefois, si l'animal dont on sollicite le remplacement est affecté à l'attelage d'une voiture, l'animal proposé doit pouvoir être attelé avec les harnais existants. Si la demande de substitution est admise, on modifie, en conséquence, les indications portées au procès-verbal de réception et relatives à l'attelage de la voiture.

493. — E. — *Réquisition des chevaux.* — Après ces diverses opérations, la commission prononce enfin, en présence des maires ou de leurs suppléants légaux, la réquisition des animaux jusqu'à prélèvemennt complet du contingent déterminé pour le canton.

Les animaux composant les attelages des voitures requises sont défalqués du contingent à fournir (art. 48 de la loi du 3 juillet 1877 et 100 du décret du 2 août suivant).

Les décisions de la commission, qui sont sans appel et exécutoires sur l'heure (art. 96 du décret), sont inscrites sommairement, séance tenante, sur les tableaux de classement. Ainsi, l'on porte, suivant le cas, en regard des animaux reconnus aptes au service, les mentions suivantes :

Requis ou en abrégé . . . . R.
Substitué, *idem*. . . . . S.
Disponible[1], *idem*. . . . . D.

Les chevaux substitués, refusés conditionnellement, non présentés et disponibles, restent à la disposition de l'autorité militaire pour des réquisitions ultérieures.

Les incriptions qui doivent figurer sur le tableau de classement sont faites, séance tenante et simultanément, savoir : sur les exemplaires destinés au commandant du bureau de recrutement, par le sous-officier secrétaire et, sur les exemplaires destinés au maire de la commune, par le premier secrétaire civil. Ces derniers exemplaires sont remis au maire aussitôt les inscriptions terminées.

494. — *Marque des animaux*[2]. — Chaque animal requis est marqué immédiatement au pinceau, sur l'épaule gauche, du nu-

---

1. Les disponibles sont les animaux reconnus aptes au service qui n'ont pas été compris dans le contingent.

2. Les dispositions relatives au marquage ont pour but d'épargner aux corps qui recevront les animaux, au moment de la mobilisation, le travail considérable résultant à la fois de l'inscription des animaux sur la matricule et de la nécessité de les marquer au sabot montoir antérieur.

méro matricule d'achat. Cette marque est appliquée d'après le même procédé que pour les voitures et par le même sous-officier ou brigadier.

A cet effet, le général commandant le corps d'armée assigne à chaque commission une série distincte de numéros matricules (en nombre rond de centaines) et correspondant approximativement au chiffre probable des animaux à requérir.

Exemple : la première commission aurait la série 1 à 600, la deuxième de 601 à 1,300, la troisième de 1,301 à 1,800 et ainsi de suite.

L'animal est ensuite conduit à la forge (avec la voiture, s'il est attelé) pour y recevoir au sabot antérieur *gauche,* à 2 centimètres au-dessous de la couronne, l'empreinte définitive, *au fer chaud*, du même numéro matricule et, en outre, sur la même ligne et à droite du numéro, d'une lettre (unique pour toutes les commissions du même corps d'armée) d'après le tableau de concordance ci-après :

NUMÉROS DES CORPS D'ARMÉE.	LETTRES.	NUMÉROS DES CORPS D'ARMÉE.	LETTRES.
1er corps.	A.	11e corps.	N.
2e —	B.	12e —	P.
3e —	C.	13e —	R.
4e —	D.	14e — et Gouvernement de Lyon.	S.
5e —	E.	15e —	T.
6e —	F.	16e —	U.
7e —	G.	17e —	V.
8e —	H.	18e —	X.
9e —	L.		
10e —	M.	Gouvernement de Paris . . .	Z.

Afin d'éviter de porter cinq chiffres sur le sabot, on recommencera une nouvelle série au-dessus de 9,999 ; pour cette nouvelle série, la lettre du corps d'armée devra être placée *à gauche* du numéro matricule[1].

Le général commandant le corps d'armée aura soin de répartir les séries de manière que, pour tous les animaux requis par une même commission, la lettre du corps d'armée soit marquée du même côté, soit à droite, soit à gauche du numéro matricule.

Les empreintes au fer chaud sont faites au moyen du jeu de marques de dix chiffres arabes indiqué plus haut et de la lettre attribuée au corps d'armée.

495. — Aux termes de l'article 45 de la loi, les animaux doivent avoir leur ferrure en bon état, un bridon et un licol pourvu d'une longe.

Dans le cas néanmoins où les animaux ne pourraient, par suite d'une ferrure insuffisante, rejoindre le corps destinataire, le chef du détachement qui les reçoit les fait ferrer avant le départ sur les fonds de réserve mis à sa disposition.

Il fait également l'achat, sur les mêmes fonds, des bridons et licols indispensables pour la route, lorsque ceux fournis par les propriétaires sont insuffisants.

496. — *Pièces à établir pour la réception des animaux requis.* — Le président de la commission fait établir, *séance tenante,* par les secrétaires les pièces suivantes :

1° Un procès-verbal collectif de réception des animaux.

Ce procès-verbal indique le numéro matricule, *précédé* ou *suivi,* selon le cas, de la lettre indicative du corps d'armée, le numéro d'ordre inscrit sur le tableau de classement de la commune, le sexe, l'âge, la taille, le signalement, la catégorie dans laquelle est classé l'animal, le prix et le corps destinataire.

Il comprend d'abord, les animaux composant les attelages

---

1. Dans les régions où le nombre d'animaux à requérir atteint ou dépasse 20,000, on ouvrira une troisième série, et afin de la distinguer des deux premières, on marquera la lettre du corps d'armée au-dessous du numéro matricule. (Circul. du 1er décembre 1879.)

des voitures requises et qui doivent y être inscrits au fur et à mesure de la réquisition des voitures.

On inscrit, au moment de la réquisition, la date du départ du cheval pour le corps, même si ce départ n'a lieu que le lendemain, et, s'il y a lieu, on indique si le cheval fait partie d'un attelage de voiture requise.

Ce procès-verbal est dressé par le sous-officier secrétaire déjà chargé de l'établissement du procès-verbal et qui doit en même temps compléter les tableaux de classement, destinés au bureau de recrutement [1].

2° Un *bulletin* individuel de *réquisition* pour chaque animal.

Ce bulletin porte les nom et prénoms du propriétaire, la catégorie à laquelle appartient l'animal, le numéro matricule donné par la commission de réquisition, *précédé* ou *suivi*, selon le cas, de la lettre indicative du corps d'armée et le prix à payer

Ce bulletin est dressé, séance tenante, par le premier secrétaire civil, qui est déjà chargé de l'établissement du bulletin de réquisition des voitures et qui doit en même temps compléter le tableau de classement destiné au maire de la commune intéressée.

Chaque bulletin est signé immédiatement par le président de la commission et délivré sur-le-champ au propriétaire ou à son représentant, pour être remis ultérieurement au receveur municipal chargé d'effectuer le paiement.

---

1. Le procès-verbal de réception ne doit présenter, pour toute la durée des opérations de la commission, qu'une seule et même série de numéros matricules.

Néanmoins un procès-verbal partiel, établi pour chaque journée, est envoyé le soir même au commandant du bureau de recrutement de la subdivision dans laquelle opère la commission.

Le premier numéro matricule qui figure sur le procès-verbal de chaque journée doit faire suite au dernier numéro matricule du procès-verbal de la journée précédente.

Article 47.

Le propriétaire d'un animal compris dans le contingent a le droit de présenter à la commission de remonte [1] et de faire inscrire à sa place un autre animal non compris dans le contingent, mais appartenant à la même catégorie et à la même classe dans la catégorie.

Substitution.

497. — Cette disposition est empruntée à la loi du 1er août 1874. M. O. de Bastard, dans son rapport au Sénat, en a clairement exposé les motifs, qui sont tirés plus encore de l'intérêt général que de l'intérêt des propriétaires.

La faculté de substitution a pour but de respecter dans une juste mesure le droit de propriété et de limiter, autant que possible, les sacrifices imposés pour la conscription des chevaux. Cette disposition pourrait porter un grand tort à notre production chevaline, si les propriétaires de chevaux de luxe dont les prix varient, en général, entre 3,000 et 10,000 fr., étaient obligés de les livrer au prix de la remonte, au moment de la mobilisation.

En dehors de l'injustice d'une pareille mesure, il ne faut pas oublier que c'est au cheval de luxe que nous devons la conservation et l'amélioration de notre industrie chevaline, et ce serait perdre le bénéfice de tout ce qui a été fait jusqu'ici que d'effrayer l'acquéreur aussi bien que l'éleveur; ce dernier, en effet, ne trouve une compensation à des pertes très fréquentes que dans la vente de quelques sujets d'élite à des prix très élevés; toute transaction se trouverait suspendue par le moindre bruit de guerre, si nous n'admettions pas le remplacement. L'élevage du cheval tendrait aussi à diminuer tous les jours pour faire place à la production de la viande dont la vente assure des revenus constants et réguliers.

Enfin, il faut reconnaître que le cheval de luxe remplit rarement les conditions requises pour un bon cheval de guerre, car les qualités brillantes qui lui font atteindre des prix très élevés, tiennent non seulement à la perfection de ses formes, mais encore à sa vivacité, à son impressionnabilité, qui rendraient son emploi sur un champ de bataille souvent peu utile et quelquefois dangereux.

---

1. Le projet déposé par le Gouvernement, le 15 janvier 1894, remplace les mots : *commission de remonte* par ceux-ci : *commission mixte*.

En accordant au propriétaire la faculté de substitution, le législateur l'a entourée de conditions propres à sauvegarder les droits de l'État ; dans tous les cas, il ne faut pas que le nombre des animaux à livrer soit diminué. L'animal requis ne doit pas être remplacé par un autre d'une catégorie différente ; ainsi, lorsqu'il s'agit d'un cheval reconnu apte à monter un officier, la faculté de substitution n'est applicable qu'à un autre animal propre au même service et de même arme. (Instr. du min. de la guerre, 31 mars 1876.)

L'animal substitué prend la place de l'animal substituant ; il ne cesse pas d'être compris sur les listes de classement et il peut être appelé lors d'une réquisition ultérieure.

La commission a seule le droit de prononcer sur les substitutions, de les admettre ou de les rejeter ; ses décisions sont sans appel comme en toute autre matière. Elle statue à cet égard immédiatement après avoir effectué les réquisitions. L'article 101 du décret réglementaire qui suit la disposition relative à l'établissement des procès-verbaux de réquisition porte en effet : « Les « commissions de réquisition statuent *ensuite* sur les substitu- « tions qui leur sont proposées, dans les conditions prévues à « l'article 47 de la loi sur les réquisitions. » (Voir, § 492.)

Lors de la préparation de la loi de 1874, la commission avait pensé à autoriser non seulement la substitution, mais l'exonération à prime d'argent. Sur les observations du ministre de la guerre, elle renonça à cette intention, comprenant qu'à raison de l'importance de la rapidité des opérations on manquerait complètement le but à atteindre, si en acceptant un sacrifice d'argent de la part du propriétaire, l'État se trouvait privé sur le moment d'un certain nombre d'animaux nécessaires à la mobilisation. (Rapport de M. de Carayon-Latour.)

498. — Dans la pensée du législateur, la substitution peut être appliquée même là où il n'y a pas de tirage au sort, si au moment de la réquisition le propriétaire peut trouver un cheval qui, pour une cause ou pour une autre, n'était pas classé dans la catégorie, et qui soit agréé par la commission pour remplacer l'animal requis. Cet agrément de la commission est, bien entendu, toujours nécessaire, et le droit de substitution lui est subordonné. (Rapport de M. le baron Reille.)

Article 48.

Après avoir statué sur tous les cas de réforme, de remplacement ou d'ajournement demandé pour cause de maladie, la commission de reception, en présence des maires ou de leurs suppléants légaux, prononce la réquisition des animaux nécessaires pour la mobilisation.

Elle procède également à la réception des voitures attelées.

Elle fixe le prix des voitures et des harnais d'après les prix courants du pays.

Les animaux qui attellent les voitures admises entrent en déduction du contingent requis en vertu du présent article et sont payés conformément à l'article 49 ci-après.

Réquisition des chevaux et voitures. — Les chevaux attelés aux voitures réquisitionnées entrent en compte dans le contingent assigné au canton.

499. — En étudiant l'article 46, nous avons passé en revue les différentes opérations de la commission de réquisition dont s'occupe l'article 48 : jugement des cas de réforme, de remplacement ou d'ajournement, réquisition des voitures attelées, fixation du prix de ces voitures et des harnais, réquisition des animaux. (Voir §§ 482 et sq.)

Nous n'avons pas à revenir sur nos explications précédentes ; bornons-nous à appeler l'attention sur le dernier paragraphe de l'article 48, aux termes duquel les animaux qui attellent les voitures requises sont déduits du contingent fixé par l'autorité militaire. Si, par exemple, ce contingent est de 100 et que 10 servent à l'attelage des voitures requises, les communes comprises dans l'appel n'auront plus à fournir que 90 autres animaux pour satisfaire à la demande de l'autorité militaire.

Pour le paiement du prix des harnais fixé par la commission, voir nos explications sous l'article 50. (§ 502.)

Article 49.

Les prix des animaux requis sont déterminés à l'avance et fixés d'une manière absolue, pour chaque catégorie, aux chiffres portés au budget de l'année, augmentés du quart, pour les chevaux de selle et pour les chevaux d'attelage d'artillerie.

Toutefois, cette augmentation n'est pas applicable aux chevaux entiers [1].

Prix des chevaux et mulets.

500. — La nouvelle loi n'a rien changé à la détermination du prix des animaux requis qui était prévu par l'article 12 de la loi de 1874.

On a pensé avec raison qu'il était juste d'accorder en principe

---

1. Le projet déposé par le Gouvernement, le 15 janvier 1894, remplace l'article 49 par le texte ci-dessous :

« Sauf l'exception prévue par le paragraphe 5 ci-après, les prix des animaux requis sont déterminés à l'avance et fixés, d'une manière absolue, d'après leur catégorie, leur qualité et leur âge.

« A cet effet, dans chaque catégorie, les animaux sont répartis en trois classes suivant leur qualité (très bons, bons, passables), chacune de ces classes étant elle-même fractionnée en trois séries : la première comprenant les animaux au-dessous de 9 ans, la deuxième ceux de 9, 10 et 11 ans, la troisième ceux ayant atteint 12 ans et au-dessus.

« Les prix attribués, dans chaque catégorie, aux animaux âgés de moins de neuf ans et classés très bons, sont fixés aux chiffres portés au budget de l'année, sans aucune majoration ni déduction.

« Les déductions à opérer, pour les animaux d'une même catégorie, soit en raison de leur âge, soit en raison de leur qualité, seront déterminées par un règlement d'administration publique.

« La commission de réception pourra fixer exceptionnellement un prix supérieur au prix budgétaire pour les animaux qui, de l'avis unanime de ses membres et du vétérinaire qui l'assiste, auraient une valeur notablement supérieure à ce prix.

« Toutefois, la majoration ne dépassera pas le quart du prix budgétaire. »

Le même projet contient un article additionnel (art. 49 *bis*) ainsi conçu :

« Les commissions de réception statuent définitivement sur les réclamations ou excuses qui peuvent être présentées par les propriétaires de chevaux, juments, mulets, mules et voitures.

« Réciproquement, aucun recours n'est ouvert à l'administration contre leurs décisions, même si les animaux requis étaient ultérieurement reconnus atteints de vices rédhibitoires. »

Cet article a pour but, d'après l'exposé des motifs, de préciser, au point de vue du droit, une disposition qui s'impose en fait et se trouve, d'ailleurs, implicitement contenue dans la loi de 1877.

pour les chevaux de selle et pour les chevaux d'attelage d'artillerie une plus-value d'un quart à titre d'indemnité, les animaux de cet âge et de ces catégories ayant le plus souvent une valeur supérieure aux évaluations budgétaires. Quant aux chevaux entiers, on a jugé bon, dans l'intérêt de l'industrie chevaline, de ne pas les faire profiter de cette augmentation. (Rapport de M. O. de Bastard.)

Il existe dans chaque catégorie deux prix différents qui sont attribués aux deux désignations suivantes : chevaux de tête ou d'officiers et chevaux ordinaires. Cette distinction rend plus équitable la rémunération offerte aux propriétaires, en même temps qu'elle permet à l'État de ne pas payer la grande masse des chevaux réquisitionnés trop au-dessus de leur valeur.

501. — Les prix sont ainsi fixés dans le budget de 1895 :

	CHEVAUX D'OFFICIERS.		CHEVAUX DE TROUPE.	
	Intérieur.	Algérie et Tunisie.	Intérieur.	Algérie et Tunisie.
Cavalerie de réserve (cuirassiers).	1,400	»	1,160	»
Cavalerie de ligne (dragons)	1,260	»	1,030	»
Cavalerie légère (hussards, chasseurs, spahis)	1,140	760	910	600
Artillerie, génie, train des équipages, gendarmerie, etc. (selle).	1,260	760	»	»
Infanterie.	1,000	760	»	»
Artillerie, génie, train des équipages (trait léger).	»	»	1,000	600
Artillerie, génie, train des équipages (gros trait)	»	»	1,000	650
Mulets	»	»	1,000	650

501 *bis*. — Lorsque les animaux requis ne le sont qu'à titre provisoire, comme, par exemple, lors des expériences de mobilisation faites en 1887 et 1894, l'État ne paie qu'un prix de location par journée. Le procès-verbal de réquisition constate les tares ou commencements de tare dont les animaux peuvent être atteints. Lorsque les animaux sont rendus aux propriétaires, les commissions de réquisition évaluent les indemnités dues pour les dépréciations subies. Si l'évaluation est acceptée, le montant de la somme fixée est payé sur-le-champ. En cas de désaccord, la contestation est jugée par les tribunaux, comme il est dit à l'article 26 de la loi. (Loi du 13 juillet 1891, citée en note sous le § 335 *bis*.)

Article 50.

Les propriétaires des animaux, voitures ou harnais requis reçoivent sans délai des mandats en représentant le prix et payables à la caisse du receveur des finances le plus à proximité.

Paiement du prix des animaux, voitures et harnais requis.

502. — Cet article présente un intérêt spécial, puiqu'il a pour objet d'assurer aux propriétaires le paiement du prix des animaux, voitures ou harnais, dont l'autorité militaire les a expropriés.

Si l'on s'en tenait au texte même de la loi, il semblerait que chaque propriétaire devrait recevoir un mandat individuel correspondant à la somme qui lui est due et qu'il pourrait aller en percevoir lui-même le montant à la caisse du receveur des finances. Il suffit de se reporter au décret réglementaire du 2 août 1877 pour voir qu'il n'en est pas ainsi. Afin de simplifier les opérations et de permettre aux intéressés d'obtenir plus vite leur paiement, on a pris des dispositions analogues à celles que nous avons étudiées plus haut sous le titre V, pour le règlement des indemnités en matière de réquisitions ordinaires. (Voir § 296.)

Après les opérations de réquisition, le maire dresse en double expédition, à l'aide du double du procès-verbal établi par la commission de réquisition (Déc. régl., art. 100, §§ 4 et 5), un état de paiement pour les animaux requis. Cet état, conforme au modèle C, annexé au décret du 2 août (voir annexe n° 4), comprend tous les renseignements contenus au procès-verbal de réquisition, et réserve une colonne pour l'émargement des intéressés.

Les deux expéditions ainsi que le procès-verbal de réquisition, sont adressés à l'intendance militaire, qui en donne récépissé aux communes.

Il est dressé deux états semblables, conformes au modèle D (voir annexe n° 5), également annexé au décret, pour les voitures attelées requises et deux autres du même modèle pour les harnais requis.

Le maire doit dresser ces états sans aucun retard ; de la diligence qu'il apportera dans ce travail dépendra le prompt paiement aux propriétaires des sommes qui leur sont dues.

Les états sont envoyés au fonctionnaire de l'intendance qui, après vérification, en vise un et délivre un mandat collectif comprenant ce qui est dû à tous les propriétaires de la commune. Ce mandat doit être établi dans un délai qui ne peut dépasser dix jours à partir de la réception des états envoyés par le maire; il est délivré au nom du receveur municipal et parvient à cet agent par l'intermédiaire du trésorier-payeur général. Il est accompagné de l'état nominatif d'émargement (modèles C et D, annexes n° 4 et 5) visé par le fonctionnaire de l'intendance. Les mandats sont payés immédiatement. (Déc. régl., art. 103.)

Aussitôt après avoir perçu le montant du mandat, le receveur municipal fait le paiement aux divers intéressés qui justifient de leurs droits en produisant le bulletin individuel remis par la commission de réquisition. (Déc. régl., art. 99.) La somme qui leur est due leur est remise sur simple émargement. (Déc. régl., art. 103 et 104.)

Article 51.

Les propriétaires qui, aux termes de l'article 45, n'auront pas conduit leurs animaux classés ou susceptibles de l'être, leurs voitures attelées désignées par l'autorité militaire, au lieu indiqué pour la réquisition, sans motifs légitimes admis par la commission de réception, sont déférés aux tribunaux, et, en cas de condamnation, frappés d'une amende égale à la moitié du prix d'achat fixé pour la catégorie à laquelle appartiennent les animaux, ou à la moitié du prix moyen d'acquisition des voitures ou harnais dans la région.

Néanmoins, la saisie et la réquisition pourront être exécutées immédiatement et sans attendre le jugement, à la diligence du président de la commission de réception ou de l'autorité militaire.

503. — Cet article contient la sanction de l'obligation imposée aux propriétaires de conduire leurs chevaux ou leurs voitures devant la commission de réquisition. Il donne en même temps à l'autorité militaire le moyen d'assurer efficacement la réquisition, malgré la négligence ou le mauvais vouloir des propriétaires.

Pénalité encourue par les propriétaires qui ne conduisent point leurs animaux ou leurs voitures devant la commission de réquisition.

504. — 1° *Qui est passible de l'amende?* — La loi, remarquons-le, ne punit que le *propriétaire*; ceux qui étant, à quelque autre titre que ce soit, détenteurs [1] de chevaux ou voitures au moment

1. Cette solution, qui nous paraît ressortir du texte de la loi, est contestée lorsque le cheval est en la possession d'un tiers en vertu d'un contrat régulier. On lit dans Sirey 1893, II, 158 :

« La question se pose dans nombre de cas où le propriétaire n'a pas la détention du cheval qui lui appartient. Tel le cas où le cheval, mule ou mulet, est en la possession d'un usufruitier, où il est loué, donné en gage, remis à un métayer à titre de cheptel. (Voir § 507.)

« On a soutenu que, dans toutes ces hypothèses, l'obligation de se conformer aux prescriptions de la loi de 1877 incombait au propriétaire seul, les termes de l'article 52 de la loi du 3 juillet 1877 n'étant pas susceptibles d'une interprétation extensive. (Voir M. Thubé, *De la Conscription des chevaux*, p. 21.)

« Ce système peut être sérieusement critiqué. On peut dire qu'en parlant du propriétaire, la loi du 3 juillet 1877 a statué *de eo quod plerumque fit;* mais qu'elle n'a pas entendu que, dans tous les cas, et alors même qu'en vertu d'un contrat régulier, il est dessaisi de la détention de l'animal, le propriétaire reste néanmoins soumis aux obligations de la loi du 3 juillet 1877. Autrement, on serait conduit à cette solution, contraire à l'équité, que le propriétaire serait responsable d'infractions qu'il n'a pas été en son pouvoir d'empêcher. Si l'on suppose le cas d'un animal donné en gage, le propriétaire pourrait, à la vérité, passer une déclaration ; mais il lui serait impossible, contre le gré du créancier gagiste, d'amener l'animal à la commission de recensement. N'est-il pas plus logique

de la mobilisation, ne les présenteraient pas à la commission, ne tomberaient pas sous le coup de l'article 51 ; ils agiront cependant avec prudence en se conformant aux prescriptions de l'article 45. Car, si, par suite de leur négligence, le propriétaire était condamné, il pourrait, croyons-nous, exercer contre eux une action en dommages-intérêts.

505. — La loi, disons-nous, oblige le *propriétaire* à présenter son cheval. Mais la femme mariée, fût-elle propriétaire d'un cheval, ne saurait être déclarée responsable de la non-présentation. C'est au mari, en qualité d'administrateur des biens de sa femme, qu'incombe l'obligation légale de la présentation. (Cour de Caen 28 octobre 1891 [1].)

506. — Si le propriétaire est un être moral (société, asile, séminaire), le soin de présenter l'animal incombe au représen-

---

plus rationnel, de faire peser l'obligation de se conformer aux prescriptions de la loi de 1877 sur celui qui a la jouissance de l'animal, en vertu d'un contrat qui lui en assure la détention?

« Ainsi l'usufruitier, si l'animal est frappé d'usufruit, le créancier gagiste, s'il a été donné en gage, le locataire, auquel il aura été confié à titre de location, le fermier auquel il aura été remis à titre de cheptel, seront responsables, à l'exclusion du propriétaire, des infractions commises. »

1. M. Manté n'ayant pas présenté son cheval à la commission de recensement par suite d'absence, des poursuites ont été dirigées contre Mme Manté, pour n'avoir pas présenté le cheval en l'absence de son mari.

Jugement du Tribunal de Mortagne, ainsi conçu :

« LE TRIBUNAL : — Attendu que l'article 52 de la loi du 3 juillet 1877 ne punit que les maires ou les propriétaires d'animaux susceptibles d'être réquisitionnés, lorsqu'ils ne remplissent pas les obligations qui leur sont imposées par la loi ; que, dans l'espèce, le cheval qui devait être présenté à la commission étant la propriété du sieur Manté, c'est à ce dernier qu'incombait l'obligation de le présenter à la commission ; que lui seul peut être puni pour n'avoir pas rempli cette obligation ; que sa femme ne peut être poursuivie à sa place, sous prétexte que son mari avait été empêché de remplir l'obligation dont il s'agit ; qu'elle n'est pas propriétaire de l'animal soumis à la réquisition ; mais que, le fût-elle, c'est encore le mari, administrateur des biens de sa femme, aux termes de l'article 1425 du Code civil, qui aurait dû présenter cet animal à la commission, et aurait encouru la peine pour ne l'avoir pas fait ;

« Attendu que les prescriptions de la loi pénale sont de droit strict ; qu'elles ne peuvent par analogie être étendues à un cas non prévu par le législateur ; qu'en un mot, pour punir, il faut un texte clair et précis ne laissant aucun doute dans

tant de l'établissement, sous le nom duquel il a été inscrit sur la liste annuelle de recensement. (Tribunal de Périgueux 25 novembre 1891 [1].)

l'esprit du juge; que ce texte n'existe pas au respect de la dame Manté, qui n'est ni propriétaire ni usufruitière du cheval susceptible d'être réquisitionné;

« Par ces motifs,

« Renvoie la dame Manté de la poursuite, etc. »

Appel par le ministère public.

Arrêt.

La Cour : — Adoptant les motifs des premiers juges,

Confirme, etc.

Du 28 octobre 1891. — C. Caen, ch. corr. — MM. le cons. Manchon, prés.; Lénard, subst.

1. Le Tribunal : — Attendu que, tous les ans, dans chaque commune, du 1er au 16 janvier, le maire dresse la liste de recensement des chevaux, juments, mules et mulets, en conformité de l'article 37 de la loi du 3 juillet 1877; que le décret réglementaire des 2-14 août de la même année indique, dans ses articles 74 et 76, les précautions préliminaires à prendre pour que cette opération s'accomplisse avec toutes les garanties désirables; qu'à Périgueux, un employé de la mairie est spécialement préposé pour l'établissement de la liste de recensement des chevaux, juments, mules et mulets; qu'entendu comme témoin à l'audience, il a déclaré qu'il avait l'habitude, au commencement de décembre, de faire donner aux propriétaires l'avertissement prescrit par l'article 74 du décret précité, non seulement au moyen d'affiches, mais encore par la voie de la presse, et que, de plus, il observait la recommandation contenue en l'article 76, en faisant exécuter, dans les premiers jours de janvier, des tournées chez les particuliers par les agents de police pour s'assurer que tous les animaux avaient été exactement déclarés; que, pour la confection de la liste de recensement de 1891, il avait eu recours aux mêmes procédés d'information, et qu'il en était résulté qu'une personne attachée au grand séminaire était venue au bureau de la mairie déclarer un cheval, en disant de l'inscrire au nom de l'économe de l'établissement, ce qui avait été fait;

Or, attendu que cette dernière déclaration n'a pu évidemment se produire à l'insu de l'inculpé, et qu'elle a la même portée que s'il l'avait faite lui-même;

Attendu, d'autre part, que la commission mixte de classement opère en prenant pour base de son travail la liste de recensement qui lui est soumise à cet effet par le maire, auquel elle est rendue ensuite, une fois le classement terminé, arrêtée et signée par le président de ladite commission et avec mention de ses décisions relatives aux animaux réformés ou refusés (art. 84 du décret des 2-14 août 1877); que la loi du 3 juillet 1877 a voulu, dans l'intérêt supérieur de la défense nationale, que tous chevaux, sauf quelques catégories très limitées qu'elle détermine, fussent d'abord inscrits à la mairie, puis soumis à l'inspection de l'autorité militaire; que le cheval dont s'agit au procès ne se trouve dans aucun des cas d'exemptions prévus, et que, cependant, si le raisonnement du prévenu était accueilli, le propriétaire dudit cheval serait un être moral impossible à atteindre dans sa personnalité, à raison d'un fait défendu et sanctionné par des lois pénales, ce qui rendrait absolument illusoire, en ce qui le concerne, l'ins-

507. — Dans une monographie fort intéressante sur la conscription des chevaux et mulets, M. Couchard [1] soulève la question de savoir qui est responsable lorsqu'un propriétaire a un cheval à cheptel simple, à cheptel à moitié, ou lorsqu'il l'a donné à cheptel à son fermier ou à son colon partiaire ; l'auteur donne les solutions suivantes :

Dans le cheptel simple, le bailleur n'est pas dessaisi de la propriété des animaux confiés aux soins du possesseur dans le but de partager le profit. (Code civ., art. 1805.) Le preneur étant simple détenteur et le bailleur restant propriétaire, ce dernier seul doit être passible de l'amende.

S'agit-il du cheptel donné au fermier ou au colon partiaire, pas plus que dans le précédent, l'estimation ne transfère la propriété au fermier. (Code civ., art. 1822.) Le bailleur demeure l'unique propriétaire du cheptel ; seul il tombe sous le coup de l'article 51.

Le cheptel à moitié est une société par laquelle chacun des contractants fournit la moitié des bestiaux, qui demeurent communs pour le profit ou la perte. (Code civ., art. 1818.) Le preneur et le propriétaire seront l'un et l'autre passibles de l'amende. Toutefois, une seule amende serait prononcée contre les deux associés ensemble et non contre chacun d'eux. Si, en

---

cription et l'inspection ordonnées; qu'un pareil résultat est inadmissible; qu'en tenant compte de toutes les constatations et considérations qui précèdent, il y a lieu de reconnaître que S... avait la qualité de propriétaire vis-à-vis la commission de classement, et qu'un procès-verbal a été valablement dressé contre lui, faute d'avoir présenté ou fait présenter le cheval du séminaire, le jour où la commission a fonctionné à Périgueux, soit le 13 juin dernier; qu'en tant que de besoin, il est observé, pour ne laisser sans réponse aucun des arguments invoqués par la défense, que les réunions de la commission mixte n'ont pas eu lieu sans avoir été précédées de publications et d'affiches, ainsi que cela ressort de justifications jointes au dossier de poursuites; que l'inculpé a contrevenu aux prescriptions de la loi du 3 juillet 1877 (art. 38), et que pour ce fait il a encouru la peine édictée par l'article 52 de la loi ;

Par ces motifs, etc.

Du 25 novembre 1891. — Trib. corr. de Périgueux. — M. Boissarie, prés.

1. *De la Conscription des chevaux et mulets au point de vue de la pénalité qui peut être encourue par les propriétaires*, par J. Couchard. 1877. Paris, Marescq aîné. — Voir la note sous le § 504.

effet, il est de principe que toute amende doit être individuelle, on excepte le cas où les prévenus qui ont commis le délit forment, réunis entre eux, une société collective [1].

Le même auteur (n°s 53 et suiv.) estime aussi que le failli restant propriétaire, bien qu'il soit dessaisi de l'administration de ses biens, tombe sous le coup de la loi.

508. — A quelle époque faut-il se placer pour déterminer quel est le *propriétaire* responsable, si, à un moment rapproché de la mobilisation, les chevaux ou les voitures ont été l'objet de marchés ou d'échanges? La circulaire du ministre de la guerre, en date du 1er août 1879, porte à cet égard que ceux-là seuls ne doivent pas être poursuivis, qui prouvent que les chevaux classés, dont ils étaient détenteurs, n'étaient plus en leur possession *avant la publication* de l'ordre de convocation.

509. — 2° *Cas prévu et puni par l'article 51.* — Le législateur prononce l'amende contre « les propriétaires qui, aux termes de l'article 45, n'auront pas conduit leurs chevaux classés ou susceptibles de l'être, leurs voitures attelées désignées par l'autorité militaire, au lieu indiqué pour la réquisition, sans motifs légitimes admis par la commission de réception [2]. »

Nous avons vu plus haut, en étudiant l'article 45 (V. §§ 465 et 470), quels sont les animaux qui doivent être amenés devant la commission; nous avons dit également quelles voitures doivent être conduites au lieu de rassemblement. Il suffit de nous

---

1. Voir Chauveau (Adolphe) et Faustin Hélie, *Th. du Code pénal,* t. I, n° 89.

2. Il convient de rapprocher de cette disposition l'article 12 de la loi du 1er août 1874; il était ainsi conçu : « Le propriétaire qui, aux termes de l'article 7, n'aura « pas conduit ses animaux classés et ceux qui sont susceptibles d'être compris « dans le classement au lieu désigné pour la mobilisation, ainsi que le propriétaire d'animaux requis, dont les réclamations n'ont pas été admises par la commission de remonte le jour de la réquisition, et qui n'a pas livré, dans les trois « jours, au quartier de la gendarmerie du chef-lieu d'arrondissement ou de « canton indiqué par l'autorité militaire, le cheval, la jument ou le mulet désigné, « est déféré aux tribunaux, et, en cas de condamnation, frappé d'une amende « égale à la moitié du prix d'achat fixé pour la catégorie dans laquelle était « classé l'animal. »

référer sur ce point à nos précédentes explications. Bornons-nous à faire observer que le propriétaire qui croirait avoir des motifs légitimes pour se dispenser de l'obligation imposée par l'article 45, — dont le cheval, par exemple, serait, par suite de maladie, dans l'impossibilité de faire le voyage, — n'en doit pas moins se rendre devant la commission, constituée juge unique de la validité des excuses. Faute de soumettre ces excuses à la commission, il tomberait sous le coup de l'article 51, quand bien même elles seraient des mieux fondées. (V. déc. régl., art. 93, dernier paragraphe.)

510. — Remarquons aussi que les propriétaires n'échapperaient pas à l'amende si, au lieu de conduire leurs animaux ou leurs voitures à l'endroit indiqué pour la réquisition, ils les avaient conduits, par erreur, dans un autre endroit. Vainement allégueraient-ils qu'ils ont fait preuve de bonne volonté ; ils ne doivent s'en prendre qu'à eux-mêmes de ne point s'être suffisamment renseignés. Les fraudes seraient trop faciles si l'on acceptait un semblable moyen de défense.

511. — Le rapport de M. O. de Bastard, reproduisant presque textuellement la circulaire du ministre de la guerre du 31 mars 1876, indique comment doit être constaté le délit prévu par l'article 51 : « Le président de la commission, après avoir constaté l'absence des animaux et voitures au moment de l'appel, devra, à la fin de chaque jour ou série d'opérations, requérir la gendarmerie de dresser un procès-verbal collectif de non-comparution de leurs propriétaires, et ce procès-verbal devra être transmis le jour même par la gendarmerie au procureur de la République, chargé d'assurer l'application de la loi. »

512. — 3° *Nature de l'infraction punie par l'article 51.* — L'article 1er du Code pénal divise toutes les infractions à la loi pénale en trois classes : crimes, délits, contraventions, d'après la nature de la peine. Les contraventions sont les infractions punies d'un emprisonnement dont la durée ne peut dépasser cinq jours, ou d'une amende de 15 fr. au plus. D'autre part, le délit ne saurait exister dans le système du Code, sans intention criminelle; la contravention au contraire consiste dans le fait matériel de l'infraction, abstraction faite de toute intention. Mais la Cour de cassation décide « que si les faits punis par la loi de plus de « 15 fr. d'amende ou de 5 jours d'emprisonnement sont qualifiés « délits, et s'il est de règle que l'intention coupable doit ac-« compagner le fait incriminé comme délit pour le rendre pas-« sible de la peine, ce principe n'est pas tellement absolu qu'il « ne souffre quelque exception : qu'il a été constamment inter-« prété et circonscrit par la jurisprudence, qui distingue, d'après « la loi elle-même et la nature des choses, entre les délits inten-« tionnels, c'est-à-dire dans lesquels l'intention coupable est un « des éléments constitutifs, et les délits matériels, qui existent « par cela seul que l'acte punissable a été accompli, et auxquels, « par cette raison, le législateur donne souvent lui-même le nom « de contraventions[1]. »

Lors donc que l'on se trouve en présence d'une loi spéciale, il est nécessaire de rechercher si des termes de cette loi ne résulte pas la preuve que l'infraction punie est une infraction simplement matérielle, ayant plutôt le caractère de contravention que le caractère de délit, c'est-à-dire qui existe par le fait matériel de sa perpétration et qui ne peut s'excuser par la bonne foi de l'auteur. En résumé, en dehors des délits et des contraventions proprement dites, il existe d'autres infractions que M. Dalloz définit ainsi : « Infractions en quelque sorte mixtes, « qui tiennent des délits par la gravité de la peine et des con-« traventions en ce qu'il suffit, pour les constituer, d'un simple « fait matériel ou d'une omission; on les a déjà distinguées par « la désignation de *délits-contraventions*[2]. »

Dans l'article qui nous occupe, s'agit-il d'une contravention,

---

1. Ch. crim. 17 juillet 1857 (D. P., 1, 381).
2. Voir D. P., 58, 2, 201, note 1.

d'un délit, ou d'un délit-contravention? Ce n'est point une contravention; le chiffre de l'amende n'est point déterminé et variera avec la valeur de l'animal ou de la voiture; mais dans tous les cas, il excédera 15 fr. Ce n'est point un délit; le législateur punit tout propriétaire qui ne conduit pas ses animaux classés ou susceptibles de l'être, ses voitures désignées par l'autorité militaire, au lieu indiqué pour les réquisitions, sans s'attacher à l'intention de ce propriétaire, sans rechercher le mobile auquel il a obéi. En cette matière, la négligence peut être aussi préjudiciable aux intérêts généraux que le mauvais vouloir; il fallait la prévoir et la punir. Nous sommes donc bien en présence d'un *délit-contravention* et c'est en effet le caractère que la Cour de cassation a reconnu à une infraction analogue, sous l'empire de la loi du 1er août 1874, dans son arrêt du 1er décembre 1876[1].

513. — Les conséquences qui découlent de la nature de l'infraction sont fort importantes. Du moment, en effet, où elle constitue un délit-contravention, l'accusé ne saurait se soustraire à la condamnation en invoquant et en prouvant sa bonne foi; les tribunaux ne peuvent se dispenser d'appliquer la peine quand l'existence matérielle du fait est établie. Ainsi le contrevenant alléguerait vainement qu'il a été induit en erreur par un tiers, fût-ce le maire, qu'il s'est rendu au lieu de la réunion, mais qu'il n'y est arrivé qu'après la fin des opérations; que, par erreur, il a conduit ses animaux ou ses voitures à un endroit autre que le lieu désigné. C'est à lui de prendre des informations précises et les mesures nécessaires pour arriver à temps.

514. — 4° *Excuses.* — La conclusion de ce qui précède est que les seules excuses admissibles sont l'absence de publicité et la force majeure.

---

1. Voir le texte de cet arrêt, en note, sous le § 567, dernier arrêt cité.

515. — *Absence de publicité.* — Nous avons vu dans l'article 45 que, dès la réception de l'ordre de mobilisation, le maire doit prévenir les propriétaires que tous les animaux susceptibles d'être réquisitionnés doivent être conduits, aux jour et heure fixés pour chaque canton, au point indiqué par l'autorité militaire. Il doit également prévenir les propriétaires des voitures d'après les numéros de tirage portés sur le dernier état de classement, suivant la demande de l'autorité militaire, d'avoir à les conduire tout attelées au point de rassemblement.

D'après l'article 92 du décret du 2 août, « l'ordre de rassemblement est porté à la connaissance des communes et des propriétaires par voie d'affiches indiquant la date, l'heure et le lieu de la réunion. Les maires prennent toutes les mesures qui sont en leur pouvoir pour que tous les propriétaires soient avertis et obéissent en temps utile aux prescriptions de l'autorité militaire. »

Il résulte de ces dispositions combinées que l'affichage de l'avis constitue une publicité suffisante. Si le maire, alors qu'il le pourrait, s'abstient de tout autre mode de publication qui porterait plus sûrement l'ordre de convocation à la connaissance des intéressés, il manque à son devoir ; mais sa négligence ne crée pas une cause d'excuse pour les propriétaires. En fait, il est certain que la mobilisation est un événement trop grave pour passer inaperçu, même dans les localités les plus écartées. Ainsi que M. Couchard le fait remarquer, avec beaucoup de raison, dans son étude sur la conscription des chevaux, c'est habituellement par voie d'affiches que se publient les arrêtés de police, les arrêtés d'ouverture et de clôture de la chasse, et cette publicité, considérée comme suffisante, est en effet parfaitement efficace.

516. — Un propriétaire, eût-il été absent de son domicile pendant tout le temps qui s'est écoulé entre la publication et la réunion, n'en a pas moins commis une contravention, s'il a omis d'amener son cheval ou sa voiture ; il en est de même pour celui qui, en fait, n'habite pas la commune où son cheval est gardé et recensé. L'infraction prévue par l'article 51 est un délit-contravention, et on ne peut admettre que les excuses prévues par cette disposition pénale. Or, prétendre qu'un propriétaire n'a pas eu connaissance de la publicité par suite d'une absence, ce serait accueillir une excuse qui n'est en aucune façon écrite dans la loi, car il ne s'agit pas là d'un cas de force majeure.

517. — L'avertissement doit porter tant sur le lieu que sur le jour et l'heure de la réunion. Si ces indications étaient omises, ou s'il y avait erreur, on ne pourrait en faire subir les conséquences aux propriétaires, qui devraient être considérés comme n'ayant pas été prévenus.

518. — La publication doit être faite à l'avance, cela n'est point douteux ; mais la loi n'a pas mentionné dans quel délai ; l'article 47 dit seulement : « dès la réception de l'ordre de mobilisation ». Il n'appartiendrait pas aux tribunaux de rechercher si le délai qui s'est écoulé entre le jour de la publication et le jour de la réunion a été suffisant, car il s'agit d'une contravention, et ce serait admettre une excuse non établie par la loi.

519. — *Force majeure.* — La force majeure, que l'article 64 du Code pénal définit : une force à laquelle on ne peut résister, constitue une excuse non seulement en cas de crimes ou de délits, mais aussi en matière de contraventions. La charge de la preuve incombe à l'accusé ; il doit établir qu'il s'est trouvé en face d'un cas de force majeure incontestable. Il ne suffit pas qu'un événement quelconque ait rendu l'obligation imposée par la loi plus difficile à remplir ; il faut qu'elle en ait rendu l'exécution impossible [1]. Ainsi, l'inviabilité des routes, une maladie,

---

1. Voir plus loin (§ 570, en note) une décision du 31 août 1881 admettant comme cas de force majeure le fait d'un propriétaire ayant loué son cheval à un individu qui était en route et dont il ignorait l'adresse.

ne seraient des cas d'excuse que s'il y avait eu impossibilité réelle d'obtempérer aux prescriptions de la loi.

Enfin, il ne faut pas confondre la force majeure avec un défaut de combinaison : par exemple, si un propriétaire prévenu de l'ordre de rassemblement, n'en a pas moins fait un voyage d'affaires, et si, retenu par ses occupations plus longtemps qu'il ne l'avait prévu, il n'a pu arriver à temps pour la réunion de la commission de réquisition, il sera cependant passible de l'amende.

520. — Toutefois, les excuses que les tribunaux ne peuvent admettre peuvent être invoquées, ne l'oublions pas, devant la commission de réception qui, elle, a un pouvoir souverain d'appréciation. L'article 51 de la loi le dit expressément et ses dispositions sont commentées par les instructions du ministre de la guerre. On lit, en effet, dans la circulaire du 1er août 1879 : « Il n'est exercé également aucune poursuite contre les propriétaires qui, n'ayant pas amené leurs animaux classés ou susceptibles de l'être, ou leurs voitures attelées, ont fait valoir verbalement auprès de la commission des réclamations ou des excuses admises par elle. »

521. — 5° *Nature de la peine.* — L'article 51 frappe le contrevenant d'une amende égale à la moitié du prix d'achat fixé pour la catégorie à laquelle appartiennent les animaux, ou à la moitié du prix moyen d'acquisition des voitures ou harnais dans la région.

Cette amende, on le voit, peut atteindre un chiffre élevé ; mais la peine est proportionnée à la gravité de la faute ; dans les circonstances où s'opère la réquisition, toute négligence est un manque de patriotisme. D'ailleurs, il importe de prévenir tout ce qui pourrait, à ce moment critique, entraver l'autorité militaire dans son œuvre d'organisation.

522. — L'amende prononcée par l'article 51 n'est pas une simple peine ; elle constitue une sorte de réparation envers l'État pour le dommage auquel la contravention l'expose. Or, d'après la Cour de cassation[1], l'article 365 du Code d'instruction criminelle, relatif au non-cumul des peines, n'est pas applicable aux infractions punies de peines correctionnelles qui en ont été explicitement ou implicitement exceptées, soit par une disposition formelle, soit par le caractère de réparations civiles attaché à l'amende.

523. — Lorsqu'il s'agira d'animaux classés, les juges auront une base certaine pour déterminer immédiatement l'amende, puisque la peine est fixée d'avance suivant la catégorie à laquelle l'animal appartient. Quand, au contraire, l'infraction sera relative à des animaux non classés, mais seulement susceptibles de l'être, il sera nécessaire d'attendre que l'animal ait été saisi et classé, conformément au paragraphe 2 de l'article 51, pour savoir dans quelle catégorie il doit être rangé et pour déterminer en conséquence le chiffre de l'amende.

En ce qui concerne les voitures et les harnais, le prix moyen sera, croyons-nous, fourni par la commission départementale établie suivant les prescriptions de l'article 24 de la loi du 3 juillet 1877.

524. — Le législateur n'ayant point visé l'article 463 du Code pénal, les tribunaux ne peuvent accorder de circonstances atténuantes.

Mais peuvent-ils faire application de l'article 1er de la loi du 26 mars 1891 et décider qu'il sera sursis à l'exécution de la peine si l'inculpé n'a pas subi antérieurement de condamnation à la prison pour crime ou délit de droit commun ? La Cour de

---

1. Crim. cass. 25 juillet 1839 (D. P., 39, 1, 365) ; Crim. rej. 8 mars 1852 (D. P., 52, 5, 443) ; Crim. rej. 26 juillet 1855 (D. P., 55, 1, 381) ; Ch. crim. 26 août 1853 (D. P., 53, 5, 347) ; Ch. crim. 12 juin 1869, *Bull.* n° 141 ; Ch. crim. 20 mars 1862, *Bull.*, n° 89.

cassation l'a déclaré, le 25 mars 1892 (Chevrette)[1], à l'égard d'un individu condamné à l'amende en vertu de l'article 52. Mais peut-on étendre le bénéfice de cette décision aux condamnations prononcées en vertu de l'article 51 ? D'après la jurisprudence des tribunaux, le sursis n'est pas applicable aux amendes qui sont moins des peines que des réparations civiles attribuées au Trésor (Cass. 19 novembre 1891). Or, la condamnation prononcée en vertu de l'article 51 a, nous l'avons dit au § 522, le caractère d'une sorte de réparation envers l'État.

---

1. Voici les termes de cette décision :

« La Cour,

« Sur l'unique moyen du pourvoi pris de la violation de l'article 1er de la loi du 26 mars 1891 en ce que l'arrêt attaqué aurait à tort ordonné qu'il serait sursis à l'exécution de la peine d'amende prononcée contre le nommé Chevrette pour infraction à l'article 37 de la loi du 3 juillet 1877 ;

« Attendu que l'article 1er de la loi du 26 mars 1891 dispose qu'en cas de condamnation à l'emprisonnement ou à l'amende, si l'inculpé n'a pas subi de condamnation antérieure à la prison pour crime ou délit de droit commun, les cours et tribunaux peuvent ordonner, par le même jugement et par décision motivée, qu'il sera sursis à l'exécution de la peine ;

« Attendu que cette disposition est générale et qu'on ne saurait induire des termes dans lesquels elle est conçue, comme le soutient le pourvoi, que les tribunaux n'ont le pouvoir d'accorder le sursis, pour l'exécution de la peine, que dans le cas où les prévenus ont été poursuivis pour un crime ou un délit de droit commun comportant l'application de l'article 463 du Code pénal ; qu'aucune distinction de ce genre ne se trouve ni dans l'article 1er ni dans les autres articles de la loi susvisée ;

« Attendu qu'il résulte, au contraire, des travaux préparatoires que, sans se préoccuper de la nature de l'infraction commise par le délinquant, le législateur s'est uniquement attaché au caractère de la peine prononcée pour déterminer le cas où la mesure de faveur permise par l'article 1er serait applicable ; — qu'ainsi, même en matière de crime, le sursis pourra être accordé par la cour d'assises lorsque, par suite de l'admission de circonstances atténuantes, la peine appliquée sera une peine correctionnelle, seule condition imposée par la loi ;

« Attendu que Chevrette a été condamné à 25 fr. d'amende par la cour d'appel de Bourges pour avoir contrevenu aux dispositions de l'article 37 de la loi du 3 juillet 1877 ; que la peine édictée par cette loi a bien le caractère d'une peine correctionnelle et que, dès lors, en déclarant qu'il serait sursis à l'exécution de la peine sous les conditions prévues par l'article 1er de la loi du 26 mars 1891, l'arrêt attaqué, loin d'avoir violé ledit article, en a fait une juste application ;

« Par ces motifs,

« Rejette. »

Saisie et réquisition des animaux, voitures et harnais non présentés

525. — L'article 51, après avoir frappé de l'amende les contrevenants, donne à l'autorité militaire le droit de saisir et de réquisitionner, sans attendre la décision du tribunal, les animaux, voitures ou harnais qui, devant être présentés à la commission de réquisition, ne l'ont pas été. Il fallait, en effet, sous peine d'entraver, de retarder la mobilisation de l'armée, fournir à l'État le moyen de se procurer immédiatement les éléments nécessaires de son organisation.

526. — M. le ministre de la guerre a, dans son instruction du 1er août 1879, indiqué dans les termes suivants la procédure qu'il y a lieu de suivre pour procéder à la saisie et les conséquences qui en résultent :

A la fin des opérations pour chaque canton, le président de la commission requiert la gendarmerie de dresser un procès-verbal collectif de non-comparution contre les propriétaires qui ne se sont pas présentés, et ce procès-verbal est transmis, le jour même, par la gendarmerie au procureur de la République de l'arrondissement auquel appartiennent les délinquants, afin que ce magistrat assure l'application de la loi.

Lorsque les réclamations ou excuses présentées par les propriétaires ne sont pas admises par la commission, il est procédé comme il suit :

1° Si les animaux ou les voitures sont à portée, le propriétaire est mis en demeure de les amener *immédiatement;* s'il n'obtempère pas à cette injonction, il est dressé sur l'heure procès-verbal par la gendarmerie, et la saisie est prescrite par le président de la commission, au moyen d'un ordre adressé au commandant de la gendarmerie ;

2° Si les animaux ou les voitures ne sont pas à portée, il est accordé un délai de 24 heures aux propriétaires, pour les amener à la commission ; passé ce délai, il est dressé procès-verbal par la gendarmerie, et la saisie est ordonnée par le président de la commission, ou, en cas de départ de celle-ci, par le commandant du bureau de recrutement.

Le délai ci-dessus est porté à 48 heures, si les propriétaires des animaux et voitures non amenés appartiennent aux cantons convoqués le dernier jour des opérations de réquisition. Dans ce cas, ils sont tenus de conduire les animaux ou voitures au dépôt du corps de troupe le plus voisin, s'il en existe dans le canton, ou, à défaut, à la brigade de gendarmerie de leur domicile.

527. — Chaque président de commission de réquisition adresse tous les soirs au commandant du bureau de recrutement les noms :

1° Des propriétaires, comparants ou non, dont les voitures ou les animaux non amenés dans le délai fixé, sans motif légitime d'excuse, ont été saisis d'office ;

2° De ceux qui se trouvent dans le même cas, mais dont les voitures ou les animaux n'ont pu être saisis en temps utile pour être présentés à la commission ;

3° De ceux dont les réclamations n'ont pas été admises et qui, n'ayant pu amener leurs voitures et leurs animaux à la commission avant son départ, doivent se présenter, selon le cas, à un dépôt de corps de troupe voisin, ou à la brigade de gendarmerie de leur domicile.

Il donne en même temps le signalement des animaux et voitures des propriétaires mentionnés aux paragraphes 2° et 3°, si ces animaux et voitures ont déjà été classés antérieurement.

Il envoie au corps ou à la brigade de gendarmerie, selon le cas, un double de l'état nominatif des propriétaires visés au paragraphe 3°, avec le signalement des animaux et voitures, si cela est possible.

Le commandant du bureau de recrutement demande au procureur de la République la poursuite des propriétaires visés aux paragraphes 1° et 2° ; il s'assure que ceux visés au paragraphe 3° présentent leurs voitures et leurs animaux dans le délai voulu au dépôt du corps désigné ou à la brigade de gendarmerie, faute de quoi il fait dresser procès-verbal contre eux et les défère au procureur de la République.

528. — D'une manière générale, les animaux ou voitures dont la saisie est ordonnée, et qui n'ont pas été amenés à la commission, sont dirigés par les soins de la gendarmerie et, au besoin, au moyen de conducteurs requis, soit sur le dépôt du corps de troupe le plus voisin, s'il en existe dans le canton ; soit, dans le cas contraire, sur la brigade de gendarmerie du domicile de chaque propriétaire.

Le dépôt de corps où sont amenés des animaux et voitures forme une commission composée comme les autres commissions de réquisition, et qui opère dans les conditions ordinaires. Elle établit les pièces nécessaires sur les imprimés qui lui sont fournis par le bureau de recrutement.

Quant aux animaux et voitures amenés à la brigade de gendarmerie, ils sont examinés dans le plus bref délai possible par le commandant de l'arrondissement, auquel il est rendu compte chaque jour du nombre de ces animaux et de ces voitures. Cet officier se transporte au siège de la brigade, et, après un examen sommaire, renvoie les animaux ou voitures qu'il juge impropres au service militaire. Il retient les autres et forme immédiatement, avec un membre civil[1] désigné par le maire, une commission qui prononce, dans les formes régulières, la réquisition des animaux aptes au service, et qui établit les pièces nécessaires, notamment les procès-verbaux et les bulletins individuels.

529. — Les animaux et voitures requis dans les chefs-lieux

---

1. Le membre civil n'a droit à aucune indemnité.

de brigade de gendarmerie sont réunis par les soins du commandant de l'arrondissement dans celle des brigades la plus rapprochée du corps désigné à l'avance pour les recevoir. Cet officier prévient le commandant du bureau de recrutement, qui provoque l'envoi par le corps destinataire d'un nombre d'hommes suffisant pour la conduite.

Ces chevaux et voitures sont immédiatement immatriculés aux corps auxquels ils sont amenés.

Ces corps rendent compte au fur et à mesure au commandant du territoire, qui leur assigne une destination, du nombre et de la catégorie de tous les animaux et voitures dont il s'agit.

530. — Tous les frais résultant de la conduite des animaux ou voitures saisis ou simplement amenés par leurs propriétaires qui n'avaient pu les présenter à la commission de réquisition, les dépenses de nourriture de ces animaux, etc., sont effectués au moyen de carnets d'ordres de réquisition et de reçus pour prestations fournies par réquisition. A cet effet, des carnets sont remis à l'avance au commandant de la gendarmerie de chaque arrondissement.

Le commandant du bureau de recrutement informe le procureur de la République des frais occasionnés à l'État, afin que le remboursement en soit poursuivi, s'il y a lieu.

Les déplacements de chevaux et voitures qui n'ont pas été présentés lors de la convocation n'ouvrent aux propriétaires aucun droit à indemnité, ces déplacements exceptionnels n'ayant été rendus nécessaires que par la négligence ou le mauvais vouloir des intéressés.

531. — Le général qui viendrait à apprendre, par une autre voie que par la dénonciation du président de la commission, que certains animaux classés ou susceptibles de l'être n'auraient point été amenés devant la commission de réquisition, pourrait néanmoins en prescrire la saisie. L'article 51 dit, en effet, que la saisie sera faite « à la diligence du président de la commission de réception *ou de l'autorité militaire* ».

532. — La condamnation à l'amende est absolument indépendante de la saisie. Elle peut être prononcée sans que la saisie ait lieu, et, d'autre part, la saisie ne dispense point le contrevenant de l'amende.

ARTICLE 52.

Les maires ou les propriétaires de chevaux, juments, mulets ou mules, de voitures ou de harnais, qui ne se conforment pas aux dispositions du titre VIII de la présente loi, sont passibles d'une amende de vingt-cinq à mille francs (25 à 1,000 fr.). Ceux qui auront fait sciemment de fausses déclarations seront frappés d'une amende de cinquante à deux mille francs (50 à 2,000 fr.).

Infractions commises par les maires ou les propriétaires.

533. — La loi du 1er août 1874 contenait une disposition analogue dans son article 13 ainsi conçu :

« Les propriétaires de chevaux, juments, mulets ou mules qui ne se conforment pas aux dispositions de la présente loi, sont passibles d'une amende de 50 fr. à 1,000 fr.

« Ceux qui auront fait sciemment de fausses déclarations seront frappés d'une amende de 200 fr. à 2,000 fr. »

On remarquera toutefois plusieurs différences entre la nouvelle loi et la loi précédente : 1° les maires sont maintenant passibles de l'amende comme les propriétaires ; aucune peine n'était prononcée contre ces fonctionnaires par la loi de 1874 ; — 2° la disposition pénale est étendue aux propriétaires de voitures et de harnais ; — 3° le minimum de l'amende a été abaissé de 50 fr. à 25 fr. pour les simples infractions, de 200 fr. à 50 fr. pour les fausses déclarations faites sciemment.

Nous parlerons successivement :

1° Des infractions commises par les maires ;

2° Des infractions commises par les propriétaires ;

3° Des fausses déclarations faites sciemment.

Des infractions commises par les maires.

534. — Il arrivera rarement, nous en sommes convaincu, que des magistrats municipaux omettent de remplir les obligations que la loi leur impose en une matière si importante, intéressant à un si haut degré la défense du pays. Toutefois, à raison même de la gravité des conséquences de ces infractions, le législateur devait les prévoir et les punir. Nous pensons, pour le même motif, qu'il n'est pas sans intérêt d'examiner à qui la pénalité édictée par l'article 52 est applicable, quelles sont les prescriptions dont l'inobservation fait encourir l'amende, enfin quelle est la nature de l'infraction et quelles causes d'excuse pourraient être admises par le juge.

535. — 1° *Qui est compris sous le nom de maire?* — Un principe général de droit défend d'étendre par voie d'interprétation les dispositions pénales ; néanmoins, nous croirions absolument contraire aux intentions du législateur de se fonder sur ce principe pour décider que *le maire* seul pourrait être condamné à l'amende et que son suppléant légal échapperait à toute pénalité. L'adjoint qui remplit les fonctions municipales en l'absence ou par suite d'empêchement du maire ; le conseiller qui, en vertu de la désignation du conseil ou par son ordre d'inscription au tableau, est chargé de l'administration de la commune à défaut de maire et d'adjoints (Loi du 5 avril 1884, art. 84) ; le délégué spécial nommé par le préfet (Loi du 5 avril 1884, art. 85) ; le président ou le vice-président de la délégation spéciale faisant fonctions de maire (Loi du 5 avril 1884, art. 87), qui ne se conformeraient pas aux prescriptions de la loi, tomberaient, à notre avis, sous le coup de l'article 52. Tous ces fonctionnaires agissent comme s'ils étaient maires ; ils possèdent les mêmes droits, ont les mêmes devoirs à remplir ; leurs obligations sont identiques ; identique aussi doit être leur responsabilité.

536. — Mais supposons le cas où le maire a, comme l'y autorise l'article 82 de la loi du 5 avril 1884, délégué à son adjoint ou à un conseiller le soin de remplir celles de ses fonctions qui sont relatives à la conscription des chevaux et des voitures ; si l'adjoint ou le conseiller délégué néglige de se conformer aux prescriptions de la loi, qui de lui ou du maire sera passible de l'amende ? La question est délicate ; nous inclinerions, pour notre part, à penser que le maire devrait être considéré comme responsable. L'adjoint ou le conseiller délégué agit sous la surveillance et la *responsabilité* (ce sont les termes de la loi) du maire. Le maire est en faute d'avoir mis sa confiance dans un suppléant négligent et de n'avoir pas pris à temps les mesures nécessaires pour prévenir l'infraction commise ; mais nous réserverions au maire une action en dommages-intérêts contre son délégué négligent.

537. — 2° *Quelles sont les prescriptions dont l'inobservation fait encourir l'amende?* — Nous avons signalé, en étudiant les articles précédents, les différents devoirs que la loi impose aux maires en cette matière ; nous nous bornons à les résumer sommairement en faisant remarquer, avec M. le garde des sceaux (Circ. du 10 juin 1878[1]) que la responsabilité des maires est engagée par tout manquement aux obligations qui leur incombent en vertu d'une disposition *quelconque* des articles 36 à 53 de la loi, quelle que soit leur nature ou la forme en laquelle elles sont imposées.

538. — Le maire doit procéder tous les ans, soit sur la déclaration des propriétaires, soit d'office, au recensement des chevaux, juments, mules et mulets susceptibles d'être requis ; tous

1. Aux termes de cette circulaire, le maire doit être poursuivi par application de l'article 52 : s'il a négligé ou omis d'inscrire d'office les animaux non déclarés (art. 37) ; s'il refuse ou néglige d'assister ou de se faire représenter aux opérations de classement (art. 38) ou de réquisition (art. 48) ; s'il ne se conforme pas aux ordres de l'autorité militaire pour la convocation des propriétaires en cas de mobilisation (art. 45) ; si le double du tableau indiquant le signalement des animaux classés n'est pas ou ne reste pas, par ses soins, déposé à la mairie, de manière à pouvoir être représenté lors du classement suivant (art. 43). — Mais ces cas ne sont évidemment mentionnés qu'à titre d'exemples.

les trois ans, au recensement des voitures attelées de chevaux et de mulets, autres que celles qui sont exclusivement affectées au transport des personnes. Ces recensements doivent être faits avant le 16 janvier. (Loi du 3 juillet 1877, art. 37.)

A cet effet, tous les ans, au commencement de décembre, le maire doit faire publier un avertissement adressé à tous les propriétaires de chevaux ou mulets qui se trouvent dans la commune, pour les informer qu'ils sont tenus de se présenter à la mairie avant le 1er janvier, et de faire la déclaration de tous les animaux qui sont en leur possession en indiquant leur âge. (Déc. régl. du 2 août 1877, art. 74.)

Du 1er au 15 janvier, il doit dresser la liste de recensement. (*Id.*, art. 75.)

Dans les premiers jours de janvier, il doit faire exécuter des tournées par les gardes champêtres et les agents de police, pour s'assurer que tous les chevaux, juments, mulets et mules ont été exactement déclarés.

Lorsqu'il est reconnu que des animaux n'ont pas été déclarés, le maire doit les porter d'office sur la liste du recensement, sans rechercher s'ils ont été réformés ou refusés. (*Id.*, art. 76.)

Le maire est tenu de délivrer au propriétaire qui a fait sa déclaration à la mairie, un certificat constatant cette déclaration et mentionnant les chevaux et mulets inscrits. (*Id.*, art. 77.)

Tous les trois ans, le maire doit dresser la liste de recensement des voitures attelées dans les mêmes conditions. (*Id.*, art. 78.)

539. — Le maire, ou son suppléant légal, est tenu d'assister, à l'endroit désigné par l'autorité militaire, aux opérations d'inspection et de classement des chevaux ou mulets et des voitures attelées.

Il doit désigner une personne compétente pour faire partie de la commission mixte chargée de ces opérations, à défaut de vétérinaire militaire ou civil. (Loi du 3 juillet 1877, art. 38.)

Le maire, ou son suppléant, signe le tableau de classement

en double expédition. (*Id.*, art. 43 ; Déc. régl. du 2 août 1877, art. 84.)

Lorsqu'un cheval ou mulet est réformé comme impropre au service de l'armée, le maire doit remettre au propriétaire, lorsque celui-ci le demande, un certificat constatant la décision de la commission ; ce certificat contient le signalement exact et détaillé de l'animal réformé tel qu'il est inscrit sur la liste de recensement. (*Id.*, art. 85.)

Enfin, le maire ou son suppléant assiste la commission de classement des voitures attelées lorsqu'elle procède au tirage au sort entre ces voitures. (*Id.*, art. 88.)

540. — En cas de mobilisation, les maires, dès la réception de l'ordre, sont tenus de prévenir les propriétaires d'animaux ou de voitures susceptibles d'être requis, d'avoir à les conduire aux jour et heure fixés pour chaque canton au point indiqué par l'autorité militaire. (Loi du 3 juillet 1877, art. 45.) Ils doivent prendre toutes les mesures qui sont en leur pouvoir pour que tous les propriétaires soient avertis et obéissent en temps utile aux prescriptions de l'autorité militaire. (Déc. régl., art. 92.)

Les maires ou leurs suppléants doivent en outre se rendre à la réunion et remettre à la commission de réquisition les tableaux de classement déposés aux archives de la commune, assister aux opérations de la commission et lui fournir tous les renseignements de nature à l'éclairer. (*Id.*, art. 94.)

541. — 3° *Nature de l'infraction.* — Tout manquement aux prescriptions que nous venons de rappeler est puni par le législateur, sans distinguer s'il a pour cause le mauvais vouloir du maire ou sa simple négligence.

Une preuve certaine que, dans ce cas, l'intention n'est point nécessaire pour constituer la culpabilité, c'est que la loi dit uniquement « les maires qui ne se conforment pas, etc.... », tandis que dans le paragraphe 2 de l'article 52, qui punit une infraction intentionnelle, elle dispose d'une manière formelle : « ceux qui auront fait *sciemment* de fausses déclarations ».

Nous nous trouvons donc encore ici en présence d'un *délit-contravention*[1].

542. — 4° *Excuses que le tribunal peut admettre.* — Nous avons vu, en commentant l'article précédent, qu'en matière de délit-contravention, les seules excuses admissibles sont le défaut de publicité et la force majeure. (Voir §§ 514 et suiv.)

Nous ne voyons point comment un maire, poursuivi en vertu de l'article 52, pourrait exciper d'un défaut de publicité. C'est la loi elle-même qui trace les règles auxquelles il est accusé de ne s'être point conformé, qui, pour le recensement, indique à quelles dates il doit effectuer les opérations qui lui sont confiées.

Supposons qu'en ce qui touche le recensement des voitures, le préfet n'ait point, comme le veut l'article 78 du décret réglementaire, averti le maire six semaines avant le commencement de l'année où doit se faire ce travail. Cette négligence serait-elle une cause d'excuse suffisante pour le maire qui aurait omis de procéder à ce recensement? Nous ne le croyons pas. La loi dit, en effet, que l'opération se fera tous les trois ans (art. 37). L'avertissement préfectoral est une mesure administrative utile; mais il suffit au maire de se reporter au dernier état dressé pour savoir à quelle année il devra établir un nouveau tableau.

Quant aux mesures relatives à la réquisition, elles ne doivent être prises par le maire qu'après avoir reçu l'ordre de mobilisation; mais il nous est difficile de concevoir que cet ordre puisse ne pas parvenir à sa connaissance.

Deux cas seulement pourraient se présenter où le maire invoquerait avec quelque chance cette cause d'excuse : c'est lorsque, accusé de n'avoir point assisté soit aux opérations de classement, soit aux opérations de réquisition, il prouverait qu'il

---

1. Voir *suprà*, § 512.

n'aurait point été avisé du passage de la commission de classement dans sa commune, ou du lieu et du jour de la réunion de la commission de réquisition. Cette hypothèse, on en conviendra, est presque inadmissible.

543. — Quant à la force majeure, ici comme toujours, elle constitue une cause d'excuse évidente. Nous nous reportons, pour ce qui touche le caractère constitutif de la force majeure, aux explications données sous l'article précédent. (Voir § 519.)

Des infractions commises par les propriétaires [1].

544. — Adoptant l'ordre suivi pour le paragraphe précédent, examinons : 1° quelles sont les personnes qui peuvent être poursuivies ; 2° quelles sont les obligations dont l'inaccomplissement est puni ; 3° quelle est la nature de l'infraction ; 4° quelles excuses le juge peut admettre.

1° *Quelles sont les personnes qui peuvent être poursuivies ?*

545. — Ce sont, dit l'article 52, les *propriétaires* de chevaux, juments, mulets et mules, de voitures ou de harnais. Nous avons vu, en étudiant l'article 51, l'étendue que comporte le mot : *propriétaires*. Bornons-nous à nous référer aux explications données précédemment sur ce point. (Voir §§ 504 et suivants.)

2° *Quelles sont les obligations dont l'inaccomplissement est puni par l'article 52 ?*

546. — Sont passibles de l'amende, aux termes de la loi, tous les propriétaires qui ne se conforment pas aux dispositions

---

1. D'après le rapport adressé au Président de la République par le garde des sceaux sur l'administration de la justice criminelle pendant l'année 1876 (*Officiel* du 10 novembre 1878), le nombre d'affaires jugées par les tribunaux correctionnels en matière de *conscription des chevaux et mulets* a été de 2,028 en 1875, et de 4,616 en 1876, bien que le ministère public ait laissé sans suite, en 1875, 6,512 infractions ; en 1876, 8,292. Ce dernier chiffre, ajoute M. le garde des sceaux, est très élevé, mais il s'explique par la circulaire du ministre de la guerre en date du 15 avril 1876, et par celle que j'ai adressée aux procureurs généraux le 3 mai suivant, et en vertu desquelles les procès-verbaux dont les parquets se trouvaient saisis à cette époque ont été annulés.

du titre VIII. Mais on a vu que ce titre prévoit trois opérations : le recensement, l'inspection et le classement, la réquisition. Le législateur a imposé aux propriétaires des devoirs qui se rapportent à chacune de ces opérations. Pour ceux qui se placent dans la troisième période, celle de la réquisition, la loi est sanctionnée par l'amende que prononce l'article 51. Nous n'avons point à y revenir. Il nous suffira donc de rappeler ici les obligations des propriétaires relatives au recensement, à l'inspection et au classement et dont l'article 52 a pour objet de garantir l'exécution.

547. — *Recensement.* — On a vu plus haut (§ 343) que la loi de 1877, complétant sur ce point celle de 1874, impose aux propriétaires l'obligation de se présenter à la mairie avant le 1er janvier [1] et de faire la déclaration de tous les chevaux, juments, mulets

---

1. La Cour de Bourges, par arrêt du 9 mai 1878 (Mondain, Dalloz, 1879, II, p. 33), a décidé que la loi du 3 juillet 1877 n'ayant pas déterminé le délai dans lequel les propriétaires de chevaux et voitures sont tenus de faire leur déclaration à la mairie, le règlement d'administration publique du 2 août a pu valablement combler cette lacune et décider que cette déclaration doit avoir lieu avant le 1er janvier de chaque année, et que, par suite, le propriétaire de chevaux et voitures qui ne fait sa déclaration qu'après le 1er janvier est passible des peines portées par l'article 52 de la loi. Voici le texte de cette décision :

« La Cour : — Considérant que l'article 37 de la loi du 3 juillet 1877, ne fixant pas le délai dans lequel la déclaration obligatoire des propriétaires de chevaux et voitures doit avoir lieu, il appartenait au règlement d'administration publique légalement rendu et publié le 2 août 1877 pour l'exécution de cette loi, de combler cette lacune; considérant qu'aux termes de l'article 74 de ce règlement, les propriétaires de chevaux et voitures doivent en faire la déclaration à leur mairie respective avant le 1er janvier de chaque année; considérant qu'il est établi que Mondain n'a fait sa déclaration à la mairie que le 6 janvier 1878 ; que, par conséquent, il n'a pas rempli son obligation dans le délai prescrit par la loi ; — par ces motifs, infirme... »

La Cour de Montpellier a jugé, en sens contraire (arrêt du 16 mai 1885), que le décret du 2 août 1877, qui prescrit de faire la déclaration avant le 1er janvier, n'a pas dérogé à l'article 37 de la loi du 3 juillet. En conséquence, n'est passible d'aucune peine le propriétaire qui a fait à la date du 3 janvier la déclaration prescrite (Genieys).

En pratique, l'administration ne croit pas devoir poursuivre les propriétaires qui ont fait leur déclaration après le 1er janvier, pourvu qu'elle soit intervenue avant le 16 janvier. (Voir plus haut Circ. du min. de la guerre du 23 décembre 1878, § 349.)

ou mules qui sont en leur possession, en indiquant l'âge de ces animaux. (L., art. 37 ; Déc. régl., art. 74.)

Si le propriétaire a plusieurs résidences, il peut ne faire inscrire tous ses chevaux et mulets qu'à la mairie d'une seule commune, mais il est alors tenu de présenter aux maires des autres résidences le certificat qui lui a été délivré par celui qui a reçu sa déclaration. (Déc. régl., art. 77.)

Tous les chevaux et mulets doivent être déclarés ; il y a lieu cependant d'excepter les chevaux et juments de moins de six ans, les mulets et mules de moins de quatre ans, l'âge se comptant à partir du 1er janvier de l'année de la naissance. (L., art. 37.)

Les chevaux réformés ou ajournés doivent-ils être déclarés ?

547 *bis.* — La loi, en exigeant la déclaration pour tous les animaux ayant atteint l'âge légal (voir § 341), n'exempte expressément aucune catégorie d'animaux. Par suite, quoique exemptés du classement et même du *recensement* par l'article 75 du règlement du 2 août 1877, devraient être déclarés les chevaux et mulets qui appartiennent aux agents diplomatiques, aux nationaux des pays avec lesquels la France entretient des traités, ceux qui ont été déjà réformés par une commission de classement, ceux qui ont été refusés conditionnellement pour défaut de taille, si la taille n'a pas été modifiée.

Cependant, à quoi bon exiger une déclaration, si les chevaux ne doivent pas même être portés sur la liste du recensement ?

Déjà les instructions ministérielles dispensent de la déclaration les chevaux possédés par les agents diplomatiques et par les nationaux des pays avec lesquels la France a conclu des traités (voir §§ 342 et 438). Les animaux déjà réformés pour tare et mauvaise conformation, et ceux qui ont été refusés conditionnellement pour défaut de taille, si la taille n'a pas été modifiée, nous semblent devoir être traités de la même manière.

Ces deux catégories d'animaux sont exemptées de la présentation à la commission de classement (voir § 404). La seule obligation qui incombe au propriétaire d'un cheval réformé est de produire aux classements suivants le certificat de réforme qui lui a été délivré par le maire (voir § 556).

Cette question s'est présentée deux fois devant les tribunaux, mais elle n'a encore fait l'objet d'aucun arrêt de cour. Une première fois, le tribunal de Sidi-bel-Abbès l'a tranchée dans le sens de l'exemption de déclaration, mais sans donner de motifs de sa décision. Plus récemment, le tribunal de Castelnaudary a jugé dans le même sens. « Obliger les propriétaires à déclarer les animaux réformés, lesquels ne doivent même plus être recensés, serait, dit le jugement, leur imposer, sans objet, une charge nouvelle et frustratoire en dehors des prévisions de la loi. »

Ce jugement n'a pas été frappé d'appel par le ministère public [1].

---

1. Voici les termes du jugement du tribunal de Castelnaudary, qui porte la date du 22 mars 1895 :

« Attendu que Canal (Lucien-Jean-Baptiste), Gelade (Jean-François), Laurens (Jean-Joseph) et Fauré (Jean-Baptiste) sont inculpés d'avoir contrevenu aux dispositions de l'article 87 de la loi du 3 juillet 1877 en ne déclarant pas à la mairie de leur domicile des animaux déjà réformés par les commissions de réquisition;

« Mais attendu qu'il résulte des termes mêmes de l'article 37, ensemble de l'esprit de la loi et de son but, que cette déclaration corrélative du recensement n'est obligatoire et utile que pour les animaux susceptibles d'être réquisitionnés, en tant que propres au service militaire (Cassation 12 janvier 1888);

« Que si l'œuvre de sélection prescrite par le législateur en vue d'une mobilisation éventuelle a en général un caractère continu et permanent, la mesure d'exclusion qui atteint les chevaux réformés est, d'autre part, absolue et définitive ;

« Qu'obliger, dès lors, les propriétaires à déclarer les animaux réformés, lesquels ne doivent même plus être recensés (art. 75, décret du 2 août 1887) serait leur imposer sans objet une charge nouvelle et frustratoire en dehors des prévisions de la loi;

« Que si le décret de réglementation du 2 août 1877, en vue de faciliter les opérations d'administration, enjoint aux propriétaires de faire la déclaration de tous leurs animaux sans exception, on n'y doit voir qu'une invitation dépourvue de toute sanction pénale ;

« Que la prévention n'est donc pas justifiée à l'encontre des inculpés, lesquels sont en voie de relaxe ;

« Par ces motifs,

« Le Tribunal :

« Statuant en matière correctionnelle et en premier ressort, relaxe Canal (Lucien-Jean-Baptiste), Gelade (Jean-François), Laurens (Jean-Joseph) et Fauré (Jean-Baptiste) des fins de la poursuite, sans dépens. » (*Le Droit*, 9 avril 1895.)

Chevaux achetés au cours de l'année. — Pas de déclaration.

548. — Le projet de loi déposé en 1874 par le Gouvernement sur le bureau de l'Assemblée nationale contenait un article ainsi conçu : « Les propriétaires doivent faire connaître au maire de « leur commune les changements survenus dans leurs écuries, « par suite de ventes, achats ou pertes d'animaux, au fur et à « mesure que les cas se produisent, sans que cette disposition « puisse porter atteinte à la liberté des transactions commer- « ciales. Ces déclarations sont inscrites dans une colonne *ad hoc*, « sur la liste de classement prescrite par l'article 3 ci-après. »

Cet article a été supprimé par la commission de l'Assemblée nationale pour les motifs suivants : « L'article 2 du projet mi- « nistériel et du projet de M. de Mornay, est-il dit dans le rap- « port de M. de Carayon-Latour, crée pour les propriétaires de « chevaux ou de mulets l'obligation de faire, pendant tout le « cours de l'année, la déclaration des changements qui peuvent « survenir dans leurs écuries, par suite d'achats, ventes ou « pertes d'animaux. Votre commission, considérant cet article « comme vexatoire et d'une exécution très difficile à obtenir, a « cru devoir le supprimer. Du reste, cet article privait le réqui- « sitionnement de ressources importantes, car il entraînait le » déclassement, jusqu'à l'année suivante, des chevaux déplacés, « et les propriétaires auraient pu, sur une menace de guerre, « soustraire leurs animaux à la réquisition, soit par des échan- « ges, soit par des ventes simulées [1]. »

Le législateur de 1877 a partagé sur ce point l'opinion de l'Assemblée nationale. On ne saurait donc, sous aucun prétexte, contraindre les propriétaires à déclarer dans le courant de l'année les mutations survenues dans leurs écuries. L'arrêté que prendrait un préfet pour leur imposer cette obligation serait, sans aucun doute, entaché d'excès de pouvoirs.

Les préfets ont, il est vrai, le droit de prendre des arrêtés ré-

1. Voir *Journal officiel*, numéro du 13 août 1874, p. 5831.

glementaires obligatoires dans l'étendue de leur département, en ce qui concerne les mesures d'administration *relatives au maintien de la salubrité, de la sûreté et de la tranquillité publiques*, ou lorsque des lois particulières leur ont conféré sur certains objets déterminés un pouvoir réglementaire subordonné à certaines conditions; mais ils ne peuvent prendre des arrêtés qu'en exécution des lois et règlements, et il leur est interdit d'imposer des obligations qui ne résultent ni du texte de la loi, ni de son esprit. Or, l'arrêté que nous supposons pourrait bien être pris dans un intérêt général; mais il ne constituerait pas une mesure relative au maintien de la salubrité, de la sûreté et de la tranquillité publiques. Enfin, il ne serait pas pris en vertu de la loi du 3 juillet 1877, cette loi ne conférant aux préfets, en ce qui concerne le recensement, aucun pouvoir réglementaire[1].

Chevaux achetés du 1er au 16 janvier.

549. — La question de savoir si les propriétaires peuvent ne pas déclarer au recensement les animaux qu'ils auraient achetés du 1er au 16 janvier, date de la clôture des inscriptions au registre de recensement, est controversée : de bons esprits estiment que l'obligation existe pour les animaux ou les voitures acquis même postérieurement au 1er janvier. On raisonne ainsi à l'appui de cette opinion :

Si, d'après le décret réglementaire du 2 août, qui a pour but de faciliter l'exécution de la loi, la déclaration des propriétaires doit, autant que possible, être faite du 1er au 31 décembre, de manière que le maire ait quinze jours francs devant lui pour établir son registre et sa liste de recensement, il n'en est pas moins vrai que l'article 37 de la loi dispose formellement que les déclarations peuvent et doivent être reçues jusqu'au 16 janvier. — Le décret réglementaire prescrit lui-même (art. 76) que des tournées de contrôle soient faites du 1er au 16 janvier par le

1. Cf. J. Couchard, *Conscription des chevaux et mulets*, n° 101.

garde champêtre ou autres agents du maire, et que les animaux et voitures non déclarés par les propriétaires soient inscrits d'office par le maire. Il paraît résulter de ces dispositions que l'inscription sur le registre de recensement ne se borne pas aux animaux et voitures déclarés avant le 31 décembre, mais s'étend également à ceux dont l'existence a pu être constatée d'une manière quelconque du 1er au 16 janvier, et dont les propriétaires ne sont pas en mesure de prouver, par la production d'un certificat, qu'ils ont été recensés dans une autre commune.

Quoi qu'il en soit de la question de droit que les tribunaux n'ont pas encore, croyons-nous, été appelés à trancher, il y a un intérêt évident à recenser et, postérieurement, à classer, autant que possible, tous les animaux ayant atteint l'âge légal; on assure ainsi la rapidité de la réquisition en simplifiant la révision préalable des procès-verbaux de classement, cause principale de la difficulté et de la lenteur des opérations.

Les propriétaires qui auraient, du 1er au 16 janvier, fait acquisition de chevaux ou mulets, ou de voitures attelées, agiraient donc prudemment en faisant leur déclaration au maire de leur commune. En suivant ce conseil, ils éviteront tout ennui et ne compromettront en aucune façon leurs intérêts, puisque l'article 45 de la loi soumet à la réquisition les animaux même qui n'ont point été compris dans les opérations du classement et du recensement.

Déclaration des voitures.

550. — L'obligation de la déclaration existe pour les voitures attelées comme pour les animaux, avec la seule différence que le recensement des voitures ne s'opère que tous les trois ans. (L., art. 37; Déc. régl., art. 78 et suiv.) Sous cette réserve, les explications que nous venons de donner au sujet de l'inscription des chevaux et mulets sont applicables à la déclaration des voitures [1].

---

1. En ce qui touche les voitures qui doivent être déclarées, voir plus haut, §§ 359 et sq.

551. — *Inspection et classement.* — *Obligation de conduire ces animaux devant la commission.* — Aucune obligation ne paraît imposée directement pour cette opération aux propriétaires de chevaux et mulets, ni par la loi du 3 juillet 1877, ni par le décret réglementaire du 2 août. Nous avons dit cependant plus haut (§ 403) que ces propriétaires doivent amener les animaux devant la commission chargée, par l'article 38 de la loi, de procéder à l'inspection et au classement. Nous ajoutons que ceux qui négligeraient de le faire tomberaient sous le coup de l'article 52.

En effet, si l'obligation de conduire les chevaux et mulets devant la commission ne résulte point expressément des termes de la loi, elle découle nécessairement de son esprit. Comment la commission pourrait-elle remplir sa tâche s'il lui fallait se transporter chez chaque propriétaire ? L'examen attentif du texte conduit d'ailleurs à la même interprétation. L'article 38 de la loi porte que l'inspection et le classement ont lieu *à l'endroit désigné à l'avance par l'autorité militaire.* Il est bien évident que cette double opération ne peut avoir lieu en cet endroit que si les propriétaires y amènent leurs chevaux et mulets. Nous lisons, en outre, dans l'article 86 du décret du 2 août : « les chevaux et mulets qui, au moment des opérations de la commission de classement, se trouvent dans une autre commune que celle où ils sont inscrits, peuvent être *présentés* à la commune du lieu où ils se trouvent. » Il s'agit donc bien, on le voit, pour le propriétaire, de présenter ses animaux à la commission.

Dans tous les cas, si un arrêté pris par l'autorité compétente et publié dans les formes ordinaires, enjoint aux propriétaires de présenter leurs animaux tel jour et à telle heure, tout intéressé qui ne se conformera pas à ces prescriptions commettra une contravention punie, non point des peines de simple police, mais bien des peines de l'article 52 de la loi du 3 juillet 1877, puisque l'arrêté est pris en exécution de l'article 38 de la même loi.

Or, il faut remarquer que les itinéraires, tracés par les généraux commandant les corps d'armée, sont complétés pour chaque commission par l'indication des dates et heures de réunion dans chaque commune. Ils sont ensuite notifiés aux préfets, qui doivent les porter à la connaissance des propriétaires par affiches ou tout autre mode de publicité, et prévenir ceux-ci qu'ils sont tenus de présenter leurs animaux. La publication qui en est faite est donc la publication de la partie, intéressant chaque commune, d'un arrêté général, et rend, par suite, cet arrêté obligatoire pour les habitants de la commune [1].

C'est ce qu'a décidé le Cour de cassation, sous l'empire de la loi du 1er août 1874, par un arrêt du 22 avril 1875 rendu sur le pourvoi formé contre un arrêt de la cour de Riom en date du 10 mars précédent. La loi du 3 juillet 1877 ayant emprunté à la loi précédente ses principales dispositions, nous sommes autorisé à invoquer cette décision de la Cour suprême en faveur de notre opinion [2].

---

1. Voir : Couchard, *De la Conscription des chevaux et mulets*, n° 13.

2. Nous croyons intéressant de reproduire textuellement ces deux décisions.

Sur l'appel formé contre un jugement du tribunal de Rodez, du 26 février 1875 (*voir* Le Droit, *numéro du* 19 *mai* 1875), *la cour de Riom rendit l'arrêt suivant :*

« La Cour : — Attendu que l'article 2 de la loi du 1er août 1874 indique comment devront opérer les commissions d'examen et de classement des chevaux, mais qu'il n'impose aux propriétaires de ces chevaux aucune obligation, notamment celle de les déplacer et de les présenter devant la commission ;

« Qu'on pourrait rigoureusement induire cette obligation des attributions de la commission elle-même, mais qu'en matière pénale il n'en saurait être ainsi, et qu'il importe que les devoirs de chacun soient nettement déterminés ;

« Attendu que, dans les articles 9 et 12 de la même loi, le législateur s'est montré plus explicite et a clairement formulé les prescriptions auxquelles les propriétaires étaient assujettis, mais qu'il a laissé subsister dans l'article 2 une lacune que le décret du 23 octobre 1874 n'a fait disparaître par aucune de ses dispositions ;

« Attendu qu'on ne peut donc reprocher au prévenu l'infraction d'une obligation qui ne lui était pas imposée ;

« Adoptant, en outre, les motifs des premiers juges, renvoie le prévenu de la poursuite sans dépens. »

Cette décision fut déférée par le ministère public à la Cour de cassation, qui statua en ces termes le 22 avril 1875 :

« La Cour : — Vu le mémoire produit par le procureur général près la cour d'appel de Riom, à l'appui de son pourvoi ;

« Sur l'unique moyen de cassation pris de la fausse interprétation, et, par suite, de la violation des articles 2 et 13 de la loi du 1er août 1874 :

« Attendu que l'arrêt attaqué constate, en fait, que le nommé Friteyre, habi-

La cour de Toulouse (Arrêt du 16 avril 1875 [1]), la cour d'Agen (Arrêts du 5 juillet [2] et du 19 juillet 1876 [3]) et la cour d'Or-

tant un hameau de la commune d'Ambert (Puy-de-Dôme), n'a pas présenté sa jument devant la commission chargée de l'inspection et du classement des animaux recensés en exécution de l'article 1er de la loi susvisée, laquelle commission a fonctionné à Ambert les 9 et 10 décembre 1874; et qu'aux termes de l'article 13, il a été poursuivi pour infraction aux obligations prescrites par ladite loi;

« Attendu que l'arrêt attaqué l'a relaxé des poursuites par le double motif :

« 1° Que la loi n'imposerait pas aux propriétaires l'obligation de déplacer leurs animaux, et de les présenter devant la commission;

« 2° Que, dans tous les cas, il n'est pas établi que Friteyre ait été mis en demeure de le faire;

« Attendu, sur le premier motif, qu'à la vérité l'article 2 de la loi du 1er août 1874 n'énonce pas en termes formels que les propriétaires d'animaux sont tenus de les conduire ou de les faire conduire devant la commission; mais que cette obligation résulte virtuellement du texte et de l'esprit de la loi;

« Attendu, en effet, que la loi du 1er août 1874, relative à la conscription des chevaux, après avoir établi dans l'article 1er le principe général de recensement applicable à tous les chevaux, juments, mulets et mules d'un âge déterminé, porte dans son article 2 : « Chaque année, à des jours indiqués à l'avance, des « commissions mixtes, désignées par le général commandant le corps d'armée, « procèdent autant que possible dans chaque commune, en présence du maire, à « l'inspection et au classement des chevaux, juments, mulets et mules recensés » ;

« Attendu qu'il résulte de ces termes, qu'en procédant à son opération annuelle d'inspection et de classement, laquelle doit atteindre toutes les têtes d'animaux recensés, à moins d'une exception légale, la commission n'est tenue de se rendre dans chaque commune que si la chose est possible;

« Que l'obligation pour les propriétaires du déplacement de leurs animaux découle nécessairement de cette disposition;

« Que le législateur a voulu, autant qu'il a été en lui, ne pas rendre cette nécessité trop onéreuse aux propriétaires, en fixant, autant que possible, le lieu de la réunion de la commission dans chaque commune, mais qu'il n'a pas voulu et n'a pu vouloir imposer à la commission l'obligation, absolument inexécutable, d'inspecter et de classer les animaux en se transportant aux domiciles des divers assujettis;

« Que prêter un tel sens à la loi, ce serait la supprimer, en la dépouillant de tout moyen d'exécution et de toute efficacité;

« Attendu que le sens vrai de la loi ressort encore de la disposition qui exige l'indication, à l'avance, des jours auxquels doit se réunir et fonctionner la commission;

« Que cette indication, portée à la connaissance des citoyens par les voies de publication ordinaires, constitue une mise en demeure légale, et les soumet à l'obligation de conduire ou de faire conduire leurs animaux aux jour et lieu indiqués;

« Que, s'ils s'en dispensent, ils ne se conforment pas aux dispositions de la

1. Voir § 567, en note.
2. Voir § 556, en note.
3. Voir § 566, en note.

léans (Arrêt du 11 juillet 1876 [1]) ont également décidé que les propriétaires étaient obligés de conduire leurs chevaux ou mulets devant la commission.

552. — Le tribunal ne peut admettre d'autres exemptions que celles qui sont spécifiées dans la loi. Ainsi le propriétaire d'un cheval ne peut exciper de sa qualité d'officier de cavalerie de réserve pour prétendre qu'il n'avait pas à le présenter devant la commission de classement. (Tribunal de Melun 7 août 1889.)

553. — En ce qui touche les voitures, aucun doute ne saurait s'élever sur l'obligation des propriétaires ; l'article 41 de la loi du 3 juillet 1877 dispose en effet expressément que les voitures recensées *sont présentées* tout attelées aux commissions mixtes qui arrêtent leur classement.

Animaux n'ayant pas l'âge légal.

554. — Lorsque la matière était régie par la loi de 1874, on se demandait si les propretaires étaient tenus de présenter leurs chevaux qui, bien que non recensés, étaient susceptibles d'être requis. Aujourd'hui, la question ne peut plus se poser, puisque, d'après les termes de l'article 38 de la loi du 3 juillet, le clas-

---

loi et sont, en conséquence, passibles des peines portées par l'article 18 de ladite loi ;

« Attendu que, de tout ce qui précède, il résulte qu'en prononçant le relaxe par le motif de droit ci-dessus relevé, l'arrêt attaqué a faussement interprété les articles 2 et 18 de la loi du 1er août 1874 ;

« Mais, attendu que le second motif suffit à lui seul pour justifier la décision ;

« Qu'en effet, en adoptant les motifs des premiers juges, l'arrêt attaqué a déclaré : « Qu'il n'est pas prouvé que le prévenu Friteyre ait été mis en demeure « de faire conduire sa jument devant la commission » ;

« Que c'est là une déclaration de fait, laquelle est souveraine, alors qu'il n'apparait aucunement au dossier de la justification d'affiches ou autres moyens de publication ;

« Rejette le pourvoi, etc. »

1. Voir § 562, en note.

sement doit comprendre tous les chevaux, juments, mulets ou mules *recensés ou non*, ayant l'âge fixé [1].

555. — Si le maire avait inscrit sur la liste de recensement un animal n'ayant pas atteint l'âge prescrit, cette inscription erronée n'obligerait pas le propriétaire à présenter cet animal devant la commission, puisque l'opération du classement ne s'applique qu'aux chevaux, etc., *ayant l'âge fixé.*

Animaux réformés ou conditionnellement refusés.

556. — Quand un cheval ou mulet a été réformé par une commission de classement, comme impropre au service de l'armée en raison de tares, de mauvaise conformation ou d'autres motifs, le propriétaire de cet animal est dispensé de l'amener devant la commission aux inspections suivantes. Mais il doit présenter le certificat de réforme qui lui a été délivré par le maire, en exécution de l'article 85 du décret réglementaire du 2 août, avec une attestation par écrit de deux propriétaires ou patentables voisins ou d'un vétérinaire constatant que le cheval ou mulet réformé n'a pas été changé. (Déc. régl., art. 85.) Faute de se conformer à cette prescription, le propriétaire serait exposé à être poursuivi en vertu de l'article 52 [2].

---

1. Le ministre disait à ce sujet dans sa circulaire du 27 mars 1876 :
« Le département de la guerre désire que le propriétaire qui a vendu son che-
« val en donne avis soit au maire de sa commune, soit à la commission. L'admi-
« nistration militaire invite aussi le propriétaire qui a vendu son cheval recensé
« et qui en a acheté un autre recensé, à présenter le deuxième animal à la place
« du premier. »

Aujourd'hui, ce n'est plus pour se conformer aux désirs du ministre de la guerre, mais pour obéir à la loi et sous peine d'amende, que le propriétaire doit présenter à la commission le cheval acheté depuis le recensement.

2. Sous le régime de la loi du 1er août 1874, le cour d'Agen, en adoptant d'ailleurs l'interprétation du ministre de la guerre (Circ. du 28 avril 1876), avait décidé, par arrêt du 5 juillet 1876, que les animaux réformés pour tares permanentes étaient dispensés de tout examen ultérieur. Voici le texte de cet arrêt :
« LA COUR : — Attendu que les articles 5 de la loi du 24 juillet 1873 et 2 de la loi du 1er août 1874 imposent aux propriétaires de chevaux âgés de plus de six

557. — Le propriétaire d'un animal réformé peut se dispenser de le représenter, alors même qu'il figurerait sur la liste de recensement. Cette inscription serait en effet le résultat d'une

---

ans, susceptibles d'être utilisés pour les besoins de l'armée, l'obligation de les soumettre à l'inspection d'une commission mixte qui se réunit chaque année, à des jours indiqués à l'avance, dans chaque commune; que l'article 13 de cette dernière loi, qui punit les propriétaires qui ne se conforment pas à ses dispositions, n'est applicable qu'à ceux qui ont été dûment avertis du jour de la réunion de la commission; que la loi, en ne déterminant pas le mode spécial de l'avertissement, considère comme suffisant tout mode de publicité faisant présumer que chaque propriétaire de chevaux a dû facilement connaître l'invitation qui lui était adressée, quoique faite sous la forme collective;

« Attendu que l'arrêté du préfet du Gers, indiquant le samedi 20 mai comme jour du passage de la commission à l'Isle-de-Noé, a été affiché et publié au chef-lieu de ladite commune le dimanche 14 mai; que cet avertissement régulier a été, en principe, suffisant pour mettre les propriétaires de chevaux en demeure de les présenter; — Mais, attendu que la présomption *juris et de jure* qui s'attache à la promulgation des lois et décrets, ne saurait exister lorsqu'il s'agit de la publication d'un avis administratif s'adressant à une catégorie d'habitants, celle-ci ne pouvant produire qu'une présomption de fait qui peut être détruite par la présomption contraire; qu'il est établi que Dupuy se trouvait dans la commune de Mirepoix, canton nord d'Auch, le 13 mai et le dimanche 14 mai, jour de la publication; qu'il n'est rentré chez lui que le lundi 15; qu'il habite à 3 kilomètres du chef-lieu de la commune, où il ne vient habituellement que le dimanche; qu'il a dû ainsi ignorer la convocation faite pour le samedi suivant 20 mai; que de ces circonstances se dégage la preuve que Dupuy n'a pas eu réellement connaissance du passage de la commission; que, par suite, la présomption puisée dans la publicité donnée à l'avis du maire ne peut être invoquée contre lui;

« Attendu, d'un autre côté, qu'aux termes de l'article 5 de la loi du 24 juillet 1873, le recensement prescrit par l'article 1er de la loi du 1er août 1874 ne doit comprendre que des chevaux « susceptibles d'être utilisés pour les besoins de l'armée »; que le décret du 23 octobre 1874 forme (art. 5) les catégories des chevaux exemptés en disant: « En dehors des animaux impropres au service de « l'armée »; que l'instruction spéciale du ministre de la guerre datée du même jour porte: « et les animaux qui sont atteints de tares qui les rendent impropres « à tout service sont définitivement éliminés; » — Attendu qu'un procès-verbal de la commission du recrutement du 7 décembre 1874, dont un original est déposé aux archives de la mairie de l'Isle-de-Noé, constate que la jument du sieur Dupuy a été reconnue impropre à tout service militaire, parce qu'elle était âgée de vingt-deux ans et tarée dans ses membres antérieurs; que, conformément à la loi et aux instructions ministérielles, elle ne devait pas être recensée en 1876; que le recensement « n'étant qu'une indication générale que les maires des com- « munes doivent établir », ne saurait modifier les décisions antérieurement rendues par la commission; qu'il suit de là que Dupuy pouvait ne pas soumettre à un nouvel examen de la commission un animal réformé définitivement en 1874 pour tares permanentes; que le ministre de la guerre a de nouveau reconnu que c'était dans ce sens que la loi devait être interprétée, puisque, le 29 avril 1876, il a adressé à ses agents une circulaire qui déclare que, pour « les animaux défi-

erreur; car l'article 75 du décret du 2 août exclut de la liste de recensement « les animaux qui sont reconnus avoir déjà été réformés ». Or, l'erreur du maire ne peut avoir pour résultat d'enlever au propriétaire le bénéfice d'une exemption accordée par la loi. (Voir l'arrêt de la Cour d'Agen du 6 juillet 1876 cité en note au paragraphe précédent.)

558. — La même solution est applicable aux animaux refusés conditionnellement par une commission de classement pour défaut de taille, à moins que les conditions de taille n'aient été modifiées depuis ce refus. (Déc. régl., art. 75, 5°.)

Animaux présentés dans une autre commune.

559. — La loi de 1874 était muette sur le point de savoir si les chevaux et mulets devaient nécessairement être présentés à la commission d'inspection, dans la commune où ils avaient été recensés. Le garde des sceaux, adoptant l'opinion la plus favorable aux propriétaires, inclinait à penser que cette condition n'était pas obligatoire[1]. Le législateur de 1877, toujours soucieux de concilier les intérêts des populations avec les exigences de notre nouvelle organisation militaire, a disposé expressé-

---

« nitivement impropres à tout service militaire, les propriétaires seront dispensés « de les présenter à l'avenir » ; — Attendu qu'il résulte de ce qui précède que Dupuy n'a pas commis d'infraction à la loi du 1er août 1874 et qu'il est par conséquent en voie de relaxe ; — Par ces motifs, — statuant sur l'appel interjeté par le procureur général, confirme le jugement du tribunal correctionnel de Mirande, en date du 13 juin 1876. »

1. Extrait de la circulaire du ministre de la justice en date du 27 mars 1876 (*Bulletin officiel du ministère de la justice*, 1876, page 55) :

« ...Si le propriétaire d'un cheval recensé a transporté son domicile dans une « autre commune avant les opérations de la commission de classement, doit-il « ramener l'animal à son ancienne demeure pour le présenter à la commission? « La négative m'a paru évidente ; mais on a pensé que le propriétaire dont il « s'agit doit conduire spontanément son cheval à la commission qui siège à son « nouveau domicile. Cette solution me paraît juste : car l'article 2 de la loi ne « dit pas que les animaux présentés à une commission doivent nécessairement « avoir été recensés dans la même circonscription. Cette interprétation peut, il « est vrai, être controversée ; vos substituts devront, le cas échéant, soumettre « la question à l'appréciation des tribunaux. »

ment que les chevaux ou mulets qui, au moment des opérations de la commission de classement, se trouvent dans une autre commune que celle où ils sont inscrits, peuvent être présentés à la commission du lieu où ils se trouvent (Déc. régl., art. 96). Seulement, dans ce cas, le propriétaire est *tenu* de faire parvenir, en temps utile, à la commission du lieu de l'inscription, le certificat qui lui est délivré par la commission et qui constate la décision (*Idem*).

Cette disposition ne saurait donner lieu à aucune difficulté lorsque la commission opère dans la commune où se trouvent les chevaux, avant que l'inspection se fasse dans la commune où ils sont inscrits. Mais, dans le cas contraire, il est matériellement impossible au propriétaire de transmettre, comme l'exige le décret, à la commission du lieu de l'inscription la décision de la commission du lieu où se trouvent les chevaux. Cependant le § 1er de l'article 86 est conçu en termes généraux, et on ne peut, à notre avis, priver le propriétaire de la faculté qu'il lui accorde par le motif que la commune où se trouvent les chevaux est visitée par la commission après celle où ils ont été recensés. C'est ce qu'a également pensé M. le ministre de la justice qui, dans sa circulaire du 10 juin 1878, donne, à cet égard, les instructions suivantes : « Il peut arriver qu'un propriétaire, dont le cheval devait être amené à la commission de classement fonctionnant au lieu de recensement, par exemple, le premier jour des opérations, fasse visiter ce cheval dans une autre commune le dernier jour, c'est-à-dire un mois après. Il convient que, pendant ce temps, il ne soit pas exercé de poursuites, et qu'il n'y ait pas de condamnations prononcées, puisque le propriétaire se trouve dans les délais accordés pour présenter son cheval. » (Voir §§ 422 et 423.)

Chevaux transportés à l'étranger.

560. — La loi de 1877 n'a pas prévu le cas où des chevaux ont été transportés en pays étranger, entre le moment de leur inscription et l'époque du classement.

Il nous semble que, dans ce cas, l'obligation de les présenter n'existe pas; ainsi l'a déclaré le tribunal correctionnel de Paris (11e chambre), le 6 janvier 1881, en relaxant des poursuites une dame qui était partie pour l'Italie avec ses chevaux [1].

Constatation des contraventions par la gendarmerie.

561. — Toutes les infractions sont constatées par la gendarmerie chargée d'assister la commission et d'après les instructions du président. Elle ne doit pas seulement constater

---

1. Voici les termes de ce jugement :

« LE TRIBUNAL,

« Attendu qu'il est constant que la dame R... a, régulièrement, déclaré ses chevaux, à l'époque voulue en 1881, à la mairie de son domicile;

« Qu'il est également constant que la dame R... a quitté Paris au mois d'avril 1881 pour se rendre à Naples. Qu'elle y a emmené ses chevaux qui s'y trouvent encore;

« Que, par suite, les chevaux de la dame R... ne se trouvaient pas sur le territoire français à l'époque où s'est réunie la commission de classement et de révision, dans le lieu habité par elle;

« Et attendu qu'il résulte de la loi du 3 juillet 1877 que les chevaux qui doivent être présentés à la commission de recensement, sont seulement ceux qui se trouvent dans la commune où opère la commission, au jour de la réunion;

« Que l'article 86 du décret du 2 août 1877, rendu en exécution de la loi, indique comment on doit procéder lorsque les chevaux se trouvent au moment des opérations de la commission de classement, dans une commune autre que celle où ils sont inscrits, et prescrit, dans ce cas, de les présenter à la commission du lieu où ils se trouvent;

« Que, dans ce cas, il est délivré au propriétaire des chevaux, un certificat constatant la décision de la commission, certificat qu'on doit faire parvenir en temps utile à la commission, au lieu de l'inscription des chevaux;

« Mais que cette disposition ne peut s'appliquer qu'au cas où les chevaux se trouvent dans une commune de France autre que celle où ils ont été déclarés, et est évidemment inapplicable au cas où les chevaux ont été transportés dans un pays étranger, entre le moment de l'inscription et l'époque de la réunion de la commission de recensement;

« Qu'aucune disposition de la loi n'a prévu cette situation, et que, dans le silence de la loi, il est impossible d'admettre que le propriétaire qui peut vendre ou tuer son cheval sans être tenu de faire aucune déclaration, ne puisse pas l'emmener en pays étranger, alors surtout qu'il est certain, comme dans l'espèce, que ce n'est pas pour échapper aux obligations de la loi que les chevaux ont été emmenés hors de France;

« Qu'il suit de là que la contravention relevée contre la dame R... et déférée au tribunal n'existe pas, cette dame n'ayant pu manquer à une obligation qui, dans l'espèce, ne lui incombait pas;

« Par ces motifs,

« Renvoie la dame R... des fins de la poursuite, sans dépens. » (Tribun. correctionnel de Paris, 11e chambre, 6 janvier 1881. *Gazette des Tribunaux* 7 janvier 1881.)

le fait matériel de la non-présentation des animaux recensés devant la commission de classement; elle a, en outre, à rechercher les causes de ce manquement à la loi. (Décision concertée entre le ministre de la justice et le ministre de la guerre, 4 août 1876. — *Bulletin officiel du ministère de la justice,* 1876, page 132.)

3° *Nature de l'infraction.*

562. — Ce que nous avons dit plus haut (voir § 512) des délits-contraventions nous permet de juger sans difficulté que les manquements à la loi, punis par l'article 52, sont des infractions de cette nature. Ce caractère leur avait été reconnu sous le régime de la loi de 1874 par un arrêt de la cour d'Orléans du 11 juillet 1876; la nouvelle loi laisse subsister les motifs qui ont servi de base à cette décision [1].

---

1. « La Cour : — Attendu qu'aux termes de l'article 2 de la loi du 1er août 1874, chaque année, et à des jours indiqués à l'avance, des commissions mixtes procèdent, autant que possible dans chaque commune, en présence du maire, à l'inspection et au classement des chevaux, juments, mulets et mules recensés;

« Attendu que pour l'exécution de cette mesure, tous les propriétaires d'animaux recensés sont tenus de les présenter à la commission, et qu'ils ne peuvent être exonérés de cette obligation ni par leur bonne foi, ni par l'éloignement de leur domicile, ni par l'ignorance de la convocation, ni par le motif que leurs animaux auraient déjà été refusés;

« Qu'il s'agit en effet d'une de ces lois de police édictées dans un but d'intérêt général et supérieur dont l'infraction constitue, quel que soit le chiffre de l'amende, une contravention matérielle dont le caractère est exclusif de toute intention coupable;

« Qu'il suffit, dès lors, que le jour et l'heure de la convocation aient été régulièrement affichés et publiés dans la commune pour que la non-représentation des animaux par leurs propriétaires tombe sous le coup de l'article 13 de la loi du 1er août 1874, à moins qu'il ne s'agisse d'un cas de force majeure;

« Que les tribunaux ne peuvent donc admettre ou suppléer d'office des moyens d'exemption non indiqués par la loi ou acceptés pour l'avenir par l'autorité militaire, seule chargée d'assurer l'exécution pratique de ses dispositions;

« Pour Azay-sur-Cher :

« Attendu, en fait, que l'affichage et la publication à son de trompe et de caisse de l'arrêté fixant le jour et l'heure de la convocation des propriétaires d'animaux devant la commission de classement pour le 23 mai 1876, ont eu lieu dans la commune d'Azay-sur-Cher d'une manière régulière;

« Que le sieur X... n'a point présenté son cheval à la commission et qu'il invoque vainement l'éloignement de son domicile;

« Que le sieur Z... n'a pas non plus présenté son cheval à la commission et

4° *Excuses que le tribunal peut admettre.*

563. — Étant donné le caractère de l'infraction, nous savons que les juges ne peuvent accueillir d'autres causes d'excuse que celles tirées de la non-publicité ou de la force majeure. (Voir § 514.) Les prévenus allégueraient et prouveraient en

---

qu'il invoque vainement son absence de sa maison où se trouvaient d'ailleurs sa femme et son domestique ;

« Pour Saint-Paterne :

« Attendu, en fait, que l'affichage et la publication à son de trompe et de caisse de l'arrêté fixant le jour et l'heure de la convocation pour le 20 mai 1876, ont eu lieu dans la commune de Saint-Paterne d'une manière régulière ;

« Que le sieur A... n'a point présenté son cheval et qu'il invoque vainement l'éloignement de son domicile ;

« Que le sieur B... invoque vainement une déclaration de la commission de l'année dernière constatant que son cheval était impropre au service militaire, puisqu'aux termes d'une circulaire ministérielle du 29 avril 1876 cette cause d'exemption ne devient applicable qu'en 1877 (cette excuse est aujourd'hui légalement admise ; voir § 556) ;

« Par ces motifs, la Cour, statuant sur l'appel du ministère public,

« Infirme le jugement du Tribunal correctionnel de Tours, du 10 juin 1876 ; par suite, déclare les sieurs X..., Z..., A..., B..., convaincus de n'avoir pas présenté leurs chevaux à la commission de classement réunie à Azay-sur-Cher et à Saint-Paterne, et comme tels les condamne chacun à 50 francs d'amende et aux dépens. »

On lira avec intérêt le passage suivant d'une note insérée à l'occasion de cette décision dans la *Gazette des Tribunaux* (numéro du 6 septembre 1876) ; elle confirme pleinement notre interprétation :

« Il s'agit là d'une contravention, non de celles prévues par le Code pénal et « punies d'une peine de simple police, mais d'une contravention résultant d'une « loi spéciale réglementant une matière d'intérêt général et d'ordre public, et « dont l'infraction physique et matérielle, une fois constatée, rend passible d'une « peine correctionnelle, abstraction faite de la bonne foi et de l'intention crimi- « nelle. C'est l'application du principe si clairement exposé par M. l'avocat gé- « néral Blanche dans son commentaire de l'article 1er du Code pénal (*Études pra- « tiques*).

« Telle est la théorie de la cour d'Orléans dans l'arrêt que nous citons. En sta- « tuant comme elle l'a fait, elle nous paraît s'être conformée à la saine doctrine. « Sans doute, il peut paraître regrettable qu'une amende de 50 francs, au moins, « soit la conséquence forcée d'un simple oubli ou d'une négligence, excusable « en elle-même ; mais la loi est ainsi faite. Elle est obligatoire pour tous. Ouvrir « le champ libre aux appréciations diverses que peuvent soulever les nombreux « cas d'excuse présentés devant les tribunaux, ce serait rendre l'exécution de la « loi presque impossible, et la règle ne tarderait pas à fléchir devant l'exception. »

vain leur bonne foi [1] ou leur ignorance ; les juges ne pourraient, en présence du fait constaté, se dispenser d'appliquer la peine prononcée par la loi.

---

1. Cour d'appel de Nimes. — Audience du 20 août 1883.

« La Cour,

« Attendu qu'aux termes de l'article 52, § 1er, de la loi du 3 juillet 1877, tout propriétaire de chevaux susceptibles d'être requis pour le service militaire, qui ne s'est pas conformé aux dispositions du chapitre VIII de ladite loi, en les présentant à la commission de classement aux jour et heure indiqués dans les publications et affiches de l'autorité administrative, est passible d'une amende de 25 à 1,000 fr. ;

« Attendu que les propriétaires de la commune de Viviers avaient été régulièrement avertis que la commission procéderait, le 8 juin 1883, à Viviers, à l'examen et au classement des chevaux recensés ;

« Attendu qu'il résulte du procès-verbal dressé par la gendarmerie que Mgr Bonnet, évêque de Viviers, n'a pas fait présenter ses chevaux devant la commission ;

« Qu'il avait, il est vrai, prévenu le maire de la commune qu'il ne pourrait se trouver ledit jour à Viviers, parce qu'il serait en tournée pastorale dans son diocèse, mais qu'aux termes de l'article 86 du décret portant règlement d'administration publique pour l'exécution de la loi du 3 juillet 1877, il avait la faculté de faire présenter ses chevaux dans toute autre commune où devait se rendre la commission ;

« Que plusieurs propriétaires qui, comme lui, ne se sont pas présentés le 8 juin à Viviers ont satisfait à la loi, le 9 et le 11 de ce mois, dans les communes d'Apt et du Teil ;

« Attendu que le fait imputé constitue une infraction à une loi de police et d'administration ;

« Que, bien qu'il soit passible d'une amende supérieure à 15 fr. et justiciable d'une autre juridiction que celle de la simple police, il n'en a pas moins le caractère d'une contravention ;

« Attendu qu'en matière de contravention, la criminalité de l'intention n'est pas nécessaire pour entraîner l'application de la loi pénale ;

« Qu'il suffit que le fait soit matériellement constaté ;

« Que le texte de la loi ne laisse aucun doute à cet égard ;

« Qu'il résulte incontestablement du rapprochement du 1er et du 2e paragraphe de l'article 52 précité que les faits auxquels le premier s'applique, et le défaut de présentation des chevaux à la commission est de ce nombre, sont punissables lors même que leur auteur n'a pas agi sciemment ;

« Attendu que Mgr Bonnet ne prétend pas se trouver dans l'un des cas d'exception prévus par l'article 40 de la loi ;

« Qu'il s'était en effet jusqu'à ce jour conformé à ces prescriptions en déclarant ses chevaux et en les présentant à la commission de classement ;

« Que sans doute, si un cas de force majeure est un obstacle à l'accomplissement de cette obligation, aucune peine ne serait applicable ; mais qu'aucun fait ayant ce caractère n'est allégué, qu'il ne suffit pas en effet de dire : Mgr Bonnet était en tournée pastorale le 8 juin, et son itinéraire ne coïncidait pas avec celui de la commission ;

« Que cette circonstance, si elle était de nature à rendre plus gênante l'obliga-

564. — Dans la pratique, le garde des sceaux a cru devoir apporter un tempérament à la rigueur de ce principe. Usant du pouvoir de direction qui lui appartient, il recommande aux magistrats des parquets de tenir compte, dans les poursuites, de la bonne foi du délinquant. C'est du moins en ce sens que nous paraît devoir être interprétée la décision suivante du 4 août 1876, concertée avec le ministre de la guerre et insérée au *Bulletin officiel du ministère de la justice* (1876, page 132) :

« Après les constatations de la gendarmerie ou même après y « avoir suppléé, les magistrats ont encore leur pouvoir ordinaire « d'appréciation .... — En prescrivant de n'admettre, sous au- « cun prétexte, l'excuse tirée de l'absence d'avertissement in- « dividuel, la circulaire du 27 mars 1876 n'a modifié en aucune « manière les instructions précédentes, et elle ne fait nullement « obstacle à ce qu'il soit tenu compte de ce que l'avertissement « général n'a pu parvenir, par suite de force majeure, à la con- « naissance de telle ou telle personne. »

Défaut de publicité.

565. — La non-publicité étant la cause d'excuse le plus fréquemment invoquée, et donnant lieu à quelques difficultés d'interprétation, examinons dans quel cas les prévenus sont fondés à prétendre qu'il n'y a pas eu publicité suffisante.

Pour le *recensement*, on pourrait soutenir qu'aucun avis préalable, qu'aucune publicité n'est nécessaire, que la loi met elle-même les propriétaires en demeure de faire leur déclaration à la

---

tion imposée par la loi, ne créait pas cependant un empêchement absolu à la présentation des chevaux ;

« Que cette présentation aurait pu d'ailleurs être faite pendant le mois de mai, où les visites pastorales n'ont occupé que deux jours ;

« Attendu dès lors qu'il suit de ce qui précède que Mgr Bonnet a contrevenu aux prescriptions de la loi du 3 juillet 1877, article 38, et à l'article 2 de l'arrêté du préfet de l'Ardèche dûment affiché ;

« Qu'il a par ce fait encouru la peine édictée par l'article 52 de cette loi ;

« Par ces motifs,

« Condamne Mgr Bonnet à la peine de 25 fr. d'amende et aux frais. »

mairie et qu'elle indique l'époque précise à laquelle cette déclaration doit être faite. Mais l'article 74 du décret réglementaire, qui détermine cette époque, portant que le maire doit faire publier, au commencement de décembre, un avertissement adressé à tous les propriétaires de chevaux ou mulets pour les informer qu'ils doivent se présenter à la mairie avant le 1er janvier, l'administration paraît en induire que cet avertissement est obligatoire et admettre qu'en l'absence de l'avis du maire le propriétaire qui ne ferait point sa déclaration ne saurait être poursuivi. (Circ. du min. de la guerre 20 octobre 1877 et 25 octobre 1878.) A notre avis, les textes pourraient être plus rigoureusement interprétés, et si, dans une commune, le maire négligeait d'avertir les propriétaires, ceux-ci cependant agiraient prudemment en venant d'eux-mêmes faire inscrire les animaux qu'ils possèdent.

Dans tous les cas, il suffit que l'avertissement soit publié à l'avance; il a lieu par voie d'affiches; aucune autre publication n'est obligatoire. Le maire n'est donc nullement tenu d'envoyer aux propriétaires des avis individuels. (Voir § 346.)

566. — *Classement.* — En ce qui touche le classement, les propriétaires ne peuvent être poursuivis pour n'avoir point présenté leurs chevaux, mulets ou voitures à la commission que s'ils ont été avisés du passage de cette commission dans la commune. Ni la loi, ni le décret réglementaire ne déterminent dans quelle forme doit être donné cet avertissement, mais on a vu plus haut (voir § 375) que, d'après les instructions du ministre de la guerre, il a lieu par voie d'affiches indiquant l'itinéraire de la commission fixé par arrêté du préfet. Ces affiches doivent être apposées dans la commune huit jours au moins avant l'arrivée de la commission.

Dans les contrées où beaucoup de communes très importantes se composent d'habitations éparses ou réunies par groupes distants les uns des autres de plusieurs kilomètres, et reliés par des chemins difficilement praticables, la publicité donnée à la convocation a lieu par voie d'affichage, non seulement à la porte de la mairie, mais dans chacun des groupes d'habitations les plus importants. (Décision concertée entre le ministre de la justice et le ministre de la guerre 4 août 1876. — *Bulletin officiel du ministère de la justice*, 1876, page 132.)

567. — Légalement, il suffit que l'avertissement ait reçu la publicité habituellement donnée, suivant les usages locaux, aux arrêtés de police du préfet ou du maire pour que les contrevenants ne soient point excusables. En aucun cas, ils ne pourraient se prévaloir de ce qu'un avertissement individuel ne leur aurait pas été adressé [1].

La loi porte, en effet, uniquement que l'inspection et le classement ont lieu dans chaque commune à l'*endroit désigné à l'avance* par l'autorité militaire. Sous le régime de la loi de 1874, qui disposait (art. 2) : « Chaque année et à *des jours indiqués à l'avance*, des commissions... procèdent... à l'inspection et au classement et... », il a été jugé que l'obligation de présenter les chevaux à l'inspection n'était pas subordonnée à la condition que le propriétaire ait reçu une notification individuelle du jour de la réunion de la commission ; qu'il suffisait qu'il ait existé un avertissement collectif résultant d'un arrêté préfectoral affiché et publié plusieurs jours à l'avance.

La cour de Toulouse s'est prononcée formellement en ce sens par un arrêt du 16 avril 1875 [2], ainsi que la cour d'Agen par

---

1. C'est ce que faisait ressortir la circulaire du garde des sceaux du 27 mars 1876 (*Bulletin officiel du ministère de la justice*, 1876, page 55), qui s'exprimait à cet égard dans les termes suivants :

« Vos substituts ne devront, sous aucun prétexte, admettre la prétention qu'un « avertissement individuel devrait être adressé à chaque propriétaire. Aux termes « de l'article 2 de la loi, complété par la circulaire de M. le ministre de la guerre « en date du 28 octobre 1874, il suffit que les intéressés aient été prévenus trois « jours à l'avance (aujourd'hui *huit*), soit par voie d'affiche, soit par tout autre « moyen de publicité. Les parquets devront, à moins de circonstances exception- « nelles, prendre pour règle cette décision ministérielle. »

2. « LA COUR : — Attendu que, par jugement du tribunal de Moissac, en date du 24 février dernier, Laporte a été condamné à 50 fr. d'amende, par application de l'article 2 de la loi du 1er août 1874, pour n'avoir pas, le 7 décembre, à Ma-

arrêts des 5 juillet 1876 (Dupuy[1]) et 19 juillet 1876 (Bonneval[2]).

lauze, bien que régulièrement averti, présenté des chevaux âgés de plus de six ans à la commission de recrutement réunie dans la commune de Malauze, et s'être ainsi rendu passible de la peine portée par l'article 18 de ladite loi; — Attendu que Laporte a relevé appel de ce jugement et qu'il demande sa relaxe, en se fondant : 1° sur ce qu'il n'aurait pas été régulièrement averti et convoqué; 2° sur ce qu'en fait il n'aurait pas eu connaissance de l'avis affiché et publié par le maire de Malauze pour notifier le jour de la réunion de la commission de recrutement aux propriétaires de sa commune et les inviter à présenter leurs chevaux à l'examen de cette commission; et que, par suite, s'étant trouvé dans l'impossibilité de satisfaire aux prescriptions de l'article 2 de la loi du 1er août 1874, c'est à tort qu'il a été reconnu coupable de les avoir enfreintes;

« Sur le premier moyen d'appel : — Attendu que l'article 2 de la loi précitée impose à tous les propriétaires de chevaux âgés de plus de six ans, l'obligation de les soumettre à l'inspection d'une commission mixte qui se réunit, chaque année, à des jours indiqués à l'avance, autant que possible dans chaque commune en présence du maire; — Attendu que la peine attachée par l'article 18 de ladite loi à l'infraction de cette prescription n'est évidemment applicable qu'aux propriétaires de chevaux régulièrement avertis par l'autorité administrative du jour où la commission se réunit et qui, mis ainsi en demeure de présenter leurs chevaux, n'ont pas obéi à cette notification; — Attendu, quant à la forme de l'avertissement, que la loi n'ayant déterminé aucun mode spécial, il faut en induire que, pour être régulière, il n'est pas nécessaire que la notification soit directe et individuelle, comme le prétend Laporte, et qu'il suffit qu'elle soit telle que chacun des propriétaires qu'elle met en demeure ait toute facilité de la connaître; qu'elle peut donc être collective, et que, dès lors, l'avis affiché et publié par le maire de Malauze, pendant deux dimanches consécutifs, doit être considéré comme un avertissement régulier faisant présumer que l'invitation adressée à l'ensemble des propriétaires de chevaux de la commune a été connue de chacun d'eux, et que de la sorte Laporte a été régulièrement averti; — Qu'il suit de là qu'il n'y a pas lieu de s'arrêter au premier moyen d'appel;

« Sur le deuxième moyen, tiré de ce qu'en fait Laporte n'aurait pas connu le jour de la réunion de la commission indiqué dans l'avis publié par le maire de Malauze; — Attendu que la publication d'un avis administratif s'adressant à une catégorie d'habitants ne saurait établir contre eux la présomption *juris et de jure* qui s'attache à la promulgation des lois et règlements, mais qu'il en résulte simplement une présomption de fait qui doit céder à la preuve ou à la présomption contraire; — Attendu que, pour combattre la présomption résultant contre lui de l'avis publié par le maire et établir qu'en réalité il n'a pas eu connaissance de cet avis, Laporte a allégué devant les premiers juges et qu'il soutient devant la Cour, sans être contredit par l'instruction ou les débats, qu'il est forcé, par l'exercice de sa profession d'entrepreneur, de s'éloigner presque constamment de son domicile, et que, chaque dimanche (seul jour de la semaine où il n'est pas occupé à travailler ou faire travailler ses ouvriers), il est dans l'habitude de se rendre dans les communes voisines, soit pour conclure des traités, soit pour régler des comptes ou pour tous autres actes de même nature; qu'en fait, le 7 décem-

1. Voir 556, en note.
2. Voir § 568, en note.

La Cour de cassation a confirmé cette jurisprudence par un arrêt du 1er décembre 1876 (Liottard[1]).

568. — Si l'avis a été régulièrement donné et publié, cette publication ne constitue pas seulement une présomption de fait pouvant être combattue par la preuve contraire, mais une mise en demeure absolument obligatoire en face de laquelle les contrevenants ne sont point admis à soutenir que l'avertissement n'est pas parvenu à leur connaissance.

Cette interprétation, qui a définitivement prévalu, n'avait point été partout admise lors de l'application de la loi de 1874.

---

bre, jour de la réunion de la commission, et les deux dimanches 29 novembre et 6 décembre, pendant lesquels a eu lieu la publication de l'avis du maire, il était, pour les causes susindiquées et non par suite d'une négligence qui pût lui être imputée à faute, absent de la commune de Malauze, et qu'il a ainsi complètement ignoré la réunion de la commission et la convocation qui l'a précédée ; — Attendu, à la vérité, que la publicité donnée à l'avis du maire, pendant deux dimanches consécutifs, rend peu vraisemblable l'ignorance alléguée par Laporte, mais que cette invraisemblance n'est qu'une simple présomption qui doit céder à la présomption contraire, résultant de l'absence de Laporte, justifiée par les motifs ci-dessus déduits ; que cette dernière présomption doit d'autant plus être admise en faveur de Laporte, qu'aussitôt qu'il a appris que la commission de recrutement s'était réunie à Malauze et qu'il était en défaut de lui avoir présenté ses chevaux, il s'est empressé d'écrire à M. le sous-préfet de Moissac pour lui offrir de les soumettre à l'inspection de toute autre commission réunie dans les communes voisines, aux jour et heure qu'il lui plairait lui fixer ;

« Attendu que, dans ces circonstances, Laporte n'a pas été convaincu d'avoir, sciemment, contrevenu à l'article 2 de la loi du 1er août 1874, et que l'omission qui lui est reprochée et qui sert de base à la prévention ne constitue pas l'infraction pour laquelle il a été condamné ; que, dès lors, il se trouve en voie de relaxe ;

« Par ces motifs, — Disant droit sur l'appel interjeté par Laporte, envers le jugement du tribunal correctionnel de Moissac, en date du 24 février dernier, — Réforme, renvoie Laporte des fins de la poursuite. »

1. « La Cour : — Sur le premier moyen du pourvoi tiré de la violation de l'article 13 de la loi du 1er août 1874 ; — Vu ledit article, l'article 65 du Code pénal et l'avis du Conseil d'État du 25 prairial an XIII ; — Attendu que, par arrêté du 4 mai 1876, le préfet de la Drôme a prescrit aux propriétaires de chevaux de ce département de les présenter, dans le courant des mois de mai ou de juin, aux jour et heure qu'il a indiqués pour chaque commune, à la commission désignée pour procéder, en 1876, à leur inspection et à leur classement, en exécution de l'article 2 de la loi ci-dessus visée ; que cet arrêté convoquait pour le 2 juin, à six heures du matin, au chef-lieu de la commune, les propriétaires de chevaux de Saint-Jean-en-Royans ; qu'il a été affiché en deux exemplaires, le 8 mai, sur la voie publique de Saint-Jean ; qu'il a, en outre, été publié à son de caisse, le 1er juin, dans les rues et faubourgs de cette commune ; — Attendu que Liottard,

La cour de Toulouse, dans un arrêt du 16 avril 1875[1], avait déclaré non coupable un propriétaire qui n'avait pas présenté ses chevaux à la commission, pour le motif que ses affaires l'appelant le dimanche hors de sa commune, il avait pu ignorer l'avis du maire qui avait été publié deux dimanches consécutifs.

La cour d'Agen, dans son arrêt du 5 juillet 1876, rapporté plus haut[2], ne se croyait pas fondée à invoquer la présomption puisée dans la publicité donnée à l'avis du maire contre un prévenu qui établissait son absence de la commune le jour de la publication. Un autre arrêt, rendu également par la cour

---

qui demeure aux Charrançons, territoire de Saint-Jean-en-Royans, n'a pas, au jour et à l'heure indiqués, présenté à la commission d'inspection une jument dont il est propriétaire; que, pour ne pas l'avoir fait, il a été poursuivi devant la juridiction correctionnelle; que l'arrêt attaqué l'a renvoyé des poursuites, par le motif qu'il a ignoré la convocation du préfet; — Attendu qu'aux termes de l'avis du Conseil d'État du 25 prairial an XIII, les décrets impériaux qui ne sont pas de nature à être insérés au *Bulletin des lois* sont obligatoires lorsqu'ils ont été portés à la connaissance des citoyens par publications ou affiches, aussi bien que lorsqu'ils ont été notifiés individuellement à ceux qu'ils concernent; que cette disposition s'applique, par identité de raisons, aux arrêtés des maires et des préfets; que la loi du 1er août 1874 n'y déroge pas, en ce qui concerne les arrêtés pris par les préfets pour l'exécution de son article 2; que celui du préfet de la Drôme du 4 mai 1876, publié à Saint-Jean-en-Royans, ainsi qu'il a été dit plus haut, y a été rendu obligatoire par cette publication; — Attendu que, lorsque des arrêtés prescrivant des mesures d'administration ou de police ont été légalement publiés, ceux qui ne s'y conforment pas, encourent, bien qu'ils en aient ignoré l'existence, les peines édictées par la loi; qu'il n'y a pas à distinguer, sous ce rapport, entre les infractions auxdits arrêtés qui sont punies des peines correctionnelles et celles qui sont punies de peines de simple police; que le délit ou la contravention existe par cela seul que les prescriptions de l'arrêté n'ont pas été exécutées; — Attendu que l'article 13 de la loi du 1er août 1874 frappe d'une amende, dans son paragraphe 1er, quiconque ne se conforme pas à cette loi, sans distinction, tandis qu'il ne punit dans son paragraphe 2 ceux qui ont fait de fausses déclarations qu'autant qu'ils les ont faites sciemment; qu'il résulte encore du rapprochement de ces deux paragraphes que les faits auxquels le premier s'applique sont punissables lors même que leurs auteurs n'ont pas agi sciemment; — Attendu, dès lors, que l'arrêt attaqué a violé ledit article 13, en refusant d'en faire l'application à Liotlard, par le motif que cet individu n'a pas connu l'arrêté préfectoral du 4 mai 1876; — Par ces motifs, et sans qu'il soit besoin d'examiner les autres moyens proposés, casse et annule l'arrêt rendu le 14 juillet 1876, par la cour d'appel de Grenoble.

Du 1er déc. 1876. — Ch. crim. MM. de Carnières, prés.; Thiriot, rapp.; Desjardins, av. gén. (concl. conf.).

1. Voir § 567, en note.
2. Voir § 556, en note.

d'Agen, le 19 juillet 1876[1], posait en principe qu'avant d'appliquer la peine à un propriétaire convaincu d'avoir contrevenu à la loi, il convenait d'examiner s'il avait été réellement mis en demeure de présenter ses animaux et s'il avait eu connaissance de l'avertissement régulièrement publié et affiché dans la commune plusieurs jours à l'avance. Enfin, la cour de Grenoble s'était prononcée dans le même sens, dans un arrêt du 14 juillet 1876.

Mais la doctrine contraire avait été admise par un arrêt de la cour d'Orléans du 11 juillet 1876, conçu en ces termes : « Attendu que, pour l'exécution de l'article 2 de la loi du 1er août 1874, tous les propriétaires d'animaux recensés sont tenus de les présenter à la commission et qu'ils ne peuvent être excusés de cette obligation ni par leur bonne foi, ni par l'éloignement

---

1. « La Cour : — Attendu qu'il ressort virtuellement des termes de la loi du 1er août 1874 que les propriétaires de chevaux âgés de plus de six ans et susceptibles d'être utilisés pour les besoins de l'armée, sont tenus de les conduire ou faire conduire devant la commission chargée de procéder à leur inspection et à leur classement ; que cette commission ne devant, en effet, faire son opération annuelle dans chaque commune que si la chose est possible, et pouvant, par suite, l'exécuter dans une commune autre que celle où se trouvent les chevaux recensés, il faut en induire que les propriétaires sont obligés de présenter leurs animaux ; — Attendu qu'il est évident que cette loi ne punit, par l'article 18, que ceux qui, ayant été dûment avertis du jour de la réunion de la commission, ne se conforment pas à ses dispositions ; qu'en ne déterminant pas un mode spécial de publicité, elle a admis la voie de la publication administrative ordinaire ; que cette publication ne constitue qu'une présomption de fait qui peut être combattue par la preuve contraire ; que, dès lors, il y a lieu d'examiner si le sieur Bonneval, étant dans l'obligation de soumettre son cheval à l'inspection de la commission, a été réellement mis en demeure de le faire ; — Attendu qu'il est constant que l'arrêté du préfet de Lot-et-Garonne, indiquant le 15 mai 1876 comme jour de passage de la commission, a été régulièrement, plusieurs jours à l'avance, affiché et publié à Bouglon ; que tout fait présumer que, comme tous les autres habitants de cette commune, Bonneval a eu connaissance de cet avertissement collectif ; qu'il reconnait, d'ailleurs, qu'il a appris le 15 mai, vers midi, que la commission devait commencer à opérer à trois heures ; que son habitation, n'étant séparée de Bouglon que par 1,500 mètres, il a eu tout le temps nécessaire pour lui présenter son cheval ; que vainement il allègue qu'il l'a conduit le lendemain à Argenton devant ladite commission, qui aurait refusé de le visiter ; que celle-ci n'avait pas à comprendre dans le classement de la commune d'Argenton un cheval recensé à Bouglon ; — Qu'il est donc manifeste que Bonneval a commis, par négligence ou autrement, l'infraction punie par l'article 18 de la loi du 1er août 1874 ; — Par ces motifs, — Infirme le jugement du tribunal de Marmande, etc.

de leur domicile, *ni par leur ignorance de la convocation*, ni par le motif que leurs animaux auraient déjà été recensés ; — Qu'il s'agit en effet, d'une de ces lois de police édictées dans un but d'intérêt général et supérieur, dont l'infraction constitue, quel que soit le chiffre de l'amende, une contravention matérielle dont le caractère est exclusif de toute intention coupable ; — *qu'il suffit dès lors, que le jour et l'heure de la convocation aient été régulièrement affichés et publiés dans la commune pour que la non-représentation des animaux par les propriétaires tombe sous le coup de l'article 13 de la loi du 1er août 1874, à moins qu'il ne s'agisse d'un cas de force majeure* ; que les tribunaux ne peuvent, dès lors, admettre ou suppléer d'office des moyens d'exemption non indiqués par la loi ou acceptés pour l'avenir par l'autorité militaire, seule chargée d'assurer l'exécution pratique de ses dispositions... »

Un arrêt de la Cour de cassation du 1er décembre 1876 [1], infirmant l'arrêt précité de la cour de Grenoble du 14 juillet précédent, a déclaré que cet arrêt violait l'article 13 de la loi

1. En rapportant cette décision dont nous avons donné le texte plus haut (Voir § 567, en note), dans le *Recueil périodique* de Dalloz (1877, 1, 505), l'arrêtiste le fait suivre des observations suivantes :

« Cette doctrine parait conforme tant aux principes qu'aux termes de l'avis du Conseil d'État des 12-25 prairial an XIII, d'après lequel les décrets du Chef de l'État non insérés au *Bulletin des lois* sont obligatoires lorsqu'ils ont été portés à la connaissance des citoyens par la voie des publications ou des affiches, tout aussi bien que lorsqu'ils sont notifiés individuellement aux intéressés (voir *Jurisp. gén.*, vo *Lois*, no 164). Les motifs qui ont fait admettre cette règle, en ce qui concerne les décrets du Chef de l'État, sont également vrais à l'égard des arrêtés pris, dans la limite de leurs pouvoirs, par les préfets et les maires. Lorsque des arrêtés, prescrivant des mesures d'administration ou de police, ont été légalement publiés, l'ignorance ne peut servir d'excuse aux contrevenants, et ces derniers n'en sont pas moins passibles des peines édictées par la loi. (Voir *ibid.*, vis *Org. administr.*, no 351 ; *Règlement administr.*, nos 86 et suiv.) Il n'y a aucune raison pour s'écarter de ces principes dans la matière spéciale régie par la loi du 1er août 1874.

« Le rapprochement entre les deux alinéas de l'article 13 de cette loi met d'ailleurs hors de doute l'intention du législateur. Le second alinéa, relatif aux fausses déclarations, ne punit cette infraction qu'autant qu'elle a lieu sciemment. Or, cette condition n'étant pas exprimée dans la disposition du premier alinéa, on en doit conclure qu'elle n'est pas nécessaire lorsqu'il s'agit d'infractions autres que des fausses déclarations. »

du 1er août 1874 (remplacé par l'article 52 de la loi de 1877) en refusant d'en faire l'application au contrevenant, par le motif que celui-ci n'aurait point connu l'arrêté préfectoral fixant l'itinéraire de la commission qui avait été affiché et publié à son de caisse dans la commune. Cette décision de la Cour suprême mettra fin, pensons-nous, à toute controverse sur cette question.

C'est, du reste, en conformité de cet arrêt que la cour d'appel de Paris a condamné à 25 fr. d'amende un officier d'artillerie, propriétaire de chevaux en dehors de son cheval réglementaire, qui ne les avait pas présentés à la commission de classement et qui arguait de son ignorance de l'arrêté préfectoral [1].

569. — Mais si la condamnation doit nécessairement être

---

1. « La Cour,

« Considérant que Dehaive, comte de Cambacérès, est lieutenant au 11e d'artillerie en garnison à Versailles ; qu'il possède quatre chevaux ; que si, à raison de son grade, il doit avoir un cheval affecté au service militaire, trois chevaux sont soumis aux prescriptions de la loi du 3 juillet 1877 ;

« Qu'aux termes de l'article 38 de ladite loi, trois chevaux devaient donc être présentés à la commission de classement et de recensement des chevaux à Versailles ;

« Considérant qu'à la date du 11 mai, des affiches avaient été apposées à Versailles indiquant que les propriétaires de chevaux devaient présenter ceux-ci à un jour déterminé, le 8 juin 1885 ;

« Qu'en vain le lieutenant de Cambacérès prétend, qu'absent pour son service du 15 mai au 21 juin, il a été dans l'impossibilité de présenter ses chevaux, ainsi qu'il était tenu de le faire ;

« Considérant que si le lieutenant Cambacérès a été absent pour des exercices de tir et de manœuvres auxquelles chaque année se livrent les régiments d'artillerie, il n'a pas changé son domicile ni sa résidence, qui ont toujours été Versailles, lieu où le 11e régiment d'artillerie n'a cessé de tenir garnison ;

« Que si le prévenu est parti pour le camp d'Auvours avec quatre chevaux, il n'avait qu'un seul cheval réglementaire ; que s'il pouvait, après autorisation accordée, présenter les trois autres chevaux qu'il possédait à une commission autre que celle de Versailles, il ne pouvait soustraire ces animaux aux obligations auxquelles ils étaient soumis ;

« Considérant qu'il ne peut arguer de l'ignorance de l'arrêté préfectoral ordonnant l'affichage ;

« Qu'en fait rien n'établit que le comte de Cambacérès qui, à Versailles même, s'était déjà antérieurement soumis à un arrêté pareil, a ignoré l'arrêté précité ;

« Que l'eût-il même ignoré, sa situation légale n'en serait en rien modifiée ;

« Par ces motifs,

« Réformant la décision des premiers juges et faisant application de l'article 52 de la loi du 3 juillet 1877, condamne Dehaive, comte de Cambacérès, à 25 francs d'amende et aux frais. » (4 sept. 1885.)

prononcée quand l'avertissement a été publié, le propriétaire qui n'a point présenté ses chevaux ou mulets échappe à toute pénalité s'il n'a point été mis en demeure par la publication de l'avis. C'est ce qu'a jugé la Cour de cassation dans son arrêt du 22 avril 1875 [1].

Ajoutons avec cet arrêt que le point de savoir si le propriétaire a été mis en demeure est une question de fait soumise à l'appréciation souveraine de la cour d'appel, à moins toutefois que n'apparaisse la justification d'affiches ou d'autres moyens de publication.

Force majeure.

570. — Le propriétaire qui établit qu'un cas de force majeure l'a seul empêché de se conformer aux prescriptions de la loi ne tombe pas sous le coup de l'article 52. Nous avons expliqué plus haut (voir § 519) ce que l'on doit entendre par force majeure et quelles sont les circonstances qui la caractérisent ; ces explications sont applicables à l'hypothèse qui nous occupe [2].

---

1. Voir § 551, en note.

2. La Cour d'Orléans a jugé qu'il n'y a pas force majeure dans le fait qu'au moment du passage de la commission dans la commune où il avait été averti de présenter son cheval, le propriétaire avait cessé de résider dans cette commune pour aller habiter dans une autre commune où les opérations de la commission étaient terminées avant son arrivée (27 nov. 1833, Leconte).

Le tribunal correctionnel de Périgueux a vu, au contraire, un cas de force majeure dans le fait que le propriétaire du cheval l'avait loué à un voyageur dont l'adresse était inconnue. Voici les termes de cette décision qui porte la date du 31 août 1881 :

« Le Tribunal,

« Attendu que la commission chargée du classement des chevaux, juments, mules et mulets, a fonctionné, au cours de la présente année, dans la circonscription dont Périgueux dépend, du 15 mai au 15 juin ; qu'à Périgueux même elle s'est réunie rue Francheville, les 2, 3, 4 et 7 juin, et que le 8 juin elle est allée à Marsac ;

« Que d'après les renseignements fournis par l'adjudant de gendarmerie, entendu à l'audience d'hier, Texier, qui est marchand de cuirs à Périgueux et en même temps loue ses chevaux, a comparu devant la commission réunie en ladite ville les 4 et 7 juin, pour expliquer que deux de ses chevaux étaient en route ;

« Que, pour l'un d'eux, qui s'est trouvé de retour le 8 juin, il s'est mis en

Non-cumul des peines.

571. — La Cour de cassation, tout en reconnaissant maintenant que les infractions appelées contraventions-délits ne sont en réalité que des contraventions, décide toutefois que le prin-

---

règle ce jour-là, à Marsac, en le présentant à la commission réunie dans cette localité ;

« Qu'il est attesté en outre par l'adjudant que, le 8 juin et jours suivants, Texier n'a cessé de faire part de la situation dans laquelle le plaçait son autre cheval qu'il avait loué pour un mois à un sieur Chassaraud, voyageur de commerce, qui n'avait pas laissé son adresse ;

« Qu'ayant su que ledit Chassaraud était à Sarlat, il l'avisa par dépêche d'avoir à présenter le cheval loué à la commission qui se trouverait à sa portée ;

« Qu'à ce propos il convient de constater que Chassaraud a parlé dudit cheval et l'a même montré à la gendarmerie de Sarlat sans méconnaître que cette démarche, si elle prouvait la bonne volonté de sa part, ne pouvait remplacer la présentation à une commission ;

« Qu'en somme il résulte de ce qui précède, que si Texier n'a pas présenté lui-même, comme propriétaire, à la commission de Périgueux ou à toute autre, le cheval loué à Chassaraud, la cause ne doit en être attribuée qu'aux nécessités de son commerce qui l'ont mis dans l'impossibilité d'avoir ledit cheval chez lui et de savoir où il était au moment opportun ;

« Que la loi, malgré ses dispositions rigoureuses n'a pas entendu empêcher les particuliers de disposer de leurs chevaux, à leur convenance, ni amener l'interruption de la vie commerciale ;

« Qu'aussi la jurisprudence admet-elle que le cas fortuit, la force majeure, dispensent le propriétaire de l'obligation qui lui est imposée de présenter les chevaux qui lui appartiennent devant une commission au jour indiqué ;

« Que les circonstances de la cause autorisent suffisamment Texier à invoquer un cas de ce genre à titre d'excuse ;

« Par ces motifs,

« Renvoie le prévenu des fins de la poursuite, sans dépens. »

Jugé également dans le même sens, par arrêt de la cour d'Aix du 15 février 1895, qu'un propriétaire qui a quitté une commune avec ses chevaux avant les opérations du classement et est allé dans une autre commune où les opérations étaient terminées s'est trouvé dans un cas *de force majeure*.

« La Cour,

« Considérant que la contravention relevée par le procès-verbal du 15 juin 1894 n'est point établie à la charge de la dame Abadie ; qu'en effet, la loi du 2 août 1877 désireuse de concilier les légitimes intérêts de la propriété avec les exigences de la défense nationale, a autorisé les possesseurs d'animaux qui se trouvent dans une autre commune que celle où ils sont inscrits, à les présenter à la commission du lieu où ils se trouvent ;

« Que la prévenue ayant quitté Beaulieu (Alpes-Maritimes) vers le 24 mai, par conséquent bien avant la réunion de la commission et les publications qui l'avaient annoncée, lesquelles n'ont eu lieu que les 10 et 15 juin suivants, était

cipe de non-cumulation les régit, par le motif que l'article 365 du Code d'instruction criminelle établit un principe général de pénalité applicable à toutes les infractions atteintes de peines criminelles ou correctionnelles qui n'en ont pas été explicitement ou implicitement exceptées, soit par des dispositions par-

---

donc autorisée à présenter ses chevaux dans la commune où elle avait transféré sa résidence, c'est-à-dire à Villers-sur-Mer (Calvados) à plus de 1,200 kilomètres de sa résidence primitive ;

« Que le procès-verbal dressé contre elle, à Beaulieu, par la brigade de Villefranche, le 15 juin, est donc sans valeur et sans portée, puisqu'il relève un fait autorisé par la loi ; qu'avant cette loi de conciliation, le seul fait de non-comparution devant la commission aurait dû peut-être constituer la contravention ; mais qu'il ne saurait assurément en être ainsi aujourd'hui que la compétence de ces commissions a été élargie et le déplacement des animaux formellement autorisé ;

« Considérant, d'autre part, qu'à peine installée vers les premiers jours de juin, avec toute sa maison, dans sa propriété de Villers-sur-Mer, la dame Abadie, toujours en conformité de la loi précitée, s'empressa avant le 10 juin et, par conséquent, avant les publications de Beaulieu, de faire la déclaration exigée par la loi en indiquant que la commission, qui devait opérer au domicile qu'elle quittait, n'avait été ni réunie, ni publiée avant son départ ;

« Considérant enfin qu'il résulte des documents de la cause qu'à Villers-sur-Mer, la commission de recensement avait fonctionné dès le 18 mai, c'est-à-dire plusieurs jours avant l'arrivée des chevaux de la dame Abadie dans cette commune ; qu'il était donc de toute impossibilité pour la prévenue de les présenter devant cette commission ; qu'elle n'a donc pu, en cette part, commettre une contravention ;

« Considérant, en effet, que s'il est de l'essence même de ces délits contraventionnels que les contrevenants ne puissent être excusés ni par leur bonne foi, ni par l'éloignement de leur domicile, ni par l'ignorance d'une convocation régulièrement faite, il est également de principe incontesté que la force majeure est une excuse légitime de tout manquement à la loi ; qu'il résulte de ce qui précède que dans le cas particulier, la prévenue autorisée par la loi à quitter Beaulieu, n'est arrivée à Villers-sur-Mer qu'après la réunion de la commission ; qu'elle n'a donc pu matériellement se présenter devant l'une ou l'autre des commissions ; or, il n'a pu entrer dans la pensée de la loi de punir une omission qui est la conséquence même d'un fait autorisé par elle ;

« Considérant qu'on opposerait vainement à cette doctrine un arrêt d'Orléans du 27 décembre 1883, D. P. 85, 2, 32 ; que Dalloz en un Supplément au Répertoire alphabétique, v° *Réquisitions militaires* (n° 183, § 2), fait remarquer : 1° que dans l'espèce dont s'agit en cet arrêt le propriétaire avait été dûment averti d'avoir à présenter un cheval à la commission de classement, et 2° qu'il résulte d'une constatation de fait relevée par le même que le propriétaire aurait pu présenter un cheval dans une commune voisine de sa dernière résidence où la commission était réunie ;

« Considérant qu'une peine prononcée contre la dame Abadie dans les circonstances qui viennent d'être rappelées, outre qu'elle serait injuste et vexatoire, n'aurait aucun effet préventif, puisque c'est malgré la prudente circonspection et

ticulières de la loi, soit par le caractère de réparations civiles attaché à certaines amendes.

La loi du 3 juillet 1877 est muette relativement à l'application de l'article 365 du Code d'instruction criminelle. D'un autre côté, l'amende n'a nullement le caractère de réparation civile : c'est une simple peine. Une seule amende doit donc être prononcée contre chaque propriétaire, alors même que plusieurs animaux n'auraient pas été déclarés au maire ou présentés à la commission de classement [1].

Mais si le principe du non-cumul est applicable lorsque le propriétaire a commis plusieurs infractions de même nature, par exemple lorsqu'il a omis de déclarer plusieurs animaux ou qu'il a négligé d'amener devant la commission de classement plusieurs animaux, il n'en est plus de même quand il est coupable d'infractions à différentes prescriptions de la loi, — s'il s'est tout à la fois abstenu de faire la déclaration exigée et de conduire son cheval à la commission ; dans ce cas, il a commis deux contraventions distinctes et doit être puni pour chacune d'elles [2].

---

contre la volonté hautement manifestée de la prévenue, que la formalité a été omise ;

« Qu'au surplus, la comparution devant la commission, du moment où les animaux ont été déclarés régulièrement à la mairie, n'a qu'une importance très relative, l'autorité militaire s'empressant toujours, à l'aide de sommiers dont elle dispose, de réparer l'omission dont il s'agit et de comprendre en son classement les chevaux qui n'ont point été présentés à la commission et qui ne peuvent en aucun cas échapper à la mobilisation ;

« Par ces motifs,

« La Cour réforme le jugement rendu par le tribunal correctionnel de Nice le 21 décembre 1894 ;

« Renvoie en conséquence la dame Abadie des fins de la poursuite sans dépens. »

Cet arrêt a été frappé d'un pourvoi par le procureur général d'Aix.

1. Cf. COUCHARD, *De la Conscription des chevaux et mulets*, n° 60.

2. La circulaire du ministre de la justice, du 10 juin 1878, s'exprime, à cet égard, ainsi qu'il suit :

« Vous remarquerez, Monsieur le Procureur général, que la loi du 3 juillet 1877 soumet les propriétaires à deux obligations successives et distinctes, dont la deuxième seule était imposée par la loi abrogée du 1er août 1874. Ils doivent : 1° déclarer les animaux pour le recensement (art. 37) ; 2° présenter les animaux pour le classement (art. 38). Quoique ces deux prescriptions soient sanctionnées

Circonstances atténuantes.

572. — La loi n'ayant pas visé l'article 463 du Code pénal, les tribunaux ne peuvent accorder de circonstantes atténuantes[1]. Ce point est d'autant moins douteux qu'on lit dans le rapport de M. le baron Reille le passage suivant :

« Nous avions pensé à introduire l'application de l'article 463 du Code pénal, mais dans la crainte d'énerver une loi si nécessaire, nous avons préféré abaisser le minimum de l'amende à 25 fr. dans le cas d'un oubli de déclaration, et à 50 fr. dans le cas de fraude. Cette disposition nous a semblé de nature à donner satisfaction à ceux qui voulaient l'admission de circonstances atténuantes. »

Sursis à l'exécution de la peine.

573. — Toutefois, les tribunaux peuvent, conformément à la loi du 26 mars 1891, ordonner qu'il sera sursis à l'exécution de la peine, si l'inculpé n'a pas subi antérieurement de condamnation à la prison pour crime ou délit de droit commun. (Cass. 25 mars 1892[2].)

Des fausses déclarations faites sciemment.

574. — Le deuxième paragraphe de l'article 52 porte : « Ceux qui auront fait sciemment de fausses déclarations seront frappés d'une amende de 50 fr. à 2,000 fr. »

---

par des peines identiques (art. 52), l'infraction à la première n'est évidemment pas couverte par le fait que la deuxième prescription a été observée; et, en droit, il n'y a pas à tenir compte de ce que l'infraction à l'article 37 n'a pas encore été constatée au moment où le propriétaire s'est conformé à l'article 38. Le premier fait ne peut être couvert que par la prescription de l'action publique en matière de délits. S'abstenir, en pareil cas, de relever le défaut de déclaration serait revenir au système de la loi du 1er août 1874 actuellement modifié. *Les deux amendes qui seront encourues par application de l'article 52 de la loi se cumuleront jusqu'à concurrence du maximum fixé par ledit article.* Il est d'ailleurs évident que les officiers des parquets devront exercer, dans une large mesure, leur pouvoir ordinaire d'appréciation, lorsque, après infraction à l'article 37, le propriétaire se sera conformé à l'article 38. »

1. La cour d'Agen l'a ainsi jugé le 27 août 1879. (Min. publ. c. Cartay.)

2. Voir le texte de cet arrêt au § 524, en note.

L'infraction prévue et punie par cette disposition est un véritable délit ; en effet, le propriétaire qui a fait une fausse déclaration n'est frappé qu'autant qu'il a agi de mauvaise foi, avec une intention coupable ; c'est ce qui résulte du mot : *sciemment*.

Le délit consiste dans la *fausse déclaration* faite sciemment, c'est-à-dire dans une affirmation ou une négation que son auteur sait être contraire à la vérité. Si larges que soient les termes de la loi, il convient de les entendre dans un sens raisonnable et de ne point dépasser les intentions évidentes du législateur, qui n'a voulu atteindre que les fraudes ou manœuvres capables d'entraver la réquisition des chevaux, mulets ou voitures. Quant aux déclarations fausses qui ne peuvent en aucune façon avoir ce résultat, elles ne tombent point sous le coup de la disposition pénale dont nous nous occupons. C'est là une question de fait dont l'appréciation appartient aux tribunaux.

575. — Ce ne sont pas seulement les propriétaires qui peuvent commettre le délit ; la loi dit en effet d'une manière générale : *ceux qui*. Le maire qui aurait fait sciemment de fausses déclarations dans l'intérêt de ses administrés, les personnes qui auraient certifié, dans la cause d'autrui, des faits dont ils connaîtraient l'inexactitude, seraient passibles de la même peine.

576. — Il ne s'agit que des déclarations faites soit au maire, soit aux commissions de classement ou de réquisition, en d'autres termes aux autorités que la loi charge de les recevoir. Elles peuvent se produire soit lors du recensement, soit lorsqu'il est procédé aux opérations d'inspection et de classement, soit enfin lorsqu'a lieu la réquisition.

577. — Quant aux points sur lesquels peut porter la fausse déclaration, ils sont nombreux et il est impossible non moins qu'inutile de les énumérer tous. Nous nous bornerons à citer quelques exemples : indication inexacte du nombre des animaux possédés, de leur âge, de leur signalement; déclaration d'une tare que l'on sait ne pas exister; affirmation qu'une voiture est uniquement destinée au transport des personnes lorsqu'elle est affectée à un autre usage; allégation fausse d'un cas de dispense.

Les propriétaires qui présenteraient à la commission de classement, en faisant sciemment de fausses déclarations, des animaux déjà refusés antérieurement, au lieu et place d'autres animaux aptes au service, seraient déférés aux tribunaux. (Circ. du min. de la guerre 9 avril 1878.)

578. — Devraient également être condamnés les propriétaires ou patentables voisins, le vétérinaire, qui, appelés à donner l'attestation prévue par l'article 85 du décret réglementaire du 2 août 1877 pour constater que l'animal, réformé comme impropre au service de l'armée, n'a pas été changé, délivreraient ce certificat alors que, à leur connaissance, le propriétaire de l'animal l'aurait remplacé par un autre.

Il en serait de même des propriétaires qui attesteraient faussement, sur la demande de leur voisin, que son cheval entier est consacré à la reproduction (voir § 433); que sa jument est en état de gestation, suitée d'un poulain ou consacrée à la reproduction (voir § 434).

579. — Le maire se rendrait coupable du délit de fausse déclaration soit en délivrant le certificat prévu par l'article 77 du décret réglementaire à un propriétaire qui n'aurait point fait sa déclaration à l'époque du recensement, ou un certificat de réforme (Déc. régl., art. 85), alors que la réforme ne résulterait pas de la décision de la commission de classement, soit en invoquant en faveur de ses administrés, devant les commissions de classement ou de réquisition, des causes de dispense qu'il saurait ne pas exister.

580. — Les fausses déclarations sont constatées, au moment du recensement, par les gardes champêtres et agents de police dans les tournées qu'ils sont chargés de faire du 16 au 20 janvier (voir §§ 348 et 349); lors du classement ou de la réquisition, par la gendarmerie, sur la réquisition du président de la commission. (V. §§ 424 et 526 et Circ. du min. de la guerre 9 avril 1878.) Les procès-verbaux sont transmis au procureur de la République, qui procède comme en matière ordinaire.

581. — L'article 365 du Code d'instruction criminelle est applicable; en conséquence, les condamnations ne sont pas cumulées.

Le tribunal ne peut accorder de circonstances atténuantes, la loi ne visant pas l'article 463 du Code pénal. (V. §§ 524 et 572.)

Mais il peut appliquer la loi du 26 mars 1891 en suspendant l'exécution de la condamnation si l'inculpé n'a pas subi antérieurement de condamnation à la prison pour délit de droit commun. (V. §§ 524 et 573.)

Article 53.

Lorsque l'armée sera replacée sur le pied de paix, les anciens propriétaires des animaux requis pourront les réclamer, sauf restitution du prix intégral de paiement et sous réserve de les rechercher eux-mêmes dans les rangs de l'armée et d'aller les prendre, à leurs frais, au lieu de garnison des corps ou de l'officier détenteur.

Reprise des animaux.

582. — Nous retrouvons encore dans cet article l'intention de sauvegarder, autant que possible, les intérêts particuliers, intention qui n'a cessé de présider à l'élaboration de la loi. M. le baron Reille, examinant dans son rapport cette faculté accordée aux propriétaires, s'exprime dans les termes suivants :

« Une fois l'armée replacée sur le pied de paix, il nous a semblé juste d'accorder aux propriétaires le droit de reprendre, s'ils le désirent, leurs chevaux, en remboursant le prix qu'ils en auraient reçu.

« Par suite de la mesure adoptée en 1874 pour l'évaluation des prix, certains animaux de luxe seront loin d'être payés à leur valeur marchande. Tant que les besoins de l'armée justifient cette atteinte au droit de propriété, nous ne saurions en aucune façon entraver la réquisition ; mais quand la remise de l'armée sur le pied de paix permet de restituer aux propriétaires des chevaux auxquels ils pouvaient tenir, nous ne voyons aucun inconvénient à autoriser ceux-ci à les réclamer, pourvu qu'ils les recherchent eux-mêmes dans les rangs de l'armée et aillent les prendre, à leurs frais, au lieu de garnison. »

TITRE IX

DISPOSITIONS SPÉCIALES AUX GRANDES MANŒUVRES

Article 54.

Les indemnités qui peuvent être allouées en cas de dommages causés aux propriétés privées par le passage ou le stationnement des troupes dans les marches, manœuvres et opérations d'ensemble, prévues à l'article 28 de la loi du 24 juillet 1873, doivent, à peine de déchéance, être réclamées par les ayants droit, à la mairie de la commune, dans les trois jours qui suivront le passage ou le départ des troupes.

Une commission attachée à chaque corps d'armée ou fraction de corps d'armée opérant isolément procède à l'évaluation des dommages. Si cette évaluation est acceptée, le montant de la somme fixée est payé sur-le-champ.

En cas de désaccord, la contestation sera introduite et jugée comme il a été dit à l'article 26.

Un règlement d'administration publique déterminera la composition et le mode de fonctionnement de la commission.

Indemnité pour dégâts pendant les manœuvres.

583. — Il est universellement reconnu que les nouvelles conditions de la guerre et les modifications apportées à l'organisation des armées, qui en sont le corollaire, rendent indispensables, pour l'éducation des officiers de tous grades et des troupes, les exercices sur le terrain dits grandes manœuvres, véritable image de la guerre.

Aussi la loi du 24 juillet 1873 sur l'organisation générale de l'armée a-t-elle pris soin de disposer expressément, dans son article 28 : « L'instruction progressive et régulière des troupes de toutes armes se termine chaque année par des marches, manœuvres et opérations d'ensemble, de brigade, de division et, quand les circonstances le permettront, de corps d'armée. »

Ces manœuvres peuvent nécessiter, dans certains cas, l'emploi des réquisitions pour les besoins les plus urgents : logement, nourriture et transport ; elles entraînent, en outre, presque toujours des dégâts dans les terrains parcourus ou occupés pour le campement. Les marches, la construction de fortifications de campagne, etc..., détériorent, dans quelque mesure et malgré toutes les précautions, les propriétés qui en sont le théâtre. Il était naturel de prévoir le cas où les propriétaires lésés réclameraient une indemnité qu'on ne pouvait équitablement leur refuser ; il fallait, par suite, régler comment cette indemnité serait demandée, déterminée et payée. Aussi l'article 28 de la loi du 24 juillet 1873 ajoutait-il : « Jusqu'à la promulgation d'une loi spéciale sur la matière, un règlement d'administration publique, inséré au *Bulletin des lois*, déterminera les conditions dans lesquelles s'effectuera l'évaluation des dommages causés aux propriétés privées, ainsi que le paiement des indemnités dues aux propriétaires. »

584. — Le 25 août 1874, le ministre de la guerre adressa aux généraux commandant les corps d'armée des instructions qui, en attendant le décret prescrit par la loi du 24 juillet 1873, devaient servir de guide pour le règlement des indemnités et dont les dispositions ont passé, sauf quelques changements, dans le titre IX de la loi du 3 juillet 1877. Cette instruction, qui fut portée à la connaissance des préfets le 10 septembre suivant par une circulaire du ministre de l'intérieur, prévoit certains points de détail sur lesquels ne se sont prononcés ni la loi ni le règlement ; nous aurons occasion de nous y référer.

Nous avons expliqué plus haut[1] comment l'étude de la question des indemnités résultant des grandes manœuvres a été le

1. Voir *Introduction historique*, § 2. Préparation de la loi.

point de départ de la préparation de la loi sur les réquisitions. Nous avons dit aussi que les réunions de troupes occasionnées par ces exercices sont assimilées aux rassemblements et donnent ouverture au droit de réquisition dans certaines limites[1].

Il ne reste à examiner que ce qui concerne spécialement le règlement des indemnités réclamées à raison des dommages causés aux propriétés privées par le passage ou le stationnement des troupes dans les marches, manœuvres et opérations d'ensemble prévues à l'article 28 de la loi du 24 juillet 1873.

584 *bis.* — *Indemnités pour chevaux loués; pour logement.* — A l'occasion des grandes manœuvres, il peut y avoir réquisition de chevaux ou de voitures attelées et des indemnités peuvent être dues pour perte et dépréciation des animaux. Dans ce cas, l'indemnité est réglée conformément au titre V de la loi de 1877, c'est à-dire que, si l'intéressé n'accepte pas l'estimation de l'autorité militaire, il est statué par les tribunaux (voir §§ 25 et 501 *bis*). C'est à tort, suivant nous, que l'auteur du *Code manuel des réquisitions* dit que la décision définitive appartient au ministre de la guerre.

Pour le logement des troupes pendant les grandes manœuvres, il y a lieu de se reporter aux dispositions du titre III de la loi. Toutefois, l'intendance est autorisée à passer des conventions particulières avec les communes. Nous avons indiqué plus haut (voir § 217) les bases de ces arrangements. A défaut d'entente amiable, on applique intégralement la loi des réquisitions.

585. — *L'article 54 ne s'applique pas aux dégâts causés par les troupes mandées en cas de trouble, d'inondation.* — On remarquera que le législateur prévoit uniquement les dommages causés par le passage ou le stationnement des troupes en manœuvres; il ne parle point des dommages causés par des mouvements de troupes en temps de guerre ou lors d'un rassemblement motivé

1. Voir § 4.

par des troubles, une inondation, etc... Si, en effet, l'État doit indemniser les propriétaires lésés par une opération que l'autorité militaire ordonne dans l'intérêt de l'éducation des troupes et dirige volontairement sur telle ou telle partie du territoire, il ne saurait être responsable des dégâts résultant des nécessités de la lutte ou d'un événement calamiteux.

586. — *Délai des réclamations.* — Les règles contenues dans le titre V pour le règlement des indemnités ont été conservées en principe pour celles dont nous nous occupons en ce moment. Mais le législateur a, avec raison, jugé nécessaire, dans l'intérêt de tous, de simplifier les formalités et d'abréger les délais. En premier lieu, il s'agira presque toujours de sommes modiques dont le paiement peut et doit être effectué immédiatement. D'autre part, les dommages à réparer sont de telle nature qu'ils doivent être appréciés sans retard. En effet, comme l'a fait remarquer le rapporteur dans le cours de la discussion, si un régiment passe dans un champ de blé et l'abîme, il faut que la commission, qui voit les dégâts, les constate immédiatement, car deux, trois ou quatre jours après, la constatation n'est plus possible.

587. — *L'article 54 s'applique aussi bien aux grandes manœuvres d'armée qu'aux manœuvres de corps détachés.* — Le décret du 2 août 1877, comme la loi elle-même, n'avait prévu que les manœuvres d'armée ou de corps d'armée, dites grandes manœuvres. Mais les propriétés privées peuvent être endommagées par le passage ou le stationnement de troupes ne formant pas un corps d'armée. Un régiment, une brigade, une batterie peuvent, dans le cours de leur instruction, occasionner des dommages.

Le ministre de la guerre a pourvu à cette lacune en instituant, par analogie avec les cas spécialement prévus, des commissions chargées du règlement des indemnités.

Mais, à l'origine, ces commissions ne pouvaient allouer que

des indemnités de 100 fr. au maximum et lorsque le chiffre était supérieur, le ministre de la guerre se réservait de statuer suivant le mode admis pour les demandes d'indemnités formées à la suite d'accidents causés dans l'exécution du service militaire.

Cette compétence du ministre n'ayant pas été admise par les tribunaux[1], le ministre décida qu'à l'avenir les commissions,

1. Jugement du tribunal de Draguignan du 9 avril 1883 ainsi conçu :

Attendu que l'exception d'incompétence proposée par l'appelant est basée sur deux motifs : 1° aux termes du décret du 26 septembre 1793 et de l'arrêté du Directoire exécutif, à la date du 2 germinal an V, les demandes relatives à des créances contre l'État doivent être soumises à la juridiction administrative ; 2° le ministre de la guerre a rendu, le 8 août 1882, une décision qui accorde au sieur Clance une indemnité de 109 fr., et il ne peut se pourvoir que devant le Conseil d'État contre cette décision ;

Attendu que l'article 28 de la loi du 24 juillet 1873 porte : « L'instruction progressive et régulière des troupes se termine par des marches, manœuvres et opérations d'ensemble, de brigade, de division, et, quand les circonstances le permettront, de corps d'armée. Jusqu'à la promulgation d'une loi spéciale sur la matière, un règlement d'administration publique inséré au *Bulletin des lois* déterminera les conditions suivant lesquelles s'effectuera l'évaluation des dommages causés aux propriétés privées, ainsi que le paiement des indemnités dues aux propriétaires ; »

Attendu que l'article 54 de la loi du 3 juillet 1877 est ainsi conçu :

« Les indemnités qui peuvent être allouées en cas de dommages causés aux propriétés privées par le passage ou le stationnement des troupes dans les marches, manœuvres et opérations d'ensemble prévues à l'article 28 de la loi du 24 juillet 1873, doivent, à peine de déchéance..., une commission attachée à chaque corps d'armée ou fraction de corps d'armée opérant isolément procède à l'évaluation des dommages. Si cette évaluation est acceptée, le montant de la somme fixée est payé sur-le-champ ; en cas de désaccord, la contestation sera introduite et jugée comme il a été dit à l'article 26. Un règlement d'administration publique déterminera la composition et le mode de fonctionnement de la commission ; »

Attendu que l'article 26 auquel renvoie l'article 54 porte que si les décisions de l'autorité administrative qui fixent, d'après l'évaluation de la commission, l'indemnité à accorder aux propriétaires ne sont pas acceptées par ceux-ci, leur refus est transmis par le maire au juge de paix du canton qui en donne connaissance à l'autorité militaire et envoie de simples avertissements sans frais pour une date aussi prochaine que possible à l'autorité militaire et au réclamant ;

Qu'en cas de non-conciliation il peut prononcer immédiatement ou ajourner les parties pour être jugées dans le plus bref délai ;

Qu'il statue en dernier ressort jusqu'à 200 fr. et en premier ressort jusqu'à 1,500 fr. ;

Attendu qu'il résulte des textes de lois que la demande en indemnité formée par Clance pour dommages causés à sa propriété par les manœuvres militaires exécutées par la 29e division pendant l'automne 1881, a été régulièrement et compétemment soumise au juge de paix du canton de Luc ; que le décret du 26 septembre 1793 et l'arrêté du 2 germinal an V ne peuvent être invoqués par l'appelant, parce que les lois spéciales et postérieures des 24 juillet 1873 et 3 juil-

quelle que fût leur composition, auraient les mêmes attributions.

Aujourd'hui donc ces commissions statuent non seulement sur les indemnités pour dégâts occasionnés aux propriétés privées pendant les grandes manœuvres annuelles d'automne, mais aussi sur les indemnités pour dégâts résultant du passage ou du stationnement, dans ces propriétés, des troupes, soit dans des manœuvres spéciales, soit dans des marches, opérations d'en-

---

let 1877 attribuent aux juges de paix et aux tribunaux de première instance la connaissance des actions contre l'État pour des créances de la nature de celle du sieur Clance ; que si le ministre de la guerre avait rendu une décision fixant de sa propre autorité et sans recours aux tribunaux l'indemnité due à Clance, cette décision serait sans valeur, mais qu'il suffit de lire cette prétendue décision renfermée dans une lettre du ministre à la date du 8 août 1882, pour voir qu'il ne s'agit que d'une évaluation faite par le ministre et d'une proposition faite à Clance pour le règlement de ses droits, en un mot d'une décision telle que la prévoit l'article 26 de la loi du 3 juillet 1877 et qui n'empêchera pas, en cas de refus de l'intéressé, la décision du juge de paix ; qu'en effet la lettre ajoute : en cas de refus, le ministre répondra à l'assignation qui lui a été donnée devant le juge de paix ; que le sous-intendant militaire, en écrivant le 14 août 1882, n'entend pas autrement la lettre du ministre ; et que précédemment le général commandant la 57e brigade à Toulon, en faisant informer Clance que sa demande était jugée inadmissible par le général du 15e corps d'armée, ajoutait qu'il aurait à s'adresser aux tribunaux ordinaires s'il le jugeait à propos ;

Attendu que l'instruction ministérielle du 8 juillet 1880 n'a pas pu déroger aux lois ci-dessus relatées et qui sanctionnent un principe toujours reconnu, savoir : que les tribunaux ordinaires sont seuls compétents pour connaître des atteintes portées à la propriété privée ; que, d'ailleurs, elle n'a pas entendu y déroger et qu'il faut évidemment interpréter ses dispositions finales en ce sens que, dans le cas où le fonctionnement des troupes qui manœuvrent ne permet de nommer que des commissions de deux membres, le ministre se réserve d'évaluer le *quantum* de l'indemnité lorsque les demandes excèdent 100 fr. et de l'offrir par voie amiable à l'intéressé, ainsi que l'a fait la lettre de 1882, mais non que le ministre soit substitué à la juridiction établie par les lois de 1873 et 1877 ; que la distinction qu'on a essayé de faire entre les grandes et les moins grandes manœuvres n'a aucune raison d'être ;

Que le décret portant règlement d'administration publique pour l'exécution de la loi du 3 juillet 1877 ne fait pas de distinction semblable, et qu'au contraire l'article 111 rappelle que le juge de paix ou le tribunal doit statuer sur les réclamations ;

Par ces motifs,

Statuant sur le déclinatoire et sur les conclusions prises par l'appelant, repousse l'exception d'incompétence, dit que le juge de paix du canton de Luc était compétemment saisi de la demande du sieur Clance, et renvoie la cause au 23 avril pour qu'il soit plaidé au fond ;

Condamne l'appelant aux dépens de l'incident.

semble et exercices divers, exécutés en vertu d'ordres spéciaux, pendant le cours de l'année, *quelle qu'en soit l'époque.*

Toute réunion de troupes, d'un effectif minimum de deux compagnies, d'un escadron ou d'une batterie, exécutant des manœuvres, marches, évolutions ou exercices d'ensemble, d'une durée de plusieurs jours, en dehors des conditions habituelles de l'instruction de la garnison, donne lieu à la constitution d'une commission[1]. (Instruction du 23 février 1889.)

588. — Nous diviserons l'explication de l'article 54 en trois paragraphes :

§ 1. Mesures préparatoires.

§ 2. Commission chargée du règlement des indemnités.

I. Manœuvres de corps d'armée et de divisions.

II. Manœuvres de brigades, régiments, bataillons ou fractions de corps.

§ 3. Règlement des indemnités.

§ 1. — *Mesures préparatoires.*

589. — Aux termes de l'article 105 du décret réglementaire du 2 août 1877, l'époque où peuvent avoir lieu les grandes manœuvres des corps d'armée ou fractions de corps d'armée est déterminée chaque année par le ministre de la guerre.

Dans sa circulaire du 25 août 1874, le ministre de la guerre

---

1. A titre d'exemple, l'instruction énumère ainsi qu'il suit les différentes catégories d'opérations ou exercices pouvant donner lieu à des dégâts :

1° Grandes manœuvres annuelles de corps d'armée ;

2° Manœuvres de division (*infanterie* ou *cavalerie*) ;

3° Manœuvres de brigade (*infanterie* ou *cavalerie*) ;

4° Manœuvres en pays de montagnes ;

5° Manœuvres de forteresse ;

6° Tirs de combat exécutés par l'infanterie sur les champs de tir temporaires ;

7° Exercices de tir simulé de l'artillerie contre l'infanterie en formation de combat ;

8° Manœuvres de batteries attelées en terrain varié et manœuvres en terrain varié de batteries et de groupes de batteries mises sur le pied de guerre ;

9° Manœuvres de ponts militaires.

déclare que les marches, manœuvres et opérations d'ensemble ne doivent généralement avoir lieu qu'à l'époque de l'année où les propriétés rurales sont le moins susceptibles d'être endommagées. Les généraux commandant les corps d'armée étudient à ce point de vue la situation agricole de leur région et proposent chaque année au ministre de fixer la période pendant laquelle ces opérations doivent être exécutées.

Les conseils généraux ont été appelés à émettre leur avis sur l'époque qui leur paraîtrait la plus convenable pour l'exécution des grandes manœuvres dans leur département, et le ministre de la guerre a trouvé dans les indications données par ces assemblées de précieux éléments d'information.

Trois semaines au moins avant l'exécution des manœuvres, les généraux commandant les régions avertissent les préfets des départements intéressés de l'époque et de la durée des manœuvres, et leur font connaître les localités qui pourront être occupées ou traversées. (Décret régl., art. 106.)

L'itinéraire communiqué au préfet indique les communes dont le territoire doit être traversé, et, si cela est possible, la route à accomplir chaque jour, ainsi que les campements à occuper. (Circ. du min. de la guerre 25 août 1874.)

C'est au préfet qu'appartient le soin de prévenir les maires des communes comprises dans l'itinéraire ; ceux-ci, à leur tour, doivent avertir leurs administrés. L'article 107 du décret réglementaire dispose à cet égard :

« Le maire de la commune dont le territoire peut être occupé « ou traversé pendant les grandes manœuvres en est informé « par le préfet.

« Il fait immédiatement publier et afficher dans sa commune « l'époque et la durée des manœuvres.

« Il invite les propriétaires de vignes ou des terrains ense- « mencés ou non récoltés à les indiquer par un signe apparent[1].

1. Le ministre de la guerre, dans sa circulaire du 23 février 1889, recommande l'emploi de perches surmontées de bouchons de paille. Néanmoins, dans le cours des manœuvres, le corps d'armée n'est pas obligé de respecter d'une manière

« Il prévient les habitants que ceux qui subiraient des dom« mages par suite des manœuvres, doivent, sous peine de dé« chéance, déposer leurs réclamations à la mairie dans les trois « jours qui suivent le passage ou le départ des troupes. »

Enfin, la commission chargée de régler les indemnités, dont nous allons faire connaître, sous le paragraphe suivant, la composition et le rôle, doit être constituée quinze jours au moins avant le commencement des manœuvres. (Déc. régl., art. 108) et reconnaître à l'avance les terrains dont l'occupation est prévue par l'autorité militaire. (*Id.*, art. 109.)

§ 2. — *Commission chargée du règlement des indemnités.*

I. — Manœuvres de corps d'armée ou de divisions.

590. — Cette commission ne doit pas être confondue avec celle qui, aux termes de l'article 24 de la loi, est instituée dans chaque département, par le ministre de la guerre, toutes les fois qu'il y a lieu de requérir des prestations pour les besoins de l'armée et qui est chargée d'évaluer les indemnités dues aux personnes et aux communes ayant fourni des prestations. Elle s'en distingue et par sa composition et par son rôle. De plus, la commission dont nous nous occupons en ce moment ne siège pas au chef-lieu du département ; il en est institué une près de chaque corps d'armée ou de fraction de corps d'armée opérant isolément.

Lorsque les divisions d'un même corps d'armée doivent être exercées séparément, ou bien quand les zones sur lesquelles elles doivent manœuvrer, avant les opérations d'ensemble, sont trop éloignées l'une de l'autre pour qu'une seule commission puisse fonctionner à la fois sur les deux territoires occupés, il

---

absolue les limites indiquées par les signes apparents placés sur les terrains susceptibles d'être endommagés par le passage des troupes ; mais ces limites ne peuvent être franchies que dans le cas où l'exécution de la manœuvre l'exige, et seulement sur l'ordre soit des chefs de détachement, soit des arbitres de la manœuvre.

doit être nommé une commission pour chacune des divisions. (Circ. du min. de la guerre 9 août 1877.) Cette prescription a été rappelée chaque année par les circulaires ministérielles qui ont précédé les manœuvres d'automne.

591. — *Composition de la commission.* — Le règlement d'administration publique prévu par le dernier paragraphe de l'article 54 pour déterminer la composition et le fonctionnement de la commission chargée de fixer les indemnités, n'est autre que le décret du 2 août 1877 dont nous venons de parler. Il s'occupe de la composition de la commission dans son article 108.

Cette commission comprend quatre membres : un fonctionnaire de l'intendance, un officier du génie, un officier de gendarmerie et un membre civil[1].

C'est au préfet qu'appartient le droit de choisir le membre civil ; il doit procéder à cette désignation dès qu'il a reçu avis de l'époque des manœuvres[2]. (Déc. régl., art. 106.)

---

1. Ainsi, dans cette commission, la majorité est assurée à l'élément militaire, contrairement au principe posé par l'article 24 de la loi du 3 juillet 1877 pour les commissions chargées d'évaluer les indemnités dues aux personnes qui ont fourni des prestations sur réquisition. La commission de la Chambre des députés allait encore plus loin que le décret et ne se montrait point opposée à l'exclusion absolue de l'élément civil. On lit, en effet, dans le rapport de M. le baron Reille le passage suivant :

« Un règlement d'administration publique déterminera la composition et le mode de fonctionnement de la commission ; la nature même de ses attributions exige que le commandant en chef y soit représenté par un délégué. Appelée à suivre les grandes manœuvres, elle ne pourrait que bien difficilement comprendre des membres civils, et le rôle qui lui est confié, les facilités qu'offre l'appel devant le juge de paix sont autant de garanties ; l'élément civil ne paraît donc pas indispensable à y introduire. »

2. Lorsque le théâtre des grandes manœuvres embrasse plusieurs départements, chaque préfet nomme un commissaire qui n'exerce son mandat que dans l'étendue du département, de telle sorte que la commission ne comprend jamais plus d'un membre civil. C'est du moins la solution qui nous paraît ressortir de la combinaison des articles 106 et 108 du décret réglementaire. Le premier prescrit d'une manière générale aux préfets des départements intéressés de désigner un membre civil ; le second porte que la commission est composée... *du membre civil désigné par le préfet.*

Le général commandant la région nomme les autres membres quinze jours au moins avant le commencement des manœuvres.

La présidence de la commission est attribuée au fonctionnaire de l'intendance. (*Id.*, art. 108.) Le décret ne prévoit pas la nomination d'un secrétaire; il n'indique point non plus qui doit présider à défaut du fonctionnaire de l'intendance.

Les circulaires ministérielles mentionnent dans la nomenclature des membres de la commission, un adjoint du génie ou un officier comptable, dont le rôle consiste à payer les indemnités allouées, qui n'a ni voix délibérative, ni voix consultative et qui, par conséquent, est un simple agent de la commission.

592. — Le membre civil a droit à une indemnité de 25 fr. par jour.

Les membres militaires, sans distinction de grade, ont droit à une indemnité de déplacement de 6 fr. par jour.

Ces sommes sont prélevées, comme les indemnités pour dommages, sur les crédits affectés à la justice militaire.

593. — Sont également payés sur ce crédit :

1° Les frais de location des voitures mises à la disposition des commissions *pour le transport gratuit, sans exception, et sur tout le parcours,* des membres et des comptables de ces commissions. Les officiers ne doivent, par suite, emmener ni ordonnances, ni chevaux.

2° Les frais d'achat de papier, d'imprimés ou d'autographies pour la confection des états dont les modèles sont prescrits par les instructions. Les commissions doivent se procurer elles-mêmes ces fournitures dans le commerce. Elles peuvent, au besoin, faire autographier les feuilles de tête des états à fournir. (Inst. du 23 février 1889.)

II. — MANŒUVRES DE BRIGADE, RÉGIMENTS, BATAILLONS OU FRACTIONS DE CORPS.

594. — En raison de l'impossibilité de trouver dans ces unités tactiques tous les éléments nécessaires à la constitution de commissions d'après les prescriptions réglementaires, chacune d'elles n'est composée, que de trois membres :

1° Un officier, président, avec voix prépondérante, représentant l'État ;

2° Le maire, représentant les intérêts de sa commune et de ses administrés, avec voix délibérative ;

3° Un expert, adjoint à l'officier, *à titre de conseil*, avec voix consultative.

Le membre militaire est désigné, quinze jours au moins avant le commencement des opérations, par les soins du général commandant le corps d'armée sur le territoire duquel ont lieu ces opérations et choisi parmi les officiers des troupes y prenant part.

L'*expert* est choisi par le préfet du département sur le territoire de la région que chaque commission doit parcourir.

Il est alloué à ce dernier une indemnité journalière de 6 fr., quand il opère sur le territoire de sa commune ; de 12 fr., chaque fois qu'il est appelé à exercer en dehors de ce territoire.

Les préfets ne doivent pas omettre, en désignant les experts de cette catégorie, de bien leur indiquer la quotité de l'allocation journalière à laquelle ils ont droit.

DISPOSITIONS COMMUNES A TOUTES LES COMMISSIONS. — LEUR RÔLE.

595. — *Avant les manœuvres.* — La commission peut reconnaître les terrains sur lesquels l'armée doit se mouvoir. Cette opération préliminaire la mettra en mesure de remplir la mission qui lui est confiée en la renseignant sur les prix du pays pour les estimations qu'elle aura à faire.

596. — *Pendant les manœuvres,* la commission accompagne les troupes et suit leurs opérations. Au fur et à mesure de l'exécution des manœuvres, elle se rend successivement dans les localités qui ont été traversées ou occupées, en prévenant à l'avance les maires du moment de son passage[1]. (Déc. régl., art. 109.)

La prévôté du corps d'armée seconde la commission dans l'exercice de ses fonctions. (Circ. du min. de la guerre 25 août 1874.)

La commission n'a point à intervenir dans l'ordre des mouvements des corps d'armée. Ce n'est pas à elle qu'appartient le soin de décider si les troupes peuvent franchir les limites indiquées par les propriétaires et qui, en principe, doivent être respectées (voir § 589). Le ministre réserve ce droit aux chefs de détachement désignés à cet effet par le général commandant, aux arbitres de la manœuvre ou aux officiers d'état-major du corps d'armée. (Cir. du min. de la guerre 25 août 1874 et 9 août 1877.)

La mission exclusive de la commission est de régler les indemnités dues à raison des dommages causés aux terrains ; ce règlement doit avoir lieu conformément aux règles que nous allons exposer[2].

---

1. Une instruction du ministre de la guerre du 23 février 1889 indique la marche que les commissions auront à suivre pour procéder rapidement, sans même avoir besoin d'être informées à aucune époque, de la marche et des mouvements divers des troupes qui prennent part aux manœuvres.

Elle consiste dans l'envoi à l'avance de lettres-formules à chacun des maires des communes comprises dans la région sur laquelle les troupes doivent manœuvrer. Ces lettres sont accompagnées d'un état récapitulatif des réclamations reçues à la mairie. Ces réclamations sont remises à la gendarmerie qui se présente, dans les communes, durant le quatrième jour qui suit le départ ou le passage des troupes. La gendarmerie fait parvenir sur-le-champ ces réclamations au sous-intendant militaire président de la commission qui peut ainsi préparer, à coup sûr, l'itinéraire de la commission. Le maire est avisé deux jours à l'avance de l'arrivée de la commission.

2. « La commission termine ses travaux par l'établissement d'un état de liquidation indiquant distinctement : 1° les propriétaires, fermiers ou autres ayants droit qui ont refusé le paiement de la somme offerte ; 2° ceux qui ne se sont pas présentés au moment de l'évaluation du dommage et de la proposition de paiement ; 3° ceux dont les indemnités ont été consignées ; 4° les états émargés par ceux qui ont accepté les indemnités proposées. Cet état est remis, ainsi que les

§ 3. — *Règlement des indemnités.*

597. — Les dégâts causés aux propriétés privées par les troupes en manœuvres sont le plus souvent la perte ou l'endommagement des récoltes.

Exceptionnellement, les dégâts occasionnés dans les cantonnements par les troupes qui y sont logées, peuvent y être assimilés. Mais la procédure n'est plus la même ; toute réclamation formée de ce chef doit être adressée, par l'intermédiaire de la municipalité, au commandant de la troupe, avant le départ de cette troupe, ou, au plus tard, trois heures après, à l'officier laissé en arrière pour constater les dégâts et en dresser contradictoirement procès-verbal. (Voir §§ 194 et 195.)

La dépense est, en principe, à la charge des corps de troupes (elle est alors imputée à la masse de petit équipement) ; mais lorsque les dégâts proviennent uniquement des conditions mêmes du cantonnement ou du logement, qui ne sont pas toujours aménagés d'une manière suffisante pour la circonstance, ils sont assimilés à ceux occasionnés aux propriétés par les manœuvres elles-mêmes, et leur réparation incombe au budget du service de la guerre.

Ne sont pas non plus considérés comme dégâts occasionnés pas les manœuvres, les dégâts aux propriétés riveraines des champs de tir de l'infanterie ou de l'artillerie ou les accidents qui surviennent pendant ces exercices. Les indemnités qui peuvent être dues, dans ces cas spéciaux, sont réglées directement par le ministre de la guerre, sauf appel au conseil d'État. (Voir § 262.)

Occupons-nous donc spécialement des dommages aux champs et aux récoltes.

---

archives de la commission, à l'ordonnateur du corps d'armée sur les crédits duquel les indemnités sont imputées. Cet ordonnateur donne reçu au président de la commission sur inventaire dressé en double expédition. » (Circ. du min. de la guerre 25 août 1874.)

598. — Les manœuvres ont lieu à l'époque de l'année où les récoltes n'ont pas à en souffrir ; les propriétaires sont invités à indiquer par des limites très généralement respectées les terrains qui seraient susceptibles de détériorations. Il est expressément recommandé aux généraux commandants de faire remettre en état les terres non ensemencées sur lesquelles on aurait exécuté soit des ouvrages de campagne, soit même des installations de bivouac. (Circ. du min. de la guerre 25 août 1874, 9 août 1877 et 23 février 1889.)

Les dégâts causés par les manœuvres sont presque toujours de peu d'importance.

D'un autre côté, le passage et le séjour des troupes sont pour les localités traversées ou occupées la source de profits relativement considérables. Sauf quelques rares exceptions, nos intelligentes et patriotiques populations des campagnes considèrent avec raison comme un devoir de contribuer par de minimes sacrifices à la réorganisation, à l'éducation de l'armée. Ces différents motifs réduisent à un petit nombre les réclamations d'indemnités. Il s'en peut cependant présenter de très justifiées. Par suite d'un mouvement exceptionnel, une vigne aura été traversée, un champ de blé foulé, des haies auront été renversées ; le propriétaire a le droit incontestable d'être indemnisé. Voyons à quelles formalités l'excercice de ce droit est assujetti.

599. — Le premier point à remarquer est que les indemnités doivent, *à peine de déchéance,* être réclamées par les ayants droit à la mairie de la commune, dans les trois jours qui suivent le passage ou le départ des troupes. Nous avons vu que le maire, dès qu'il est prévenu de l'arrivée des troupes, doit rappeler cette disposition essentielle à ses administrés. (Voir § 589.)

Ainsi, les réclamations formées après le troisième jour qui suit celui où les troupes ont quitté le territoire de la commune seraient considérées comme non avenues, et le délai imparti court après chaque passage ou chaque séjour, de telle sorte que le retour des troupes dans la localité pendant les mêmes manœuvres ne relèverait point de la déchéance encourue à la suite de leur précédent passage. Le texte s'y oppose, et, d'ailleurs, le motif principal dont s'est inspiré le législateur pour exiger que la demande d'indemnité suive immédiatement le fait qui y donne lieu est le même, que les troupes reviennent ou ne reviennent point dans la commune. En effet, ce qu'il a voulu surtout c'est que la brièveté du délai rendît possible l'exacte constatation des dommages.

C'est ce que prouve l'extrait suivant du rapport de M. le baron Reille : « Il est nécessaire ici que le délai soit très court, d'abord pour ne pas retarder les opérations de la commission, ensuite parce que le genre particulier de dégâts que peut causer le passage des troupes serait difficilement appréciable au bout de peu de jours, enfin parce que l'intérêt des propriétaires est que la vérification puisse être prompte afin d'être sérieuse. Les localités où s'exécutent les grandes manœuvres sont d'ailleurs désignées par avance ; les propriétaires seront donc avertis, et pourront, ou se trouver eux-mêmes sur place, ou avoir un mandataire pour produire immédiatement leurs réclamations. »

600. — Le maire dresse un état nominatif dans la forme prévue par l'article 25 de la loi[1], en relevant les réclamations déposées entre ses mains ; cet état mentionne la date de la réclamation, la nature du dommage et la somme réclamée. (Déc. régl., art. 109.)

Ces réclamations sont remises par le maire au président de la commission par l'intermédiaire de la gendarmerie. (Voir § 596, note.)

Dès que la commission a fait connaître le jour de son passage, le maire en prévient les intéressés. (Déc. régl., art. 109.)

---

1. Le rapport de M. le baron Reille dit expressément : « Ces demandes étant presque immédiatement déposées, *la municipalité en dressera, de suite, l'état indicatif prescrit par l'article 25...* »

601. — La commission, après avoir entendu les observations des maires[1] et des réclamants, fixe le chiffre des indemnités à allouer et en dresse l'état. Si les intéressés acceptent cette fixation, ils reçoivent immédiatement le montant de l'indemnité. Ce paiement est effectué par un adjoint du génie ou un officier comptable d'un des services administratifs qui accompagne à cet effet la commission, muni d'une avance de fonds. (Déc. régl., art. 110.)

Le paiement est justifié par un état émargé établi en double expédition. Lecture est donnée à chaque intéressé de la déclaration qu'il signe en émargeant[2]. (Circ. du min. de la guerre 9 août 1877.)

602. — Le maire est tenu de faire connaître à la commission les véritables ayants droit aux indemnités. Dans le cas où des récoltes endommagées sont frappées de saisie-brandon, il signale

---

1. Dans sa circulaire du 10 septembre 1874, le ministre de l'intérieur disait aux préfets :

« Vous recommanderez aux maires, dans l'intérêt de leurs administrés, d'assister aux opérations de la commission d'expertise. En cas d'empêchement, il est indispensable qu'ils se fassent représenter par un adjoint ou par un conseiller municipal.

« L'itinéraire que doit suivre le corps d'armée étant connu à l'avance, les magistrats municipaux pourront avertir les propriétaires intéressés et se pourvoir de tous les renseignements destinés à éclairer la commission d'expertise. Ils faciliteront ainsi le règlement régulier des indemnités. »

2. Dans le cas où la partie prenante ayant droit à une indemnité de 150 fr. ou supérieure à cette somme ne sait ou ne peut signer, il est exceptionnellement procédé, *par analogie avec les dispositions adoptées à l'égard des éleveurs illettrés*, comme l'indique le § 4 de l'article 12 des dispositions générales concernant l'ordonnancement, le paiement et la justification des dépenses, qui font suite au règlement du 3 avril 1869.

« Art. 12, § 4. — Si la partie prenante est illettrée ou dans l'impossibilité de signer, la déclaration en est faite au comptable chargé du paiement, qui la transcrit sur l'extrait d'ordonnance ou sur le mandat, la signe et la fait signer par deux témoins présents au paiement, pour toutes les créances qui n'excèdent pas 150 fr.

« Pour tout paiement au-dessus de 150 fr., il est exigé une quittance authentique enregistrée gratis, à moins qu'il ne s'agisse d'éleveurs illettrés, ceux-ci devant continuer à jouir de l'exception consacrée pour eux par l'article 14 du règlement du 23 mars 1837, c'est-à-dire à recevoir le prix de leurs chevaux en présence de deux témoins, comme il est dit ci dessus. » (Circ. du 23 février 1889.)

cet état de choses et remet copie du procès-verbal de saisie. Les indemnités afférentes à ces récoltes sont réservées pour être consignées à la liquidation des comptes de la commission. Cette consignation est faite à la charge, par le saisi, de fournir la déclaration contenue dans l'état émargé. (Même circulaire.)

603. — Si l'évaluation n'est pas acceptée séance tenante, la commission insère dans son procès-verbal les renseignements nécessaires pour apprécier la nature et l'étendue du dommage[1]. (Décret régl., art. 111.)

L'état des indemnités qui n'ont pas été acceptées séance tenante est remis au maire de la commune, qui, par une notification administrative, met immédiatement les propriétaires en demeure de les accepter ou de les refuser dans un délai de quinze jours. Les refus, déposés par écrit et motivés, sont annexés au procès-verbal. (Déc. régl., art. 112.)

A l'expiration du délai de quinze jours, le maire consigne sur l'état qui lui a été remis par la commission les réponses qu'il a reçues et les transmet ensuite au fonctionnaire de l'intendance militaire, président de la commission, qui assure le paiement des indemnités qui n'ont pas été refusées. (Déc. régl., art. 113.)

604. — *Recours à l'autorité judiciaire.* — La voie amiable qui, on le voit, est très simple sera presque exclusivement suivie ; toutefois, les intéressés qui trouvent insuffisante l'évaluation arrêtée par la commission peuvent se pourvoir devant l'autorité judiciaire pour faire trancher le désaccord. La contestation est introduite et jugée comme en matière d'indemnités pour

1. « La commission dresse un état des lieux pouvant donner naissance à un litige toutes les fois que cette mesure lui paraît utile, et notamment dans les circonstances suivantes : 1° lorsque les ayants droit aux indemnités refusent de recevoir la somme offerte ; 2° lorsque ces mêmes ayants droit ne se présentent pas ; 3° lorsque les indemnités doivent être consignées ; 4° lorsque la demande d'indemnité est dépourvue de fondement. Cet état indique la raison pour laquelle il a été dressé et relate toutes les circonstances propres à éclairer la justice. Il est appuyé du procès-verbal de la gendarmerie, s'il en a été dressé. » (Circ. du min. de la guerre 25 août 1874, 29 août 1877.)

les réquisitions, c'est-à-dire par les tribunaux et suivant la procédure indiquée par l'article 26 de la loi du 3 juillet 1877[1].

Presque toujours la compétence appartiendra au juge de paix, car il ne s'agit ordinairement que de sommes minimes. Ainsi que le fait remarquer M. le baron Reille dans son rapport, ici surtout, le juge de paix, placé à peu de distance, pouvant très souvent prendre connaissance par lui-même du dommage causé, apaisera la plupart du temps le différend, et l'instance engagée devant lui pourra presque toujours être très rapidement vidée.

Dans tous les cas, l'affaire viendra en conciliation devant ce magistrat. Aussi l'article 111 du décret réglementaire prescrit-il à la commission, en cas de contestation, de remettre au juge de paix un extrait du procès-verbal ; cet extrait doit être soumis au tribunal, qui aurait ultérieurement à statuer.

605. — Par analogie avec les dispositions de l'article 56 du décret du 2 août 1877, le soin de représenter l'autorité militaire en justice appartient à l'intendant militaire, directeur du service de l'intendance du corps d'armée sur le territoire duquel les dégâts se sont produits, sauf à lui à se faire suppléer, s'il y a lieu, par le fonctionnaire de l'intendance qui a présidé la commission d'expertise, ou par tel autre qui se trouve le plus à proximité du chef-lieu de la justice de paix devant laquelle est portée la contestation.

Ce fonctionnaire, appelé en conciliation, maintient les offres faites précédemment par la commission, mais il a la faculté de transiger, dans les limites qu'il juge les plus compatibles avec les intérêts du Trésor.

Lorsque l'affaire n'aboutit pas en conciliation et qu'elle est appelée, à raison du chiffre de l'indemnité réclamée, devant le

---

1. Le texte primitif de l'article 54 soumis par la commission à la Chambre des députés portait : « En cas de désaccord, la contestation est adressée sous forme de pourvoi au juge de paix, qui statue, sauf recours au tribunal de première instance. » Il a été modifié dans la séance au 20 février 1877, sur la demande de la commission, à titre de simple changement de rédaction.

tribunal de première instance, l'intendant militaire, directeur du service de l'intendance, constitue, au nom du département de la guerre[1], un avoué, qui prend la défense des intérêts de l'État. (Circ. du min. de la guerre 23 février 1889.)

606. — *Dispense des droits de timbre et d'enregistrement.* — La loi du 18 décembre 1878, qui dispense des formalités du timbre ou de l'enregistrement les actes auxquels donne lieu l'exécution de la loi sur les réquisitions, ne faisant pas de distinction, s'applique, sans aucun doute possible, à ceux qui sont relatifs aux dommages causés par les grandes manœuvres.

Dispositions particulières aux manœuvres en pays de montagnes.

607. — Pour les manœuvres en pays de montagnes, l'impossibilité de déplacer la commission a dû faire adopter une procédure spéciale.

Le chef de détachement a la faculté d'arrêter, séance tenante, après débat avec la partie lésée, le montant de l'indemnité à accorder. La dépense est régularisée ultérieurement, au moyen de pièces établies par l'officier d'approvisionnement.

En cas de refus par le plaignant d'accepter l'indemnité offerte, la gendarmerie locale dresse procès-verbal des dégâts causés, en présence d'un membre civil faisant partie, autant que possible, de la municipalité. Ce procès-verbal, qui constate le refus de l'offre faite, ainsi que son montant, est destiné à éclairer ultérieurement la commission d'évaluation des dégâts, constituée dans les formes que nous avons indiquées plus haut (§ 594).

Toutefois, l'officier d'approvisionnement remplit dans cette commission les fonctions attribuées à l'officier d'administration. L'avance des fonds nécessaires est faite à l'officier d'approvisionnement par le trésorier du corps, ou, au besoin, par le comptable des subsistances le plus rapproché, sur l'acquit du conseil d'administration du corps.

---

1. Par dérogation aux dispositions du 3e paragraphe de la circulaire du 20 septembre 1884. (*Direction de la Comptabilité et du Contentieux, 1er Bureau.*)

DISPOSITIONS GÉNÉRALES

ARTICLE 55.

Tous les avertissements et autres actes qu'il sera nécessaire de signifier à l'autorité militaire, pour l'exécution de la présente loi, le seront à la mairie du chef-lieu de canton.

Les significations à l'autorité militaire sont faites à la mairie du chef-lieu de canton.

608. — Nous appelons sur cette disposition l'attention particulière des maires des communes chefs-lieux de canton. Le mandat qui leur est donné de recevoir les avertissements adressés à l'autorité militaire a pour conséquence le devoir de les communiquer sans retard à cette autorité. Parmi les avertissements dont parle l'article 55 nous signalerons particulièrement ceux que le juge de paix doit adresser à l'autorité militaire, aux termes de l'article 26, lorsqu'une partie qui a fourni des prestations sur réquisition refuse comme insuffisante l'indemnité proposée.

ARTICLE 56.

Sont abrogées toutes les dispositions antérieures relatives aux réquisitions militaires, et notamment le titre V de la loi du 10 juillet 1791, et les lois des 26 avril, 23 mai, 2 septembre et 13 décembre 1792, 19 brumaire an III, 28 juin 1815 ; les décrets des 11, 22 et 28 novembre 1870, et la loi du 1er août 1874.

Abrogations.

609. — Le législateur, après avoir codifié, en quelque sorte, toutes les dispositions relatives aux réquisitions militaires, a cru devoir abroger expressément, pour ne laisser place à aucune incertitude, toutes les lois antérieures sur la matière. Le rapport de M. le baron Reille s'exprime, à cet égard, dans les termes suivants :

« Un dernier article abroge toutes les lois antérieures d'une manière générale. Nous avons cru devoir citer celles de ces lois qui paraissaient être encore en vigueur, ou dont le texte permettait plus particulièrement d'avoir des doutes à cet égard.

« Nous croyons que la Chambre peut adopter cette disposition sans inconvénient. Nous nous sommes en effet attachés, ainsi que nous l'avons dit plusieurs fois dans le rapport, à reproduire toutes les dispositions de ces lois qui nous paraissent devoir être maintenues.

« Toutes les autres dispositions antérieures doivent être laissées dans le domaine du règlement, ou peuvent être supprimées. »

Le décret réglementaire du 2 août contient une disposition analogue, mais moins positive ; il ne mentionne point les décrets abrogés et, d'autre part, ne les abroge qu'en ce qu'ils ont de contraire au nouveau règlement. L'article 114 porte, en effet : « Les règlements antérieurs sont abrogés en ce qu'ils ont de contraire au présent décret. »

APPLICATION A L'ALGÉRIE ET AUX COLONIES

DE LA LOI DU 3 JUILLET 1877

ALGÉRIE

610. — La loi du 3 juillet 1877 n'était pas applicable en Algérie.

Lors de la préparation des expéditions de Tunisie et du Sud oranais, l'autorité militaire a rencontré de grandes difficultés pour se procurer, dans l'étendue du territoire civil qui forme actuellement la plus grande partie de l'Algérie, les moyens de transport exigés pour le ravitaillement des troupes.

En vue d'éviter le retour de ces difficultés, il a paru nécessaire de rendre applicables en territoire algérien non seulement la loi du 3 juillet 1877, relative aux réquisitions militaires, mais aussi le décret du 2 août 1877, portant règlement d'administration publique pour l'exécution de cette loi, sauf à mettre, en ce qui concerne les indigènes non naturalisés, ces deux documents en harmonie avec les rouages administratifs et les habitudes du pays.

Tel est l'objet du décret du 8 août 1885 dont voici les dispositions :

Art. 1er. — La loi du 3 juillet 1877, relative aux réquisitions militaires, et le décret du 2 août 1877, portant règlement d'administration publique pour l'exécution de cette loi, sont applicables en Algérie.

Art. 2. — En cas de rassemblement et de mouvements de troupes, le droit de requérir et de déterminer la nature des réquisitions, ainsi que les portions du territoire sur lesquelles ces réquisitions peuvent être exercées, appartient au gouverneur général de l'Algérie, par délégation du Ministre de la guerre.

Art. 3. — Les dispositions contenues dans la loi et le décret mentionnés ci-dessus ne seront appliqués aux indigènes non naturalisés Français qu'avec les modifications spécifiées dans les articles ci-après.

Art. 4. — La fourniture des prestations exigibles des indigènes non naturalisés Français, pour les besoins de l'armée et par voie de réquisition, comprend, dans les limites fixées par l'article 19 de la loi du 3 juillet 1877 et de l'article 38 du décret du 2 août 1877 :

1° Le cantonnement, pour les hommes et pour les animaux, dans les locaux disponibles ;

2° Les vivres et le chauffage pour les hommes ; l'orge, la paille et le fourrage pour les animaux ;

3° Les moyens de transport, en animaux de selle, de trait et de bât, soit par voie d'achat, soit par voie de location, y compris le personnel de conduite ;

4° Les guides, les messagers, ainsi que les ouvriers pour tous les travaux que les différents services de l'armée ont à exécuter.

Art. 5. — Tous les ans, à l'époque du recensement du Zekkat, les maires ou les autorités qui en tiennent lieu dressent, par commune, section de commune ou tribu, et dans les conditions qui seront réglées par un arrêté du gouverneur général de l'Algérie, l'état de tous les animaux de selle, de trait et de bât qui ont atteint, au 1er janvier, l'âge de quatre ans, pour les chameaux, chamelles, chevaux et juments, et de trois ans pour les mulets et mules, et qui sont, par les autorités ci-dessus désignées, reconnus propres au service des convois militaires et des colonnes expéditionnaires.

Art. 6. — Les relevés numériques des états ainsi établis, déduction faite des étalons approuvés, des juments et des chamelles pleines ou suitées, des animaux appartenant personnellement aux chefs, adjoints et agents indigènes rétribués sur l'un des budgets de l'État, des départements ou des communes, et ensuite du cinquième pour les non-valeurs, constituent le contingent maximum à fournir, le cas échéant, par chaque commune, section de commune ou tribu.

Art. 7. — Ces relevés numériques, arrêtés et centralisés par les préfets ou les généraux de division, suivant le territoire, sont communiqués au général commandant le 19e corps d'armée.

Art. 8. — Il n'est procédé à aucun autre classement des animaux soumis à la réquisition.

Art. 9. — L'ordre de réquisition, qui est adressé, suivant le territoire, aux maires, aux administrateurs civils ou aux commandants de cercle ou d'annexe, et, dans le cas de nécessité résultant de l'éloignement et de l'urgence, aux adjoints ou aux chefs indigènes, indique toujours le nombre des animaux requis, ainsi que le jour et le lieu de leur réunion. Ces animaux doivent être pourvus d'un bât, d'un tellis ou filet et des cordes nécessaires pour assurer la charge. Ils sont examinés et reçus par une commission mixte, dont la composition sera réglée par le gouverneur général de l'Algérie, et qui, seule juge de leur acceptation, peut exiger le remplacement des animaux qui seraient reconnus impropres au service pour lequel la réquisition est faite.

L'acquisition éventuelle des animaux par voie d'achat a lieu dans les conditions prescrites par l'article 49 de la loi du 3 juillet 1877 et par les soins de la commission de réception.

Dans le cas où un ou plusieurs des animaux requis ne seraient pas présentés au jour et au lieu indiqués, ou seraient présentés non pourvus de leurs accessoires, les maires ou leurs adjoints, ou les agents indigènes, seront, dans les conditions déterminées par le gouverneur général de l'Algérie, passibles d'une amende de un à quinze francs, pour chaque animal manquant ou présenté non pourvu de ses accessoires. La même peine sera, en outre, applicable à chacun des propriétaires contrevenants.

Art. 10. — Le gouverneur général de l'Algérie fixe, chaque année, après délibération du conseil de gouvernement, les tarifs des indemnités à payer pour les journées de personnel et d'animaux requis, et, en général, pour toutes les prestations fournies soit par voie d'achat, soit par voie de location.

Art. 11. — Le payement de ces indemnités et, s'il y a lieu, du prix d'achat des animaux sera, autant que possible, effectué, séance tenante et suivant les règles de la comptabilité militaire, par les soins de l'intendance ou de l'officier chef de convoi, qui sera pourvu, à cet effet, des avances nécessaires. Les sommes qui n'auraient pu être remises aux ayants droit, pour toute autre cause que l'abandon de leur poste, seront envoyées au maire de leur résidence ou à l'autorité qui en tient lieu.

Art. 12. — Tout propriétaire d'un animal tué, mort ou endommagé par suite de blessures ou de fatigues résultant de la réquisition et dûment constatées pendant l'exécution du service, aura droit à une indemnité fixée, d'après les prix courants du pays, par une commission militaire dont la composition sera réglée par le gouverneur général de l'Algérie.

Tout indigène requis, devenu impotent à la suite de blessures reçues dans un service commandé, recevra, à titre de réparation pécuniaire, une somme d'argent une fois payée.

Tout indigène requis, tué dans un service commandé, ouvrira aux héritiers dont il était le soutien le droit à une réparation pécuniaire, consistant en une somme d'argent une fois payée.

Les sommes dont il est question dans les deux alinéas qui précèdent seront fixées par le gouverneur général de l'Algérie, et payées sur la contribution de guerre imposée à l'ennemi ou aux rebelles, ou sur les fonds de l'État.

Art. 13. — Un arrêté du gouverneur général de l'Algérie réglera les détails d'exécution du présent décret.

611. — Une décision présidentielle du 15 septembre 1886 a supprimé pour l'Algérie le dernier paragraphe de l'article 49 de la loi qui prive de l'augmentation du quart les chevaux entiers. Par suite, l'indemnité pour la réquisition est la même qu'il s'agisse de chevaux hongres, de chevaux entiers ou de juments de selle et d'attelage d'artillerie.

Un second décret du 8 mars 1893 déclare applicable en Algérie le décret du 14 septembre 1885 réglant le mode et les conditions de recensement des pigeons voyageurs. Nous renvoyons le lecteur au § 41 pour cette réglementation. Nul doute que la loi récente sur les pigeons voyageurs ne soit également déclarée applicable.

COLONIES

612. — Nous donnons enfin le texte d'un décret du 17 septembre 1893 qui rend applicable aux colonies la loi des réquisitions.

Art. 1er. — La loi du 3 juillet 1877, relative aux réquisitions militaires, est applicable aux colonies.

Art. 2. — En cas de mobilisation, d'expéditions et de mouvements de troupes, la faculté d'ouvrir le droit de réquisition, la détermination de la nature des réquisitions ainsi que des portions de territoire sur lesquelles ces réquisitions peuvent être exercées, appartiennent aux gouverneurs des colonies par délégation du ministre du commerce, de l'industrie et des colonies.

Art. 3. — En cas d'expédition dans une colonie, il pourra être procédé à des réquisitions partielles de chevaux, mulets, voitures et de tous autres animaux ou moyens de transport dans les conditions fixées au titre VIII de la loi du 3 juillet 1877 pour le cas de mobilisation.

Art. 4. — Tout propriétaire d'un animal tué, mort ou endommagé par suite de blessures ou de fatigues résultant de la réquisition et dûment constatées pendant l'exécution du service, aura droit à une indemnité fixée, d'après les prix courants du pays, par une commission mixte dont la composition sera réglée par le gouverneur de la colonie.

Tout indigène requis, devenu impotent à la suite de blessures reçues dans un service commandé, recevra, à titre de réparation pécuniaire, une somme d'argent une fois payée.

Tout indigène requis, tué dans un service commandé, ouvrira aux héritiers dont il était le soutien le droit à une réparation pécuniaire consistant en une somme d'argent une fois payée.

Les sommes dont il est question dans les deux alinéas qui précèdent seront fixées par une commission mixte dont la composition sera réglée par le gouverneur de la colonie.

Art. 5. — Des arrêtés ministériels régleront pour chaque colonie les détails d'exécution du présent décret.

LOI DU 3 JUILLET 1877

RELATIVE

AUX RÉQUISITIONS MILITAIRES

Texte modifié par la loi du 5 mars 1890

LE SÉNAT ET LA CHAMBRE DES DÉPUTÉS ONT ADOPTÉ,
LE PRÉSIDENT DE LA RÉPUBLIQUE PROMULGUE LA LOI dont la teneur suit :

TITRE Ier

Conditions générales dans lesquelles s'exerce le droit de réquisition.

Art. 1er. — En cas de mobilisation partielle ou totale de l'armée, ou de rassemblement de troupes, le ministre de la guerre détermine l'époque où commence, sur tout ou partie du territoire français, l'obligation de fournir les prestations nécessaires pour suppléer à l'insuffisance des moyens ordinaires d'approvisionnement de l'armée.

Art. 2. — Toutes les prestations donnent droit à des indemnités représentatives de leur valeur, sauf dans les cas spécialement déterminés par l'article 15 de la présente loi.

Art. 3. — Le droit de requérir appartient à l'autorité militaire.

Les réquisitions sont toujours formulées par écrit et signées.

Elles mentionnent l'espèce et la quantité des prestations imposées et, autant que possible, leur durée.

Il est toujours délivré un reçu des prestations fournies.

Art. 4. — Un règlement d'administration publique déterminera les conditions d'exécution de la présente loi, en ce qui concerne la désignation des autorités ayant qualité pour ordonner ou exercer les réquisitions, la forme de ces réquisitions et les limites dans lesquelles elles pourront être faites.

TITRE II

Des prestations à fournir par voie de réquisition.

Art. 5. — Est exigible, par voie de réquisition, la fourniture des prestations nécessaires à l'armée et qui comprennent notamment :

1° Le logement chez l'habitant et le cantonnement pour les hommes et pour les chevaux, mulets et bestiaux dans les locaux disponibles, ainsi que les bâtiments nécessaires pour le personnel et le matériel des services de toute nature qui dépendent de l'armée ;

2° La nourriture journalière des officiers et soldats logés chez l'habitant, conformément à l'usage du pays ;

3° Les vivres et le chauffage pour l'armée, les fourrages pour les chevaux, mulets et bestiaux ; la paille de couchage pour les troupes campées ou cantonnées ;

4° Les moyens d'attelage et de transport de toute nature, y compris le personnel ;

5° Les bateaux ou embarcations qui se trouvent sur les fleuves, rivières, lacs et canaux ;

6° Les moulins et les fours ;

7° Les matériaux, outils, machines et appareils nécessaires pour la construction ou la réparation des voies de communication, et, en général, pour l'exécution de tous les travaux militaires ;

8° Les guides, les messagers, les conducteurs, ainsi que les ouvriers pour tous les travaux que les différents services de l'armée ont à exécuter ;

9° Le traitement des malades ou blessés chez l'habitant ;

10° Les objets d'habillement, d'équipement, de campement, de harnachement, d'armement et de couchage, les médicaments et moyens de pansement ;

11° Tous les autres objets et services dont la fourniture est nécessitée par l'intérêt militaire.

Hors le cas de mobilisation, il ne pourra être fait réquisition que des prestations énumérées aux cinq premiers paragraphes du présent article. Les moyens d'attelage et de transport, bateaux et embarcations, dont il est question aux §§ 4 et 5, ne pourront également être requis chaque fois, hors le cas de mobilisation, que pour une durée maximum de 24 heures.

Art. 6. — Les réquisitions relatives à l'emploi d'établissements industriels pour la fourniture de produits autres que ceux qui résultent de leur fabrication normale ne pourront être exercées que sur un ordre du ministre de la guerre ou d'un commandant d'armée ou de corps d'armée.

Art. 7. — En cas d'urgence, sur l'ordre du ministre de la guerre ou de l'autorité militaire supérieure chargée de la défense de la place, il peut être pourvu, par voie de réquisition, à la formation des approvisionnements nécessaires à la subsistance des habitants des places de guerre.

« *Les réquisitions à exercer en vue de la constitution de ces approvisionnements pourront être faites par les autorités administratives en vertu d'une délégation spéciale du gouverneur de la place.*

« *Un règlement d'administration publique désignera les autorités civiles auxquelles le droit de requérir pourra être délégué, et déterminera les conditions et les formes dans lesquelles ce droit s'exercera* [1]. »

TITRE III

Du logement et du cantonnement.

Art. 8. — Le logement des troupes, en station ou en marche, chez l'habitant, est l'installation, faute de casernement spécial, des hommes, des animaux et du matériel dans les parties des maisons, écuries, remises ou abris des particuliers reconnues, à la suite d'un recensement, comme pouvant être affectées à cet usage, et fixées en proportion des ressources de chaque particulier; les conditions d'installation afférentes aux militaires de chaque grade, aux animaux et au matériel étant d'ailleurs déterminées par les règlements en vigueur.

Le cantonnement des troupes, en station ou en marche, est l'installation des hommes, des animaux et du matériel dans les maisons, établissements, écuries, bâtiments ou abris de toute nature appartenant soit aux particuliers, soit aux communes ou aux départements, soit à l'Etat, sans qu'il soit tenu compte des conditions d'installation attribuées, en ce qui concerne le logement défini ci-dessus, aux militaires de chaque grade, aux animaux et au matériel, mais en utilisant, dans la mesure du nécessaire, la contenance des locaux, sous la réserve, toutefois, que les propriétaires ou détenteurs conservent toujours le logement qui leur est indispensable.

---

1. Ainsi complété par la loi du 5 mars 1890.

Art. 9. — Aux termes de l'article 5 ci-dessus, et en cas d'insuffisance des bâtiments militaires destinés au logement des troupes dans les places de guerre ou les villes de garnison, il y est suppléé au moyen de maisons ou d'établissements loués par les municipalités, reconnus et acceptés par l'autorité militaire, ou au moyen du logement des officiers et des hommes de troupe chez l'habitant. Cette disposition est également applicable à la fourniture des magasins et des écuries.

Le logement est fourni de la même manière, à défaut de bâtiments militaires dans les villes, villages, hameaux et maisons isolées, aux troupes détachées ou cantonnées, ainsi qu'aux troupes de passage et aux militaires isolés.

Art. 10. — Il sera fait par les municipalités un recensement de tous les logements, établissements et écuries que les habitants peuvent fournir pour le logement ou le cantonnement des troupes dans les circonstances spécifiées à l'article 9.

Ce recensement sera communiqué à l'autorité militaire.

Il pourra être revisé, en tout ou en partie, dans les localités et aux époques fixées par le ministre de la guerre.

Art. 11. — Dans tous les cas où les troupes devront être logées ou cantonnées chez l'habitant, l'autorité militaire informera les municipalités du jour de leur arrivée.

Les municipalités délivreront ensuite, sur la présentation des ordres de route, les billets de logement, en observant de réunir, autant que possible, dans le même quartier les hommes et les chevaux appartenant aux mêmes unités constituées, afin d'en faciliter le rassemblement.

Art. 12. — Dans l'établissement du logement ou du cantonnement chez l'habitant, les municipalités ne feront aucune distinction de personnes, quelles que soient leurs fonctions ou qualités.

Seront néanmoins dispensés de fournir le logement dans leur domicile les détenteurs de caisses publiques déposées dans ledit domicile, les veuves et filles vivant seules et les communautés religieuses de femmes. Mais les uns et les autres sont tenus d'y suppléer en fournissant le logement en nature chez d'autres habitants, avec lesquels ils prendront des arrangements à cet effet ; à défaut de quoi, il y sera pourvu à leurs frais par les soins de la municipalité.

Les officiers et les fonctionnaires militaires, dans leur garnison ou résidence, ne logeront pas les troupes dans le logement militaire qui leur sera fourni en nature, et lorsqu'ils seront logés en dehors des bâtiments militaires, ils ne seront tenus de fournir le logement aux troupes qu'autant que celui qu'ils occuperont excédera la proportion affectée à leur grade ou à leur emploi.

Les officiers en garnison dans le lieu de leur habitation ordinaire seront tenus de fournir le logement dans leur domicile propre, comme les autres habitants.

Art. 13. — Les municipalités veilleront à ce que la charge du logement ou du cantonnement soit répartie avec équité sur tous les habitants.

Les habitants ne seront jamais délogés de la chambre et du lit où ils ont l'habitude de coucher ; ils ne pourront néanmoins, sous ce prétexte, se soustraire à la charge du logement selon leurs facultés.

Hors les cas de mobilisation, le maire ne pourra envahir le domicile des absents ; il devra loger ailleurs à leurs frais.

Les établissements publics ou particuliers requis préalablement par l'autorité militaire, et effectivement utilisés par elle, ne seront pas compris dans la répartition du logement ou du cantonnement.

Art. 14. — Les troupes seront responsables des dégâts et dommages occasionnés par elles dans leurs logements ou cantonnements. Les habitants qui auront à se plaindre à cet égard adresseront leurs réclamations, par l'intermédiaire de la municipalité, au commandant de la troupe, afin qu'il y soit fait droit, si elles sont fondées.

Lesdites réclamations devront être adressées et les dégâts constatés, à peine de déchéance, avant le départ de la troupe, ou, en temps de paix, trois heures après, au plus tard ; un officier sera laissé à cet effet par le commandant de la troupe.

Art. 15. — Le logement des troupes, en cas de passage, de rassemblement, de détachement ou de cantonnement, donnera droit à l'indemnité, conformément à l'article 2 ci-dessus, sauf les exceptions suivantes :

1° Le logement des troupes de passage chez l'habitant ou leur cantonnement pour une durée maximum de trois nuits dans chaque mois, ladite durée s'appliquant indistinctement au séjour d'un seul corps ou de corps différents chez les mêmes habitants ;

2° Le cantonnement des troupes qui manœuvrent ;

3° Le logement chez l'habitant ou le cantonnement des troupes rassemblées dans les lieux de mobilisation et leurs dépendances pendant la période de mobilisation, dont un décret fixe la durée.

Art. 16. — En toutes circonstances, les troupes auront droit, chez l'habitant, au feu et à la chandelle.

Art. 17. — Dans tous les cas où les troupes seront gratuitement logées chez l'habitant ou cantonnées, le fumier provenant des animaux appartiendra à l'habitant. Dans tous les cas où le logement chez l'habitant et le cantonnement donneront droit à une indemnité, le fumier restera la propriété de l'État, et son prix pourra être déduit du montant de ladite indemnité, avec le consentement de l'habitant.

Art. 18. — Un règlement d'administration publique fixera les détails d'exécution du logement des troupes en dehors des bâtiments militaires, notamment les conditions du logement attribué aux militaires de chaque grade.

Il déterminera en outre le prix de la journée de logement ou de cantonnement pour les hommes ou les animaux et le prix de la journée de fumier.

TITRE IV

De l'exécution des réquisitions.

Art. 19. — Toute réquisition doit être adressée à la commune; elle est notifiée au maire. Toutefois, si aucun membre de la municipalité ne se trouve au siège de la commune, ou si une réquisition urgente est nécessaire sur un point éloigné du siège de la commune et qu'il soit impossible de la notifier régulièrement, la réquisition peut être adressée directement par l'autorité militaire aux habitants.

Les réquisitions exercées sur une commune ne doivent porter que sur les ressources qui y existent, sans pouvoir les absorber complètement.

Art. 20. — Le maire, assisté, sauf le cas de force majeure ou d'extrême urgence, de deux membres du conseil municipal appelés dans l'ordre du tableau et de deux des habitants les plus imposés de la commune, répartit les prestations exigées entre les habitants et les contribuables, alors même que ceux-ci n'habitent pas la commune et n'y sont pas représentés.

Cette répartition est obligatoire pour tous ceux qui y sont compris.

Il est délivré par le maire, à chacun d'eux, un reçu des prestations fournies.

Le maire prendra les mesures nécessitées par les circonstances pour que, dans le cas d'absence de tout habitant ou contribuable, la répartition, en ce qui le concerne, soit effective.

Au lieu de procéder par voie de répartition, le maire, assisté comme il est dit ci-dessus, peut, au compte de la commune, pourvoir directement à la fourniture et à la livraison des prestations requises; les dépenses qu'entraîne cette opération sont imputées sur les ressources générales du budget municipal, sans qu'il soit besoin d'autorisation spéciale.

Dans les cas prévus par le premier paragraphe de l'article 19, ou lorsque les prestations requises ne sont pas fournies dans les délais prescrits, l'autorité militaire fait d'office la répartition entre les habitants.

Art. 21. — Dans le cas de refus de la municipalité, le maire, ou celui qui en fait fonctions, peut être condamné à une amende de vingt-cinq à cinq cents francs (25 à 500 fr.)

Si le fait provient du mauvais vouloir des habitants, le recouvrement des prestations est assuré, au besoin, par la force ; en outre, les habitants qui n'obtempèrent pas aux ordres de réquisition sont passibles d'une amende qui peut s'élever au double de la valeur de la prestation requise.

En temps de paix, quiconque abandonne le service pour lequel il est requis personnellement est passible d'une amende de seize à cinquante francs (16 à 50 fr.)

En temps de guerre, et par application des dispositions portées à l'article 62 du Code de justice militaire, il est traduit devant le conseil de guerre et peut être condamné à la peine de l'emprisonnement de six jours à cinq ans, dans les termes de l'article 194 du même Code.

Art. 22. — Tout militaire qui, en matière de réquisitions, abuse des pouvoirs qui lui sont conférés, ou qui refuse de donner reçu des quantités fournies, est puni de la peine de l'emprisonnement, dans les termes de l'article 194 du Code de justice militaire ; tout militaire qui exerce des réquisitions sans avoir qualité pour le faire est puni, si ces réquisitions sont faites sans violence, conformément au cinquième paragraphe de l'article 248 du Code de justice militaire.

Si ces réquisitions sont exercées avec violence, il est puni conformément à l'article 250 du même Code.

Le tout sans préjudice des restitutions auxquelles il peut être condamné

Art. 23. — Dans les eaux maritimes, les propriétaires, capitaines ou patrons de navires, bateaux et embarcations de toute nature sont tenus, sur réquisition, de mettre ces navires, bateaux ou embarcations à la disposition de l'autorité militaire, qui a le droit d'en disposer dans l'intérêt de son service et qui peut également requérir le personnel en tout ou en partie.

Ces réquisitions se font par l'intermédiaire de l'administration de la marine, sur les points du littoral où elle est représentée.

TITRE V

Du règlement des indemnités.

Art. 24. — Lorsqu'il y a lieu, par application de l'article 1er de la présente loi, de requérir des prestations pour les besoins de l'armée, le ministre de la guerre nomme, dans chaque département où peuvent être exercées des réquisitions, une commission chargée d'évaluer les indemnités dues aux personnes et aux communes qui ont fourni des prestations.

Un règlement d'administration publique déterminera la composition et le fonctionnement de cette commission, qui devra comprendre des membres civils et des membres militaires, en assurant la majorité à l'élément civil.

Art. 25. — Le maire de chacune des communes où il a été exercé des réquisitions adresse, dans le plus bref délai, à la commission, avec une copie de l'ordre de réquisition, un état nominatif contenant l'indication de toutes les personnes qui ont fourni des prestations, avec la mention des quantités livrées, des prix réclamés par chacune d'elles et de la date des réquisitions.

L'autorité militaire fixe, sur la proposition de la commission, l'indemnité qui est allouée à chacun des intéressés.

Art. 26. — Dans les trois jours de la proposition de la commission, les décisions de l'autorité militaire sont adressées au maire et notifiées administrativement par lui à chacun des intéressés ou à leur résidence habituelle, dans les vingt-quatre heures de la réception.

Dans un délai de quinze jours, à partir de cette notification, ceux-ci doivent faire connaître au maire s'ils acceptent ou refusent l'allocation qui leur est faite.

Faute par eux d'avoir fait connaître leur refus dans ce délai, les allocations sont considérées comme définitives. Le refus sera motivé et indiquera la somme réclamée.

Il est transmis par le maire au juge de paix du canton, qui en donne connaissance à l'autorité militaire et envoie de simples avertissements sans frais, pour une date aussi prochaine que possible, à l'autorité militaire et au réclamant.

En cas de non-conciliation, il peut prononcer immédiatement ou ajourner les parties pour être jugées dans le plus bref délai.

Il statue en dernier ressort jusqu'à une valeur de deux cents francs (200 fr.) inclusivement, et en premier ressort jusqu'à quinze cents francs (1,500 fr.) inclusivement. Au-dessus de ce chiffre, l'affaire sera portée devant le tribunal de première instance.

Dans tous les cas, le jugement sera rendu comme en matière sommaire.

Art. 27. — Après l'expiration du délai fixé par le deuxième paragraphe de l'article précédent, le maire dresse l'état des allocations devenues définitives par l'acceptation ou le silence des intéressés.

Le montant des allocations portées sur ce tableau est mandaté collectivement, au nom de la commune, par les soins de l'intendance.

Le mandat doit être payé comptant.

En temps de guerre, le paiement peut être fait en bons du Trésor, portant intérêt à 5 p. 100 du jour de la livraison.

Art. 28. — Aussitôt après le paiement du mandat ou l'échéance du bon du Trésor, le maire est tenu de mandater et le receveur municipal est tenu de payer à chaque indemnitaire la somme qui lui revient.

TITRE VI

Des réquisitions relatives aux chemins de fer.

Art. 29. — Dans les cas prévus par l'article 1er de la présente loi, les compagnies de chemin de fer sont tenues de mettre à la disposition du ministre de la guerre toutes les ressources en personnel et matériel qu'il juge nécessaires pour assurer les transports militaires. Le personnel et le matériel ainsi requis peuvent être indifféremment employés, sans distinction de réseau, sur toutes les lignes dont il peut être utile de se servir, tant en deçà qu'au delà de la base d'opérations.

Art. 30. — L'autorité militaire peut aussi se faire livrer par les compagnies, sur réquisition et au prix de revient, le combustible, les matières grasses et autres objets qui seront nécessaires pour le service des chemins de fer en campagne.

Art. 31. — Les dépendances des gares et de la voie, y compris les bureaux et fils télégraphiques des compagnies, qui peuvent être nécessaires à l'administration de la guerre, doivent également être mises, sur réquisition, à la disposition de l'autorité militaire.

Les réquisitions seront adressées par l'autorité militaire aux chefs de gare.

Art. 32. — Les réquisitions prévues par les articles 29, 30 et 31 de la présente loi sont exercées conformément aux articles 22 et suivants de la loi du 13 mars 1875[1], et donnent lieu à des indemnités qui seront déterminées par un règlement d'administration publique.

Art. 33. — En temps de guerre, les transports commerciaux cessent de plein droit sur les lignes ferrées situées au delà de la station de transition fixée sur la base d'opérations.

Cette suppression ne donne lieu à aucune indemnité.

Art. 34. — Les communes ne peuvent comprendre dans la répartition des prestations qu'elles sont requises de fournir aucun objet appartenant aux compagnies de chemins de fer.

---

1. La loi du 13 mars 1875 a été modifiée par celle du 28 décembre 1888.

TITRE VII

Des réquisitions de l'autorité maritime.

Art. 35. — Les dispositions de la présente loi sont applicables aux réquisitions exercées pour les besoins de l'armée de mer.

Un règlement d'administration publique déterminera les attributions de l'autorité maritime en ce qui concerne le droit de requérir et les conditions d'exécution des réquisitions.

TITRE VIII

Dispositions relatives aux chevaux, mulets et voitures nécessaires à la mobilisation.

Art. 36. — L'autorité militaire a le droit d'acquérir, par voie de réquisition, pour compléter et pour entretenir l'armée au pied de guerre, des chevaux, juments, mules et mulets, et des voitures attelées.

Art. 37. — Tous les ans, avant le 16 janvier, a lieu, dans chaque commune, sur la déclaration obligatoire des propriétaires, et, au besoin, d'office, par les soins du maire, le recensement des chevaux, juments, mules et mulets susceptibles d'être requis en raison de l'âge qu'ils ont eu au 1er janvier, c'est-à-dire six ans et audessus pour les chevaux et juments, quatre ans et au-dessus pour les mulets et mules.

L'âge se compte à partir du 1er janvier de l'année de la naissance.

Tous les trois ans, avant le 16 janvier, a lieu dans chaque commune, et de la même manière que ci-dessus, le recensement des voitures attelées de chevaux et de mulets, autres que celles qui sont exclusivement affectées au transport des personnes.

Art. 38. — Chaque année, le ministre de la guerre peut faire procéder, du 16 janvier au 1er mars, ou du 15 mai au 15 juin, à l'inspection et au classement des chevaux, juments, mulets ou mules, recensés ou non, ayant l'âge fixé à l'article précédent.

La même opération peut être faite, aux mêmes époques, dans l'année du recensement pour les voitures attelées.

L'inspection et le classement ont lieu, en temps de paix, dans chaque commune, à l'endroit désigné à l'avance par l'autorité militaire, en présence du maire ou de son suppléant légal.

Il y est procédé par des commissions mixtes, désignées dans chaque région par le général commandant le corps d'armée et composées chacune d'un officier président et ayant voix prépondérante en cas de partage, d'un membre civil choisi dans la commune, ayant voix délibérative, et d'un vétérinaire militaire ou d'un vétérinaire civil, ou, à défaut, d'une personne compétente désignée par le maire, ayant voix consultative.

Il ne sera pas alloué d'indemnité au membre civil de ladite commission.

Art. 39. — Les animaux reconnus propres à l'un des services de l'armée sont classés suivant les catégories établies au budget pour les achats annuels de la remonte, les chevaux d'officier formant, dans chaque catégorie des chevaux de selle, une classe à part.

Art. 40. — Sont exemptés de la réquisition, en cas de mobilisation, et ne sont pas portés sur la liste de classement par catégories :

1° Les chevaux appartenant au Chef de l'État ;

2° Les chevaux dont les fonctionnaires sont tenus d'être pourvus pour leur service ;

3° Les chevaux entiers approuvés ou autorisés pour la reproduction ;

4° Les juments en état de gestation constatée, ou suitées d'un poulain, ou notoirement reconnues comme consacrées à la reproduction ;

5° Les chevaux et juments n'ayant pas atteint l'âge de six ans, les mulets et mules au-dessous de quatre ans ;

6° Les chevaux de l'administration des postes, ou ceux qu'elle entretient pour son service par des contrats particuliers ;

7° Les chevaux indispensables pour assurer le service des administrations publiques et ceux affectés au transport de matériel nécessité par l'exploitation des chemins de fer. Ces derniers peuvent, toutefois, être requis au même titre que les voies ferrées elles-mêmes, conformément aux dispositions de l'article 29 de la présente loi.

Art. 41. — Les voitures recensées sont présentées tout attelées aux commissions mixtes qui arrêtent leur classement ainsi que celui des harnais. A l'issue de ce classement, il est procédé, en présence de la commission, à un tirage au sort qui règle l'ordre d'appel des voitures en cas de mobilisation.

Art. 42. — Sont exemptées de la réquisition, en cas de mobilisation, et ne sont pas portées sur la liste de classement par catégorie, les voitures indispensables pour assurer le service des administrations publiques et celles affectées aux transports de matériel nécessités par l'exploitation des chemins de fer. Ces dernières peuvent, toutefois, être requises au même titre que les voies ferrées elles-mêmes, conformément aux dispositions de l'article 29 de la présente loi.

Art. 43. — Un tableau certifié par le président de la commission mixte et par le maire, indiquant pour chaque commune le signalement des animaux classés ainsi que le nom de leurs propriétaires, est adressé au bureau de recrutement du ressort.

Un double de ce tableau reste déposé à la mairie jusqu'au classement suivant.

Il est dressé de la même manière un tableau de classement des voitures en double expédition ; les numéros de tirage y sont inscrits.

Art. 44. — Le contingent des animaux à fournir en cas de mobilisation, dans chaque région, pour compléter et entretenir au pied de guerre les troupes qui y sont stationnées, est fixé par le ministre de la guerre, d'après les ressources constatées au classement pour chaque catégorie.

Ce contingent est réparti, dans la région, par l'autorité militaire, de manière à égaliser les charges provenant des réquisitions prévues pour les besoins successifs de l'armée. Toutefois, cette répartition n'est notifiée qu'en cas de mobilisation.

L'insuffisance des ressources dans un corps d'armée sera compensée, sur l'ordre du ministre de la guerre, par l'excédent d'un autre corps d'armée.

Les mêmes dispositions sont applicables aux voitures attelées.

Art. 45. — Dès la réception de l'ordre de mobilisation, le maire est tenu de prévenir les propriétaires que : 1° tous les animaux classés présents dans la commune ; 2° tous ceux qui y ont été introduits depuis le dernier classement et qui ne sont pas compris dans les cas d'exemption prévus par l'article 40 ; 3° tous ceux qui ont atteint l'âge légal depuis le dernier classement ; 4° tous ceux enfin qui, pour un motif quelconque, n'auraient pas été déclarés au recensement ni présentés au dernier classement, bien qu'ils eussent l'âge légal, doivent être conduits, aux jour et heure fixés pour chaque canton, au point indiqué par l'autorité militaire.

Le maire prévient également les propriétaires des voitures, d'après les numéros de tirage portés sur le dernier état de classement, suivant la demande de l'autorité militaire, d'avoir à les conduire tout attelées au même point de rassemblement.

Les animaux doivent avoir leur ferrure en bon état, un bridon et un licol pourvu d'une longe.

Art. 46. — Des commissions mixtes, désignées par l'autorité militaire, procèdent, audit point, à la réception, par canton, des animaux amenés, et opèrent le classement non encore fait de ceux qui se trouvent compris dans les cas spéciaux indiqués à l'article précédent.

Si le nombre des animaux présentés à la commission est supérieur au chiffre à requérir dans la catégorie, il est procédé à un tirage au sort pour déterminer l'ordre dans lequel ils seront appelés.

Art. 47. — Le propriétaire d'un animal compris dans le contingent a le droit de présenter à la commission de remonte et de faire inscrire à sa place un autre animal non compris dans le contingent, mais appartenant à la même catégorie et à la même classe dans la catégorie.

Art. 48. — Après avoir statué sur tous les cas de réforme, de remplacement ou d'ajournement demandé pour cause de maladie, la commission de réception, en présence des maires ou de leurs suppléants légaux, prononce la réquisition des animaux nécessaires pour la mobilisation.

Elle procède également à la réception des voitures attelées.

Elle fixe le prix des voitures et des harnais d'après les prix courants du pays.

Les animaux qui attellent les voitures admises entrent en déduction du contingent requis en vertu du présent article et sont payés conformément à l'article 49 ci-après.

Art. 49. — Les prix des animaux requis sont déterminés à l'avance et fixés d'une manière absolue, pour chaque catégorie, aux chiffres portés au budget de l'année, augmentés du quart pour les chevaux de selle et pour les chevaux d'attelage d'artillerie.

Toutefois, cette augmentation n'est pas applicable aux chevaux entiers.

Art. 50. — Les propriétaires des animaux, voitures ou harnais requis reçoivent sans délai des mandats en représentant le prix et payables à la caisse du receveur des finances le plus à proximité.

Art. 51. — Les propriétaires qui, aux termes de l'article 45, n'auront pas conduit leurs animaux classés ou susceptibles de l'être, leurs voitures attelées désignées par l'autorité militaire, au lieu indiqué pour la réquisition, sans motifs légitimes admis par la commission de réception, sont déférés aux tribunaux, et, en cas de condamnation, frappés d'une amende égale à la moitié du prix d'achat fixé pour la catégorie à laquelle appartiennent les animaux, ou à la moitié du prix moyen d'acquisition des voitures ou harnais dans la région.

Néanmoins, la saisie et la réquisition pourront être exécutées immédiatement et sans attendre le jugement, à la diligence du président de la commission de réception ou de l'autorité militaire.

Art 52. — Les maires ou les propriétaires de chevaux, juments, mulets ou mules, de voitures ou de harnais, qui ne se conforment pas aux dispositions du titre VIII de la présente loi, sont passibles d'une amende de vingt-cinq à mille francs (25 à 1,000 fr.). Ceux qui auront fait sciemment de fausses déclarations seront frappés d'une amende de cinquante à deux mille francs (50 à 2,000 fr.).

Art. 53. — Lorsque l'armée sera replacée sur le pied de paix, les anciens propriétaires des animaux requis pourront les réclamer, sauf restitution du prix intégral de paiement et sous réserve de les rechercher eux-mêmes dans les rangs de l'armée et d'aller les prendre, à leurs frais, au lieu de garnison des corps ou de l'officier détenteur.

TITRE IX

Dispositions spéciales aux grandes manœuvres.

Art. 54. — Les indemnités qui peuvent être allouées en cas de dommages causés aux propriétés privées par le passage ou le stationnement des troupes dans les marches, manœuvres et opérations d'ensemble, prévues à l'article 28 de la loi du 24 juillet 1873, doivent, à peine de déchéance, être réclamées par les ayants droit, à la mairie de la commune, dans les trois jours qui suivront le passage ou le départ des troupes.

Une commission attachée à chaque corps d'armée ou fraction de corps d'armée opérant isolément procède à l'évaluation des dommages. Si cette évaluation est acceptée, le montant de la somme fixée est payée sur-le-champ.

En cas de désaccord, la contestation sera introduite et jugée comme il a été dit à l'article 26.

Un règlement d'administration publique déterminera la composition et le mode de fonctionnement de la commission.

Dispositions générales.

Art. 55. — Tous les avertissements et autres actes qu'il sera nécessaire de signifier à l'autorité militaire, pour l'exécution de la présente loi, le seront à la mairie du chef-lieu de canton.

Art. 56. — Sont abrogées toutes les dispositions antérieures relatives aux réquisitions militaires, et notamment : le titre V de la loi du 10 juillet 1791 et les lois des 26 avril, 23 mai, 2 septembre et 13 décembre 1792, 19 brumaire an III, 28 juin 1815 ; les décrets des 11, 22 et 28 novembre 1870, et la loi du 1er août 1874.

La présente loi, délibérée et adoptée par le Sénat et par la Chambre des députés, sera exécutée comme loi de l'État.

Fait à Paris, le 3 juillet 1877.

Signé : Mal DE MAC-MAHON, DUC DE MAGENTA.

Le Ministre de la guerre,

Signé : Gal A. BERTHAUT.

DÉCRET DU 2 AOUT 1877

PORTANT

RÈGLEMENT D'ADMINISTRATION PUBLIQUE

POUR L'EXÉCUTION DE LA LOI

RELATIVE

AUX RÉQUISITIONS MILITAIRES

Texte modifié par les décrets des 23 novembre 1886
et 3 juin 1890

LE PRÉSIDENT DE LA RÉPUBLIQUE FRANÇAISE,

Sur le rapport des Ministre de la guerre et de la marine et des colonies,

Vu la loi du 3 juillet 1877, sur les réquisitions militaires, et notamment les articles 4, 18, 24, 32, 35 et 54, qui renvoient à un règlement d'administration publique les dispositions propres à assurer l'exécution de ladite loi ;

Le Conseil d'État entendu,

DÉCRÈTE :

TITRE Ier

Conditions générales dans lesquelles s'exerce le droit de réquisition.

Art. 1er. — En cas de mobilisation totale de l'armée, l'autorité militaire peut user du droit de requérir les prestations nécessaires à l'armée, depuis le jour de la mobilisation jusqu'au moment où l'armée est remise sur le pied de paix.

Art. 2. — En cas de mobilisation partielle ou de rassemblement de troupes pour quelque cause que ce soit, des arrêtés du Ministre de la guerre déterminent l'époque où pourra commencer et celle où devra se terminer l'exercice du droit de réquisition, ainsi que les portions de territoire où le droit de réquisition pourra être exercé.

Ces arrêtés sont publiés dans les communes.

Art. 3. — Lorsque la mobilisation totale est ordonnée, les généraux commandant des armées, des corps d'armée, des divisions ou des troupes ayant une mission spéciale peuvent de plein droit exercer des réquisitions.

Ils peuvent déléguer le droit de requérir aux fonctionnaires de l'intendance ou aux officiers commandant des détachements.

Art. 4. — En cas de mobilisation ou de rassemblement de troupes, la faculté d'exercer des réquisitions, dans les limites prévues à l'article 2 du présent décret, n'appartient de plein droit qu'aux généraux commandant les corps d'armée mobilisés ou les rassemblements de troupes.

Le droit de requérir peut être délégué par eux aux fonctionnaires de l'intendance ou aux officiers commandant des détachements.

Art. 5. — Les ordres de réquisition sont détachés d'un carnet à souche qui est remis à cet effet entre les mains des officiers appelés à exercer des réquisitions.

Art. 6. — Les généraux désignés dans les articles 3 et 4 du présent décret peuvent remettre aux chefs de corps ou de service des carnets à souche d'ordres de réquisition contenant délégation du droit de requérir, pour être délivrés par ces chefs de corps ou de service aux officiers sous leurs ordres qui pourraient être éventuellement appelés à exercer des réquisitions.

Art. 7. — Les reçus délivrés par les officiers chargés de la réception des prestations fournies sont extraits d'un carnet à souche qui est fourni par l'autorité militaire, comme les carnets d'ordres de réquisition.

Art. 8. — Exceptionnellement, et seulement en temps de guerre, tout commandant de troupe ou chef de détachement opérant isolément peut, même sans être porteur d'un carnet de réquisitions, requérir, sous sa responsabilité personnelle, les prestations nécessaires aux besoins journaliers des hommes et des chevaux placés sous ses ordres.

Art. 9. — Les réquisitions ainsi exercées sont toujours faites par écrit et signées; elles sont établies en double expédition, dont l'une reste entre les mains du maire et l'autre est adressée immédiatement, par la voie hiérarchique, au général commandant le corps d'armée. Il est donné reçu des prestations fournies.

« *Art. 10. — Lorsque, par application des dispositions contenues dans l'article 7 de la loi du 3 juillet 1877, modifié par la loi du 5 mars 1890, il y a lieu de pourvoir, par voie de réquisition, à la formation des approvisionnements nécessaires à la subsistance des habitants d'une place de guerre, le gouverneur peut déléguer le droit de requérir les prestations destinées à la constitution de ces approvisionnements aux préfets, sous-préfets et maires, appelés à participer aux opérations du ravitaillement.*

« *La même délégation peut être donnée pour le même objet aux ingénieurs des corps des ponts et chaussées et des mines.*

« *Il est délivré, par l'intermédiaire des préfets, aux autorités civiles investies du droit de requérir, des carnets à souche d'ordre de réquisition et de reçus.*

« *Le gouverneur devra indiquer d'une manière spéciale, dans la délégation, la nature et l'importance des prestations qui feront l'objet des réquisitions.*

« *L'officier qui a reçu délégation du droit de requérir doit, après avoir terminé la mission pour laquelle il a reçu cette délégation, remettre immédiatement son carnet d'ordres de réquisition à son chef de corps ou de service, qui le fait parvenir à la commission chargée du règlement des indemnités.*

« *Le fonctionnaire investi du droit de requérir doit, dans les mêmes conditions, remettre sans délai son carnet d'ordres de réquisition au préfet du département, qui fait également parvenir ce carnet à la commission chargée du règlement des indemnités.*

« *Les conditions et les formes dans lesquelles les autorités civiles et administratives exercent le droit de réquisition qui leur a été délégué sont les mêmes que celles déterminées par le présent décret pour les officiers*[1]. »

TITRE II

Des prestations à fournir par voie de réquisition.

Art. 11. — Les officiers qui peuvent être appelés à requérir le logement chez l'habitant ou le cantonnement de troupes sous leurs ordres doivent consulter les états dressés en exécution de l'article 10 de la loi du 3 juillet 1877 et des articles 23 et suivants du présent décret, et ne réclamer, dans chaque commune, le logement que pour un nombre d'hommes et de chevaux inférieur ou au plus égal à celui qui est indiqué par lesdits tableaux.

Art. 12. — Lorsque des troupes sont logées chez l'habitant et que celui-ci est requis de leur fournir la nourriture, il ne peut être exigé une nourriture supérieure à l'ordinaire de l'individu requis.

Art. 13. — L'officier commandant un détachement qui réquisitionne dans une commune des fournitures en vivres, denrées ou fourrages, pour la nour-

1. Ainsi modifié par le décret du 3 juin 1890.

riture des troupes ou des chevaux sous ses ordres, doit mentionner sur la réquisition la quantité de rations requises et la quotité de la ration réglementaire.

Art. 14. — Quand il y a lieu de requérir des chevaux, voitures ou harnais pour des transports qui doivent amener un déplacement de plus de cinq jours avant le retour des chevaux et voitures, il est procédé, avant la prise de possession, à une estimation contradictoire faite par l'officier requérant et le maire.

Art. 15. — Si des chevaux ou voitures requis pour accompagner un détachement ou convoi sont perdus ou endommagés, le chef du détachement ou convoi doit délivrer au conducteur un certificat constatant le fait.

Il y joint son appréciation des causes du dommage et, si l'estimation préalable n'a pas eu lieu, une évaluation de la perte subie.

Art. 16. — En cas de refus de l'officier du détachement ou du convoi de délivrer les pièces mentionnées à l'article précédent, le conducteur des chevaux et voitures endommagés devra s'adresser immédiatement au juge de paix, ou, à défaut du juge de paix, au maire de la commune où s'est produit le dommage, pour en faire constater les causes et la valeur.

Art. 17. — Toutes les fois qu'il est fait une réquisition d'outils, matériaux, machines, bateaux, embarcations en dehors des eaux maritimes, etc., pour une durée de plus de huit jours, il est procédé, avant l'enlèvement desdits objets, à une estimation faite contradictoirement par l'officier requérant et le maire de la commune.

S'il est, plus tard, restitué tout ou partie desdits objets, procès-verbal est dressé de cette restitution, ainsi que des détériorations subies, et mention en est faite sur le reçu primitivement délivré, auquel le procès-verbal est annexé.

Art. 18. — Si la réquisition de moulins a pour objet d'en attribuer temporairement à l'autorité militaire l'usage exclusif, il est procédé, avant et après la prise de possession, à une constatation sommaire par l'officier requérant et le maire de la commune.

Art. 19. — Les chefs de détachements qui requièrent des guides ou conducteurs pour accompagner les troupes doivent pourvoir à leur nourriture, ainsi qu'à celle des chevaux, comme s'ils faisaient partie de leur détachement, pendant toute la durée de la réquisition.

Art. 20. — Les guides, les messagers, les conducteurs et les ouvriers qui sont l'objet de réquisitions reçoivent, à l'expiration de leur mission, un certificat qui en constate l'exécution et qui est délivré : pour les guides, par les commandants de détachements ; pour les messagers, par les destinataires ; pour les conducteurs, par les chefs de convois, et pour les ouvriers, par les chefs de service compétents.

Art. 21. — Lorsqu'il y a lieu de requérir le traitement de malades ou blessés, les maires fournissent des locaux spéciaux pour le traitement desdits malades ou blessés, et, à défaut de locaux spéciaux, les répartissent chez les habitants: mais s'il s'agit de maladies contagieuses, ils doivent pourvoir aux soins à donner dans des bâtiments où les malades puissent être séparés de la population et qui, au besoin, sont requis à cet effet.

En cas d'extrême urgence, et seulement sur des points éloignés du centre de la commune, l'autorité militaire peut requérir directement des habitants le soin des malades ou blessés; mais cette réquisition faite directement ne peut jamais s'appliquer à des malades atteints de maladies contagieuses.

Art. 22. — Si des communes ou des habitants sont requis de recevoir des malades ou des blessés, et si ces derniers ne peuvent pas être soignés par les médecins de l'armée, les visites des médecins civils peuvent donner droit à une indemnité spéciale.

Cette indemnité est fixée par la commission d'évaluation, sur la note du médecin, certifiée par l'habitant qui a logé le malade ou le blessé, ou, si faire se peut, par ce dernier lui-même, et visée par le maire de la commune.

TITRE III

Du logement et du cantonnement.

Art. 23. — Les maires dressent, tous les trois ans, en double expédition, sur des modèles qui leur sont transmis par les commandants de région, un état des ressources que peut offrir leur commune pour le logement et le cantonnement des troupes.

Cet état doit distinguer l'agglomération principale et les hameaux détachés; il doit indiquer approximativement :

1° Le nombre de chambres et de lits qui peuvent être affectés au logement des officiers et le nombre d'hommes de troupe qui peuvent être logés chez l'habitant, à raison d'un lit par sous-officier et d'un lit ou au moins d'un matelas et d'une couverture pour deux soldats;

Le nombre de chevaux, mulets, bestiaux et voitures qui peuvent être installés dans les écuries, étables ou remises;

2° Le nombre d'hommes qui peuvent être cantonnés dans les maisons, établissements, écuries, bâtiments ou abris de toute nature appartenant soit aux particuliers, soit aux communes ou aux départements, soit à l'État, sous la seule réserve que les propriétaires ou détenteurs conserveront toujours les locaux qui leur sont indispensables pour leur logement et celui de leurs animaux, denrées et marchandises.

Les officiers et les fonctionnaires militaires, qui sont logés à leurs frais, dans leur garnison ou résidence, ne sont tenus de fournir le logement aux troupes qu'autant que le logement qu'ils occupent excède, quant au nombre de pièces, celui qui serait affecté à leur grade ou à leur emploi, dans les bâtiments de l'État.

Sur l'état des ressources, les maires ne tiennent compte que de la partie du logement qui excède le nombre de pièces affecté au grade ou à l'emploi d'après les règlements militaires.

Les détenteurs de caisses publiques déposées dans leur domicile, les veuves et filles vivant seules et les communautés religieuses de femmes, les officiers et fonctionnaires militaires logés, à leurs frais, dans leur garnison ou résidence, ne sont tenus de fournir le cantonnement que dans les dépendances de leur domicile qui peuvent être complètement séparées des locaux occupés pour l'habitation.

Sur l'état des ressources pour le cantonnement, les maires ne tiennent compte que de ces dépendances[1].

Art. 24. — Les états dressés en exécution de l'article précédent sont adressés aux commandants de région par l'intermédiaire du préfet.

Lorsque le ministre de la guerre veut faire opérer la revision de ces états, il charge de cette mission des officiers qui se transportent successivement dans chaque commune.

Il est donné avis aux maires de la mission confiée à ces officiers et de l'époque de leur arrivée dans les communes.

Art. 25. — Après la révision, des tableaux récapitulatifs sont imprimés ou autographiés par les soins de l'autorité militaire et tenus à la disposition des officiers généraux ainsi que des intendants militaires et des commissions de règlement des indemnités. Un extrait est envoyé par les commandants de régions aux maires des communes intéressées.

Art. 26. — Lorsque les maires ont reçu l'extrait mentionné à l'article précédent, ils dressent, avec le concours des conseillers municipaux, un état ndicatif des ressources de chaque maison pour le logement ou le cantonnement des troupes, d'après le nombre fixé par le tableau indiqué à l'article précédent.

Lorsqu'ils sont requis de loger ou de cantonner des militaires, ils suivent le plus exactement possible l'ordre de cet état indicatif.

Art. 27. — Toutes les fois qu'un maire est obligé, par application du deuxième paragraphe de l'article 12 ou du troisième paragraphe de l'article 13 de la loi du 3 juillet 1877, de loger des militaires aux frais et pour le compte de tiers, il prend à cet égard un arrêté motivé, qui est notifié, aussitôt que possible, à la personne intéressée et qui fixe la somme à payer.

Le paiement en est recouvré comme en matière de contributions directes.

Art. 28. — S'il est reconnu que des dégâts ont été commis chez un ou

1. Le texte en italique a été ajouté par le décret du 23 novembre 1886.

plusieurs habitants par des soldats qui y étaient logés ou cantonnés, procès-verbal en est dressé contradictoirement par le maire de la commune et par l'officier chargé d'examiner la réclamation.

S'il s'agit de passage de troupes en temps de paix, le procès-verbal est remis à l'habitant, qui adresse sa réclamation à l'autorité militaire.

En cas de mobilisation, le procès-verbal sert à l'intéressé comme une réquisition ordinaire, et l'indemnité à allouer est réglée comme en matière de réquisition.

Art. 29. — En temps de guerre et en cas de départ inopiné des troupes logées chez l'habitant, si aucun officier n'a été laissé en arrière pour recevoir les réclamations, tout individu qui croit avoir à se plaindre de dégâts commis par les soldats logés chez lui, et qui n'a pu faire sa réclamation avant le départ de la troupe, porte sa plainte au juge de paix, ou, à défaut de juge de paix, au maire de la commune.

Cette plainte doit être remise moins de trois heures après le départ de la troupe.

Le juge de paix ou le maire se transporte immédiatement sur les lieux, fait une enquête et dresse un procès-verbal qui est remis à la personne intéressée, pour faire valoir ses droits comme en matière de réquisition.

Art. 30. — Toutes les fois qu'une troupe est logée ou cantonnée dans une commune, l'officier qui la commande remet au maire, *le dernier jour de chaque mois, ainsi que le jour où la troupe quitte la commune,* un état *en double expédition* [1], indiquant l'effectif en officiers, sous-officiers, soldats, chevaux, mulets, voitures, etc., ainsi que la date de l'arrivée et celle du départ.

Il n'y a pas lieu de fournir cet état lorsqu'il s'agit de cantonnement de troupes qui manœuvrent, ou du logement ou cantonnement de militaires pendant la période de mobilisation.

Art. 31. — Dans tous les cas où il y a lieu à indemnité pour le logement ou le cantonnement des militaires, cette indemnité n'est due qu'autant que le nombre de lits ou places occupés dans le courant d'un même mois excède le triple du nombre des lits ou places portés sur l'extrait des tableaux dont il est fait mention à l'article 25 ci-dessus. L'excédent seul ouvre droit à l'indemnité.

Art. 32. — Le maire justifie toute demande d'indemnité au moyen d'un état récapitulatif appuyé des états d'effectif dressés en exécution de l'article 30.

Dans le cas où la somme demandée excéderait celle qui est due d'après le principe posé à l'article 31, le maire indiquerait les motifs de la différence.

---

1. Ainsi modifié par le décret du 23 novembre 1886.

L'état récapitulatif est adressé, en double expédition, au sous-intendant militaire de la subdivision de région, qui le vérifie, l'arrête et ordonnance, s'il y a lieu, un mandat de la somme réclamée, au nom du receveur municipal de la commune chargé de payer les intéressés.

Les contestations qui pourraient s'élever au sujet du règlement de l'indemnité seront jugées conformément aux dispositions des articles 26 de la loi du 3 juillet 1877 et 56 du présent décret [1].

Art. 33. — Lorsqu'il y a lieu d'accorder une indemnité pour logement ou cantonnement de troupes dans les conditions spécifiées par les articles 15, 17 et 18 de la loi sur les réquisitions, et 30, 31 et 32 du présent décret, le taux de l'indemnité est fixé d'après les bases ci-après :

1° *Logement.*

Par lit d'officier et par nuit	1f 00
Par lit de sous-officier ou soldat, et par nuit	0 20
Par place de cheval ou mulet, et par nuit (plus le fumier)	0 05

2° *Cantonnement.*

Par homme et par nuit	0f 05
Par cheval ou mulet	*le fumier* [1]

TITRE IV

De l'exécution des réquisitions.

Art. 34. — Lorsque des détachements de différents corps ou des troupes de différentes armes se trouvent à la fois dans une commune, les réquisitions ne peuvent être ordonnées que par l'officier auquel le commandement appartient en vertu des règlements militaires.

Cette disposition ne s'applique pas aux réquisitions qui peuvent être ordonnées, pour les besoins généraux de l'armée *ou pour la constitution des approvisionnements de la population des places de guerre*, par les officiers généraux, par les fonctionnaires de l'intendance *ou par les autorités civiles désignées à l'article 10 ci-dessus et déléguées spécialement à cet effet par les gouverneurs de ces places* [2].

Art. 35. — Les réquisitions sont toujours adressées au maire de chaque commune, ou, en son absence, à son suppléant légal, sauf dans les cas pré-

1. Les mots en italique indiquent les modifications apportées par le décret du 23 novembre 1886.

2. Les mots en italique ont été ajoutés par le décret du 3 juin 1890.

vus au paragraphe 1er de l'article 19 de la loi du 3 juillet 1877 et sous réserve des peines édictées à l'article 21 de ladite loi.

Dans le cas où, par application des dispositions de l'article 10 ci-dessus, les réquisitions sont ordonnées par le maire, en vertu d'une délégation spéciale de l'autorité militaire, il les adresse, dans la commune dont il est maire, à son suppléant légal[1].

Art. 36. — Lorsqu'un officier ne trouve aucun membre de la municipalité au siège de la commune, ou lorsqu'il est obligé d'exercer une réquisition urgente dans un hameau éloigné et qu'il n'a pas le temps de prévenir le maire, il s'adresse, autant que possible, à un conseiller municipal, ou, à son défaut, à un habitant, pour se faire aider dans la répartition des prestations à fournir.

Art. 37. — Si le maire déclare que les quantités requises excèdent les ressources de sa commune, il doit d'abord livrer toutes les prestations qu'il lui est possible de fournir. L'autorité militaire peut toujours, dans ce cas, faire procéder à des vérifications.

Lorsque celle-ci trouve des denrées qui ont été indûment refusées, elle s'en empare, même par la force, et signale le fait à l'autorité judiciaire.

Art. 38. — Ne sont pas considérées comme prestations disponibles ou comme fournitures susceptibles d'être réquisitionnées :

1° Les vivres destinés à l'alimentation d'une famille et ne dépassant pas sa consommation pendant trois jours ;

2° Les grains ou autres denrées alimentaires qui se trouvent dans un établissement agricole, industriel ou autre et ne dépassant pas la consommation de huit jours ;

3° Les fourrages qui se trouvent chez un cultivateur et ne dépassent pas la consommation de ses bestiaux pendant quinze jours.

Art. 39. — Lorsque le maire reçoit une réquisition, il convoque, sauf le cas d'extrême urgence, deux des membres du conseil municipal et deux des plus imposés dans l'ordre du tableau, en laissant de côté ceux qui habitent loin du centre de la commune.

Quel que soit le nombre des personnes qui répondent à la convocation du maire, celui-ci procède, seul ou avec les membres présents, à la répartition des réquisitions, et ses décisions sont exécutoires sans appel.

Art. 40. — S'il y a lieu de requérir la prestation d'un habitant absent et non représenté, le maire peut, au besoin, faire ouvrir la porte de vive force et faire procéder d'office à la livraison des fournitures requises.

Dans ce cas, il requiert deux témoins d'assister à l'ouverture et à la fermeture des locaux, ainsi qu'à l'enlèvement des objets ; il dresse un procès-verbal de ces opérations.

---

1. Le paragraphe final de cet article a été ajouté par le décret du 3 juin 1890.

Art. 41. — Le maire fait procéder, en sa présence ou en présence d'un délégué, à la remise aux parties prenantes des fournitures requises, et s'en fait donner reçu.

Il tient registre des prestations fournies par chaque habitant, soit en vertu de la répartition par lui faite, soit en vertu de réquisitions directes, et mentionne les quantités fournies et les prix réclamés ; il délivre des reçus aux prestataires.

Les habitants qui sont l'objet de réquisitions directes portent à la mairie les reçus qu'ils ont obtenus de l'autorité militaire et les échangent contre des reçus de l'autorité municipale.

Il en est de même des certificats qui sont délivrés aux habitants pour constater l'accomplissement d'un service requis.

Art. 42. — Si une personne requise d'un service personnel abandonne son poste, l'officier qui constate cet abandon prévient immédiatement le procureur de la République du domicile du délinquant, en lui faisant connaître le nom de ce dernier et son domicile.

Dans le cas prévu par le dernier paragraphe de l'article 21 de la loi du 3 juillet 1877, la plainte est adressée à l'autorité militaire compétente.

Art. 43. — Dans les eaux maritimes, toute réquisition de l'autorité militaire relative à l'emploi temporaire de navires, bateaux ou embarcations de commerce, et de tout ou partie de leurs équipages, est adressée au représentant de la marine, s'il y en a un dans la localité ; ce dernier est, dans ce cas, substitué au maire pour l'exécution de la réquisition.

Le personnel requis reste soumis aux appels pour le service de la flotte.

Les indemnités relatives à ces réquisitions sont reglées suivant les conditions prescrites par les articles 71 et 72 du présent décret.

Il est procédé, s'il y a lieu, à l'estimation préalable des objets requis. Cette estimation est faite par un expert que désigne le représentant de la marine.

TITRE V

Du règlement des indemnités.

Art. 44. — En cas de mobilisation totale, le ministre de la guerre nomme une commission centrale qui est chargée de correspondre avec des commissions départementales d'évaluation, d'assurer l'uniformité et la régularité des liquidations et d'émettre son avis sur toutes les difficultés auxquelles peut donner lieu le règlement des indemnités.

Art. 45. — Les commissions départementales d'évaluation sont composées de trois, cinq ou sept membres, selon l'importance des réquisitions à exercer.

Le ministre de la guerre fixe ce nombre et peut déléguer au général commandant la région le soin de nommer les membres de ces commissions.

Art. 46. — Le nombre des membres civils est de deux dans les commissions composées de trois personnes, de trois dans celles qui sont composées de cinq personnes et de quatre dans celles de sept membres. Les membres civils sont nommés sur la désignation du préfet.

L'arrêté qui nomme les commissions départementales désigne en même temps le président et le secrétaire, qui peuvent être choisis parmi les membres militaires ou parmi les membres civils.

Art. 47. — La commission ne peut délibérer que s'il y a au moins trois membres présents dans les commissions composées de trois ou de cinq membres, et cinq dans celles qui sont composées de sept membres.

Les commissions d'évaluation peuvent s'adjoindre, avec voix consultative, des notables commerçants pour l'établissement des tarifs; elles peuvent aussi désigner des experts pour l'estimation des dommages. Les frais d'expertise sont à la charge de l'administration.

Art. 48. — Les commissions d'évaluation établissent, pour les différents objets susceptibles d'être réquisitionnés, des tarifs qui sont arrêtés par le ministre de la guerre.

Art. 49. — Au moyen du registre tenu en vertu de l'article 41 du présent décret, le maire, pour faire régler les indemnités qui peuvent être dues dans sa commune, dresse, suivant les objets fournis, et par service administratif, en double expédition, l'état nominatif (*modèles* A et A *bis*)[1] de tous les habitants qui ont fourni des prestations; il indique sur cet état la nature et l'importance des prestations fournies, la date des réquisitions et les prix réclamés. Il y joint son avis. L'état nominatif ainsi dressé est envoyé à la commission d'évaluation par l'intermédiaire du préfet.

Le maire y joint les ordres de réquisition et les reçus de l'autorité militaire, ainsi que les certificats d'exécution de service requis et les procès-verbaux de dégâts ou d'estimation, s'il y a lieu.

Les pièces justificatives sont récapitulées dans un bordereau dressé en double expédition, dont une est renvoyée à la commune à titre de récépissé, après avoir été visée par la commission.

Art. 50. — La commission d'évaluation donne son avis sur les prix de chaque prestation et sur les différences qui peuvent se produire entre les quantités réclamées et celles qui résultent des reçus. Elle transmet son avis au fonctionnaire de l'intendance chargé par le ministre de la guerre de fixer l'indemnité.

Art. 51. — Dans les délais prévus par l'article 26 de la loi du 3 juillet

1. Voir ci-après, *Annexes* nos 1 et 2.

1877, le fonctionnaire de l'intendance notifie au maire, et celui-ci aux intéressés, le chiffre des indemnités allouées.

Le maire leur fait connaître en même temps qu'ils doivent adresser à la mairie, dans un délai de quinze jours, leur acceptation ou leur refus.

Le fonctionnaire de l'intendance joint à sa notification les états mentionnés à l'article 49 du présent décret, revêtus de son visa.

Le maire inscrit sur ces états la date de la notification faite aux divers intéressés, y mentionne les réponses qu'il reçoit, et, à l'expiration du délai de quinze jours, arrête les états et en certifie l'exactitude.

Un de ces états reste à la mairie.

Art. 52. — Le maire dresse ensuite, en triple expédition et par service administratif, un nouvel état (*modèle* B)[1] des allocations acceptées et de celles pour lesquelles les intéressés n'ont pas fait de réponse. Ces trois expéditions sont envoyées, avec l'original de l'état indiqué à l'article précédent, au fonctionnaire de l'intendance chargé du règlement des indemnités.

Art. 53. — Lorsque le fonctionnaire de l'intendance a reçu l'état des allocations acceptées dans une commune, il doit, après vérification et dans un délai maximum de huit jours, délivrer le mandat de paiement dans les conditions prévues par l'article 27 de la loi sur les réquisitions.

Le mandat est délivré au nom du receveur municipal de la commune, et il est adressé à ce fonctionnaire avec une expédition de l'état nominatif mentionné à l'article précédent et visé par l'ordonnateur.

Art. 54. — Quand le paiement est fait au comptant, le receveur municipal, aussitôt après avoir touché le mandat, effectue le paiement à chaque intéressé, qui émarge l'état nominatif.

Art. 55. — Si, par application du dernier paragraphe de l'article 27 de la loi du 3 juillet 1877, le paiement a lieu en bons du Trésor, le receveur municipal encaisse le montant de ces bons à leur échéance et il fait, de concert avec le maire, la répartition des intérêts au prorata des indemnités; il porte cette répartition sur l'état nominatif et effectue les paiements comme il est indiqué à l'article précédent.

Art. 56. — Les refus d'acceptation du chiffre de l'indemnité allouée, qui sont remis aux maires dans les conditions prévues par l'article 26 de la loi du 3 juillet 1877, sont transmis par ceux-ci aux juges de paix aussitôt après l'expiration du délai de quinzaine.

Les juges de paix appellent en conciliation le fonctionnaire de l'intendance désigné à l'article 50 du présent décret et les réclamants.

Les procès-verbaux de non-conciliation pour les réclamations supérieures à 1,500 fr. sont remis directement aux intéressés.

---

1. Voir ci-après *Annexe n°* 3.

TITRE VI

Des réquisitions relatives aux chemins de fer.

Art. 57. — Lorsqu'il y a lieu, par application de l'article 29 de la loi du 3 juillet 1877, de requérir la totalité des moyens de transport dont disposent une ou plusieurs compagnies de chemins de fer, cette réquisition est notifiée à chaque compagnie par un arrêté spécial du ministre des travaux publics. Son retrait lui est notifié de la même manière.

Art. 58. — En temps de guerre, les transports en deçà de la base d'opérations sont ordonnés par le ministre de la guerre et sont exécutés par les compagnies sous la direction de la commission militaire supérieure des chemins de fer. Les transports au delà de la base d'opérations sont ordonnés par le général en chef et sont exécutés par les soins de la direction militaire des chemins de fer de campagne, à l'aide d'un personnel spécial organisé militairement et d'un matériel fourni par les compagnies.

Art. 59. — En cas de réquisition totale, le prix des transports militaires effectués en deçà de la base d'opérations sera payé conformément aux stipulations du cahier des charges ; s'il n'existe aucune stipulation à ce sujet, le prix est fixé à la moitié du tarif normal.

La réquisition totale donne, soit au ministre de la guerre et à la commission militaire supérieure des chemins de fer, soit au général en chef et à la direction militaire des chemins de fer de campagne, le droit d'utiliser pour les besoins de l'armée les dépendances des gares et de la voie et les fils télégraphiques des compagnies, sans que cet emploi puisse donner lieu à aucune indemnité nouvelle.

Art. 60. — Les dépendances des gares et de la voie ne peuvent être réquisitionnées, en deçà de la base d'opérations, que par le ministre de la guerre, sur l'avis de la commission militaire supérieure des chemins de fer, et, au delà de la base d'opérations, que par le général en chef, sur l'avis de la direction militaire des chemins de fer de campagne.

Art. 61. — Au delà de la base d'opérations, il n'est dû aux compagnies, pour les transports effectués sur leurs réseaux, que la taxe de péage fixée conformément au cahier des charges qui régit chacune d'elles.

Art. 62. — L'emploi des machines, voitures et wagons provenant des compagnies, dont la direction militaire des chemins de fer de campagne peut avoir besoin, donne lieu à une indemnité de location réglée conformément à un tarif qui sera établi par un décret rendu en Conseil d'État.

Art. 63. — Le matériel affecté au service de la direction militaire des chemins de fer de campagne sera préalablement inventorié. L'estimation portée à l'inventaire servira de base à l'indemnité à allouer en cas de perte, de destruction ou d'avarie.

Art. 64. — En cas de réquisition de combustibles, matières grasses et autres objets, par application de l'article 30 de la loi du 3 juillet 1877, les prix à percevoir par chaque compagnie appelée à fournir ces objets se composent : 1° du prix d'achat de ces matières; 2° des frais de transport sur des voies étrangères à la compagnie qui les a fournies; 3° des frais de transport sur le réseau exploité par ladite compagnie, calculés sur le pied de trois centimes par tonne et par kilomètre.

TITRE VII

Des réquisitions de l'autorité maritime.

Art. 65. — L'autorité maritime peut exercer des réquisitions, en cas de mobilisation totale ou partielle, comme l'autorité militaire.

En cas de mobilisation partielle, des arrêtés du ministre de la marine déterminent l'époque où pourra commencer et celle où devra se terminer l'exercice du droit de réquisition.

Art. 66. — Les vice-amiraux commandant en chef, préfets maritimes, peuvent seuls exercer de plein droit des réquisitions.

Ils peuvent déléguer le droit de requérir aux officiers des corps de la marine investis d'un commandement ou aux officiers du commissariat de la marine.

Les réquisitions de l'autorité maritime, comme celles de l'autorité militaire, sont extraites d'un carnet à souche.

Art. 67. — Exceptionnellement, tout officier de marine commandant une force navale, un bâtiment isolé ou un détachement à terre peut, même sans être porteur d'un carnet de réquisition, requérir, sous sa responsabilité personnelle, les prestations nécessaires aux navires et aux hommes qu'il commande.

Art. 68. — Les réquisitions de l'autorité maritime qui portent sur les objets énumérés dans l'article 5 de la loi du 3 juillet 1877 sont adressées aux maires, comme les réquisitions de l'autorité militaire.

Les réquisitions de navires, embarcations, matériel naval et équipages de ces bâtiments sont adressées au représentant de la marine, qui, en cette circonstance, a les mêmes droits et les mêmes devoirs que le maire.

Lorsqu'il n'y a pas de représentant de la marine, les réquisitions mentionnées au paragraphe précédent sont adressées directement au capitaine du navire.

Art. 69. — Les réquisitions de l'autorité maritime sont ordonnées et exécutées suivant les règles établies par les articles composant les titres II, III et IV du présent décret.

Art. 70. — Lorsque des troupes de l'armée de terre prennent part à une opération maritime dirigée par un officier de marine, les réquisitions relatives à ces troupes sont ordonnées au nom et pour le compte de l'autorité maritime.

Lorsque des marins ou des troupes de l'armée de mer sont employées à terre à des opérations de l'armée de terre, les réquisitions relatives à ces troupes sont exercées au nom et pour le compte de l'autorité militaire.

Art. 71. — Dans les arrondissements et sous-arrondissements maritimes où il est exercé soit des réquisitions de l'autorité maritime, soit des réquisitions de l'autorité militaire relatives à des navires, embarcations et à leurs équipages, il est créé une commission mixte d'évaluation composée de trois, cinq ou sept membres, selon l'importance des réquisitions.

Le ministre de la marine fixe ce nombre et peut déléguer au préfet maritime le soin de nommer les membres de ces commissions.

Les articles 46 et 47 du présent décret sont applicables auxdites commissions.

Art. 72. — Toutes les fois qu'il y a lieu d'évaluer les indemnités qui peuvent être dues pour des réquisitions exercées par l'autorité militaire par application de l'article 23 de la loi du 3 juillet 1877, cette évaluation est faite par la commission indiquée dans l'article précédent, complétée par l'adjonction d'un fonctionnaire de l'intendance nommé par le ministre de la guerre, ou, sur sa délégation, par le commandant de région.

En cas de partage, la voix du président est prépondérante.

Art. 73. — Le règlement et la liquidation des indemnités relatives aux réquisitions de l'autorité maritime s'effectuent suivant les règles établies pour les réquisitions de l'autorité militaire, sans préjudice des conventions conclues entre l'État et les compagnies propriétaires de navires.

TITRE VIII

Dispositions relatives aux chevaux, mulets et voitures nécessaires à la mobilisation.

SECTION 1re. — DU RECENSEMENT.

Art. 74. — Tous les ans, au commencement de décembre, le maire fait publier un avertissement adressé à tous les propriétaires de chevaux ou mulets, qui se trouvent dans la commune, pour les informer qu'ils doivent se présenter à la mairie avant le 1er janvier et faire la déclaration de tous les chevaux, juments, mulets ou mules qui sont en leur possession, en indiquant l'âge de ces animaux.

Art. 75. — Du 1er au 15 janvier de chaque année, le maire dresse la liste de recensement des chevaux, juments, mulets et mules prescrite par l'article 37 de la loi sur les réquisitions militaires.

La liste mentionne tous les animaux déclarés, avec leur signalement, le nom et le domicile de leurs propriétaires, sauf les exceptions ci-après :

1° Les chevaux et juments qui n'ont pas atteint l'âge de cinq ans au 1er janvier ;

2° Les mulets et mules qui n'ont pas atteint l'âge de trois ans au 1er janvier ;

3° Les chevaux, juments, mules ou mulets qui sont reconnus être déjà inscrits dans une autre commune ;

4° Les animaux qui sont reconnus avoir déjà été réformés par une commission de classement, en raison de tares, de mauvaise conformation ou d'autres motifs qui les rendent impropres au service de l'armée ;

5° Les chevaux, juments, mulets et mules qui sont reconnus avoir été refusés conditionnellement par une commission de classement, pour défaut de taille, à moins que les conditions de taille n'aient été modifiées depuis ce refus ;

6° Les animaux appartenant aux agents diplomatiques des puissances étrangères.

Art. 76. — Dans les premiers jours de janvier, le maire fait exécuter des tournées par les gardes champêtres et les agents de police, pour s'assurer que tous les chevaux, juments, mulets et mules ont été exactement déclarés.

Lorsqu'il est reconnu que des animaux n'ont pas été déclarés, le maire doit les porter d'office sur la liste de recensement, sans rechercher s'ils ont été réformés ou refusés.

Art. 77. — Le maire délivre au propriétaire qui a fait la déclaration prescrite par l'article 74 ci-dessus, un certificat constatant ladite déclaration et mentionnant les chevaux et mulets inscrits.

Si le propriétaire a plusieurs résidences, il doit présenter le certificat indiqué dans le paragraphe précédent au maire des communes où il ne fait pas inscrire ses chevaux ou mulets.

Art. 78. — Tous les trois ans, le maire fait la liste de recensement des voitures attelées, dans les conditions et aux époques de l'année indiquées pour le recensement des chevaux et mulets.

Le ministre de la guerre avertit les préfets deux mois avant le 1er janvier de l'année où doit se faire ce recensement.

Le préfet avertit le maire au moins six semaines avant le commencement de cette même année.

Art. 79. — Sont portées sur la liste de recensement indiquée à l'article précédent toutes les voitures non suspendues, suspendues, mixtes ou autres, qui ne sont pas exclusivement affectées au transport des personnes, pourvu que le propriétaire de ces voitures puisse les atteler dans les conditions que comporte leur forme ou leur poids, d'un cheval ou mulet, ou de deux chevaux ou mulets classés ou susceptibles d'être classés.

Art. 80. — Si un propriétaire possède plusieurs voitures et s'il ne peut fournir qu'un seul attelage, le maire porte sur la liste de recensement celle de ces voitures qui lui paraît le plus propre au service de l'armée.

Si le propriétaire peut fournir plusieurs attelages, il est porté sur la liste de recensement autant de voitures qu'il peut en atteler à la fois.

Dans ce cas, le maire veille à ce que, pour chacune des voitures recensées, il soit inscrit, suivant sa forme et son poids, un ou plusieurs animaux capables d'un bon service et inscrits sur la liste de recensement des chevaux, juments, mulets ou mules.

Art. 81. — L'état de recensement des voitures attelées contient le signalement des voitures et des animaux, ainsi que l'inscription de ces derniers sur l'état de recensement, s'ils n'ont pas encore été classés, ou leur numéro de classement, s'ils figurent sur le dernier état de classement de la commune.

SECTION II. — DU CLASSEMENT.

§ 1er. — *Chevaux et mulets.*

Art. 82. — A moins qu'il n'en soit autrement ordonné par le ministre de la guerre, les commissions mixtes créées en vertu de l'article 38 de la loi sur les réquisitions militaires procèdent annuellement à l'examen et au classement des chevaux, juments, mulets et mules susceptibles d'être réquisitionnés pour le service de l'armée.

Art. 83. — Ces commissions de classement peuvent seules rayer de la liste de recensement les animaux compris dans les cas d'exemption prévus par les articles 40 et 42 de la loi sur les réquisitions militaires, ainsi que ceux qui leur paraissent incapables d'un service dans l'armée.

Elles doivent inscrire et classer d'office tout cheval ou mulet qui leur paraîtrait avoir été omis à tort sur la liste de recensement.

Art. 84. — Les commissions de classement dressent, par commune, un tableau des chevaux, juments, mules ou mulets susceptibles d'être requis; ce tableau est divisé par catégories correspondant aux catégories fixées par le ministre de la guerre.

Le tableau de classement est dressé en double expédition, toutes deux signées par la commission et le maire de la commune ou son suppléant.

Une des expéditions reste déposée à la mairie de chaque commune et l'autre est envoyée par le président de la commission mixte au bureau de recrutement.

Les commissions de classement réforment définitivement les animaux impropres au service de l'armée et refusent conditionnellement ceux qui n'atteignent pas le minimum de la taille fixée par les instructions ou qui ne paraissent pas momentanément susceptibles d'être requis.

Mention de ces décisions est faite sur la liste de recensement, avec le signalement exact des animaux réformés ou refusés conditionnellement, et la liste de recensement est arrêtée et signée par le président de la commission de classement, avant d'être rendue au maire.

Art. 85. — Lorsqu'un cheval ou mulet est réformé comme impropre au service de l'armée, le maire remet au propriétaire, s'il le demande, un certificat constatant la décision de la commission. Le certificat doit contenir le signalement exact et détaillé de l'animal réformé, tel qu'il est inscrit sur la liste de recensement.

Le certificat de réforme ainsi obtenu est présenté au classement suivant à la mairie du lieu où se trouve le cheval, avec une attestation par écrit de deux propriétaires ou patentables voisins, ou d'un vétérinaire, constatant que le cheval ou mulet réformé n'a pas été changé.

Art. 86. — Les chevaux ou mulets qui, au moment des opérations de la commission de classement, se trouvent dans une autre commune que celle où ils sont inscrits, peuvent être présentés à la commission du lieu où ils se trouvent.

Il est délivré au propriétaire desdits chevaux ou mulets un certificat constatant la décision de la commission.

Le propriétaire est tenu de faire parvenir ce certificat, en temps utile, à la commission du lieu de l'inscription de ses chevaux ou mulets.

§ 2. — *Voitures attelées.*

Art. 87. — Dans l'année du recensement des voitures attelées, les commissions chargées du classement des chevaux et mulets procèdent également au classement des voitures attelées.

Sont seules classées les voitures propres à un des services de l'armée et attelées, suivant leur forme et leur poids, d'un ou plusieurs chevaux, juments, mules ou mulets capables d'un bon service et portés sur le tableau de classement des chevaux et mulets de la commune.

Art. 88. — Lorsque la commission a reconnu les voitures attelées susceptibles d'être classées, elle procède, en séance publique, avec l'assistance du maire ou de son suppléant, à un tirage au sort entre lesdites voitures, par chaque commune.

Il est dressé de cette opération, et en double expédition, un procès-verbal sur lequel sont mentionnés, dans l'ordre du tirage, les voitures attelées, avec le nom des propriétaires, le signalement des chevaux et voitures et l'état des harnais.

Une des expéditions reste déposée à la mairie et l'autre est envoyée au bureau de recrutement.

Art. 89. — Le procès-verbal dressé en exécution de l'article précédent mentionne en outre la catégorie dans laquelle figurent les chevaux ou mulets faisant partie des attelages classés, ainsi que le numéro d'ordre qui leur est attribué sur le tableau de classement.

Mention est faite également sur ce tableau de ceux d'entre eux qui font partie d'attelages classés.

SECTION III. — DU MODE DE RÉQUISITION SPÉCIAL DES CHEVAUX ET VOITURES CLASSÉS.

Art. 90. — En cas de mobilisation, la réquisition des voitures attelées et des chevaux, juments, mulets et mules classés est effectuée par des commissions mixtes.

Le ministre de la guerre détermine la composition de ces commissions, dont les membres sont nommés par les commandants de région.

Les préfets désignent, chaque année, dans les localités où pourrait s'opérer la réquisition, le nombre de membres civils nécessaire pour compléter les commissions.

Art. 91. — Les commissions mixtes de réquisition siègent en des lieux choisis et désignés à l'avance, qui forment le centre des circonscriptions de réquisition, établies également à l'avance par l'autorité militaire.

Les chevaux, mulets et voitures attelées devant être appelés par canton à ces centres de circonscription de réquisition, l'autorité militaire peut nommer plusieurs commissions destinées à opérer simultanément, de manière que les opérations relatives à un canton soient, autant que possible, terminées dans une journée.

Art. 92. — L'ordre de rassemblement des voitures attelées et des chevaux, juments, mules et mulets, en cas de mobilisation, est porté à la connaissance des communes et des propriétaires par voie d'affiches indiquant la date, l'heure et le lieu de la réunion.

Les maires prennent toutes les mesures qui sont en leur pouvoir pour que tous les propriétaires soient avertis et obéissent en temps utile aux prescriptions de l'autorité militaire.

Art. 93. — Doivent être conduits aux lieux indiqués pour la réquisition des chevaux :

1° Tous les animaux portés sur le tableau de classement des communes appelées ;

2° Les animaux qui, pour un motif quelconque, ne figurent pas sur le tableau de classement, bien qu'ils aient l'âge légal, à l'exception de ceux qui se trouvent encore dans les cas d'exemption prévus par l'article 40 de la loi sur les réquisitions, de ceux qui ont été réformés, ou de ceux qui ont été refusés conditionnellement pour défaut de taille, si les conditions de taille ne sont pas modifiées au moment de la mobilisation ;

3° Les animaux recensés ou classés dans d'autres communes, et qui se trouvent dans la circonscription au moment de la mobilisation ;

4° Les voitures attelées.

Doivent également se rendre aux lieux de rassemblement tous les propriétaires qui ont à faire constater des mutations ou à présenter des excuses. Ils doivent, à moins d'impossibilité absolue, faire conduire les animaux pour lesquels ils ont des réclamations à faire.

Art. 94. — Les commissions de réquisition reçoivent de l'autorité militaire tous les documents qui leur sont nécessaires, et notamment les tableaux de classement des animaux et les procès-verbaux de tirage des voitures attelées, adressés après le dernier classement aux bureaux de recrutement.

Les maires ou leurs suppléants se rendent à la convocation et remettent à la commission de réquisition les tableaux de classement laissés entre leurs mains.

Ils assistent aux opérations de la commission et lui fournissent tous les renseignements de nature à l'éclairer.

Art. 95. — Les commissions de réquisition ajoutent aux tableaux de classement les animaux désignés aux paragraphes 3 et 4 de l'article 93 du présent décret et reconnus propres au service de l'armée ; elles en rayent : 1° les animaux morts ou disparus ; 2° ceux qui, depuis le dernier classement, se trouvent dans un des cas d'exemption prévus par l'article 40 de la loi sur les réquisitions ; 3° ceux qui, après nouvel examen, sont reconnus impropres au service de l'armée.

Les tableaux des voitures attelées sont également l'objet d'une révision.

Art. 96. — Les commissions de réquisition statuent définitivement sur toutes les réclamations ou excuses qui peuvent être présentées par des propriétaires de chevaux, juments, mulets, mules ou voitures attelées.

Lorsque des animaux classés dans une commune d'une autre circonscription de réquisition sont présentés à une commission mixte en exécution de l'article 93 ci-dessus, cette dernière commission informe immédiatement de sa décision la commission du lieu de l'inscription primitive.

Art. 97. — Les rectifications terminées, les commissions de réquisition réunissent par canton les voitures attelées et les chevaux et mulets de chaque catégorie ; elles procèdent d'abord à la réquisition des voitures attelées, en faisant, s'il y a lieu, un tirage au sort entre les communes et en suivant dans chaque commune l'ordre du tirage au sort effectué lors du dernier classement.

Les voitures non requises sont immédiatement dételées et les chevaux, juments, mulets ou mules qui les attelaient sont replacés dans la catégorie d'animaux à laquelle ils appartiennent, à moins qu'ils n'aient été reconnus impropres au service de l'armée.

Art. 98. — Après la réquisition des voitures attelées, les commissions de réquisition procèdent à la réquisition des animaux des différentes catégories, jusqu'à concurrence du chiffre du contingent cantonal fixé par l'autorité militaire.

Lorsque le nombre des animaux à requérir dans une catégorie est inférieur au nombre d'animaux classés sur tout le canton, il est procédé à un tirage au sort en présence des maires ou de leurs suppléants.

Art. 99. — Il est remis à chaque propriétaire ou à son représentant, contre la livraison de l'animal requis, un bulletin individuel indiquant le nom du propriétaire, le numéro de classement de l'animal et le prix à payer suivant la catégorie.

Art. 100. — Les commissions de réquisition dressent :

1° Pour les voitures attelées qui sont requises, un procès-verbal mentionnant les noms des propriétaires et leur domicile et l'estimation des voitures et harnais d'après les prix courants du pays, conformément aux dispositions de l'article 48 de la loi du 3 juillet 1877 ;

2° Pour les animaux requis, un procès-verbal mentionnant les noms des propriétaires, leur domicile et le prix attribué aux animaux selon la catégorie à laquelle ils appartiennent.

Avant de se séparer, les commissions de réquisition établissent, par commune, un extrait de ces deux procès-verbaux, qui est adressé, avec la signature du président de la commission, au maire de la commune intéressée.

Les voitures attelées requises sont indiquées sur les procès-verbaux de tirage, et les animaux requis sont également indiqués sur les tableaux de classement, avant que ces pièces soient restituées aux bureaux de recrutement et aux mairies.

Les chevaux et mulets composant les attelages des voitures requises sont portés individuellement sur le procès-verbal de réquisition des chevaux et mulets, et défalqués du contingent à fournir.

Art. 101. — Les commissions de réquisition statuent ensuite sur les substitutions qui leur sont proposées, dans les conditions prévues à l'article 47 de la loi sur les réquisitions.

Art. 102. — Après les opérations de réquisition, le maire dresse en double expédition un état de paiement pour les animaux requis. Cet état, conforme au modèle C[1], comprend tous les renseignements contenus au procès-verbal de réquisition, et réserve une colonne pour l'émargement des intéressés.

---

1. Voir ci-après : *Annexe n° 4*.

Les deux expéditions, ainsi que le procès-verbal de réquisition, sont adressés à l'intendance militaire, qui en donne récépissé aux communes.

Il est dressé deux états semblables, conformes au modèle D[1], pour les voitures attelées requises.

Art. 103. — Les intéressés sont payés par le receveur municipal contre la remise des bulletins mentionnés à l'article 99 du présent décret.

A cet effet, des mandats des sommes dues pour chaque commune sont dressés, dans un délai qui ne peut dépasser dix jours, par le fonctionnaire de l'intendance, au nom des receveurs municipaux.

Ces mandats leur sont envoyés par l'intermédiaire des trésoriers-payeurs généraux, avec un des états nominatifs d'émargement visé par l'intendance; ils sont payés immédiatement.

Art. 104. — Aussitôt après avoir perçu le montant du mandat, le receveur municipal fait le paiement aux divers intéressés, sur simple émargement de ces derniers.

TITRE IX

Dispositions spéciales aux grandes manœuvres.

Art. 105. — L'époque où peuvent avoir lieu les grandes manœuvres des corps d'armée ou fractions de corps d'armée est déterminée chaque année par le ministre de la guerre.

Art. 106. — Trois semaines au moins avant l'exécution des manœuvres, les généraux commandant les régions avertissent les préfets des départements intéressés de l'époque et de la durée des manœuvres, et leur font connaître les localités qui pourront être occupées ou traversées.

Les préfets désignent un membre civil pour faire partie de la commission chargée de régler les indemnités.

Art. 107. — Le maire de la commune dont le territoire peut être occupé ou traversé pendant les grandes manœuvres en est informé par le préfet.

Il fait immédiatement publier et afficher dans sa commune l'époque et la durée des manœuvres.

Il invite les propriétaires de vignes ou de terrains ensemencés ou non récoltés à les indiquer par un signe apparent.

Il prévient les habitants que ceux qui subiraient des dommages par suite des manœuvres doivent, sous peine de déchéance, déposer leurs réclamations à la mairie dans les trois jours qui suivent le passage ou le départ des troupes.

Art. 108. — Quinze jours au moins avant le commencement des manœuvres, les généraux commandant les régions nomment les commissions de règlement des indemnités.

---

1. Voir ci-après : *Annexe n° 5.*

Ces commissions sont composées, par chaque corps d'armée opérant isolément, d'un fonctionnaire de l'intendance, président, d'un officier du génie, d'un officier de gendarmerie et du membre civil désigné par le préfet.

Art. 109. — La commission peut reconnaître à l'avance les terrains qui doivent être occupés ; elle accompagne les troupes et suit leurs opérations.

Au fur et à mesure de l'exécution des manœuvres, elle se rend successivement dans les localités qui ont été traversées ou occupées, en prévenant à l'avance les maires du moment de son passage.

Les maires préviennent les intéressés et remettent à la commission un état individuel mentionnant la date de la réclamation, la nature du dommage et la somme réclamée.

Art. 110. — La commission, après avoir entendu les observations des maires, et des réclamants, fixe le chiffre des indemnités à allouer et en dresse l'état.

Si les intéressés présents acceptent cette fixation, ils reçoivent immédiatement le montant de l'indemnité, sur leur émargement.

A cet effet, la commission est accompagnée d'un adjoint du génie ou d'un officier comptable d'un des services administratifs, muni d'une avance de fonds.

Art. 111. — Si l'allocation n'est pas acceptée séance tenante, la commission insère dans son procès-verbal les renseignements nécessaires pour apprécier la nature et l'étendue du dommage.

Un extrait du procès-verbal est, en cas de contestation, remis au juge de paix ou au tribunal chargé de statuer sur les réclamations.

Art. 112. — L'état des indemnités qui n'ont pas été acceptées séance tenante est remis au maire de la commune qui, par une notification administrative, met immédiatement les propriétaires en demeure de les accepter ou de les refuser dans un délai de quinze jours.

Les refus, déposés par écrit et motivés, sont annexés au procès-verbal.

Art. 113. — A l'expiration du délai de quinze jours, le maire consigne sur l'état qui lui a été remis par la commission les réponses qu'il a reçues et les transmet ensuite au fonctionnaire de l'intendance militaire, président de la commission, qui assure le paiement des indemnités qui n'ont pas été refusées.

Art. 114. — Les règlements antérieurs sont abrogés en ce qu'ils ont de contraire au présent décret.

Art. 115. — Les ministres de la guerre et de la marine et des colonies sont chargés, chacun en ce qui le concerne, de l'exécution du présent décret, qui sera publié au *Bulletin des lois*.

Fait à Paris, le 2 août 1877.

Signé : M[al] DE MAC-MAHON, DUC DE MAGENTA.

Le Ministre de la marine et des colonies,
Signé : GICQUEL DES TOUCHES.

Le Ministre de la guerre,
Signé : Gal A. BERTHAUT.

LOI DU 18 DÉCEMBRE 1878

AYANT POUR OBJET

DE DISPENSER DU TIMBRE ET DE L'ENREGISTREMENT

LES ACTES

faits en exécution de la loi sur les réquisitions militaires.

LE SÉNAT ET LA CHAMBRE DES DÉPUTÉS ONT ADOPTÉ,

LE PRÉSIDENT DE LA RÉPUBLIQUE PROMULGUE LA LOI dont la teneur suit :

ARTICLE UNIQUE. Les procès-verbaux, certificats, significations, jugements, contrats, quittances et autres actes faits en vertu de la loi du 3 juillet 1877 sur les réquisitions militaires, et exclusivement relatifs au règlement de l'indemnité, seront dispensés du timbre et enregistrés gratis, lorsqu'il y aura lieu à la formalité de l'enregistrement.

La présente loi, délibérée et adoptée par le Sénat et par la Chambre des députés, sera exécutée comme loi de l'État.

Fait à Versailles, le 18 décembre 1878.

M[al] DE MAC-MAHON, DUC DE MAGENTA.

Par le Président de la République :

Le Ministre des finances,

Léon SAY.

ANNEXES

récapitulatif, à dresser par la commission de classement, pour toutes les communes comprises dans sa circonscription.

Annexe n° 17. — *Chevaux et mulets. Classement.* — État numérique des animaux ajournés, à dresser par la commission de classement pour toutes les communes de sa circonscription.

Annexe n° 18. — *Chevaux et mulets. Classement.* — État numérique des animaux réformés ou exemptés, à dresser par la commission de classement pour toutes les communes de sa circonscription.

Annexe n° 19. — *Chevaux et mulets. Classement.* — Modèle de procès-verbal constatant la visite par la commission de classement d'animaux appartenant à d'autres communes.

Annexe n° 20. — *Chevaux et mulets. Classement.* — Modèle de certificat d'examen à remettre par la commission de classement au propriétaire qui fait visiter ses chevaux hors de sa commune.

Annexe n° 21. — *Chevaux et mulets. Classement.* — Procès-verbal à dresser par le président de la commission de classement pour constater les non-comparutions.

Annexe n° 22. — *Chevaux et mulets. Classement.* — Procès-verbal à dresser par le président de la commission de classement pour constater l'absence de déclaration.

Annexe n° 23. — *Chevaux et mulets. Classement.* — Procès-verbal à dresser par la gendarmerie pour constater que les animaux non présentés ont été examinés dans une autre commune ou sont dispensés du classement.

Annexe n° 24. — *Chevaux et mulets. Classement.* — Modèle de certificat de réforme à délivrer par le maire.

Annexe n° 25. — *Chevaux et mulets. Classement.* — État faisant connaître les animaux atteints de la morve, à dresser par le président de la commission de classement.

Annexe n° 26. — *Voitures. Classement.* — Modèle du tableau de classement, à dresser par la commission de classement.

Annexe n° 27. — *Voitures. Classement.* — Relevé numérique des voitures, à dresser par la commission de classement et comprenant toutes les communes de sa circonscription.

Annexe n° 28. — *Voitures. Classement.* — Procès-verbal constatant la visite des voitures attelées présentées hors de leur commune.

Annexe n° 29. — *Voitures. Classement.* — Certificat à remettre par la commission de classement aux propriétaires qui présentent leurs voitures en dehors de leur commune.

ANNEXE N° 1

ÉTAT, à dresser par le maire, pour le paiement des prestations fournies par les habitants : animaux, denrées, matières et objets de toute nature que l'autorité militaire a requis à titre définitif.

DÉPARTEMENT

d

—

COMMUNE

d

MODÈLE A

Annexé au décret réglementaire du 2 août 1877.

SERVICE D[1]

Le présent modèle est employé pour les animaux, denrées, matières et objets de toute nature que l'autorité militaire a requis à titre définitif et qu'elle a conservés.

ÉTAT NOMINATIF des habitants de la commune d qui ont droit au paiement de prestations fournies par suite de réquisitions.

Nota. — Les services administratifs du ministère de la guerre sont les suivants :

1° *Vivres.* — Ce service comprend le blé, la farine, le pain, la viande abattue ou sur pied, le vin, l'eau-de-vie, etc., etc., en un mot, les denrées et liquides destinés à l'alimentation des hommes, les sacs et autres récipients qui les contiennent, les ustensiles d'exploitation du service, ainsi que la nourriture de la troupe chez l'habitant.

Le prix est fixé par 100 kilogr. pour les denrées et la viande, par hectolitre pour les liquides, par unité pour les récipients et objets mobiliers, par demi-journée correspondant à un repas pour la nourriture chez l'habitant.

2° *Chauffage et éclairage.* — Ce service comprend le bois, le charbon de terre, les fagots, l'huile, la chandelle et les ustensiles d'éclairage.

Le prix est fixé par 100 kilogr. pour toutes les matières combustibles, et par unité pour les appareils d'éclairage.

3° *Fourrages.* — Ce service comprend le foin, la paille, l'avoine et autres denrées destinées à l'alimentation des chevaux et des bestiaux, ainsi que les objets mobiliers nécessaires à l'exploitation du service.

Le prix est fixé par 100 kilogr. pour les denrées, et par unité pour les objets mobiliers.

4° *Hôpitaux.* — Ce service comprend la fourniture des médicaments et objets de pansement, le traitement des malades et blessés, les visites de médecin.

Le prix est fixé, suivant la nature des médicaments et objets de pansement, par kilogramme, par mètre ou par unité ; par journée, pour le traitement des malades ; par unité, pour les visites des médecins.

5° *Habillement et campement.* — Ces services comprennent les étoffes, effets et objets nécessaires pour l'habillement et le campement des troupes.

Le prix est fixé, suivant la nature des fournitures faites, par mètre ou par unité.

6° *Lits militaires.* — Ce service comprend les objets de couchage pour les troupes, le logement chez l'habitant avec lits, le cantonnement.

Le prix des objets de couchage est fixé par unité s'ils sont achetés, et par nuit s'ils sont occupés temporairement ; le prix du logement et du cantonnement est fixé par nuit et par homme.

7° *Transports.* — Ce service comprend les voitures à un ou plusieurs colliers, les chevaux de renfort requis provisoirement et les embarcations.

Le prix est fixé par unité s'il s'agit d'une prise de possession définitive. Quand il s'agit d'un usage temporaire, le prix est fixé par journée.

8° *Remonte générale.* — Ce service comprend l'achat des chevaux et mulets.

Le prix est fixé par unité.

9° *Harnachement.* — Ce service comprend les harnais et objets de sellerie pour les chevaux de l'armée, ainsi que la ferrure.

Le prix est fixé par unité.

10° *Artillerie.* — Ce service comprend les matières et objets requis pour le service spécial de cette arme.

Le prix est fixé par kilogramme ou par unité, suivant la nature du matériel requis.

11° *Génie.* — Ce service comprend les outils et matériaux requis pour les travaux à effectuer dans l'intérêt de l'armée et le salaire des ouvriers requis.

Le prix des outils est fixé par unité s'il s'agit d'une prise de possession définitive, et par journée s'il s'agit d'un usage temporaire ; le prix des matériaux est fixé au poids ou au mètre cube, suivant leur nature ; le prix des journées de travail est fixé par unité.

1. Indiquer ici le service administratif duquel dépendent les prestations fournies.

[1] Le maire ne doit remplir que la première partie de l'état (colonnes de 1 à 16).

[2] Indiquer la nature de la prestation fournie.

[3] Indiquer l'unité (100 kilogrammes, kilogramme, hectolitre, demi-journée de nourriture, etc., etc.) qui sert de base au décompte.

NOMS et PRÉNOMS.	DATES des réquisitions.	[1] DÉCOMPTE DES INDEMNITÉS RÉCLAMÉES PAR LES											
		[2] FARINE.		[2] NOURRITURE chez l'habitant.		[2]		[2]		[2]		[2]	
		Nombre ou quantité. — [3] 100 kil.	Prix.	Nombre ou quantité. — [3] 1/2 journée	Prix.	Nombre ou quantité. — [3]	Prix.	Nombre ou quantité. — [3]	Prix.	Nombre ou quantité. — [3]	Prix.	Nombre ou quantité. — [3]	Prix.
1	2	3	4	5	6	7	8	9	10	11	12	13	14
			fr. c.		fr. c.		fr. c.		fr. c.		fr. c.		fr. c.
COLLIN (Jean).	15 sept. 1877	X k 568 80	85 00	»	» »								
Idem.	28 sept. 1877	»	» »	16	0 75								
TOTAL ÉGAL à celui des bons de fournitures et des certificats du service exécuté, qui sont ci-annexés.			....		.....		.....		.....		.....		

Le présent état, appuyé de réquisitions et de bons de fournitures ou certificats constatant l'exécution du service requis, et de procès-verbaux, est certifié par nous, maire de la commune d , aux quantités de [4] et la somme de [5]

A , le 18 .

[4] Indiquer, en toutes lettres, les totaux de chacune des prestations fournies (col. 3, 5, 7, 9, 11, 13).
[5] Indiquer, en toutes lettres, le total des sommes réclamées (col. 16).
[6] Le maire inscrira dans cette colonne, suivant le cas, l'une des trois mentions suivantes : *accepte, refuse, n'a pas répondu.*

HABITANTS.		DÉCISIONS DE L'AUTORITÉ MILITAIRE. FIXANT LES INDEMNITÉS ALLOUÉES.								Le maire, soussigné certifie que les décisions de l'autorité militaire ont été notifiées aux intéressés aux dates ci-dessous, et qu'ils ont fait à cette notification, dans le délai de 15 jours, les réponses suivantes :	
Décompte des indemnités afférentes à chaque réquisition.	Montant des indemnités réclamées par chaque habitant.	Prix (col. 4).	Prix (col. 6).	Prix (col. 8).	Prix (col. 10).	Prix (col. 12).	Prix (col. 14).	Décompte des indemnités allouées pour chaque réquisition.	Montant des indemnités allouées à chaque habitant.	DATES des notifications.	RÉPONSES[6] des habitants intéressés.
15	16	17	18	19	20	21	22	23	24	25	26
fr. c.	fr. c.	fr. c.	fr. c.	fr. c.	fr. c.	fr. c.	fr. c.	fr. c.	fr. c.		
19,908 00	19,920 00	34 00	» »					19,339 20	19,347 20	25 oct. 1877	Accepte.
12 00		» »	0 50					8 00		*Idem.*	*Idem.*
TOTAL des sommes réclamées.		TOTAL des indemnités allouées								A , le 18 . *Le Maire,*	

Le présent état est arrêté par l'autorité militaire à la somme d

A , le 18 .

Le Sous-Intendant militaire,

ANNEXE N° 2

ÉTAT, à dresser par le maire, pour le paiement des prestations fournies par les habitants : animaux, matières et objets qui n'ont été réquisitionnés qu'à titre de location — traitement des malades.

DÉPARTEMENT

d

—

COMMUNE

d

MODÈLE A *bis*

Annexé au décret réglementaire du 2 août 1877.

SERVICE D[1]

Le présent modèle est employé pour les animaux, matières et objets de toute nature qui n'ont été requis par l'autorité militaire que pour un usage temporaire ou à titre de location, pour le traitement des malades, *pour le logement et le cantonnement*[2].

ÉTAT NOMINATIF des habitants de la commune d qui ont droit au paiement des prestations fournies à l'autorité militaire, par suite de réquisitions.

NOTA. — Les services administratifs du département de la guerre sont les suivants :

1° *Vivres.* — Ce service comprend le blé, la farine, le pain, la viande abattue ou sur pied, le vin, l'eau-de-vie, etc., etc., en un mot, les denrées et liquides destinés à l'alimentation des hommes, les sacs et autres récipients qui les contiennent, les ustensiles d'exploitation du service, ainsi que la nourriture de la troupe chez l'habitant.

Le prix est fixé par 100 kilogr. pour les denrées et la viande, par hectolitre pour les liquides, par unité pour les récipients et objets mobiliers, par demi-journée correspondant à un repas, pour la nourriture chez l'habitant.

2° *Chauffage et éclairage.* — Ce service comprend le bois, le charbon de terre, les fagots, l'huile, la chandelle et les ustensiles d'éclairage.

Le prix est fixé par 100 kilogr. pour toutes les matières combustibles, et par unité pour les appareils d'éclairage.

3° *Fourrages.* — Ce service comprend le foin, la paille, l'avoine et autres denrées destinées à l'alimentation des chevaux et des bestiaux, ainsi que les objets mobiliers nécessaires à l'exploitation du service.

Le prix est fixé par 100 kilogr. pour les denrées, et par unité pour les objets mobiliers.

4° *Hôpitaux.* — Ce service comprend la fourniture des médicaments et objets de pansement, le traitement des malades et blessés, les visites de médecin.

Le prix est fixé, suivant la nature des médicaments et objets de pansement, par kilogramme, par mètre ou par unité ; par journée, pour le traitement des malades ; par unité, pour les visites de médecin.

5° *Habillement et campement.* — Ces services comprennent les étoffes, effets et objets nécessaires pour l'habillement et le campement des troupes.

Le prix est fixé, suivant la nature des fournitures faites, par mètre ou par unité.

6° *Lits militaires.* — Ce service comprend les objets de couchage pour les troupes, le logement chez l'habitant avec lits et le cantonnement.

Le prix des objets de couchage est fixé par unité s'ils sont achetés, et par nuit s'ils sont occupés temporairement ; le prix du logement et du cantonnement est fixé par nuit et par homme.

7° *Transports.* — Ce service comprend les voitures à un ou plusieurs colliers, les chevaux de renfort requis provisoirement et les embarcations.

Le prix est fixé par unité s'il s'agit d'une prise de possession définitive. Quand il s'agit d'un usage temporaire, le prix est fixé par journée.

8° *Remonte générale.* — Ce service comprend l'achat des chevaux et mulets.

Le prix est fixé par unité.

9° *Harnachement.* — Ce service comprend les harnais et objets de sellerie pour les chevaux de l'armée, ainsi que la ferrure.

Le prix est fixé par unité.

10° *Artillerie.* — Ce service comprend les matières et objets requis pour le service spécial de cette arme.

Le prix est fixé par kilogramme ou par unité, suivant la nature du matériel requis.

11° *Génie.* — Ce service comprend les outils et matériaux requis pour les travaux à effectuer dans l'intérêt de l'armée et le salaire des ouvriers requis.

Le prix des outils est fixé par unité s'il s'agit d'une prise de possession définitive, et par journée s'il s'agit d'un usage temporaire ; le prix des matériaux est fixé au poids ou au mètre cube, suivant leur nature ; le prix des journées de travail est fixé par unité.

---

1. Indiquer ici le service administratif auquel se rapporte la prestation fournie.
2. Pour le logement et le cantonnement, on se sert aujourd'hui de modèles spéciaux (voir annexes 6 et 7).

[1] Le maire ne remplit que la première partie de l'état (colonnes de 1 à 15).
[2] Indiquer la nature de la prestation fournie.
[3] Indiquer en toutes lettres les totaux des prestations fournies (col. 6, 9, 12).

NOMS et PRÉNOMS.	DATES des RÉQUISITIONS.	DURÉE DE LA RÉQUISITION		[1] DECOMPTE DES INDEMNITÉS RÉCLAMÉES PAR								
				[2] VOITURES à un collier.			[2] VOITURES à deux colliers.			[2]		
		du	au (inclus)	Nombre.	Nombre de journées.	Prix par journée.	Nombre.	Nombre de journées.	Prix par journée.	Nombre.	Nombre de journées.	Prix par journée.
1	2	3	4	5	6	7	8	9	10	11	12	13
						fr. c.			fr. c.			
DENIS (Pierre) . .	15 oct. 1877	15 oct.	17 oct.	2	6	5 »	»	»	» »			
Idem . . .	24 oct. 1877	25 oct.	»	»	»	» »	1	1	10 »			
TOTAL ÉGAL à celui des bons de fournitures et des certificats du service exécuté, qui sont ci-annexés						. . .	. . .		. . .	. . .		

Le présent état, appuyé de réquisitions et de bons de fournitures ou certificats constatant l'exécution du service requis, et de procès-verbaux, est certifié par nous, maire de la commune de aux quantités de [3] et à la somme de [4]

A , le 18 .

[4] Indiquer en toutes lettres le total des sommes réclamées (col. 15).

[5] Le maire inscrira dans cette colonne, suivant le cas, l'une des trois mentions suivantes : *accepte, refuse, n'a pas répondu.*

LES HABITANTS.		DÉCISIONS DE L'AUTORITÉ MILITAIRE FIXANT LES INDEMNITÉS ALLOUÉES.					Le maire, soussigné, certifie que les décisions de l'autorité militaire ont été notifiées aux intéressés aux dates ci-dessous et qu'ils ont fait à cette notification, dans le délai de 15 jours, les réponses suivantes :	
Décompte des indemnités afférentes à chaque réquisition.	Montant des indemnités réclamées par chaque habitant.	Prix par journée (col. 7).	Prix par journée (col. 10).	Prix par journée (col. 13).	Décompte des indemnités allouées pour chaque réquisition.	Montant des indemnités allouées à chaque habitant.	DATES des notifications.	[5] RÉPONSES des habitants intéressés.
14	15	16	17	18	19	20	21	22
fr. c.	fr. c.	fr. c.	fr. c.		fr. c.	fr. c.		
30 » 10 »	40 »	5 » » »	» » 8 »		30 » 8 »	38 »	15 nov. 1877	N'a pas répondu.
TOTAL des sommes réclamées.		TOTAL des indemnités allouées . . .					A , le 18 . *Le Maire,*	

Le présent état est arrêté par l'autorité militaire à la somme de

A , le 18 .

Le Sous-Intendant militaire,

ANNEXE N° 3

ÉTAT, à dresser par le maire, des habitants qui acceptent le prix fixé par l'autorité militaire pour les prestations qu'ils ont fournies à titre de réquisition.

DÉPARTEMENT
d
—
COMMUNE
d

MODÈLE B
Annexé au décret réglementaire
du 2 août 1877.

SERVICE D[1]

ÉTAT des sommes dues aux habitants de la commune de qui sont dénommés ci-après, pour paiement des prestations qu'ils ont fournies par suite de réquisitions et dont le détail suit :

SAVOIR :

[2] (Exemples.)

Pain : — sept cent quarante-trois kilogrammes, ci 7x43

Nourriture chez l'habitant : — cinq cent vingt-quatre demi-journées, ci. 524

(ou)

. . . . journées de location de pelles.

. . . . journées de location de pioches.

(ou)

. . . . journées de voitures à un collier.

. . . . journées de voitures à deux colliers.

A , le 18 .

Le Maire,

(Voir d'autre part.)

---

[3] Pris en charge par le [4] soussigné.

A , le 18 .

(ou)

La fourniture des prestations indiquées ci-dessus est justifiée par les pièces [5] ci-annexées au nombre de

A , le 18 .

Le Sous-Intendant militaire,

---

1. Indiquer le service administratif (vivres, fourrages, logement, transports, etc., etc.) auquel les prestations fournies se rapportent.

2. Indiquer en toutes lettres la nature et l'importance des prestations fournies, dont le règlement a été accepté par les intéressés.

3. A remplir par l'administration militaire.

4. Désignation du comptable qui a reçu les fournitures ou qui est chargé de leur régularisation.

5. Bordereau des certificats constatant l'exécution des services requis, procès-verbaux, ou, à défaut, extraits des décisions de l'autorité militaire compétente.

NOMS ET PRÉNOMS.	SOMME à payer à chaque habitant.	ÉMARGEMENT PORTANT QUITTANCE[1]. Les soussignés reconnaissent avoir reçu les sommes ci-contre pour paiement intégral des prestations auxquelles elles se rapportent.
TOTAL.		

[1] Chaque habitant émarge au moment où il est payé par le receveur municipal.

CERTIFIÉ par nous, maire de la commune de
à la somme de (*en toutes lettres*).

A , le 18 .

VU, VÉRIFIÉ ET ARRÊTÉ le présent état à la somme de
laquelle a été ordonnancée en un mandat nº , en date du
au nom du receveur municipal de la commune de

A , le 18 .

Le Sous-Intendant militaire,

ANNEXE N° 4

ÉTAT, à dresser par le maire, pour le paiement aux habitants des chevaux, juments, mules et mulets requis.

DÉPARTEMENT
d
—
COMMUNE
d

MODÈLE C

Annexé au décret réglementaire du 2 août 1877.

SERVICE DE LA REMONTE

ÉTAT[1] *des sommes dues aux habitants de la commune de , qui sont dénommés ci-après, pour paiement des chevaux, juments, mulets et mules qu'ils ont livrés à la commission de réquisition de*[2] *à la date du* 18 *, savoir :*

NOMS ET PRÉNOMS des propriétaires.	CATÉGORIE des animaux requis [3].	NUMÉRO sur le tableau de classement de la commune.	NUMÉRO matricule donné par la commission.	PRIX des animaux requis.	SOMMES revenant à chaque propriétaire.	ÉMARGEMENT PORTANT QUITTANCE [4]. — Les soussignés reconnaissent avoir reçu les sommes indiquées ci-contre pour paiement intégral des chevaux, juments, mulets et mules désignés au présent état.
				fr.		
Guillot (Adrien)	1—O	25	106	1,625	2,525	
Id.	7—T	27	152	900		
TOTAL.						

Le présent état est certifié par nous, maire de la commune de
aux quantités de[5]
et à la somme totale de

A , le 18 .

[6] Il appert de l'extrait du procès-verbal rapporté le , par le président de la commission n° , siégeant à , qu'il a pris charge des animaux indiqués ci-dessus.

A , le 18 .

Le Sous-Intendant militaire,

VU, VÉRIFIÉ ET ARRÊTÉ le présent état à la somme de , laquelle a été ordonnancée en un mandat n° , en date , au nom du receveur municipal de la commune de

A , le 18 .

Le Sous-Intendant militaire,

---

1. Cet état doit être produit en deux expéditions. — 2. Indiquer la commune où siège la commission de réquisition. — 3. Indiquer le numéro de la catégorie suivi d'un O pour les chevaux d'officier et d'un T pour les chevaux de troupe et les mulets. — 4. Chaque propriétaire émarge au moment où il est payé par le receveur municipal. — 5. Indiquer en toutes lettres le nombre de chevaux d'officier et le nombre de chevaux de troupe de chaque catégorie. — 6. Cette partie de l'état est remplie par le sous-intendant militaire.

ANNEXE N° 5

ÉTAT, à dresser par le maire, pour le paiement aux habitants des voitures et harnais requis.

DÉPARTEMENT
d

—

COMMUNE
d

MODÈLE D

Annexé au décret réglementaire du 2 août 1877.

Nota. — Il est établi un état pour les voitures et un autre pour les harnais.

SERVICE D[1]

ÉTAT[2] *des sommes dues aux habitants de la commune d qui sont dénommés ci-après, pour paiement des*[3] *, qu'ils ont livrés à la commission de réquisition de*[4] *, à la date du* ; Savoir :

NOMS et prénoms des proprié-taires.	NUMÉRO de la voiture sur le procès-verbal de tirage de la commune.	NOMBRE de [3] requis. 5	6	PRIX.	DÉ-COMPTE en deniers.	SOMMES revenant à chaque proprié-taire.	ÉMARGEMENT PORTANT QUITTANCE [7]. Les soussignés reconnaissent avoir reçu les sommes indiquées ci-contre pour paiement intégral des [3] compris au présent état.
Totaux. . .				»	»		

Le présent état est certifié par nous, maire de la commune d
aux quantités de[8] *(en toutes lettres)*
et à la somme de *(en toutes lettres)*

A , le 18 ,

[9] Il appert de l'extrait du procès-verbal rapporté le , par le président de la commission n° , siégeant à , qu'il a pris à charge des[3] indiqués ci-dessus.

A , le 18 . *Le Sous-Intendant militaire,*

Vu, vérifié et arrêté le présent état de la somme de , laquelle a été ordonnancée en un mandat n° , en date du , au nom du receveur municipal de la commune de

A , le 18 . *Le Sous-Intendant militaire,*

---

1. *Harnachement,* s'il s'agit de harnais, et *Équipages militaires,* s'il s'agit de voitures.
2. A produire en deux expéditions. — 3. *Voitures* ou *harnais,* suivant le cas. — 4. Commune où siège la commission. — 5. *A 2 roues,* s'il s'agit de voitures, et *de derrière,* s'il s'agit de harnais. — 6. *A 4 roues,* s'il s'agit de voitures, et *de devant,* s'il s'agit de harnais. — 7. Les propriétaires émargent au moment où ils sont payés par le receveur municipal. — 8. Indiquer en toutes lettres soit le nombre de voitures à deux et à quatre roues, soit le nombre de harnais de devant et de derrière. — 9. Cette partie de l'état est remplie par le sous-intendant militaire.

ANNEXE N° 6

ÉTAT, à dresser par le maire, des indemnités dues aux habitants pour le logement des troupes.

ᵉ CORPS D'ARMÉE

—

DÉPARTEMENT

d

—

ARRONDISSEMENT

d

—

COMMUNE

d

RÉQUISITIONS MILITAIRES

Loi du 3 juillet 1877.

—

Article 32 du décret du 2 août 1877 modifié par le décret du 23 novembre 1886.

—

Instruction du 23 novembre 1886.

—

MODÈLE N° 2.

LOGEMENT

ÉTAT des sommes dues aux habitants de la commune d à titre d'indemnité pour logement fourni à la troupe pendant le mois d 18 .

Déposé cejourd'hui et inscrit immédiatement sous le n° au registre spécial d'entrée des pièces de comptabilité.

A , le 18 .

Le Sous-Intendant militaire,

RESSOURCES EN LOGEMENT

de la commune d *pendant le mois d* *18* .

	LITS		PLACES de chevaux et mulets.
	d'officiers.	de troupe.	
	1	2	3
Ressources d'après l'extrait, concernant la commune, des tableaux récapitulatifs des ressources de la région, envoyé au maire, par le commandant du corps d'armée, en exécution de l'article 25 du décret du 2 août 1877			
A augmenter pour les motifs ci-contre [1].			
A diminuer pour les motifs ci-contre [2].			
Ressources pendant le mois d 18 .			

Le Maire,

1. Le maire consigne entre les deux accolades les circonstances qui ont pu accroître les ressources depuis l'établissement des tableaux récapitulatifs et inscrit dans les colonnes qui font suite le nombre de lits ou de places d'animaux procuré par cet accroissement.

2. Le maire consigne entre les deux accolades les circonstances qui ont pu réduire les ressources depuis l'établissement des tableaux récapitulatifs, ou qui l'ont empêché de suivre l'ordre de l'état indicatif des ressources de chaque maison ainsi qu'il est prescrit par l'article 26 du décret du 2 août 1877. Il inscrit dans les colonnes qui font suite le nombre de lits ou de places à diminuer en raison de ces circonstances.

ÉTAT NUMÉRIQUE RÉCAPITULATIF

des officiers, sous-officiers, brigadiers ou caporaux et soldats, chevaux et mulets, qui ont été logés dans la commune d
pendant le mois d 18 , faisant ressortir l'indemnité due à la commune.

DÉSIGNATION des CORPS, DÉTACHEMENTS ET ISOLÉS.	PERIODES DE SÉJOUR.	NOMBRE DE NUITS[1]. OFFI-CIERS.	SOUS-OFFICIERS.	BRIGADIERS OU CAPORAUX et soldats. — Pour les brigadiers ou caporaux et soldats, le nombre de nuits porté sur les états d'effectif doit être réduit de moitié, le décret du 2 août 1877, n'exigeant qu'un seul lit pour deux brigadiers ou caporaux ou pour deux soldats.	CHEVAUX et mulets.
1	2	3	4	5	6
			2		
Totaux des nuits devant servir de base au règlement de l'indemnité.					
Nombre de nuits dues par la commune à titre gratuit. (Ce nombre est celui inscrit à la page ci-contre comme représentant les ressources de la commune pendant le mois — la nuit correspondant à un lit ou à une place — *mais il doit être multiplié par trois*)					
Différences ouvrant droit à indemnité. . .					

Le présent état, appuyé de états d'effectif (modèle nº 1), est certifié par nous, maire de la commune d , aux quantités ci-après de nuits donnant droit à indemnité, savoir :

		fr. c.	fr. c.	fr. c.
3	nuits d'officiers à	1 »		
	nuits de sous-officiers, brigadiers ou caporaux et soldats à.	0 20		
	nuits de chevaux et mulets, à	0 05		

et à la somme de [4]

A , le 18 . . *Le Maire,*

Vu, vérifié et arrêté le présent état s'élevant à la somme de [4] laquelle a été ordonnancée en un mandat nº , en date du 18 , au nom du receveur municipal de la commune d

A , le 18 . *Le Sous-Intendant militaire,*

---

1. D'après les états d'effectif (modèle nº 1) remis au maire par les commandants des troupes.
2. Les nuits de sous-officiers sont réunies à celles de brigadiers ou caporaux et soldats (réduites de moitié en nombre), parce qu'elles donnent lieu au paiement de la même indemnité (0 fr. 20).
3. Indiquer les quantités en toutes lettres.
4. Inscrire la somme en toutes lettres.

ANNEXE N° 7

ÉTAT, à dresser par le maire, des indemnités dues aux habitants pour le cantonnement des troupes.

e CORPS D'ARMÉE

—

DÉPARTEMENT

d

—

ARRONDISSEMENT

d

—

COMMUNE

d

RÉQUISITIONS MILITAIRES

Loi du 3 juillet 1877.

—

Article 32 du décret du 2 août 1877 modifié par le décret du 23 novembre 1886.

—

Instruction du 23 novembre 1886.

—

MODÈLE N° 2 *bis.*

CANTONNEMENT

État des sommes dues aux habitants de la commune d à titre d'indemnité pour cantonnement fourni à la troupe pendant le mois d 18 .

NOTA. — Cet état ne fait mention ni des chevaux ni des mulets, le cantonnement des animaux ne donnant droit à aucune indemnité en argent.

Déposé cejourd'hui et inscrit immédiatement sous le n° au registre spécial d'entrée des pièces de comptabilité.

A , le 18 .

Le Sous-Intendant militaire,

RESSOURCES EN CANTONNEMENT

de la commune d *pendant le mois d* *18* .

	PLACES d'officiers et de troupe.
Ressources d'après l'extrait, concernant la commune, des tableaux récapitulatifs des ressources de la région, envoyé au maire par le commandant du corps d'armée, en exécution de l'article 25 du décret du 2 août 1877.	
A augmenter pour les motifs ci-contre [1].	
A diminuer pour les motifs ci-contre [2].	
Ressources pendant le mois d 18	

Le Maire,

---

1. Le maire consigne, entre les deux accolades, les circonstances qui ont pu accroître les ressources depuis l'établissement des tableaux récapitulatifs, et inscrit dans la colonne qui fait suite le nombre de places procuré par cet accroissement.

2. Le maire consigne, entre les deux accolades, les circonstances qui ont pu réduire les ressources depuis l'établissement des tableaux récapitulatifs, ou qui l'ont empêché de suivre l'ordre de l'état indicatif des ressources de chaque maison, ainsi qu'il est prescrit par l'article 26 du décret du 2 août 1877. Il inscrit dans la colonne qui fait suite le nombre de places à diminuer en raison de ces circonstances.

ÉTAT NUMÉRIQUE RÉCAPITULATIF

des officiers et de la troupe qui ont été cantonnés, dans la commune d , pendant le mois d 18 , faisant ressortir l'indemnité due à la commune.

DÉSIGNATION DES CORPS et détachements.	PÉRIODES DE SÉJOUR.	NOMBRE DE NUITS [1]. — Officiers et troupe.
Total des nuits devant servir de base au règlement de l'indemnité. . .		
Nombre de nuits dues par la commune à titre gratuit. (Ce nombre est celui inscrit à la page ci-contre comme représentant les ressources de la commune pendant le mois — la nuit correspondant à une place — *mais il doit être multiplié par trois*)		
Différence ouvrant droit à indemnité		

Le présent état, appuyé de états d'effectif (modèle n° 1 *bis*), est certifié par nous, maire de la commune d , à la quantité de [2] nuits d'officiers et de troupe donnant droit à l'indemnité de 0 fr. 05, et, par suite, à la somme de [3]

A , le 18 . *Le Maire,*

Vu, vérifié et arrêté le présent état s'élevant à la somme de [3] , laquelle a été ordonnancée en un mandat n° , en date du 18 , au nom du receveur municipal de la commune d .

A , le 18 . *Le Sous-Intendant militaire,*

---

1. D'après les états d'effectif (modèle n° 1 *bis*) remis au maire par les commandants des troupes.
2. Indiquer la quantité en toutes lettres.
3. Inscrire la somme en toutes lettres.

ANNEXE N° 8

Chevaux et mulets. — Modèle du registre de déclaration.

MINISTÈRE
DE LA GUERRE

MODÈLE A
—
Circulaire ministérielle
du 15 octobre 1889.

Loi du 3 juillet 1877
(art. 37).

Dans les villes divisées en plusieurs cantons, il devra y avoir un registre séparé pour chaque canton.

REGISTRE DE DÉCLARATION

DES

CHEVAUX, JUMENTS, MULETS ET MULES DE TOUT AGE

EXISTANT

dans la commune d
canton d
arrondissement d
département d
ouvert le   décembre 1889.

NOTA. — Les animaux seront indiqués avec l'âge qu'ils doivent avoir en 1890.

Sont seules dispensées de la déclaration et du recensement les personnes ci-après désignées :

1° Les agents diplomatiques des puissances étrangères ;

2° Les nationaux des pays désignés ci-après, en faveur desquels l'exemption de toute réquisition militaire a été stipulée par des conventions spéciales, savoir :

Allemagne, République argentine, Brésil, Chili, République dominicaine, Équateur, Espagne, Grande-Bretagne, Haïti, Honduras, Mexique, Russie, Sandwich, République sud-africaine, Suisse.

EXPLICATIONS

POUR L'ÉTABLISSEMENT DU REGISTRE DE DÉCLARATION (A).

Ce registre doit comprendre, sauf l'exception indiquée à la page précédente, tous les chevaux, juments, mulets et mules existant dans la commune, quels que soient leur âge et leur aptitude.

Les inscriptions sont faites *au fur et à mesure des déclarations des propriétaires.*

Il est donné (colonne 1) un numéro d'ordre à chaque animal, lors même que plusieurs animaux appartiendraient au même propriétaire.

Il ne doit être porté qu'un seul animal dans chaque case du registre.

On inscrit exactement les noms et prénoms des propriétaires dans la colonne 2; la profession et la qualité, quand il y a lieu, dans la colonne 3 ; exemple :

Lambert (Émile-Jules), propriétaire, sous-préfet.

Le domicile (colonne 4) comprend les indications accessoires de rue, de numéro, d'écart, de hameau, de ferme, etc.

On indique le sexe de l'animal (entier, hongre, jument, mulet ou mule) par le chiffre 1 dans l'une des colonnes 5, 6, 7, 8 ou 9, selon le cas.

L'âge et la taille des animaux sont également portés en chiffres dans les colonnes 10 et 11.

L'âge à indiquer est celui que les animaux atteindront en 1890.

Le nom, la robe et les particularités sont indiqués avec le plus grand soin et d'une façon aussi précise et aussi complète que possible dans la colonne 12. On reproduira, pour les animaux *classés* en 1889, les indications portées au procès-verbal (modèle n° 2) établi lors du dernier classement, et, pour les animaux *ajournés, réformés* ou *exemptés*, celles portées sur les dernières listes de recensement par la commission de classement. En ce qui concerne les animaux *réformés*, on indiquera l'année. Exemple : *Réformé* en 1889. Si la réforme a été prononcée antérieurement à 1889, on en recherchera la trace sur la liste du recensement de l'année correspondante à la décision prise.

La colonne 13 contient, pour chaque animal *déjà visité en* 1889, la reproduction textuelle de la note donnée par la commission de classement sur la liste de recensement de la même année (modèle B). Aucune indication ne doit être portée dans cette colonne pour les animaux recensés pour la première fois.

On totalise à la fin de chaque page le nombre d'animaux par colonne, et ces chiffres sont reportés à la page suivante dans les colonnes correspondantes.

ARTICLE 52 DE LA LOI DU 3 JUILLET 1877.

Les maires ou les propriétaires de chevaux, juments, mulets ou mules, qui ne se conforment pas aux dispositions du titre VIII de la présente loi, sont passibles d'une amende de 25 fr. à 1,000 fr. Ceux qui auront fait sciemment de fausses déclarations seront frappés d'une amende de 50 fr. à 2,000 fr.

NUMÉRO D'ORDRE.	NOM ET PRÉNOMS du PROPRIÉTAIRE.	PROFESSION ET QUALITÉ.	DOMICILE.	SIGNALEMENT DES ANIMAUX.								CLASSEMENT donné par la commission en 1889.	OBSERVATIONS et mutations.
				CHEVAUX ENTIERS.	CHEVAUX HONGRES.	JUMENTS.	MULETS.	MULES.	ÂGE EN 1890 (en chiffres).	TAILLE (en centimètres).	NOM, ROBE et particularités.		
1	2	3	4	5	6	7	8	9	10	11	12	13	14
A reporter.													

NUMÉRO D'ORDRE.	NOM ET PRÉNOMS du PROPRIÉTAIRE.	PROFESSION ET QUALITÉ.	DOMICILE.	SIGNALEMENT DES ANIMAUX.								CLASSEMENT donné par la commission en 1889.	OBSERVATIONS et mutations.
				CHEVAUX ENTIERS.	CHEVAUX HONGRES.	JUMENTS.	MULETS.	MULES.	ÂGE EN 1890 (en chiffres).	TAILLE (en centimètres).	NOM, ROBE et particularités.		
1	2	3	4	5	6	7	8	9	10	11	12	13	14
		Report.											
		TOTAL.											

VISÉ et CERTIFIÉ conforme à , le 31 décembre 1889.

Le Maire,

ARRÊTÉ définitivement et visé à , le 1 décembre 1890.

Le Maire,

ANNEXE N° 9

Chevaux et mulets. — Modèle de la liste de recensement.

MINISTÈRE
DE LA GUERRE

MODÈLE B

Circulaire ministérielle
du 15 octobre 1839.

Loi du 3 juillet 1877
(Art. 37).

Dans les villes divisées en plusieurs cantons, il devra y avoir une liste séparée de recensement pour chaque canton.

LISTE DE RECENSEMENT

DES

CHEVAUX, JUMENTS, MULETS ET MULES

Ayant atteint l'âge prescrit par la Loi

ET EXISTANT

dans la commune d
canton d
arrondissement d
département d
ouverte le 1er janvier 1890.

NOTA. — Les animaux sont indiqués avec l'âge qu'ils doivent atteindre en 1890.

EXPLICATIONS

POUR L'ÉTABLISSEMENT DE LA LISTE DE RECENSEMENT (B).

Cette liste doit comprendre tous les chevaux et juments qui atteignent *six ans et au-dessus* en 1890 et tous les mulets et mules qui atteignent *quatre ans et au-dessus* dans la même année, portés sur le registre de déclaration (modèle A), et avec les mêmes indications, savoir :

1° Ceux qui n'ont pas encore été visités ;

2° Ceux qui ont été reconnus aptes au service, au classement de 1889, et inscrits sur le procès-verbal (modèle n° 2) conservé dans chaque commune ;

3° Ceux qui sont exemptés comme appartenant à des fonctionnaires ou services publics et aux chemins de fer ; les étalons approuvés et autorisés, les juments poulinières ;

4° Ceux qui ont été ajournés au classement de 1889 comme momentanément impropres au service de l'armée ;

5° Ceux qui n'ont pas été déclarés par leurs propriétaires avant le 1er janvier 1889, même s'ils ont été réformés les années précédentes.

Au contraire, ne doivent pas figurer sur cette liste :

1° Les chevaux, juments, mulets et mules *réformés* aux classements précédents, en raison de tares, de mauvaise conformation ou d'autres motifs qui les rendent impropres au service de l'armée (sauf l'exception indiquée plus haut, 5°) ;

2° Ceux qui ont été *ajournés* pour défaut de taille.

Pour tous les animaux à porter sur la liste B, les noms des propriétaires doivent être inscrits *par ordre alphabétique.*

Le numéro d'ordre (colonne 1) est le même que celui donné sur le registre de déclaration A.

La colonne 14, étant destinée à recevoir les notes de la commission de classement qui opérera ultérieurement, doit être laissée en blanc par la mairie.

On totalise, à la fin de chaque page, le nombre d'animaux par colonne, et ces chiffres sont reportés à la page suivante dans les colonnes correspondantes.

ARTICLE 52 DE LA LOI DU 3 JUILLET 1877.

Les maires ou les propriétaires de chevaux, juments, mulets ou mules, qui ne se conforment pas aux dispositions du titre VIII (recensement, etc.) de la présente loi, sont passibles d'une amende de 25 fr. à 1,000 fr. Ceux qui auront fait sciemment de fausses déclarations seront frappés d'une amende de 50 fr. à 2,000 fr.

Numéro d'ordre porté sur le registre de déclaration.	NOM ET PRÉNOMS DES PROPRIÉTAIRES (par ordre alphabétique).	PROFESSION ET QUALITÉ.	DOMICILE.	SIGNALEMENT DES ANIMAUX. CHEVAUX ENTIERS.	CHEVAUX HONGRES.	JUMENTS.	MULETS.	MULES.	ÂGE EN 1890 (en chiffres).	TAILLE (en centimètres).	NOM, ROBE et particularités.	CLASSEMENT donné par la commission en 1889.	CLASSEMENT donné par la commission en 1890.	OBSERVATIONS et mutations.
1	2	3	4	5	6	7	8	9	10	11	12	13	14	15
	A reporter.													

Numéro d'ordre porté sur le registre de déclaration.	NOM ET PRÉNOMS DES PROPRIÉTAIRES (par ordre alphabétique).	PROFESSION ET QUALITÉ.	DOMICILE.	SIGNALEMENT DES ANIMAUX.								CLASSEMENT donné par la commission en 1889.	CLASSEMENT donné par la commission en 1890.	OBSERVATIONS et mutations.
				CHEVAUX ENTIERS.	CHEVAUX HONGRES.	JUMENTS.	MULETS.	MULES.	ÂGE EN 1890 (en chiffres).	TAILLE (en centimètres).	NOM, ROBE et particularités.			
1	2	3	4	5	6	7	8	9	10	11	12	13	14	15
Report.														
TOTAL.														

VISÉ et CERTIFIÉ conforme à , le 31 décembre 1889.

Le Maire,

ARRÊTÉ définitivement et VISÉ à , le 15 janvier 1890.

Le Maire,

ANNEXE N° 10

Chevaux et mulets. — État numérique des animaux existant dans la commune, à fournir par le Maire.

MODÈLE C

—

Circulaire ministérielle du 15 octobre 1889.

DÉPARTEMENT d ______

ARRONDISSEMENT d ______

CANTON d ______

COMMUNE d ______

Loi du 3 juillet 1877 (Art. 37).

Deux exemplaires de cet état doivent être envoyés par le maire au sous-préfet de l'arrondissement à la date du 20 janvier.

ÉTAT NUMÉRIQUE

des chevaux, juments, mulets et mules existant au 15 janvier 1890.

1° NOMBRE TOTAL DES ANIMAUX DE TOUT AGE EXISTANT CHEZ LES PROPRIÉTAIRES.

CHEVAUX entiers (A).	CHEVAUX hongres (A).	JUMENTS (A).	MULETS (A).	MULES (A).	TOTAL (A).
1	2	3	4	5	6

2° DIVISION DES ANIMAUX EXISTANT CHEZ LES PROPRIÉTAIRES EN CATÉGORIE D'AGE. (AU-DESSUS OU AU-DESSOUS DE L'AGE PRESCRIT PAR LA LOI.)

ANIMAUX N'ATTEIGNANT PAS en 1890 l'âge prescrit par la loi.						ANIMAUX AYANT ATTEINT ou qui atteindront en 1890 l'âge prescrit par la loi, y compris ceux réformés au classement de 1889 et aux classements antérieurs.						TOTAL général de l'existant, y compris les animaux réformés au classement de 1889 ou aux classements antérieurs. (A)	OBSERVATIONS.
Au-dessous de 6 ans.			Au-dessous de 4 ans.			De 6 ans et au-dessus.			De 4 ans et au-dessus.				
Chevaux entiers.	Chevaux hongres.	Juments.	Mulets.	Mules.	TOTAL.	Chevaux entiers.	Chevaux hongres.	Juments.	Mulets.	Mules.	TOTAL.		
7	8	9	10	11	12	13	14	15	16	17	18	19	20
													Parmi les animaux figurant dans les colonnes 13 à 18 (B) ont été réformés, soit au classement de 1889, soit aux classements antérieurs.....

(A) Les chiffres portés dans ces colonnes doivent être les mêmes que ceux figurant au total à la fin du registre de déclaration (Modèle A).

(B) Indiquer le nombre. S'il n'y a pas d'animaux réformés, on mettra la mention *néant*.

Fait à , le 1890.

Le Maire,

NOTA. — Le total des chiffres portés dans les colonnes 7 et 13 doit représenter le chiffre porté à la colonne 1.
— — 8 et 14 — 2.
— — 9 et 15 — 3.
— — 10 et 16 — 4.
— — 11 et 17 — 5.
— — 12 et 18 les chiffres portés aux colonnes 6 et 19.

ANNEXE N° 11

ÉTAT récapitulatif des animaux existant dans chaque commune, à fournir par le commandant du bureau du recrutement.

MODÈLE D — Loi du 3 juillet 1877 (Art. 37).

Circulaire ministérielle du 15 octobre 1889.

2e DIRECTION
(CAVALERIE)

BUREAU des REMONTES

e CORPS D'ARMEE

e SUBDIVISION

BUREAU DE RECRUTEMENT d

ÉTAT NUMÉRIQUE GÉNÉRAL

des chevaux, juments, mulets et mules existant au 15 janvier 1890.

DÉPARTEMENTS. (Par ordre alphabétique.)	ARRONDISSEMENTS. (Par ordre alphabétique pour chaque département.)	CANTONS. (Par ordre alphabétique pour chaque arrondissement.)	COMMUNES. (Par ordre alphabétique pour chaque canton.)	NOMBRE DES ANIMAUX n'atteignant pas l'âge prescrit par la loi. Au-dessous de 6 ans en 1890. Chevaux entiers.	Chevaux hongres.	Juments.	Au-dessous de 4 ans en 1890. Mulets.	Mules.	TOTAL.	NOMBRE DES ANIMAUX ayant atteint l'âge prescrit par la loi. De 6 ans et au-dessus en 1890. Chevaux entiers.	Chevaux hongres.	Juments.	De 4 ans et au-dessus en 1890. Mulets.	Mules.	TOTAL.	TOTAL général de l'existant.	ANIMAUX RÉFORMÉS AUX CLASSEMENTS ANTÉRIEURS (A).
				7	8	9	10	11	12	13	14	15	16	17	18	19	20
TOTAL ÉGAL.																	

(A) Ces animaux doivent être compris au nombre de ceux qui figurent aux colonnes 13 à 18.

NOTA. Les colonnes 7 à 20 ont été numérotées de manière à être en concordance avec celles du modèle C.

Fait à , le 1890.

Le Commandant du bureau de recrutement,

ANNEXE N° 12

Voitures. — Modèle du registre de recensement.

MINISTÈRE
DE LA GUERRE.

MODÈLE N° 1.

—

Instruction minis-
térielle
du 15 octobre 1889.

Loi du 3 juillet 1877.

—

(Réquisitions
militaires.)

—

TITRE VIII. — Art. 37.

REGISTRE DE RECENSEMENT

DES VOITURES ATTELÉES SUSCEPTIBLES D'ÊTRE REQUISES

EXISTANT

dans la COMMUNE d

CANTON d

ARRONDISSEMENT d

DÉPARTEMENT d

OUVERT LE DECEMBRE 1889 .

EXPLICATIONS

POUR

L'ÉTABLISSEMENT DU REGISTRE DE RECENSEMENT.

Ce registre doit comprendre toutes les inscriptions relatives aux voitures autres que celles qui sont exclusivement affectées au transport des personnes, pourvu que le propriétaire de ces voitures puisse les atteler à l'aide d'un ou de deux animaux figurant sur la liste de recensement des chevaux, juments, mulets et mules, susceptibles d'être requis à la date du 1er janvier 1890.

Voir au nota ci-dessous l'indication des propriétaires auxquels le recensement des voitures n'est pas appliqué.

Les inscriptions sont faites sur le registre, au fur et à mesure des déclarations des propriétaires. Les noms, prénoms, professions, qualités et domiciles des propriétaires sont mentionnés dans les colonnes 1, 2 et 3.

L'espèce de la voiture est indiquée par le chiffre 1, dans une des colonnes 4, 5, 6 et 7.

Les indications à faire figurer dans les colonnes 10, 11, 12, 13 et 14, au sujet du signalement des attelages, seront la reproduction de celles qui sont inscrites sur la liste de recensement pour 1889, des chevaux, juments, etc., de la commune. Une ligne horizontale du registre sera réservée pour le signalement de chaque animal. Par suite, l'inscription relative à une voiture à deux ou quatre roues, attelée à un cheval, sera faite sur une ligne horizontale, tandis que l'inscription d'une voiture attelée à deux chevaux devra être faite sur deux lignes. On réunira par une accolade, entre les colonnes 9 et 10, les signalements des deux animaux formant un même attelage.

Les inscriptions relatives aux différentes voitures appartenant à un même propriétaire seront réunies également sous une même accolade, entre les colonnes 3 et 4.

On mentionnera dans la colonne 8 si la voiture est suspendue ou non suspendue, si elle est munie ou non d'un toit ou d'une bâche. On indiquera en outre dans la même colonne le poids maximum du chargement que cette voiture pourrait porter.

Les colonnes 9 et 15 seront laissées en blanc pour être remplies ultérieurement par les soins du président de la commission de classement des animaux et des voitures attelées.

NOTA. — Le recensement des voitures attelées n'est pas appliqué à l'égard :

1° Des agents diplomatiques des puissances étrangères;

2° Des nationaux des pays désignés ci-après, en faveur desquels l'exemption de toute réquisition militaire a été stipulée par des conventions spéciales, savoir : Allemagne, République Argentine, Brésil, Chili, République dominicaine, Équateur, Espagne, Grande-Bretagne, Haïti, Honduras, Mexique, Russie, Sandwich, République sud-africaine, Suisse.

DÉSIGNATION des PROPRIÉTAIRES.			NOMBRE DE VOITURES attelées, susceptibles d'être requises, existant chez chaque propriétaire.				SIGNALEMENT DES VOITURES.		SIGNALEMENT DES ATTELAGES.						OBSERVATIONS.
Noms et pré-noms.	Professions et qualités.	Domiciles.	Voitures à 2 roues,		Voitures à 4 roues,		Forme, poids trans-portable.	Classement donné par la commission en 1890.	Espèce et sexe de l'animal.	Age en 1890.	Taille en centimètres.	Nom, robe et signes particuliers.	Classement donné par la commission en 1887.	Classement donné par la commission en 1890.	
			à 1 cheval.	à 2 chevaux.	à 1 cheval.	à 2 chevaux.									
1	2	3	4	5	6	7	8	9	10	11	12	13	14	15	16
A reporter . .															

DÉSIGNATION des PROPRIÉTAIRES.			NOMBRE DE VOITURES attelées, susceptibles d'être requises, existant chez chaque propriétaire.				SIGNALEMENT DES VOITURES.		SIGNALEMENT DES ATTELAGES.						OBSERVATIONS.
Noms et prénoms.	Professions et qualités.	Domiciles.	Voitures à 2 roues, à 1 cheval.	Voitures à 2 roues, à 2 chevaux.	Voitures à 4 roues, à 1 cheval.	Voitures à 4 roues, à 2 chevaux.	Forme, poids transportable.	Classement donné par la commission en 1890.	Espèce et sexe de l'animal.	Age en 1890.	Taille en centimètres.	Nom, robe et signes particuliers.	Classement donné par la commission en 1887.	Classement donné par la commission en 1890.	
1	2	3	4	5	6	7	8	9	10	11	12	13	14	15	16
Report. . .															
TOTAL . . .															

ANNEXE N° 13

Voitures. — État numérique des voitures attelées existant dans la commune, à fournir par le maire.

MINISTÈRE
DE LA GUERRE.

MODÈLE N° 2.

—

Instruction ministérielle
du 15 octobre 1889.

Loi du 3 juillet 1877.

—

(Réquisitions militaires.)

—

TITRE VIII. — Art. 37.

DÉPARTEMENT d

ARRONDISSEMENT d

CANTON d

COMMUNE d

RELEVÉ numérique des voitures attelées, susceptibles d'être requises, existant au 15 janvier 1890.

VOITURES A 2 ROUES,		VOITURES A 4 ROUES,		TOTAL des VOITURES ATTELÉES.
à 1 cheval.	à 2 chevaux.	à 1 cheval.	à 2 chevaux.	

Fait à , le janvier 1890.

Le Maire,

ANNEXE N° 14

État récapitulatif des voitures attelées, à fournir par le commandant du bureau de recrutement.

MINISTÈRE DE LA GUERRE. 3e DIRECTION. — ARTILLERIE et ÉQUIPAGES MILITAIRES. — 2e BUREAU. — MATÉRIEL DE L'ARTILLERIE et des ÉQUIPAGES MILITAIRES.	e CORPS D'ARMÉE ——— e SUBDIVISION ———	Loi du 3 juillet 1877. — (Réquisitions militaires.) Instruction ministérielle du 15 octobre 1889. — MODÈLE N° 3. —

BUREAU DE RECRUTEMENT d

ÉTAT numérique des voitures attelées, susceptibles d'être requises, existant au 15 janvier 1890.

DÉPARTEMENTS. — (Par ordre alphabétique.)	ARRONDISSEMENTS. — (Par ordre alphabétique pour chaque département.)	CANTONS. — (Par ordre alphabétique pour chaque arrondissement.)	COMMUNES. — (Par ordre alphabétique pour chaque canton.)	VOITURES à 2 roues,		VOITURES à 4 roues,		TOTAL.
				à 1 cheval.	à 2 chevaux.	à 1 cheval.	à 2 chevaux.	
		TOTAL.						

ANNEXE N° 15

Chevaux et mulets. — Modèle du tableau de classement à établir par la Commission de classement.

e CORPS D'ARMÉE.
—
e SUBDIVISION
—
DÉPARTEMENT d
—
ARRONDISSEMENT d
—
CANTON d
—
COMMUNE d

MODÈLE N° 2.
—
Annexé à la circulaire ministérielle du 13 mars 1895.

(1) Indiquer les noms et prénoms.
(2) Indiquer le grade et la qualité.
(3) Indiquer le régiment ou le domicile.

TABLEAU DE CLASSEMENT
EN 189

des chevaux, juments, mulets et mules susceptibles d'être requis pour le service de l'armée, en cas de mobilisation.

COMMISSION N° , chargée du classement des chevaux, juments, mulets et mules, composée de :

Officier président. . . . . (1) , (2) à (3)
Membre civil. . . . . (1) , (2) à (3)
Vétérinaire ou son suppléant . . . . . . (1) , (2) à (3)
Sous-officier ou brigadier secrétaire . . . (1) , (2) à (3)

EXPLICATIONS
POUR L'ÉTABLISSEMENT DU TABLEAU N° 2.

Les catégories établies pour les animaux sont les suivantes :

1re CATÉGORIE.	Cavalerie de réserve (cuirassiers)	taille de 1m,54 et au-dessus.
2e —	Cavalerie de ligne (dragons)	— de 1m,50 à 1m,54.
3e —	Cavalerie légère (chasseurs et hussards)	— de 1m,47 à 1m,50.
4e —	Artillerie (selle)	— de 1m,48 à 1m,54.
5e —	Artillerie (trait léger).	— de 1m,46 à 1m,60.
6e —	Train (gros trait).	— de 1m,46 et au-dessus.
7e —	Mulets (de bât).	— de 1m,42 et au-dessus.
8e —	Mulets (trait léger)	— de 1m,42 et au-dessus.
9e —	Mulets (gros trait)	— de 1m,42 et au-dessus.

En Corse, exceptionnellement, le minimum de taille fixé est de 1m,42 pour les chevaux et juments, et de 1m,38 pour les mulets et mules.

Dans le département des Alpes-Maritimes, le minimum de taille des mulets et mules est abaissé à 1m,40.

Le minimum de taille fixé pour chaque catégorie est obligatoire ; au contraire, le maximum n'est pas absolu.

Les chevaux entiers ne peuvent être classés que dans la 6e catégorie (gros trait).

Il est donné (col. 1) un numéro d'ordre à chaque animal. Pour chaque animal classé, on porte une unité dans la colonne de la catégorie correspondante. On indique dans la colonne n° 22 si l'animal fait partie d'un attelage classé.

Le nombre des intercalaires (feuille double) est noté après la récapitulation.

Chaque tableau est établi en deux expéditions, dont l'une est remise au maire et l'autre conservée par le président de la commission, qui la transmet au bureau de recrutement de la subdivision.

L'an mil huit cent quatre-vingt , le du mois d , nous soussignés, membres de la commission déléguée, en exécution des ordres de M. le Ministre de la guerre, pour procéder à l'examen et au classement des chevaux, juments, mulets et mules appartenant aux propriétaires de la commune d , certifions que les animaux ci-après désignés sont aptes au service de l'armée, suivant les catégories déterminées ci-après, savoir :

NUMÉROS D'ORDRE.	DÉSIGNATION des propriétaires. NOMS ET PRÉNOMS (par ordre alphabétique).	PROFESSION. (Ajouter, si cela est nécessaire, le lieu d'établissement dans la commune.)	SIGNALEMENT. SEXE. (Indiquer comme il suit : entiers, E ; hongre, H ; jument, J ; mulets ou mules, M.)	AGE. (En chiffres. Exemple : 6 veut dire 6 ans.)	TAILLE. (En chiffres et en centimètres. Exemple : 1m,52)	ROBES ET PARTICULARITÉS. (Ex. : alezan, quelques poils en tête, 3 balzanes. — Si un propriétaire possédant plusieurs animaux les distingue habituellement par des noms, on fait figurer ces noms en tête du signalement.)	1re CATÉGORIE. — Chevaux hongres et juments. — Cavalerie de réserve. D'officier.	De troupe.	2e CATÉGORIE. — Chevaux hongres et juments. — Cavalerie de ligne. D'officier.	De troupe.	3e CATÉGORIE. — Chevaux hongres et juments. — Cavalerie légère. D'officier.	De troupe.	4e CATÉGORIE. — Chevaux hongres et juments. — Artillerie (selle). D'officier.	De troupe.	5e CATÉGORIE. — Hongr. et jum. Artillerie (trait léger).	6e CATÉGORIE. — Chevaux et mulets. — Train (gros trait). Entiers.	Hongres et juments.	7e CATÉGORIE. — Mulets et mules (de bât).	8e CATÉGORIE. — Mulets et mules (trait léger).	9e CATÉGORIE. — Mulets et mules (gros trait).	Animaux faisant partie d'un attelage de voitures classées. — (Mettre *oui* dans cette colonne, vis-à-vis des animaux désignés.)
1	2	3	4	5	6	7	8	9	10	11	12	13	14	15	16	17	18	19	20	21	22
TOTAUX à *reporter*																					

NUMÉROS D'ORDRE.	DÉSIGNATION des propriétaires. — NOMS ET PRÉNOMS (par ordre alphabétique).	DÉSIGNATION des propriétaires. — PROFESSION. (Ajouter, si cela est nécessaire, le lieu d'établissement dans la commune.)	SIGNALEMENT. — SEXE. (Indiquer comme il suit : entiers, E ; hongre, H ; jument, J ; mulets ou mules, M.)	SIGNALEMENT. — AGE. (En chiffres. Exemple : 6 veut dire 6 ans.)	SIGNALEMENT. — TAILLE. (En chiffres et en centimètres. Exemple : 1 m,52.)	SIGNALEMENT. — ROBES ET PARTICULARITÉS. (Ex. : alezan, quelques poils en tête, 3 balzanes.) — Si un propriétaire possédant plusieurs animaux les distingue habituellement par des noms, on fait figurer ces noms en tête du signalement.	1re CATÉGORIE. — Chevaux hongres et juments. — Cavalerie de réserve. D'officier.	1re CATÉGORIE. De troupe.	2e CATÉGORIE. — Chevaux hongres et juments. — Cavalerie de ligne. D'officier.	2e CATÉGORIE. De troupe.	3e CATÉGORIE. — Chevaux hongres et juments. — Cavalerie légère. D'officier.	3e CATÉGORIE. De troupe.	4e CATÉGORIE. — Chevaux hongres et juments. — Artillerie (selle). D'officier.	4e CATÉGORIE. De troupe.	5e CATÉGORIE. — Hongr. et jum. Artillerie (trait léger).	6e CATÉGORIE. — Chevaux et mulets. — Train (gros trait). Entiers.	6e CATÉGORIE. Hongres et juments.	7e CATÉGORIE. — Mulets et mules (de bât).	8e CATÉGORIE. — Mulets et mules (trait léger).	9e CATÉGORIE. — Mulets et mules (gros trait).	Animaux faisant partie d'un attelage de voitures classées. — (Mettre *oui* dans cette colonne, vis-à-vis des animaux désignés.)
1	2	3	4	5	6	7	8	9	10	11	12	13	14	15	16	17	18	19	20	21	22
	Report																				
	TOTAUX.																				
TOTAL GÉNÉRAL des animaux classés																					
Nombre des animaux compris dans les totaux ci-dessus et qui figuraient au dernier classement.																					

CERTIFIÉ les indications du présent tableau, qui contient intercalaires (feuilles doubles) et qui a été fait double à , le 189 .

Ont signé :

Le Sous-officier ou Brigadier, secrétaire, *Le Vétérinaire ou son suppléant,* *Le Membre civil,* *L'Officier Président,*

Vu : *Le Maire.*

ANNEXE N° 16

Chevaux et mulets. — État numérique et récapitulatif, à dresser par la Commission de classement pour toutes les communes comprises dans sa circonscription.

e CORPS D'ARMÉE.

—

SUBDIVISION

—

COMMISSION N°

MODÈLE N° 3.

—

Annexé à la circulaire ministérielle du 13 mars 1895.

—

Loi du 3 juillet 1877.

CLASSEMENT EN 189

Des chevaux, juments, mulets et mules susceptibles d'être requis pour le service de l'armée, en cas de mobilisation.

RELEVÉ NUMÉRIQUE, PAR COMMUNE,

DES CHEVAUX, JUMENTS, MULETS ET MULES APTES AU SERVICE DE L'ARMÉE.

(D'après l'ensemble des tableaux n° 2.)

DÉPARTEMENTS.	ARRONDISSEMENTS.	CANTONS. (Par ordre alphabétique dans chaque arrondissement.)	COMMUNES. (Par ordre alphabétique dans chaque canton.)	1re CATÉGORIE. — Chevaux hongres et juments — Cavalerie de réserve.		2e CATÉGORIE. — Chevaux hongres et juments — Cavalerie de ligne.		3e CATÉGORIE. — Chevaux hongres et juments — Cavalerie légère.		4e CATÉGORIE. — Chevaux hongres et juments — Artillerie (selle)		5e CATÉGORIE. — Chevaux hongres et juments. — Artillerie (trait léger).	6e CATÉGORIE. — Chevaux et juments. — Train (gros trait).		7e CATÉGORIE. — Mulets et mules (de bât).	8e CATÉGORIE. — Mulets et mules (trait léger).	9e CATÉGORIE. — Mulets et mules (gros trait).	TOTAL GÉNÉRAL DES ANIMAUX CLASSÉS, y compris ceux faisant partie d'attelages de voitures classées.	Nombre d'animaux faisant partie d'attelages de voitures classées.
				D'officier.	De troupe.	D'officier.	De troupe.	D'officier.	De troupe.	D'officier.	De troupe.		Entiers.	Hongres et juments.					
A reporter.																			

DÉPARTEMENTS.	ARRONDISSEMENTS.	CANTONS. (Par ordre alphabétique dans chaque arrondissement.)	COMMUNES. (Par ordre alphabétique dans chaque canton.)	1re CATÉGORIE. — Chevaux hongres et juments — Cavalerie de réserve.		2e CATÉGORIE. — Chevaux hongres et juments — Cavalerie de ligne		3e CATÉGORIE. — Chevaux hongres et juments — Cavalerie légère.		4e CATÉGORIE. — Chevaux hongres et juments — Artillerie (selle)		5e CATÉGORIE. — Chevaux hongres et juments. — Artillerie (trait léger).	6e CATÉGORIE. — Chevaux et juments. — Train (gros trait).		7e CATÉGORIE. — Mulets et mules (de bât).	8e CATÉGORIE. — Mulets et mules (trait léger).	9e CATÉGORIE. — Mulets et mules (gros trait).	TOTAL GÉNÉRAL DES ANIMAUX CLASSÉS, y compris ceux faisant partie d'attelages de voitures classées.	Nombre d'animaux faisant partie d'attelages de voitures classées.
				D'officier.	De troupe.	D'officier.	De troupe.	D'officier.	De troupe.	D'officier.	De troupe.		Entiers.	Hongres et juments.					
Report																			
Nombre d'animaux classés.																		(1)	
Le nombre des animaux compris dans les totaux ci-dessus et qui figuraient au dernier classement, est de																			
D'où il résulte que le nombre des animaux classés pour la première fois est de.																			

Fait double à , le 189 .

Le Président de la Commission,

(2)

(1) En outre, animaux n'ont pas été présentés par leurs propriétaires, contre lesquels des procès-verbaux ont été dressés.

(2) Nom, grade et régiment.

ANNEXE N° 17

Chevaux et mulets. — État numérique des animaux ajournés, à dresser par la Commission de classement pour toutes les communes de sa circonscription.

e CORPS D'ARMÉE.

—

e SUBDIVISION.

—

COMMISSION N°

MODÈLE N° 4.

—

Annexé à la circulaire ministérielle du 13 mars 1895.

—

Loi du 3 juillet 1877.

—

Article 84 du décret du 2 août 1877.

CLASSEMENT EN 189

DES CHEVAUX, JUMENTS, MULETS ET MULES SUSCEPTIBLES D'ÊTRE REQUIS POUR LE SERVICE DE L'ARMÉE EN CAS DE MOBILISATION.

Relevé numérique, par commune, des animaux ajournés comme n'atteignant pas le minimum de la taille fixée *ou paraissant* momentanément impropres au service de l'armée pour des causes diverses.

DÉPARTEMENTS.	ARRONDISSEMENTS.	CANTONS. — (Par ordre alphabétique dans chaque arrondissement.)	COMMUNES. — (Par ordre alphabétique dans chaque canton.)	ANIMAUX n'atteignant pas le minimum de la taille fixée.			ANIMAUX paraissant momentanément impropres au service de l'armée pour des causes diverses.			TOTAL.
				Chevaux entiers.	Chevaux hongres et juments.	Mulets et mules.	Chevaux entiers.	Chevaux hongres et juments.	Mulets et mules.	
Nombre d'animaux ajournés. .										

Fait double à , le 189 .

Le Président de la Commission,

(1)

(1) Nom, grade et régiment.

ANNEXE N° 18

État numérique des animaux réformés ou exemptés, à dresser par la Commission de classement pour toutes les communes de sa circonscription.

e CORPS D'ARMÉE.

SUBDIVISION

d

COMMISSION N°

MODÈLE N° 5.

Annexé à la circulaire ministérielle du 13 mars 1895.

Loi du 3 juillet 1877.

Décret du 2 août 1877.

CLASSEMENT EN 189

des chevaux, juments, mulets et mules susceptibles d'être requis pour le service de l'armée, en cas de mobilisation.

RELEVÉ NUMÉRIQUE, PAR COMMUNE, DES ANIMAUX RÉFORMÉS OU EXEMPTÉS.

DÉPARTEMENTS.	ARRONDISSEMENTS.	CANTONS. — (Par ordre alphabétique dans chaque arrondissement.)	COMMUNES. — (Par ordre alphabétique dans chaque canton.)	ANIMAUX réformés		ANIMAUX EXEMPTÉS				TOTAUX.
				pour tares et vices de conformation.	pour vieillesse et usure.	appartenant à des fonctionnaires ou services publics.	appartenant aux chemins de fer.	étalons approuvés et autorisés.	juments poulinières	
Nombre d'animaux réformés ou exemptés.										

Fait double à , le 189 .

Le Président de la Commission.

(1)

(1) Nom, grade et régiment.

ANNEXE N° 19

Chevaux et mulets. — Modèle de procès-verbal constatant la visite par la Commission de classement d'animaux appartenant à d'autres communes.

e CORPS D'ARMÉE.

SUBDIVISION
d

COMMISSION N°
opérant à
département d

MODÈLE N° 6.

Annexé à la circulaire ministérielle
du 13 mars 1895.

Décret du 2 août 1877.

CLASSEMENT EN 189

DES CHEVAUX, JUMENTS, MULETS ET MULES

SUSCEPTIBLES D'ÊTRE REQUIS

POUR LE SERVICE DE L'ARMÉE, EN CAS DE MOBILISATION.

PROCÈS-VERBAL

Constatant l'examen et la visite des chevaux, juments, mulets et mules appartenant à des propriétaires de la commune d
canton d *, arrondissement d*
département d

L'an mil huit cent quatre-vingt , le
du mois d , nous soussignés, membres de la commission n° déléguée, en vertu des ordres de M. le Ministre, de la guerre, pour procéder à l'exam en et au classement des chevaux, juments mulets et mules, certifions que les animaux ci-après désignés ont été vus par nous à et classés commme il suit, savoir :

NOMS et prénoms des propriétaires.	PRO-FES-SIONS.	SIGNALEMENT des animaux.				CLASSEMENT des animaux					OBSERVATIONS. — Indiquer si l'animal fait partie de l'attelage d'une voiture classée.
						APTES au service.		AJOURNÉS.			
		SEXE (entier, hongre, jument, mulet ou mule).	AGE (en chiffres).	TAILLE (en centimètres).	ROBE et particularités.	No de la catégorie.	D'officier ou de troupe.	N'atteignant pas le minimum de la taille fixée.	Momentanément impropres au service de l'armée pour des causes diverses.	RÉFORMÉS.	

Le présent procès-verbal a été dressé à

Le 189 .

Le Sous-officier ou Brigadier secrétaire, *Le Vétérinaire,* (ou son suppléant) *Le Membre civil,* *L'Officier Président,* (1)

(1) Nom, grade et régiment.

ANNEXE N° 20

Modèle de certificat d'examen à remettre par la Commission de classement au propriétaire qui fait visiter ses chevaux hors de sa commune.

e CORPS D'ARMÉE.

—

SUBDIVISION
d

—

COMMISSION N°
opérant à
département d

MODÈLE N° 7.

—

Annexé à la circulaire ministérielle du 13 mars 1895.

—

Décret du 2 août 1877.

CLASSEMENT EN 189

DES CHEVAUX, JUMENTS, MULETS ET MULES

SUSCEPTIBLES D'ÊTRE REQUIS

POUR LE SERVICE DE L'ARMÉE, EN CAS DE MOBILISATION.

CERTIFICAT D'EXAMEN

des animaux présentés hors de la commune ou de la circonscription à laquelle ils appartiennent.

L'an mil huit cent quatre-vingt-   , le
du mois d   je soussigné, président de la commission n°   déléguée, en vertu des ordres de M. le Ministre de la guerre, pour procéder à l'examen et au classement des chevaux, juments, mulets et mules, certifie que (1)   anima   , dont (1)   cheva   , (1) jument   , (1)   mulet   et (1)   mule   , appartenant au sieur (2)   , domicilié à   , canton d   , arrondissement d   , département d   , ont été vus par la commission à   , suivant procès-verbal dressé le même jour et transmis à qui de droit.

Le Président de la commission,
(3)

(1) Indiquer le nombre.
(2) Nom, prénoms et profession.
(3) Nom, grade et régiment.

ANNEXE N° 21

Chevaux et mulets. — Procès-verbal à dresser par le président de la Commission de classement pour constater les non-comparutions.

MINISTÈRE
DE LA GUERRE.

e CORPS D'ARMÉE.

SUBDIVISION
d

COMMISSION N°

MODÈLE N° 8.

Annexé à la circulaire ministérielle du 13 mars 1895.

EXÉCUTION

DE LA LOI DU 3 JUILLET 1877.

Je soussigné (1)
président de la commission de classement, en 189 , des animaux de réquisition, instituée en exécution de l'article 38 de la loi du 3 juillet 1877, déclare que les propriétaires de la commune d ,
canton d , département d ,
dont les noms suivent, bien que dûment convoqués, ne se sont pas présentés devant nous, aux jour, heure et endroit fixés pour la réunion de la commission ( ) ;

Et qu'à un second appel de leurs noms fait à la fin de la séance, ils n'ont pas également répondu ni présenté leurs animaux,

SAVOIR :

Les sieurs

La présente déclaration est adressée à M. le Procureur de la République, pour servir à ce que de droit.

En foi de quoi nous avons signé.

A , le 189 .

Le Président de la Commission,

(1) Indiquer les nom et prénoms, le grade et le régiment.

ANNEXE N° 22

Chevaux et mulets. — Procès-verbal à dresser par le président de la Commission de classement pour constater l'absence de déclaration.

MINISTÈRE
DE LA GUERRE.

e CORPS D'ARMÉE.

SUBDIVISION
d

COMMISSION N°

MODÈLE N° 9.

Annexé à la circulaire ministérielle du 13 mars 1895.

EXÉCUTION

DE LA LOI DU 3 JUILLET 1877.

Je soussigné (1)
président de la commission de classement, en 189 , des animaux de réquisition, instituée en exécution de l'article 38 de la loi du 3 juillet 1877, certifie que les propriétaires de la commune d ,
canton d , département d ,
dont les noms suivent, n'ont pas fait la déclaration obligatoire (art. 37 de la loi précitée) des chevaux et juments de 6 ans et au-dessus, au 1er janvier dernier, des mulets et mules de 4 ans et au-dessus susceptibles d'être requis, qu'ils possèdent.

Les noms de ces propriétaires ne figurent ni sur le registre de déclarations de la commune, ni sur la liste de recensement concernant les animaux, et qu'il ne m'a pas été présenté de certificat de déclaration.

Ce sont, savoir :

Les sieurs

La présente pièce est adressée à M. le Procureur de la République pour servir à ce que de droit.

En foi de quoi nous avons signé.

A , le 189 .

Le Président de la Commission,

(1) Indiquer les nom et prénoms, le grade et le régiment.

ANNEXE N° 23

Chevaux et mulets. — Procès-verbal à dresser par la gendarmerie pour constater que les animaux non présentés ont été examinés dans une autre commune ou sont dispensés du classement.

---

e LÉGION DE GENDARMERIE

COMPAGNIE
d

ARRONDISSEMENT
d

BRIGADE
d

MODÈLE N° 10.

Annexé à la circulaire ministérielle du 13 mars 1895.

Décret du 2 août 1877.

CLASSEMENT EN 189

DES CHEVAUX, JUMENTS, MULETS ET MULES
SUSCEPTIBLES D'ÊTRE REQUIS
POUR LE SERVICE DE L'ARMÉE EN CAS DE MOBILISATION.

PROCÈS-VERBAL

constatant que (1) (2)

L'an mil huit cent quatre-vingt , le du mois d , nous soussigné commandant la brigade de gendarmerie d département d , déclarons qu'il résulte d'une pièce régulière, qui nous a été transmise en communication, que(3) appartenant au sieur(4) domicilié à , canton d , arrondissement d , département d et contre lequel un procès-verbal de non-comparution a été dressé au lieu de son domicile, le mil huit cent quatre-vingt , (2) ; département d à la date du 189 .

Le présent procès-verbal est adressé à M. le Procureur de la République pour servir à ce que de droit.

En foi de quoi nous avons signé.

A , le 189 .

Le

Vu et transmis par le commandant de l'arrondissement.

A , le 189 .

Le

---

(1) Des animaux.

(2) Ont été présentés hors de la commune à la commission de classement opérant à.... ou étaient présents, le jour du classement, dans une commune non soumise au classement.

(3) Indiquer le nombre de chevaux, juments, mulets ou mules, selon le cas.

(4) Nom, prénoms et profession.

ANNEXE N° 24

Chevaux et mulets. — Modèle de certificat de réforme à délivrer par le maire.

DÉPARTEMENT
d

—

ARRONDISSEMENT
d

—

CANTON
d

—

COMMUNE
d

(1) Cheval, jument, mulet ou mule.

CLASSEMENT

DES

CHEVAUX, JUMENTS, MULETS ET MULES EN 1895.

MODÈLE N° 11.

—

Annexé à la circulaire ministérielle du 13 mars 1895.

—

Décret du 2 août 1877 (art. 85).

—

Chaque certificat ne doit contenir qu'un seul animal.

Certificat de réforme d'un (1) *reconnu impropre au service de l'armée par la commission de classement.*

(Le tableau ci-dessous doit contenir le signalement exact et détaillé de l'animal réformé, tel qu'il est inscrit sur la liste de recensement, modèle B.)

NUMÉRO D'ORDRE.	NOM et prénoms du propriétaire.	PROFESSION et qualités.	DOMICILE.	DÉSIGNATION DE L'ANIMAL.								DÉCISION de la commission. (Indiquer la date.)
				CHEVAL entier.	CHEVAL hongre.	JUMENT.	MULET.	MULE.	AGE en 1895.	TAILLE.	ROBE et particularités.	
												Réformé le 1895.

Délivré par nous, Maire de la commune, le mil huit cent quatre-vingt-quinze.

Le Maire,

NOTA. — Cet animal ne devra pas être représenté au classement suivant.

(Cachet de la mairie.)

ANNEXE N° 25

Chevaux et mulets. — État faisant connaître les animaux atteints de la morve, à dresser par le président de la Commission de classement.

---

e CORPS D'ARMÉE.

—

SUBDIVISION

d

—

COMMISSION N°

CLASSEMENT EN 189

DES

CHEVAUX, JUMENTS, MULETS ET MULES

SUSCEPTIBLES D'ÊTRE REQUIS

POUR LE SERVICE DE L'ARMÉE

DÉPARTEMENT d

ARRONDISSEMENT d

CANTON d

COMMUNE d

MODÈLE N° 12.

—

Annexé à la circulaire ministérielle du 13 mars 1895.

—

Cet état est dressé en trois exemplaires qui sont transmis, le jour même de la visite, savoir :

Au Préfet de police pour le département de la Seine, ou au Sous-Préfet de l'arrondissement, pour les autres départements;

Au Ministre de l'agriculture (Service vétérinaire);

Au Ministre de la guerre (Bureau des remontes).

État faisant connaître les propriétaires qui possèdent des animaux atteints ou suspects de morve.

NOM ET PRÉNOMS du propriétaire.	PROFESSION.	DOMICILE.	SIGNALEMENT DE L'ANIMAL. SEXE (Entier, hongre, jument, mulet ou mule).	AGE (En chiffres).	TAILLE (En centimètres).	ROBE et particularités.	OBSERVATIONS. (Faire connaître les principaux symptômes accusés par l'animal ou les causes qui le font considérer comme suspect.)

Fait triple à , le 189 .

Le Président de la Commission,

(1)

(1) Nom, grade et régiment.

ANNEXE N° 26

Voitures. — Modèle du tableau de classement à dresser par la Commission de classement.

---

e CORPS D'ARMÉE.

—

e SUBDIVISION.

—

DÉPARTEMENT d

—

ARRONDISSEMENT d

—

CANTON d

—

COMMUNE d

MODÈLE N° 2 *bis*.

—

Annexé à la circulaire ministérielle du 24 février 1894.

(1) Indiquer les noms et prénoms.
(2) Indiquer le grade ou la qualité.
(3) Indiquer le régiment ou le domicile.

CLASSEMENT EN 189

des voitures attelées susceptibles d'être requises pour le service de l'armée en cas de mobilisation.

COMMISSION N° , composée de MM.

Officier président	(1)	, (2)	, a (3)
Membre civil	(1)	, (2)	, a (3)
Vétérinaire ou son suppléant	(1)	, (2)	, a (3)
Sous-officier ou brigadier secrétaire . .	(1)	, (2)	, a (3)

TABLEAU

DU CLASSEMENT DES VOITURES ATTELÉES.

L'an mil huit cent , le du mois d , nous soussignés, membre de la Commission déléguée, en exécution des ordres de M. le Ministre de la guerre, pour procéder à l'inspection et au classement des voitures attelées appartenant aux propriétaires de la commune d avons dressé le tableau ci-après des voitures attelées qui nous ont paru aptes au service de l'armée, savoir :

EXPLICATIONS

POUR L'ÉTABLISSEMENT DU PRÉSENT TABLEAU (N° 2 *bis*).

Une ligne doit être réservée pour chaque voiture. Dans le cas où l'attelage d'une voiture comprend deux chevaux, les deux numéros d'ordre et, s'il y a lieu, les numéros des catégories (colonnes 13 et 14) correspondant à ces deux chevaux sont réunis sous une même accolade.

Les inscriptions à faire dans les colonnes 4, 5, 6 et 7 ne doivent comprendre que des unités.

Dans la colonne 8, en regard de chaque voiture, on indique la capacité de cette voiture par l'une des mentions : petite, moyenne, grande.

La capacité d'une voiture est qualifiée petite lorsqu'elle se rapproche de la capacité d'une voiture régimentaire ; moyenne lorsqu'elle se rapproche de la capacité d'un fourgon ; grande lorsqu'elle est égale ou supérieure à la capacité d'un chariot-fourragère.

Les voitures de réquisition doivent être de dimension à pouvoir être placées sur les trucs et passer avec leur charge sous les gabarits des chemins de fer.

Dans la colonne 9, on met une unité si la voiture est suspendue ; dans le cas contraire, on met des guillemets. — Même observation pour les colonnes 10 et 11.

Dans la colonne 16, on indique, pour les voitures attelées de deux chevaux, si ces chevaux sont attelés de front ou en flèche.

Le nombre des intercalaires (feuilles doubles) est noté à la fin du tableau.

Chaque tableau est établi en double expédition ; l'une des expéditions est remise au maire, l'autre est transmise au bureau de recrutement de la subdivision par le président de la commission.

DÉSIGNATION des propriétaires.			ESPÈCE des voiture attelées. Voitures à 2 roues		Voitures à 4 roues		SIGNALEMENT des voitures.					ATTELAGES correspondants.			
NOMS et prénoms.	Professions.	Domiciles.	A 1 cheval.	A 2 chevaux.	A 1 cheval.	A 2 chevaux.	Capacité	Suspendue.	Couverte ou munie d'une bâche.	Système d'enrayage.	Classement donné par la commission.	Numéro de catégorie.	Numéro d'ordre.	NUMÉRO de tirage au sort des voitures.	Indiquer si la voiture est attelée de front ou en flèche.
1	2	3	4	5	6	7	8	9	10	11	12	13	14	15	16
A reporter. . . .															

DÉSIGNATION des propriétaires.			ESPÈCE des voitures attelées.				SIGNALEMENT des voitures.					ATTELAGES correspondants.		NUMÉRO de tirage au sort des voitures.	Indiquer si la voiture est attelée de front ou en flèche.
			Voitures à 2 roues		Voitures à 4 roues										
NOMS et prénoms.	Professions.	Domiciles.	A 1 cheval.	A 2 chevaux.	A 1 cheval.	A 2 chevaux.	Capacité.	Suspendue.	Couverte ou munie d'une bâche.	Système d'enrayage.	Classement donné par la commission.	Numéro de catégorie.	Numéro d'ordre.		
1	2	3	4	5	6	7	8	9	10	11	12	13	14	15	16
Report.															
TOTAL.															
TOTAL GÉNÉRAL. .															

Le présent tableau, contenant intercalaires (feuilles doubles), a été fait double à , le 189 .

Ont signé :

Le Sous-officier ou Brigadier secrétaire, *Le Vétérinaire (ou son suppléant),* *Le Membre civil,* *L'Officier président,*

Vu :

Le Maire,

ANNEXE N° 27.

Voitures. — Classement. — Relevé numérique des voitures, à dresser par la Commission de classement et comprenant toutes les communes de sa circonscription.

e CORPS D'ARMÉE.

—

e SUBDIVISION.

—

COMMISSION N°

MODÈLE N° 3 *bis*.

—

Annexé à la circulaire ministérielle du 24 février 1894.

—

Loi du 3 juillet 1877.

CLASSEMENT EN 189

Des voitures attelées susceptibles d'être requises pour le service de l'armée en cas de mobilisation.

RELEVÉ NUMÉRIQUE, PAR COMMUNE,

DES VOITURES ATTELÉES APTES AU SERVICE DE L'ARMÉE.

(D'après l'ensemble des tableaux n° 2 *bis*.)

DÉPARTEMENTS.	ARRONDISSEMENTS.	CANTONS (par ordre alphabétique dans chaque arrondissement).	COMMUNES (par ordre alphabétique dans chaque canton).	NOMBRE DES VOITURES ATTELÉES.								TOTAL des voitures classées.	PRIX moyen approximatif, par commune, d'une voiture	
				VOITURES A 2 ROUES				VOITURES A 4 ROUES						
				à 1 cheval		à 2 chev.		à 1 cheval		à 2 chev.				
				avec le classement bon.	avec le classement passable.	avec le classement bon.	avec le classement passable.	avec le classement bon.	avec le classement passable.	avec le classement bon.	avec le classement passable.		à 2 roues.	à 4 roues.
A reporter														

DÉPARTEMENTS.	ARRONDISSEMENTS.	CANTONS (par ordre alphabétique dans chaque arrondissement).	COMMUNES (par ordre alphabétique dans chaque canton).	NOMBRE DES VOITURES ATTELÉES.								TOTAL des voitures classées.	PRIX moyen approximatif, par commune, d'une voiture	
				VOITURES A 2 ROUES				VOITURES A 4 ROUES						
				à 1 cheval		à 2 chev.		à 1 cheval		à 2 chev.				
				avec le classement bon.	avec le classement passable.	avec le classement bon.	avec le classement passable.	avec le classement bon.	avec le classement passable.	avec le classement bon.	avec le classement passable.		à 2 roues.	à 4 roues.
	Report.													
	Nombre des voitures classées.													

Fait double à , le 189 .

Le Président de la Commission,

(1)

En outre voitures n'ont pas été présentées par leurs propriétaires, contre lesquels des procès-verbaux ont été dressés.

---

(1) Nom, grade et régiment.

ANNEXE N° 28

Voitures. — Procès-verbal constatant la visite des voitures attelées présentées hors de leur commune.

---

e CORPS D'ARMÉE.

—

e SUBDIVISION.

—

COMMISSION N°
Opérant à
Département d

Modèle n° 6 *bis.*

—

Annexé à la circulaire ministérielle du 24 février 1894.

—

Décret du 2 août 1877.

CLASSEMENT EN 189

DES VOITURES ATTELÉES

SUSCEPTIBLES D'ÊTRE REQUISES

POUR LE SERVICE DE L'ARMÉE EN CAS DE MOBILISATION.

PROCÈS-VERBAL

Constatant l'examen et la visite des voitures attelées appartenant à des propriétaires de la commune d , canton d arrondissement d , département d

---

L'an mil huit cent quatre-vingt , le du mois d , nous soussignés, membres de la commission n° déléguée, en vertu des ordres de M. le Ministre de la guerre, pour procéder à l'examen et au classement des animaux et voitures attelées, certifions que les voitures attelées portées au tableau ci-après ont été vues par nous à et classées comme il suit, savoir :

DÉSIGNATION des PROPRIÉTAIRES.			ESPÈCE DES VOITURES attelées.				SIGNALEMENT DES VOITURES.					AFFECTATIONS CORRESPONDANTS. — Numéro de catégorie.	VOITURES (1) NON CLASSÉES.	OBSERVATIONS.
			Voitures à 2 roues		Voitures à 4 roues									
NOMS et PRÉNOMS.	PROFESSIONS.	DOMICILES.	à 1 cheval.	à 2 chevaux.	à 1 cheval.	à 2 chevaux.	CAPACITÉ.	SUSPENDUE.	Couverte ou munie d'une bâche.	Système d'enrayage.	CLASSEMENT donné par la Commission.			
														(1) On mettra une unité dans cette colonne si la voiture examinée n'a pas paru susceptible d'être classée.
TOTAL. . . .														
TOTAL GÉNÉRAL														

Le présent procès-verbal a été établi à

Le 189 .

Le Sous-officier ou Brigadier secrétaire, *Le Vétérinaire ou son suppléant,* *Le Membre civil,* *L'Officier président,* (1)

(1) Nom, grade et régiment.

ANNEXE N° 29

Voitures. — Certificat à remettre par la Commission de classement aux propriétaires qui présentent leurs voitures en dehors de leur commune.

---

e CORPS D'ARMÉE.

—

e SUBDIVISION.

—

COMMISSION N°
opérant à
département d

MODÈLE N° 7 *bis*.

—

Annexé à la circulaire ministérielle du 24 février 1894.

—

Décret du 2 août 1877.

CLASSEMENT EN 189

DES VOITURES ATTELÉES

SUSCEPTIBLES D'ÊTRE REQUISES

POUR LE SERVICE DE L'ARMÉE EN CAS DE MOBILISATION.

CERTIFICAT D'EXAMEN

des voitures attelées présentées hors de la commune ou de la circonscription à laquelle elles appartiennent.

L'an mil huit cent quatre-vingt , le du mois de , je soussigné, président de la commission n° , déléguée, en vertu des ordres de M. le Ministre de la guerre, pour procéder à l'examen et au classement des animaux et voitures attelées, certifie que (1) voitures à 2 roues et voitures à 4 roues, avec leurs attelages, composés de anima , dont (1) cheva ,(1) jument ,(1) mulet et (1) mule , appartenant au sieur (2) domicilié à , canton d , arrondissement d , département d ont été vus par la commission à , suivant procès-verbal dressé le même jour et transmis à qui de droit.

Le Président de la Commission,
(3)

---

(1) Indiquer le nombre.
(2) Nom, prénoms et profession.
(3) Nom, grade et régiment.

TABLES

1° Table par ordre de matière.

2° Table alphabétique.

TABLE PAR ORDRE DE MATIÈRE

Pour le commentaire de la loi, la table renvoie non aux numéros des pages, mais aux numéros des paragraphes.

Commentaire de la loi du 3 juillet 1877 relative aux réquisitions militaires.

TITRE I. — CONDITIONS GÉNÉRALES DANS LESQUELLES S'EXERCE LE DROIT DE RÉQUISITION

TITRE III. — Logement et cantonnement.

TITRE IV. — De l'exécution des réquisitions.

TITRE V. — Du règlement des indemnités.

I. — Recensement.

II. — Classement.

III. — Réquisition.

Textes des Lois.

Annexes.

TABLE ALPHABÉTIQUE

Les chiffres **gras** indiquent les articles de la loi ; les chiffres ordinaires renvoient aux numéros des paragraphes.

A

C

D

E

F

G

H

I

N

O

P

S

T

V

Nancy, imprimerie Berger-Levrault et Cie.

BERGER-LEVRAULT ET Cie, LIBRAIRES-ÉDITEURS

PARIS, 5, rue des Beaux-Arts, — NANCY, 18, rue des Glacis.

DICTIONNAIRE MILITAIRE

Encyclopédie des Sciences militaires

RÉDIGÉE

PAR UN COMITÉ D'OFFICIERS DE TOUTES ARMES

Le Dictionnaire militaire formera deux gros volumes grand in-8° jésus à deux colonnes, d'environ 80 feuilles (1 220 pages) chacun.

Il paraît par livraisons de 8 feuilles (128 pages). L'ouvrage complet comprendra environ 20 livraisons.

Toutes les dispositions sont prises pour que les livraisons soient publiées de deux mois en deux mois. Les livraisons 1 à 6 sont en vente (février 1896).

Prix de la livraison : 3 fr.

ENVOI GRATUIT D'UNE *FEUILLE-SPÉCIMEN* SUR DEMANDE

Dictionnaire de l'Administration française, par Maurice Block, membre de l'Institut, avec la collaboration de Membres du Conseil d'État, de la Cour des comptes, de Chefs de service des différents Ministères, etc. 3e édition (1891), complètement refondue et considérablement augmentée, tenue à jour par les « Suppléments gratuits 1892 à 1894 ». Un volume grand in-8° de 2,250 pages d'impression compacte à deux colonnes, broché. . . . . 35 fr.
Relié en demi-maroquin, plats toile . . . . 40 fr.

Dictionnaire des Finances, publié sous la direction de M. Léon Say, membre de l'Institut, député, ancien ministre des finances, etc., par MM. Louis Foyot, chef de bureau, et A. Lanjalley, ancien directeur général au ministère des finances, avec la collaboration des écrivains les plus compétents et des principaux fonctionnaires des administrations publiques. 2 vol. gr. in-8° jésus, chacun d'environ 1575 pages à deux colonnes compactes.
Prix de chaque volume, 45 fr. — Relié en demi-chagrin, plats toile . . 50 fr.

La Loi municipale, commentaire de la loi du 5 avril 1884 sur l'organisation et les attributions des conseils municipaux et de la loi du 22 mars 1890 sur les syndicats de communes, par Léon Morgand, ancien chef de bureau à la direction de l'administration départementale et communale au ministère de l'intérieur. 4e édition (1892) entièrement mise à jour et corrigée. Deux forts volumes in-8°, formant ensemble 1130 pages compactes. Prix : brochés. . . . . 15 fr.
Reliés en percaline. . . . . 18 fr.

(Ouvrage honoré d'une souscription par le Ministre de l'intérieur.)

Traité de la Juridiction administrative et des recours contentieux, par E. Laferrière, vice-président du Conseil d'État. 2e édition. 1896. — Deux forts volumes grand in-8° (744 et 713 pages), brochés . . . . 25 fr.

Répertoire de Police administrative et judiciaire. Législation et réglementation. Jurisprudence et doctrine. Publié sous la direction de M. Lépine, préfet de police, par Louis Courcelle, attaché au cabinet du préfet de police. Avec une lettre-préface de M. Charles Mazeau, premier président de la Cour de cassation, ancien ministre de la justice. Le *Répertoire de police* comprendra de 12 à 15 livraisons, il formera deux volumes grand in-8° d'environ 900 pages chacun. Les livraisons sont publiées de mois en mois depuis octobre 1895, elles ne sont pas vendues séparément, les souscripteurs seuls recevront l'ouvrage par livraisons. — Prix de souscription . . . . 50 fr.

(Ce prix sera augmenté à l'achèvement de la publication.)

Lois organiques militaires. — Texte intégral mis en concordance avec les lois modificatives et annoté par Ch. Lassalle, archiviste d'état-major de 1re classe à l'état-major de l'armée.

— 1° *Loi relative à la constitution des cadres et des effectifs de l'armée active et de* l'armée territoriale. — Loi du 25 juillet 1893 et loi du 13 mars 1875 mise à jour avec les tableaux donnant la composition des corps de troupe. 1893. Brochure in-8° de 112 pages . . . . 1 fr. 50 c.

— 2° *Loi sur le recrutement de l'armée.* Texte intégral de la loi du 15 juillet 1889 mis en concordance avec les lois modificatives et annoté, suivi du texte de la loi du 20 juillet 1893 portant organisation de l'*Armée coloniale* et des lois des 26 juin 1889 et 22 juillet 1893 sur la *Nationalité.* 1893. Brochure in-8° de 64 pages . . . . 50 c.

— 3° *Loi des réquisitions militaires.* — Texte modifié de la loi du 3 juillet 1877 et des décrets du 2 août 1876 et du 9 avril 1878. Décrets relatifs au ravitaillement de la population civile des places fortes et aux *pigeons voyageurs.* Brochure in-8° de 80 pages . . . . 1 fr. 75 c.

— 4° *Avancement.* Texte des lois, ordonnances, décrets, etc., en vigueur sur l'avancement dans l'armée. 1895. Brochure in-8° . . . . 2 fr. 50 c.

— 5° *Légion d'honneur et médaille militaire. Décorations diverses.* 1895. Brochure in-8°. . . . . 2 fr. 75 c.

Manuel des Décorations françaises, avec 8 planches en couleurs reproduisant en grandeur naturelle les insignes : croix, médailles, rubans et rosettes, par A. Catry, lieutenant au 156e rég. d'inf. 1896. Grand in-8°, broché. . 4 fr. 50 c.

Manuel de l'Organisation de l'armée et du fonctionnement des services militaires, à l'usage des états-majors, chefs de corps et officiers de toutes armes, par C. Lassalle, archiviste de 1re classe à l'état-major de l'armée. 1896. Un beau volume in-8° de 1330 pages, avec une notice indiquant les Modifications survenues jusqu'au mois de janvier 1896, broché. . . . . 12 fr.
Relié en percaline . . . . 13 fr. 50 c.
Relié demi-chagrin. . . . . 14 fr. 50 c.

Code-manuel des Obligations militaires. Manuel général du recrutement et des réserves, à l'usage des préfets et des maires, des commandants de recrutement, des officiers de réserve et de l'armée territoriale, de la gendarmerie, des jeunes gens, des réservistes et des territoriaux. — *Armées de terre et de mer et troupes coloniales. Intérieur, colonies et pays de protectorat,* par C. Lassalle, archiviste d'état-major de 1re classe au ministère de la guerre. 1893. Un volume in-8° de 528 pages, broché. . . . . 7 fr. 50 c.

Circonscriptions militaires. — **Tableaux synoptiques de la division militaire de la France,** dressés d'après les documents officiels, par Ch. Lassalle, archiviste d'état-major de 1re classe au ministère de la guerre. Nouvelle édition. 1895. Volume in-8° de 144 pages, broché . . . . 3 fr. 50 c.

La Loi sur le Recrutement. Commentaire de la loi du 15 juillet 1889, par Ch. Rabany, chef de bureau au ministère de l'intérieur. (Ouvrage honoré de souscriptions du ministère de la guerre, du ministère de l'intérieur et de plusieurs autres administrations.) 2e édition, mise à jour jusqu'au 31 mars 1891. 2 volumes in-8° (1131 pages), brochés. . . . . 12 fr.
Reliés en percaline . . . . 15 fr.

Situation des Étrangers en France, dans les colonies et dans les pays de protectorat au point de vue du recrutement. Manuel d'extranéité à l'usage des préfectures, sous-préfectures, mairies, justices de paix, ambassades et consulats, par A. L'Esprit, rédacteur à la division des affaires militaires de la préfecture de la Seine. 2e édition. 1893. Volume in-8°, broché. . . . . 5 fr.

Guide pratique des Réservistes et territoriaux (officiers, sous-officiers et soldats). Appels, ajournements, dispenses, cadres, instructions, programmes, examens, étapes, taxe militaire, manœuvres, mobilisations, réquisitions, douaniers, chasseurs forestiers, sapeurs-pompiers, etc., par A. Andréani, ancien officier, chef de division à la préfecture des Alpes-Maritimes. 1893. Un volume in-8°, broché . . . . 4 fr.

Emplois civils. Guide pratique des sous-officiers candidats à des emplois civils (Loi du 18 mars 1889), par Paul Wisniewski et Ch. Dubois, rédacteurs au cabinet du ministre de la guerre. 1894. Un volume in-8°, broché. 3 fr. 50 c.

Nancy, imp. Berger-Levrault et Cie.

www.ingramcontent.com/pod-product-compliance
Lightning Source LLC
Chambersburg PA
CBHW071135270326
41929CB00012B/1760